SPIEGEL
BUCH

Buch

Wer immer 1980 auch nur andeutungsweise prophezeit hätte, daß kaum anderthalb Jahrzehnte später die Welt ganz anders aussehen und in diesen wenigen Jahren der monolithische Ostblock, an seiner Spitze die Sowjetunion, auseinanderbrechen würde, den hätte man als Phantast belächelt, als Narr verspottet. »Die Welt im Wandel« ist ein Spiegelbild der jüngeren Geschichte. SPIEGEL-Reporterinnen und -Reporter rufen Ereignisse in Erinnerung, die die Welt bewegten und verwandelten: das verhängnisvolle Engagement der Sowjets in Afghanistan, der Aufstieg und Fall des Reformers Gorbatschow, die ersten Schritte der Russen in die Marktwirtschaft, die Welle des Patriotismus in den USA, der blutige Zerfall Jugoslawiens. So entstand ein Nachschlagewerk der besonderen Art. Keine Tabellen, kein Register von A–Z, sondern rund siebzig spannende, brillant geschriebene Reportagen über die bedeutenden Strömungen in Politik und Gesellschaft, Kultur und Lebensgefühl der letzten Jahre.

Herausgeber

Rudolf Augstein, Jahrgang 1923, ist Herausgeber und Miteigentümer des Nachrichten-Magazins DER SPIEGEL und Buchautor.

RUDOLF
AUGSTEIN
Herausgeber

Die Welt im Wandel

Reportagen
1980 - 1995

GOLDMANN

Umwelthinweis:
Alle bedruckten Materialien dieses Taschenbuches
sind chlorfrei und umweltschonend.

Vollständige Taschenbuchausgabe Oktober 1998
Wilhelm Goldmann Verlag, München
in der Verlagsgruppe Bertelsmann GmbH

Redaktion: Heinz P. Lohfeldt
Umschlaggestaltung: Design Team München
Druck: Presse-Druck Augsburg
Verlagsnummer: 12959
KF · Herstellung: Sebastian Strohmaier
Made in Germany
ISBN 3-442-12959-2

1 3 5 7 9 10 8 6 4 2

Inhalt

I. DIE GETEILTE WELT

II. DAS ENDE DER NACHKRIEGSORDNUNG

III. DAS NEUE CHAOS

RUDOLF AUGSTEIN

Geschichten im Gepäck

Das Land, in das ich von Berufs wegen am häufigsten gereist bin, war die ehemalige Sowjetunion, heute ein Land – wer hätte sich das vor wenigen Jahren vorstellen können? –, in dem inzwischen die vor allem auch negativen Seiten eines kapitalistischen Systems zu finden sind.

Die Berichte aus dem alten und neuen Rußland sind vielfältig: Angefangen von den 1980 gemachten »Beobachtungen im sowjetisch besetzten Afghanistan« des langjährigen SPIEGEL-Auslandschefs Dieter Wild – über den Abzug der sowjetischen Truppen berichtete acht Jahre später der Moskauer Korrespondent Jörg Mettke –, bis hin zum »Endkampf der Russen in Grosny«, einer Reportage des Moskauer Korrespondenten Christian Neef (1995), kann der Leser diese auseinanderdriftende Weltmacht in all ihren Facetten kennenlernen.

Ich war etliche Male in Moskau, doch nicht während des Krieges. Bei der Eröffnung des Moskauer SPIEGEL-Büros 1973 fühlte ich mich wie zu Zeiten des Zaren. Die Bediensteten standen an den Türen und staunten, während die hochrangigen Eingeladenen wie aus Versehen sämtliches Trinkgeschirr mit den Ellenbogen vom Tisch fegten und darauf herumtrampelten. Unser Rußland-Experte Fritjof Meyer saß inmitten einer Zigeunerkapelle und schlug gegen den Takt à la Schönberg das Tambourin.

1980 war Siegfried Kogelfranz »mit dem Auto unterwegs von Moskau in den Kaukasus«, 1993 Fritjof Meyer »auf Urlaub in Sibirien«. Für jemanden, der sich schon seit Kriegszeiten in Rußland auskennt, waren diese wie viele andere Berichte aus der Sowjetunion ein Ersatz für Erfahrungen, die ich dort selbst nicht alle machen konnte.

Hinter unseren Schreibtischen in Hamburg ist es nicht immer leicht, sich die Lage der Reporter im Auslandseinsatz vorzustellen. Sie sind nicht selten physischen und psychischen Schwierigkeiten ausgesetzt, die über das hinausgehen, was man von ihnen erwartet. Doch gerade deshalb vielleicht erschließt sich uns eine Region, das Leben – auch das Sterben – der Menschen dort fast hautnah. Kaum einer dieser Berichterstatter kehrt ohne eine Unmenge von

Geschichten im Gepäck zurück, die sich schließlich zu dem verdichten, was in diesem Reportagen-Band zu lesen ist.
Im Zeitalter des schnellen Konsumierens, im Zeitalter einer außerordentlichen Beweglichkeit und einer besonders bei den Deutschen beliebten Reiselust gelangt inzwischen fast jeder zu allen Zeiten fast überall hin. Vielleicht machen es die Reportagen in diesem Buch möglich, das eine oder andere Land mit anderen Augen als denen des meist doch nur unzulänglich informierten Besuchers zu sehen.
Nicht immer leben SPIEGEL-Reporter längere Zeit oder sogar Jahre in den Ländern, aus denen sie oder über die sie berichten; doch jede dieser in dem vorliegenden Band abgedruckten Reportagen ist entstanden aus einem weitreichenden Fundus von Wissen, das unsere Journalisten über Jahre durch die intensive Beschäftigung mit einzelnen Regionen angesammelt haben.
Die Politik des jeweiligen Landes ist dabei nur ein Aspekt. Über sie erfährt der Leser durch eine Reportage wie die über »Sarajevo nach dem Markthallen-Massaker« von Clemens Höges unter Umständen mehr, als es selbst solideste politische Berichterstattung zu leisten vermag.
Wenn ein SPIEGEL-Reporter allerdings, wie Tiziano Terzani, für etliche Jahre in einem Land lebt und man liest zunächst seine 1986 verfaßte Reportage über die ersten »Begegnungen mit Japan und den Japanern« und darauf die nach vier Jahren Aufenthalt mit kenntnisreicher, ironischer Distanz geschriebene Abschiedsgeschichte von diesem Land, dann wird deutlich, wie tief Auslandsreporter in die jeweiligen Gewohnheiten und Eigenheiten eines Landes einzusteigen vermögen.
Aber genausogut – und das erstaunt einen manchmal schon – gelingt es ihnen, kritische, ja ironische Distanz zu bewahren oder aber auch erst durch das Niederschreiben einer solchen Geschichte wiederzugewinnen.
Aus England und Frankreich zu berichten scheint dagegen einfacher. Doch auch das erfordert ein gehöriges Maß an Erfahrung und genauer Kenntnis der Sprache. Als unsere unmittelbaren Nachbarn sind diese Länder uns vielleicht im ersten Moment vertraut, und erst bei näherem Hinsehen zeigen sich die Unterschiede – siehe Maastricht.

I.
DIE GETEILTE WELT

Daß im November 1980 ein früherer Filmschauspieler an die Spitze der Weltmacht USA gewählt wurde – das hat, zumindest nach Meinung vieler Amerikaner, den dramatischen Wandel der Welt wenn nicht bewirkt, so doch erheblich beschleunigt. Denn mit seinem unbedarften und ungebremsten Optimismus suggerierte Ronald Reagan, im Januar 1981 als 40. Präsident der Vereinigten Staaten vereidigt, nicht nur seinen Landsleuten ein neues »Wir«-Gefühl und ließ sie die Schmach des verlorenen Vietnamkrieges verdrängen, er traute sich obendrein, die andere Weltmacht, Sitz: Moskau, als »Reich des Bösen« zu orten und ihr neben harten Herausforderungen auf Erden einen Showdown im Weltall, einen »Krieg der Sterne«, anzutragen.

Das liebten die Amerikaner, die meisten jedenfalls, und davon ließ sich auch manch ein Verbündeter im Westen gern infizieren. So »Maggie« Thatcher, die Eiserne Lady in London und ergebenste Reagan-Verehrerin. Sie entsandte eine massive Streitmacht ans andere Ende der Welt, um ein paar Felsen mit einer Handvoll Menschen und zigtausenden von Schafen zurückzuerobern – die Falklandinseln, die Argentinien im Handstreich besetzt hatte und nun wieder »Las Malvinas« nannte. Reagan selbst gab den Befehl zur Invasion des Karibik-Eilands Grenada, wo nach seiner Lesart Moskaus kubanische Freunde drauf und dran waren, einen kommunistischen Brückenkopf vor der Haustür der USA zu errichten.

Im einstmals so monolithischen Ostblock hatte sich mittlerweile, auch ohne Reagans Zutun, das Virus »Demokratie« schon bei manchem Moskau-Satelliten eingenistet, hatte zunächst im Verborgenen gewirkt, dann aber – mit der Gründung der *Solidarność* in Polen – machtvolle Gestalt angenommen. Da mochten die Machthaber in Warschau das Kriegsrecht verhängen, mit einer Intervention des Großen Bruders drohen – es half ihnen nicht. Unwiederbringlich vorbei waren die Zeiten, da vom Kreml, wie 1968 im Fall der Tschechoslowakei, die Order erging, jede demokratische Regung mit der Gewalt der Panzer auslöschen.
Die Gerontokraten im Kreml – dem senilen Breschnew folgten die kaum jüngeren Andropow und Tschernenko – hatten genug mit *ihrem* Vietnamkrieg in Afghanistan zu tun und waren gerade noch fähig, einen unbewaffneten koreanischen Jumbo, den Linienflug KAL 007 mit 269 Menschen an Bord, vom (irrtümlich angeflogenen?) sowjetischen Himmel zu schießen: Die große Sowjetunion selbst war reif für einen Wandel – der kam 1985 in Gestalt des Michail Gorbatschow.

DIETER WILD

Mit Scout-Hüten auf Wacht am Hindukusch

Beobachtungen im sowjetisch besetzten Afghanistan Juli 1980

Der Gärtner entdeckte die ungebetenen, ungeschlachten Gäste auf seinem gepflegten Botschaftsrasen als erster.

Mittels einer Leiter hatten sie die weiße Mauer überwunden, die das Areal der französischen Vertretung in Kabul von dem weitläufigen Palastgelände der Herrscher Afghanistans trennt; »Volkshaus« hieß die burgartige Anlage unter dem blutigen Hafisullah Amin, treffender, nämlich »Arg« (Zitadelle) heißt sie unter dem derzeitigen Bewohner Babrak Karmal.

Daß auch hier, in hautnaher Hausgemeinschaft mit dem Staatschef der »Demokratischen Republik Afghanistan«, Russen logieren und über dessen körperliche Unversehrtheit wachen, wurde spätestens an jenem 11. Juni offenbar, als acht Russen über die Mauer in den französischen Teil ihres Besatzungsgebiets spähten und das Paradies sahen.

Da lockte ein romantischer Swimming-pool, den man in den Garnisonen von Taschkent oder Samarkand kaum hat, um so verführerischer zum Bade, als das Anwesen leer erschien: Botschafter Perruche wurde, ebenso wie die Missionschefs der anderen EG-Staaten, vor Monaten abgezogen, sein Gepäck stand verschnürt, aber vom Garten aus sichtbar in der Residenz.

Was lag näher, als daß die acht Russen ihr Ehrenkleid abstreiften und, teils mit, teils ohne Schwimmanzug, zum Bade schritten?

Der Anblick der westlerischen Gepäckstücke stiftete sie dann wohl

an, das Umzugsgut der Exzellenz sowie die übrige Örtlichkeit nach dem zu durchsuchen, was Russen bei Franzosen stets als reichlich vorhanden unterstellen: französischen Cognac und »französische Mädchen« (so ihr Verlangen gegenüber dem Gärtner).
Obschon der mit beidem nicht dienen konnte, ließen die Invasoren andere westliche Köstlichkeiten unangetastet und retirierten nach dem erfrischenden Bad hinter die Mauer.
Zwei von ihnen müssen anderntags ihren Expeditionszug wiederholt haben, denn die nunmehr wachsam gewordenen Franzosen entdeckten frische Stiefelspuren auf ihrem Botschaftsgrund. Messungen ergaben: Russenfährten.
Das Trauma, daß sich demnächst vielleicht Präsident Karmals gesamtes moskowitisches Wachregiment bei ihm zum Swim-in einladen könnte, veranlaßte den amtierenden Missionschef, den Chargé d'affaires Berthod, nunmehr zu tun, was er angesichts der Anwesenheit von derzeit wahrscheinlich 120 000 Sowjetsoldaten (die Zahl nennen Vertreter von Drittweltstaaten) lieber vermieden hätte: Er verfaßte zwei Beschwerdenoten, eine zu Händen des afghanischen Außenministeriums, die andere an die direktere Adresse, die Kabuler Sowjetbotschaft.
Er tat das in der sicheren Erwartung, daß er zwar keine Antwort bekommen würde, daß aber den Sowjetdiplomaten der völkerrechtswidrige Badeausflug von Mitgliedern ihrer bewaffneten Macht peinlich sei.
Der Erfolg gab ihm recht: keine Antwort auf die Noten, aber auch keine Russen mehr in Frankreichs Swimming-pool.
So harmlos-komisch, könnte man denken, ist der Besatzungsalltag in Kabul geworden. Nach den großen Schülerdemonstrationen mühen sich die Sowjets in der Tat, wieder diskreter aufzutreten. Ihre Feldstellungen an der Überlandstraße von Kabul zum Salangpaß, dem nördlichen Einfalltor nach Afghanistan, sind wenige Kilometer vor der Hauptstadt geräumt.
Gewiß, neben dem Zivilflughafen Kabul landen, starten oder lauern die Hubschrauber, MiGs und großen Passagiermaschinen der »Aeroflot«, letztere bringen angeblich die Ablösung für die Sowjetmacht am Hindukusch möglichst unauffällig ins Land.
Und die Militärzeltlager am Stadtrand künden, stärker als gemauerte Kasernen, von der mobilen Einsatzkraft der Weltmacht, wie einst die Zelte römischer Legionen im wilden Partherland.

Aber Streifendienst zu gehen oder auch nur zu fahren halten Moskaus Legionäre im wilden Afghanistan derzeit entweder nicht für nötig oder, wahrscheinlicher, nicht für opportun.
Denn wenn den Planern im Kreml eine Fehlrechnung unterlief, ist es, nach sechs Monaten Invasion wie nach dem ersten Tag, diese: daß ihre vorgeblich »brüderliche Hilfe« in Afghanistan je akzeptiert werden könnte.
Sowjetisches ist in diesem Land unübersehbar: der brüchige Fahrzeugpark der afghanischen Armee, die zackige »Achtungserweisung« der Palastwache Karmals, das nervtötende Mahlen der Propagandamaschine und schließlich sogar, in der gesunden Sommerluft der Hauptstadt, der unerwartete Überfall durch jenen »amtlichen Geruch« (russisch: »ofizialny sapach«), der die öffentlichen Gebäude des Ostblocks mit einer Essenz aus Karbol, Benzin, Tabakrauch und ungelüfteten Staatsdienern füllt.
Man mag Moskaus Marsch nach Kabul in einem höheren (Sicherheits-)Sinn für legitim halten oder zumindest für begründbar, klug aber war er auf keinen Fall. Selbst hochrangige DDR-Diplomaten schüttelten vor Westkollegen den Kopf über so viel Unverstand, und das will fürwahr viel heißen.
Die Ursünde beging Moskau lange vor der Invasion: Niemals hätten sich die Sowjets dazu verführen lassen dürfen, in diesem rückständigen, traditionalistischen innerasiatischen Land ins Werk zu setzen oder auch nur zu begünstigen, was sie die Revolution nennen, nämlich den kommunistischen Putsch gegen den keineswegs sowjetfeindlichen Präsidenten Daud im April 1978.
Aber den Appetit zu zügeln, wenn die Gelegenheit zu vermeintlich bekömmlichem Verzehr günstig erscheint, gehört wohl nicht zu den Stärken derer im Kreml, so vorsichtig sie sonst operieren.
Der gelungene Putsch jedenfalls zwang die Sowjets keine zwei Jahre später fast automatisch zur Intervention. Moskau konnte oder wollte nicht verhindern, daß in der »Demokratischen Volkspartei Afghanistans« (DVPA) die rigoristischen, überwiegend auf dem Land ansässigen Chalkis die Oberhand über die pragmatischeren, überwiegend aus Intelligenz und städtischer Mittelschicht stammenden Partschamis gewannen.
Der rabiate kommunistische Reformeifer der Chalkis führte zur moslemischen Rebellion, die durch die Spätausgabe stalinistischer Terrorherrschaft unter Amin gefährlich angeheizt wurde.

Gefesselt durch den Glaubenssatz, daß eine kommunistische Revolution niemals rückgängig gemacht werden darf, mußten die Sowjets nun ihren Kabuler Freunden nolens volens zu Hilfe kommen, zunächst durch mehr Kriegsmaterial und mehr Berater, dann, als auch das nichts half, durch Einmarsch und abermaligen Putsch.
Nicht unvernünftig, daß die Russen meinten, eine politische Katastrophe abwenden zu können, wenn sie den brutalen Chalki Amin durch den konzilianteren Partschami Karmal ersetzten. Daß dies nur durch Einmarsch der Sowjetmacht möglich war, brachte die an sich hoffnungsvolle Alternative gleich wieder in Mißkredit – da drängt sich denn der Vergleich mit Amerikas segensvollem Walten in Vietnam auf, wo die Besatzungsmacht das von ihr faktisch ausgehaltene Regime in ähnlicher Weise moralisch belastete.
Doch der Vergleich erschöpft sich schnell, im Militärischen besonders: In Vietnam konnten sich ganze Divisionen unter dem Laubdach des hinterindischen Regenwalds bewegen, ohne daß sie aus der Luft einzusehen waren. Auf den kahlen Hochflächen und Gebirgsketten Afghanistans aber läßt sich der kleinste Guerillatrupp auch noch aus großer Höhe ausmachen. Selbst wenn manche Schluchten so tief eingeschnitten sind, daß sich kein Hubschrauber hineinwagen kann, hineinfeuern kann er immer.
Vor allem aber: Die amerikanische Militärmaschine in Vietnam brachte, so brutal sie das Land zerstörte, großen Volksteilen durchaus auch Nutzen, weil die Dollarmilliarden der amerikanischen militärischen Infrastruktur auch nach Vietnam flossen und viele Vietnamesen den gewinnbringenden Kontakt mit der fremden Macht gierig suchten.
Die Sowjetarmee in Afghanistan dagegen lebt autark, als reine Besatzungsmacht. In keiner Hotelbar von Kabul nehmen Russenoffiziere ihre Drinks, kein Rotarmist schlendert durch den Basar. Und wie immer die Russen sich verhalten, wecken sie Widerwillen.
Preschen sie mit ihren Lkw-Konvois trotz Rotlicht über die Kreuzungen der Hauptstadt, fühlen sich die Kabuler durch so viel Arroganz verletzt. Treten die Besatzer aber gar nicht in Erscheinung, fragen die Kabuler, ob es diese vielen frauenlosen Soldaten nicht nach Afghanenfrauen dürste.
Basaris, Intellektuelle und gar Beamte machen aus ihrem Haß gegen die Invasoren keinen Hehl, sobald sie merken, daß der Besucher aus Deutschland, und zwar aus dem richtigen, kommt.

Westdeutsche Diplomaten sahen sich im Basargedränge schon von Unbekannten darauf geprüft, welches Idiom sie wohl sprächen – wer deutsch redet, bleibt garantiert unbehelligt.
Gleiches leistet Schwarzrotgold als Aufkleber an der Mercedesscheibe, was dann freilich aufgeregtes Tuscheln bei Rotarmisten erzeugt. Der Eigentümer nimmt das als Beweis dafür, daß tatsächlich manche der Besatzungssoldaten aus der ostdeutschen Westprovinz des Reiches nach Afghanistan geschickt wurden.
Mit Vietnam hatten es die Amerikaner auch sonst leichter, als die Russen es in Afghanistan haben. Denn für die Vietnamesen war Fremdherrschaft fast schon der Normalfall, den Afghanen ist sie völlig neu und deshalb eine ständige Provokation. Gegen die Auswirkungen ist auch ein Babrak Karmal ohnmächtig.
Der jovial wirkende, heute etwas rundliche Generalssohn, 51, in der Königszeit als Studentenführer und Abgeordneter angesehen, könnte nach seinem Äußeren auch ein deutscher oder französischer Professor sein: Typ Bonhomme, nicht unbedingt ein Tatmensch und erst recht kein finsterer Ideologe, einer, der sich schwertut mit dem Regieren, das scheint diese Gestalt zu sagen.
Die Sturzbäche der kommunistischen Wort-Stereotypen und Leerformeln, die jede seiner Antworten einrahmen und absichern, rollen ihm so vergleichsweise leicht, mitunter fast spöttisch von den Lippen, daß sich der (wahrscheinlich irreführende) Eindruck einstellt, dieser Mann nehme die gewaltige ideologische Pflichtübung in Propaganda gar nicht so ernst und wolle das sogar versteckt kundtun.
Einvernehmliches liegt in der Stimme, so kommuniquéhaft sie auch spricht, und in der etwas müd-gemütlichen Gestik: ein entspannter Mensch, vielleicht ein Vermittler.
Er brachte immerhin das Kunststück fertig, die Chalkis zu entthronen, ihren Anführer Amin zu erschießen und sie dennoch an seiner Regierung angemessen zu beteiligen, wenn auch nur unter dem Druck der Sowjetbajonette. So steht denn neben Karmals Vizepremier Sultan Ali Keschtmand, einem Partschami, der unter Amin im Gefängnis saß, ein zweiter Vize, Assadullah Sarwari, der als Chalki-Polizeichef unter Amin einer der stadtbekannten Folterer war, und angeblich nicht nur ein Schreibtischtäter.
Die politische und menschliche Harmonie in solcher Kabinettsrunde kann man sich vorstellen. Sie muß noch brüchiger gewor-

den sein, seit Anfang Juni weitere 13 hohe Exbeamte Amins, darunter dessen Bruder und Neffe, erschossen wurden.
Was heute Partschamis und Chalkis trennt, angeblich eher persönlicher als ideologischer Zwist, ist für keinen Außenstehenden durchschaubar. Eine der gängigen Spekulationen unter Ausländern in Kabul geht so weit, die Chalkis für die mysteriöse Vergiftungsaktion an den Kabuler Schulen verantwortlich zu machen: Über 200 Schüler und Schülerinnen sollen wegen Befalls mit dem vergleichsweise harmlosen Sprühstoff stationär behandelt worden sein. Das den Chalkis unterstellte Motiv wäre dann: Destabilisierung des Parteifreundes Karmal.
Den Afghanen im Basar von Kabul und auf der Straße stellt sich die Täterschaft viel simpler dar. Für sie ist es ausgemachte Sache, daß die Regierung selbst es war, weil sie den Schülern nach den großen Demonstrationen im April und Mai die Protestlust habe austreiben wollen. Und in Karmals Augen waren die anonymen Giftsprüher natürlich die »Reaktionäre«.
Wenn sich die beiden DVPA-Flügel schon derart auf Tod und Leben bekämpfen, während sie noch in derselben Regierung sitzen, um wieviel einleuchtender dann, daß es Karmal bislang nicht gelang, die anderen Parteien, Sozialisten und Moslems zumal, zu irgendeiner Form von Mitarbeit oder auch nur Duldung zu bewegen.
Wenn auch Amins Regiment nicht, wie Karmal behauptet, »hundertmal erbarmungsloser war als Pol Pot in Kambodscha«, milder ist das jetzige System gewiß, das bestätigen Afghanen wie Ausländer. Letztere behaupten sogar, Afghanistan habe noch niemals seit 1978 eine so qualifizierte Regierung gehabt wie unter Karmal.
Freilich ist der Substanzverlust unterhalb der Ministerebene durch Säuberungen und Emigration inzwischen so schwer, daß EG-Diplomaten unterstellen, die in den Ministerien einquartierten Sowjetberater hätten Formulierungshilfe geleistet, wenn ein Afghanen-Schriftstück einmal nicht linkisch, sondern gelungen abgefaßt ist.
Gesehen hat besagte Sowjetstützen noch kein Ausländer, sowenig wie er eine Chance hat, sowjetische Truppenkontingente im Einsatz zu beobachten.
Nur noch wenige Ausländer sind im Land. Im Hotel »Kabul Inter-Continental« (200 Zimmer, vier Restaurants) bemühen sich 300

Mann Personal und ein kopfstarkes Geheimdienstaufgebot um das Wohl der sechs Gäste. Im Restaurant »Pamir« spielt die Band am Wochenende fast ausschließlich für die Kellner.
Die diplomatischen Vertreter der EG-Staaten lehnen nach dem Abzug ihrer Botschafter »politische Kontakte« zum Regime ab und widmen sich vorrangig konsularischen Aufgaben, das heißt, sie versuchen vor allem, den Strom der ausreisewilligen Afghanen zu kanalisieren, die vor den Botschaftsgittern Schlange um Visa stehen.
Nur noch Deutsche und Franzosen halten ihre Kulturinstitute geöffnet – der Andrang ist besonders groß, weil Sprachkenntnisse das Leben im Exil erleichtern. Die deutsche »Amani«-Schule und die französische »Istiklal«-Schule arbeiten mit reduzierter Lehrerschaft, nur Freiwilligen. Fast alle westlichen Entwicklungsprojekte sind eingestellt, fast alle westlichen Firmen haben ihr Personal abgezogen.
Journalistenvisa erteilt die Regierung nur noch in Ausnahmefällen, und auch in dieser Hinsicht ist Afghanistan ganz anders als Vietnam. Während in Saigon US-Presseoffiziere neugierige Reporterhorden in jedes gewünschte Dschungelnest schafften, findet der sowjetische Krieg in Afghanistan unter totalem Ausschluß der Weltöffentlichkeit statt.
Niemand kann kontrollieren, ob die Sowjets tatsächlich, wie zum Westgipfel in Venedig angekündigt, 10 000 Mann abziehen. Wer Sowjeteinheiten in Kabul offiziell zu besichtigen begehrt, erhält zur Antwort, es gebe in der Hauptstadt keine, und außerhalb kämpfen sie angeblich auch nicht, sondern stehen nur als »Reservearmee« im Land: Gebirgstouristen in Uniform offenbar.
So erklärt es sich denn, daß in den westlichen Medien ein unentwegter Kreislauf von Falschmeldungen die Schlachten vergrößert und die Zahl der Opfer potenziert: Afghanische Flüchtlinge erzählen den auf Pakistan abgedrängten Korrespondenten phantasiereich ihre Kriegserlebnisse, Radio Pakistan und Londons BBC, in Afghanistan vielerorts klar zu empfangen, senden das zweifelhafte Nachrichtengut zurück ins Land, neue Flüchtlinge saugen es auf, reichern es mit eigenen Storys an, erzählen alles den Korrespondenten in Pakistan wieder und so fort.
Die angeblich 20 000 moslemischen Guerillakämpfer, die sich Anfang Juni vom Paghman-Tal aus, 20 Kilometer westlich Kabuls, zur

»Entscheidungsschlacht« um die Hauptstadt gesammelt haben sollen, waren gewiß nicht 20 000 Mann stark und hatten die ihnen von Flüchtlingen und Westpresse zugeschriebene Absicht wohl nie.

In Paghman, der ehemaligen Sommerresidenz der Herrscher und Großen Afghanistans, ist keine Spur von Kampf zu entdecken. Ein paar T-34 der afghanischen Armee parken in den Gärten der im Weststil erbauten Villen, der gewaltige Triumphbogen, den König Amanullah zum Gedenken seines Sieges über die Briten 1919 errichten ließ, steht klotzig und fremd in dem idyllischen Bergtal.

Von hier aus die weithin offene Landschaft des Kabuler Beckens bis zur Stadtgrenze zu überwinden – für Guerillas unmöglich. Und von einem »Einsickern« Tausender von Guerillas in die Hauptstadt Anfang Juni konnte ebensowenig die Rede sein: Kabul ist eine für orientalische Verhältnisse übersichtliche, weitläufige Stadt mit geraden Avenuen und sogar breiten Basarstraßen, ungeeignet für eine Guerilla, dafür aber fast ideal für einen Straßenkampf mit Panzern.

Dennoch erläutern Einheimische wie Ausländer, daß die Lage unter der ruhigen Oberfläche »explosiv« sei. Wie immer Babrak Karmal seine Russen versteckt und wie geschickt sie sich auch zurückhalten, er bleibt in den Augen der nationalbewußten Afghanen der Politiker, der die Besatzer ins Land gebracht hat (obwohl eher sie ihn gebracht haben), und das macht angeblich sogar den Terror Amins vergessen.

So sitzt der Mann im Kabuler Arg und sitzen mit ihm die Russen in Afghanistan fest in der selbstgestellten Falle: Einerseits kann er ihre Gegenwart nicht entbehren, und sie können nicht abziehen, weil sonst sein Regime fast augenblicklich weggefegt würde.

Andererseits aber schädigt gerade die Gegenwart der Russen das Regime stärker als der Zwist zwischen Chalkis und Partschamis, belastet es mit dem Ruch, »unafghanisch« zu sein.

Eine Lösung, meinen westliche wie Drittweltdiplomaten, wäre nur möglich, wenn Moskau einen Karmal-Ersatz fände, der zwar die geheiligte Revolution nicht rückgängig machen würde, aber doch so wenig mit der Sowjetpräsenz im Land identifiziert werden könnte, daß er eine breite Koalition bis hin zu den traditionalistischen Kreisen und den moslemischen Guerillas zustande brächte. Nur dann könnte den Sowjets ein Abzug ohne Gesichtsverlust zu-

mutbar erscheinen, und das wäre dann wohl auch die von der EG geforderte »Neutralisierung« Afghanistans.
Einen solchen Drahtseilakt aber traut den Russen in Kabul niemand zu, das innenpolitische Kräftespiel dürfte für sie zu subtil sein, die Welt, in die sie hier vorgestoßen sind, zu fremd, die Abneigung, auf die sie treffen, zu tief.
Dabei sind ihre bewaffneten Vertreter in Afghanistan schon ungewohnt freundlich, fast folkloristisch anzusehen. Mit Einbruch des Sommers nämlich tragen die Rotarmisten anstelle der üblichen Schapkas und Käppis die breitkrempigen, scoutartigen Hüte ihres im Ausland unbekannten »leichten Dienstanzugs in heißen Gebieten«.
Die einen lassen die Krempe horizontal stehen: Typ »Royal Canadian Mounted Police«; die anderen haben beide Seiten keß hochgeschlagen, Typ Texaner. Manche auch gewinnen an Freundlichkeit, indem sie den Hut fast bis auf die Nasenwurzel über die Stirn schieben und den Riemen leger vor der Kinnspitze baumeln lassen.
Lustig, lustig, diese Russen an ihrer »neuen Grenze«. Fast sehen sie aus wie Amerikaner am »frontier«. Allerdings: Fast immer halten sie ihr automatisches Gewehr schußbereit im Anschlag.

SIEGFRIED KOGELFRANZ

Die Straßenpolizei ist immer dabei

Mit dem Auto unterwegs von Moskau in den Kaukasus
Dezember 1980

Den Posten Nummer 4 der Straßenpolizei GAI am Ostrand von Tiflis, nahe dem Flughafen der georgischen Hauptstadt, passiert der ausländische Wagen zunächst unbehelligt. Der weiße »Schiguli«, der mit den üblichen drei Beschattern seit der Abfahrt vom Hotel hinterherfuhr, ist verschwunden.

Einen Kilometer nach der GAI-Wache überholt ein »Wolga« mit einem Milizionär am Steuer, stoppt das Ausländerfahrzeug und fordert barsch: »Marschroute!«

Er studiert das Papier, einen Brief des Korrespondenten an die Presseabteilung des sowjetischen Außenministeriums, in dem mit detaillierten Teilstrecken und Daten die Etappen der Route Moskau–Eriwan und zurück eingetragen sind – fast 6000 Kilometer, die bei weitem längste für Ausländer offene Autoroute im großen Sowjetreich.

Der Polizist findet, mehr als 2000 Autokilometer vom Ausgangspunkt der Fahrt entfernt, einen Haken an der Sache und befiehlt Rückkehr zum GAI-Posten. Der Ausländer habe, wird ihm dort vorgeworfen, gegen die vorgegebene Marschroute verstoßen, indem er das Stadtgebiet von Tiflis verließ.

Einwände, wie er dies habe wissen können, in Moskau sei gemeinhin ein Radius von 40 Kilometer um die Stadt erlaubt, und warum er nicht gleich am Kontrollpunkt angehalten und zurückgeschickt worden sei, bringen die Bürokratie in Wallung.

Es wird hektisch telefoniert, ein zusätzlicher Offizier rückt an – und dann sind zunächst die beteiligten Sowjetbürger dran, eine Georgierin, die im Auto der Fremden saß, ein Russe und ein Georgier, die in einem Wagen vorausgefahren waren.
Sie werden verhört, müssen Personalien und Arbeitsplatz angeben, ein Protokoll unterschreiben, warum sie mit den Ausländern zusammen seien, was sie mit ihnen zu schaffen hätten. Dann kommen die selber an die Reihe: Ausweis, Protokoll, Unterschrift. Das Ganze zieht sich über drei Stunden hin.
Was war passiert? Der Russe, ein Bekannter aus Moskau, hatte Geburtstag und den Intourist-Slogan von der weltbekannten russischen Gastfreundschaft ernst genommen. Er wollte die Fremdlinge zu georgischen Freunden aufs Dorf einladen, wo das Spanferkel schon brutzelte, der Wein schon in den Krügen bereitstand. Doch da war die Sowjetmacht davor, solch unkontrollierte Verbrüderung ging ihr wohl doch gegen den Strich. Die betroffenen Sowjetbürger dürften nun erst mal kuriert sein – auf spätere Anrufe reagierten sie nicht mehr.
Natürlich mußte nicht nur verhindert werden, daß der SPIEGEL-Korrespondent in einem georgischen Dorf Spanferkel aß. Die Rallye auf dieser nicht nur weitesten, sicher auch interessantesten Autotour im Sowjetland geriet, je weiter weg von Moskau, zu einem Slalom von GAI zu GAI, für die das rare Ausländerauto ein Ereignis und das lange vorangemeldete Kennzeichen K-02-710 offenbar eine gewaltige Herausforderung war.
Am malerischen armenischen Sewan-See, 2000 Meter hoch zwischen kahlen Bergen gelegen, kam heimische Gastfreundschaft tatsächlich zum Zug, hatte aber gleichfalls ihre Tücken. Im Motelrestaurant am See nötigten drei Einheimische den Gast sogleich zu einem Willkommenstrunk mit dem berühmten armenischen Kognak. Seinen Protest, er sei Fahrer und trinke nicht, wischten sie als schwere Beleidigung der Landessitten zurück – auch sie seien Fahrer.
Sichtbar enttäuscht, daß es bei dem einen Glas blieb, fuhren sie unmittelbar vor dem Besucher wieder weg – der dann wenige hundert Meter weiter von einem Milizionär gestoppt wurde. Der kam ohne Zaudern zur Sache: Der Ausländer sei betrunken und müsse mit zum nächsten GAI.
Dort war alles parat, Pusteröhrchen, rasch auch ein Arzt, doch so

recht lohnte der Aufwand dann nicht. Zwar gilt in der Sowjetunion die Null-Promille-Grenze, ist dem Fahrer jeglicher Alkoholgenuß verboten, und der Fremde gab außerdem zu, einen ihm beinahe mit körperlicher Gewalt aufgedrängten Weinbrand getrunken zu haben. Aber Trunkenheit wollte daraus auch nach Sowjetmaßstab nicht werden, und so gestattete GAI nach einigen Telefonaten und dem üblichen Protokoll für die dicke Korrespondenten-Akte in Moskau die Weiterfahrt nach Eriwan.

Der Trink-Trick wurde noch mehrmals versucht. Selbst bei Pinkelpausen am Waldrand tauchten aus dem Nirgendwo plötzlich Autos auf und machten gleichfalls halt. Einmal stürzten die Insassen gleich mit erhobenem Glas auf den Fremdling zu – und leerten es, als der Toast verweigert wurde, enttäuscht ins Gras.

GAI war immer dabei, prüfte wohl ein halbes hundertmal Marschroute und Dokumente, telefonierte mit dem nächsten Posten, um zu schnelles Fahren oder zu langes Verweilen auf der Strecke zu testen. Was ein Polizist unweit von Krasnodar mit der Frage bezweckte, ob der Mercedes immer so aussehe – er fand ihn hinten zu kurz –, darüber rätselt der Fahrer noch heute.

Einmal durfte der Reisende sich schlicht gefoppt fühlen: als er, an der östlichen Schwarzmeerküste nach Norden fahrend, dem eindeutigen Wegweiser zu seinem amtlich besiegelten nächsten Etappenziel Krasnodar folgte und nach hundert Metern prompt wieder in den Fängen von GAI landete, barsch gefragt, wohin er wolle.

Auf den Hinweis, nun, nach Krasnodar, erhielt er die Belehrung, er habe nicht den direkten Weg über die Berge, sondern den Umweg (an die 200 Kilometer) über die Hafenstadt Noworossijsk zu nehmen; nur diese Route sei Ausländern offen.

Da sich Intourist in Moskau außerstande erklärt hatte, eine genaue Routenkarte zu beschaffen und auf der russischen Straßenkarte jeder entsprechende Hinweis fehlt, war der Ausländer diesmal offenkundig schuldlos, verzichtete GAI sogar darauf, das übliche Protokoll aufzusetzen.

Nebst der Autopolizei hatten die Tankstellen am Weg die meisten Überraschungen für den Autotouristen parat: Angesichts der überall weit auseinander liegenden Zapfsäulen tankt der mit sowjetischen Landstraßen vertraute Fahrer ohnehin spätestens, wenn die Benzinuhr auf halb steht.

Doch was auf der Fahrt zu den Grenzen, nach Brest oder Wyborg allemal langt, reicht auf der Kaukasus-Route nicht hin. Dort empfiehlt es sich dringend, schlechthin jedwede Tank-Gelegenheit wahrzunehmen.

Zwar sind da die Tankstellen auch nicht weiter voneinander entfernt als anderswo, um die hundert Kilometer, doch Zapfsäule bedeutet noch lange nicht Benzin, schon gar nicht von jener Oktanzahl, die ein Westmotor braucht. 98er oder 93er Kraftstoff – die Untergrenze des Möglichen – fand sich selten, oft sprudelte nur 72er aus dem Hahn.

In diesem Herbst konnte mancher Autofahrer unterwegs beim Warten auf den Tankwagen ein Buch durchlesen: Zwei Tage Wartezeit an leerer Tankstelle waren nicht ungewöhnlich. An anderen, wo zuweilen nur zehn Liter pro Person zugeteilt wurden, gingen den Wartenden schon mal die Nerven durch. Mit geschwungenen Kanistern rannten sie gegeneinander an.

Schier unerschöpflich die Variationen, dem Kraftfahrer die Mitteilung zu machen »Kein Benzin«. Da malten ungelenke Hände auf einen Pappkarton »93 njet, Masla njet« – kein 93er, kein Öl. Andere Tankwärterinnen deuteten mit kunstvoll um die Zapfsäulen verknoteten Schläuchen an, daß es bei ihnen nichts gebe. Die nächste Tankstelle hatte zwar Super satt, aber das Zapfwerk machte nicht mit.

Mal wurde 93er Benzin, das es zur Not auch getan hätte, nicht gegen 98er Coupons abgegeben. Einige Zapf-Gewaltige wiederum mißtrauten den Coupons der Moskauer Ausländerbehörde UPDK: Sie hatten bisher nur Intourist-Coupons gesehen und wollten auch nur solche nehmen.

Nach diesen Erfahrungen hält man die Annahme, daß im weiten Sowjetland die Hälfte des Sprits auf der Suche nach Sprit verfahren wird, nicht mehr für übertrieben.

Zum aufregenden Abenteuer wird die Autofahrt in Rußlands weiten Süden auch durch die Hotels, die Intourist dem Gast auf der Route bietet: bejahrte Kästen aus vorrevolutionärer Zeit und moderne Strandpaläste jugoslawischer Fertigung wie das »Schemtschuschina« in Sotschi.

Für Zimmer der Luxusklasse, die gemeinhin Ausländern vorbehalten sind, nehmen die staatlichen Herbergen vom fremden Einzelreisenden immerhin zwischen 40 und 90 Rubel (120 bis 270 Mark)

– den Sowjetbürger kostet es im Schnitt ein Achtel dieses Preises. Luxusattribute wie Fernsehgerät und Kühlschrank sind fast immer dabei, funktionieren aber selten. Das Toilettenpapier ist zuweilen knapp vorgezählt, dafür wird der Gast dann mit einem Klavier in der Stube entschädigt.

Beinahe mehr Sorge als dem Gast widmen die Hotels seinem Gefährt. Der Wagen wird stets in einem bewachten Hof weggeschlossen, das Tor mit armdicken Ketten und schwerem Vorhängeschloß gesichert. So überdauerte selbst der Mercedes-Stern am Kühler, begehrtes Souvenir vieler Sowjetbürger, die 6000-Kilometer-Fahrt. Trifft der Gast nach gefahrvollem Entlangtasten an unbeleuchteten Straßenmitbenutzern wie Mähmaschinen, Lkw-Zügen, Pferdekarren und Beiwagen-Krädern erst spät abends ein, kann sein Zimmer, aus allerlei Gründen das einzige für Ausländer tauglich befundene, an einen Einheimischen vergeben sein, der dann aber sogleich aus dem warmen Bett vertrieben wird, so geschehen in einem Hotel von Kursk.

Restaurants sind zu später Stunde geschlossen oder lassen niemanden mehr ein – was nicht immer ein Verlust ist.

Denn natürlich kann man am Don nicht den in Prospekten gerühmten Donfisch verzehren, schrumpfen angekündigte Delikatessen einer »russisch-kaukasischen Küche« zur üblichen kaltfetten Bulette mit Kartoffeln, gibt's im Gemüsegarten des Kuban kein Gemüse oder Obst – vertrauter sowjetischer Alltag.

Und wenn schon mal Köstlichkeiten wie eingelegte Bohnen, kalter Fisch und ein Brei aus Auberginen und Walnüssen serviert werden, endet die Schlemmerei mit einer schweren Eiweißvergiftung, noch Tage später in Moskau einwandfrei diagnostiziert, so geschehen in einem von Intourist empfohlenen Restaurant in Tiflis.

Mithin tut der Reisende gut daran, sich auf das zu verlassen, was er dabei hat, oder jeweils den örtlichen »Rynok«, den privaten Bauernmarkt, aufzusuchen, wo zumindest Vegetarisches angeboten wird. Improvisierte Stände bieten auch schon mal ein gebratenes Hähnchen feil, das dann freilich sieben Rubel kostet – 20 Mark.

Nach ein paar tausend Kilometern hat der Fahrer die Rollbahn satt, die nie mehr zu enden scheint: Asphaltphobie und Nervosität stellen sich ein angesichts der endlosen Kolonnen rumpelnder, schlingernder, überladener, ihre Last verstreuender Lastwagen, deren Fahrer sich um keine Regeln kümmern.

Denn die Landschaft wechselt kaum – und wenn, dann bietet sich wieder für tausend Kilometer das gleiche Bild. So dehnen sich die Hügelwellen an Don, Donez und Kuban, wo einst Scholochows Kosaken ritten, zur Unendlichkeit; nicht abgeerntete Sonnenblumenfelder mit kleinen, offenbar in übermäßiger Nässe verfaulten Pflanzen reizen nach Hunderten Kilometern das Auge auch nicht mehr.
Die Kaukasische Heerstraße ist landschaftlich Höhepunkt der Fahrt, bringt aber zusätzliche Gefahr. Frostzerbeult noch vom letzten Winter, windet sie sich ungesichert an steilen Abhängen entlang, durch unbeleuchtete Tunnel.
Selbst die Städte mit Namen aus Literatur und Zeitgeschichte wurden vom Großen Gleichmacher verschandelt, den Fertigbau-Kasernen, die zwischen Minsk und Chabarowsk schier alle Lenin-Alleen in alte Bekannte verwandeln.
Rostow am »Stillen Don«, Krasnodar, das frühere Jekaterinodar der Kuban-Kosaken, Ordschonikidse, das einstmals Wladikawkas, Beherrscherin des Kaukasus, hieß und seither viermal seinen Namen wechselte, Noworossijsk, wo Leonid Breschnew seinen Kriegsruhm erwarb, die von den Nazis heimgesuchten Industriestädte Kursk und Charkow – alle Orte sehen aus, als kämen sie aus demselben Baukasten.
Anders im Süden. Tiflis, zwischen dem heiligen Mtazminda-Berg und dem Kurafluß, mag mit leicht zugekniffenem Auge tatsächlich eine Ähnlichkeit mit Florenz haben, wie frühere Reisende rühmten. Südeuropäisch-mediterrane Stimmung liegt über der grünen Küste zwischen Suchumi und Sotschi am Schwarzen Meer, besonders dieser bei weitem größte »Kurort« des Reiches (die Russen verwenden das deutsche Wort).
Über 146 Kilometer hin dehnt sich die Stadt an der Küste aus, grün ist's hier, warm und gesund: In Sotschi sollen, so verlangt es die Gesundheitsbehörde, die Kurenden nicht rauchen, auch nicht auf der Straße. Und da drei Millionen Gäste im Jahr kommen, darunter 200 000 Ausländer – auch Neckermann macht's möglich –, ist die Sowjetunion allemal wachsam.
Eine Liegestuhl-Bekanntschaft mit russischen Kurgästen dauert genau einen Tag. Am nächsten Morgen igeln sich die neuen Freunde weitab ein – und lassen bei Gelegenheit verstohlen wissen, sie hätten Kontaktverbot bekommen.

VALESKA VON ROQUES

»Glanz und Glamour kommen zurück«

Republikanische Verhaltensweisen in Washington
Februar 1981

Wo hatten sie sich wohl verborgen gehalten in den letzten vier Jahren? Fast ausgestorben waren sie doch auf den Straßen Washingtons, die überlangen, schweren, schwarzen sechssesseligen Karossen, »Limousinen« genannt, oft versehen mit Telefon oder gar mit Bar und Fernsehapparat und immer mit einem Fahrer in Livree.

Für den Transport staatlicher Würdenträger hatte Jimmy Carter, Apostel der Frugalität im Weißen Haus, die Limousinen so gut wie verbannt und dadurch auch einen Schatten von Unschicklichkeit über ihren ungezügelten privaten Gebrauch gelegt.

Jetzt aber, mit der Machtergreifung der Republikaner, gleiten sie wieder in Rudeln durch die Straßen der Hauptstadt, fast lautlos und herrisch: Platz da, hier kommt das Geld.

In Doppel- und Dreierreihen parkten bei der Inauguration Ronald Reagans die Limousinen vor den Hotels und den feinen Stadthäusern, in denen die Republikaner ihre Rückkehr aus der Verbannung feierten. Ringsum erstickte hoffnungslos der Verkehr des gemeinen Volkes.

Ein Bacchanal ungehemmt ausgestellten Reichtums wogte um die Amtseinführung des Schauspielers aus Hollywood, der in seiner Inaugurationsrede eine Ode auf Verkehrspolizisten, Bäcker und Straßenarbeiter als die wahren Helden der Nation aufsagte, provinziell und rührselig, aber kaum glaubwürdig.

Denn ihm lauschten auf ihren oft ein paar hundert Dollar teuren reservierten Sitzen Damen in weitschwingenden Nerzmänteln und Zobelpelzen, schon am Morgen mit teuerstem Geschmeide behängt. Reagans Frau Nancy hatte sich für die Festlichkeiten mit Roben im Wert von gut 25 000 Dollar ausstaffiert.

Der spezifisch amerikanischen Sucht, das ehemalige Pionierland USA an Sonn- und Feiertagen mit ganzen Serien pompöser Bälle und sogenannter Gala-Abende zu überziehen – dieser Sucht kann nun unter den Republikanern hemmungslos gefrönt werden. Da kostümieren sich dann Farmer und Viehzüchter nicht nur mit Smoking, sondern gleich mit Gehrock und Cutaway, legen die Damen die ausgefallensten, oft ebenso teuren wie geschmacklosen Roben an.

Fast möchte man nachträglich der hausbackenen Frau Carter edle Einfalt loben: Rosalynn erschien zum Inaugurationsball in ihrem jahrealte guten Grünen aus wallender Kunstfaser. Nun aber ist ein neues Zeitalter angebrochen in Washington.

Denn die Unterschiede in der Selbstdarstellung zwischen konservativen Republikanern und liberalen Demokraten zeigen sich nicht nur, wenn sie feiern. Auch im Alltag folgen beide komplexen, grundeigenen Verhaltensmustern, die Kumpanei signalisieren und sie abgrenzen von der konkurrierenden Gruppe.

Sie entscheiden über Wohnsitz, Kleidung, Auto, Freizeitgestaltung, Küchenausstattung, vor allem aber über das vorherrschende Klima in ihrer seelischen Landschaft.

Das hat zwar auch mit dem Einkommen zu tun – Amerikas Republikaner sind immer noch die Partei der Privilegierten und des Geldes, deren Mitglieder überwiegend den obersten fünf Prozent der amerikanischen Einkommenspyramide angehören.

Doch in Washington – wo das politische Reizklima die Unterschiede zwischen republikanisch-konservativer und liberal-demokratischer Etikette besonders deutlich hervorhebt – könnte man an zwei Angestellten oder Rechtsanwälten, die zwar der gleichen gehobenen Mittelschicht angehören, sich aber zu unterschiedlichen politischen Loyalitäten bekennen, eklatante Unterschiede in der Lebensführung ausmachen.

Unter den Liberalen zum Beispiel herrschen keineswegs die freizügigeren, sondern die strengeren Sitten. Es wird karger gelebt. Man fährt Honda und Toyota, allenfalls Volvo, und lehnt die überlangen, benzinverschlingenden Kombiwagen, die von Republikanern bevorzugt werden, als »Dinosaurier« ab.

Im guten liberalen Haushalt wird nicht mehr geraucht. Auch harte Getränke sind so gut wie verpönt. Man trinkt Weißwein. Im Kühlschrank finden sich häufig die neuesten Merkwürdigkeiten an Gesundheitskost, was zumal den joggenden Familienmitgliedern zuweilen ein etwas ausgemergeltes Aussehen gibt.

Republikaner sind die deftigeren Typen. Edwin Meese, Ronald Reagans politischer Direktor, James Brady, der Pressesprecher, oder Lynn Nofziger, der diesen Job vor ihm hatte, sind Männer von gemütlicher Behäbigkeit, denen man ansieht, daß sie gern ihre dicken Steaks essen und hinterher Apple-pie mit einem Schlag Eiskrem darauf nicht zurückweisen.

Liberale belächeln solche uramerikanische Hausmannskost. In ihren mit Farn und getrockneten Kräutern dekorierten Küchen werden schwierig zuzubereitende Gourmet-Gerichte hergestellt, wozu ein Cuisinart, der französische Supermulti-Mix, unerläßlich ist.

Solch fremdländischer Schnickschnack wiederum kommt dem rechten Republikaner nicht ins Einfamilienhaus. Er geniert sich nicht vor Tiefkühlkost, und seine kulinarische Phantasie gipfelt im Grillen von zwei Sorten Fleisch im eigenen Garten.

In seiner – feierlich gehaltenen – Arbeitskleidung demonstriert der gute Republikaner Hingabe an die puritanische Arbeitsethik. Während liberale Führungskräfte sich inzwischen dem knapp gehaltenen europäischen Schnitt verschrieben, hat der konservative dreiteilige Anzug des Republikaners locker zu sitzen und Körpernähe vor allem in jenen Regionen zu meiden, in denen weniger sittenstrenge Männergesellschaften subtile Sexualsignale ansiedeln: um die Hüften, die Taille oder im Schritt.

Letzterer sitzt beim konservativen Republikaner kurz über den Knien, während der etwa zwei Handbreit unter die Brustwarzen hochgezogene Hosenbund geschickt die mögliche Existenz einer Taille überspielt. Die akzeptierten Farben sind Grau oder Dunkelblau, aufgeheitert allenfalls durch dezente Nadelstreifen.

Doch wenn er spielt, kleidet sich der konservative Republikaner in fröhlichsten Farben. In rosa Socken, gelben Hosen, kariertem Blazer und giftgrünem Schlips tummelt er sich dann unter seinen gleichermaßen grell gewandeten Artgenossen.

Wohl bedient bei einem Barbecue im Garten der Gastgeber den Grill. Ein Scherz auf seiner Schürze (»Achtung – Mann bei der Arbeit«) erinnert daran, daß er nur ausnahmsweise den Haushaltssklaven spielt, und auch darin steckt ein grundsätzlicher Unterschied zum Leben des Liberalen. Der nämlich, eingeschworen auf den Grundsatz der Gleichberechtigung, muß heute ganz anders ins Geschirr.

Um zu demonstrieren, daß er sexistische Pascha-Manieren abgelegt hat, teilt er – manchmal sogar vertraglich festgelegt – die Haushaltslast mit seiner Karrierefrau.

Auch seine Sprache hat sich geläutert. Spricht er zum Beispiel in der unbestimmten Form von »einem« Präsidenten oder »einem« Vorstandsvorsitzenden, baut er beiläufig in einem Nebensatz ein »er oder sie« ein, um damit zu bekunden, daß in seinem vorurteilsfreien Sinn auch Frauen solch hohe Posten bekleiden könnten.

Derlei muß den Republikaner nicht beschweren. Seine Frau ist für gewöhnlich nicht berufstätig. Mit einer untraditionellen Beschäftigung fällt unter den neuen Ministergattinnen, deren Beschäftigung durchweg als »homemaker« angegeben wird, nur die Frau des designierten Handelsministers Malcolm Baldrige auf: Sie ist Mitglied der freiwilligen Feuerwehr, ehrenamtlich, versteht sich.

Beispielhaft und unermüdlich hat im übrigen Nancy Reagan seit Jahren vorexerziert, wie sich die gute Republikanerfrau verhält: Mit anbetendem Blick, hingebungsvollem Lächeln und stets frischer Frisur lebt sie ganz im Dienst einer Karriere – der seinen.

Selbst an ihrer vorherrschenden seelischen Wetterlage kann man die beiden Gesellschaften auseinanderhalten.

Republikaner neigen zur Selbstgerechtigkeit. Sie scheuen sich nicht, ihren Reichtum herauszustellen, weil sie ihn ihrer Meinung nach ehrlich verdient haben: Wer arm ist, hat selbst schuld. Und: »Gut zu leben ist die schönste Sache« – so ein seit den zwanziger Jahren bewährter Zeitspruch der Reichen Amerikas.

Liberale leben in der Regel auch ganz gern im Wohlstand. Nur: Er quält sie tüchtig. Weil ihnen die Wirklichkeit überhaupt oft in die Quere kommt, wenn sie versuchen, ihre eigenen hohen Ideale zu leben, werden sie häufig von den im politischen Volksmund der USA sprichwörtlichen »liberalen Schuldgefühlen« gepeinigt. So heucheln Liberale zwar wohl wirklich nicht, wenn sie beteuern,

daß schwarze und weiße Kinder selbstverständlich gemeinsam unterrichtet werden sollten, in öffentlichen Schulen.
Aber dann werden ihre eigenen Sprößlinge ein paarmal auf dem Schulhof von schwarzen Rowdys überfallen und scheinen schlechter lesen zu können als die Nachbarskinder, die auf eine Privatschule gehen. So stecken sie ihre Kinder denn schließlich doch in teure Elite-Anstalten – wenn auch mit dem gleichfalls sprichwörtlichen »blutenden Herzen«, das die Liberalen kennzeichnet.
Aus all diesem kann nur folgen, daß sich mit dem Wechsel der Administrationen tatsächlich auch »Veränderungen, und zwar ganz große«, in der sozialen Landschaft der Bundeshauptstadt abzeichnen (so die *Washington Post*).
»Die fünfziger Jahre kommen zurück«, überschrieb das Blatt kürzlich einen langen Aufsatz zu diesem Thema, der unter anderem voraussagte, daß »Sex nun wieder als schmutzig betrachtet« werde, daß »Autos wieder größer denn je« sein und sogar Körperformen sich »drastisch verändern« würden: »Weil wir alle mit dem Joggen aufhören und statt dessen Golf spielen werden«.
Victor Gold, ein Kolumnist der Zeitschrift *The Washingtonian* und langjähriger Experte der sozio-politischen Anthropologie Washingtons, sieht »Glanz und Glamour, einen sehr viel formelleren Stil« in der Bundeshauptstadt einkehren.
Liberalen-Restaurants wie »Nora's« mit seinen unverputzten Ziegelwänden, mit Strohblumen-Dekor und dem von chemischen Zusätzen freigehaltenen Fleisch würden, meint Gold, jetzt »ganz schnell aussterben«.
Teuren, eleganten Restaurants wie »Le Bagatelle« dagegen, unter der frugalen Carter-Administration hauptsächlich von Lobbyisten besucht, sagt Gold eine »ungeahnte Hochkonjunktur« voraus – und das mitten im wirtschaftlichen Dünkirchen, dem die Nation nach republikanischen Voraussagen entgegengeht.
Unter dieser Voraussetzung könnte sich als nötig erweisen, die Regierenden in Washington vor dem Neid der Einheimischen, die zu 75 Prozent schwarz und arm sind, zu schützen: etwa, indem man eine hohe Mauer um das Regierungsviertel und die feinen Wohngegenden zieht.
Da, wo Ronald Reagan herkommt, in Kalifornien, leben viele Reiche schon lange so: hinter Mauern, beschützt von ihrer eigenen,

privaten Polizei. Und sie zaudern überhaupt nicht klarzumachen, daß sie die Verteidigung ihrer Privilegien mit Härte verfolgen.
Der künftige Präsident hat kürzlich zum Abendessen seinen Freund Alfred Bloomingdale besucht, einen aus dem Zirkel von kalifornischen Millionären, dem Reagan eng verbunden ist.
An dem hohen Gatter, das den Zugang zur Bloomingdale-Residenz versperrt, hängen, so beschrieb es die *New York Times*, zwei nicht als witzig gedachte Warnschilder.
»Scharfe Polizeihunde im Dienst« besagt das eine – und das andere: »Eintritt verboten. Zuwiderhandelnde werden erschossen«.

FRITJOF MEYER

Im Garten Eden ein Götze aus Granit

Albanien – Traumreich für Grüne und Musterstaat des Stalinismus
Dezember 1981

Das Land ist mohammedanisch, aber es gibt keinen Mullah und keine Moschee.

Das Land ist kommunistisch, aber kaum irgendwo, nicht einmal in Ronald Reagans Amerika, werden derart bösartige Karikaturen von Breschnew wie auch von Mao veröffentlicht.

Der Nationalheld Skanderbeg, nach dem der zentrale Platz in der Hauptstadt Tirana, ein Fußballverein und ein Weinbrand benannt sind, war praktizierender Katholik, vom Papst zum Führer eines Kreuzzugs ins Heilige Land erkoren. Aber der Katholizismus ist wie jede andere Religionsausübung strafbar, schon der Besitz einer Bibel mit Hinrichtung bedroht.

Die Aufnahme von Auslandskrediten ist laut Verfassung verboten. Gleichwohl flossen 200 Millionen Dollar aus der Sowjetunion ins Land, 5 Milliarden sogar – nach Pekinger Angaben – aus China.

Und als die Menschen in diesem Land vor drei Jahren wählten, gab jeder Bürger seine Stimme der Staatspartei, genau 100 Prozent. Einer, ein einziger Wahlberechtigter, machte keinen Gebrauch von seinem Wahlrecht.

Der Chef ist ein Intellektueller, der sein Bildungserlebnis in Frankreich hatte. Er führt sich wie ein Feudalherr auf. Daß seine Untertanen, wenn sie zustimmen, den Kopf schütteln, daß sie aber nicken und »Ja« sagen, wenn sie Nein meinen, gilt als Relikt aus dem Orient.

In Albanien, wo man immer noch dem Josef Stalin huldigt – obwohl sein Denkmal nun an einem Platz steht, auf den nie ein Sonnenstrahl fällt –, in Albanien, wo man das einfache Leben propagiert, aber zugleich die Funktionäre samt Familie zur Erholung in ein nobles Jagdhaus schickt, das einst dem italienischen Faschisten Graf Ciano als Refugium diente – in Albanien ist eben alles anders.

Die 2,7 Millionen Einwohner nennen sich nicht einmal Albaner, sondern »Skipetaren« (Adlersöhne), wie schon Karl May wußte. Ihr Staat heißt folglich »Skipetarische Sozialistische Volksrepublik«. Und es ist im Vergleich zu der eingemauerten DDR der am konsequentesten isolierte Staat dieser Welt, an der Adria und doch wie auf einem anderen Stern.

Der Eintritt in das unzugängliche Bergland ist nur an einem Grenzposten im Norden möglich, am halb jugoslawischen, halb albanischen Skutari-See, und über den winzigen Flughafen der Hauptstadt Tirana, auf dem zweimal wöchentlich ein tschechoslowakisches oder ostdeutsches Flugzeug und einmal die griechische »Olympic Airways« landet.

Die von Albaniens Auslandsvertretungen handverlesenen Besucherdelegationen (Einzelvisa gibt es nicht) müssen sich rigorosen Prüfungen unterwerfen: In der Zollerklärung wird nach der Marke des Fotoapparates sowie der eventuell mitgeführten Waschmaschine gefragt, nach Armbanduhr und Wecker sowie nach Zeitschriften und Büchern, die einzeln, mit Angabe des Inhalts, aufzuführen sind; streng verboten ist der Import einer Bibel oder sonstiger religiöser Literatur.

Die sorgsam von Versuchungen ferngehaltenen Landeskinder sollen nicht von gehobenem Konsum terrorisiert, durch fremde Ideen abgelenkt oder – wofür sie offenbar besonders anfällig sind – wieder dem Glauben an alte Götter ausgesetzt werden. Sie sollen auch keine ungewohnten Moden kennenlernen, die sie planwidrig irritieren könnten.

Deshalb darf der Gast keinen Mini- oder Maxirock tragen, keine überbreiten oder hautengen Hosen, und beim Zugereisten männlichen Geschlechts sind auch weibisch lange Haare und voller Bart verpönt: »Die Wange zwischen Ohr und Kinn sollte bartfrei sein«, empfiehlt ein Merkblatt.

Vor kurzem noch stand auf dem Flughafen ein Barbier bereit, Zu-

widerhandelnde zurechtzustutzen – in einem Nebenraum. In der Wartehalle hängen schließlich Karl Marx und Friedrich Engels mit dicht bewachsenen Wangen.
In den versteckten Altstadtwinkeln der Hauptstadt Tirana erscheint der Ausländer oft als der erste Fremde seit Jahrzehnten – man betrachtet ihn mit äußerster Neugier, ohne den Kopf zu wenden, kreuzt dann seinen Weg, sieht ihn aber nur aus den Augenwinkeln an. Die Skipetaren erwidern keinen Gruß, entziehen sich bestürzt einem Gespräch, und Kinder, die winken, bekommen von der Mutter eins auf die Finger.
Schon auf dem Flugplatz von Tirana kündigt sich ein besonderer Empfang für Albanien-Besucher ohne Einladung an: Rund um die Rollbahn ist das Land, wie überall in der Skipetaren-Republik, übersät und gesäumt mit kleinen Halbkugeln aus Beton, nach hinten offen, eine Schießscharte vorn: Bunker gegen einen potentiellen Feind.
Jeweils im Dutzend stehen sie auf Äckern und Schulhöfen, an Straßenkreuzungen und auf Bergeshöhen. Wie von Windpocken ist die gesamte Skipetarische Sozialistische Volksrepublik überzogen von Zehntausenden dieser Bauwerke des Kommunismus.
Die Wehrpflicht von drei Jahren zuzüglich je einem Monat in jedem folgenden Jahr gilt für männliche wie weibliche Albaner. Der militärische Gruß ist nach dem Vorbild des deutschen Rotfrontkämpfer-Bundes der Weimarer Zeit die erhobene Faust. Für Kapitulation sieht die Verfassung die Todesstrafe vor.
Bislang, seit ihrer Errichtung vor drei Jahren, schreckten die Bunker noch jeden Gegner. Bei manchen bröckelt zwar schon der Beton, auf anderen wachsen Blumen aus dem zur Tarnung aufgeschütteten Humus. Nur die Bunkerketten auf dem Flugplatz, unter Apfelbäumen, sind von Soldaten besetzt.
»Sie warten«, erläutert vielsagend und zugleich abwiegelnd Aleks Buda, weltgewandter Historiker und Präsident der albanischen Akademie der Wissenschaften, diese einzigartige Vorsorge.
Sie warten – und das aus guten Gründen: In seiner Geschichte war Albanien stets Beute seiner Nachbarn, Durchzugsgebiet der Mächtigen aus allen vier Himmelsrichtungen – Griechen und Römer, Hunnen und Ostgoten, Normannen und Slawen, Byzantiner und Türken, die sich mit den vorhandenen Illyrern mischten und ihnen ihre Religionen auferlegten – besonders erfolgreich die Tür-

ken, die Jahrhunderte blieben und die Albaner von Europa so abschnitten wie die Tataren einst die Russen oder wie eben jetzt die Kommunisten die Albaner.

Das sonst so fremdenfeindliche Albanien der Kommunisten ließ sich erst von der Sowjetunion, dann von China industrialisieren und hat es inzwischen mit beiden roten Supermächten verdorben, mit seinem Nachbarn, dem kommunistischen Jugoslawien, sowieso – Balkan-Querelen, an denen sich wieder einmal ein Weltkrieg entzünden könnte, wie es ein italienischer TV-Film schon prophezeit hat.

Denn seit Monaten befindet sich Albaniens Irredenta, das albanisch besiedelte, aber Jugoslawien zugehörige Gebiet Kosovo, im offenen Aufruhr gegen die slawische Vorherrschaft.

Käme es zum Krieg zwischen den beiden Balkanstaaten, könnte die Sowjetunion womöglich die Gelegenheit nutzen, als Schiedsrichter einzugreifen und dabei zur Adria vorzustoßen – und dann auch gleich jene beiden sowjetischen U-Boote wieder in Besitz nehmen, die im albanischen Hafen Durres liegen und die der Kleinstaat bei seinem Bruch mit Moskau 1961 einfach requiriert hat.

Dann hätten die »Imperialisten« im Kreml, denen Albaniens Parteichef Enver Hodscha »Kriegstreiberei« mit dem Ziel der Weltherrschaft unterstellt, endlich den von Rußland seit Jahrhunderten ersehnten Stützpunkt im Mittelmeer gewonnen, gleich gegenüber von Italien.

Der Hinweis, daß die Präsenz der 6. US-Flotte vielleicht auch Albanien vor solchen Entwicklungen schütze, führt bei einem nationalstolzen Fabrikdirektor, ausgebildet in der DDR, fast zum Zusammensturz des Weltbildes: Militärische Hilfe von außen, unerbetene zumal, ist für ihn unvorstellbar.

Seit Albanien vor 20 Jahren dem Sowjetchef Chruschtschow und vor drei Jahren auch den Chinesen zu teuer wurde, lebt das Land in vollkommener, glücklicher Isolation von der Umwelt.

In der Uno ist der Einzelgängerstaat von der Größe Belgiens zwar Mitglied, doch aus dem Warschauer Pakt stieg er bei Gelegenheit der sowjetischen Prag-Invasion 1968 aus, ungestraft. Die Helsinki-Erklärung über Sicherheit und Zusammenarbeit von 1975 hat Albanien als einziger europäischer Staat nicht unterschrieben, und auch nicht den Atomwaffensperrvertrag. Zu Washington und

Moskau bestehen keine diplomatischen Beziehungen, auch nicht zu Bonn, was neuerdings von Tirana als ein Versäumnis empfunden wird.
Dies ist das einzige Land der Welt, das Stalin noch Denkmäler setzt und das auch noch eifrig Stalinismus praktiziert.
Doch im Unterschied zu anderen Weltgegenden, wo derartige Experimente wieder aufgegeben wurden, funktioniert, jedenfalls zur Zeit, der Stalinismus hier sehr wohl: ein geordnetes Land, wohlbestellte Äcker, satte Menschen, die ihren zwar bescheidenen, doch nach den Maßstäben junger Aufgeklärter von heute durchaus hinreichenden Lebensstandard ganz aus eigener Kraft produzieren.
Dies ist – ähnlich Nordkorea – ein Traumreich der Grünen, in dem es kein privates Auto gibt, wo der Verkehrspolizist auf dem Skanderbeg-Platz fast nur Radfahrer und Passanten dirigiert, wo laut Verfassung keinerlei Steuern erhoben werden und wo für die (überfüllten) Omnibusse der Nulltarif gilt, warum auch nicht, da doch ohnehin alles dem Staat gehört?
Nicht einmal Privatgärten von 200 Quadratmetern wie in China oder von zwei Morgen wie in der UdSSR sind den Bauern geblieben; im Gebirge gibt es noch private Einzelhöfe, die aber, so Hodscha, »Schritt für Schritt ihrem Verschwinden, dem Absterben entgegengehen«. Aller Boden, alles Vieh, alle Produktionsinstrumente gehören dem Staat, der Diebstahl seines Eigentums mit mindestens vier Jahren Haft ahndet, während das Bestehlen von Privatpersonen nur mit mindestens einem Monat Haft bedroht ist.
Dem Staat und seiner einzigen Partei gehören letzten Endes alle Menschen. »Die Partei«, sagt Hodscha, »orientiert und kontrolliert alle, sie verlangt von allen Rechenschaft.«
Enver Hodscha, inzwischen 73, Anfang des Monats von seiner Partei erneut im Amt bestätigt, gewann als 36jähriger Gewalt über die Skipetaren, als draußen in der Welt noch Roosevelt, Churchill, Hitler und Hodschas Mentor Stalin amtierten.
Der Sohn eines mohammedanischen Tuchhändlers aus dem südlichen Gjirokastra, wo man den Dialekt der Tosken spricht – heute die verbindliche Landessprache –, begann seine Karriere durchaus als Internationalist: Mit einem Regierungsstipendium studierte er Naturwissenschaften in Frankreich (wo er nebenher Artikel für das KP-Organ *l'Humanité* schrieb) und Jura in Belgien. Dort wurde er Botschaftssekretär.

Doch wegen seiner kommunistischen Artikel erhielt er Berufsverbot und kehrte 1936 nach Albanien zurück, wo der selbsternannte König Zogu herrschte.
Am Gymnasium von Korca erteilte Hodscha Französischunterricht. Als im Frühjahr 1939 die Italiener (ohne größeren Widerstand) Albanien eroberten, machte Hodscha einen Tabakladen auf, von dem aus er gegen die Besatzer konspirierte.
Ein Foto aus jenen Tagen, das in seinem Geburtshaus in Gjirokastra hängt, zeigt ihn als Provinz-Dandy in Breeches mit Pistole im Gürtel, eine Zigarette lässig in der Hand.
Am 8. November 1941 schließlich, einen Tag nach der berühmten Revolutionsparade vor Stalin im belagerten Moskau, gründete Hodscha in den Schluchten des Balkan die Kommunistische Partei Albaniens und damit einen eigenen Kampfverband, der alsbald Westhilfe erhielt: Das anglo-amerikanische Kommando in Bari stützte sich fortan nicht mehr auf nationalistische, religiöse und Anarcho-Partisanen, sondern auf Hodschas Kommunisten.
Nach Italiens Frontwechsel 1943 kamen noch die Deutschen, die den Hafen von Durres sprengten und an ihren Folterkeller in Gjirokastra die Losung malten: »Gott mit uns«. Heute fordert Hodscha von Bonn als Wiedergutmachung zwei Milliarden Dollar plus Zinsen und von London den Goldschatz des Königs Zogu. Bei Italien gab er sich mit Reparationen in Höhe von 2,6 Millionen Dollar zufrieden.
Als die Deutschen Ende 1944 wieder abzogen, übernahmen Hodschas 200 Kommunisten die Macht, ihr selbsternannter Generaloberst Enver Hodscha ernannte sich auch zum provisorischen Regierungschef.
Die Kommunisten galten als national unzuverlässig; sie hatten nämlich mit ihren jugoslawischen Genossen, auf deren Beistand sie im Kampf gegen Italiener und Deutsche angewiesen waren, eine Nachkriegslösung vereinbart. Danach sollte die albanische Provinz Kosovo wieder den Serben zufallen, denen sie seit 1913 gehört hatte, seit der Gründung Albaniens auf den Trümmern des Osmanen-Reiches.
Peinlich für Hodscha und Genossen: Die italienischen Besatzer hatten mehr Respekt vor dem Nationalgefühl der Besetzten bekundet als die albanischen Partisanen und ihre Kolonie Albanien mit dessen Ostprovinz Kosovo vereinigt.

Doch Hodscha war – damals jedenfalls – kein Nationalist, vor allem wußte er die Realitäten und seine Möglichkeiten richtig einzuschätzen.
Vier Jahre später freilich dankten ihm die jugoslawischen Genossen sein Opfer schlecht: Tito betrieb die Ausweitung seines Herrschaftsgebiets zum südslawischen Großreich, dem Bulgarien schon zugestimmt hatte. Nun sollte auch noch Albanien angeschlossen werden.
Da rettete Stalin – der eine mächtige, kommunistische und dazu unabhängige Balkan-Föderation fürchtete – Hodscha, brach mit Belgrad und hofierte Tirana. Deshalb die Denkmäler.
Mit Stalins und später mit Maos Hilfe gewann Hodscha zwar Ost-Albanien nicht wieder, aber er brachte West-Albanien zum Blühen, seine eigene Skipetaren-Republik.
Er hatte eine verkommene, abgeschiedene Berglandschaft vorgefunden, in der Räuber und Moslem-Heilige ähnlich Karl Mays Mübareg hausten, in der die Sippen ihre jeweilige Blutrache durch die Generationen trugen (weshalb ihre befestigten Höfe weit auseinander lagen), wo die Menschen von Maisbrei lebten und sich selten ein Fleischmahl leisten konnten und wo aus den Sümpfen an der Küste die Malaria kroch.
Heute sind die Sümpfe trockengelegt, und die Malaria ist ausgerottet. Jedes Fitzelchen nutzbaren Bodens wird sorgfältig bebaut – und das ist das Beste, was sich über ein Entwicklungsland sagen läßt.
Wo Mais und Paprika abgeerntet sind, haben schon Holzpflug oder chinesischer Traktor das Land neu umbrochen. Viele Berge sind nach chinesischem Vorbild terrassiert. Die Märkte führen Tomaten, Paprika, Melonen und Äpfel, Käuferschlangen sieht man nicht; beim Fleischer gibt es abgepackte Portionen und Geflügel.
Brotgetreide braucht seit fünf Jahren nicht mehr importiert zu werden. Ein Netz befestigter Straßen verbindet die Dörfer und Städte, Wasserkraftwerke nutzen die Energie der Gebirgsflüsse. Seit elf Jahren ist Albanien voll elektrifiziert, nun wird Strom nach Griechenland und Jugoslawien exportiert.
Vielerlei Bodenschätze, zuerst von den italienischen Besatzern erschlossen, bringen dem Bergland Devisen: Chrom, Bitumen, Kupfer sowie, einträglicher noch dank einer von den Chinesen gebau-

ten Fabrik, Kupferdraht. Das Handelsvolumen mit der Bundesrepublik (1980: 54 Millionen Mark) verdoppelt sich dieses Jahr.
Textilien, Kunststoffe, Düngemittel, Papier und Rundfunkgeräte produziert das Land nun selbst. Ein Erdölfeld um die Ortschaft Stalinstadt macht autark, obwohl die Russen das Lager für unergiebig hielten. »Sabotage«, erklärt ein Funktionär, und so bewertet er auch die Verzögerung beim Bau eines Kraftwerks durch die Chinesen.

Als Erfolg gilt, daß sich die Bevölkerung binnen 30 Jahren verdoppelt hat. Früher besaß nur jeder siebente Einwohner Schulbildung, heute hat nur jeder zweite Bauer weniger als acht Jahre Unterricht genossen. Als Hodscha antrat, gab es 380 Akademiker im Land, heute sind es hundertmal soviel; seit 1957 hat Tirana eine Universität mit derzeit 16 000 Studenten.

Ein Garten Eden mithin, was die materielle Entwicklung betrifft, wenn auch geschaffen und bebaut im Schweiß des Angesichts seiner Bewohner.

Doch die scheinen ihren Stalinisten den materiellen Fortschritt nicht genug zu honorieren. Jedenfalls übt Hodscha gegen sein Volk die derzeit drakonischste Diktatur Europas aus, deren Kennzeichen – Propaganda plus Polizei – allerorten augenfällig sind.

Als ob die Albaner es sonst nicht wüßten, werden sie permanent daran erinnert, wem sie ihren Lebensstandard zu verdanken haben. Außer handbreiten Straßen- und Ladenschildern gibt es im ganzen Land, und zwar an jedem zweiten Gebäude, auf Tafeln alle paar Kilometer entlang der Landstraße und in zehn Meter hohen Lettern sogar an den Bergwänden immer nur die eine Aufschrift: »Profte shok Enver Hodscha« (Gelobt sei der Genosse Enver Hodscha), manchmal ergänzt durch Parolen zum Ruhm der Partei oder der Heiligen Marx/Engels/Lenin/Stalin/Hodscha.

Die einzigen, aber massenhaften Bildreklamen zeigen den Führer – nicht in Stalin-Rubaschka, Mao-Jacke oder Generalsuniform, sondern im Nadelstreifen mit Weste und Krawatte. Er ist, soweit sich sehen läßt, der einzige Albaner, der einen westeuropäischen Hut trägt.

Staatstreue und Ordnung erzwingt der Büttel an jeder Straßenecke. Nur als ein Funktionär im Auto einen Radfahrer anfährt, ist kein Polizist zu sehen; nach dem vergeblichen Versuch, das Fahrrad wieder geradezubiegen, fährt der Herr einfach weiter.

Für die Ruhe sorgt zudem nach Aussagen von Emigranten, die den Zugewinn an Lebensstandard daheim keineswegs bestreiten, ein totalitäres Spitzelsystem, für das auch noch geworben wird: »Übt revolutionäre Wachsamkeit!« lautet die Losung. Schon bei einer Stippvisite im Hodscha-Reich kommen Lager mit MG-bewehrten Wachtürmen in den Blick und, kurz vor Shkodra (Skutari) im Norden, sogar zwei Hundertschaften kahlgeschorener Zwangsarbeiter beim Ausheben eines Entwässerungsgrabens, in hundert Meter Entfernung bewacht von einer Schützenkette Uniformierter mit der MP im Anschlag.

Unter der Repression leiden vor allem jene Intellektuellen, zu denen der polyglotte, weltläufige Hodscha sich selbst einmal gezählt hat. Sie sind von der übrigen Geisteswelt völlig abgeschnitten, die Zensur läßt keinen gedruckten Text durch, der beunruhigen könnte.

Schatten der Vergangenheit – im vorigen Jahrhundert vergifteten Reaktionäre einen Lehrer, der ABC-Fibeln aus dem Ausland nach Albanien geschmuggelt hatte. Das Theater von Durres trägt den Namen des Berliner Schauspielers der zwanziger Jahre, Alexander Moissi, dessen Vater aus Albanien kam. Von den Stücken allerdings, in denen er unter Max Reinhardt auftrat, wird keines je in Durres gespielt. Die einzige Buchhandlung für internationale Literatur in Tirana bietet etwa 50 Titel an, wovon ein Viertel aus dem Ausland stammt: Fachbücher aus der DDR.

Wie in Chinas antikultureller Revolution muß jeder Abiturient vor, während und nach seinem Studium körperliche Arbeit auf dem Land oder in einer Fabrik leisten, wobei zugleich auch seine politische Gesinnung getestet wird. Mag er für sein Fach noch so begabt sein, er darf nicht weiterlernen, wenn er sich gegenüber dem Kollektiv als ideologisch unzuverlässig erweist.

Maos »Große Proletarische Kulturrevolution« bot Hodscha Gelegenheit für einen Akt des Terrors gegen die religiösen Volksbedürfnisse, die das Regime anders offenbar nicht mehr bewältigen konnte als durch den Sturm auf Kirchen und Moscheen: Die verschiedenen Religionen, erläutert ein Betreuer, hätten in Albanien »die Einheit« des Volkes gefährdet – als ob sich Zustände wie im Libanon angekündigt hätten.

Am 6. Februar 1967, als die Welt auf das Wüten der Roten Garden in China starrte, rief Hodscha, ohne großes Aufsehen außerhalb

Albaniens zu erregen, seine landeseigenen Schulkinder zum Angriff. Sie besetzten die 2169 Gotteshäuser im Land, verwandelten einige in Tanzsäle, Museen, Lagerhallen, schleiften die meisten. Das war eine Gaudi für die Gymnasiasten von Durres! Sie durften als erste die Mullahs und Priester durch die Straßen zerren und verhöhnen, der »produktiven Arbeit« zuführen oder sie vor ein »Volksgericht« stellen. Auch dies mit Tradition: Im Amphitheater von Durres wurden zur Römerzeit die ersten Christen den Löwen vorgeworfen.

So hat Hodschas abgeschlossenes Land, in dem bei seinem Machtantritt 1944 über zwei Drittel der Bewohner Mohammedaner waren und der Rest orthodoxe und katholische Christen, heute kein einziges Gotteshaus mehr. Hodschas Albanien ist (laut Selbsteinschätzung) der »erste atheistische Staat der Welt«.

Ein paar Kunstdenkmäler blieben stehen, Kapellen aus byzantinischer Zeit, die Hadschi-Etehem-Beg-Moschee in Tirana. Doch sie sind kaum zugänglich, sogar als Albaniens Chefarchäologe einer extra dafür angereisten Gruppe von Wissenschaftlern aus dem Westen in der alten Stadt Berat die Schätze vorführen will, gibt es heftigen Streit mit dem örtlichen Staatssicherheitsbeauftragten.

Nach einer Stunde, wohl nach Rückfrage beim Ministerium, werden die Pforten doch noch aufgeschlossen, da stoßen die Byzantinisten auf Schutt und Gerümpel vor abgeblätterten Fresken.

Stolz verweist der albanische Agitator auf die Kathedrale von Shkodra, die in eine »schöne Sporthalle« umgewandelt wurde. Die Bogenfenster sind zugemauert, die Türme gekappt, Wellblech deckt jetzt das Kirchenschiff. Das Franziskaner-Kloster am Ort wurde von den Gottlosen-Garden 1967 niedergebrannt, der Bischof von Shkodra, Coba, fand als Karrenschieber seinen Unterhalt.

In Shkodra befindet sich auch ein »Atheistisches Museum«, nicht annähernd so reich mit gestohlenem Kirchengut ausgestattet wie jenes in der Leningrader Ex-Kathedrale Unserer Lieben Frauen von Kasan, aber im gleichen Stürmer-Stil: Plakate, Fotos, aufgefundene Waffen, beschlagnahmte Devotionalien und eingeschmuggelte Bibeln unter dem enthüllend falsch zitierten Marx-Wort »Religion ist Opium für das Volk«*.

* Marx: »Die Religion ist der Seufzer der bedrängten Kreatur, das Gemüt einer herzlosen Welt, wie sie der Geist geistloser Zustände ist. Sie ist das Opium des Volkes.«

Die Exponate belehren die bedrängten Gläubigen von Shkodra, die Religion sei unwissenschaftlich, widersprüchlich, unehrlich; die Kirche, dieser internationale Rauschgifthändler, habe Gewalt und Ausbeutung gerechtfertigt, sich auf Kosten des Volkes bereichert, zeitweilig mit Faschisten kollaboriert.

Ein noch gültiger Götze, dessen Ideologie ähnliche Mängel aufwies und dessen Partei mindestens die gleichen Sünden beging, steht in Granit wenige Meter neben dieser Schreckenskammer: Stalin.

Nach dessen Vorbild bemüht sich auch dieser rote Staat um einen kräftigen National-Sozialismus als Ersatzideologie für die verabschiedete Religion und feiert die Nationalhelden der Vergangenheit, etwa den Feudalfürsten Skanderbeg, der sich vor 500 Jahren (am Ende erfolglos) den Türken widersetzte und als Nationalflagge bereits ein rotes Tuch zeigte, mit dem schwarzen Adler darin.

Skanderbeg-Nachfolger Hodscha verlängert neuerdings die Geschichte seines Volkes bis in die Römerzeit zurück, ähnlich seinem rumänischen Kollegen Ceauşescu, der zu diesem Zweck den Stamm der Daker zu den direkten Vorfahren der heutigen Rumänen erklärte.

Bei Hodscha sind es die Illyrer, die zwar spätestens im fünften Jahrhundert nach Christus aus der Historie verschwanden, von deren völlig unbekannter Sprache aber einiges im modernen Albanisch fortleben soll. Wichtig wie bei Rumäniens Dakern ist, daß auch die (im 19. Jahrhundert wiederentdeckten) illyrischen Ahnen keine Slawen waren.

An die Vergangenheit, die mohammedanische vor allem, erinnert weiterhin der Alltag in Hodschas Skipetaren-Republik. So sind die schwere Landarbeit wie auch der Straßenbau nach gutem altem Brauch den Frauen vorbehalten. Unter mächtigen weißen Kopftüchern, die wie ein Schador aussehen, bücken sie sich barfuß auf den Feldern und liefern am Ackerrand das Geerntete dem Aufseher ab, zum Abwiegen und Gutschreiben aufs persönliche Plan-Soll.

Am hellichten Vormittag flanieren dafür arbeitsfähige junge Männer in Rudeln über den Corso und bevölkern die Caféhäuser (in denen keine Frau sitzt). Angeblich handelt es sich um Schichtarbeiter – eine Begründung, die auch in Jugoslawien und China zu hören war, ehe man dort Massenarbeitslosigkeit eingestand. Auf dem Parteitag im November gab Hodscha Strukturfehler zu: Man wolle sich bemühen, Arbeitsplätze dort zu schaffen, »wo die Menschen sind«.

Die wohnen in den Städten in unverputzten, mit Holz geheizten Mietskasernen, die schon bei der Fertigstellung Slums ähneln. Eine Familie mit zwei Kindern erhält zwei Räume; in jeder Neubauwohnung leben planmäßig durchschnittlich fünf Personen.

Da der Sippenverband noch intakt ist, tun sich Verwandte nach Möglichkeit zusammen, zwei Brüder etwa nehmen mit ihren Angehörigen eine größere Wohnung, und wenn alle Erwachsenen verdienen, leisten sie sich gemeinsam einen Fernsehapparat. Der ist in der amtlichen Warentabelle als Luxusgut eingestuft und kostet den Durchschnittslohn von zwei Arbeitsjahren.

Für ein Pfund Fleisch rackert der albanische Proletarier im Durchschnitt einen Tag, für ein Kilo Obst oder eine Zahnbürste drei Stunden und für ein paar Plastikschuhe eine Woche, ebenso lange wie für einen Monatsplatz im Kinderhort (Verpflegung eingeschlossen).

Den Lohn von ein bis zwei Tagen gibt er jedes Jahr für die Schulbücher eines Kindes aus. Studiengebühren trägt der Staat nur, wenn die Eltern des Studenten minderbemittelt sind. Medikamente kosten wie in allen sozialistischen Staaten bares Geld, und nicht wenig; vor dem Krankenhaus von Durres stehen die Patienten Schlange.

Mütter erhalten bei Erkrankung eines Kleinkinds bis zu 36 Tage im Jahr Urlaub sowie zum Stillen ihres Säuglings alle drei Stunden eine Arbeitspause. Die Emanzipation der Frau zeigt sich – wie überall im realen Sozialismus – vor allem in der Teilnahme an der Lohnarbeit. Albaniens Errungenschaft: Wehrpflichtige Mädchen in Uniform, ein rotes Schleifchen am Käppi als Geschlechtsmerkmal, marschieren unter dem Kommando eines Feldwebels (männlich) mit dem Karabiner über Albaniens Schotterstraßen.

Kaum vorstellbar, daß diese Lebensweise das Wunschziel der meuternden Schüler und Studenten von Pristina ist, der Hauptstadt der »Autonomen Provinz« Kosovo in der jugoslawischen Teilrepublik Serbien. Kaum vorstellbar, daß sie ihre Rechte als Bürger Jugoslawiens, Reisefreiheit und privates Hofland etwa, eintauschen möchten gegen die sozialtotalitäre Sicherheit Albaniens.

Kaum vorstellbar auch, daß Albanien – wie Belgrad behauptet – sie wirklich haben will: Die Wiedervereinigung zweier sozialistischer Staaten, von denen einer stockstalinistisch und der andere eher schon sozialdemokratisch orientiert ist, birgt für Albanien den Zugewinn eines riskanten Protestpotentials. Denn in Jugoslawien leben etwa halb soviel Albaner wie in Albanien selbst.

So klingt glaubwürdig, wenn Enver Hodscha – wie zuletzt auf seinem Parteitag – darauf beharrt, Albanien strebe nicht nach der Einheit, es sei vielmehr Sache der Kosovaner selbst, sich ihre Rechte zu erkämpfen, eine eigene albanische Teilrepublik im jugoslawischen Staatsverband zu erzwingen.

Albanien denke nicht an eine Gewaltlösung, erläutert der Ideologe Buda. Soll heißen: Hier jedenfalls bricht der Dritte Weltkrieg nicht aus. Die Bunker, so Buda, warten und »tun nichts«.

Ein Groß-Albanien müßte in der Tat wieder von vorn anfangen, nämlich jeden dritten Bürger umerziehen, weg von Allah, hin zu Hodscha. Dabei ist schon die Regimetreue der seit 35 Jahren unterworfenen Skipetaren ungewiß.

Wenn es Abend wird in den Siedlungen der Adlersöhne, suchen sich die Albaner ihre Freiräume. Verheiratete Frauen gehen neben ihrem Mann (Liebespaare lassen sich nicht sehen) spazieren mit Rouge auf den Lippen und in hochhackigen Schuhen, nicht eben sehr systemkonform.

»Ein großes ideologisches Problem«, »ein großes Übel« nannte Hodscha am 1. November »kleinbürgerliche Mentalität und Denkweisen, die in unserem Land tiefe Wurzeln haben«. Vor allem »große Massen von Jugendlichen« seien »noch nicht durch den Ernst des Lebens abgehärtet«.

Im Schutz der Dunkelheit wird der Ausländer vorsichtig gefragt, ob er seine Armbanduhr verkaufe. Halbstarke in zerlumpten Klamotten betteln um Kaugummi und verschwinden vor dem nächsten Polizeiposten rasch in einer Seitengasse, um hundert Meter weiter wieder aufzutauchen, wieder nachzufragen.

Auf den Wohnblocks einer Arbeitersiedlung in Durres sind die meisten Fernsehantennen nicht nach Osten gerichtet, zum Regierungssender Tirana (täglich vier Stunden Politik und Sport), sondern auf Italien, nach Westen.

Auch wenn sonst alles anders ist in Albanien – die Skipetaren sind nicht andere Menschen als anderswo.

Im Städtchen Saranda gibt der Bezirksparteisekretär ein Fest für 200 Gäste. Die Hälfte sitzt auf der Hotelterrasse im Hintergrund – nur Männer. Der Chef, im Nadelstreifen, begrüßt sie der Reihe nach mit gnädigem Händedruck.
Die ausgewählten Paare aber, die an der Tanzfläche sitzen, speisen und trinken, ernten Wangenküsse ihres Arbeitgebers. Nach einem Loblied auf Enver Hodscha bewegen sie sich zu Tango, Sirtaki – die griechische Grenze ist nicht weit – und serbischem Kolo, bei dem der Chauffeur des Bezirksparteisekretärs an der Tête tanzen darf.
Vor dem Hotel parkt der Dienstwagen des Bezirksparteisekretärs, ein Mercedes.

TIZIANO TERZANI

»Bauern zufrieden – Reich stabil«

Private Landwirtschaft in der chinesischen Provinz Schantung
Januar 1982

Ein Mann hackt mit einem primitiven Eisen die Erde. Ein anderer hat sich selbst und seine Kinder vor einen Karren gespannt. Eine Frau, an eine Steinplatte geschirrt, dreht unermüdlich ihre Runden; sie mahlt ihr Korn mit einem schweren Steinrad.

Heute wie vor Hunderten von Jahren hacken Menschen Erde, ziehen sie Karren, drehen sie Steinplatten – mit den gleichen Geräten, den gleichen Bewegungen, Generation um Generation.

Die Gebirge sind von Menschen und Zeit abgetragen, nackte Felsen. Die Erde in den Ebenen ist von fleißigen Bauern in ihrem harten Kampf, genügend Nahrungsmittel anzubauen, millionenfach umgewühlt, sie scheint von der jahrhundertelangen Arbeit, die dennoch keine angemessenen Erträge brachte, ebenso ausgelaugt zu sein wie die Menschen.

Erde und Menschen in der Provinz Schantung: Der Name, zu deutsch »Östlich des Berges«, bezeichnet eine der Wiegen der chinesischen Zivilisation, eine der ältesten Regionen dieses alten Landes. Angehörige der Früheren Han-Dynastie ließen sich hier am Gelben Fluß nieder.

Doch der mächtige Strom, der auf dem tibetanischen Hochplateau entspringt und entlang seinem über 4845 Kilometer langen Lauf Leben erzeugt, brachte Überschwemmungen, verlagerte das Flußbett, verbreitete Tod, Hungersnot und Seuchen. Der Gelbe Fluß erhielt den Namen »Chinas Kummer«.

Auch heute bereitet er Schantung große Sorgen. Nördlich der Provinzhauptstadt Jinan tobt und tost sein rötlich trübes Wasser durch den riesigen Bogen der Eisenbahnbrücke, die von den Deutschen erbaut wurde. Der Wasserspiegel ist infolge starker Regenfälle, die am Oberlauf des Flusses niedergingen, erschreckend hoch. Dennoch besteht keine Möglichkeit, diese Wassermassen hier zu nutzen, wo die Wasserreservoirs leer und die Felder trocken sind.
Seit Monaten ist in der ganzen Region kein Tropfen Regen gefallen. Die Bauern erleben und durchleiden die größte Dürre seit 60 Jahren. Anders als früher jedoch haben sie heute keine Götter, zu denen sie beten können: Schantung ist Chinas »Heiliges Land«, aber die Tempel sind nicht geöffnet.
Die Philosophen Konfuzius und Menzius wurden beide in Schantung geboren. Hier auch befindet sich der heiligste der fünf Heiligen Berge Chinas, der Tai Schan. Hier hatte die chinesische Lebensphilosophie des Taoismus ihr Zentrum, vor den Küsten Schantungs machten sich die »Acht Unsterblichen«, mythische Gestalten, auf ihre Reise über das Meer.
Die Religion war jahrhundertelang wesentlicher Bestandteil im täglichen Leben der Bauern. Jedes Dorf hatte seinen Tempel, Pagoden bestimmten die Landschaft Schantungs.
Jetzt sind sämtliche Heiligtümer verschwunden, zerstört, abgerissen oder umgewandelt. Die wenigen Kultstätten, die in jüngster Zeit wieder eröffnet wurden, sind für ausländische Touristen da.
Mehr als jede andere Region erfuhr Schantung vor hundert Jahren die Demütigung durch ausländische Mächte. Hier waren es die Deutschen, die ins Land kamen, Episode einer von den Deutschen längst vergessenen, in Schantung immer noch fühlbaren Kolonialgeschichte.
Als die Deutschen, von den Japanern besiegt, nach 16 Jahren aus Schantung abzogen, hinterließen sie ihre Ex-Kolonie Tsingtau, das beste, in China nach wie vor unerreichte Beispiel moderner Städteplanung. Sie hinterließen einen Hafen, der auch heute noch benutzt wird, sowie erste Industriebetriebe (Bier, Seide, Stickerei), die immer noch arbeiten, und ein Eisenbahnnetz, das heute noch das größte der Region ist.
Von jeher aber war Schantung auch ein Land der Rebellen. Hier trieben die Taiping-Aufständischen ihr Unwesen, wurden die

fremdenfeindlichen Boxer geboren. Hier auch organisierte sich 1937 der erste Widerstand gegen die japanische Invasion, hatten die Kommunisten seit Beginn ihres Kampfes eine Basis, siegten sie im Bürgerkrieg erstmals gegen die Kuomintang.

»Wenn die Bauern zufrieden sind, ist das Reich stabil«, hieß ein altes Sprichwort. Das Feudalsystem aber hatte die große Masse der Bauern in Armut und Verzweiflung getrieben. Die Bauern wollten das Land besitzen, das sie beackerten, und Mao Tse-tung versprach es ihnen. So kam es, daß viele Schantung-Bauern in die Rote Armee eintraten und in weiten Gebieten der Provinz die Landreform bereits vor 1949 durchgeführt wurde.

Die enteigneten Grundbesitzer flohen daraufhin zur Kuomintang. Noch heute erzählen die Bauern, daß einer der Landbesitzer angeblich zu seinen Lehnsleuten sagte: »Ich werde zurückkommen und alle abschlachten, die mein Land an sich gerissen haben. Ich werde ein Restaurant eröffnen, in dem dann Menschenfleisch serviert wird.«

Die Kuomintang wurde schließlich besiegt, und die Grundbesitzer kehrten tatsächlich zurück – jedoch, um sich vor einem Scheingericht für ihre »Verbrechen gegen das Volk« zu verantworten. In ganz China wurden mehrere Millionen Grundbesitzer hingerichtet, ihre Felder konfisziert und unter die Bauern verteilt, die sie bestellten. Die Bauern mußten in landwirtschaftliche Genossenschaften eintreten.

1958 dann, als Mao Tse-tung Volkskommunen in ganz China gründete, stand Schantung an erster Stelle. Alle Spuren privaten Eigentums verschwanden, alle Gartenparzellen und Viehbestände wurden konfisziert, freie landwirtschaftliche Märkte geschlossen.

Alles gehörte fortan der Kommune, alles wurde von ihr kontrolliert. Der Bauer selbst war als Mitglied dieser großen Einheit – eine Kommune bestand für gewöhnlich aus 30 000 bis 50 000 Menschen – nur ein Arbeiter, der, von seinem eigenen Land getrennt, heute an einem Deich, morgen beim Straßenbau oder in einer Eisenschmelzanlage arbeiten mußte.

Sein Einkommen war nun Teil des Einkommens der Gruppe, zu der er gehörte. Die Hälfte dieses Einkommens bestand in den sogenannten »Sieben Garantien«, die seine Kommune ihm gewährte: Nahrung, Kleidung, Haarschnitt, Erziehung, Unterkunft, ärztliche Behandlung und Begräbnis.

Mao Tse-tung glaubte, damit den schnellen Weg zur idealen Gesellschaft der Gleichen gefunden zu haben. Das Ergebnis jedoch war katastrophal. »1961 sank die gesamte Getreide-, Zucker- und Schweinefleischproduktion auf den Stand von 1951. Andere Ernteerträge lagen sogar noch unter denen des Jahres 1949«, heißt es in einem vertraulichen Buch mit dem Titel »Probleme der Landwirtschaft in China«, das unlängst in Peking gedruckt wurde.
In Schantung wie im übrigen China litten Millionen Menschen Hunger, starben Hunderttausende, ohne daß es westlichen Beobachtern auffiel – die Propaganda meldete beispiellose Erfolge.
Noch 1959 wurden an dem starren Kommunesystem erste Korrekturen vorgenommen, Anfang der sechziger Jahre wieder private Parzellen eingeführt, von den Bauern treffend als »lebensrettende Gärten« bezeichnet.
Diese Reformen jedoch waren nur von kurzer Dauer: Sie fielen samt und sonders der Kulturrevolution zum Opfer – ebenso wie Millionen Menschen.
Bei dem politischen Dauerkampf im kommunistischen China – Liu Schao-tschi gegen Mao, Mao gegen Deng Hsiao-ping, Deng gegen Hua Kuo-feng und jetzt Deng gegen die Überbleibsel der Viererbande – ging es weitgehend um die Frage, was auf dem Land geschehen solle, wo 860 Millionen Chinesen leben, und wie die Landwirtschaft zu organisieren sei, deren Erfolg oder Mißerfolg heute wie früher über die herrschende Dynastie entscheidet.
Dieser Kampf tobt noch immer, denn die Tatsachen sind niederschmetternd, ein Konsens, wie die Not – wenn überhaupt – zu beheben wäre, ist wohl objektiv unerreichbar:

- China besitzt nur sieben Prozent des Agrarlandes der Welt, muß davon aber 22 Prozent der Weltbevölkerung ernähren.
- Chinas Bevölkerung wächst ständig (in den letzten 31 Jahren von 541 auf 982 Millionen), während sein Agrarland infolge des Wachsens von Wohnungsbau und Industrie immer weiter zurückgeht (trotz emsiger Ödland-Kultivierung von 110 Millionen auf 99 Millionen Hektar).
- Die chinesische Getreideproduktion, mit jährlich etwa 300 Kilogramm pro Kopf heute auf dem gleichen Stand wie während der Früheren Han-Dynastie vor 2000 Jahren, reicht nicht aus, den Bedarf des Landes zu decken. Peking muß diese Lücke daher mit Einfuhren schließen.

- Die Lebensverhältnisse auf dem Lande haben sich seit der kommunistischen Machtübernahme in China nicht wesentlich gebessert. Selbst die Presse gibt heute zu, daß nur ein Drittel der Bauern über dem Existenzminimum von jährlich 86 Jüan (118 Mark) pro Kopf leben, während ein Drittel dieses Existenzminimum kaum erreicht, ein weiteres Drittel aber ein Durchschnittseinkommen von weniger als 60 Jüan hat und daher, so die theoretische Parteizeitung *Rote Fahne*, »auf andere Beschäftigungen, staatliche Unterstützung und höchste Genügsamkeit angewiesen ist, um sich überhaupt über Wasser zu halten«.

Die Provinz Schantung ist mit ihren 73 Millionen Einwohnern, meist Bauern, das Spiegelbild der heutigen Situation der 350 Millionen Bauern Chinas. Schantung hat sowohl einige der ärmsten wie einige der reichsten Kommunen des ganzen Landes. Hier sind die derzeitigen Bestrebungen der Zentralbehörde, das System der Volkskommunen wieder abzubauen, ebenso sichtbar wie der Widerstand der Bezirksbehörden dagegen.

Hier manifestiert sich die Verwirrung darüber, welches System nun das von Mao hinterlassene ersetzen soll, und die Neigung der Bauern, sich die gegenwärtige liberale Politik zunutze zu machen, da sie aufgrund ihrer Erfahrung fürchten, daß der heutige Kurs nicht von Dauer sein könnte.

In einem kleinen Dorf des Bezirks Anqiu im mittleren Schantung hatte in den letzten 20 Jahren kein Markt stattfinden dürfen. Jetzt strömen alle fünf Tage etwa 3000 Bauern auf ein ungepflastertes Gelände, um Wochenmarkt abzuhalten. Von Ferkeln und Hühnern über Gemüse, Arznei und Mausefallen bis zu Kleidung, Sonnenbrillen und Armbanduhren wird alles, was der Bauer verkaufen oder kaufen will, angeboten.

Die landwirtschaftlichen Erzeugnisse stammen aus den Privatparzellen der Bauern, die Konsumgüter aus Weifang, einer 35 Kilometer entfernten Stadt, in der einfallsreiche Bauern ihre Produkte verkaufen und dafür die Güter kaufen, die sie jetzt ihrer Branche anbieten.

Täglich ziehen ganze Kolonnen von Bauern in die großen Städte Schantungs und lassen sich dort auf den Bürgersteigen nieder, um ihr Gemüse und ihre Eier feilzubieten, die frischer sind als die in den staatlichen Läden, und Hühner, die schmackhafter sind als die aus den staatlich geleiteten Hühnerfabriken.

Sie machen mit diesem Handel ein einträgliches Geschäft. So hat sich zum Beispiel jede der 42 Familien eines Dorfes im Schantung-Bezirk Zouping ein Fernsehgerät gekauft, obwohl sie noch keine Sendung empfangen können, weil es in der Nähe weder Relaisstation noch Sender gibt.

Vor wenigen Jahren noch hätten all diese Menschen ihre Kommunen nicht verlassen können, ihre Produkte nicht verkaufen, ja, nicht einmal ein paar Kohlköpfe an den Ufern eines Kanals pflanzen dürfen, weil die persönliche Nutzung des Bodens als »kapitalistisch« galt. Seit der Veröffentlichung der ZK-Weisung Nr. 75 vom September 1980, die ein »System der Eigenverantwortung« auf dem Lande einführte, werden solche Aktivitäten gefördert.

Dieses System, von Deng Hsiao-ping ins Leben gerufen, revolutioniert die chinesische Landwirtschaft. Theoretisch legt es fest, daß der einzelne Bauer nicht mehr an dem Einkommen der großen Gruppe partizipiert, zu der er gehört, sondern daß er und seine Familie für eine bestimmte Produktionsquote auf einem bestimmten Stück Land selbst verantwortlich sind, aber alles, was sie über diese Quote hinaus produzieren, ihnen gehört.

Praktisch bedeutet dieses System der Eigenverantwortung das Ende des Kommunesystems und Neuverteilung des Bodens an die einzelnen Familien.

Liu Zonghe, 35, ist Mitglied einer armen Kommune am Fuße des Heiligen Bergs Tai Schan. Im März vergangenen Jahres erfuhren er und die anderen 127 Mitglieder (24 Familien) seiner Produktionsgruppe von den Anführern, daß die Möglichkeit bestehe, nach dem neuen System zu arbeiten. Sie beschlossen, den Versuch zu wagen.

Das Land, das ihrer Produktionsgruppe für die 24 Familien zur Verfügung gestellt wurde, war von unterschiedlicher Qualität, einige Parzellen waren besser als andere. So erhielt jede Parzelle eine Nummer auf einem Zettel. Die Zettel wurden in einen Hut geworfen, aus dem jede Familie dann eine Nummer zog.

Liu Zonghe und seine Familie (Eltern, Frau und zwei kleine Kinder) erhielten insgesamt acht Mu Land, etwas über einen halben Hektar, aufgeteilt in vier Parzellen, die jeweils einen Kilometer voneinander entfernt liegen.

Die Werkzeuge des Produktionsteams wurden ebenfalls geteilt: Liu erhielt zwei Besen, eine Harke, eine Heugabel und den Holz-

rahmen einer Schubkarre – das Rad ging leider an eine andere Familie. Dafür verpflichteten Liu und seine Familie sich, jährlich 1600 Kilogramm Getreide, 200 Kilogramm pro Mu, zu produzieren und zu einem Festpreis an den Staat zu verkaufen. Alle Erträge, die über diese Quote hinausgehen, gehören ihm.
»Zur Erntezeit konnten meine Frau und ich vor Arbeit und Sorge kaum schlafen«, berichtet Liu, »aber es ging alles gut.«
Lius Familie produzierte insgesamt 2600 Kilo Getreide. Von dem Erlös, den Liu aus dem Verkauf der überschüssigen 1000 Kilo auf dem privaten Markt erzielte, kaufte er sich einen Ochsen (420 Jüan), zwei Schweine und eine erste Partie Mauersteine für ein Haus mit fünf Zimmern, das die Familie Liu sich bauen will.
»Das System der Eigenverantwortung hat den Arbeitseifer der Bauern geweckt«, so die Pekinger *Volkszeitung*.
In einigen Fällen jedoch ging dieser Arbeitseifer ein wenig zu weit. So nahmen die Bauern einer entlegenen Kommune des Bezirks Heze in dem Glauben, das neue System der Eigenverantwortung bedeute die Neuverteilung des von ihren Ahnen bebauten Landes, jeweils die Felder wieder in Besitz, die ihre Vorväter einst bestellt hatten.
In einer anderen Kommune wiederum kursierte das Gerücht, das Land werde an seine ursprünglichen Besitzer zurückgegeben. Daraufhin gingen einige Bauern in die Parteizentrale und legten alte Dokumente vor, um ihre Eigentumsrechte nachzuweisen.
An anderen Orten wiederum lösten die Landzuweisungen schwere Streitereien aus, bei denen Menschen teilweise mit Hammer und Messer aufeinander losgingen.
In einigen Gebieten zogen die Bauern, angeführt von ihren Kadern, nach der neuen Landverteilung in die kommuneeigenen Gebäude des Brigade-Hauptquartiers, teilten die Stühle und Tische des Konferenzraums unter sich auf und rissen sogar das Gebäude nieder, um sich die Steine zu teilen. In der Kommune Zhinfang im Bezirk Jiaxiang organisierten fünf Kader den Verkauf von Land sowie von 50 kommuneeigenen Räumen und teilten die erzielten 29 525 Jüan unter den Kommunemitgliedern auf.
»Die Einführung des Systems der Eigenverantwortung«, räumt Liu Zhongqian, Vizegouverneur von Schantung, ein, »hat unter den Kadern zweifellos eine gewisse ideologische Verwirrung ausgelöst.«

In den letzten Monaten versucht die gesamte chinesische Presse fast täglich, klarzumachen, daß »die Festsetzung von Quoten pro Haushalt nicht eine Übereignung des Landes bedeutet« und »Agrarland weder verpachtet noch verkauft« werden könne.
»Wir wollen den Egalitarismus durch Produktivität ersetzen, ohne jedoch das Prinzip des Kollektiveigentums zu verändern«, erklärt Guo Xingjiang, Leiter der Planungskommission der Provinz Schantung. Der »Egalitarismus«, die Lehre von der Gleichheit aller, war das gesellschaftspolitische Ideal der Mao-Ära gewesen. »Alle essen aus dem gleichen großen Topf«, hieß die magische Formel. Heute ist dieser Egalitarismus eine fast unverzeihliche Sünde.
»Diejenigen, die mehr produzieren, müssen auch mehr bekommen«, sagt Planer Guo – eine Revolution gegen früher, da diejenigen, die schwer arbeiten, aus demselben großen Topf oftmals nur ebensoviel zu essen bekamen wie jene, die überhaupt nicht arbeiteten. Aus demselben großen Topf aßen auch die alte Dame, deren Sohn in der Armee diente und mithin die Felder nicht bestellen konnte, die alten Leute, die keine Kinder hatten, sie zu unterstützen, wie auch die Frau, deren Mann gestorben war und die ihre kleinen Kinder ernähren mußte.
In den ländlichen Kommunen, in denen die Menschen im Gegensatz zu denen in den städtischen Fabriken weder Pension noch Krankengeld bekommen, funktionierte »derselbe große Topf« als Unterstützungskasse für Alte, Kranke und Witwen.
Diese Menschen ziehen im neuen System der Eigenverantwortung den kürzeren, weil sie jetzt auf sich selbst gestellt sind. So fehlt es nicht an Klagen. »Die Landwirtschaft floriert, und dennoch müssen wir uns um unsere Familien auf dem Lande sorgen«, schrieb eine Gruppe junger Rekruten der Volksbefreiungsarmee an eine Lokalzeitung. »Durch unseren Dienst in der Armee verlieren wir im ersten Jahr ein Fahrrad, im zweiten ein Haus, im dritten eine Braut.«
Die Bauernfamilien, deren Söhne in der Armee dienen, sind in der Tat benachteiligt: Sie müssen nun ohne diese Stützen ihres Haushalts auskommen. Deshalb unter anderem melden sich immer weniger Freiwillige zum Militärdienst, beantragen viele Soldaten aus Bauernfamilien ihre Entlassung, um auf ihre Höfe zurückzukehren und die Gunst der Stunde zu nutzen.
Die höheren Offiziere sind über diese Entwicklung natürlich zutiefst erbittert. »Es gibt Leute unter uns, welche die Landreformen

nicht richtig begreifen, sie als kapitalistische Restauration und Rückschritt bezeichnen«, schrieb im Oktober 1981 das Organ der Volksbefreiungsarmee und gab damit zu, daß innerhalb des Militärs eine Opposition gegen den politischen Kurs der Nach-Mao-Ära die Stimme erhebt.
Das System der Eigenverantwortung förderte noch ein anderes ernstes Problem zutage, das der Egalitarismus der Kommunen eingedämmt und unter Kontrolle gebracht hatte – den großen Überschuß an Arbeitskräften auf dem Land. Von den 860 Millionen chinesischen Landbewohnern sind 350 Millionen Arbeitskräfte. Doch von ihnen hat nach offiziellen chinesischen Quellen ein Drittel, also über 100 Millionen, keine Arbeit.
Nach dem alten Kommunesystem teilten diese Menschen alles, was es zu tun gab, und aßen alles, was es in »demselben großen Topf« zu essen gab. Jetzt dagegen, wo jede Einheit versucht, ihre Produktivität zu steigern, jede Familie ihre Interessen verfolgt, möchte jeder den Arbeitskräfteüberschuß abbauen und möglichst viele Landbewohner von der eigenen Reisschüssel fernhalten.
Als natürliche Lösung böte sich an, diese Menschen allmählich in die Städte umzusiedeln und sie in den Fabriken zu beschäftigen. In den Städten aber leben bereits Massen von Arbeitslosen. Überdies bietet das gegenwärtige Programm zur wirtschaftlichen Neuordnung, das Neuinvestitionen in Industrieanlagen zunächst stoppte, in naher Zukunft kaum Hoffnung auf neue Arbeitsplätze. Die Fabriken nämlich sind durch die wirtschaftliche Neuordnung relativ eigenständige Einheiten, die auf Gewinn im ausschließlichen Interesse ihrer eigenen Mitglieder programmiert sind und nach Art großer Familienunternehmen geführt werden.
In der zweitgrößten Werkzeugmaschinenfabrik der Schantung-Hauptstadt wurde die Produktion dieses Jahr infolge der wirtschaftlichen Umstellung um 30 Prozent reduziert, so daß zu der 1500 Mann starken Belegschaft kein neues Personal eingestellt wurde. Zuletzt, 1980, hatten hier 300 junge Arbeiter einen Job gefunden – alles Verwandte alter Arbeitnehmer, die aufhörten zu arbeiten, um ihre Arbeitsplätze Familienangehörigen zu überlassen. »Es ist undenkbar«, so Fabrikleiter Yi Hungjiang, »Leute von draußen hereinzuholen. Wir müssen noch Arbeitsplätze für weitere 300 junge Arbeitslose aus den Familien unserer eigenen Leute schaffen.«

Schwere Arbeitslosigkeit ist heute in den Städten Schantungs nicht zu übersehen. So sitzen auf den Straßen Yantais, einer reichen Stadt im Norden der Provinz, gesunde Männer stundenlang, um etwa die Gipsbüste einer nackten Frau (als Akupunktur-Modell) oder ein paar handgemachte Schlüsselringe zu verkaufen. Vor dem Bahnhof Jinan, in den dreißiger Jahren von englischen Architekten erbaut, stehen Dutzende von Menschen, die den Reisenden aus Kinderwagen, in kleine rollende Restaurants verwandelt, Schüsseln mit Nudeln verkaufen wollen.

Gruppen von Bauernmädchen sind von weither gekommen, nur um einen Karton Erdnüsse oder Sonnenblumenkerne zu verkaufen. In den Nebenstraßen trifft man auf Leute, die mit Fahrrädern umherziehen und sich mit einer Trompete oder einer Klinge anbieten, Messer zu schleifen oder Schuhe zu reparieren.

Man sieht auch wieder zerlumpte Bettler auf Marktplätzen und an Bushaltestellen herumlungern und um Essen betteln, Akrobaten-Gruppen, die Spenden der Passanten begehren, darunter auch Kinder, die gefährliche Verrenkungen machen, Nägel schlucken und sich einen Dolch in die Kehle schieben.

»Es ist eine Form der Folter. Viele Kinder verletzen oder verstümmeln sich dabei«, schreibt die Pekinger *Volkszeitung*. Die Polizei hat bereits Befehl erteilt, gegen diese Praktiken vorzugehen – vergeblich. Diese Menschen haben kein anderes Einkommen.

Doch wie sichtbar auch die Schattenseiten der Wiedereinführung privater Anreize im chinesischen Wirtschaftsleben sind, das Durchschnittseinkommen der Bauern, vor allem in den armen Kommunen, ist gestiegen. Es lag in Schantung 1979 bei 81 Jüan pro Person (105 Mark) im Jahr, 1980 waren es 105 Jüan. Im Bezirk Heze, einem der ärmsten ganz Chinas, erhielten die Bauern 1979 nur 40 Jüan pro Kopf im ganzen Jahr, 1980 waren es dank Einführung des Systems der Eigenverantwortung 71 Jüan.

Ein vertraulicher Bericht über die Schweinezucht, der – »nur zum Gebrauch der Kader« – soeben veröffentlicht wurde, spricht für sich selbst: 1954 gab es im ganzen Land 100 Millionen Schweine. Mit der Gründung der Genossenschaften sank diese Zahl 1956 dann auf 84 Millionen, 1958 stieg sie auf 146 Millionen an. Dann aber wurden die Kommunen eingeführt – mit dem Erfolg, daß es 1959 nur noch halb so viele Schweine gab. Das gleiche wiederholte sich während der Kulturrevolution.

»Zu dem dreimaligen großen Rückgang auf dem Schweinesektor«, so die Schlußfolgerung des Berichts, »kam es immer dann, wenn die Schweinezucht kollektiviert und das private Ackerland konfisziert wurde.«

Die Politik der wirtschaftlichen Liberalisierung geht denn auch von diesen und ähnlichen Schlußfolgerungen aus. Nach einem Ukas der Regierung sollen »die Reformen schnell vorangetrieben werden«. Diese Anweisung jedoch wird nicht unbedingt befolgt, wenn sie die Provinzen und Bezirke erreicht, in denen der Einfluß der alten, linksorientierten maoistischen Ideologie immer noch groß ist und der Parteiapparat mehr oder weniger auf der Stelle tritt.

Die Provinz Schantung wird weiterhin von dem Ersten Parteisekretär Bai Rubing, 75, verwaltet, der 1975 auf der Höhe der Macht der Viererbande ernannt wurde. Was Wunder, daß das System der Eigenverantwortung nur schleppend verwirklicht wird, lediglich 40 Prozent der Dörfer haben das alte System der Kommunen durch das neue ersetzt.

Im Prinzip wird den Bauern auch hier das Ackerland zugewiesen, das die Zentralbehörden ihnen zurückgeben wollen. Was immer die Bauern darauf anbauen, es gehört ihnen. Die Besitzer geben sich so große Mühe, speziell diese Ländereien zu bestellen, daß der Besucher sie sofort an der besonders intensiven Nutzung und Pflege erkennt. So gibt der Leiter der Planungskommission in Schantung auch zu, daß »ein Mu privates Ackerland zwei- oder dreimal soviel abwirft wie ein Mu Kommuneland«.

Jedoch: Obwohl die Zentralregierung Anweisung gegeben hat, insgesamt bis zu 15 Prozent des kommuneeigenen Landes als Privatparzellen zu verteilen, machen diese privaten Ländereien in Schantung bislang nur 7 Prozent des kommuneeigenen Landes aus.

»Wir würden gern mehr Land verteilen, aber die Ideologie steht dagegen«, sagt Guo Xinjiang, Mitglied der Provinzregierung. »Lange Zeit nannten wir diese Parzellen den ›Schwanz des Kapitalismus‹. Lange Zeit auch hielten wir sie für unvereinbar mit dem Sozialismus und setzten alles daran, diese Schwänze abzuschneiden. Es ist daher nur logisch, wenn wir jetzt auf eine gewisse Opposition stoßen.«

Diese Opposition ist also mindestens zum Teil ideologischer Art.

»Nachdem wir die privaten Parzellen 1961 abgeschafft haben, wollen wir sie jetzt gar nicht zurückhaben«, behauptet Wu Zhongrong, Leiter der Shijiazhuang-Brigade im Bezirk Angiu.

Widerstand gegen die liberalen Reformen des Vizeparteichefs Deng Hsiao-ping leisten auch die Parteikader, deren Positionen durch die Veränderungen gefährdet sind. Die Bauern nennen sie »Fantong«, zu deutsch: »Reiskörbe«, weil sie sich reichlich mit Nahrung versorgen, ohne produktive Arbeit zu leisten. Man erkennt sie sofort, wenn sie in den Kommunen umhergehen, die Arme auf dem Rücken verschränkt, »weil sie es gewohnt sind«, wie die Leute sagen, »keine Werkzeuge anzurühren«.

Diese Kader verwalteten früher die Kommunen. Sie entschieden, was die Bauern zu bauen hatten, sie setzten ihre Quoten, ihren Anteil an den Einnahmen fest.

Da die Bauern jetzt mehr privates Land haben und nach dem neuen System der Eigenverantwortung selbst entscheiden können, was sie wann und wie anbauen wollen, haben die Kader weitgehend ihre Funktion verloren.

In den armen Gebieten des Landes, in denen das neue System der Eigenverantwortung eingeführt ist, wurde vielen »Fantongs« ein Stück Land zugewiesen, das sie nun beackern müssen. Natürlich sind sie nicht gerade erbaut davon.

Doch es steht noch mehr auf dem Spiel. Mao ging bei seiner Konzeption der Volkskommune von einer autarken Einheit mit kollektiver Verantwortung für Produktion, Verwaltung, Wohlfahrt und Verteidigung aus. Die Kommune sollte alles umfassen. Der Mensch wurde in der Kommune geboren und sollte dort auch sterben, er hatte keinen Grund, sie zu verlassen.

Die allmähliche Auflösung der Kommunen und die Einführung des privaten Elements in das tägliche Leben der Menschen haben zur Folge, daß die Kommune jetzt mehr und mehr die Kontrolle über die Einnahmen, über Haltung und Handlungen ihrer Mitglieder verliert.

Ein chinesisches Dorf, das auf sich selbst gestellt ist, löst wie jede andere gesellschaftliche Einheit auch gewisse Probleme selbst. Gerade das aber widerstrebt vielen kommunistischen Parteikadern, denn sie waren es gewohnt, alles unter Kontrolle zu haben.

Schidao ist eine graue, düstere Kleinstadt am östlichsten Zipfel der Halbinsel Schantung in der Nähe eines Marinestützpunktes. Ihr

Wirtschaftsleben wird von Strickereibetrieben mit vielen jungen Mädchen und einer Fischerflotte mit ebenso vielen jungen Männern bestimmt.
Es würde schon genügen, wenn es für diese jungen Leute einen Ort gäbe, an dem sie sich gelegentlich zum Tanzen oder auch nur zum Schwatzen treffen könnten. Doch sobald die Sonne untergeht, versinkt Schidao in absolute Dunkelheit. Jeder zieht sich in seine Steinhütte oder seinen Schlafsaal zurück.
Die Wiedereinführung der Privatinitiative, mithin auch der freien Wahl und Entscheidung, widerspricht zutiefst den Überzeugungen, die den Parteikadern unermüdlich eingeimpft wurden. Sie setzen daher alles daran, den neugewährten Freiheiten wieder Zügel anzulegen.
Zhao Liqan, 58, ist Friseur in einem Dorf des Bezirks Linqi. Seine Kommune hat das System der Eigenverantwortung eingeführt. Also hat er mit dem Kollektiv einen Vertrag geschlossen, für mindestens 300 Jüan im Jahr Haare zu schneiden (ein Haarschnitt kostet 0,20 Jüan). Von dem, was er darüber hinaus verdient, kann er 80 Prozent für sich behalten. »Damit erhält er einen Anreiz, mehr zu arbeiten«, sagt Brigadeführer Zhao Yindai.
Es ist aber keineswegs so, daß die Bauern einfach in seinen Laden gehen, sich die Haare schneiden lassen, bezahlen und wieder nach Hause gehen dürfen. Im Rahmen des Systems der Eigenverantwortung hat die Kommune einen ihrer Buchhalter mit der Kontenführung des Friseurs beauftragt.
Ein Bauer, der sich die Haare schneiden lassen möchte, muß zunächst bei der Zentrale vorstellig werden und sich dort einen besonderen Schein besorgen, den er dann beim Friseur abgibt. Der Friseur wiederum schickt den Schein an die Kommune zurück.
Am Ende des Jahres wird der Bauer mit der Zahl der Haarschnitte belastet, der Geldbetrag von seinen Getreideverkäufen an den Staat abgezogen, und der Friseur erhält die von ihm abgelieferten Kupons gutgeschrieben.
Auf diese Weise sollen die Menschen von jedem Bargeldverkehr ferngehalten und der »verdächtige Dorffriseur« daran gehindert werden, den »kapitalistischen Weg« einzuschlagen.

WOLF DIETER STEINBAUER

»Die Brüder müssen jetzt schlafen«

Auf dem ägyptischen und dem noch-israelischen Sinai
März 1982

Ein Rastplatz am Meer. Sorgfältig gemauerte Tische und Bänke. Ein großes Schild: »Sammeln von Muscheln und Korallen verboten. Behandeln Sie die Eingeborenen freundlich. Lassen Sie die Natur ungestört.« An anderer Stelle laden Schilder ein zum Besuch der Badeorte Neviot und Di Sahav.
Doch die Fenster der Fischrestaurants sind mit Brettern vernagelt, die kleinen Hütten am Wasser verlassen. Am Strand einige umgekippte Fischerboote, die ihre leeren Bäuche dem Ufer zukehren. In umgekippten Mülltonnen wühlt ein Schakal.
Es ist still, bedrückend still, kurz hinter dem israelischen Badeort Eilat am Golf von Akaba.
Israelische Urlauber, bis vor kurzem noch Stammgäste in dieser bizarr schönen Landschaft, deren wildgezackte Berge meist bis an den Küstensaum heranreichen und nur gelegentlich Platz lassen für goldfarbene Strände, haben keinen Zutritt mehr.
Denn dies ist zwar noch Israel, aber nur Israel auf Zeit – jener letzte Teil der Sinai-Halbinsel, deren Rückgabe bis zum 26. April Jerusalems Menachem Begin dem Nachbarn Ägypten 1979 durch seine Unterschrift unter die Verträge von Camp David garantiert hat.
Ein paar Beduinenreiter, laut amtlicher Lesart »freundlich zu behandelnde Eingeborene«, die ihre buntgesattelten Dromedare sonst den Touristen für einen Ritt oder ein Foto anboten, haben die Hoffnung auf Zufallskundschaft noch nicht aufgegeben.

Einer schaukelt näher: »Want a ride, Mister?« Und dann etwas unvermittelt: »Next time? Ja, es wird alles besser, Inschallah, so Gott will.«
Der gleichen Meinung ist, etwas differenzierter im Ausdruck, auch der israelische Soldat Abi, der einsam an der Straße steht und mitgenommen werden möchte: »Wenn es sich politisch gelohnt hat, dies hier aufzugeben, dann war der Preis nicht zu hoch. Aber da gibt es auch noch die da drüben«, und er weist auf die schwach erkennbare Gebirgsmauer jenseits des Golfs, auf Saudi-Arabien, »und da gibt es noch viele andere. Dies hier aufzugeben fällt uns schon sehr schwer.«
»Dies hier« ist vor allem eine tadellose Straßenverbindung von der Südspitze der Halbinsel nach Norden, die mit Sicherheit eine der schönsten Straßen Ägyptens sein wird; »dies hier« sind stabile, meist aus Sinai-Granit gemauerte Tourismuszentren, Hotels, Restaurants, Parkplätze, aber auch Apartmenthäuser, Läden und landwirtschaftliche Anbauflächen.
Dort haben israelische Farmer oft aus dem Berufsstolz des Landwirts, dem brache Flächen ein Greuel sind, oder um ihren Beharrungswillen zu zeigen, Gurken und Tomaten angebaut, von denen sie wissen, daß sie selbst sie nicht mehr ernten können.
»Die Hauptsache ist«, betont Soldat Abi und dreht unwillkürlich den Lauf seiner Uzi-Maschinenpistole zwischen den Handflächen, »daß der Friede hält.«
Es ist die Frage, die jeden bewegt, Israelis wie Araber: Wird der Frieden halten? Kommt jetzt endlich die große Wende? Wird der Sinai, wie der ägyptische Gouverneur Sabri Abu Talib in El-Arisch versichert, zum »Musterbeispiel einer Region der friedlichen Entwicklung«? Der Sinai, in dessen Sand das Blut so vieler tausend ägyptischer und israelischer Soldaten geflossen ist?
Denn zwei Völkern wurde die Halbinsel zur Wendemarke in ihrer Geschichte, zum nationalen Schicksal geradezu. Als Ägyptens Truppen im Sechstagekrieg von 1967 vor den heranstürmenden israelischen Panzern in kopfloser Flucht auf das Westufer des Suezkanals zuströmten, da lag das Selbstbewußtsein der Nilnation in Scherben. Nicht nur war ägyptisches Land an den Feind verloren, schlimmer noch schmerzte die Demütigung, das Bewußtsein der Ohnmacht gegenüber einem anscheinend unüberwindbaren Gegner.

Sinai, das Wort allein weckte für die Ägypter die Erinnerung an die nationale Schmach – bis 1973, als dann im Oktoberkrieg der Kanalübergang gelang und nun der Mythos von Israels Unbesiegbarkeit in Scherben lag. Da wurde »Sinai« zum Symbol der Wiedergeburt arabischer Stärke, neuen Selbstvertrauens.
Die höchste ägyptische Auszeichnung hieß fortan »Stern vom Sinai«. Präsident Sadat, der »Held des Kanalübergangs«, der auf dem Sinai bestattet werden wollte, schwärmte: »Der Sinai ist das Land, das uns in die Zukunft weist, unser Land der Verheißung.«
Verheißungsvoll, so war der Sinai auch den Israelis erschienen, als sie 1967 die Halbinsel nahmen. Endlich war das Volk mit zu wenig Raum heraus aus der Enge seines Ministaates. Weite Flächen gab es nun, sonnige Strände, obendrein Erdöl, soviel man brauchte, und Grenzen, die leicht zu verteidigen schienen.
Als die Wende von 1973 kam, da wurde der Sinai zum Schockerlebnis für die Israelis, zu einem nationalen Trauma, das der Judenstaat bis heute nicht überwunden hat.
Dann Camp David, die festgeschriebene Rückgabe des Sinai an Ägypten. Erstmals mußte Israel, bisher immer nur auf dem Vormarsch, Land zurückgeben.
Seit Begin, Sadat und Jimmy Carter ihre Unterschriften unter die Verträge setzten, zählte die Kairoer Tageszeitung *El-Gumhuria* – ähnlich wie einst Axel Springers *Bild* nach dem Mauerbau von Berlin – auf Seite 1 die Tage, nur in umgekehrter Reihenfolge: »Noch XX Tage bis zur Rückgabe des Sinai.«
Noch gleichen die Wüsten in dem bereits an Ägypten zurückgegebenen Teil der Halbinsel gewaltigen Schrottplätzen des Krieges. Wracks von Panzern, Lastwagen, Geschützen, militärischem Gerät aller Art, von der Wucht der Explosionen zu kuriosen Gebilden zusammengedreht, bedecken die Ebenen am Suezkanal. Auf den hellen Sandflächen, die vom Wind wie von sorgfältiger Hand vollkommen geglättet sind, wirken die Hinterlassenschaften des Krieges wie auf einer Ausstellung präsentiert – Modern Art à la Sinai.
Wie kaum eine andere Gegend der Welt ist die Halbinsel, geographisch das Verbindungsstück von Afrika nach Asien und Europa, vor allem Kriegsschauplatz gewesen.
Auf dem 64 000 Quadratkilometer großen Gebiet mit kaum hunderttausend Menschen, dessen Südspitze das Rote Meer in den Golf von Suez und den von Akaba teilt, haben schon vor fast vier

Jahrtausenden Ägyptens Pharaonen ihre Macht gegen Hethiter, Assyrer und andere Völkerschaften behauptet, die aus den Tiefen Asiens zu den Fleischtöpfen des Nilreichs strebten.

Alexander der Große kämpfte auf dem Sinai und Roms Julius Cäsar. Die Feldherrn Mohammeds trugen die grüne Fahne des Propheten über die Halbinsel nach Nordafrika und Spanien. Auf dem Sinai zerbrach der Ansturm der Kreuzritter und später der Goldenen Horde der Mongolen. Türken-Sultan Selim I. öffnete sich dort den Zugang nach Ägypten und ermöglichte so den Aufstieg des Osmanischen Reiches zur Weltmacht.

Auf dem Sinai kam auch Napoleon Bonaparte ins Stocken. Vor El-Arish versandete der Siegeszug des Korsen, der später, ohne sein Heer, Ägypten verlassen mußte.

Zu Beginn des Ersten Weltkrieges kämpften, erstmals seit Kreuzritterzeiten, wieder Deutsche auf dem Sinai, zusammen mit türkischen Waffenbrüdern. Die gemischte Einheit erreichte 1914 den Suezkanal an drei Stellen, wurde dann aber völlig von Briten und ägyptischen Hilfstruppen aufgerieben. Die Gräber deckt der Sinai-Sand, niemand weiß mehr wo.

Bis 1946 unterstand der Sinai nur theoretisch der ägyptischen Verwaltung. In Wahrheit war die Halbinsel eine militärische Sperrzone der Briten, in die Ägypter nur mit Sondergenehmigung einreisen durften. Aufmarschgebiet und Schauplatz der arabisch-israelischen Kriege blieb der Sinai – bis nach dem Oktoberkrieg von 1973.

Die Ägypter, alte und nun bald auch wieder neue Herren des Sinai, wollen die Halbinsel vom Blutgeruch der Historie befreien. Es gelte, steht im Vorwort eines Sinai-Handbuchs der Kairoer Regierung, »Grundlagen des Friedens, der Liebe und der Wohlfahrt für alle« zu schaffen.

Auch dafür bot der Sinai seit altersher große Möglichkeiten. Schon vor Jahrtausenden ließen die Pharaonen dort nach Gold, Kupfer, Malachit und Türkisen schürfen. Die ägyptische Liebesgöttin Hathor war als »Herrin des Türkis-Landes« gewissermaßen Schutzpatronin des Sinai.

Heute ist das Land östlich von Suez für Ägyptens Wirtschaft vor allem wegen seiner reichen Ölvorkommen lebenswichtig. Die Ölfelder von Abu Rudeis, Ras Sudr, Ras Matarma und mehrere andere am Golf von Suez geben rund 75 Prozent des gesamten ägypti-

schen Öls her. Und die Ölerträge sind heute die zweitwichtigste Einnahmequelle im Nilstaat – nach den Überweisungen der ägyptischen Gastarbeiter.
Doch Kairo will auch Geld aus der landschaftlichen Schönheit und der nichtkriegerischen Geschichte der ägyptischen Ostprovinz ziehen.
Da hat die gesamte Halbinsel in der Tat Beachtliches zu bieten. An der Mittelmeerküste im Norden erstrecken sich über mehr als 200 Kilometer feinsandige weiße Strände. Entlang dem Golf von Suez nach Süden erhebt sich ein Gebirge aus urzeitlichen Gesteinen, das in wilden Formen in Täler abfällt, in denen, wenn Wasser vorhanden ist, Oliven, Palmen und Mannabäume gedeihen.
Die Berge von Gneis, Granit, Syenit und Porphyr leuchten in verwegenen Farbkombinationen. Da gibt es Gebirgsstöcke, die golden glänzen, von schwarzen Gesteinsmassen an den Rändern gesäumt und von rubinfarbenen, senkrechten Schichten durchzogen, als habe sich ein Confiseur die Mischung erdacht.
Es ist ein Land, dem Juden, Christen und Moslems gleichermaßen durch religiöse Überlieferung verbunden sind. Der umherziehende Abram wurde dort angeblich durch Soldaten des Pharao gerettet. Mose, so will es die Bibel, irrte mit den Israeliten in den zahllosen Wadis umher, schlug Wasser aus Felsen, kniete vor dem brennenden Dornbusch und empfing die zehn Gebote auf dem 2285 Meter hohen »Moses-Berg«.
Die heilige Katharina hat es angeblich, wenn auch postum, noch höher hinauf geschafft. Engel legten den Leichnam der Märtyrerin auf dem 2637 Meter hohen »Katharinen-Berg« ab.
Die griechisch-orthodoxen Mönche des Katharinenklosters, dessen Anfänge bis ins vierte Jahrhundert zurückgehen, sehen die Berühmtheit jener Stätte mit gemischten Gefühlen. Bis jetzt ist der festungsartige Bau am Fuß der heiligen Berge nur über eine schmale Holperstraße zu erreichen, die in einen steinigen Gebirgspfad mündet.
Aber das soll sich, sosehr die meist aus Griechenland stammenden frommen Väter auch zetern, schon bald ändern. Einen von vier Sinai-Flugplätzen mit Hotel gibt es schon nahebei, bald soll eine moderne Schnellstraße den Brüdern die Touristen in ganzen Busladungen direkt vor die Pforte speien.
Schon jetzt ersinnt der weißbärtige Vater Dionys aus Zypern, der

sich um die Besucher zu kümmern hat, alle erdenklichen Listen, um die neugierige Profanwelt fernzuhalten.
Mittags sagt er: »Die Brüder müssen jetzt schlafen, kommen Sie später wieder.« Abends weiß er, energisch den Weißbart strählend: »Jetzt wird geputzt, Sie können nichts besichtigen.«
Die Kapelle mit biblischem Dornbusch-Andenken bleibt geschlossen. Nur der Blick auf einen angeblichen Ableger des damals brennenden Gewächses, in einer feuchten Ecke des Klosterareals, ist gestattet.
Die Besichtigung der Klosterbibliothek, die mit ihren über 10 000 historischen Manuskripten in Griechisch, Lateinisch, Arabisch, Hebräisch, Aramäisch zu den bedeutendsten der Welt gehört, ist nur wenigen Auserwählten erlaubt.
Aus dem Papierkorb jener Bibliothek förderte der deutsche Gelehrte Konstantin Tischendorf 1844 den Codex Sinaiticus, eine der ältesten Bibelhandschriften der Welt. Die Mönche hatten mal wieder geputzt und dabei altes Pergament weggeworfen.
Die Mönche sind nicht die einzigen, die unbehaglich in die Zukunft sehen. Der Sinai-Araber Sabah vom Stamm der Aulad Said zum Beispiel, der in einem Steinhaus hinter dem Katharinenkloster wohnt, in »Santa«, wie er keß sagt, kann nicht verstehen, warum seine Kinder künftig die Schule besuchen sollen und ihm deshalb in seinem Steinbruch nicht mehr zur Hand gehen können. »Das war bei den Israelis besser«, tadelt er.
Sabah will zu seinem Scheich nach El-Tur, in die Hauptstadt der Sinai-Südprovinz reisen, um seinen gerechten Anteil an den Lieferungen von Reis, Mehl, Linsen und Büchsenfleisch abzubekommen, mit denen Kairo die Wüstensöhne bei Laune hält.
Später erzählt er, daß er auch über den Besuch von ägyptischen Steuerbeamten beunruhigt sei. Steuern? Davon hatte er noch nie gehört.
Kairos Bürokraten haben sich inzwischen in der Verwaltungshauptstadt El-Tur am Golf von Suez einquartiert, die bis vor wenigen Jahren nur als Quarantänestation für heimkehrende Mekka-Pilger bekannt war. Das Städtchen besteht aus einer Handvoll buchstäblich in den Sand gesetzter, aus weißen Quadern gemauerter Häuser, die um eine Moschee gruppiert sind.
250 Beamte hausen dort, oft zu viert in einem Zimmer, dafür aber kostenfrei. Sie sollen den Südsinai verwaltungsmäßig in den Griff

bekommen. Einer von ihnen, Ahmed, 26, diplomierter Volkswirt, ist mit seinem Leben rundherum zufrieden. Auf dem mit Zeitungspapier gedeckten Tisch bietet er seinen Gästen gebratenen Fisch an, den er für Pfennigbeträge erstanden hat.

Auch andere Lebensmittel, etwa die Fladenbrote, die er auf die *Al Ahram*-Seiten knallt, kosten weit weniger als am Nil. Dafür ist sein Gehalt dreimal so hoch wie in Kairo: 150 Pfund, 450 Mark. Und seine Arbeit als Sachbearbeiter des Sozialamts bei der Regulierung alter Schadensersatzansprüche von kriegsgeschädigten Beduinen und El-Tur-Bewohnern macht ihm Spaß.

»Tur«, meint er hoffnungsvoll, »wird noch eine richtige Stadt.« Wenn nur die Einsamkeit nicht wäre. Unter ihr leiden besonders die zum Wachdienst an die Straßensperren abkommandierten Soldaten. Mit Wonne kontrollieren sie die wenigen Autoreisenden, die des Wegs kommen.

Es geht ihnen dabei weniger um Pflichterfüllung als um Unterhaltung. Freundlich laden sie nach der Ausweiskontrolle zum Tee ein. »Keinen Tee? – dann Kaffee, oder Kaffee und Tee?« Wer auf der Strecke El-Tur – Ismailia alle militärischen Einladungen akzeptiert, bringt es ohne Mühe auf acht bis zehn Teepausen.

Die Gastfreundschaft der Soldaten – ihre Kameraden jenseits von Suez sind keineswegs so umgänglich – beweist, wie sehr der Sinai für Ägypter und Fremde noch im Abseits liegt, fast noch nicht einmal Provinz ist.

Das liegt zum Beispiel auch an den noch sehr unzulänglichen Verkehrswegen, den mangelhaften Möglichkeiten, den Suezkanal zu über- oder zu unterqueren.

Nach Einbruch der Dunkelheit gelingt es nur mit Glück, noch eine letzte Fähre aufs afrikanische Festland zu erhaschen. Wer Pech hat, muß anhalten, im Auto übernachten, will er nicht einen Achsenbruch in scharfkantigen Schlaglochabgründen oder einen unfreiwilligen Stopp im tiefen Flugsand riskieren, der die Straßen gelegentlich zuweht.

Zwar werden im Eiltempo überall auf dem Sinai neue Straßen gebaut, aber der Zustand vieler vorhandener erweckt Verständnis für jene Sinai-Bewohner, die lieber im Geröll neben der Straße fahren, weil sie da, wie sie behaupten, »ein besseres Gefühl für den Untergrund« hätten.

Als modernste Verbindung zwischen dem Sinai und dem afrikanischen Festland existiert der Ahmed-Hamdi-Tunnel bei Suez, benannt nach dem ersten ägyptischen Soldaten, der im Krieg von 1973 auf das Ostufer des Kanals vordrang und im israelischen Abwehrfeuer fiel. Offiziell soll der zweispurige, 1,6 Kilometer lange Tunnel, der von Suez aus nur in einer Irrfahrt durch winzige Straßen und Gassen zu erreichen ist, erst in einigen Monaten eröffnet werden. Dann seien, so heißt es, die Probleme der Abgasentlüftung unter Kontrolle.

Dieser Mißstand hindert die Ägypter freilich nicht, mit großem bürokratischem Aufwand fleißig Ausnahmegenehmigungen für Tunnelbenutzer zu erteilen. Aber am Abend spannen Soldaten eine Kette vor die Einfahrt. »Nicht mal den Präsidenten lassen wir noch rüber«, sagte einer.

Nur das Nilwasser, das durch sechs mächtige Röhren in den Sinai gepumpt wird, darf Tag und Nacht fließen. Denn Wasser ist überall auf dem Sinai ein kostbares Gut. Wo es vorhanden ist, kann die Wüste grünen. Das beweisen Landgewinnungsprojekte wie Mit Abu el-Kum, benannt nach Sadats Heimatdorf. Das beweisen die üppigen Farmen in der Sinai-Nordprovinz von El-Arisch.

Deren Gouverneur Sabri Abu Talib hat ehrgeizige Pläne für seine Region: Landwirtschaft und Fischerei sollen so weit ausgebaut werden, daß sich die Provinz selbst ernähren kann. Eine Chemiefabrik soll Arbeitsplätze schaffen, ein neues Kraftwerk Energie liefern. Dafür muß Kairo in den nächsten fünf Jahren rund 1,5 Milliarden Mark aufbringen.

Vor allem aber vom Tourismus verspricht sich Abu Talib eine goldene Zukunft. Er will sogar eine Kläranlage bauen, »damit europäische Touristen nicht fürchten müssen, wir würden unsere Abwässer ins Meer leiten und sie könnten bei uns nicht baden«. Vorläufig können sie in der Stadt El-Arisch noch nicht standesgemäß wohnen. Aber mehrere Hotels sind im Bau.

In dem derzeitigen Grenzort zu Israel übernachten jetzt nur Touristen, die jene zwei Tage überbrücken müssen, an denen der Übergang nach Israel geschlossen ist: Da die Israelis auf Sabbatruhe an der Grenze bestanden, zogen die Ägypter gleich, indem sie am Freitag, dem heiligen Tag der Moslems, den Schlagbaum geschlossen halten.

Die Einwohner von El-Arisch genießen es, an diesen Tagen möglichst viele Fremde, Europäer, Amerikaner, Israelis, zu sehen. Von

Feindseligkeit gegenüber Israel keine Spur: »Ist es in El-Arisch nicht prima?«
In den Restaurants und Teestuben werden auch ungeniert israelische Fernsehfilme gezeigt, denn viele Ortsbewohner, die sich während der langen Zeit der israelischen Besetzung mit dem Hebräischen vertraut gemacht haben, geben gern genußvoll mit ihren Sprachkenntnissen an.
Gouverneur Abu Talib erklärt die Einstellung so: »Wir wissen, was Krieg und Frieden ist. Wir wollen ein Beispiel geben für die arabische Welt, ein Beispiel, wie man zusammenleben kann. Dieses Beispiel könnte auch den Palästinensern die bitteren Gefühle nehmen.«
Ganz locker, ganz gelöst zeigen sich auch die Ägypter, die mit dem Bus von Sinai-Ägypten nach Sinai-Noch-Israel reisen.
Doch als im einige hundert Meter breiten Niemandsland ein junger israelischer Beamter mit Walkie-talkie und strenger Miene zusteigt, um die letzten Meter bis zum Abfertigungsgebäude mitzufahren, da verstummt schlagartig das bis dahin fröhliche Schwatzen und Lachen.
Ganz tot ist die alte Furcht eben doch noch nicht.

JUTTA FISCHBECK / ENRIQUE MÜLLER-CARGUA

»Eine verwirrende, widersprüchliche Nation«

Wie die Argentinier den Konflikt mit den Briten erleben
Mai 1982

Frierend drängten sich die Soldaten um den Fernsehreporter, der im Gefolge des argentinischen Staatspräsidenten General Leopoldo Galtieri aus dem fernen Buenos Aires zum Truppenbesuch auf die besetzten Falklandinseln, nunmehr »Islas Malvinas«, gekommen war.

Jawohl, sprachen sie ins vorgehaltene Mikrofon, die Moral der Truppe sei gut, und für die »nationale Souveränität« Argentiniens über die Malvinas würden sie bis zum letzten Blutstropfen kämpfen.

»Und warum sind Sie hier?« wandte sich der Fernsehmann dann an einen Priester, der zwischen den Soldaten stand. »Ich glaube, wo es um die nationale Würde geht, darf die Kirche nicht abseits stehen«, antwortete der Diener Gottes, während der eisige Wind der Antarktis an seiner Kutte zerrte und die Ohrenklappen seiner Militärmütze gegen seine Wangen schlugen.

»Recht so«, lobte der Reporter. »Und Pater: Bitte beten Sie für uns alle!«

Als die Zuschauer des argentinischen TV-Kanals 11 die Reportage, nach einer Komödie über die Liebeslist einer von ihrem Mann vernachlässigten Ehefrau, auf dem Bildschirm sahen, da wußten sie nicht, wie bald und wie dringend sie himmlischer Hilfe bedürfen sollten.

Denn da waren die Malvinas noch fest in argentinischer Hand, da war auf Südgeorgien der Union Jack noch nicht wieder aufgezogen, und die Royal Navy, die zur Rückeroberung der britischen Kolonie ausgelaufen war, schien es mit der Ankunft nicht so eilig zu haben.

Zwar war der erste Freudentaumel über den geglückten Coup vom 2. April bereits verrauscht, doch das neuentflammte nationale Selbstbewußtsein noch ungebrochen.

»Kriege, bewaffnete Verteidigung im Namen der Freiheit eines Volkes sind heilig, die dürfen niemals verachtet werden«, sagte sogar ein so kritischer Mann wie der Schriftsteller Ernesto Sabato zum SPIEGEL. »Ich bin Pazifist, aber ein Imperium, das unser Territorium mit der gewaltsamen Besetzung im Jahre 1833 verletzt hat, kann jetzt nicht auf Gerechtigkeit pochen.« Millionen Argentiniern sprach er aus der Seele.

In ganzseitigen Zeitungsanzeigen feierten Klein- und Großunternehmer, Verbände und Vereinigungen die »Rückgewinnung der Malvinas«. »Sogar um den Preis des Blutvergießens«, so die Schriftstellerin Maria Esther de Miguel in der Frauenzeitschrift *para ti*, müsse man die Inseln zurückgewinnen. Denn »wenn wir unsere Würde verlieren, verlieren wir alles.«

»Passen Sie nur auf, Königliche Hoheit, der Sie glauben, daß Sie ein Löwe sind«, höhnte eine Zeitschrift in Buenos Aires in einem Spottgedicht auf den britischen Prinzen Andrew an Bord des Flugzeugträgers »Invincible«, »daß Sie sich am Ende nicht doch in die Hose machen.« Kaum ein Schaufenster ohne die blau-weiß-blaue Fahne Argentiniens, notfalls auch, kunstvoll als Schleife drapiert, zwischen Büstenhaltern und Damenslips, und natürlich eingeblendet zwischen Werbespots für Deodorants und schottischen Whisky, stolz im Winde flatternd auf allen Fernsehkanälen. Dazu eine sanfte weibliche Stimme: »Unidos es mas fácil – vereint ist es leichter.«

Doch je näher die britische Flotte und mit ihr die Möglichkeit eines veritablen Krieges rückte, desto deutlicher wurden die Brüche in der Fassade von Einigkeit, die das patriotische Erfolgserlebnis des Husarenstücks im Südatlantik vorübergehend zu errichten vermocht hatte.

Als die Nationaldirektion der – offiziell noch verbotenen – peronistischen Gewerkschaft CGT an die 10 000 Arbeiter und Gewerkschafter auf der Plaza de Mayo vor dem Präsidentenpalast aufmar-

schieren ließ, um gegen die Rückeroberung von Südgeorgien durch die Engländer zu protestieren, wurde eine Kundgebung gegen das Regime daraus:
»Wir sind für die Malvinas, aber nicht für die Diktatur«, skandierten die Demonstranten, und: »Galtieri, Galtieri, paß gut auf, die Malvinas werden argentinisch, und du wirst an die Wand gestellt!«
Das Interessante an der Kundgebung sei gewesen, so vermerkte trocken der Kolumnist der Tageszeitung *La Prensa,* Jesus Iglesias Rouco, »daß diesmal niemand auf dem Balkon erschien.« Anders als bei den vorangegangenen Jubelfeiern verzichtete der General darauf, sich dem Volke zu zeigen.
Ebenso peinlich für das Regime war die Versammlung der »Mütter von der Plaza de Mayo«, die seit fünf Jahren allwöchentlich um die gleiche Zeit, donnerstags von halb vier bis vier, im Kreis um den Obelisken gegenüber dem Präsidentensitz wandern, um an die etwa 15 000 »Desaparecidos« zu erinnern, mutmaßliche Regimegegner, die verhaftet wurden und seither spurlos verschwunden sind.
Jetzt, am fünften Jahrestag dieses Trauermarsches, kamen statt der sonst etwa 300 Frauen mit den weißen Kopftüchern, auf die mit Wäschetinte oder Filzstift die Namen der verschwundenen Söhne, Männer, Brüder oder Väter geschrieben sind, mehr als doppelt so viele.
Provokateure warfen Flugblätter unter die Versammelten, auf denen die Mütter der Plaza de Mayo »antiargentinischer Gefühle« bezichtigt wurden, weil sie »ausländischen Journalisten gesagt haben, daß ihnen das Schicksal unserer Soldaten auf den Malvinen gleichgültig ist«.
»Wenn die Regierung uns vorher gefragt hätte, ob wir die Malvinas zurückerobern sollen, dann hätten wir ja vielleicht ja gesagt«, so ein Student in Buenos Aires. »Aber sie haben uns nicht gefragt, und jetzt sollen wir für ihr Abenteuer die Knochen hinhalten!«
Und eine Telefonistin im größten Hotel der Stadt fragte Anrufer aus dem Ausland spontan, ob sie neue Nachrichten über den Krieg hätten und was man in ihrem Land darüber dächte. »Wenn Sie wüßten, wie sehr wir hier von dieser ganzen Sache die Nase voll haben!«
Vorsichtig noch, aber unübersehbar, machte sich der angestaute Groll einer Nation Luft, die sich stets mit einigem Stolz zivilisierter

wähnte als andere lateinamerikanische Staaten und die sich doch seit sechs Jahren von einem Militärregime gängeln läßt, das jeder Bananenrepublik würdig ist.
Sage und schreibe 32 Kommuniqués benötigte dieses Regime, um seinen Untertanen beizubringen, daß britische Soldaten schließlich auf Südgeorgien gelandet waren: Daß sie die Insel auch gänzlich zurückerobern und 194 Gefangene machen konnten, wußten die Argentinier aus offizieller Quelle noch vier Tage später nicht. Zwischen Kommuniqué Nummer 32 vom Tag nach der Landung der Briten und Verlautbarung Nummer 33 ließen die Machthaber 24 Stunden verstreichen, in denen die Bevölkerung auf Gerüchte oder Auslandssender angewiesen war.
Am Ende schließlich kam die lakonische Mitteilung, die Militärjunta erwarte »die Ausführung militärischer Operationen im Gebiet der Malvinen innerhalb der nächsten 24 bis 48 Stunden«. Luftwaffe und Flotte wurden in höchste Alarmbereitschaft versetzt.
Wie immer das Abenteuer auch ausgehen mag, in das der General Galtieri sein Land gestürzt hat – schon jetzt ist klar, daß es katastrophale wirtschaftliche und unabsehbare politische Folgen für Argentinien haben wird.
Zwar erklärte Wirtschaftsminister Roberto Alemann in einem Interview mit der argentinischen Wochenzeitschrift *Gente,* die Besetzung der Inselgruppe habe nur 42 Millionen Mark gekostet, »eine Summe, um die man sich wirklich keine Sorgen zu machen braucht«. Die weiteren Kosten setzten sich im wesentlichen aus dem Kauf von Ausrüstung und den Soldzahlungen zusammen – wobei Ausrüstung bereits in der Vergangenheit gekauft worden sei und Sold ja ohnehin gezahlt werden müsse.
Blieben nur noch die Kosten für Transport und Versorgung »und für etwas Bekleidung, denn im Süden ist es kühler als in Buenos Aires und im Norden Argentiniens«. Das meiste, so der Minister, könne man kompensieren, indem man einfach auf die nächstfälligen Manöver verzichte.
Die naive Version des Ministers hält der Wirklichkeit nicht stand. Militärkreise räumten ein, daß die Operation Malvinas allein in der ersten Woche um 500 Millionen Dollar gekostet habe. Schon vier Tage nach der Inselbesetzung sah sich das Regime gezwungen, alle Dollarverkäufe auf unbestimmte Zeit zu suspendieren

und Geldtransfers ins Ausland zu verbieten. Dennoch sollen allein ins Nachbarland Uruguay innerhalb der ersten zwei Aprilwochen 2,5 Milliarden Dollar abgeflossen sein.
Die Devisenreserven, so berichtete die Tageszeitung *Clarin*, seien innerhalb der ersten drei Wochen nach der Malvinen-Besetzung um 350 Millionen Dollar geschmolzen – offiziell keine alarmierende Summe bei Devisenreserven von fünf Milliarden Dollar. Inoffiziell freilich wurden Argentiniens Devisenreserven bei Ausbruch der Krise auf nur 600 Millionen Dollar geschätzt.
Eine gesunde Volkswirtschaft mag derlei verkraften, kaum aber eine Krisenwirtschaft wie die argentinische – mit einer Inflationsrate von offiziell über 130 Prozent (inoffiziell inzwischen etwa 180 Prozent), mit 32 Milliarden Dollar Auslandsschulden und knapp zwei Millionen Arbeitslosen (die keinerlei Arbeitslosenunterstützung erhalten) bei einer Gesamtbevölkerung von 28 Millionen.
Auf den ersten Blick ist die Misere, auch im Schatten des Krieges, kaum sichtbar: Noch immer sind die Schaufensterauslagen in den Haupteinkaufsstraßen Florida und Corrientes elegant wie in Rom oder Paris, servieren die Restaurants Steaks in einer Größe, die in anderen Ländern für die Ernährung einer ganzen Familie ausreichen müßte.
Doch der glanzvolle Putz beginnt zu bröckeln. Da schreit etwa eine nervöse Substitutin in der Lebensmittelabteilung des alteingesessenen Kaufhauses Harrods an der Calle Florida die Kassiererinnen an: »Ich hab' euch doch gesagt, wir haben Anweisung, in jede einzelne Handtasche zu gucken, in jede!«
Und so filzen die überarbeiteten Mädchen an der Kasse, ganz wie bei den Sicherheitskontrollen auf Flughäfen, jede Tasche und jeden Beutel, den die Kunden beim Verlassen der Abteilung mit sich führen: Die Lebensmitteldiebstähle haben in letzter Zeit zugenommen, wer nicht genug Geld hat, um zu kaufen, der stiehlt eben.
Bankangestellte, die bei einem durchaus europäischen Preisniveau nicht mehr als 750 Mark im Monat verdienen, wühlen in Bergen von Eine-Million-Peso-Scheinen und versuchen verängstigten alten Frauen auszureden, ihr Erspartes abzuheben – meist erfolglos. So dringend benötigen die Banken Bares, daß sie für auf 35 Tage festgelegtes Geld um 100 Prozent Jahreszinsen zahlen. Wer einen Kredit haben will, muß natürlich mehr zahlen: zehn bis fünfzehn Prozent pro Monat.

Die Vielfalt der inflationären Geldscheine ist so verwirrend, daß viele Argentinier sich nicht anders zu helfen wissen, als sie nach Farben zu benennen: Ein Roter, das sind 10 000 Pesos (ungefähr 2,10 Mark), ein Blauer 5000, ein Grauer 100 000. Eine 100-Peso-Münze, groß wie ein deutsches Fünfmarkstück, ist gerade noch zwei Pfennig wert – vor zehn Jahren bekam man dafür noch 20 Dollar.
Als einer Kundin im Warenhaus eine solche Münze an der zu zahlenden Gesamtsumme fehlt und eine Ausländerin sie ihr mit der Bemerkung anbietet, sie brauche sie nicht mehr, da sie noch gleichen Tages ins Ausland reisen werde, erntet sie einen neidischen Blick. »Sie haben es gut«, sagt die Argentinierin, »das möchte ich auch können.«
Doch fliegen kann nur, wer in Dollar bezahlt – die Fluggesellschaften nehmen keine argentinischen Pesos an.
So flüchten denn viele, verunsichert und verängstigt, aus der unerquicklichen Gegenwart in die Vergangenheit. Ein schmaler, aber ständiger Strom von Menschen pilgert auf dem Friedhof von Chacarita in Buenos Aires zu dem schwarzen Granitmausoleum, das die Überreste des 1974 verstorbenen Nationalhelden und zweimaligen Präsidenten Juan Domingo Perón birgt. Oder auch auf den Friedhof von La Recoleta, wo ein Ruheplatz zwischen 10 000 und 100 000 Dollar kostet und wo das Grab der Perón-Ehefrau Evita liegt.
Behutsam stecken alte Frauen, die sich stolz als »Peronistas de toda la vida« bezeichnen, als lebenslange Peronistinnen, bunte Blumen an das schmiedeeiserne Gitter vor der letzten Ruhestätte ihres Helden. Voll Inbrunst führen sie die Finger an die Lippen und legen sie dann auf die Bronzeplatte mit Peróns Namen, so wie Gläubige in katholischen Ländern Reliquien berühren. »Perón, warum bist du gegangen«, murmelt eine alte Dame in den Siebzigern, »wo wir dich jetzt doch so sehr brauchen.«
Doch der von den regierenden Militärs verfemte Caudillo, könnte er denn wiederauferstehen, wäre ein schlechter Nothelfer – er hat das Seine dazu beigetragen, daß aus dem einst reichsten Land Lateinamerikas, das zu Beginn des Jahrhunderts einen Lebensstandard wie Kanada hatte, eine »zutiefst frustrierte Nation« wurde, so ein Journalist der Tageszeitung *Clarin*, »die von Größe nur noch träumt«.

Dennoch bezeichnen sich noch immer zwei Drittel aller Argentinier, linke wie rechte, als Peronisten, ohne freilich genau definieren zu können, was das eigentlich ist. »Hier sind wir, die Soldaten von Perón«, schrien die Demonstranten vor dem Präsidentenpalast – bereit, für die Malvinas, aber gegen die Regierung zu kämpfen.
Argentinien erscheine oft als eine »sehr verwirrende, sehr widersprüchliche Nation«, findet der Schriftsteller Ernesto Sabato. Denn das vorwiegend von Einwanderern aus Italien, Spanien, aber auch Griechenland bevölkerte Land am La Plata sei »die Bruchstelle zwischen Lateinamerika und Europa, im Guten wie im Bösen«.
Im Augenblick mehr im Bösen, so mag es zumindest den Engländern vorgekommen sein. Denn mit in London sicher unerwarteter Hartnäckigkeit weigerten sich die argentinischen Militärs bis zuletzt, auf Verhandlungsvorschläge zum Rückzug von den eroberten Inseln einzugehen.
Sie weigerten sich mit der Sturheit dessen, der mit dem Rücken an der Wand steht. Denn gelänge es den Briten – auf militärischem oder auch noch diplomatischem Wege –, die Argentinier von den Falklandinseln wieder zu vertreiben, dürften zumindest General Galtieris Tage, wenn nicht die des Militärregimes überhaupt, gezählt sein.
Sie sind es möglicherweise sogar im Falle eines argentinischen Sieges – nämlich dann, wenn die Argentinier entdecken, wie kostspielig die territoriale Neuerwerbung ist. Denn die auf der Inselgruppe ansässigen Betriebe, so etwa die Falkland Islands Company, sind fast sämtlich defizitär, müßten also vom argentinischen Staat erst saniert werden. Schafzucht, wie sie auf den Eilanden betrieben wird, verspricht in dem auf Rindfleisch fixierten Pampa-Staat wenig materiellen Gewinn.
Und nicht mal die vermuteten Erdölvorkommen brächten Argentinien auf kurze Sicht, zu einem Zeitpunkt, da die Opec-Länder die Erdölpreise gerade kräftig senken mußten, etwas ein. Eine Prospektion im antarktischen Eis wäre zudem gegenwärtig für Buenos Aires bei weitem zu aufwendig.
So betete denn die Ehefrau des Generals Galtieri nicht ohne Grund, gemeinsam mit Tausenden von Hauptstädtern, während der vergangenen Wochen in der Kirche Santo Domingo in Buenos

Aires um den Beistand der »Jungfrau vom Heiligsten Rosenkranz bei der Wiedereroberung und Verteidigung von Buenos Aires« in der Malvinenfrage.

Jene Jungfrau nämlich hat schon einmal in einem Kampf gegen England eine entscheidende Rolle gespielt: Als 1806 die Briten Buenos Aires besetzten, da schwor der argentinische Schiffskapitän Santiago de Liniers in der Kirche Santo Domingo, wenn es ihm gelänge, die Briten zu vertreiben, werde er der Jungfrau die eroberten Fahnen stiften.

Die Jungfrau bekam ihre Fahnen, und als die Engländer im Jahr darauf noch einmal angriffen, konnten sie ihr nur eine einzige der Siegestrophäen wieder entreißen. Seither nennen die Bewohner von Buenos Aires die Jungfrau der Kirche Santo Domingo die »Virgen de la Victoria«, die Siegesmadonna.

Auf Gebete allein mochte sich der General Galtieri jedoch nicht verlassen: Er setzte ein neues Gesetz in Kraft, das Reservisten, die sich nicht rechtzeitig zum Einsatz in den Kasernen melden, mit Arrest, lebenslanger Haft oder Todesstrafe bedroht.

Ganz so siegessicher, wie sie klangen, schienen die argentinischen Militärs ohnehin nicht zu sein. Warum sonst hätten sie den US-amerikanischen Vietnamheimkehrer-Film »Coming Home«, der bereits in den Kinos von Buenos Aires angelaufen war, jählings unter Hinweis auf den Malvinenkonflikt verbieten sollen?

Der spanische Titel des Films heißt »Regreso sin gloria« – Rückkehr ohne Ruhm.

HANS HOYNG

»Wenn mein Pastor dafür ist ...«

Atomwaffengegner im amerikanischen Wahlkampf November 1982

Wenn alles so verläuft, wie es sich in den Umfragen der letzten Wochen abgezeichnet hat, dann wird Arlette Neal, »rechtmäßig ernannte, qualifizierte und amtierende« Stadtschreiberin von Kearney, Buffalo County, US-Bundesstaat Nebraska, in den nächsten eineinhalb Wochen 587 Briefe losschicken.

Darin wird Ms. Neal dem Präsidenten der Vereinigten Staaten, dem Verteidigungsminister, dem Außenminister, allen 539 Mitgliedern des Kongresses und allen 49 Mitgliedern der Legislative von Nebraska mitteilen, was die Mehrheit der Wähler von Kearney am 2. November »als Standpunkt beschlossen« hat:

Daß es nämlich für die Vereinigten Staaten und die Sowjetunion höchste Zeit sei, »sich darüber zu verständigen, Erprobung, Produktion und Bereitstellung aller Nuklearwaffen, Raketen und Abschußsysteme sofort einzustellen«. Kontrollierbar. Verifizierbar. Punktum.

Kearney, Nebraska? Eine Maus, die sich zu brüllen anschickt? Die Rede ist schließlich nicht von irgendeiner Intellektuellen-Hochburg an der Ostküste der USA, wo Liberale sowieso alles besser wissen als die Regierung in Washington.

Hier schickt sich vielmehr die sprichwörtliche Stadt Anywhere, USA, an, denen da oben die Meinung über Krieg und Frieden zu sagen, eine Stadt, von der es zum Pazifik genauso weit ist wie zum Atlantik. Heartland America.

Eine Stadt inmitten der endlosen Maisfelder zu beiden Seiten des Platte River, der, »eine Meile breit und einen Zoll tief« (so die Ortsansässigen), träge über das flache Farmland von Zentral-Nebraska hinzieht; eine Stadt, deren höchstes Bauwerk völlig zu Recht ein Getreidesilo ist.

Sie lebt von den Farmern der Umgebung, die in diesem Jahr in aller Eile glitzernde Aluminiumspeicher errichten, um eine Ernte einzufahren, die reicher ist als je und die alle ärmer machen wird, weil sie nicht abzusetzen ist.

Main Street heißt in Kearney Central Avenue; die Läden bieten den Midwestern-Schick an, der sich in Jahrzehnten kaum geändert hat, weil sich überhaupt nicht viel ändert hier. Eine Stadt, entstanden durch die nach Westen führenden Gleise der »Union Pacific« und noch heute durch sie geteilt: »South of the tracks«, südlich der Gleise, leben Mittel- und Arbeitslose sowie Chicanos, die es bis hierher verschlagen hat. Im Norden liegen die »besseren« Viertel.

Das Leben ist handfest republikanisch: 5463 eingeschriebene Republikaner gegen 3864 eingeschriebene Demokraten. 1980 hat sich hier der Farmkaufmann Jimmy Carter eine blamable Niederlage gegen Ronald Reagan eingehandelt.

Für den dritten Kongreßbezirk von Nebraska, zu dem Kearney gehört, tritt zum fünftenmal die 71jährige Republikanerin Virginia Smith an, die Demokraten haben es nicht einmal der Mühe für wert gehalten, einen Gegenkandidaten zu benennen.

In den Leserbriefspalten des *Kearney Daily Hub* wird diskutiert, was die Leute bewegt: Lokales meist, vieles, was das farmbare Land betrifft; und der Zorn Gottes wird auf die Stadt beschworen, wenn einmal moderne Zeiten hereinbrechen, wie jüngst zum Beispiel in Gestalt jener Schwulenbar, die – so die Alpträume empörter Bürger – nun das friedliche 22 000-Seelen-Fleckchen in Sodom und Gomorrha zu wandeln droht.

Und diese Stadt, konservativ, rechtschaffen, praktisch, konfliktscheu und – größtenteils – weiß, will nun ihrem Präsidenten empfehlen, das atomare Potential der Nation einzufrieren? Daß das Geld besser anderweitig zu verwenden sei, ist dabei nicht das schlechteste Argument für die sparsamen Leute von Nebraska. Da wird ein Punkt erreicht – und 1,5 Billionen Dollar für Rüstungsausgaben über fünf Jahre ist so ein Punkt –, wo der Common sense des Mittelwestens sagt, daß es jetzt genug ist.

Da werden Erinnerungen geweckt an jene Zeiten Ende der sechziger Jahre, als sich Farmer aus Iowa aufmachten und in Washington ihre Überzeugung kundtaten, daß ihre GIs in Vietnam nichts verloren hätten, und zusammen mit Leuten für ein Kriegsende plädierten, mit denen sie sonst nichts gemein hatten: den Liberalen, den Langhaarigen, den Intellektuellen.
Und die Erinnerung an Vietnam ist nur logisch. Es sind die gleichen Leute, die sich damals in der Gruppe »Nebraskans for Peace« zusammengeschlossen hatten, die in diesem Jahr »Nuclear Freeze«, die Bewegung für das Einfrieren aller Nuklearwaffen, nach Kearney und zur Entscheidung bei den Wahlen am 2. November brachten.
Es ist eine seltsame Gruppe. Ein Farmer ist dabei, ein Hüne von einem Kerl, vierschrötig und dickköpfig wie die Umgebung, aus der er kommt. Er ist außerdem der Radikalste der Gruppe und weigert sich, jenen Teil seiner Steuern zu zahlen, der für Rüstungsausgaben draufgeht.
Dr. Dean Seargent ist dabei, ein freundlicher älterer Herr, der sein Gemüse im Garten züchtet und seiner Vergangenheit als Offizier des Counter Intelligence Corps in Korea gründlich abgeschworen hat.
Da ist der – in Nebraska arg heimatlose – linke Geographie-Professor, den es aus Kalifornien hierher verschlagen hat und der sein Eintreten für Freeze mit anderen Anliegen verbindet. Und da sind die Kirchen. Sicher nicht alle 30, die Kearney aufzubieten hat – besonders die Fundamentalisten sind entschiedene Freeze-Gegner –, aber doch die meisten und die wichtigsten: Presbyterianer, Lutheraner, Katholiken, die gerade noch rechtzeitig zur Wahl durch den Entwurf eines Hirtenbriefes ihrer Bischöfe ermuntert werden, für Freeze zu stimmen.
Ohne die Kirchen gäbe es in Kearney – oder auch in Nebraska – keine Friedensbewegung. Die Kirchen stellen den Freeze-Leuten ihre Räume zur Verfügung, diskutieren das Anliegen mit ihren Gemeinden. Vor allem aber verleihen sie der Freeze-Bewegung moralische Respektabilität. Und den möglichen Erfolg. Meint eine Kearney-Bürgerin: »Eigentlich bin ich ja dagegen, die Atomwaffen einzufrieren. Aber wenn mein Pastor dafür ist, muß ja wohl etwas dran sein.«
John Krejci und Dick Vaughan, beide Mitglieder von »Nebraskans

for Peace«, beide früher einmal katholische Priester, mittlerweile verheiratet, hatten im April an der Tagung aller US-Freeze-Gruppen in Denver (Colorado) teilgenommen und sich dort entschlossen, die Kampagne für das Einfrieren der Atomwaffen nach Kearney zu bringen.
Zusammen mit der rasch wachsenden Gruppe der Freeze-Anhänger begannen sie, Unterschriften zu sammeln, um eine stadtweite Abstimmung bei den Novemberwahlen zu erzwingen. Die nötigen Unterschriften, 1050, waren in kurzer Zeit beisammen; der Stadtanwalt half, die Einwände der Staatsregierung, die die Abstimmung verhindern wollte, zu beseitigen.
Die Gruppe vermeidet es sorgfältig, dem Harmoniebedürfnis der Kleinstadt auf die Nerven zu gehen. Keine Demonstrationen, keine Fackelzüge wie andernorts, vor allem aber keine radikalen Parolen und keine Angriffe auf Ronald Reagan, der – Wirtschaftsflaute hin, Arbeitslosigkeit her – noch immer der Champion in Kearney ist.
Statt dessen ein großes Plakat an der Kreuzung der beiden wichtigsten Straßen von Kearney, ein paar Anzeigen im *Daily Hub*, ein paar Rundfunkspots, dazu der übliche unverzichtbare Schnickschnack amerikanischer Wahlkämpfe, T-Shirts, Buttons, Bumper sticker, das ist schon alles, womit die »Kearney Nuclear Weapons Freeze Campaign« als Gruppe in Erscheinung tritt. Der Rest ist persönlicher Einsatz, sind endlose Gespräche, zeitraubende Hausbesuche von Nachbar zu Nachbar zu Nachbar: Basisarbeit einer Grass-roots-Bewegung.
Der Akzent liegt auf Aufklärung. Denn für Kearney ist die Gefahr einer nuklearen Auseinandersetzung der beiden Großmächte nicht gerade eine ständig gegenwärtige Bedrohung. Die Stadt liegt, glauben ihre Bewohner, weit ab vom Schuß.
Auf der anderen Seite des Platte River, sechs Meilen vor der Stadt, steht die Nachbildung jener Holzfestung, die 1864, während der letzten großen Indianerkriege im Mittelwesten der USA, zum Schutz der Eisenbahnarbeiter und der in Fort Kearney stationierten Truppen errichtet wurde. Die 118 Jahre seither sind eine zu kurze Zeit, um Verständnis für die Bedrohung durch moderne Waffensysteme zu entwickeln. Schließlich waren um Fort Kearney noch Pfeil und Bogen zum Einsatz gekommen.
Dennoch, langsam nimmt auch die nukleare Bedrohung für Kear-

ney konkrete Formen an. Da ist die Stadt Omaha, knapp 300 Kilometer Richtung Osten, Sitz des Strategischen Luftwaffenoberkommandos der USA und ein sicherer Kandidat für die Pulverisierung in jedem nuklearen Holocaust.
Da gibt es, gut 300 Kilometer Richtung Westen, jene Landstriche im Grenzgebiet zu Colorado und Wyoming, auf welche die Strategen im Pentagon ein begehrliches Auge geworfen haben, um dort ihre immer noch heimatlosen MX-Raketen unterzubringen, eine Vorstellung, die erbitterte Empörung bei den örtlichen Farmern hervorruft. In Nebraska schafft sich jeder Feinde, der Land und Boden für etwas anderes als Ackerbau und Viehzucht nutzen will.
Und dann gibt es in Kearney bereits einen Stadtangestellten, Dwaine Jorgenson, der sich quasi hauptberuflich mit der Bedrohung der Stadt auseinandersetzt. Mr. Jorgenson ist Chef der Freiwilligen Feuerwehr und Zivilschutzleiter von Kearney. Als solcher arbeitet er gegenwärtig Pläne für die Aufnahme von 43 000 Menschen aus, die im Falle eines drohenden Atomkrieges aus Omaha und Umgebung hierher evakuiert werden sollen.
Mr. Jorgenson ist ein praktischer und ein patriotischer Mann. »Heiliger Strohsack, das ist unmöglich«, entfuhr es ihm, als er zum erstenmal von seiner neuen Aufgabe hörte. Doch dann – »Schließlich hat man ja auch Verpflichtungen gegenüber bedrängten Landsleuten« – räumte er schon mal auf dem Papier die Gebäude des Colleges im Nordwesten der Stadt aus. Dort will er eine Art Ghetto schaffen, aus dem die Evakuierten, bewacht von ihrer eigenen, mitgebrachten Polizei, nicht herausdürfen. »Wir können die Leute doch nicht in unsere Cafés lassen«, meinte er.
Wenn Mr. Jorgenson Anfang Dezember seine bis dahin ausgearbeiteten Notfall-Pläne dem Stadtrat vorlegt und die Leute begreifen, was Reagans Krisen-Verlegungsprogramm in der Praxis bedeutet, dann, so hoffen Kearney-Atomwaffengegner, wird die Freeze-Kampagne auch noch nach der Wahl am 2. November frischen Zulauf gewinnen.
Das wird auch nötig sein, denn langsam beginnen sich auch die Freeze-Gegner in Kearney zu rühren. Und die können auf gewachsene Traditionen bauen. Daß man »den Russen nicht trauen kann«, ist der konservativen Bevölkerung eigentlich schon längst klar. Doch da die Stadt in den letzten Jahrzehnten mit Sicherheit von keinem Kommunisten heimgesucht worden ist, die Redlich-

keit und der Patriotismus der örtlichen Atomwaffengegner außer Zweifel standen, hatte man keinen Grund, gegen etwas zu sein, was womöglich doch in den großen Papierkörben Washingtons verschwinden oder bestenfalls – wenn man Freeze denn aushandeln könnte – viel Geld sparen würde, weil es Steuersenkungen verspräche.
Diese Haltung hat sich geändert. Der *Reader's Digest* hat in seiner Oktober-Ausgabe den Freeze-Anhängern den Kampf angesagt. »Die Bewegung«, heißt es da, werde »in einem erstaunlichen Maße von Leuten unterwandert, manipuliert und entstellt, die nur ein Ziel haben – durch die Schwächung der Vereinigten Staaten die kommunistische Tyrannei zu fördern«.
Derart starker Tobak war Anhängern und Gegnern des Freeze in Kearney neu. Bereits gegebene Zusagen, bei der Wahl für das Einfrieren der Atomwaffen zu stimmen, wurden öffentlich zurückgezogen: »Dieser Artikel hat mir die Augen geöffnet.«
Freeze-Anhänger fühlten sich diffamiert. Alle Freeze-Befürworter, die er kenne, schrieb Dr. Seargent dem *Daily Hub*, »sind intelligente, informierte und wache ›Weltbürger‹, die von niemandem manipuliert werden«. Die »Weltbürger« hat er selber in Anführungsstriche gesetzt. Ganz wohl mag ihm bei dem Ausdruck nicht gewesen sein.
Das politische Establishment der Stadt, vom Sheriff bis zum City-Manager, wartet erst mal die Wahlen ab. Unnötigen Streit zu vermeiden hat in dieser Gegend Tradition. Nicht zuletzt durch die Weigerung der Ortspolitiker, für oder gegen Freeze Stellung zu beziehen, endet in Kearney der Wahlkampf, wie er begann: als der Versuch einer überzeugten Gruppe von Bürgern – nicht mehr als 120 alles in allem –, Aufklärungsarbeit zu leisten, zu warnen, ein Stückchen Realität in eine Ecke der Welt zu holen, die bisher davon verschont geblieben war.
Die Möglichkeit einer Annahme des Freeze-Vorschlages macht die Atomwaffengegner von Kearney zuversichtlich und auch ein bißchen stolz, daß es in ihrem Lande möglich ist, »wieder mit der Demokratie zu beginnen«.
Die Hoffnung, daß bundesweit die Politiker nachziehen werden, wenn sich überall Städte wie Kearney für ein Einfrieren der Atomwaffen aussprechen, ist ihnen nicht zu nehmen. »Das müssen sie doch«, sagen sie ein bißchen blauäugig, aber sehr amerikanisch.

VALESKA VON ROQUES

»Die Stolzen und die Schweigsamen«

Die patriotische Welle in den USA nach der Grenada-Invasion
November 1983

Im Restaurant »Sam's Diner« an der Autostraße 30 in Pennsylvania, spätabends im flackrigen Neonlicht: Fernfahrer schaufeln von dickrandigen Tellern ihre breiigen Bratkartoffeln, an der Theke sitzt ein Riesenmensch in rot-schwarzkarierter Jägerjacke und löffelt an einem Turm von Eiscreme.

Im Fernsehen erinnert ein Sprecher daran, daß sich um diese Zeit zum 20. Male der Tag jährt, an dem in Südvietnam mit wohlwollender Nachhilfe der USA das Diem-Regime gestürzt wurde. »Das verhängnisvolle Engagement der USA in Vietnam«, so der Kommentator, habe damit seinen Lauf genommen.

»Ach, halt's Maul«, sagt der Dicke an der Theke.

Die Kellnerin nimmt die Fernbedienung und schnippt durch die Kanäle, bis ein Bild auftaucht, das sie festhält.

Ein glücklich aus Beirut heimgekehrter Marineinfanterist sitzt steif und stolz neben seiner gewaltig übergewichtigen Mutter im Studio. Die Frau erzählt, daß ihre Gemeinde jetzt Geld sammle, um neben der Kirche eine Fahnenstange für das amerikanische Banner errichten zu können, zum Gedenken der Helden von Beirut. Ihr Sohn wird gefragt, ob er, wenn nötig, in den Libanon zurückkehren würde. »Ich frage nicht«, antwortet er, »ich bin ein Marine. Ich gehe dahin, wohin man mich schickt.« Beifall der Gäste.

Die so unterschiedlichen Ereignisse von Beirut und Grenada ha-

ben, wie es scheint, in den USA Exorzismus bewirkt und den häßlichen Bann gelöst, der seit Vietnam und der schändlichen Geiselnahme im Iran den amerikanischen Patriotismus niederhielt. Das hat, ganz entscheidend, Ronald Reagan, der Große Kommunikator, zustande gebracht.
Er hat es zustande gebracht mit Worten, nicht mit seinen Taten: Die hätten ihn eigentlich politisch erledigen müssen. Im Libanon starben 230 junge Amerikaner, weil Reagan sie auf eine unmögliche Mission geschickt hatte: einen Frieden zu bewahren, den es dort schon lange nicht mehr gibt; 18 weitere junge Amerikaner kamen auf der Tropeninsel Grenada um, weil Reagan dort vorführen mußte, daß, wie der demokratische Politiker George McGovern in bitterem Spott sagte, »die mächtigste Nation der Erde die schwächste besiegen kann«.
Anfänglich herrschte denn auch Verwirrung in den USA: Zu dissonant, zu widersprüchlich waren die starken Bilder, die da plötzlich via TV über die Amerikaner hereinbrachen.
Eben noch das blutige Chaos aus Beirut, die beklemmende Phalanx der fahnenbedeckten Särge im riesigen Hangar des US-Luftwaffenstützpunktes Dover, dann sogleich die aus Grenada »befreiten Studenten«, ausgelassen amerikanischen Boden küssend, dazu lachende Negerkinder beim Picknick mit amerikanischen GIs auf der üppigen Tropeninsel: Wie sollte sich das bloß zusammenfügen in amerikanischen Köpfen?
So kam die Stunde Ronald Reagans. In einer Fernsehansprache gelang es ihm, das wüste Puzzle zu einer klaren Vision zu ordnen. Von nun an gehörten Beirut und Grenada ganz logisch zusammen: Brückenköpfe seiner weltumspannenden Strategie, dem kommunistischen Erzfeind entschlossen entgegenzutreten.
Dürften die USA, dürfe die freie Welt, fragte Ronald Reagan, »tatenlos zusehen, wie der Nahe Osten dem Ostblock einverleibt wird«?
Im gleichen Auftrag war da zu verhindern, daß in Grenada »eine sowjetisch-kubanische Kolonie für den Export von Terror und die Unterminierung der Demokratie ausgebaut wurde«.
So war denn für viele Amerikaner aufs schönste verklammert, was vorher noch störend auseinanderklaffte, und die ewig kritischen Europäer bekamen von Reagan auch gleich eins mit: »Wir sind alle Amerikaner, bevor wir irgend etwas anderes sind, und wenn unser

Land bedroht ist, stehen wir Schulter an Schulter mit den Männern und Frauen in unseren Streitkräften.«
Das geschah dann auch. Sprunghaft stieg nach der Rede die Unterstützung für Ronald Reagan. Sieben von zehn Amerikanern billigten nun seine abenteuerliche Politik. Es war, als dürften lang unterdrückte Gefühle nun wieder strömen, als dürften Amerikaner endlich wieder sie selber sein: aufrechte Patrioten, betraut mit einer besonderen Mission in der Welt.
»Ich verstand plötzlich Patriotismus und was es heißt, Amerikaner zu sein«, beschreibt in einer pennsylvanischen Provinzzeitung die aus Grenada evakuierte Studentin Kathlyn Bradley, 23, ihre Empfindungen beim Auftauchen der US-Marines vor ihrer verbarrikadierten Unterkunft auf der Insel. Dasselbe Blatt druckt am selben Tag die Eloge einer Leserin aus Harrisburg: Jetzt sei endlich die Zeit gekommen, daß alle Amerikaner die »unglaubliche Kontinuität von Heldentum erkennen, die amerikanische Soldaten in den letzten Jahrzehnten gezeigt haben«.
Manchen, wenn auch gewiß nicht allen, Amerikanern klingt so etwas peinlich. Patriotismus ist den meisten von ihnen ein sehr viel selbstverständlicheres Gefühl als den durch die Exzesse ihres eigenen Nationalismus geschädigten Europäern. Er ist eingewebt in ihr Selbstverständnis wie die Liebe zu »Mutter und Apfelkuchen«: Vaterlandslose Gesellen waren Amerikas Arbeiter ganz gewiß nie.
Zu den Ritualen einer amerikanischen Kindheit gehört es, irgendwann einmal mit den Eltern in den Sommerferien nach Washington zu reisen, um dort andächtig zu den marmornen Tempeln zu pilgern, die den Gründern und Helden der amerikanischen Nation geweiht sind.
Ein solcher patriotischer Wallfahrtsort ist auch das Bürgerkriegs-Schlachtfeld von Gettysburg, auf dem zwischen dem 1. und 3. Juli 1863 über 40 000 Amerikaner starben oder verwundet wurden.
Längst ist die Erinnerung an diese grausigen Realitäten dahin, aufgelöst in der elysischen Schönheit dieser sanften Hügellandschaft, die übersät ist mit unaufdringlich-edlen kleinen Monumenten wie ein riesiger Tempelbezirk. Hier kann Krieg nichts Häßliches sein.
Für die meist älteren Menschen, die an einem sonnigen Spätherbsttag über das Schlachtfeld wandern, ist es selten der erste Besuch, sondern meist nostalgische Wiederholung etlicher früherer Wallfahrten, mit den eigenen Eltern, mit den Kindern.

Die Verbindung zwischen Gettysburg damals und Grenada heute herzustellen fällt den meisten nicht schwer. »Wieso«, sagt ein Steuerberater aus Virginia, »damals ging es um unser Prinzip, daß alle Menschen, auch die Sklaven, gleich sein dürfen. Heute, in Grenada und Libanon, geht es um die Demokratie. Das ist doch das gleiche, oder?«
Ein pensionierter Lehrer aus Washington, der in Berlin-Lichterfelde in der ehemaligen preußischen Hauptkadettenanstalt stationiert war, kennt – wie viele Amerikaner – Abraham Lincolns »Gettysburg Address« auswendig, jene berühmte Zwei-Minuten-Rede, mit der der wortgewaltige Präsident im Herbst nach der Schlacht die Erinnerungsstätte von Gettysburg einweihte.
Und der Lehrer kennt auch ihren Schlußsatz, der leicht abgewandelt auf der Berliner Freiheitsglocke steht: »That this nation, under God, shall have a new birth of freedom; and that government of the people, by the people, for the people, shall not perish from the earth.« Wie Deutsche überhaupt fragen könnten, wundert er sich, warum amerikanische Truppen nach Grenada gegangen seien.
Eine Besucherin wird richtig böse – Ausdruck einer schon wieder neuen Belastung im Gefühlsklima zwischen den USA und den Europäern: »Unsere Jungs stehen bei euch an der Grenze, um euch vor den Kommunisten zu verteidigen – und ihr wagt es, uns für Grenada zu kritisieren!«
Am Fuß des Hügels und am Rande des Schlachtfeldes, da wo sich im Juli 1863 ein Südstaaten-Bataillon von 800 Mann sammelte, das binnen zwei Tagen fast völlig aufgerieben wurde, liegt heute die High-School von Gettysburg. Hier weht, spürbar, ein frischerer Wind als unter den patriotisch gestimmten Touristen.
Dort traf sich der »Uno-Klub«, eine Vereinigung von Schülern verschiedener Klassen, welche die Spielregeln der New Yorker Weltorganisation erkundet und sich zugleich in der Diskussion weltpolitischer Fragen übt. Von den 800 Schülern der Oberstufe gehören etwa 15 dem Klub an, und diese zählen dann wieder, meint der Direktor, zu den aufgeweckteren.
Als die amerikanische Invasion gegen Grenada diskutiert werden sollte, fanden sich nur widerwillig ein paar, die bereit waren, die amerikanische Position zu verteidigen, und sie konnten nicht oft genug betonen, daß dies nicht ihrer wahren Überzeugung entspreche.

Die Gegner dagegen donnerten los: Die USA haben das Völkerrecht und die Charta der Vereinten Nationen gebrochen, sie seien zum Outlaw unter den Völkern geworden, auf der gleichen Ebene wie die Sowjetunion, wenn nicht noch niedriger.
Marni Jones, 15, räumte allerdings ein, daß sie mit dieser Meinung unter ihren Altersgenossen, die nicht dem Klub angehören, ziemlich allein stehe.
Der Artillerieleutnant Kenneth Runyan, 27, der das Rekrutierungsbüro der Marines in Gettysburg leitet, dagegen lächelt zufrieden. Mit seinen bis hoch über den Schläfen wegrasierten Haaren, der kurzen Stirn und den blitzblanken schwarzen Lackschuhen könnte er Statist in einem bösartigen Hollywood-Film über die Marines sein, dessen Produzenten sein Büro auch genauso wie dieses ausstatten würden: mit den pathetischen Werbeplakaten der Marines an den Wänden und gerahmten Sprüchen wie diesem: »Für die, die für die Freiheit gekämpft haben, hat sie einen Geschmack, den die Beschützten niemals kennenlernen werden.«
Leutnant Runyan bestätigt stolz, was eh schon in allen Zeitungen stand – daß nämlich die Marines seit der Invasion von Grenada unter amerikanischen Jugendlichen ungeheuren Zulauf haben: »Ich will das mal so ausdrücken«, sagt er feierlich, »daß die Invasion unseren Bemühungen nicht geschadet hat.«
»Die Marines, die Stolzen und Schweigsamen«, heißt es auf einem der Plakate.
Später, in einem anderen kleinen Ort in Pennsylvania, scheint dieser Hollywood-Film über die Marines immer noch weiter zu laufen, aber jetzt fehlt ihm plötzlich die Bösartigkeit, und er geht ans Gemüt.
Auf dem Fort-Indian-Town-Friedhof, 30 Meilen nördlich von Harrisburg, wird Leutnant Charles Ray, 33, begraben. Er starb am 23. Oktober beim Bombenanschlag in Beirut. Sechs seiner Kameraden von den Marines tragen den Sarg und feuern später den Ehrensalut in die warme Herbstluft.
Anverwandte und Freunde haben sich versammelt, die Eltern, Akiko, seine junge japanische Frau, mit der er neun Jahre lang verheiratet war.
Ein Soldat, Charles' bester Freund, trägt ein Gedicht vor, das der 72jährige Vater des Getöteten über das Leben seines Sohnes geschrieben hat. Als im Gedicht die Stelle kommt, an der Charles

nach Beirut geht, »weil er anderen helfen will«, da kann dieser Marine, einer von den Stolzen und Schweigsamen, nicht weitersprechen, weil er weinen muß.

HEINZ P. LOHFELDT

Ein Gottesgeschenk in Alaska

Ronald Reagans Begegnung mit dem Papst
Mai 1984

Beim allfälligen Boden-Kuß des Heiligen Vaters hätte eine Gefahr gewiß nicht bestanden: daß seine Lippen festgefroren wären am eiskalten Grund in Alaska.

Immerhin war es fast zwei Grad warm in Fairbanks, und an den Tagen zuvor hatten die jungen Männer der Stadt sogar schon mit freiem Oberkörper in der Sonne gelegen: 16 Grad Celsius – es war die erste Hitzewelle des Jahres.

Doch auf seiner 21. Auslandsreise als Papst ging Johannes Paul II. gar nicht erst in die Knie. Schließlich war er, 1979 und 1981, bereits in den USA und auch in Alaska gewesen. Geküßt wird immer nur beim erstenmal.

Im übrigen wäre ihm für das telegene Ritual auch kaum Zeit geblieben. Denn gleich unten an der Gangway der päpstlichen Charter-DC-10 »Luigi Pirandello« stand bereits, mit ausgebreiteten Armen, der andere prominente Weltreisende auf Zwischenlandung: Amerikas Wahlkampf-Präsident Ronald Reagan. Er sah in der nördlichen Begegnung mit dem Papst, wie ein sarkastischer TV-Kommentator anmerkte, den »krönenden Abschluß seiner China-Reise«, ein bestelltes Gottesgeschenk.

Die Idee zu diesem publikumswirksamen »Gipfel auf dem Dach der Welt« (Fairbanks-Fernsehen) war Ronald Reagan sofort gekommen, als er im März erfuhr, daß der Papst wieder einmal auf Reisen gehen, wieder einmal über den Pol (nach Südkorea) fliegen und wieder einmal in Alaska zwischenlanden wolle. Er werde zur selben Zeit aus China zurückkehren, ließ Reagan im Vatikan mitteilen, da wäre es doch angezeigt, sich knapp 200 Kilometer unterhalb des Polarkreises die Hände zu schütteln. Der Papst, auch er kein Laie auf dem Gebiet von Marketing und Public Relations, konnte da nicht nein sagen.

So aufgeregt war der Protestant Ronald Reagan, daß er seinen katholischen Wahlhelfer schon zu feiern begann, noch bevor die Begrüßungshymnen angestimmt waren. Mitten im ersten Satz mußte er innehalten, sich noch einmal sechs Minuten gedulden, während eine Kapelle schmetterte, ehe er endlich, zum drittenmal nach seiner eigenen Landung in Alaska am Tag zuvor, wiederholen konnte, was er fühlte: »Wir sind gerade von einer Friedensmission zurückgekehrt... Das amerikanische Volk möchte als Streitmacht für den Frieden in der Welt und für den Fortschritt menschlicher Freiheit und Würde wirken.«

Die Chinesen hatten solche Selbsthuldigungen ebenso aus Reagans Reden herausgeschnitten (oder einfach nicht übersetzt) wie seine Angriffe auf einen ungenannten, aber keineswegs unbekannten bösen Dritten an Chinas Grenze.

Auf seinem eigenen Territorium, vor allem im hohen Norden, an Amerikas einziger Grenze zur Sowjetunion, konnte dem Präsidenten Derartiges kaum widerfahren. Dort jubeln die Menschen, in deren unwirtliche Einöden sich vor Ronald Reagan erst fünf US-Präsidenten verirrt hatten, wenn ihnen von höchster Stelle nur deutlich genug gesagt wird, wieviel besser sie doch sind als die da auf der anderen Seite der Beringstraße.

Und wer konnte bei solcher moralischen Aufrüstung, die an die Adresse aller Amerikaner landesweit vom Fernsehen ausgestrahlt wurde, bessere Hilfe leisten als der Hüter der Weltmoral aus dem Vatikan?

Da kümmerte es Reagan kaum, daß der Papst auch ihm seit langem ins Gewissen redet, dem Wettrüsten ein Ende zu bereiten. Im Gegenteil, der amerikanische Präsident war während eines Vatikan-Besuches im Juni 1982 kurzfristig eingenickt: im Angesicht des besorgten Polen.

Amerikas katholische Bischöfe aber hatten nachgesetzt und voriges Jahr in einem 152 Seiten langen Hirtenbrief ein Einfrieren der Atomrüstung verlangt. Nur wenige Tage vor Reagans Abreise nach

China hatten sie die Forderung bei einem Mittagessen im Weißen Haus wiederholt und zugleich die ungerechte Sozialpolitik des Präsidenten kritisiert.
Doch Reagan hatte mit einer wohlkalkulierten Geste dagegengehalten: Trotz des Widerstandes seiner rechten Freunde und Vorbeter nahm er die seit 1867 – den Tagen massiver Katholiken-Diskriminierung in den USA – unterbrochenen diplomatischen Beziehungen zum Vatikan wieder auf.
Erster Botschafter am Heiligen Stuhl wurde der Reagan-Freund und Grundstückshändler William Wilson, der den Präsidenten besonders heftig zu dieser Entscheidung gedrängt hatte: Er wollte nicht nur Beauftragter der USA sein und bei offiziellen Anlässen am Katzentisch sitzen müssen.
Vor allem aber konnten Reagan und seine Wahlstrategen darauf bauen, daß der Papst angesichts von Fernsehkameras ebenso professionell reagieren würde wie der Präsident selbst.
1979 bereits hatte die *Washington Post* dem Stellvertreter Jesu ungewöhnliche Talente als Schauspieler bescheinigt und, gar nicht einmal bösartig, befunden: »Johannes Paul ist der erste Papst, der die Möglichkeiten des Fernsehzeitalters ausnutzt.« 1981 sahen sich die Amerikaner bestätigt: In Anchorage setzte sich der Heilige Vater aus Rom zum Gaudi der geschmeichelten Massen in einen Hundeschlitten.
Inzwischen hat er seine Auftritte sogar noch verfeinert – als seien seine Redenschreiber beim Schauspiel-Profi Ronald Reagan in die Lehre gegangen:
Wie Reagan gelegentlich das Schicksal kleiner Kinder bemüht, um seine Lebensweisheiten herzergreifend-einfach zu vermitteln, so hatte diesmal der Papst die traurige Erinnerung an eine kleine Mollie Marie parat. Bei seinem ersten Besuch »eures schönen Staates, ihr Menschen von Alaska«, habe Mollie ihm einen Strauß Vergißmeinnicht, »eure Wappenblume«, überreicht. Doch kurz danach sei sie »von ihrem himmlischen Vater heimgerufen worden«.
Aber ihr Tod, das ließ der begnadete Petri-Nachfolger die bewegte Menge wissen, war nicht umsonst. Durch Mollie Marie fühle sich Johannes Paul stets an Alaska erinnert: »Und heute bin ich persönlich hier, um euch zu versichern, daß ich euch nicht vergessen habe. Sogar wenn ich meilenweit entfernt bin, sind die Menschen

von Alaska und die Menschen überall in den Vereinigten Staaten meinem Herzen ganz nahe.«
Applaus. Besser hätte auch Ronald Reagan das nicht machen können. Doch der Papst legt noch zu, zeigt, daß er weiß, wovon er redet, schmeichelt, so als wolle er in Alaska, in USA gewählt werden: »In mancherlei Hinsicht kann Alaska heute als Drehscheibe der Welt angesehen werden ... Fairbanks gilt als ›das Herz des goldenen Nordens‹.«
Und zum Schluß: »Gott segne Amerika.«
Der Zweck des nach örtlicher Meinung »historischen Gipfels« war damit eigentlich schon erfüllt, denn Ronald Reagans eigene, auch schon nach China mitgereiste Kamera-Crew hatte die nötigen Bilder im Kasten. Doch die beiden zogen sich schnell noch für gut 25 Minuten zum nichtöffentlichen Gespräch zurück.
In einem eigens für diesen Zweck hergerichteten Konferenzraum im »Fairbanks International Airport« – Leihsofas, ein Konferenztisch, der inzwischen für 6500 Dollar feilgeboten wird, zwölf Ledersessel, die nun, geheiligt, zwischen 1400 und 1600 Dollar kosten sollen – redeten die beiden angeblich über beinahe alles, was die Welt bewegt: Reagans Reise nach China, des Papstes Reise nach Südkorea, Rüstungskontrolle, Ost-West-Beziehungen, regionale und humanitäre Fragen.
Tatsächlich aber war höchstens Zeit für einige Gruppenbilder ohne Dame – Nancy Reagan hatte bei der Begegnung mit ein paar körperbehinderten Alaskanern, denen sie ein Autogramm aufs T-Shirt malte, einen Schwächeanfall erlitten – und den »Austausch von Artigkeiten«, wie der Kirchenhistoriker Monsignore John Tracy Ellis von der Katholischen Universität in Washington erklärte: »Dies ist nicht als großer Gipfel geplant.«
Die Menschen von Fairbanks hatten es wohl auch eher als eine unterhaltsame Veranstaltung angesehen. Zwar versuchten die Stadtväter ebenso wie das päpstliche Organisationskomitee mit elf Unterausschüssen und einem Aufwand von etwa einer Viertelmillion Dollar, der Begegnung die nötige Würde und Bedeutung zu verleihen; Straßen und Vorgärten, die der Flughafen-Papst nie zu sehen bekam, wurden vom Dreck der Tau-Zeit gesäubert; sämtliche Zufahrtsstraßen zur Stätte der Begegnung wurden gesperrt, 130 requirierte Busse übernahmen ab vier Uhr morgens (Papst-Ankunft: 9.44 Uhr) gegen eine Anerkennungsgebühr von einem

Dollar den Transport all derer, die weder Fußmarsch noch Radtour auf sich nehmen wollten.
Doch statt der anvisierten 45 000 kamen – es nieselte sehr – gerade 8000, ausgestattet mit Luftballons, Spruchbändern, Thermosflaschen und Sandwich-Paketen: Die Preise in den 13 Verkaufsständen waren der Größe Alaskas angepaßt. Ein Pappbecher Kaffee kostete einen Dollar, ein polnisches Würstchen ebenfalls, ein Sandwich war für drei Dollar zu haben, eine silberne Gedenkmünze an das große Ereignis für 30. Von den 2700 schimmernden Talern wurden in den ersten drei Stunden gerade 13 verkauft.
Da bleiben Zweifel, ob es gelingt, den in 30 mal 30 Zentimeter zerschnittenen 36 Meter langen Teppich für den Papst so günstig zu versteigern, daß die Herstellungskosten von rund 15 000 Dollar wieder hereinkommen. Es war eben schon immer etwas teurer, einen besonderen Papst zu haben.
Für seinen Weiterflug wählte dieser ganz besondere Papst dieselbe Route, von der am 1. September vorigen Jahres der KAL-Jumbo KE 007 abgewichen und von den Russen abgeschossen worden war. In Südkorea betete Johannes Paul II. für die 269 Opfer.

SIEGFRIED KOGELFRANZ

»Gegen Allah waren sie wehrlos«

Über den Staat und den Krieg des Ajatollah Chomeini
Juli 1984

Gasmaskenausgabe. Zivilschutzfilter 68 83-7226-C steht auf dem Masken-Einsatz. Hersteller Dräger, Lübeck.
Eingepackt ist die Maske in einem grünen Beutel mit arabischen Schriftzeichen. Ein Major der iranischen Armee und ein Revolutionskrieger unbekannten Dienstranges drücken dem Frontbesucher das Schutzgerät in die Hand.
Ob es gebraucht wird? Ausgeschlossen ist das nicht in der Schilfsteppe um die Madschnun-Inseln, die »Inseln des Verrückten« in den Huweisa-Sümpfen östlich des Tigris, um die sich Iraner und Iraker im Februar eines der grausigsten Gemetzel des vierjährigen Golfkrieges lieferten.
Tausende sind damals in den Brackwassersümpfen verblutet, einer der trostlosesten Wüsteneien der Welt. 2700 Iraner wurden angeblich Opfer irakischer Giftgas-Einsätze. 80 waren sofort tot, die anderen siechen in Lazaretten dahin, die meisten unheilbar. Ihre vom Gas zerfressenen Gesichter klagen auf persischen Propagandabroschüren den Feind an.
Bei einem neuerlichen Gasangriff würde das Dräger-Gerät, verrät der Begleitoffizier, wohl auch nicht viel nützen: »Die Filter mögen gut für eure Städte sein, hier taugen sie nichts.« So sind die Gasmasken, teuer auf dem internationalen Waffen-Graumarkt erstanden, wohl mehr für die Moral der Madschnun-Besatzer da als für tatsächlichen Schutz.

Denn Gas wollen die Iraker auf jeden Fall wieder einsetzen, falls die Iraner noch mal angreifen, »alles, was wir haben«, drohte ein irakischer General.

Auf den Madschnun-Eilanden scheint es freilich nicht so, als wollten die Iraner den von ihrem Ajatollah so oft prophezeiten letzten Großangriff bald starten: zuwenig Truppen, zuwenig schweres Gerät, das zudem – Zwillingsflaks gut getarnt, eingegrabene Panzer mit großkalibrigen Kanonen – eher zur Verteidigung in Stellung gebracht scheint.

Die Iraner, die zunächst mit Schlauchbooten durchs Schilfmeer angriffen, dann, unbemerkt von den Irakern, einen 14 Kilometer langen Damm durch den Sumpf aufschütteten, schließlich noch eine lange Pontonbrücke bauten, sind auf dem Eiland offenbar erst mal so weit gekommen, wie sie wollten.

Etwa anderthalb Kilometer vom vordersten Befehlsbunker entfernt, in dem ein schnauzbärtiger Oberst befiehlt (»Nennen Sie mich Hussein«), glänzt in der Sonne bei mehr als 50 Grad Hitze ein geheimnisvoller Tümpel. Das Wasser schimmert in einer metallischen Farbe zwischen Rosa und Violett unbeweglich wie flüssiges Blei. Ein paar zerbrochene Rohrleitungen führen von dem Teich weg, zerstörte Sandsack-Stellungen ringsum zeugen von schwerem Kampf. Es ist Öl, das unter dem Schilfsumpf so üppig liegt, daß es an manchen Stellen an die Oberfläche drängt.

Auf viele Millionen Barrel in Milliardenwert wird die Erdölblase unter dem Schilf geschätzt. Und wenn der zunehmend sinnlose Krieg, den wohl keine Seite mehr gewinnen kann, doch einmal endet, dann nicht zuletzt dank dieses Öllagers unter Sumpf und Schilf – Faustpfand der Iraner für ihre Forderung nach Kriegsentschädigung durch Irak.

Denn der Krieg mag eine Zeitlang durchaus nützlich gewesen sein für die islamische Revolution des Ajatollah Chomeini: Er einte das Volk gegen den äußeren Feind und beschäftigte die potentiell gefährliche Armee. Aber solange er weitergeht, jeden Monat über eine Milliarde Dollar verschlingt und Irans Ölexport behindert, kann nicht viel laufen im Iran der Mullahs, der nicht nur vom einstigen Protz-Staat des Schahs Welten entfernt ist, sondern wohl auch von allen anderen Gemeinwesen dieser Erde.

Die Islamische Republik Iran ist heute ein Staat wie kein anderer: Sie entstand aus einer echten Revolution, die von der Masse des

Volkes getragen wurde, und sie ist der wohl einzige wahre blockfreie Staat der Welt, dem beide Supermächte gleichermaßen als der Satan gelten.

Beides hat der Masse der Iraner – und nicht zuletzt ihrem ohnedies ganz von sich selbst überzeugten Führer – ein nationales Hochgefühl beschert, das sie jeden fühlen lassen: Sie haben aus eigener Kraft etwas völlig Neues geschaffen. Sie, die Iraner, so lange von fremden Mächten geknechtet, sind wieder wer, und es schert sie wenig, ob das Ausland gut oder schlecht über sie denkt; daß sie weltweit beachtet und gefürchtet werden, ist ihnen wichtig.

Dabei greifen sie, wie viele Revolutionäre vor ihnen, gleich nach den Sternen. Ihre Ideologie ist durchaus aggressiv. Die Islamische Republik ist ihnen der beispielhafte Gottesstaat, der folgerichtig auch keine definierten Grenzen hat, sondern sich nach dem Selbstverständnis der schiitischen Erlöser erst vollendet, wenn er eines Tages die ganze Welt umfaßt. Ein Tausendjähriges Reich auf islamisch – mit entsprechend schwülstigen Parolen.

»Oh, großer Ozean der Moslems, vernichte die Feinde der Menschheit«, predigt der Ajatollah, der nichts dagegen hat, dem »Messias«, dem legendären »verborgenen Imam« der Schia, gleichgestellt zu werden. Er erinnert seine verängstigten moslemischen Brüder jenseits des Golfs immer wieder daran, welche Macht sie hätten und – unter seiner Führung, versteht sich – nützen sollten: »Es gibt fast eine Milliarde Moslems, und die haben die Lebensader der Weltwirtschaft in der Hand.« Islam mit Feuer und Schwert und der ganzen Macht des Öls.

Der Präsident Sejjid Ali Chamenei, oberster Chef der Propagandisten des Gottesstaates, der Freitagsprediger in den Moscheen, die dem Volk die Richtlinien der Politik verkünden, beschwört die »islamische Utopie einer großen Gemeinschaft, die sich auf alle Rechtgläubigen dieser Welt ausbreiten wird«.

Erreicht werden soll dieses hehre Ziel durch furchtloses Märtyrertum, denn »eine Nation, die aus Märtyrern besteht, kann nicht geknechtet werden«, so eine Parole auf der wohl größten Baustelle des Iran.

Es ist »Behescht-i-Sahra«, das Gräberfeld des Paradieses, der riesige Märtyrer-Friedhof südlich Teherans an der Straße zur heiligen Stadt Ghom.

Dort liegen bereits Zehntausende Revolutions- und Kriegsopfer

begraben, entstehen eben die Grundmauern einer riesigen Moschee und ist Platz für weitere Hunderttausende Gräber vorbereitet. Dort wabert auch der für Fremde so abstoßende Blutbrunnen, aus dem ständig symbolhaft rotgefärbtes Wasser quillt.
Blut scheint überhaupt der Stoff zu sein, aus dem diese Revolution gemacht ist. Entgegen aller traditionellen islamischen Bilderfeindlichkeit sind Mauern, Zäune und Plakatwände vollgeklebt mit Märtyrerfotos, in Blut gerahmt, mit Bildern blutiger Leichenfetzen ermordeter Revolutionäre, Blutstropfen zieren die Grabbilder auf dem Friedhof und die alles beherrschenden Chomeini-Porträts.
Dabei sind die Märtyrer nach islamischem Glauben gar nicht tot. Sie sind vielmehr direkt ins Paradies eingegangen, wo sie in himmlischen Freuden weiterleben. Folgerichtig verdienen Hinterbliebene der Märtyrer auch keine Beileids-, sondern eine Glückwunschbotschaft und erhalten das Gehalt des ins Paradies berufenen Ernährers bis zu dessen Pensionsalter weiter.
Das revolutionäre Pathos, mit dem das Märtyrertum der im Kampf für die Revolution Gefallenen täglich stundenlang gerühmt wird, vor allem im Fernsehen, vertuscht freilich nur unvollkommen den trüben Alltag der Iraner. Er hat viele, die in dem Mullah-Aufstand auch eine soziale Revolution sahen, tief enttäuscht.
Denn fürs Volk und sein tägliches Brot hat sich seit den Tagen des Schah soviel gar nicht verändert. Das Nord-Süd-Gefälle, das Teheran schon immer zu einem Mikrokosmos der Welt – Entwicklung und Überfluß im Norden, Unterentwicklung und Elend im Süden – machte, teilt die Neun-Millionen-Stadt am Abhang des Elbrusgebirges noch immer.
Gegen einen Eintrittspreis von 300 Rial, immerhin zehn Mark zum amtlichen Kurs, dürfen die aus dem Süden heutzutage immerhin die ihnen früher verschlossene Pracht im Norden besuchen, sie sollen es sogar.
Der Saadabad-Palast, Sommersitz der Schahfamilie in einem märchenhaften Park ganz oben am Berghang, eigentlich fünf einzelne Paläste, wurde zum Museum erklärt – und nichts wurde verändert. Nur vor dem Hauptpalast steht nicht mehr die überlebensgroße Bronzestatue des Schahvaters Resa. Ihn haben die Mullahs zu einem der seltsamsten Denkmäler der Welt zurechtgestutzt: Sie ließen nur die etwa mannshohen Stiefel mit Beinkleidern hinauf bis zum Schritt stehen.

Drinnen blieb die ganze alte Pracht erhalten. Auf zimmergroßen Seidenteppichen feinster Knüpfart und Möbeln – französisch, erklärt der Führer – ist alles für ein Bankett gerichtet, so als kämen gleich die Gäste. Meißener Porzellan (deutsch, so der Führer), Kristallgläser (italienisch) – jeder fremde Satan kriegt sein Fett ab. Die goldenen Armaturen am Bidet der Schahmutter werden ins Licht gerückt, geöffnete Schranktüren erlauben einen intimen Blick auf seidene Morgenmäntel und güldene Pantoffeln der Kaiserin Farah.

Und in allen Details wird gezeigt, wie sich die kaiserlichen Hoheiten so die Zeit vertrieben: mit Roulette, Jetons säuberlich geordnet, im Tee- oder Rauchzimmer, mit einer voluminösen Tonanlage unter dem altpersischen Spiegelmosaikzimmer des Schahvaters oder im Luxuskino der Schahmutter, 45 Klubsessel mit eingebauten Aschenbechern und Gläserablagen sowie einer gehämmerten Kupferwand als Vorhang.

Zwei Farbfotos zeigen – Gipfel der Frivolität – den Schah und Gemahlin, beide in Edelrocker-Kostüm, auf schweren Motorrädern.

All der Pracht werden triste Schwarzweißfotos entgegengestellt: vom Elend in den Slums Süd-Teherans, gekrümmte Pacht-Bauern bei archaischer Feldarbeit, erblindete Teppichknüpfer, rachitische Kinder, die in Müllbergen nach Eßbarem graben.

Beeindruckend, gewiß, »aber das ist noch immer so«, murmelt der (inoffizielle) Begleiter.

In den mauerumsäumten Villen des Nordens mit ihren grünen Gärten und Swimming-pools wohnen noch immer die Reichen, soweit sie hiergeblieben sind und sich mit dem Regime arrangiert haben, oder arrivierte Mullah-Clans, die in die Häuser Geflüchteter einzogen (angeblich mit Miete aufs Sperrkonto, falls die Besitzer zurückkommen und sich nichts zuschulden kommen ließen).

Und sicher ist es nicht das Subproletariat des Südens, das die Hunderttausende von Autos fährt, die wie eh und je Teherans Straßen in ein tägliches Chaos verwandeln. Anderthalb Jahre muß ein Käufer auf einen hausgemachten »Paykan« warten, einen Mittelklassewagen mit britischer Technik der fünfziger Jahre. 900 Prozent Luxuszoll werden auf Import-Limousinen erhoben, so daß hubraumstarke Amerikaner, Jaguar oder Mercedes auf weit mehr als eine halbe Million Mark kommen – und doch gibt es sie zuhauf.

Noch mal fast den Preis des Wagens kostet – schwarz – die Plakette,

die zur Fahrt in die stets verstopfte Innenstadt berechtigt, und doch scheinen fast alle sie zu haben.
Für Geld gibt es, wie früher, alles, auch strikt Verbotenes: statt des alkoholfreien »islamischen Biers« Selbstgebrautes aus Biomalz und Hefe – zum zehnfachen Preis; statt islamischer Cola den offiziell verdammten Wodka (aus Rosinen) – methylalkoholverdächtig und tausend Rial (33 Mark) teuer; statt Sprite schottischen Whisky original, die Flasche zu 700 Mark.
Wenn's ums große Geld geht, ist es auch mit der strengen Moral mancher Mullahs nicht so weit her. Deshalb kanalisieren sie den Unmut, der sich bei den um die Früchte der Revolution Betrogenen zuweilen breitmacht, in Kundgebungen, die ihren Zielen dienen.
Da dürfen selbsternannte »Hisbollahis«, Gottesdiener, oft halbstarke Jugendliche auf knatternden Motorrädern, Frauen drangsalieren, denen eine Haarlocke unter dem körperlangen Tschador oder dem zumindest vorgeschriebenen Kopftuch hervorlugt oder die ein Stück bloßen Armes oder Beines zeigen. Dafür gibt es offiziell gebilligte Prügel; besonders eifrige Fanatiker ritzen schon auch mal den nackten Unterarm eines Mannes mit Rasierklingen an.
Am Feiertag zum Gedenken an einen besonders frommen Imam demonstrierten mit Ermunterung des Regimes Zehntausende schwarzverhüllte Frauen aus Teherans Süden, angefeuert von fahnenschwingenden Motorradrockern, gegen ihre sündigen Schwestern, die »Mustakbarun« (Hochmütigen), aus dem feudalen Norden.
»Tod den Unbedeckten«, riefen sie fäusteschwingend und meinten es offenbar auch so. Wenn der Ajatollah es befehle, sagte eine durchaus gebildete Demonstrantin (Mann, Bruder und zwei Söhne an der Front), würden sie in die Nordstadt gehen und die Frevlerinnen tatsächlich töten. Hexenverbrennung auf islamisch und Beispiel fanatischer Begeisterung für die eigene Unterdrückung.
Doch der Weg zu denen oben ist weit und steil: 20 Kilometer und 500 Höhenmeter. Und so bleiben die Reichen meist unter sich, bevölkern abends die teuren Restaurants, in denen der Chef mit – bei Revolutionären strikt verpönter – Krawatte sein Tschelo-Kabab, gegrilltes Kalbfleisch auf Reis mit Butter und Zwiebeln, anpreist

und der Ajatollah, sonst überall in Farbe gegenwärtig, bloß als schwarzweißes Pflichtbild neben bunten Großdrucken von Alpen, Heide und Meer hängt.
Und nach wie vor schwärmen im glühendheißen iranischen Sommer die Reichen in Massen nach Europa und Übersee aus. Zwar erlaubt ihnen die strenge Devisenkontrolle nur die Mitnahme eines kümmerlichen Taschengeldes, doch das schert sie wenig. Fast alle haben Verwandte unter den über drei Millionen Iranern im Ausland, und ein standesgemäßes Urlaubsgeld auf Auslandskonten läßt sich auch mühelos durch Rial-Schwarzgeschäfte über Firmen oder Ausländer besorgen – man muß eben nur sechsmal den offiziellen Kurs bezahlen.
Haupthindernis einer Ferienreise in die Alte oder Neue Welt sind daher weder Paß noch Geld, sondern die restriktive Visa-Erteilung der Besuchsländer, die in den iranischen Antragstellern oftmals heimliche Einwanderer vermuten.
Bei der deutschen Botschaft stehen oder liegen in diesen Sommernächten allemal 400 bis 500 Iraner Schlange (gute Plätze werden auf dem Schwarzmarkt gehandelt), aus räumlichen und Personalgründen können aber pro Tag nur maximal 200 Visa nach oft langwierigen Prozeduren ausgegeben werden.
Die Lufthansa hat zu drei Airbussen wöchentlich noch einen DC-10-Flug auf die Persien-Route gelegt und ist so gut wie immer ausgebucht; 70 Prozent der Passagiere sind Iraner.
Nicht reisen können jene, die unter der Inflation – offiziell nicht bekanntgegeben, aber auf 50 Prozent im Jahr geschätzt – am meisten leiden, weil sie von etwa tausend Mark im Monat leben müssen.
Die Armen und Arbeitslosen – etwa ein Viertel der Bevölkerung – erhalten, soweit sie den rechten Glauben zeigen, das Lebensnotwendigste über Bezugscheine, die freitags von den Mullahs in den Moscheen ausgegeben werden: Minimal-Rationen Reis, Fleisch, Zucker, Butter und Eier für Familien, ein Huhn im Monat, aber auch Zuteilungen von Kühlschränken oder Herden – doch all das reicht nicht.
Auf dem freien Markt sind die Preise für die Unterschicht unerschwinglich: ein Kilo Fleisch 800, ein Kilo Reis 500, ein Kilo Kartoffeln bis zu 400 Rial – offiziell entspricht eine Mark etwa 30 Rial. Ein Paar ausländischer Schuhe kostet so bald 500 Mark, ausländische

Luxusgüter werden buchstäblich in Gold aufgewogen, das trotz des Krieges bei den Basar-Juwelieren nach wie vor in wohlgefüllten Schaufenstern glänzt.

Diese fortdauernde soziale Ungleichheit ist eine Quelle der Unzufriedenheit auch bei jenen, die der Revolution ideologisch ergeben sind, und darüber kommt es immer wieder zu Meinungsstreit auch innerhalb der Mullah-Elite, die keinesfalls ein monolithischer Priester-Block ist.

Dabei weiß keiner genau, wer wo steht: Parlamentspräsident Rafsandschani, wegen seiner scharfen Sprache im Ausland oft als unruhestiftender Fanatiker angesehen, zeigt sich im persönlichen Gespräch als geschickter, pragmatischer Politiker mit allen Attributen eines künftigen Führers. Er gehört einer der bekanntesten Großgrundbesitzerfamilien des Landes an, die beinahe ein Pistazien-Monopol besitzt. Staatspräsident Chamenei, im Ausland als gemäßigt eingestuft, gilt im Lande selbst als Radikaler.

Doch daß die Mullahs, wer von ihnen auch immer an der Spitze steht, die Macht behalten, darüber herrscht unter Anhängern wie Gegnern der Islamischen Republik kaum Zweifel. Der Ajatollah Chomeini tritt – aus welchen Gründen immer – kaum noch auf: Er braucht es auch nicht mehr, so sicher steht das Regime da.

Jede organisierte Opposition ist physisch liquidiert oder vertrieben, seien es die ehemaligen Schah-Anhänger, die kommunistische Tudeh-Partei, die selbst von Moskau aufgegeben wurde, oder die linken Volksmudschahidins.

Die Macht ist fest in der Hand der bis in die Dörfer organisierten, insgesamt 180 000 Mullahs – eine totalitäre Ordnung, die sich auch ihre alles beherrschende Exekutive aufgebaut hat.

Die »Pasdaran«, die Wächter der Revolution, haben heute als internes Elitekorps etwa 150 000 Mitglieder, mindestens noch mal soviel an der Front – für den Kampf, aber auch zur Kontrolle der Armee, die sich trotz der im jahrelangen zermürbenden Krieg bewiesenen Loyalität bei den Mullahs unbeliebt gemacht hat, weil sie die seit Jahresbeginn angekündigte letzte große Offensive bisher verweigerte: Die Armeeführung meint, ein Angriff hätte angesichts der überlegenen irakischen Feuerkraft kaum eine Chance.

Die Pasdaran sind unterdessen gut ausgebildet, gut bewaffnet, diszipliniert. Wenn sie in ihrem olivgrünen Drillich, Bart scheint Ehrensache, mit dem Emblem einer Maschinenpistole, die mit

arabischen Schriftzeichen zu einem Gottessymbol verbunden ist, irgendwo auftauchen, weiß jeder, wer das Sagen hat.
Auch an der Front. Der Oberst auf den Madschnun-Inseln erklärt ungefragt, daß er den Befehl mit dem Pasdaran-Kommandeur des Abschnitts teile – und Auskünfte gibt er nur nach Zustimmung seines Revolutions-Kollegen. Was ein Offizier sagt, ist kein gültiger Befehl, solange nicht einer der Pasdaran seinen revolutionären Segen dazu gibt.
Die Pasdaran sind die Prätorianergarde der islamischen Revolution mit dem Sendungsbewußtsein von Gotteskriegern – und das ist nicht gering.
Unter dem grafisch einprägsamen Symbol der Islamischen Republik – das stilisierte Schriftzeichen für »Es gibt keinen Gott außer Gott« – spotten die Mullahs auf einem Spruchband am Saadabad-Palast über den Schah, der sich einst so allmächtig fühlte und den sie doch so leicht stürzten:
»Haben sie nicht die Erde bereist und gesehen, wie jene vor ihnen endeten? Sie waren noch weit mächtiger als jene, mit all ihrer Stärke und in ihren Burgen über dem Land. Aber Allah vernichtete sie wegen ihrer Sünden – und gegen Allah waren sie wehrlos.«

MAREIKE SPIESS-HOHNHOLZ

»Wir warten alle auf unser Grab«

Die indische Stadt Bhopal nach der Giftgas-Katastrophe April 1985

> Das Karma lehrt uns, daß wir für Handlungen des vergangenen Lebens im gegenwärtigen büßen müssen, und daher ist alles, was wir sehen, gerecht und ausgewogen. Das Elend, das uns umgibt, muß als religiöses Theater verstanden werden.
>
> *V. S. Naipaul, indischer Schriftsteller*

Karma, das selbstverursachte Schicksal im Hindu-Glauben, war diesmal der Wind. Bald nach Mitternacht am 3. Dezember vorigen Jahres blies er aus Nordost 40 Tonnen tödliches Gas vor sich her. Wie ein Leichentuch legte es sich über Teile der Stadt, mordete Menschen im Schlaf und auf der Flucht vor der weißlichen Wolke.

Beim Landeanflug auf die Stadt Bhopal im mittelindischen Madhja Pradesch ragen aus Dunst und Abgasnebeln nur Fabrikschornsteine und die Minarette der Dschamma-Moschee. Drei Kilometer Luftlinie sind es etwa von den Minaretten zum Schornstein der Union Carbide India Ltd., einer Tochter (mit 49 Prozent Eigenanteil) des US-Chemiegiganten Union Carbide, der in Bhopal Insektenvertilgungsmittel fabrizierte.

Westlich der Luftlinie zwischen Moschee und Fabrik liegen die vom Giftgas – angeblich war es das hochtoxische Methylisocyanat (MIC) – am stärksten betroffenen Gebiete: die überwiegend von Moslems bevölkerte Altstadt, die Slums und Shantytowns der niedrigkastigen Hindus und der nicht zur Hindu-Gesellschaft gehörigen kastenlosen Haridschan, der Unberührbaren.

Das Karma traf die, die es eh schon beutelt: Arme, Ärmste, Elendste, die chancenlosen Parias, denen die Hindus allein den Umgang mit Dreck, Fäkalien und Kadavern zubilligen. Gerecht und ausgewogen?
Die größte chemische Katastrophe des Industriezeitalters jedenfalls, sie stellt sich, fast fünf Monate nach Geschehen, zugleich auch als eine Katastrophe des Umgangs von Menschen mit Menschen dar, lebendigen wie toten.
Der fast übermenschlich anmutende Einsatz von Ärzten und medizinischem Personal in den ersten Tagen und Nächten, die Hilfe unzähliger Freiwilliger – das alles scheint vergessen wie ein einmaliger, unwillkommener Ausbruch aus einem schicksalhaft-religiösen Schema.
Im Bhopal von heute herrschen unsägliche Not, Angst und Krankheit, aber zu viele Ärzte schweigen, die Behörden lügen, vertuschen und betrügen.
Da ist zunächst das abstoßende Feilschen der Landesregierung in Bhopal, der Hauptstadt des Staates Madhja Pradesch, um die Zahl der durch das Killer-Gas Umgekommenen. 1400 Tote, heißt es offiziell, was im Parlament von Neu-Delhi höhnisches Gelächter hervorrief. Denn selbst die Zentralregierung, wie in Madhja Pradesch von der Kongreßpartei des Nehru-Gandhi-Klans gestellt, dementiert die Zahl 2500 nicht mehr.
Schätzungen parteiunabhängiger Personen und Organisationen liegen bei 5000, einige bei 10 000 Toten. Viele Leichen wurden in der Schreckensnacht und in den Tagen danach eiligst verbrannt und vergraben. »Tote und vielleicht auch nur Halbtote«, so ein Augenzeuge, »wurden auf Lastwagen geladen und in Massengräbern außerhalb der Stadt verscharrt.« Und von den Unzähligen, die in weit entfernte Ortschaften geflohen waren, sind viele gestorben, ohne daß man sie mitgezählt hätte, genau wie jene, die noch Tag um Tag den Folgen des Gasausbruchs erliegen.
Tausende Witwer, Witwen, Waisen sind so – wegen anstehender Entschädigungen – in Beweisnot, in derselben Beweisnot wie wegen ihrer Krankheiten. Denn die Regierung tue ihr Bestes, »um die grausamen Fakten runterzuspielen bis hin zur totalen Unterdrückung von Informationen«, sagt der Bürgerrechtler Inder Mohan.
Auch die in Bhopal arbeitende Umweltschutzgruppe Eklawja be-

klagt in einem Mitte März veröffentlichten Report: »Die offizielle Untersuchungsmaschinerie verweigert den Bürgern ihr elementares Recht auf Aufklärung.«

Fragen nach Rückständen oder schädlichen Reaktionsstoffen des Giftgases in Luft, Wasser, Erde, Pflanzen, Nahrung und Häusern bleiben keineswegs unbeantwortet. Den Anfang machte, am Tag nach der Katastrophe, Indiens Premier Radschiw Gandhi, der sich im Wahlkampf für 90 Minuten nach Bhopal begeben hatte. Er befand: »Bhopal is safe«, alles in Ordnung. Nur hatte zu dem Zeitpunkt noch kein Mensch irgend etwas examiniert.

Alles klar, lautet bis heute die Parole der Behörden, »das Wasser ist rein, aber kochen Sie es, bevor Sie es trinken«, »das Gemüse ist in Ordnung, aber waschen und kochen Sie es vor dem Verzehr«. Detaillierteres liegt nicht vor.

Die Umweltschützer sind mißtrauisch. Warum hat der Indische Rat für Kulturelle Beziehungen Bhopal als einen der Austragungsorte für das World Poetry Festival gestrichen? Seine Begründung: »Es wäre für die ausländischen Dichter nicht ratsam, nach Bhopal zu gehen, angesichts der dort möglichen Verseuchung des Wassers, Gemüses etc.«

»Man kann wohl annehmen«, so der Eklawja-Vorsitzende Winod Raina, ein Physiker, »daß der Kulturrat in Delhi bessere Informationsmöglichkeiten hat als die armseligen Bürger von Bhopal.«

Beängstigender als den Zustand der Umwelt – immerhin haben die Bäume wieder neue Blätter, leuchten die Bougainvilleas wie eh und je in flammenden Farben – sehen die Bhopaler Umweltschützer die gesundheitlichen Leiden der Bevölkerung. Raina: »Was da an Nicht-Aufklärung läuft, ist kriminell.«

Die Ärzte Bhopals, Angestellte der staatlichen Krankenhäuser wie privat praktizierende Mediziner, sind von der Obrigkeit angewiesen, medizinische Daten und Erkenntnisse nicht herauszugeben. Ausgenommen von der Sperre vor Ort ist einzig der Indian Council of Medical Research (ICMR) in Delhi, der alle Untersuchungen zentral sammelt, koordiniert, auswertet – und schweigt. Sechs Monate bis ein Jahr soll es noch dauern, ehe ein Report jenes staatlichen Dienstes zur Gesundheitslage erscheint.

Nicht alle Ärzte halten sich an den Maulkorb-Erlaß. Bevor sie reden, empfehlen sie allerdings jedem, der sich ein Bild machen will, in die Slums zu gehen.

In den Quartieren aus Strohmatten und Lehm, sei es in Dschajaprakasch Nagar, direkt vis-à-vis der Union-Carbide-Werksmauer, in Kasi Camp, in Tschola Kentschi oder in der Railway Colony, wo die kleinen Arbeiter und Angestellten der Eisenbahn wohnen, überall das gleiche Geräusch: rasselnder Husten, Ausspeien, Husten, Würgen.

»Dieses Dschajaprakasch Nagar«, sagt Bewohner Gulab Khan, 45, »ist ein Quartier des Todes.« In fast jeder Hütte sind in der Nacht, als das Gas kam, Menschen auf der Stelle gestorben. Und jetzt, so Gulab Khan, »sterben wir hier alle eines langsamen Todes«.

Vor der Katastrophe hat er Gemüse verkauft und damit an guten Tagen fünf bis zwölf Mark verdient. Er zeigt auf seinen Handkarren, sein Betriebskapital: »Ich kann ihn nicht mehr schieben, nach 20 Metern geht mir die Luft aus, und meine Brust schmerzt. Was soll aus meinen fünf Kindern werden?«

Alle Männer und etliche Frauen in diesem Elendsquartier sind Tagelöhner, alle stehen vor dem Nichts, wenn ihnen die Kraft zum Arbeiten fehlt. Banno Bi, 20, ist eine der Frauen, die mit dem Drehen von Bidis, das sind billige kleine Zigaretten, hinzuverdient, im Schnitt 40 Pfennig für 1500 Stück am Tag. Jetzt schafft sie keine einzige mehr.

Ihr 30 Jahre alter Mann Mohammed Ali hat in einer Mühle gearbeitet, jetzt ist er sichtbar zu schwach: Er versucht, ein Fahrrad über einen Abflußgraben zu schieben. Das darüberliegende Brett hat einen Neigungswinkel von vielleicht 15 Grad, er muß aufgeben. Banno Bi, die in der Todesnacht sechs Angehörige verloren hat: »Wir alle hier warten auf unser Grab.«

Im bescheidenen Quartier der Unberührbaren der Railway Colony lebt der Straßenkehrer Ram Lal Panna, 50, mit zwei seiner fünf Kinder. Seine Frau Widjawati starb 20 Tage nach dem Gasausbruch unter furchtbaren Qualen in ihrem Heimatort 200 Kilometer von Bhopal entfernt, dahin waren sie geflüchtet. Ram selbst war nach 15 Tagen Krankenhausaufenthalt wieder zu seinem Arbeitsplatz, dem Bahnhof, gegangen. Man teilte ihm »leichte Arbeit« zu, Bahnsteige und Zugabteile zu fegen. »Ich kann selbst das nicht«, klagt der Mann, »Tag auf Tag scheint das Leben mich immer mehr zu verlassen, es strömt aus mir heraus.«

Seit kurzem hat er Pickel und Beulen am ganzen Körper, seit Monaten brennende Schmerzen im Magen, kein Hungergefühl, er kriegt kaum Luft. Um seine Brust, sagt er, »liegt ein Reifen aus Eisen«. Der Betriebsarzt hat ihm empfohlen, Urlaub zu nehmen, aber dann kriegt Ram Lal Panna keinen Lohn, und auf die 65 Mark im Monat kann er nicht verzichten.

Wenige hundert Meter weiter, im Häuschen des Fahrkartenkontrolleurs Khaliuddin Kureschi: Das Familienoberhaupt ist nach gut dreimonatigem Leiden im staatlichen Hamidia-Hospital gestorben, drei Tage nach einer Operation.

»Wir haben nicht mehr genug zu essen«, klagt die Witwe Nadschma, 32, Mutter von fünf Kindern. Eines liegt, zusammengekrümmt und reglos, auf dem Boden. Vor ihr steht, schwankend auf spindeldürren Beinen, Sohn Akiluddin, 7. Ihm rutschen die Augäpfel nach hinten in die Augenhöhlen, der Kopf fällt ihm auf die Schulter, er wirkt hirngeschädigt.

»Das hat er seit dem Gas«, sagt die Mutter. Tochter Tabussam, 9, klagt über Magenschmerzen, sie ißt kaum noch, ist abgemagert. »Mein Mann ist tot, die Kinder sind krank, für mich sind die Berge eingestürzt«, jammert die Witwe.

Im Slum von Dschajaprakasch Nagar präsentieren die Hüttenbewohner ihre Krankenpapiere. Bei den meisten lautete die Diagnose »Pneumonitis«, Lungenentzündung, in Klammern dahinter »dem Gas ausgesetzt in Bhopal«. Und dann, wenig später: »Improved«, gebessert.

Diesen »Gebesserten« fehlt oftmals die Kraft, ins Krankenhaus zu gehen, um sich nochmals untersuchen zu lassen. »Meine Frau Schakina«, berichtet Gulab Khan, »schafft den Weg ins Krankenhaus nicht. Ich selbst bin hin- und zurückgekommen, aber danach konnte ich mich drei Tage nicht vom Boden erheben.«

Der alles untersuchende medizinische Forschungsrat ICMR ist präsent: An alle Hütten der vom Gas betroffenen Regionen haben Mitarbeiter Schildchen mit dem Aufdruck ICMR und einer Registriernummer anbringen lassen, jede Wohneinheit ist erfaßt.

Versorgt sind die Bewohner damit noch lange nicht. Gelegentlich kommen Ärzte vorbei. »Selten«, sagt Gulab Khan, »und wenn sie mal kommen, haben sie kaum Arznei dabei.« Banno Bi: »Sie lungern herum, machen sich Notizen. Untersuchen tun sie niemanden.«

Sie zeigt die Medikamente, die sie kürzlich einmal bekamen: eine Flasche Vitamin-B12 mit Folsäure, gegen Blutkrankheiten, dazu

zwei Tütchen abgezählter weißer und roter Pillen unbekannter Zusammensetzung.
Einer der wenigen Ärzte Bhopals, der Auskunft gibt, behauptet: »Der ICMR gibt ihnen die billigsten, nutzlosesten Medikamente. Die staatlichen Hospitäler haben keine ordentlichen Arzneien mehr, die Regierung in Bhopal lehnt Medikamentenhilfe ab, denn Annahme hieße ja, das Ausmaß der Krankheiten zuzugeben.«
Wie skandalös sich die Behörden in Bhopal aufführen, zeigte sich am Fall des Medikaments Natriumthiosulphat. Dieses Mittel soll von Union-Carbide-Experten in den USA spontan per Telex als Gegengift empfohlen worden sein. Doch da sich die Firmenleitung in Bhopal in der Zwischenzeit mit der US-Führung geeinigt hatte, das ausströmende Gas sei MIC, machte die Empfehlung keinen Sinn, denn das Mittel wird bei Vergiftungen mit Cyanid, einem Salz der Blausäure, eingesetzt. Cyanid tötet sofort.
Erste Obduktionen ergaben – sichtbar am kirschroten Blut der Toten –, daß Cyanid im Spiel war, und sei es, daß es sich erst im Körper der Betroffenen, durch Kontakt mit Schwefel etwa, verwandelte. Jedenfalls tippte auch der Münchner Toxikologe Max Daunderer, der kurz nach dem Desaster in Bhopal eintraf, auf Cyanid-Vergiftungen und behandelte über hundert Patienten erfolgreich mit Natriumthiosulphat.
Doch ein Teil der Bhopaler Ärzteschaft lehnte die Therapie auf Empfehlung der Behörden und der Weltgesundheitsorganisation WHO ab, weil die an der MIC-Version festhielten.
Da war allerdings eine Sendung des Medikaments, ausreichend für 500 Injektionen, von Union-Carbide-Medizinern in den USA nach Bhopal unterwegs. Sie verschwand spurlos, jüngere Ärzte des Hamidia-Hospitals wollen auch wissen, wie: »Die Injektionen sind an die Elite, vor allem an Minister, verteilt worden.«
Wäre dieses Medikament rechtzeitig und großflächig eingesetzt worden, hätten möglicherweise Leben gerettet, Folgeschäden gemindert werden können. Eine Ärztegruppe, die sich Medico Freundeskreis nennt, teils in Bhopal gearbeitet hat und in Bangalore ansässig ist, berichtet: »Erst nach einer fatalen Lücke von zwei Monaten ist die Entscheidung, Natriumthiosulphat nicht zu verabreichen, offiziell zurückgenommen worden.«
Danach sei das Mittel allerdings »nicht in der erforderlichen Menge vorrätig« gewesen. Inzwischen empfahl der ICMR die be-

grenzte Anwendung des Medikaments unter strikter Kontrolle, doch ob es jetzt noch nützt, ist unter Medizinern umstritten.
Zwischen 180 000 bis 200 000 Menschen – ein Viertel der Bevölkerung Bhopals – waren dem Gas ausgesetzt, 25 000 von ihnen haben große Mengen eingeatmet. Haider Ali Insaf, Moslem und Besitzer einer Privatklinik in Bhopal, hat Tausende der Opfer behandelt, anfangs auch ganz Arme zum Nulltarif, »aber die bleiben nun weg, wir können sie nicht endlos kostenlos durchziehen«.
Insaf sieht als schwerwiegendste Folge des Gasunglücks die Schädigungen der Atemsysteme von Betroffenen. Eine Patientengruppe habe auf das Gas mit asthmaähnlichen Symptomen reagiert. Eine andere, gefährdetere, mit Lungenödemen – dabei wird die beim Einatmen etwa 120 Quadratmeter große Gesamtoberfläche der Lungenbläschen reduziert, was mit Lungenfibrose und Lungenemphysem tödlich enden kann.
Ob das Gas in den nächsten Monaten und Jahren vielleicht weitere 25 000 Opfer fordert, das will, aus gutem Grund, kein Mediziner sagen. Ein Lungenfacharzt: »Was für einen Sinn soll es denn haben, wenn wir 25 000 Leute wissen lassen, daß sie, wann sie, wie sie sterben werden?«
Weniger fatal als anfänglich angenommen sind offenbar die Auswirkungen auf die Augen der Opfer. Zwar meldete im Februar das »Tata Institute of Social Sciences«, 1064 Menschen seien erblindet. Doch das wurde von der Regierung Madhja Pradeschs umgehend dementiert: »Kein Fall von Erblindung.« Man einigte sich auf »vorübergehende Sehverluste«.
Die vielen anderen Beschwerden der Slum-Bewohner – Hauterkrankungen, Magenbrennen, Leber- und Milzschmerzen – kann sich der Leiter des staatlichen Hamidia-Hospitals, Professor N. R. Bhandari, nicht recht erklären. Der Chef der Klinik, in der bis jetzt 80 000 Gasopfer behandelt wurden, teils noch behandelt werden, meint: »Die Armen schieben jetzt alles aufs Gas.«
Mediziner der Eklawja-Gruppe werfen Kollegen wie Bhandari vor, sie wollten die Probleme »verdrängen, den 3. Dezember ganz schnell vergessen machen«. Diesen Vorwurf erheben auch zwei Ärztinnen, die Ende März mit ihrem Bericht über spezifische Leiden der vom Gas betroffenen Frauen das offizielle Schweigen durchbrachen, weil »alles zu spät ist, wenn der ICMR irgendwann einmal geruht zu informieren«.

Die indische Gynäkologin Rani Bang, 34, ausgebildet an der amerikanischen Johns Hopkins University, und die amerikanische Ärztin Mira Sadgopal, 40, beide seit langem in Indien praktizierend, arbeiten seit der Gaskatastrophe in einem schäbigen Verschlag, einer »Feldklinik«, und haben 55 Frauen aus den am schlimmsten getroffenen Slums Dschajaprakasch Nagar und Kasi Camp betreut.

Rani Bang spricht von »gynäkologischen Epidemien« in Bhopal. Nach ihren und Frau Sadgopals Erhebungen leiden 79 Prozent der Untersuchten an Unterleibsentzündungen, 46 Prozent an exzessiven Menstruationsblutungen.

Im Urteil der Medizinerinnen sind diese Beschwerden darauf zurückzuführen, daß die Frauen hohen Dosen des Giftgases ausgesetzt waren. Bei Bhopaler Kollegen stießen sie indes auf Unglauben. Bhandari: »Das alles ist üblich bei Frauen der Unterschicht.«

Unbestritten ist immerhin, daß in Bhopal neuerdings jedes vierte Kind tot geboren wird, das ist doppelt soviel wie im indischen Durchschnitt. Fast jedes dritte kommt mit Untergewicht auf die Welt – Banno Bi in Dschajaprakasch Nagar hat so eines, am 22. Dezember geboren, aber noch so winzig wie eben auf die Welt gekommen. Sie hat das Mädchen Reschma Gas getauft – »sie ist ein Produkt des schrecklichen Gases«.

Nicht erst seit am 16. März Madhulika Schiwalkar in Bilaspur mit einem mißgebildeten Kind niederkam, fürchten sich Bhopals Frauen – etwa 3000 waren zur Zeit des Gasausbruchs schwanger – vor Mißgeburten.

Frau Schiwalkar war am 3. Dezember in Bhopal und damals im fünften Monat schwanger. Ihr Kind, das 48 Stunden nach der Geburt starb, hatte keine identifizierbaren Sexualorgane, zwei Löcher anstelle von Augen, finger- und zehenlose Arme und Beine, die Haut wirkte verbrannt und wies Risse auf.

Obgleich Deformationen üblicherweise in den ersten drei Schwangerschaftsmonaten angelegt werden, will M. S. Rehman, Klinikchef in Bilaspur, einen Zusammenhang zwischen den Mißbildungen und dem Gasausbruch nicht ausschließen: »Wenn sich das nachweisen läßt, ist das eine sehr ernste Sache.«

Erwartete Mißbildungen könnten zwar, durch Fruchtwassertests und Ultraschall, im Mutterleib festgestellt werden, aber Bhopaler Kliniken haben die nötige Ausrüstung nicht. Totgeborene Kinder,

deren Untersuchung vielleicht Aufschluß geben könnte über eine eventuelle Schädigung, werden an Medizinische Institute nach Delhi oder Bombay geschickt, die Ergebnisse werden nicht vor Juli erwartet. Da werden dann viele der betroffenen Frauen schon niedergekommen sein.
An der Universität Bhopal hat Professor Goswami an Gas-Patienten Chromosomenschäden festgestellt, die genetische Auswirkungen auf kommende Generationen haben könnten. »Eine Schwangere«, so Goswami, »kann jetzt schon ein mißgebildetes Kind bekommen. Aber über latente Effekte wissen wir vielleicht die nächsten zehn Jahre gar nichts.«
Bhopal ist eine schleichende Katastrophe – aber die Frage nach den Schuldigen und nach Ausgleich für die Opfer bleibt noch unbeantwortet.
Zu Dutzenden waren (im Dezember 1984) amerikanische Top-Anwälte in Bhopal eingeflogen. 24 170 Daumenabdrücke und Unterschriften sammelten sie bei den des Schreibens und Lesens meist nicht mächtigen Slumbewohnern ein, als Einwilligung, daß sie die Hinterbliebenen und Verletzten in gigantischen Schadensersatzprozessen gegen Union Carbide in den USA vertreten (und 35 Prozent der Kompensationssummen für sich abzweigen). Die Anwälte, darunter der Star Melvin Belli, versprachen ihren Klienten »Tausende und Tausende US-Dollar noch vor dem Holi-Fest«.
Das Fest war am 7. März, die Gasopfer werden wohl noch lange auf die Dollar warten müssen. Dutzende von Klagen mit Forderungen auf 250 Milliarden Dollar sind mittlerweile beim Richter John Keenan im New Yorker District Court zusammengezogen worden. Dort begann jetzt das Hearing zur Frage, ob US-Gerichte überhaupt zuständig sind. Bis zur Entscheidung darüber dürften Monate vergehen.
Darum wohl empfahl Richter Keenan dem Multi, »als Zeichen menschlichen Anstands« für die Opfer fünf bis zehn Millionen Dollar an Soforthilfe zu zahlen, dies würde nicht als Anerkennung einer Verantwortung gewertet. In einem Brief an den Richter erkannte der Konzern »die Bedeutung der Soforthilfe« an und bot fünf Millionen Dollar.
Die indische Regierung, die sich per Gesetz zum Sachwalter aller Bhopal-Opfer gemacht hat, hängte sich, sehr zum Leidwesen einiger amerikanischer Anwälte, an die New Yorker Prozesse an. Die-

ser Alleinvertretungsanspruch wird ihr von Betroffenen mittlerweile vor dem Obersten Gericht in Delhi bestritten, weil er den Verfassungsgrundsatz der freien Anwaltwahl verletze.
Die Kongreß-Zentralregierung will, trotz der Klage in New York, einen außergerichtlichen Vergleich nicht ausschließen. Denn vor Gerichten, indischen wie nordamerikanischen, müßte unweigerlich die Mitverantwortung der Kongreß-Regierung Madhja Pradeschs zur Sprache kommen. Und die ist beträchtlich.
In seinem schmucken Bungalow in Bhopal zieht P. M. Butsch, einstiger Stadtplaner im Rathaus, seinen alten, umfangreichen Entwicklungsplan vor (»Ich bin der Gestalter des modernen Bhopal«). Der Plan trat 1975 in Kraft.
Im 15. Kapitel steht zu lesen, daß giftige Industrien, solche für Insektizide und Pestizide beispielsweise, weit nordöstlich vor die Stadt zu placieren seien, denn so könnten der im Oktober bis März vorherrschende Nordostwind und der von April bis September wehende Südwest schädliche Stoffe an der Stadt vorbeiblasen.
Butsch war es, der der Union Carbide, die zunächst nur ein Testlabor in Bhopal betrieb, die Produktionsaufnahme für Insektizide am Laborplatz mitten in der Stadt untersagte. Das Management aber hatte enge verwandtschaftliche und freundschaftliche Kontakte mit der Regierung: Butsch wurde strafversetzt, ein Jahr später durfte die Chemiefirma mit der Arbeit beginnen.
»Der Entwicklungsplan«, so Butsch heute, »war verbindlich, so verbindlich wie ein Gesetz. Gegen ihn zu verstoßen kommt einem kriminellen Akt gleich.«
Der Stadtentwicklungsplan schloß auch ausdrücklich Wohnsiedlungen im Bereich gefährlicher Industrien aus. Dennoch erhielten all jene, die sich in der Hoffnung auf Arbeit und Tagelohn rund um die Werksmauern in ihren Lehmhütten niedergelassen hatten, von der Regierung Besitztitel.
Der Untersuchungsbericht der indischen Regierung über die Ursachen des Unglücks ist bislang noch nicht fertiggestellt. Ein Report des Gift-Konzerns schiebt alle Schuld auf das indische Management und die Arbeiter in Bhopal, auch wollte Konzernchef Warren Anderson »Sabotage nicht mehr ausschließen«.
Festzustehen scheint bisher:

- Die Sicherheitsanlagen waren von der Ausstattung her nicht ausreichend und dazu kriminell schlecht gewartet (gleichwohl hatten die Kontrollbehörden noch zwei Monate vor der Gaskatastrophe bescheinigt, die Firma beachte die gesetzlichen Bestimmungen);

- Union Carbide hat die Behörden über die Gefährlichkeit der in Bhopal lagernden Substanzen nicht unterrichtet.
- Es gab keinen Plan für den Notfall.

So plädiert denn Warren Anderson für einen außergerichtlichen Vergleich. »Ein Prozeß befriedigt niemandes Bedürfnisse«, spricht Menschenfreund Anderson, denn: »Man muß was erreichen, das den Menschen Hoffnung und etwas Entschädigung gibt für das Unglück, und das ist kein Prozeß.«

Eine Million Dollar hat Union Carbide gleich nach dem Unglück als Soforthilfe gezahlt. Nach Meinung von Sachverständigen dürfte eine außergerichtliche Schadensregelung maximal eine Milliarde Dollar kosten, davon sei ein guter Teil durch Versicherungen gedeckt (im Fall einer Liquidation beläuft sich der Nettowert des Konzerns auf rund fünf Milliarden Dollar).

Wieviel Geld an die Opfer ausgezahlt wird und wie, dürfte noch auf lange Zeit ungeklärt bleiben. In jedem Fall würden die Regierenden in Delhi und Bhopal von der Schadensersatzsumme zunächst einmal die beträchtlichen eigenen Unkosten abziehen, darunter die für Reisekosten, für die Lebensmittel- und andere Nothilfen wie für Entschädigungen, die in Bhopal zusätzlich zur Millionenspende angeblich geleistet wurden. Wie das gehandhabt wurde, läßt für die Zukunft nichts Gutes erwarten.

Die Regierung Madhja Pradeschs will nur um die 1400 Tote gelten lassen, weil sie die zugesagte Entschädigungssumme von 10 000 Rupien, etwa 2300 Mark, bisher in 1400 Fällen an Hinterbliebene gezahlt haben will.

Eine Bhopaler Bürgerinitiative mit Namen »Kampffront im Giftgasfall« sandte ein 50 Mann starkes Überprüfungsteam aus und stellte fest, so der Kampffrontchef Anil Sadgopal: »Höchstens 400 haben das Geld gekriegt, andere sind betrogen worden.«

Etwa so: Man ließ die damals geblendeten Opfer per Daumenabdruck den Empfang von 10 000 Rupien quittieren, händigte ihnen aber nur 1000 aus. Genauso soll mit Empfängern kleinerer Beträge – 2000 Rupien für Schwer-, 1000 für Leichtgeschädigte – verfahren worden sein.

Tausende sind bisher leer ausgegangen, etwa Parwati, 28, die aus-

gemergelt und hustend mit ihrem Baby vor ihrer Hütte in Dschajaprakasch Nagar hockt.
Sie war in der Nacht der Katastrophe mit ihrem Mann und Kindern nach Berasija, 15 Meilen von Bhopal entfernt, geflohen. Schwer krank wurde ihr zwölfjähriger Sohn von dort ins Hamidia-Hospital zurückgebracht, wo er starb. Ehemann Radsch holte die Leiche des Jungen, um sie in Berasija zu verbrennen, dann starb auch er. Weil beide im Dorf bestattet wurden, hatten sie nicht das Privileg, als Gas-Tote in den zentralen Bhopal-Computer eingespeist zu werden. Parwati steht vor dem Nichts, gefangen im bürokratischen Niemandsland.
Auch dem Straßenfeger Ram Lal Panna, dem Unberührbaren, geht es so. Er hat zwar eine Bestätigung von den fünf Dorfältesten, daß seine Frau als Todkranke in ihr Heimatdorf kam und dort 20 Tage später gestorben sei. Das Schreiben nützte nichts, »achtzehnmal«, so Ram, »war ich bei einem Beamten, ich habe kaum noch Hoffnung«.
Für die Anerkennung eines Toten verlangen die Behörden einen Totenschein. Der kostet 100 bis 200 Rupien, das Geld hatten viele nicht. Dazu die Bestätigung eines Leichenschauhauses – die fehlt vielen, weil sie inmitten der Panik, die dem Gasausbruch folgte, ihre Toten schnellstens beseitigten: die Hindus und Haridschan per Verbrennen auf den Scheiterhaufen, die Moslems per Bestattung auf ihren Friedhöfen.
Fraglich, wer von denen, die kürzlich starben oder in der nächsten Zeit sterben werden, als Opfer des Union-Carbide-Gases anerkannt wird. Die Witwe Nadschma mit ihren fünf Kindern fragt: »Was, wenn sie mir sagen, der eigentliche Todesgrund bei meinem Mann war ein altes Leiden?«
Über die Hindu-Religion, der mehr als 80 Prozent aller Inder huldigen, schreibt der in der Karibik lebende Inder V. S. Naipaul, sie enthalte »nirgends die Idee eines Vertrages von Mensch zu Mensch«.
Bhopal könnte der Beweis sein.

HANS HOYNG

»Mein Gott, was mache ich in der Politik?«

Widersprüche in der Persönlichkeit Ronald Reagans
November 1985

Von Larry Speakes, dem Pressesprecher des amerikanischen Präsidenten, sind fast flehentliche Appelle an das Washingtoner Journalisten-Korps bekannt, ihm, bitteschön, doch zu glauben, daß er in Ausübung seines Berufes kein pathologischer Lügner sei.
Doch wenn er Unbestreitbares zu verkünden hat, wie vor dem Genfer Gipfel zwischen Ronald Reagan und Michail Gorbatschow, wird Speakes, 46, selbstbewußt und keck. Er freut sich daran, den oppositionellen Demokraten, die in der vergangenen Wahl nur noch einen einzigen Bundesstaat für sich erobern konnten, ihre Bedeutungslosigkeit vor Augen zu führen.
Die Unterstützung der amerikanischen Bürger für ihren Präsidenten und sein Programm sei, verkündete Speakes, so deutlich wie noch niemals seit dem Zweiten Weltkrieg, sei »tief und weitreichend – genau 49 Staaten tief und 65 Prozent weit«. So viele Amerikaner billigten in jüngsten Umfragen die Amtsführung. Traumzahlen sind das, neidvoll auch von Gegnern anerkannt.
Speakes weiter: Solche Popularität »erreicht man nicht mit einem Lied, einem Tanz und einem netten Lächeln«. Wirklich nicht?
Wenn es denn hilft, singt dieser Präsident (wie beim Staatsbesuch in Kanada, als er die Iren-Schnulze »When Irish Eyes Are Smiling« anstimmte); er tanzt (so legte er beispielsweise für eine Foto-Strecke im Schickeria-Magazin *Vanity Fair* mit Frau Nancy in großer Abendgarderobe Walzer aufs leere Parkett des Weißen Hau-

ses); er lächelt (was geradezu sein Markenzeichen ist, dieses trotz seines Alters spitzbübische Lächeln).
Dabei kann Reagan bei den mittlerweile legendären »photo-ops« des Weißen Hauses noch sehr viel mehr: Küßchen geben, Händchen halten, neben lachen auch öffentlich weinen – und sogar kalkuliert. Die Frage, ob es angemessen sei, beim Besuch des Konzentrationslagers von Bergen-Belsen zu weinen, war Gegenstand ernsthafter Beratungen seiner Adjutanten.
Und er reißt Witze. Kaum ein Auftritt, kaum ein Interview oder eine Rede, die nicht zur Einstimmung, zum Anwärmen, zur Lösung von Spannungen, zum Entwaffnen von Gegnern mit einem kauzigen One-liner begännen. Und wenn einer gesessen hat, neigt er zu Wiederholungen: Daß er auf dem Genfer Gipfel »dem jungen Mann von der anderen Seite gern Ratschläge erteilen« würde, war im Prinzip der Witz, mit dem er im letzten Wahlkampf seinen Gegner Mondale entwaffnete.
So einem wie ihm kann man nicht böse sein.
Er will offenbar geliebt werden, darauf sind alle öffentlichen Auftritte abgestimmt: der Humor, die Bescheidenheit, die einfache, manchmal beschränkte Wortwahl (Kritiker sprechen von »babytalk«), die einlullende Stimme.
Und er wird geliebt. Die Person Ronald Reagans anzugreifen ist in den USA heute der sicherste Weg zu politischem Selbstmord. Er wird emphatisch geliebt, von namenlosen Republikanerinnen ebenso wie von kalten Polit-Profis.
Reagan-Auftritte vor Massen geraten zu kollektiven Liebesfesten. Niemals deutlicher als an jenem Abend auf dem letzten Parteikonvent in Dallas, als Nancy auf dem Podium, stellvertretend für die ganze Nation, ihre Hände ausstreckte nach dem Mann, der hoch über ihr auf einer Leinwand erschien. Da tobten die Delegierten vor Begeisterung.
Daß sie ihn lieben, ist klar; weniger klar ist den Amerikanern auch im fünften Jahr seiner Amtszeit, wen sie da lieben. Und den Sowjets dürfte um so weniger klar sein, wer ihnen da so sehr zusetzt.
Als sich Ende August in New Orleans prominente Politik-Professoren zu einem Symposium trafen, um über den Präsidenten zu reden, beschrieben sie scheinbar verschiedene Männer.
Professor Michael Rogin aus Berkeley zeichnete einen alternden Schauspieler, der seine Filmphantasien auslebt. Sein Kollege Larry

Berman vom Davis-Campus der Universität Kalifornien sah den Präsidenten als »erfolgreichsten politischen Führer seit Franklin Roosevelt«.

Ganz anders dagegen Stephen Wayne, Fakultätsmitglied der hauptstädtischen George-Washington-Universität. Er wunderte sich, wie es passieren könne, daß ein Mann, der »so wenig auf politische Detailfragen achtet, so ignorant in Sachfragen ist, im politischen Washington als so erfolgreich angesehen werden kann«.

Norman Thomas von der Universität Cincinnati bewunderte »die Meisterschaft«, mit der Ronald Reagan den Kongreß beherrscht, sieht ihn aber gleichzeitig als Hauptursache für Fehler und Versäumnisse der amerikanischen Finanz- und Abrüstungspolitik. »Mein Urteil«, resümierte er, »ist schizophren.«

Nicht einmal Henry Kissinger blickt voll durch: »Ronald Reagan ist ein sehr merkwürdiger Politiker. Er ist gewiß kein Intellektueller ... Er macht häufig Vorschläge, die aus theoretischer Sicht unbefriedigend sind, aber zugleich sind diese Vorschläge sehr oft richtig.«

Sogar Übernatürliches wird beschworen. Der »Reagan-Zauber« gerät zur Beschwörungsformel einer hilflosen Presse, die öffentliche Anbetung eines Idols registrieren muß, das aber aus der Nähe betrachtet Anzeichen von Senilität zeigt.

Reagan-Helfer haben schon Elektrokabel aus der Wand gezogen, wenn ein Fernseh-Interview des Präsidenten in unzusammenhängendes Gestammel mündete. Leibwächter haben Journalisten auf Distanz gehalten, nur weil ihr Mann Antworten gab, obwohl er von dem betreffenden Problem keine Ahnung hatte.

Nur in vorsichtigen Dosierungen, aufgelockert durch Filme und Videos, haben ihn seine Berater zur Vorbereitung auf den Gipfel mit Fakten gefüttert – aus Angst, Reagan könne sie durcheinanderbringen. Und trotzdem, etwa wenn der Präsident behauptet, es gebe im Russischen kein Wort für Freiheit, unterliefen ihm bereits die ersten Fehler. Die werden anderntags von Speakes als »präsidentielle Ungenauigkeit« abgetan. The King can do no wrong.

Wenige Wochen vor dem Gipfel widmete die *New York Times* die Titelgeschichte ihrer Sonntagsbeilage der Geistesverfassung ihres Präsidenten und kam zu dem Schluß: »Widersprüchlich«, aber »wirksam«. Selbst Reagans engste Mitarbeiter halten ihn nicht für einen Geisteshelden und sind doch immer aufs neue überrascht über den Erfolg des Präsidenten.

Drei seriöse Erklärungsversuche des »Reagan-Phänomens« haben sich in den USA nach fast fünf Jahren herauskristallisiert. Da ist zunächst Reagan, der zynische Opportunist.
Dem Publikum, jedem Publikum, rede er nach dem Mund; er sorge dafür, daß seine Zuhörer ihre Kümmernisse bei ihm bestens aufgehoben wähnen – und schere sich im übrigen einen Teufel darum. Das reiche vom Privaten bis in die Weltpolitik.
Vor allen möglichen Auditorien predigt der Politiker Reagan Gottesfurcht. Doch der Privatmann sei nur sehr schwer bei irgendeiner Glaubenshandlung zu überraschen, er besuche keine Kirche in Washington, er arrangiere kaum Gottesdienste im Weißen Haus. Der Politiker Reagan wird nicht müde, die Tugenden einer gesunden Familie zu preisen. Doch der Privatmann halte zu seinen Kindern eher gespannte Distanz.
Da gibt es einen Reagan, der seit mehr als 20 Jahren in fast unveränderten Worten für Schulgebet, Abtreibungsverbot und eine Reduzierung der Staatsausgaben eintritt. Und es gibt einen Reagan, der als Gouverneur von Kalifornien Abtreibungen möglich machte und der als Präsident verantwortlich ist für das größte Haushaltsdefizit der US-Geschichte.
Die Litanei seiner Widersprüche ließe sich endlos fortsetzen, sie würde immer gipfeln in dem größten Widerspruch von allen: Der glühende Prophet, der Amerikas Rechte auf den Beginn eines Neuen Zeitalters hoffen ließ, der persönlich die »Zweite Amerikanische Revolution« ausrief, macht im Grunde ganz altmodisch republikanische Politik.
Weniger Steuern für die Reichen, weniger Regierungshilfe für die Armen, weniger Unterstützung für Unterprivilegierte im Namen von Chancengleichheit für alle, weniger Auflagen für die Industrie, weniger Interesse an der Umwelt, das alles unter der immer wieder erprobten Rhetorik von »harter Arbeit, Liebe zur Familie, Gottesfürchtigkeit und Patriotismus«, dem Reagan durch die größte Aufrüstung in Friedenszeiten huldigt – nicht gerade ein neues Programm.
Reagan also als Politiker wie gehabt? Doch dabei jemand, der so tut, als wäre er kein herkömmlicher Politiker, der noch im fünften Jahr seiner Amtszeit auf die Washingtoner Politmaschinerie schimpft, als wäre er nicht längst Teil von ihr, und der gerade deswegen ein so erfolgreicher Politiker ist.

Auch das ist in der amerikanischen Politik nichts Neues. Alexis de Tocqueville, erster Biograph der amerikanischen Demokratie, hat bereits ähnliches beobachtet. Amerikanische Politiker, schrieb er vor 150 Jahren, gewännen Regierungsmacht »durch das Versprechen, sie zu schwächen«.

Die zweite Betrachtungsweise stellt Ronald Reagan vornehmlich als Ideologen dar. Wenn er nur könnte, wie er wollte, so lautet diese These, er würde jeden seiner Sätze wahr werden lassen. Er sei im tiefsten ein Extremist, vor allem in bezug auf den Abbau von Regierungsmacht und in seiner antikommunistischen Außenpolitik, die ihre missionarischen Züge nicht ablege.

In der Sowjetunion hat für ihn jener Moloch Gestalt angenommen, der das Leben seiner Bürger bis in kleinste Einzelheiten reglementiert. Außenpolitik, weitgehend synonym mit Antikommunismus, ist für Reagan die Fortsetzung seines innenpolitischen Dogmas mit anderen Mitteln.

Ganz offen nimmt eine solche Politik pseudoreligiöse Züge an und wird damit zum Replay der fünfziger Jahre: Damals hatten protestantische Fundamentalisten eine religiöse Erklärung für den Kalten Krieg geliefert: Nicht zwei Staaten versuchten, ihre Interessen weltweit durchzusetzen, sondern zwei Systeme kämpften gegeneinander, in denen sich Gott und der Teufel verkörperten.

30 Jahre später haben Fundamentalisten wieder einen in Relation zur Zahl ihrer Anhänger unangemessen großen Einfluß auf das politische Leben der USA. Pfarrer Jerry Falwell, Chef der »Moralischen Mehrheit«, befand, die USA seien »der einzige logische Ausgangspunkt für die Evangelisierung der Welt«. Ronald Reagan glaubt fest daran. Weil für ihn die USA Züge eines Gottesstaates tragen, ist die Sowjetunion logischerweise »das Reich des Bösen«. Er kann gar nicht anders.

In seiner Antrittsrede zu Beginn seiner zweiten Amtszeit sagte er: »Das ist der Klang Amerikas: hoffnungsvoll, großherzig, idealistisch, wagemutig, anständig und fair. Gott ... der Schöpfer dieses Liedes ... hat uns aufgerufen, diesen Traum einer wartenden und hoffenden Welt weiterzugeben.« Das Lied, das Ronald Reagan da beschwört, ist ein altes Lied und heißt – unübersetzbar – »Manifest Destiny«.

Es ist das Bewußtsein, das auserwählte Volk Gottes der Neuzeit zu sein. Es gibt wenig, was in der Außenpolitik der Vereinigten Staaten so konstant war wie dieses Bewußtsein. »Wir sind ein Land«, erklärte Anfang des letzten Jahrhunderts Präsident Andrew Jackson, »das vom Allmächtigen zu einem Schicksal bestimmt wurde, um welches das griechische und römische Reich in ihrer Blüte uns beneidet hätten.«

Diese angebliche Berufung führt immer wieder dazu, auch nebensächlichste politische Ereignisse unter endzeitlichen Gesichtspunkten zu betrachten, und hat den »paranoiden Stil amerikanischer Politik« geprägt, wie der Historiker Richard Hofstadter schrieb: Der jeweilige Feind Amerikas ist nicht eingebunden in historische Zwänge, sondern »er ist eine freie, aktive, dämonische Kraft. Sie bestimmt und produziert erst die Mechanismen der Geschichte«.

Das dritte und derzeit gängigste Reagan-Bild versucht den Widerspruch zwischen zynischem Politiker und sendungsbewußtem Ideologen in seiner Person zu erklären, eine Analyse, die selten schmeichelhaft für den Präsidenten ausfällt: Reagans simple Sicht der Dinge, seine Weltaufteilung in Gut und Böse, Nützlich und Schädlich sei einzig seiner banalen persönlichen Lebenserfahrung entnommen.

Der Mann ist 74, er hat alles schon einmal erlebt, gesehen, gelesen, aufgeschnappt, irgendwo, und bringt es an den Mann, so wie er es erlebt, gesehen, gelesen, aufgeschnappt hat. »Er denkt anekdotisch, nicht analytisch«, schrieb die *New York Times*.

Gegner und Freunde hat er genervt mit seinem Hang zum Geschichtenerzählen. Kein politisches Problem, das nicht in einer Anekdote Platz hätte.

Sozialhilfe? Da ist der namenlose junge Mann, der mit seinem Lebensmittelgutschein eine Apfelsine einkauft und sich vom Wechselgeld eine Flasche Wodka besorgt. Verhandlungsstrategien mit den Sowjets? Reagan erzählt von seiner Zeit als Präsident der Schauspielergewerkschaft. Da sei er mit Kommunisten ganz einfach fertig geworden. Punktum, basta.

Ein ehemaliger Berater: »Wenn ich ihm erklärte, irgend etwas sei wahrscheinlich oder unwahrscheinlich, so war das für ihn noch lange nicht überzeugend, weil sein Leben voller Unwahrscheinlichkeiten steckte, die sich trotzdem verwirklicht hatten. Für ihn hat es sich ausgezahlt, angesichts des Unwahrscheinlichen optimistisch zu bleiben.«

Er selbst ist eine »All-American Story«: Der Sohn eines ewig bankrotten, alkoholkranken Schuhverkäufers wird Präsident der USA und Amerikas größter Geschichtenerzähler: immer hart an der Wirklichkeit und immer dicht an ihr vorbei.
Läßt sich also Ronald Reagan aus seinem Leben erklären? Wie weit darf man dabei zurückgehen?
Da spielt der Hollywood-Schauspieler Ronald Reagan 1940 in einer Im-Dutzend-billiger-Produktion einen Geheimagenten namens Brass Bancroft, der fliehenden Spionen auf der Spur ist. Zum dramatischen Dollpunkt haben sich die beiden Schurken in ein Flugzeug gerettet, der Verfolger sieht sie entschwinden.
Natürlich ist die Schlacht noch nicht verloren. Brass Bancroft »aktiviert« einen mysteriösen »Trägheitsprojektor«, der, so wird es im Film beschrieben, »Amerika im Krieg unbesiegbar macht und deshalb die größte Friedenswaffe ist, die je erfunden wurde«. Das Flugzeug, von den Strahlen getroffen, erstarrt am Himmel wie festgenagelt. Dann fängt es Feuer und stürzt ab.
Ist das die Geburtsstunde von SDI?
Wohl nicht, aber: Hat etwa die Beharrlichkeit des Präsidenten, mit der er am SDI-Konzept festhält, über den notwendigen Verhandlungspoker hinaus auch damit zu tun, daß unmerkliche Übergänge von dramatisierter, vorgeblicher Realität (wie sie in Hollywood-Filmen stattfindet) zu politischer Wirklichkeit eine Spezialität seines Lebens sind?
Das zeigte sich niemals deutlicher als bei jenem Attentat, dem er am 30. März 1981 beinahe erlegen wäre:
John Hinckley, ein verwirrtes, verwöhntes Kerlchen, dem die Liebe seiner angebeteten Filmschönheit versagt blieb, nimmt einen Film zum Modell seiner Schüsse auf den Schauspieler-Präsidenten. Am nächsten Abend feiert Hollywood die Oscar-Verleihung. Und während sich der Präsident in Washington nur mühsam von seiner schweren Operation erholt, sehen die Stars und mit ihnen die Nation eine bereits vorher aufgenommene Ansprache, in der Ronald Reagan verkündet: »Der Film ist ewig.«
Zufall sicherlich, doch die Symbiose von Film und Leben wird und wurde von Reagan auch aktiv gefördert – schon während des Zweiten Weltkrieges. Der Filmschauspieler, abkommandiert zur Armee, darf seinen Dienst in Hollywood verrichten. Dort haben Bühnenbildner ein Modell von Tokio erstellt, liebevoll, realistisch bis

ins kleinste Detail. Aufnahmen von diesem Modell werden mit Aufnahmen von echten Fliegerangriffen unterschnitten.
Ronald Reagan übernimmt den Part eines Sprechers in diesen Ausbildungsfilmen und schildert stolz, daß er in diesen Filmen stets das letzte Wort hatte, in mehr als nur einem Sinn. Er war es, der sagen durfte: »Bombe los!«
40 Jahre später, bei dem berühmtesten seiner Mikrofontest-Scherze, ahnt man konsequente Fortschreibung seiner Biographie, den gleichen Spaß an einer Omnipotenz, die Gott sei Dank wirkungslos bleibt: »Wir beginnen die Bombardierung Rußlands in fünf Minuten.« Es ist wie damals, wahr und unwahr zugleich.
Über seine Auseinandersetzungen mit den Kommunisten berichtet der Western-Star 1948 vor der Rotariern in Los Angeles: »Wir haben unsere kleinen roten Brüder gnadenlos bekämpft.« Wen bitte? Der Cowboy die Indianer oder der Gewerkschafter die Kommunisten?
Klar zu trennen ist das alles nicht.
Reagan, der Präsident, hat (schamlos – oder auch nur, weil die Film-Realität Vorgänge eingängiger auf den Punkt brachte) Rückgriffe auf Hollywood von je geliebt. Als nach dem Attentat seine Frau im Krankenhaus zu ihm kam, brachte er mit einem tapferen One-liner das Herz der Nation zum Schmelzen: »Liebling, ich hab' vergessen, mich zu ducken.« Der Satz entpuppte sich als ein Zitat aus einem Film über den Boxer Jack Dempsey.
Als er 1984 in der Normandie über amerikanische Soldatengräber geht, fragt er gerührt: »Wo finden wir solche Männer?« Die Frage stammt aus dem Film »Die Brücken von Toko-Ri«.
Wenn er Gegnern, im Kongreß etwa, ein herausforderndes »Make my day« zuruft (etwa: »Los doch, darauf hab' ich nur gewartet«), zitiert er Clint Eastwoods Dirty Harry, einen jener »tough guys«, die ohne und notfalls gegen das Gesetz für Gerechtigkeit sorgen. Seelenverwandtschaft wird spürbar.
In jüngster Zeit ist Clint Eastwood durch einen neuen Helden ersetzt worden, Sylvester Stallone. Als Reagan, aus seinem Sommerurlaub zurück, sich einem widerspenstigen Kongreß gegenübersah, forderte er sich Beifall bei seinen Wählern mit den Worten: »Im Geiste Rambos, diesmal werden wir siegen.«
Filmdramaturgie beherrscht noch immer seine Wahrnehmung, erklärt seinen Erfolg. »Wie vielleicht kein anderer Politiker«,

schreibt die *New York Times*, »verkörpert er das Amerika des 20. Jahrhunderts – Radiosprecher, Filmstar, Fernsehansager ... Es war eine Ära der Kommunikation, der Symbole; die Illusion hat eine zentrale Rolle in unserem täglichen Leben eingenommen – ist realistischer geworden als die Realität.«

In diesen Tagen läuft im Fernsehen der Hauptstadt ein kurzer Werbespot, den die »Koalition für die Strategische Verteidigungsinitiative« bezahlt. Man sieht eine kindliche Kreidezeichnung: Mama, Papa, Baby, Haus und Hund und eine gelbe Sonne.

Ein kleines Mädchen erzählt im Off: »Ich habe meinen Daddy gefragt, was all dieses Star-Wars-Zeug zu bedeuten hat. Er hat gesagt: ›Im Augenblick können wir uns nicht gegen Atomwaffen schützen, und deshalb will der Präsident einen Friedensschild bauen.‹«

Bei diesen Worten wird auf der Zeichnung ein Bogen sichtbar, der die idyllische Szene und sogar die Sonne überspannt. Das Mädchen fährt fort: Dieser Schild »hält die Raketen im All auf, damit sie nicht auf unser Haus fallen«.

Von oben erscheinen kleine braune Raketen, die vom Bogen abprallen und zerstört werden. Das kleine Mädchen: »Dann kann keiner einen Krieg gewinnen, und wenn keiner einen Krieg gewinnen kann, gibt es keinen Grund, einen anzufangen.«

Das sieht sogar der Friedensschild ein und verwandelt sich in einen Regenbogen, die Sonne lacht.

Das ist Reagans Amerika. Politik wird in Symbolen abgehandelt.

Reagan hat dabei vor allem der verwundeten amerikanischen Seele geholfen, in den Niederungen praktischer Politik wirkt er oft hilflos. Ein Mitglied der Scowcroft-Kommission, die Empfehlungen für die strategische Rüstung der USA ausarbeiten sollte, über Reagan: »Seine Beteiligung an den Sitzungen ging nie über das hinaus, was Sicherheitsberater McFarlane ihm zu sagen aufgegeben hatte. Er verstand nicht, was wir mit unseren strategischen Programmen und mit Rüstungskontrolle erreichen wollten. Er begriff lediglich, daß unsere Empfehlungen ein Weg waren, die MX-Rakete zu bekommen.«

Die hat er auch gekriegt. Auf seinem Schreibtisch steht eine kleine Tafel mit den Worten »It CAN be done«.

Vieles konnte getan werden, vor allem in seiner ersten Amtszeit. Neben instinktsicheren, aber – im Wortsinn – unbedachten Entscheidungen hat Reagan oftmals unverschämt Glück gehabt. 241

tote Marines in Beirut wurden wenig später aufgewogen durch den Sieg auf Grenada. Die Entführung des Schiffes »Achille Lauro« bot ihm die Möglichkeit, sich als erfolgreicher Terroristenjäger zu bestätigen.
Der Zufall half – für ihn ein verläßlicher Gehilfe. »Mir hat er einmal geschildert, wie er durch Zufall in die Politik geriet«, berichtet ein ehemaliger Berater.
Der Präsident habe sich gefragt: »Mein Gott, was mache ich denn in der Politik? Die Sachen, die ich bisher getan habe, lagen meilenweit entfernt. Aber dann dachte ich, daß Schauspielerei und Rollendarstellung ein wichtiger Teil der Politik seien. Und da kannte ich mich aus.«

FRITJOF MEYER

Michail Gorbatschows nobler Traum

Das öffentliche Auftreten des sowjetischen Parteichefs November 1985

Auch im unwandelbaren Ritual sozialistischer Staaten lebt jeder Politiker mit der Furcht vor dem falschen Satz, der ihn die Karriere kosten kann. Deshalb lesen selbst so helle Köpfe wie Erich Honecker Wort für Wort bis hin zum vollmundigen Hoch auf die große Sowjetunion vom Manuskript ab: Der Text ist vom Politbüro approbiert, da kann nichts schiefgehen.

Jetzt marschiert an der Spitze des Weltkommunismus einer nach Genf, der extemporiert, ein reines Medien-Vergnügen: wenn er verschmitzt die Augen kneift, die Brauen hebt, genau berechnet stockt und dann sein selbstsicheres Lächeln einsetzt – mit Charme angefüllt bis unter seinen konventionellen Hut.

Man mag ihn, den Michail Sergejewitsch Gorbatschow. Man möchte ihm und sogar seinem antiquierten Regime das Beste wünschen. Doch wenn diese Woche in Genf 3000 Journalisten auf einen Lapsus linguae lauern, muß man sich sorgen, ob ein sowjetischer Parteichef, der sich den Erwartungen westlicher Fernsehzuschauer anpaßt, von Dauer sein kann.

Denn daheim im Russischen Reich macht sich einer, der im Westen gut ankommt, weil er sich aus dem Heer eingetrockneter Apparatschiks entfernt hat, nicht beliebt. Der US-Publizist William Safire hat beobachtet: »Gorbatschow ist dabei, zu entdecken, daß dieses Spiel mit der öffentlichen Meinung ein Spiel mit dem Feuer ist.« Das gilt allemal für das Fegefeuer der freien Presse, dem sich der neue Mann offenbar begierig aussetzt, zu unserer Freude, nicht aber mit garantierter Bekömmlichkeit für ihn selbst.

»Die Gegenpropaganda auch vor dem ausländischen Auditorium zu verbessern«, hatte Gorbatschow vor zwei Jahren angekündigt, und: »Eine ehrliche Information ist ein Zeugnis des Vertrauens zu den Menschen. Nicht wir, sondern der Kapitalismus muß manövrieren und sich tarnen, zu Fälschungen und zu Diversionen greifen, um den unerbittlichen Lauf der Zeit zu hemmen.« An der publizistischen Front verfällt mitunter auch Gorbatschow in die alten Manöver.

In seinem ersten Fernsehinterview fragten ihn Journalisten aus Frankreich nach den politischen Gefangenen in der Sowjetunion und boten ihm dabei die Chance für einen überzeugenden Gegenschlag: Sie nannten die Phantasie-Zahl von vier Millionen Sowjetbürgern, die aus politischen Gründen inhaftiert seien.

Gorbatschow, der Einfallsreiche, hätte nun sagen können: Insgesamt haben wir überhaupt nur eine Million Strafgefangene, das sind 0,4 Prozent der Bevölkerung. Oder: Sie haben sich da um drei Nullen geirrt, wegen Verbrechen gegen den Staat sitzen bei uns nur 40 000 ein, und mir sind das noch 40 000 zu viel.

Gorbatschow aber antwortete den prominenten Zeitungsleuten aus dem stolzen, freien Frankreich: »Das ist absurd, das erinnert, wissen Sie, an die Goebbels-Propaganda!« Der feinfühligere Zensor strich den Goebbels aus der *Prawda*-Wiedergabe des Interviews.

Mit strahlender Miene berief er sich auf ein Lenin-Zitat aus dem Jahre 1922, wonach der Beginn von Beziehungen zu Frankreich »wünschenswert« sei. Wer bei Lenin nachschlägt, findet in demselben Jahr auch ein Lenin-Zitat, die KPF solle endlich mit der Revolution in Frankreich beginnen.

Auch der Wortgewaltige, der so munter kein Blatt vor den Mund nimmt, muß sich öffentlich winden. Als ihm in Paris die Frage nach der Ausreise Sacharows gestellt wird, verweist er auf sein Fernsehinterview, in dem er nach Sacharow gefragt wurde – und gleichfalls die Antwort schuldig blieb.

Auch ein so freier Plauderer wie dieser muß die Widersprüche des Regimes verbreiten. Vor französischen Parlamentariern feierte Gorbatschow seine Sowjetunion als »in jeder Beziehung moderne Macht« und gab gleichgültig zu, in den Nachkriegsjahren sei die

Industrieproduktion auf das 24fache angewachsen, das Realeinkommen der Sowjetbürger aber nur auf das Sechsfache. Was geschah mit der Differenz? Die Marxisten nennen sie Mehrwert.
Beim Festessen im Schloß des Britenkönigs Heinrich VIII. berief sich der Sowjetmensch auf gemeinsames Leiden unter den Deutschen und erinnerte an deutsche Bomben auf Coventry. Das war 1940, als die Sowjetunion noch auf der Seite der Nazis stand und Molotow mit Hitler über einen Beitritt zum Achsenpakt verhandelte, Gegenleistung: ein Stück von der Konkursmasse des Britischen Empire (Hitler bot Stalin den Persischen Golf, und Stalin war natürlich einverstanden).
Wer weiß das noch? Am wenigsten Michail Gorbatschow, der war da neun Jahre alt; in den sowjetischen Geschichtsbüchern steht nichts davon, und Molotow, 95, wird sich bei seiner Wiederaufnahme in die Partei im vorigen Jahr damit nicht empfohlen haben.
Verheddert sich der Mann aus Moskau einmal im journalistischen Kreuzverhör, kann ihm das in der Sicht ausländischer Betrachter Sympathie einbringen. Doch in seiner Heimat, die sich den Generalsekretär als Inkorporation des objektiven Geistes wünscht, bröckelt danach sein Prestige.
Die Aufpasser sind noch auf dem Posten, sie zensieren schon ihren Parteichef, noch wohlmeinend: Auf einer Inspektionsreise nach Kasachstan hielt er am 7. September in Zelinograd laut *Prawda* eine »große Rede«, die bei ihrer Veröffentlichung – mit vier Tagen Verspätung – zu Begrüßungsworten geschrumpft war, zum Teil in indirekter Rede.
Das sowjetische System, wer könnte es besser wissen als Meister Gorbatschow, scheut die Spontaneität wie der Teufel das Weihwasser. Jede ungeplante Reaktion, alle unkontrollierten Äußerungen gerade aus allerhöchstem Mund verletzen die Regeln einer Ordnung, die so, wie sie besteht, die richtige ist: weil sie besteht.
Jeder rhetorische Wirbelwind, hinter dem ja meist suspekte Reformideen vermutet werden, rüttelt am System und den Fiktionen, die es braucht. Beispielsweise lebt der Vielvölkerstaat UdSSR mit der Legende, alle Nationalitäten seien in ihm gleichberechtigt. Jeder weiß, daß die Russen dominieren, die Legende aber bleibt kraft Konsens: Minderheiten dürfen sich gelegentlich mal auf den Gleichheitsgrundsatz berufen, dafür kann die Regierung damit ständig Außenwerbung betreiben.

Gorbatschow aber spricht nicht mehr wie seine peniblen Vorgänger von »den Völkern der Sowjetunion«, sondern schlicht von »dem Sowjetvolk«. Auf einem Spaziergang durch das nichtrussische Kiew am 25. Juni lief ihm beim Gespräch mit Passanten flink von der Zunge, welches einzige Sowjetvolk er meint: Statt von der »Sowjetunion« sprach er von »Rußland«, und das sowjetische Fernsehen übertrug auch noch diese gefährlichen Worte des Vorsitzenden.
Der örtliche, ukrainische, Parteisekretär suchte schleunigst, den taktischen Fehler seines Chefs zu korrigieren, doch Gorbatschow machte es noch schlimmer: »Rußland, ich meine die Sowjetunion, ich meine – das ist, wie wir es jetzt nennen und was es wirklich ist.« Endlich hat einer mal gesagt, wie es ist. In der Ukraine klang es nach großrussischer Arroganz. Ob ihm das nützt? Und wem hilft es, daß er Rußlands Arbeitern ins Bewußtsein ruft, wie wenig sie zu sagen haben?
Denn das TV-Interview mit den Franzosen wurde auch vom Sowjetfernsehen übertragen. Zum erstenmal vernahmen Millionen Sowjetzuschauer vor ihrem Bildschirm, daß sich jemand aus dem Westen um die Menschenrechte in ihrem Lande sorgt.
Gorbatschow reagierte zunächst im alten Propagandastil: Was die politischen Rechte betreffe, so säßen im Obersten Sowjet mehr Arbeiter und Bauern als »in sämtlichen Parlamenten der entwickelten kapitalistischen Länder zusammen«. Es sind genau 51,3 Prozent.
Gorbatschow schlug den Franzosen nun ein Experiment vor: »Schickt wenigstens für ein halbes oder für ein Jahr Werktätige in die Parlamente eurer Länder, und wir sehen dann, was geschieht.« Sowjetbürger ahnen, warum er das herausgerutschte »halbe« Jahr rasch prolongierte: Innerhalb eines halben Jahres kann es einem Abgeordneten des Obersten Sowjet widerfahren, an überhaupt keiner Sitzung teilzunehmen, weil dieses Pseudoparlament nur zweimal im Jahr zwei Tage tagt.
Zum Wechsel des Ministerpräsidenten im September wurde der Oberste Sowjet nicht gefragt, er tagte auch gar nicht, und auch nicht die maßgeblichere Vertretungskörperschaft der einzigen Partei, das Zentralkomitee der KPdSU. Dem gehören nur 5,1 Prozent Arbeiter und Bauern an. Es tagte gleichfalls nicht.
»Natürlich«, sagt Gorbatschow, gebe es in seinem Land (wenn

auch nicht in seinem Parlament, anders als in Frankreich) Leute, die nicht in Eintracht mit der Regierungsform leben, sondern sich zu anderen Ideologien bekennen.
Hurra, freut sich da der Andersdenkende in Rußland, weil er heraushören konnte, die höchste Stelle habe damit das Dissidententum akzeptiert: Probleme, so Gorbatschow, entstünden erst bei einem Konflikt mit dem Gesetz.
Die Sowjetbürger, Russen und Nichtrussen, Parteigläubige, Andersgläubige und auch die gar nicht so seltenen Antisemiten im Land, erleben an ihrem Fernsehgerät, direkt bei sich zu Hause, wie der Chef eine seltsame Rechnung aufmacht: Die Juden stellen nur 0,69 Prozent der Gesamtbevölkerung, jedoch »mindestens 10 bis 20 Prozent im politischen und künstlerischen Leben«.
Das ist übertrieben, im Politbüro gibt es keinen, im 90köpfigen Ministerrat zwei. Doch wichtiger und gefährlicher: Jeder Jude und dann auch jeder Russe bekommt von seinem Landesvater die Zusage, wer ausreisen wolle, der könne das auch. Ausnahme (von der *Prawda* gestrichen): Träger von Staatsgeheimnissen. Die müßten »fünf bis zehn Jahre« warten, dann könnten sie reisen.
Auch das stimmt nicht; Geheimnisträger Sacharow wurde vor über fünf Jahren nach Gorki verbannt, nachdem er vor über zehn Jahren den antisowjetischen Friedensnobelpreis empfangen hatte. Aber fortan kann sich jeder auf die Worte des Vorsitzenden berufen.
Er redet zu frei. Er will die Redlichkeit seiner Ideologie nicht mehr »mit der Macht der Waffen, sondern nur und ausschließlich mit der Macht des Beispiels beweisen«. Dies wäre eine hinreißende Änderung der Kremlpolitik. Was aber, wenn sich sein Statthalter Babrak Karmal in Kabul darauf einstellt?
Gorbatschow fand zu einer Idee zurück, die schon Rußlands großer Reformer Nikita Chruschtschow einst vorgebracht hatte: »Wir denken nicht, daß beispielsweise die Möglichkeit, in irgendeiner Form Kontakte zwischen dem Warschauer Pakt und der Nordatlantischen Allianz als Organisation herzustellen, für ewig tabu ist.«
Er denkt dabei offenbar an mehr als an Manöver-Beobachter oder, absurd genug, einen Nichtangriffsvertrag. Chruschtschow wollte Rußland sogar der Nato beitreten lassen. Gorbatschow spricht in diesem Zusammenhang von einer »Überwindung der Spaltung

Europas in einander gegenüberstehenden Gruppierungen«, und zwar »in mehr oder weniger überschaubarer Zukunft«.
Unser Rhetoriker muß wissen, daß das, was er da herausgelassen hat, seinen Preis hat: wenn Polen beispielsweise innerhalb seines Blocks jenen Status gewinnen möchte, den Frankreich innerhalb der Nato hat.
Was soll der General Jaruzelski davon halten, daß sich Moskaus Sprecher gegen das »Zimmern von Blöcken« wendet? Wie reagiert die Sowjet-Generalität darauf, daß die Partei nicht nur die Doktrin der militärischen Überlegenheit über alle potentiellen Feinde aufgegeben hat, die bis 1981 gegolten hatte, sondern der Parteichef jetzt auch noch der »Metternichschen Politik des Kräftegleichgewichts« eine Absage erteilt?
Seinem ZK sagt Gorbatschow, er sei für »Erhaltung der Verteidigungsmacht unseres Landes auf erforderlichem Niveau«. Diesmal kürzt ihn der *Prawda*-Zensor nicht nur, sondern legt ihm etwas anderes in den Mund: »Nur auf dem Weg der Beschleunigung ist es möglich, die Verteidigung des Landes zu festigen.« Gerade das hatte er nicht gesagt.
Aber die *Prawda* ist die Stimme der Mehrheit im Politbüro, deren sich der Chef demnach nicht immer sicher sein kann. So darf ihm sein Parteiorgan seine Parole für den Weltsozialismus einer »dialektischen Einheit in der Vielfalt« stutzen, bis die herkömmliche »Einheit« übrigbleibt.
Gorbatschow liest dies ab, hat dafür also die Genehmigung seines Politbüros: »Kein Volk, kein Staat vermag die bestehenden Probleme im Alleingang zu lösen. Und am Zusammenschluß hindert uns das alte Gepäck von Entfremdung, Konfrontation und Mißtrauen.«
Das ist nicht nur zutreffend, sondern auch so schön formuliert, daß man gern wüßte, wer ihm dabei, wie es bei vielbeschäftigten Politikern Brauch ist, die Feder geführt hat. War es etwa, worauf der in Rußlands Politsprache ungewöhnliche Begriff »Entfremdung« deutet, seine persönliche Philosophin Dr. Raissa Gorbatschowa, die Schöne?
Ein Belesener muß es gewesen sein: »Die berühmte Hamlet-Frage Sein oder Nichtsein stellt sich nicht mehr für ein einzelnes Individuum, sondern für das Menschengeschlecht.«
Und: »An der Schwelle des dritten Jahrtausends müssen wir das

Schwarze Buch der nuklearen Alchimie verbrennen.« Den Stolz der Sowjetstreitkräfte, die Atomraketen? »Möge das 21. ein Jahrhundert eines Lebens ohne Angst vor dem allgemeinen Untergang werden!«

Das ist fast Tolstoi, die Todgeweihten grüßen den Apokalyptiker, auch wenn ihnen der Sponti noch besser gefällt: Auf der Pariser Pressekonferenz verlor er, endlich, die Beherrschung.

Er schlug mit den Fäusten auf den Tisch und lieferte die ehrliche russische Ambivalenz zwischen jenem Minderwertigkeitsgefühl, aus dem der Westen seinen Partnern endlich heraushelfen muß, und der alten Drohgebärde, die kaum noch schreckt: »Wir sind am Rande unserer Langmut angekommen und wollen jetzt endlich ernst genommen werden.« So einen sollte man auf beide Wangen küssen. Der *Prawda*-Zensor strich diesen Schrei.

»Der erhabenste Traum vom Glück des Volkes«, sinnierte Gorbatschow vor seinem ZK, »selbst wenn ihn ein Genie hat, bleibt nur ein nobler Traum, wenn er nicht Seelen und Herzen von Millionen gewinnt.«

Aber auch, wenn er nicht die Interessen der Apparatschiki beachtet, das Votum der Marschälle, den Willen der Partei. Dagegen wiegen Millionen Herzen wenig, und eine gute Presse in der Welt des Westens wirkt eher kontraproduktiv. Vorsicht, Michail Sergejewitsch. Wir möchten ihn behalten.

II.

DAS ENDE DER NACHKRIEGSORDNUNG

Spätestens 1988, mit dem Abzug der sowjetischen Truppen aus Afghanistan, mit dem Reformkurs erst in Ungarn, dann in der Sowjetunion selbst, schließlich mit dem Reagan-Gorbatschow-Gipfel in Moskau, wurde klar, daß der Welt ein dramatischer Wandel bevorstand, eine friedliche – und fast überall unblutige – Revolution.

Die über mehr als vier Jahrzehnte explosive – und gleichwohl stabile – Nachkriegsordnung ging zu Ende. Ost und West waren nicht länger Synonym für den Kalten Krieg, die westlichen Randstaaten des sowjetischen Imperiums nicht länger Satelliten Moskaus, sondern wieder Teil Europas.

Noch glaubte niemand (und es wußte wohl auch niemand), daß nur ein Jahr später in Berlin die Mauer fallen und der gesamte Ostblock sich in einzelne Fragmente auflösen würde – aber schon nahmen die Akteure ihre neuen Plätze ein: Die USA etablierten sich als einzige verbliebene Weltmacht, als teils begeisterter, teils unwilliger Weltpolizist; die Sowjetunion präsentierte sich als Weltmacht im Abwind, voller wirtschaftlicher und innenpolitischer Probleme; daneben, nahezu immun gegen den Zeitenwandel, behauptete sich China, mit dem Massaker auf dem »Platz des Himmlischen Friedens«, als neue Heimstatt blutiger Repression, und Japan nahm unbeirrt weiter Kurs auf den Titel des Wirtschafts-Weltmeisters.

Britannien feierte Hochzeit am Hofe – wie so oft war's eine Ehe auf Zeit –, Nordirland beschwor den Frieden – wie so oft war's ein Frieden nur von Tagen –, und Paris berauschte sich an den Creationen der Couturiers – wie stets war's ein Rausch nur für Betuchte. Und außerdem suchte man die Vergangenheit zu bewältigen, egal ob sie nun gerade mal zehn Jahre zurücklag wie der Vietnamkrieg für die Amerikaner oder schon fast ein halbes Jahrhundert wie die deutschen Greuel des Zweiten Weltkriegs.

Für eine dauerhaft friedliche und unblutige Revolution jedoch war – und ist – die Welt noch lange nicht reif. Zwar endete der Krieg in Angola, kam es am Golf zu einem Waffenstillstand im Öl- und Glaubenskampf der verfeindeten Nachbarn Saddam Hussein und Ruhollah Chomeini; Südafrikas Apartheid-Rassisten ließen die Symbolfigur Nelson Mandela frei, und die Polen machten den revolutionären Elektriker Lech Walesa zu ihrem ersten post-kommunistischen Präsidenten.

Doch wenig später brannte es bereits wieder im Nahen Osten. Saddam Husseins Truppen fielen in Kuweit ein, Warlords und Uno-Truppen kämpften einen blutigen Krieg um Somalia, der zunächst schleichende, dann rapide Zerfall Jugoslawiens begann. Die Welt stand vor einem neuen Chaos.

JÖRG R. METTKE

»Wir sagen Ihnen nur die Wahrheit«

Ein Besuch im afghanischen Kriegsgebiet
Mai 1987

Erst beim Näherkommen sind flugzeugähnliche Konturen in dem grünbraunen Blechberg zu erkennen. Das afghanische Hoheitszeichen am Leitwerk wölbt schon der Rost. An vielen Stellen blättert der militärische Tarnanstrich der zerschellten Maschine vom sowjetischen Typ Antonow-26 ab.

Das Wrack verrottet inmitten einer Hochebene der östlichen afghanischen Grenzprovinz Paktia. Seine Splitter liegen über ein weites Feld verstreut, die 36 beim Absturz ums Leben gekommenen Passagiere sind längst in der lehmigschweren Erde begraben. Die Trümmer dienen nur noch einem Zweck: Sie sollen Anklage sein gegen die pakistanischen Nachbarn, deren Staatsgebiet kaum zehn Kilometer entfernt irgendwo in den unwirtlichen zerklüfteten Bergen beginnt.

Von eben dort sei die todbringende »Stinger«-Luftabwehrrakete aus amerikanischer Produktion abgefeuert worden, berichtet Brigadegeneral Gulam Faruk, Befehlshaber der nahen Kreis- und Garnisonsstadt Khost, seinen Zuhörern – drei Dutzend Journalisten aus Ost und West, fast alle als Korrespondenten im 3500 Kilometer nördlich gelegenen Moskau akkreditiert und durch Vermittlung des sowjetischen Außenministeriums an diese unübersichtliche Front gebeten.

Ausschließlich Zivilisten seien an Bord der abgeschossenen Maschine gewesen; Frauen, Kinder, kranke Männer auf dem Flug nach Kabul zum Arzt. Die herausgeputzt umherstolzierenden Offiziere lassen einen alten Bauern in Landestracht herbeischaffen, einen Augenzeugen, sagen sie. Diese biblisch anmutende Gestalt habe nahebei auf dem Feld gearbeitet, als das explodierende Flugzeug vom Himmel fiel.

Doch es bleiben Zweifel. Schon das Absturzdatum – war es nun der 23. Februar, wie der Alte meint, oder 14 Tage zuvor, wie die Militärs behaupten? Und die Rakete – stieg sie wirklich von pakistanischem Boden auf oder doch aus dem Rohr eines über die Grenze nach Afghanistan eingesickerten Mudschahidin? Und wie hätte irgendein Gegner zivile Passagiere in dieser Maschine mit Militärfarben vermuten können?

Die Offiziere haben einen fatalen Hang zu einfachen Erklärungen: Die Presse- und Fernsehleute seien doch selbst in vier Luftwaffenmaschinen des abgeschossenen Typs herbeigebracht worden – »also eindeutig Zivilflüge«. Und der Bauer, ein ungebildeter Mann, des Lesens und Schreibens unkundig: »Wie soll er sich denn exakt ein Datum merken?«

Einige Kilometer und einige hundert jener Schlaglöcher weiter, die den Besucherpulk jedesmal fast von den Armee-Lastwagen katapultieren, wird das gleiche Stück noch einmal aufgeführt. Eine »Sidewinder«-Rakete ist zu besichtigen, kamerafreundlich plaziert. Eine pakistanische F-16-Maschine, über die Grenze in afghanischen Luftraum eingedrungen, habe sie abgefeuert, sagen die afghanischen Offiziere.

Und wieder kann es ein einfacher Bauer aus der Nachbarschaft bezeugen. Doch weiß er, wie eine F-16 aussieht? »Wie soll dieser ungebildete Mensch das können?« empört sich ein Generalmajor über die unfaire Frage.

Postkarten werden herumgereicht. Die eine Seite zeigt über einem Flammenmeer Fotos einer Frau mit drei Kindern, allesamt Opfer des Flugzeugabsturzes. Die andere, postfertig adressiert an »Mr. Ronald Reagan, White House«, erhebt bittere Anklage wegen eines Attentats bei Khost, ausgeführt »mit einer Stinger-Rakete, die Sie den Extremisten gegeben haben«.

Doch die moslemischen Glaubenskrieger aus den Flüchtlingslagern drüben in Pakistan sind diesmal gar nicht das zentrale Thema der afghanischen Militärs und ihrer mit feinem Nadelstreifen-Tuch uniformierten Kollegen von Partei und Staatssicherheit. Und auch nicht so sehr die ja tatsächlich wachsende Bereitschaft der USA, für vorgeblich Freiheit und Demokratie wieder einmal Geld und Waffen in einen schwelenden Stellvertreterkrieg zu stecken, der »vielleicht doch eines Tages dazu gut ist«, so formuliert drastisch ein in Kabul residierender Westdiplomat, »der Sowjetunion Feuer unter ihrem islamischen Hintern zu machen«.

Die Warnung des Tages, und sie vor allem soll über die geladenen Journalisten hinaus in die Welt, richtet sich vielmehr an den ungeliebten Partner bei den sich ergebnislos bald ins sechste Jahr schleppenden Genfer Afghanistan-Gesprächen: Pakistan soll zum »Aggressor« gestempelt werden.

Die Anklage gehorcht einer simplen innenpolitischen Logik. Das vom afghanischen Parteivorsitzenden, dem studierten Arzt und ehemaligen Geheimdienstchef Nadschib, 40, vor neun Monaten verkündete Programm der »nationalen Aussöhnung« muß — so verlangt es die Propaganda – erfolgreich sein.

Nach ihr verfällt der Widerstand von Tag zu Tag, halten es die Kader der kommunistischen Einheitspartei wieder mehr mit Mohammed als mit Marx. Und ihre Angebote, allen alles zu vergeben, sogar die Steuerschulden, würden Hunderttausende geflüchteter Afghanen zurückbringen – wenn eben die Pakistaner sie nur ließen und nicht mit Gewalt jenseits der Grenze zurückhielten.

In Wirklichkeit sind die Resultate der Nadschib-Wende, den jahrelang als »Banditen« verteufelten Rebellen Friedens- und Partizipationsangebote zu machen, bislang nur mager. Obwohl Zeitungen und Rundfunk jeden Heimkehrer wie einen verlorenen Sohn feiern, stagniert die Zahl der mit Kabul Versöhnten bei knapp 45 000 – nicht einmal ein Prozent der knapp fünf Millionen Flüchtlinge.

1600 »Kommissionen für nationale Aussöhnung« entstanden dorfauf, dorfab. Doch ihre Vorsitzenden leben gefährlich. Erst in der vergangenen Woche sind zwei von ihnen in der Südprovinz Kandahar von Widerstandskämpfern ermordet worden.

Selbst in der Hauptstadt Kabul herrscht die von den Regierenden behauptete Ruhe nur am Tag. In der Nacht dagegen mischen sich gelegentliches Maschinengewehrfeuer, entfernte Detonationen und das Dröhnen von Flugzeug- und Hubschraubermotoren zu einer beinahe pausenlosen Geräuschkulisse.

Während Nadschibs Unterhändler mit angeblich über hundert Gruppen des zersplitterten afghanischen Widerstands Friedens-

gespräche führen, beharrt die Mudschahidin-Allianz im pakistanischen Islamabad auf unversöhnlichem Kampf und, nach Abzug der sowjetischen Truppen, auf Installierung eines streng islamischen Regimes.
Zwar sind die Mudschahidin in Fragen der Religion wie auch über Strategie und Taktik des Guerillakriegs tief zerstritten. Aber eine Koalition mit Nadschibs Kommunisten lehnen die sieben durch die Allianz repräsentierten Rebellengruppen ebenso einheitlich ab wie die Idee, den seit 14 Jahren im italienischen Exil lebenden Ex-König Sahir Schah als nationale Integrationsfigur zurückzuholen.
Sicher spürt Nadschib die Ungeduld der sowjetischen Schutzmacht, deren Generalsekretär Michail Gorbatschow seine gut 100 000 Jungs mit dem roten Stern am Hut zweifellos lieber heute als morgen aus dem Afghanistan-Abenteuer heimholen würde. Doch die Versöhnungspolitik brachte bislang kaum jene innenpolitische Stabilität, die sowjetische Truppen entbehrlich machen könnte – im Gegenteil.
Statt wie erhofft die Rebellen zu schwächen, öffnet der Versöhnungskurs gegenwärtig die schon traditionelle Kluft in der Staatspartei zwischen dem nationalistischen Chalk-(»Volk-«)Flügel und der internationalistischen Partscham-(»Fahne-«)Fraktion um den früheren Parteichef Babrak Karmal weiter.
Der ist gerade wieder einmal in die Sowjetunion gereist – offiziell zu ärztlicher Behandlung, aber, wie von beiden Seiten nicht geleugnet wird, wohl auch zu Konsultationsgesprächen mit den Genossen in Moskau.
Zudem schrumpft die Popularität des Karmal-Nachfolgers Nadschib auch zu Hause, weil die afghanische Armee zur Zeit wieder alle in ihre Uniformen zwängt, die nur ein Gewehr halten können. Auch für diese verschärfte Rekrutierung dient als Rechtfertigung nicht mehr der – offiziell seit dem Versöhnungsangebot als beendet erklärte – Bürgerkrieg, sondern die angeblich wachsende Kriegsbereitschaft Pakistans.
Tatsächlich läßt der Nachbar kaum eine Gelegenheit aus, sich der US-Regierung als asiatischer Knappe und Spionagebasis anzudienen. Diese Tradition wurde spätestens an jenem 1. Mai 1960 bekannt, als der amerikanische Spionage-Pilot Gary Powers mit seiner U-2 von einem Flugfeld nahe Peschawar startete und vier Stunden später über der UdSSR abgeschossen wurde.

Heute möchte Pakistan-Premier Sia-ul Hak die Vereinigten Staaten für die Überlassung erstklassigen Kriegsgeräts gewinnen. Ganz oben auf der Wunschliste stehen einige Exemplare des modernsten und mit weitblickendem Radar bestückten Luftaufklärers vom Typ Boeing E-3A »Awacs«.

Am liebsten wäre es den Pakistanern, wenn diese Maschinen geleast und von US-Piloten geflogen würden – dann könnte die Supermacht Amerika sogar in eine direkte Konfrontation mit den Moskauer Schützlingen in Kabul geraten.

Der Konflikt zwischen Kabul und Islamabad hat gegenwärtig alle Chancen, sich in einem Grenzkrieg zu entladen. Eine F-16 ist nach afghanischen Angaben bereits am 29. April über der Region Khost abgeschossen worden. Dieses Wrack freilich ist nicht zu besichtigen: Die Gegend sei zu unwegsam, heißt es.

Drohend verkündete Sarwar Juresch, Chef der afghanischen Informationsagentur Bakhtar, die Einmischungen Pakistans würden schon bald »schwerwiegende Konsequenzen« haben. Vor allem aus sozialistischen Ländern angereiste Journalisten reagierten bestürzt und ungehalten: Sie waren ja gekommen, die Resultate der Versöhnungsanstrengungen zu begutachten, nicht aber, zweifelhafte Zeugenschaft in einem unüberschaubaren Grenzkonflikt zu leisten.

Doch »glasnost« haben die Afghanen vom sowjetischen Verbündeten offenbar noch nicht gelernt. Enttäuscht schüttelt Brigadegeneral Faruk über die vielen kritischen Fragen ausgerechnet aus Moskau angereister »Friedensfreunde« den Kopf: »Wir sagen Ihnen nur die Wahrheit – warum sonst hätten wir Sie unter so großen Anstrengungen hergebracht?«

VALESKA VON ROQUES

»Die Vorfreude hob mich vom Bürgersteig«

Die neue Sowjetbegeisterung in den USA
Dezember 1987

Vom Schreibtischstuhl hängt grünes Wachstuch in Fetzen. Das Telefon rutscht auf einem brüchigen Beistelltischchen, gleich wird es am Boden liegen, auf nacktem rissigen Beton.

Der »Nationalrat Amerikanisch-Sowjetischer Freundschaftsgesellschaften« haust kümmerlich in papierverstopften Kellergemächern an New Yorks Lower Eastside, in denen sich drückend die Atmosphäre von Untergrund und Kommunistenverfolgung aus der McCarthy-Ära erhalten hat.

Kein Licht von außen dringt herein. Selbstgezimmerte Bücherborde biegen sich unter der Last von Broschüren und Flugblättern. Es riecht nach Druckerschwärze und handgekurbelter Hektographie – kein Computer in Sicht.

Gleichwohl: Der Geschäftsführer des Nationalrats, Allen Thompson, fühlt sich als Mann der Stunde. Jahre-, jahrzehntelang mußte er die sowjetisch-amerikanische Freundschaft im widrigen Klima von Mißtrauen und Feindseligkeit seiner Mitbürger pflegen, ein frustrierendes, belohnungsarmes Geschäft.

Wie hat sich das geändert! »Früher bin ich nur schief angesehen worden, wenn ich gesagt habe, was ich tue«, so Thompson in Hochstimmung, »aber heute liege ich voll im Trend.«

Wo vor kurzem noch auf amerikanischen Leinwänden »Rambo« umging, um auf die gottlosen Roten einzuhauen, erblüht unvermutet ein neuer politischer Trend: der »Soviet-Chic«.

Das kommt vor allem durch Michail Gorbatschow, der in den USA inzwischen wohl bekannter und beliebter ist als die Präsidentschaftsbewerber der Demokratischen Partei, der schwarze Prediger Jesse Jackson ausgenommen: 54 Prozent der Amerikaner sahen »Gorbi« im Sommer dieses Jahres als »ganz und gar positiv«, 10 Prozent mehr als nur ein halbes Jahr zuvor.
Weil ihr eigener Präsident sie furchtbar enttäuschte – durch den Irangate-Skandal, die Korruption seiner Mitarbeiter und den jämmerlichen Untergang von »Reaganomics« im großen Börsenkrach –, häuften die Amerikaner nun ihre Begeisterung auf den Sowjetführer, stürzten sie sich, so schrieb die *Washington Post*, in einen »Kult des Genossen Gorbatschow«.
Die Bewunderung für den Propheten von Glasnost und Perestroika wirft freundlichen Abglanz auch aufs Sowjetreich. Plötzlich entsinnen sich Amerikaner des angeblich gemeinsamen utopisch-revolutionären Ansatzes der amerikanischen und der sowjetischen Gesellschaft – wobei die Russen mit ihrem erzwungenen Verzicht auf westlichen Luxus manchen Amerikanern sogar als die besseren Puritaner und reineren Idealisten erscheinen.
Ein Sowjetmensch könne zwar nicht von einem »so schön gestylten Tablett im Flugzeug essen«, schrieb ein Leser an *Time*, aber eben dies mache seine Gesellschaft auch »menschlicher, erfrischend und anziehender«.
Der Harvard-Professor Adam Ulam entdeckte unter amerikanischen Intellektuellen gar eine »morbide Faszination durch die puritanischen und repressiven Aspekte der sowjetischen Gesellschaft und ihrer enormen Selbstsicherheit«, die sich so »bemerkenswert vom apologetischen, zögernden Selbstbild der demokratischen Welt abhebt«.
Die neue Anziehungskraft der Sowjetunion wird auf den Gassen Amerikas schnellstens vermarktet.
In Washingtons Modeviertel Georgetown tauchten zum Gipfel die ersten T-Shirts mit Hammer und Sichel auf, dazu Hosenträger mit dem Namen New York und Paris in kyrillischer Schrift, rotfunkelnde Sowjetsterne zum Anstecken oder als Schmuck für die Ohren. Ein Tiergeschäft in Washington bietet aktuelle Gummiware an: Gorbatschow- und Reagan-Köpfe als Hundespielzeug, wobei das Konterfei des US-Präsidenten zuerst ausverkauft war – ein Kompliment für wen wohl?

Die Werbung nutzt Russen in ganz neuer Weise aus – als Träger positiver Botschaften. Noch vor zwei drei Jahren mußten grimmiggraue Sowjetmenschen dazu herhalten, ein tristes Gegenbild etwa für die abwechslungsreichen Köstlichkeiten aus »Wendy's«-Schnellrestaurants zu liefern. Heute preisen vor amerikanischem Fernsehpublikum muntere russische Greise in schwingenden Kosakenmänteln ihre Becher mit lebensverlängerndem Joghurt.

Die Zeitschrift *People* widmet der Sowjetunion eine ganze Ausgabe, *Time* schmückte sich mit einem exquisit fotografierten Sonderteil über einen »Tag im Leben der Sowjetunion«. Zumindest ein Leser zeigte sich belehrt: »Ich bin Ende der sechziger Jahre aufgewachsen und hatte die Meinung, die Sowjetunion sei kalt und steril. Ihr Artikel hat das verändert.«

Und so betreibt Allen Thompson, dessen 1943 gegründeter Freundschaftsverein so lange im frostigen Klima amerikanisch-sowjetischer Feindseligkeit kärglich überwintern mußte, plötzlich ein wirbelndes Wachstumsgeschäft.

Auf seinem Schreibtisch wölben sich Mappen mit Anfragen freundschaftsbegieriger Amerikaner, dick stapeln sich die Zusagen für ein Gala-Essen, das den neuen Präsidenten der Organisation, den Broadway-Schauspieler John Randolph, ehren soll.

Noch Anfang der achtziger Jahre gehörten dem Nationalrat der Freundschaftsgesellschaften kaum mehr als ein Dutzend örtlicher Unterorganisationen an. Heute erstreckt sich ein Netz von etwa 300 Gruppen bis in die entferntesten Winkel des Landes.

Und dabei ist Thompsons Organisation längst nicht mehr die einzige in den USA, die sich um die Pflege der Freundschaft mit denn eben noch dämonisierten Sowjetreich kümmert.

Wie eine religiöse Erweckung geradezu überkam es vor ein paar Jahren die Amerikanerin Betty Bumpers, Gattin des demokratischen Senators Dale Bumpers aus Arkansas. Ihr wurde unvermutet klar, daß sie sich »jahrzehntelang um kommunalpolitischen Kleinkram, aber nicht um den Weltfrieden« gekümmert hatte.

Folglich gründete sie die Organisation »Peace Links«, die sich den Austausch von Frauen aus den USA und der Sowjetunion angelegen sein läßt. 13 Sowjetbürgerinnen bereisten 1985 auf Einladung ihrer Organisation die USA. Beim Gegenbesuch der amerikanischen Delegation, der gerade stattgefunden hat, stellte Mrs. Bumpers die »unglaublichen Veränderungen innerhalb von nur zweieinhalb Jahren« fest: »Sowjetische Frauen sind viel besser angezogen, sie tragen moderne Frisuren – daran erkennt man schließlich auch Glasnost.«

Wie heftig inzwischen die frisch entdeckten sowjetisch-amerikanischen Gefühle Blüten treiben, läßt sich auch am Magazin *Surviving Together* ablesen, herausgegeben vom »Institut für Sowjetisch-Amerikanische Beziehungen«.

Als es vor vier Jahren zum erstenmal erschien, um einen Überblick amerikanisch-sowjetischer Projekte zu vermitteln, umfaßte es nur zwölf Seiten. Die neueste Ausgabe vom Sommer 1987 ist 108 Seiten stark mit über 100 Austauschveranstaltungen, Reisen und gemeinsamen Projekten. Da fallen Merkwürdigkeiten auf wie ein Eiskrem-Austausch, den ein tüchtiger Konditor aus Florida ersann und sinnig »Aufbau des Friedens – Portion um Portion« benannte. »Eiskrembotschafter« aus beiden Nationen schleppten dazu im Sommer ihren kühlen Süßkram kübelweise in die wechselseitigen Hauptstädte, wo er dann von erwachsenen Menschen andächtig für das hohe Ziel geschleckt wurde.

In Kezar Falls, Maine, wiederum kann Material für ein »Friedens-Vlies« bestellt werden, »eine Verbindung von sowjetischen und amerikanischen Garnen und Mustern, in vielen Farben verfügbar«.

Andere, wahrscheinlich ernster zu nehmende Projekte: Acht Schülerinnen und Schüler der feinen Phillips Academy in Andover, Massachusetts, lernten in diesem Sommer fünf Wochen lang an einem naturwissenschaftlichen Institut im sibirischen Akademgorodok. Im Gegenzug sandte die sowjetische Schule acht ihrer Zöglinge nach Andover, wo die Jungen ihren amerikanischen Klassenkameradinnen durch altmodisch-europäische Höflichkeit auffielen.

Rockstars aus beiden Nationen produzieren gemeinsam ein Plattenalbum klirrender New-Wave-Musik. Amerikanische Jogger liefen beim Marathon in Moskau mit, Teenager aus den USA reisten nach Jerewan, um dort Volkskünstlern bei der Erstellung eines gewaltigen Wandgemäldes mit Motiven aus der armenischen Volkskunst zu helfen.

Amerikanische und sowjetische Wissenschaftler fanden zusammen, um den tropischen Regenwald zu retten. Und an der Harvard-Universität diskutierten im Oktober drei hochgestellte Sowjets, die 1962 am Konfliktmanagement der Kubakrise beteiligt waren, mit ihren amerikanischen Gegenparts von einst, darunter Robert McNamara und McGeorge Bundy.

Wärmender amerikanischer Goodwill hüllt jeden Sowjetbürger ein, der in den USA auftaucht. »Die Vorfreude hob mich praktisch vom Bürgersteig hoch. Ich wünschte, es gäbe eine Kamera, die mein jubilierendes Herz hatte fotografieren können« – so ekstatisch beschreibt eine Bewohnerin des kleinen Tagungsortes Chautauqua an der amerikanischen Ostküste ihre Gefühle vor der Ankunft der UdSSR-Delegation, die im August an einer sowjetisch-amerikanischen Konferenz über die bilateralen Beziehungen teilnahm.

Als endlich die Busse mit den heißersehnten Gästen anrollten, war durch die Scheiben aus Dunkelglas nicht zu erkennen, ob die Russen vielleicht schon ausgestiegen waren, aber: »Wir winkten trotzdem wie wild, um ganz sicher zu sein, daß die sowjetischen Freunde erfuhren, wie froh wir über ihr Kommen waren«, schwärmt noch Monate nach dem Ereignis Ms. Irwin. So blind darf Liebe sein.

In der trüben Aula einer Schule an New Yorks Upper Westside zeigten Ende November sowjetische Volkskünstler aus Sibirien ihr Können. Beim Anflug hatte der Kapitän der Maschine ihre Anwesenheit an Bord bekanntgegeben: herzlicher Beifall der Mitreisenden.

Zwei Souvenirs aus dem Mittleren Westen hebt Ljudmila Achmaninowa, Sängerin in dem sibirischen Ensemble, sorgfältig in ihrem Umhängetäschchen auf: einen Silberdollar und ein abgescheuertes Knöpfchen aus Horn.

Das Geldstück hatte ihr ein wahrhaftiger amerikanischer Millionär verehrt – eine mit seinem Namen geschmückte Münze. Der amerikanisch-sowjetischen Freundschaftsgesellschaft, die den Auftritt der Volkskünstler organisiert hatte, übergab der reiche Friedensfreund spontan einen Tausend-Dollar-Scheck.

Das Hornknöpfchen stammt vom Kleid einer vor langen Jahren gestorbenen Indianerin. Ihr Urenkel, Aktivist der Friedensbewegung, hatte Gäste aus der sibirischen Gruppe zu sich nach Hause geladen. Er schmauchte mit ihnen eine von der Urgroßmutter stammende Friedenspfeife und verteilte anschließend feierlich einige der winzigen Knöpfchen aus Ahnenerbe.

»Das Friedensritual war unseren eigenen ganz ähnlich«, erzählt Ljudmila, Rührung in ihrem Eskimo-Gesicht.
Der russischen Fernsehjournalistin Swetlana Staradomskaja, die zur gleichen Zeit an der amerikanischen Ostküste unterwegs war, gingen die stereotypen amerikanischen Herzlichkeiten nach sieben Tagen voller Interviews in Schulen, Firmen und Einkaufszentren doch schon sehr auf den Geist.
»Mein Gott, diese Menschen sind mir einfach zu positiv«, rief sie schier verzweifelt in Hartford, Connecticut. »Will denn hier niemand was Kritisches über die Sowjetunion sagen?«
Worauf ihre Gastgeber von der amerikanischen Friedensgruppe »Promoting Enduring Peace« (PEP) die Reporterin gutwillig dorthin führten, wo sie eine Brutstätte amerikanischer Sowjetfeindlichkeit vermuteten – auf eine Bowlingbahn.
Aber sogar hier wurde die Russin von banalen amerikanischen Nettigkeiten schier erdrückt: »Wie schön, daß Sie bei uns sind.« Oder: »Feindschaft zwischen Ihnen und unserem Land? Ach wo denn!«
Auch manchen Amerikanern kommt der plötzliche Ausbruch prosowjetischer Gefühlsseligkeit in ihrem Land nicht ganz geheuer vor.
»Es ist ein Nachteil unserer politischen Kultur, daß wir entweder vollkommen dämonisieren oder vor Begeisterung über Bord gehen«, meint etwa der Sowjetkenner Dimitri Simes von der Carnegie-Stiftung in Washington.
John Chrystal, Vorstandsvorsitzender von Bankers Trust, einer großen amerikanischen Bank in Des Moines, Iowa, reist seit vielen Jahren in die Sowjetunion, um deren Führung in Fragen der Landwirtschaft zu beraten, Gorbatschow kennt er seit 1981, und Chrystal hält viel von ihm. Aber er glaubt: »Diese Begeisterung für alles Sowjetische eilt der Realität voraus, und ich fürchte, wenn die Beziehungen wieder etwas schwieriger werden, könnte der Rückschlag in der öffentlichen Meinung um so schlimmer sein.«
Es entspricht der populistischen Romantik der Amerikaner, wenn sie meinen, daß Weltfrieden schon sei, wenn nur einfache Bürgerinnen und Bürger aus beiden Lagern einander von Angesicht zu Angesicht begegnen: Friede durch Freundlichkeit unter den Menschen, am besten bei Gegrilltem und Bier im Hintergärtchen.
Doch tiefer als solcher Wunsch nach menschlicher Nähe sitzt ar-

chaisch verwurzelt bei vielen Amerikanern das Mißtrauen gegenüber der Sowjetunion – und dafür gibt es immer noch genug politische Kundschaft in den USA.

Praktisch unverändert sind seit Anfang der achtziger Jahre die Ergebnisse von Umfragen zum Thema, ob die Sowjetunion sich an ein Rüstungskontrollabkommen halten werde: Jeweils zwei Drittel bis drei Viertel der befragten Amerikaner meinen, daß die Sowjetunion es heimlich brechen würde, während Amerika sich – natürlich – daran halte.

Mithin lebt heute in den USA der Wunsch nach Beendigung des Rüstungswahnsinns und Verständigung mit der Sowjetunion in unbehaglicher Nachbarschaft zu dem Überlegenheitsbewußtsein eines angeblich erwählten Volkes.

Je näher der Gipfel rückte, desto bemerkbarer wurde der Drang, den Gast aus Moskau doch auch zu ordentlicher politischer Lebensführung zu ermahnen, ihm eine klare Botschaft über sein Defizit bei der Beachtung der Menschenrechte mitzugeben.

Für die größte Demonstration hofften die Veranstalter – etliche jüdische Organisationen – auf 50 000 bis 60 000 Teilnehmer, eine stolze Zahl.

Auch Allen Thompsons »Nationalrat für Amerikanisch-Sowjetische Freundschaftsgesellschaften« wollte, gemeinsam mit anderen Friedensorganisationen, Tausende von Amerikanern zum Gipfel in Washington schaffen – zur Begrüßung des vielgeliebten Chefrussen.

Die Friedensfreunde setzten sich ein sehr viel bescheideneres Ziel: Sie wollten eine Menschenkette zwischen dem Weißen Haus und der nur ein paar Block entfernten Botschaft der Sowjetunion bilden, zu der sich an die 5000 Teilnehmer die Hände reichen sollen. Allen Thompson hoffte sehr, daß sich so viele Hände finden würden. Ganz sicher war er sich nicht.

PETER SCHILLE

»Er ist ein wildes Tier«

Über die Opfer von Klaus Barbie
Mai 1987

Wir vergessen unsere Fehler leicht, wenn niemand sie kennt als wir.
La Rochefoucauld

Worüber man nicht schweigen kann, davon muß man sprechen: Lise Lesèvre spricht von Barbie wie von einer Katastrophe, die sie verstümmelt, aber nicht umgebracht hat. Wenn sie sich an Barbie erinnert, und sie denkt jeden Tag an ihn, ist es, als hätte sie ihren eigenen Tod überlebt.

Doch Madame Lesèvre läßt nicht zu, daß die Erinnerung sie überwältigt. Mit zerbrechlicher Stimme kämpft sie den aufsteigenden Schrecken nieder. Die Tränen auf ihrem Gesicht scheint sie nicht zu spüren. Ihr Geist, das will sie dem deutschen Besucher zu verstehen geben, ist stärker als die Gewalt, die ihr damals widerfahren ist.

Lise Lesèvre ist 86, eine Dame von zarter Gestalt. Im Kragen ihres eleganten grauen Strickkleides leuchtet die Rosette eines Offiziers der Ehrenlegion. »Unglücklicherweise habe ich Barbie persönlich kennengelernt«, sagt sie. »Und ich habe bis heute überlebt, weil ich ihn noch einmal sehen wollte.«

Sie mußte 43 Jahre auf ihn warten. Mit verkrüppeltem Rücken und künstlichen Kniegelenken, Ergebnis ihrer Bekanntschaft, hat sie ihr Elend getragen wie eine Auszeichnung. »Äußerlich wirke ich sehr lebendig«, sagt sie. Jetzt wartet sie nur noch auf den Prozeß

von Lyon der am 11. Mai beginnt. Sie tritt als Zeugin gegen Barbie vor Gericht.
Auf einen schwarzen Krückstock gestützt, tastet sie sich durch ihr Appartement im Pariser Süden, hilflos und stark zugleich. Sie überlebte Barbie, und als sie ihn überlebt hatte, überstand sie auch ihre Deportation in das Konzentrationslager Ravensbrück. In ihrem kleinen Regal stehen alle Bücher über Barbie, ungelesen; wie könnten sie es aufnehmen mit ihrer Leidensgeschichte.
»Barbie hat mich 19 Tage hintereinander verhört. Er hat mich gefoltert. Wenn er keine Lust mehr hatte, schaute er zu, wie seine Büttel mich folterten: Max, ein blonder Deutscher, und ›Schiefe Schnauze‹, ein berüchtigter Kollaborateur. Sie betranken sich, während sie mich schlugen, sie mischten Cognac in ihr Bier, um in Stimmung zu bleiben.«
»Barbie«, sagt Lise Lesèvre, »c'est une bête sauvage.« Präsens: Er ist ein wildes Tier. Neunmal schleppte er sie nachts in die »salle de tortures«, die Folterkammer, ein Wort aus dem Mittelalter.
Ein Ort im Mittelalter: Lyon, Frühjahr 1944. Am 13. März, abends gegen acht, nimmt deutsche Feldgendarmerie im Bahnhof Perrache eine französische Hausfrau und 18 Männer fest — Reisende, Wartende, Rumtreiber. Sie sind alle verdächtig.
Lise Lesèvre, verheiratet mit einem Ingenieur, zwei Söhne, 16 und 22 Jahre alt, gehört der Résistance an. »Wir waren alle in der Résistance«, sagt sie, und meint ganz Frankreich. Sie übertreibt, aus Liebe: »Wer ihnen nicht zu Willen war, zählte zum Widerstand.«
Lise Lesèvre war keine stumme Demutsverweigerin. Sie hatte, mitten in einem bürgerlichen Leben, ihr neues Schicksal selber gewählt und sich, wie ihr großer Sohn Georges, für den Aufstand entschieden. »Ich mußte es tun«, sagt sie, »ein fremdes Volk hatte mein Vaterland überfallen.«
An jenem Abend im Bahnhof trägt sie eine Botschaft an »Didier« bei sich, dazu einen Angriffsplan für die »armée secrete«. »Didier« ist einer der »grands chefs« des Maquis, der Untergrundbewegung. Sein wirklicher Name: Albert Chambonnet.
Mit diesem Brief in ihrer kleinen Ledertasche fällt sie in die Hände von Klaus Barbie, Obersturmführer der SS, »grand chef« der Gestapo von Lyon und der Departements ringsum. Sie hört, wie Barbie sich lobt: »Ein guter Fang.« Er ist 31, Lise Lesèvre 43.
In seinem Hauptquartier in der Ecole de santé militaire, einer Sa-

nitätsschule auf dem linken Rhoneufer, stürzt er sich auf sie. »In sehr gutem Französisch« zählt er seine Methoden und Lieblingsexerzitien auf, beharrlich redet er sich in Wut. Beispielsweise werde sie die Badewanne erleben, »ein schönes Bad wird ihre Gedanken beflügeln«.

Dann schlägt er sie. »Barbie war sehr, sehr grausam«, sagt sie. Er schlägt auf sie ein, als nähme er sich gar nicht wahr. Seine flackernden Augen, sonst hell, aber unstet wie Irrlichter, werden dabei ganz schwarz. »Er war verrückt«, sagt sie, »er war von dem Zwang beherrscht zu schlagen. Es machte ihm Spaß, Menschen zu quälen.« Sie nennt ihn den »grand patron de la torture«, obwohl er nichts als ein vom Foltern besessener deutscher Folterbeamter war.

Wenn er keinen Menschen schlägt, klopft er sich mit seinem Ochsenziemer erregt auf die Stiefel. Er steigt in die Keller hinunter, wo die Gefolterten liegen, angekettet und blutend, und tritt ihnen in Gesicht und Unterleib. Er will, daß sie, in der Trance ihres Schmerzes, doch noch reden. Er lacht dabei.

Oft stockt Madame Lesèvres Bericht, als frage sie sich, ob sie ihre Anklage dem deutschen Besucher noch zumuten könne. »Mit Deutschland bin ich versöhnt«, sagt sie, mit der SS nicht. Auch nicht mit den Nazis. »Leider ist Barbie alles, was von Hitler noch übriggeblieben ist.« Kein Ungeheuer, »nur ein mittelmäßiges Monster«.

Um sie zum Reden zu zwingen, schlägt Barbie Lise Lesèvre mit Instrumenten, deren Bezeichnung sie nie zuvor gehört hat: »La schlague« besteht aus einer Lederpeitsche mit einer Bleikugel am Ende. Er trifft sie damit, ohne hinzuschauen.

Lise Lesèvre gibt sich nicht preis, sie lügt Barbie an, sie lügt und denkt: »Mein Gott, wie kann ich so lügen. Ich bin doch eine Katholikin«, aber sie lügt, und sie lügt leidenschaftlich.

Er stellt immer dieselben drei Fragen: »Wer ist Didier? Wo ist Didier? Sind Sie Didier?« Sie antwortet: »Ich weiß nicht, was Sie von mir wollen.«

»Er war ja so dumm«, sagt sie, »was für ein elender Polizist war Barbie. Er wollte nicht herausfinden, wer ich wirklich war. Er hatte nichts im Kopf, besaß nur dicke Fäuste. Ein Sadist. Foltern bedeutete ihm mehr als seine Beute.«

Madame Lesèvre sitzt in ihrem Sessel und bändigt ihre Gespen-

ster: Barbie, Max, die »Schiefe Schnauze«, die Nächte in der Folterkammer und die Tage im Fort Montluc, ihrem Gefängnis. Ihre zerbrechliche Stimme bebt, sie gestattet sich jetzt auch ihre Tränen. Eine Greisin klagt einen Greis an. Seit 43 Jahren sammelt sie ihre Kräfte, immer wieder hat sie ihr Gedächtnis überprüft, ihre Notizen aus dem Konzentrationslager. Geht sie auch nicht zu weit? Seit 43 Jahren schämt sich Lise Lesèvre, weil Barbie sie stets zwang, sich „ganz zu entkleiden«. Wann immer sie sich ihrer Folter vergewissert, befürchtet sie, ihre Würde noch einmal zu verlieren: Mit all ihrem Stolz konnte sie sich nicht gegen die Schläge wehren.
Einmal spannt er sie an Händen und Füßen auf einen Tisch: »Wenn er zuschlug, war es, als würde ich auseinandergerissen.« Mit ganz leiser Stimme berichtet sie von der Badewannenfolter, der tiefsten Erniedrigung. Barbie zerfetzt mit »la schlague« ihr Kleid, er tritt ihr die Schuhe von den Füßen. »Ziehen Sie sich ganz aus«, schreit er. Die Badewanne läuft voll. Sie wird in das eiskalte Wasser gestoßen.
»Da verließ mich aller Mut«, sagt sie, „ich bekam schreckliche Angst. Ich fror.« Sie drückten ihren Kopf so lange unter Wasser, bis sie zu ersticken glaubte. »Wer ist Didier?« Sie schweigt — sie hat sich ihr Schweigen wie ein Gelübde auferlegt. Sie wird nicht zur Verräterin, zur Kollaborateurin wider Willen.
Ein Offizier aus Barbies Mannschaft – er ängstigt sie mit seinem Scharfsinn – bestätigt ihr eines Nachts, daß sie nicht vergebens leidet. Er hat sie durchschaut: »Wenn Sie wirklich nichts wüßten, wären Sie schon längst zusammengebrochen. Ich bewundere Sie.«
Im Morgengrauen transportieren Soldaten die Gefolterten ins Gefängnis. Unbemerkt von der Bevölkerung pendeln sie zwischen Fort Montluc und der Sanitätsschule hin und her. Wir sind unsichtbar, denkt Lise Lesèvre, niemand dort draußen weiß, wie sie uns quälen.
Obwohl nicht überführt, wird sie zum Tode verurteilt. Das Urteil wird auf deutsch verlesen, sie versteht nur ein Wort, es klingt im Französischen wie im Deutschen: Terrorist.
Ist ihre Passion vorüber? Nein, Barbie holt sie noch einmal zum Verhör, es wird furchtbarer als alle anderen. Sie ahnt, daß sie verraten worden ist. »Ich wußte es plötzlich«, sagt sie. Barbie glaubt jetzt, daß Lise Lesèvre eine Vertraute von »Didier« ist, eine »grande dame« der Résistance.

Sofort hat die Gestapo ihren Mann und ihren kleinen Sohn verhaftet. Sie sieht, wie sie auf dem Gefängnishof ausgeladen werden. »Hätten sie meinen kleinen Jean-Pierre vor meinen Augen gefoltert, hätte ich gesprochen.«

Doch Barbie verschont ihren Sohn. Mit einem Instrument, das sie bisher noch nicht spüren mußte, wirft er sich auf Lise Lesèvre. »Le knout«, die Knute: An einer Kette schwingt eine stachelige Eisenkugel. Barbie, Max und »Schiefe Schnauze« wechseln einander ab. Als sie aus ihrer Ohnmacht erwacht – »Ich fühlte mich wie lebendig begraben« –, befindet sie sich in einer anderen Welt. In einem schönen Raum, an den Wänden graue Tapete, auf dem Boden eine Vase mit einer einzelnen Rose, eine blonde Frau, tief dekolletiert, sitzt an einem Klavier. Ich habe den Verstand verloren, denkt sie. Barbie hat sich gegenüber der Folterkammer einen Salon eingerichtet.

Barbie kniet vor ihr, sanft spricht er auf sie ein. »Irgendwann«, sagt er, »sprechen auch Sie.« Er zählte die Namen aller Résistance-Chefs auf, den Gotha des Maquis, er weiß Bescheid. Sie schweigt. Dann hört sie ihn brüllen, zum letztenmal: »Schluß jetzt. Liquidiert sie endlich!«

Max schleppt sie auf den Flur hinaus, sie blutet, »wie kein Mensch bluten kann«. Bis zum 18. Mai dämmert sie, weder tot noch lebendig, im Gefängnishospital dahin.

Wie kann eine Frau das ertragen? »Das hätten Sie auch ausgehalten, wenn Sie so engagiert gewesen wären.«

Am 19. Mai beginnt ihr Transport nach Ravensbrück. Ein Jahr später trifft sie, am Anfang ihres zweiten Lebens, in Paris ihren Sohn Georges wieder. Ihr Mann ist im KZ Dachau an Typhus gestorben, ihr Liebling Jean-Pierre wurde als KZ-Häftling unter alliierten Bomben begraben.

Sie opfert sich als Sozialarbeiterin für ehemalige Soldaten auf. Ihr zerschlagener Rücken schmerzt, oft kann sie kaum gehen. Sie hat nicht das Leben, das sie verdient hätte. Plötzlich erfährt sie, daß ihr Alptraum sie nicht verlassen hat. An einem Abend im Februar 1983, ihr Fernseher läuft ohne Ton, sieht sie Barbie auf dem Bildschirm.

»Noch ehe ich ihn erkannte, fing ich an zu zittern.« Barbie war nach Frankreich zurückgebracht worden. Als sie erreicht hatte, daß im Barbie-Prozeß auch das Martyrium der Familie Lesèvre be-

handelt wird, als Verbrechen gegen die Menschlichkeit, mußte sie ihrem Folterer, auf Anordnung des Untersuchungsrichters, noch einmal gegenübertreten; am 27. Januar 1987 im Gefängnis Saint-Joseph in Lyon.
Dieser alte Mann sollte Barbie sein? »Natürlich: Die Augen so hell wie früher. Das gleiche Irrlicht. Die Augenbrauen buschiger. Sein Blick war auch nicht mehr so schrecklich«, sagt Madame Lesèvre; er schlug sie ja nicht.
Natürlich erinnerte sich Barbie nicht an Lise Lesèvre. »Ich soll Sie gefoltert haben?« fragte er. »Ich war Soldat, ich habe nie Frauen gefoltert.« Jacques Verges, sein Anwalt, lächelt.
»Also haben Sie Männer gefoltert?« denkt sie im stillen. Ein Geständnis! Sie triumphiert. Barbie wiederholt noch zweimal, daß er niemals Frauen gefoltert habe. »Er hat nichts begriffen«, sagt Madame Lesèvre, »er ist kein Mensch: Kein Wort der Entschuldigung. Kein Wort des Mitleids.«
Madame Lesèvre, eben noch heiter nach dem kleinen Triumph, ist auf einmal verstört. Sie zeigt dem deutschen Besucher ein Foto von Barbies Anwalt; das Foto scheint sich über die Folterkammer von Lyon lustig zu machen: Der berühmte Maître Verges räkelt sich, für das Bilderblatt *Paris-Match,* zutiefst unerschrocken in seiner Badewanne und liest Zeitung.
Vom Prozeß erwartet Madame Lesèvre »nicht allzuviel. Gerechtigkeit? Die Todesstrafe ist abgeschafft. Ich wünsche mir, sie kerkerten ihn in Fort Montluc ein, Zelle 27, in meiner Zelle. Eine Gruft aus kalten Steinen, ohne Wasser, ohne Wärme, ohne Trost. Montluc war schlimmer als der Tod«. Zu spät: Fort Montluc ist das Frauengefängnis von Lyon geworden.
Ihre Angst vor Barbie hat sie überwunden. Sie fürchtet allein seinen Verteidiger: »Verges wird die Résistance in den Schmutz ziehen.« Er wird Frankreich, das Schlachtfeld des heroischen Maquis, besudeln. Ihr graut: Hat sie am Ende für eine Illusion gekämpft? Für Feiglinge geschwiegen? Sich für Mitläufer prügeln lassen? Für Kollaborateure gelogen? Und wurde sie nicht von einem Franzosen verraten?
Ein Fall von Verrat: Von einem Freundfeind angeschwärzt, dem er nie auf die Schliche gekommen ist, geht Mario Blardone am 2. Mai 1944 der Feldgendarmerie in die Falle. Er trägt eine Pistole. »Das bedeutete«, sagt er, »den Tod für mich.«

Ein paar Wochen vorher hatte der junge Automechaniker Blardone, von »Didier« zum Chef eines Einsatzkommandos gegen Gestapo und Kollaborateure befördert, den Befehl erhalten, Barbie und »Schiefe Schnauze« zu töten. Nun wird er von ihnen gefoltert und zum Jammerlappen erniedrigt.

Noch im April 1987 peinigen ihn seine Nachtmahre: ein von seiner Niederlage gedemütigter Kriegsheld. Dennoch brennt auch er darauf, seine Erschütterung zu offenbaren, seine unsichtbaren Wunden zu zeigen. Seine von Barbie beschädigte Biographie: Folter, Deportation, Konzentrationslager. Es drängt ihn, von dieser Erfahrung zu sprechen, von seiner Art, den Tod zu fürchten. Schuldgefühl eines Überlebenden?

Nur deshalb ist der Prozeß gegen Barbie so wichtig für ihn: weil nach seinem Zeugnis verlangt wird. Endlich darf er Bericht erstatten: Das haben Menschen Menschen angetan. Danach, denkt er insgeheim, wird sich die Welt verändern. »Nicht Barbie sitzt auf der Anklagebank«, sagt Blardone. »sondern Hitler die Nazis, der Nationalsozialismus.« Und alle französischen Kollaborateure, die seinem Kommando entkommen sind, alle Verräter der Résistance. »Ihre Namen müssen ans Licht, ohne diese Franzosen wäre Barbie erfolglos geblieben.«

Einige Franzosen nehmen ihm seine Bezichtigung übel: Blardone, von Morddrohungen verfolgt, verschweigt Wohnort und Details seines Rentnerdaseins. Das Vaterland, das er und Lise Lesèvre verteidigten, war auch die Heimat von Helfershelfern der Nazis.

Als Barbie 1971 in Bolivien aufgespürt worden war, sollte Blardone ein zweites Mal versuchen, ihn zu töten. Er lehnte ab: Der Dutzendnazi Barbie, »dieser schlechte Kommissar« mit seiner anfallhaften Grausamkeit, mußte in Frankreich vor Gericht gestellt werden.

Erst als Barbie wieder auftauchte, vermochte Blardone über sein eigenes Elend zu sprechen. Als Barbie wieder wirklich war, war auch sein Schicksal wieder real. » Vorher«, sagt Blardone mit erregt-rotem Gesicht, »hätte mir niemand geglaubt.« Weder seine Frau noch seine fünf Kinder.

Aber hat er noch das Recht, sich zu empören? Nach 43 Jahren? Er ist 64, Barbie fast zehn Jahre älter. »Doch: Er hat uns nicht wie Soldaten bekämpft, sondern wie Untermenschen, die man ausrotten muß.« Blardone ahnt, daß der Prozeß viel zu spät stattfindet. »Mei-

nen eigenen Schmerz habe ich vergessen«, sagt er, »es geht ja gar nicht um mich!« Wie glaubwürdig wäre auch ein Ankläger, auferstanden vom Tod der Folter und der Konzentrationslager, der, ehrenvoll dekoriert als Offizier der Ehrenlegion, in ein ruhiges Familienleben zurückgefunden hat? Also handelt Blardone aufrichtig, ja pädagogisch, indem er die Internationale der Opfer vertritt, für sie hat er gelitten: »Solches Leid darf sich nicht wiederholen!«
Maître Jacques Verges, der sich so gern in der Badewanne fotografieren läßt, damit alle sehen, was für ein sauberer Anwalt er ist, Verges verteidigt Barbie, indem er den Spieß umdreht. Er klagt an: Frankreich, den französischen Rassismus, Kolonialismus jeder Form, die französische Armee im Algerienkrieg, die Résistance. Die Juden.
In seinem einsamen Büro nahe dem Pariser Boulevard de Clichy, wo er, beschützt von einem algerischen Leibwächter, vor seinem deutschen Besucher den großen Auftritt probt, gesteht Verges, 62, ohne Scham, »daß Barbie für mich nur ein Vorwand ist«. Verges ist, als Sohn einer Vietnamesin, vom Rassismus gezeichnet.
»Wer ist schon Barbie«, fragt Verges mitleidig, »was hat er noch groß zu erwarten? Ein Greis, krank, hinfällig. Er war nur ein kleiner Leutnant, ein Befehlsempfänger.« Doch gleich besinnt er sich wieder auf seine Strategie: »Barbies Geist allerdings ist intakt.«
Verges droht, er liebt sinistre Andeutungen: »Er weiß viel. Er weiß noch alles, was geschehen ist. Ganz gewiß kann er sich nicht mehr an jeden Monsieur Dupont erinnern, den er gefoltert hat.“
Weiß er denn, wer den Résistanceführer Jean Moulin an die Gestapo verraten hat?
Verges: »Aber gewiß! Er hat Moulin ja selber verhaftet.“
Doch nicht um Barbie zu verteidigen, zieht Verges in die Schlacht von Lyon, sondern um Frankreich & Konsorten anzugreifen. »Die Schandtaten ihrer Soldaten im Algerienkrieg mit seiner Million toter Männer, Frauen und Kinder«, ruft Verges, »hat die französische Justiz amnestiert. In verdächtiger Hast. Weshalb wurden Barbies angebliche Schandtaten nicht ebenso verziehen? Barbies Verbrechen dagegen sollen auf einmal unverjährbar sein? Warum?«
Verges will diesem »heuchlerischen Frankreich« den Prozeß machen, französische Opfer der Nazis gegen algerische Opfer der Franzosen verrechnen; eine absurde Buchhaltung. »In Lyon beginnt ein Alibi-Prozeß«, sagt Verges, »mit einem Alibi-Unhold. Die

Résistance, sogar die Juden, wollen Barbie verurteilen, um von sich selber, von ihrer Grausamkeit und ihrer Mittäterschaft abzulenken.«

Doch er, Jacques Verges, werde sagen – Verges erhebt sich von seinem Schreibtischsessel, schwingt seine Zigarre und marschiert in seinem schönen Armani-Anzug durchs Büro –, »ich werde sagen, daß auf dem Richterstuhl Verbrecher sitzen. Sie haben sich in Algerien ebenso schuldig gemacht wie die Nazis in Frankreich.«

Aber kann man Auschwitz, die planvolle Vernichtung der Juden, mit Kriegsgreueln vergleichen?

Beinahe geht ihm seine stürmische Eloquenz durch: »Barbie wußte von nichts. Auschwitz geschah hinter seinem Rücken. Sie aber spielen sich als Moralisten auf, damit man Algerien vergißt. Weil sie wissen, wozu sie fähig waren unter der Nazibesatzung, diese Kollaborateure, wollen sie sich selber in Barbie bestrafen. Wie können Rassisten über einen Rassisten urteilen?«

Verges aber spielt große Oper: »Ich, ein Mann der extremen Linken, verteidige einen Nazi. Allein trete ich gegen 40 oder 50 Nebenkläger an. Alle sind gegen mich. Ich bin auf der Seite von Barbie, weil er, als allerletzter Sündenbock, dem schlechten Gewissen Frankreichs geopfert werden soll.«

»Alles, was man jetzt gegen ihn vorbringt, ist nachträglich erfunden worden«, sagt er: »C'est de la propaganda.« Er bemüht sich, das Goebbels-Wort deutsch auszusprechen.

»Wer ist schon Barbie?« fragt Verges noch einmal. »Frankreich hat längst keine Angst mehr vor ihm. Doch mich, Verges, fürchten sie. Ich bin der Stachel in ihrem Fleisch, ich gehe ihnen entsetzlich auf die Nerven.«

Aber Barbie hat doch die Kinder von Izieu nach Auschwitz geschickt!

»Eine Lüge!« ruft Verges.

Aber es gibt doch das Fernschreiben mit seiner Unterschrift!

»Es ist gefälscht! Das werde ich im Prozeß beweisen. Diese Überraschung für Maître Klarsfeld hebe ich mir für Lyon auf.« Verges lacht sorglos: »Denken Sie, heute abend spricht auch nur ein Franzose beim Essen über Barbie? Außer Beate und Serge Klarsfeld keiner.«

Serge Klarsfeld lebt seit mehr als 17 Jahren mit den toten Kindern von Izieu; solchen Spott spürt er nicht. Seine Frau Beate hat Barbie 1972 in Bolivien gestellt, er selber das von Verges angefochtene

Fernschreiben ausgegraben: eine Vollzugsmeldung über die Festnahme von »41 Kinder(n) im Alter von 3 bis 13 Jahren. Gez. Barbie, SS-Obersturmführer«. Was soll daran falsch sein?
»Es geht nur um Gerechtigkeit«, sagt Klarsfeld unsentimental, »Mörder müssen bestraft werden. Wie könnten wir noch Bankräuber verurteilen, wenn ein Mann wie Barbie sich davonstiehlt?«
Barbie, sagt Klarsfeld, ist kein Symbol, weder Metapher noch Alptraum. »Weshalb sollte er uns ängstigen? Für die Gefolterten oder für die Kinder von Izieu war er der Teufel, aber sonst? Ein mieser Funktionär!«
Als Barbie in Lyon festgesetzt wurde, sagt Klarsfeld ganz unfanatisch, ganz milde, von seiner Arbeit befriedigt, »da war es, als ob die Sonne der Gerechtigkeit leuchtend über Frankreich erstrahlte. Er darf nicht davonkommen, wie auch immer das Urteil ausfallen mag. Ob die Beweise reichen, werden wir sehen«.
Es war, in Barbies Tagen, lebensgefährlich, ein jüdisches Kind zu sein. Die Existenz eines Juden war unauslöschlich festgeschrieben, sie war unausweichlich, unwiderruflich. Um für Résistance oder Kollaboration Partei zu ergreifen, war bedachte Parteinahme erforderlich. Doch Jude blieb Jude.
Klarsfeld, 51, lobt sein Vaterland, obwohl es seine Eltern nicht vor der Gaskammer bewahren konnte. »240 000 Juden in Frankreich sind der Endlösung entgangen; 80 000 wurden umgebracht. Die Franzosen ließen die Pogrome schließlich nicht mehr zu!«
Die Kinder von Izieu wurden freilich verraten. »Da war ein Judas im Dorf«, sagt Marie Thibaudier, »Barbie hatte einen Bauern gekauft, so muß es gewesen sein. So schwer, wie Izieu zu finden ist!«
So versteckt zwischen Weinbergen, dunklen Wäldern und den Felswänden der grauen Kalkberge, etwa 70 Kilometer östlich von Lyon, abseits der Landstraße. »Da war Geld im Spiel.« Frankreich, Heimat der Vernunft: Alles läßt sich erklären. Nüchtern und rational.
Madame Thibaudier – Louis, ihr Mann, ist im vorigen Herbst gestorben – bewohnt seit 1950 das alte Kinderheim von Izieu, jene verborgene »Colonie enfant«, in der Barbie am 6. April 1944 »41 Kinder... und das gesamte jüdische Personal, bestehend aus 10 Köpfen ausgehoben« hat. »Inzwischen sind wir alle älter geworden«, sagt Madame Thibaudier, 77, »die Dinge verlieren ihre Bedeutung.«

Und die Kinder? Nur ein Jahr waren sie dort oben in Sicherheit gewesen. Kleine Franzosen, Belgier, Deutsche Österreicher, ein Pole: von Adelsheimer, Sami, bis Zuckerberg, Emile.

Die Thibaudiers kauften das alte Herrenhaus, weil es so billig war, eine Ruine. Längst hatten Schnee und Regen die vergessenen Habseligkeiten »der kleinen Juden« verdorben. Der Brunnen vor dem Haus war versiegt.

Seit dem Tod ihres Mannes sind Haus und Garten für Madame Thibaudier zu groß geworden. Unter der breiten Terrasse gackern ihre roten Hühner. Die Thibaudiers waren einverstanden, als Sabina Zlatin rechts neben den grünen Haustüren eine Gedenktafel anbringen wollte. Madame Zlatin, Directrice der Kolonie, war Barbie nur deshalb nicht zum Opfer gefallen, weil sie an jenem Tag ein besseres Versteck suchte, tiefer im Süden, sicherer als Izieu.

Auf ihrer Gedenktafel wird die Tragödie nicht genau genug erzählt. Barbie kommt nicht vor. Daß es jüdische Kinder waren, die verschleppt wurden, wird nicht erwähnt. Ihre Zahl ist falsch angegeben. Auschwitz wird mit zwei S geschrieben, wie SS: die Verwirrung des Entsetzens.

Unter dem Epitaph welken bunte Blumen, sie werden gelegentlich erneuert von Madame Zlatin, deren Glück stärker war als Barbies Mordlust. Der vagen Inschrift zum Trotz wurde später in ihrem Haus bei Izieu ständig eingebrochen, alle Zimmer wurden unermüdlich verwüstet, so daß die Polizei von Belley ihr riet, es zu verkaufen.

Ganz oben im Dorf, das sich mit grauen Häusern gegen den Berg stemmt, haust, gleich hinter der Kirche, Julien Favet, 72, ehemaliger Knecht. Er behauptete, alles gesehen, sogar Barbie erkannt zu haben. Je farbiger er seinen Bericht ausmalte, desto gläubiger hörte man ihm zu. Doch als der Prozeß näherrückte, begann Fauvet, seine Aufschneidereien zu vergessen.

An diesem kalten Aprilmittag hockt der alte Mann, eine gewaltige blaue Baskenmütze aufgestülpt, in seiner kahlen Stube. Er verzehrt, das kreischende Kinderprogramm als einzigen Gast, ein großes Stück Fleisch.

»Hauen Sie ab!« ruft er dem deutschen Besucher zu, »ich habe alles gesagt. Ich sage nichts mehr. Lassen Sie mich in Ruhe!« Hat er Angst?

Unten in La Bruyère, an der Weggabelung, erhebt sich eine Marmorsäule, ein Denkmal für die Kindervon Izieu. Seit Jahren wird es mit Hakenkreuzen beschmiert. Im Café de la gare, gleich dahinter, sah die Wirtin Paulette Candy die Lastwagen vorbeirasseln: »An jenem Gründonnerstag schien die Sonne so hell, es war so warm. Die Kinder sangen ein altes kämpferisches Volkslied. Vielleicht hatten sie für einen Augenblick vergessen, daß sie Angst haben mußten? Vielleicht sangen sie, um sich Mut zu machen?«

Unter Tränen erinnert sich Madame Candy, 71. »Wir wußten alle«, sagt sie, »daß die dort oben in Gefahr waren. Wir sahen sie jeden Tag. Schlimme Zeiten: Man konnte keinem Menschen trauen. Überall Verräter.« Madame Candy möchte dieses Kapitel endlich abschließen. Nach dem Prozeß, hofft sie, wird auch sie von ihrer Vergangenheit nicht mehr belästigt werden.

Ein Jahr lang waren die Kinder auf der Hut gewesen. Hatten Wachen aufgestellt. Das Rasseln der Lastwagen hätte das enge Tal rechtzeitig alarmiert. Sie sahen ihre Entdeckung voraus: Schon im Frühjahr 1943 hatte Leon Reifman den Erzbischof von Chambéry gebeten, jüdische Kinder in den katholischen Heimen seiner Diözese verstecken zu dürfen. Undenkbar: Monsignore Costa de Beauregard bedauerte – nein.

»An diesem Morgen dachten alle nur an Ostern«, sagt Leon Reifman, »die Wachen hatten frei.« Leon, damals 30, Medizinstudent im dritten Studienjahr, hatte bis zum Herbst in Izieu gearbeitet. Nun wollte er seine Eltern und Sarah, seine große Schwester, besuchen, Lehrer im Heim. Es war kurz vor neun, als er die Familie umarmte. Die Frühstücksglocke bimmelte. Er wollte loslaufen, da sah er drei Männer. Sie gingen auf das Haus zu, der mittlere trug einen hellen Gabardinemantel, die anderen blaue. Der in der Mitte hatte einen weichen Hut auf. Sie starrten einander an.

Leon Reifman, ein weißhaariger alter Herr, hat in seinem Haus an der Dronne noch immer keine Ruhe gefunden. »Ich sehe das wie ein Foto vor mir, im tiefsten Inneren meines Herzens. Dieser Moment ist auf ewig in mein Gedächtnis eingegraben: Der Mann in der Mitte war für mich Barbie. Einer seiner Begleiter rief mir zu: ›Kommen Sie herunter!‹«

Reifmans Schwester schrie: »Hau ab, die Deutschen sind da.« Überall waren jetzt deutsche Soldaten. Leon sprang aus dem Fenster, in den Garten hinter dem Haus. Die Soldaten legten auf ihn an, einer brüllte auf deutsch: »Ein Mann springt durchs Fenster.«

Der Mann, Leon Reifman, verbarg sich unter einem Busch, der längst von den Thibaudiers gerodet ist. »Die Soldaten durchsuchten jeden Winkel«, sagt er »Gewehr im Anschlag. Sie sahen mich. Sie müssen mich gesehen haben, aber sie wollten mich nicht finden.« Er lag unter seinem Busch und hörte die Deutschen im Haus brüllen: »Los, los, schnell, schnell!« Die Kinder weinten. Dann rasselten die Lastwagen davon.
Irgendwie kam Reifman durch. Im Frühjahr 1945 traf er im Pariser Hotel Lutetia, dem Treffpunkt der geretteten Deportierten, die Lehrerin Lea Feldblum aus Izieu, sie hatte als einzige überlebt. Sie rettete sich später nach Israel, wo sie heute wohnt, unberührbar in ihre Erinnerungen eingesponnen.
Reifman richtete sich als Arzt in der Dordogne ein. Irgendwann würde Barbie aus dem Nichts auftauchen, in dem er verschwunden war. Im Herbst 1986 hatte der Nebenkläger Reifman im Gefängnis Saint-Joseph in Lyon dem Untersuchungsgefangenen Klaus Barbie einen hellen Gabardinemantel und einen weichen Hut mitgebracht; Kleidung wie damals. Barbie sollte das anziehen, damit Reifman endlich Gewißheit erhielte. Der Richter erlaubte es nicht.
»Barbie hatte sich bestimmt verändert«, sagt Reifman, »doch er könnte der Mann in der Mitte gewesen sein. Die gleiche Hakennase. Tief innen weiß ich, er war es. Doch beschwören? Nein!«
Reifman, geläutert von 43 Jahren Geduld, hat sein Recht auf Rache aufgegeben. Er wünscht sich nur eines: »Barbie soll sich entschuldigen. Soll sagen: Es tut mir leid. Es war ein Befehl. Ein menschliches Wort nur, und wenn es gelogen wäre.« Wäre dann sein zersprungenes Weltbild wieder heil?
34 der Kinder von Izieu, begleitet von vier ihrer Lehrer, wurden am 13. April 1944 vom KZ Drancy bei Paris auf die Todesreise geschickt. Der Transport Nummer 71 beförderte 1500 Juden nach Auschwitz. In jedem Viehwaggon 60 Menschen zusammengepfercht. Im viertletzten Waggon stand Edith Klebinder, von Barbies Gestapo in Lyon festgenommen, »weil ich Jüdin war, das war mein einziges Verbrechen«.
Sie kam zurück, nun will sie bezeugen, wie die Kinder von Izieu in Auschwitz-Birkenau endeten. Madame Klebinder, in Wien geboren, ist so alt wie Barbie, sie brennt darauf, sprechen zu dürfen: Sie sah, wie die Kinder den letzten Waggon verließen, beobachtete,

wie auch sie »von SS-Frauen« empfangen wurden. Hörte die Erwachsenen bei den Kindern sagen: »Wir müssen zusammenbleiben, wir sind praktisch ihre Eltern.« Am 16. April fragte Edith Klebinder nach den Kindern. Eine alte Frau, die sich in Auschwitz auskannte, antwortete: »Siehst du nicht die Schornsteine rauchen? Das sind sie.«
Lyon 1987: Barbie ist anwesend, aber nicht gegenwärtig. Im Musée de la Résistance et de la Déportation ist die Wärterin mit den einschüchternden Reliquien der Erniedrigung allein. Zwei Säle: In einer Ecke stehen die zierlichen Möbel jenes Salons, in dem, so die Résistance-Saga, der große Jean Moulin überrumpelt wurde. Der Name Barbie taucht nirgendwo auf. Sinnlos, wie Requisiten eines abgesetzten Stücks, stehen die Vitrinen und Schautafeln herum, schäbig geworden beim Vergessenwerden.
Am Haus Nr. 12 in der engen dunklen Rue Sainte-Cathérine gedenkt eine weiße Marmortafel der 86 jüdischen Gemeindemitglieder, die hier am 9. Februar 1943 von Barbies Gestapo verhaftet wurden. Daß sie fast alle in den Gaskammern umkamen, überrascht den jungen Mann, der die Sauna im zweiten Stock leitet. Auch Barbie ist ihm nicht bekannt. Im »Pub The Albion« im Erdgeschoß wird englisches Bier ausgeschenkt, kein deutsches.
Auf der riesigen Place Bellecour im Zentrum von Lyon starrt der bronzene Sonnenkönig, hoch zu Roß, auf einen überlebensgroßen nackten Helden: Er verkörpert den unbesiegbaren Widerstand, beschwört die Hinrichtung von fünf Geiseln am 27. Juli 1944 herauf. Eine von ihnen war »Didier«, das Idol von Lise Lesèvre und Mario Blardone.
Der Historiker Joseph Rovan, 69, einst Ausbilder von Résistancekämpfern bei Lyon, wurde in Paris gefaßt, »zum Glück nicht von Barbie«. Er hat das KZ Dachau hinter sich und sagt trotzdem: »Der Prozeß ist belanglos. Alles geklärt. Frankreich hat seine Vergangenheit unaufhörlich bewältigt, die Kollaboration wie die Greuel in Algerien. Nichts haben die Franzosen verdrängt – nichts!«
Jetzt noch Rache? Wofür? Man hätte Barbie in Bolivien ermorden sollen, sagt Rovan, oder »ihn im Flugzeug abspritzen!«
Zu spät. Der Prozeß beginnt.

TIZIANO TERZANI

»In Japans Mitte liegt die Leere«

Erste Begegnungen mit Japan und den Japanern
Januar 1986

Man kommt in dieses Land und möchte die Menschen verstehen. Aber man muß erst mal lernen, mit Maschinen zu reden. »Willkommen, treten Sie ein!« lispelt ein metallisches Stimmchen, wenn man eine Ladenschwelle überquert. »Danke sehr, kommen Sie wieder!« sagt es beim Abschied. Was soll man antworten? Maschinen prüfen alles und verkaufen alles – von Socken bis zu Fischfutter, von Pornomagazinen bis zu Orakelsprüchen.
»Das Geld genügt nicht, bitte zahlen Sie mehr!« wiederholt die hartnäckige, aus dem Bauch eines Zigarettenautomaten kommende Stimme. Verlegen steht man davor, hat die nötige Münze nicht und weiß nicht, welcher Knopf die Maschine dazu bringt, die verschluckten Geldstücke wieder herzugeben.
Im Haus eines Freundes, zu Füßen des Berges Fuji, weckt einen nachts ein seltsames monotones Reden. Es kommt aus einem kleinen Heizkörper: »Verehrter Besitzer, mir fehlt Kerosin! Bitte fülle mich auf! Bitte fülle mich auf!«
Japan ist auch ein Land der Statistiken, und Statistiken lügen bekanntlich in ihrer scheinbar mathematischen Genauigkeit. Wohl hat Japan einschließlich der Glücksspiel-Maschinen statistisch mehr Automaten pro Kopf als jedes andere Land. Und doch entdeckt man bald, daß Japan nicht jenes mechanisierte, ultramoderne Land ist, wie es so oft beschrieben wird.
Viele Maschinen sind nur Ersatz für die recht bescheidenen Um-

stände, unter denen der Japaner lebt. Die meisten Wohnungen haben keine Zentralheizung. Dafür hat die Toilette dann einen Sitz, der sich wohlig anwärmt, wenn man sich niederläßt – technischer Trost in der allgemeinen Kälte, vom Eigentümer stolz vorgeführt.

Die ersten Menschen, mit denen man in Tokio zu tun bekommt, sind Polizisten. In dieser Megalopolis, von der keiner weiß, wo sie beginnt und wo sie endet, finden sich die zwölf Millionen Einwohner schlecht zurecht. Denn sie hat, was Westler immer wieder verwirrt, auch im Zeitalter der Roboter und Computer noch immer keine Straßennamen, sondern wie das letzte Dorf nur numerierte Landparzellen.

So ist der übliche Bezugspunkt die »Koban«, die Polizeikabine an jeder U-Bahn-Station, jeder größeren Straßenkreuzung, in jedem Nachbarschaftsviertel. Kleine Schlangen von Menschen, die auf Auskunft warten, stehen meist davor.

»Sie werden zum Abendessen von Herrn Tanaka erwartet?« fragt der Polizist in seiner Koban. »Einen Augenblick, bitte.« Er schaut erst auf die Adresse, dann in seine Kartei und greift zum Telefon. »Herr Tanaka? Ihr ausländischer Gast steht hier in der Polizeikabine. Holen Sie ihn bitte ab.«

Statistisch gesehen gehören die Japaner heute zu den reichsten Völkern der Welt. Durchschnittlich verdient jeder von ihnen fast 10 000 Dollar im Jahr. Dennoch machen erstaunlich viele keineswegs den Eindruck, wohlhabend zu sein. Sogar in dieser großen Industrienation wohnen die Beamten in winzigen, dunklen und primitiven Behausungen, die europäische Arbeiter empört zurückweisen würden.

Natürlich besitzen die meisten japanischen Familien eine Waschmaschine, aber leider nicht den Platz dafür. So stehen diese oft unter Nylonmützen draußen vor dem Haus. Natürlich besitzen die meisten Japaner Video- und Stereosysteme, aber fast 70 Prozent der japanischen Gemeinden haben noch keine Kanalisation.

Viele Japaner, deren Industrieprodukte die Welt fürchtet, gehen daheim weiter in die traditionellen Badehäuser. Wer eine Wanne besitzt, hält das Wasser unter einem Plastikdeckel warm, damit sich alle Familienmitglieder nacheinander darin säubern können.

Man möchte sehr gern die japanische Sprache lernen, um Zugang zum Denken der Japaner zu bekommen. Beim erstenmal fragt der Japanisch-Lehrer: »Kennen Sie japanische Sprichwörter?« »Nein.« »Dann fangen Sie mit diesem an: Wenn es weht, werden die Holzkübelmacher reich.« »Wieso?« »Einfach«, sagt er. »Der Wind wirbelt Staub auf, der Staub macht blind, Blinde spielen auf Saiteninstrumenten, um sich ihr Brot zu verdienen. Saiten werden aus Katzendarm gemacht. Je mehr Katzen getötet werden, um so mehr Ratten laufen durch die Stadt. Die Ratten knabbern Löcher in Holzkübel, mehr Holzkübel werden gebraucht, also werden deren Produzenten reich. Logisch, nicht wahr? Derselben Logik gehorcht die japanische Sprache.«

In Tokios U-Bahnen lernt man seine ersten, leichten Lektionen über das Japanertum. Die Züge fahren pünktlich, die Schaffner sind tüchtig und genau. Mit weiß behandschuhten Händen und roboterhaften Gesten begrüßen sie die ankommenden gelblichen Zuglichter, pressen sie die Passagiere in die schon vollen Wagen, verabschieden sie die roten Lichter, die im Tunnel verschwinden. Uniformen herrschen in der Menschenmasse vor. Schulkinder sehen aus wie kleine Admirale oder wie Kadetten einer preußischen Militärakademie. Mädchen sehen aus wie Rot-Kreuz-Schwestern. Und der erwachsene Japaner steckt oft in einem uniformartigen Business-Anzug.

Mit der U-Bahn-Fahrt zwischen Haus und Schule oder Haus und Arbeitsplatz verbringt der Japaner im Durchschnitt zwei bis drei Stunden täglich. Die Rush-hour ist der erniedrigendste Moment in seinem Tageslauf. In der wogenden Masse von Körpern, die einander aufrechthalten, widerstehen und stoßen, scheint keiner den anderen mehr wahrzunehmen, setzt die übliche Höflichkeit abrupt aus. Reicht der Platz, Bücher zu lesen, sind es sadomasochistische Cartoons.

Um Mitternacht bringen die letzten Züge die Spätheimkehrer wieder nach Hause. Auf unsicheren Beinen schwanken trunkene Japaner dahin. Im Alkoholdunst wulstigster Bars haben sie mit ein paar Kollegen über Mikrofon gegen einen Video-Bildschirm angesungen, auf dem sich eine Frau vor dem Hintergrund des heiligen Berges Fuji entkleidet.

Gern denkt man, die Japaner hätten ihr Leben hochcomputerisiert. Ich gehe in die Hauptverwaltung der Bank of Tokyo, um ein Konto zu eröffnen. »Ein Konto? Welche Legitimationen haben Sie?« Ich zeige Paß, Kreditkarten und schließlich ein Bündel US-Dollar. Der Angestellte am Schalter ruft einen stellvertretenden Abteilungsleiter, dieser ruft den Abteilungsleiter: »Ein Konto zu eröffnen ist nicht möglich.«

Ich versuche es bei einer anderen Bank. »Werden Sie für immer in Japan leben?« Wenn man das wüßte. »Dann können Sie hier auch kein Konto errichten.« Nach langen Diskussionen einigen wir uns auf ein Sparkonto. Ich bekomme kein Scheckbuch, nur ein Heftchen und eine Geheimnummer, die so geheim ist, daß sie nicht schriftlich festgehalten wird; ich muß sie vielmehr auswendig lernen, wenn ich Bargeld kassieren will. Zur Belohnung dafür, daß ich diese großzügige Bank gewählt habe, überreicht man mir eine hübsche Schachtel mit Papiertaschentüchern.

Am nächsten Tag klingelt ein junger Bankangestellter an meiner Tür. Wir trinken zusammen Tee, er erkundigt sich nach Familie, Arbeit und Gehalt. Beim Abschied sagt er, er bringe mir das Geld auch gern mal nach Hause oder hole es ab und deponiere es für mich auf meinem Konto, wenn ich keine Zeit hätte, selbst zur Bank zu gehen.

Von außen gesehen sind die öffentlichen und die privaten Bürobauten in Japan elegant und luxuriös. Von innen wirken sie bescheiden. Die Büros des Miti, des wichtigen Ministeriums für Internationalen Handel und Industrie, sind große, kahle Räume, in denen Angestellte und Vorgesetzte in Tuchfühlung nebeneinander arbeiten. An jeder Bürotür klebt ein Lageplan der Schreibtische mit den Namen ihrer Inhaber. Der Direktor hat das Privileg, in einer Ecke vor diesem Meer von Schreibtischen und Menschen zu sitzen.

Im Außenministerium hausen ganze Abteilungen in einem einzigen großen Raum. Ein paar ehemalige Botschafter sind darunter. Besucher nehmen hinter einem Wandschirm auf abgenützten Sesseln Platz.

Eine altmodische spartanische Härte charakterisiert das japanische Leben. Wohlhabend sind nicht die einzelnen, wohlhabend ist das Kollektiv. Aber so bescheiden das Leben ist, es erscheint den meisten dank der allgemeinen krankenhausartigen Sauberkeit doch akzeptabel. Morgen für Morgen fegt und benetzt jede Hausfrau in unserer Nachbarschaft sorgfältig die paar Meter Straße vor ihrer Haustür. In China möchte man die Menschen zu solcher Hygiene zwingen, hier beachten die Einwohner sie freiwillig. Ob Japan das einzige Land ist, in dem ein milder, effizienter Kommunismus unbemerkt schon funktioniert?

Wer China kennt, vergleicht Japan ständig damit, denn Japan ist schon längst, was China werden möchte. Manche Verhaltensweisen der Japaner sind denen der Chinesen ähnlich. Hier wie dort müssen die Verkäufer vor und nach der Arbeit vor ihren Vorgesetzten strammstehen, um deren Anweisungen entgegenzunehmen. In der neu eröffneten Abteilung eines großen Kaufhauses von Tokio geloben sie mit erhobener Faust, daß sie mit aller Kraft versuchen werden, den Umsatz in der Weihnachtszeit zu steigern.

»Die Japaner kopieren nur«, hat man im Westen immerzu gehört und wollte es angesichts der technologischen Hochleistungen Japans nicht glauben. Dennoch ist etwas dran. Der alte Hauptbahnhof von Tokio ist eine Kopie des Hauptbahnhofs von Amsterdam, das Gästehaus für Staatsbesuche, früher die kronprinzliche Residenz des jetzigen Kaisers Hirohito, ist außen eine Kopie des Londoner Buckingham Palace, innen des Pariser Palais du Luxembourg. Der Tokio-Turm, das Wahrzeichen der Stadt, ist die Kopie des Eiffelturms, allerdings gut einen Meter höher.
Die Tausende von kleinen Cafés, in denen die Japaner sich wohl fühlen, sind Miniaturrepliken von Kaffeehäusern, wie es sie im Westen von Wien bis Texas gibt.
»Love-Hotels« schließlich, eine spezifisch japanische Variante des Stundenasyls für Pärchen ohne Koffer und Ausdruck ihrer Fluchtträume, gibt es wahlweise in Form des großen Ozeandampfers »Queen Elizabeth 2«, des Schiefen Turms von Pisa oder der Königsschlösser Ludwigs II. von Bayern. Eines der meistverkauften Fertighäuser unter denen, die auf einem Gelände am Rande Tokios ausgestellt sind, ist die Miniaturausgabe des Weißen Hauses.
Die Gewohnheit zu kopieren begann nicht erst mit der Technik, sie ist vielmehr sehr alt: Im Jahre 1591 waren 13 prunkvoll gekleidete

portugiesische Jesuiten durch die Straßen von Kioto geschritten. Bald schon ging fast ganz Kioto in portugiesischen Hüten und Schuhen, mancher sogar mit Dolch an der Hüfte oder gar Rosenkranz.

Manchmal gebiert die Imitationskunst schiere Wunder. Wer etwa die Nummer 320-3000 wählt, dem antwortet in perfektem Französisch der Maler Auguste Renoir, gestorben 1919. Anläßlich einer Ausstellung französischer Impressionisten – sie wurde wie üblich von einem Kaufhaus organisiert – hatten die Japaner Rachenhöhle und Knochenstruktur des Meisters vermessen, die Daten in einen Computer gefüttert und seine Stimme rekonstruiert. Jetzt bietet die Telefongesellschaft ihren Kunden für zehn Yen den Sonderdienst »Ruf mal Renoir an!«. In der Stimme des Meisters erhält man einen Abriß seiner Kunsttheorien.

Am Eingang des größten Möbelgeschäfts von Tokio muß der potentielle Käufer einen Zettel mit Namen, Adresse und Telefonnummer ausfüllen. Ein Plakat ermahnt die Besucher, von der zum Verkauf stehenden Ware keine Fotos zu machen. Ein europäischer Industrieller explodiert: »Kein Japaner wird je wieder seinen Fuß in meine Fabrik setzen! Wenn sie zu uns kommen, zeigen wir ihnen das Beste und Modernste. Uns zeigen sie nur Vorsintflutliches und verbieten uns dann auch noch zu fotografieren. Wer hätte das überhaupt vorgehabt?«

Erfolg ist überall Trumpf. Seit 1945 scheint in Japan alles gewachsen zu sein. Die Menschen sind heute zehn Zentimeter größer als früher, sie wiegen ein Pfund mehr und leben länger. Japan hat die USA im Export von Industriegütern überholt. Der Handelsbilanzüberschuß gegenüber allen Ländern der Welt von Europa bis China wächst ständig. Japan ist zur größten Gläubigernation geworden.
»Wie schaffen die das nur?« fragen sich Westler. Es genügt schon, Handwerker bei der Arbeit zu beobachten. In ihren sauberen Overalls und mit ihren farbigen Werkzeugkästen hantieren sie flink und wortlos und machen selbstverständlich unzählige unbezahlte Überstunden. Man gewinnt den Eindruck, daß hier zwischen dem Menschen und seinem Tun eine Beziehung besteht,

die andernorts längst verlorenging. »Die Japaner sind die einzigen, die ihre Arbeit lieben und die der anderen respektieren«, sagt ein ansässiger Europäer.

An allen Straßenecken unserer Nachbarschaft hängen Plakate mit den Fahndungsfotos von fünf Straftätern: vier mutmaßlichen Mördern, einem Bombenbastler. Vor Dieben warnen die Nachbarn ohnehin. »War Japan nicht früher mal eine Gesellschaft fast ohne Kriminalität?« »Ja«, heißt es, »die Verbrecher sind auch keine Japaner, sondern Koreaner.«

Die 700 000 in Japan lebenden Koreaner sind in den Augen der Japaner für jede Schandtat gut. Dabei lebt die Mehrheit seit über einer Generation im Lande, hat japanische Schulen besucht, spricht nur Japanisch. Trotzdem weigern sich die Behörden, sie als japanische Staatsbürger anzuerkennen. Nach allgemeiner Überzeugung werden die meisten Diebstähle und Morde von ihnen begangen.

Wie alle Ausländer muß ich mir auf dem Polizeirevier einen Fingerabdruck abnehmen lassen. Die Prozedur dauert eine Viertelstunde und verläuft hygienisch wie eine Blutprobe. Die Nachbarn sagen, das Ganze geschehe hauptsächlich wegen der Koreaner. Um aber den Anschein von Diskriminierung zu meiden, müßten auch die Westler zum Fingerabdruck.

Doch in Wahrheit wird zwischen Japanern einerseits und allen anderen andererseits genauestens unterschieden. Ministerpräsident Nakasone selbst sagte vor kurzem: »Wir Japaner waren 2000 Jahre lang erfolgreich, weil keine fremden Rassen in Japan leben.«

»Bei einem Streit haben beide Seiten unrecht«, sagen die Japaner, und die Suche nach Harmonie beherrscht in der Tat ihr Leben: Harmonie zwischen dem Individuum und seinem Nächsten, Harmonie zwischen dem Individuum und seiner Gruppe. Für viele ist diese Suche ein Alptraum.

Alle Japaner müssen zur gesellschaftlichen Harmonie beitragen – auch die Gangster, die berüchtigten Yakuza. Innerhalb ihrer Herrschaftsbereiche – Prostitution, Nachtbars, Glücksspiel – sorgen sie für Ordnung, als wären sie die Polizei.

In Japan gibt es über 100 000 hauptberufliche Yakuza, die bekannte und geachtete Mitglieder von Gruppen sind. Sie haben ihre offiziellen Büros und ihren offiziellen Sprecher. Der in ihrem Sinne wahre Gangster ist der Außenseiter, der Einzelgänger, der keiner Gruppe angehört. Er ist es auch, nach dem sowohl die Polizei wie die Yakuza fahnden.

Asahi TV, eine private Fernsehgesellschaft, bringt im Laufe ihrer »Sendung der Sensationen« einen Dokumentarfilm über Sexualgewalt. Ein paar kleine Mädchen, manche noch in ihren Matrosenuniformen, werden von einer Motorradbande überfallen und mißhandelt. Ein Zuschauer zeigt die Sendung als Fälschung an. Der Regisseur gibt zu, der Motorradbande für die Szene 140 000 Yen bezahlt zu haben. Er wird entlassen.
Seine Kollegen jedoch protestieren: Fernsehfälschungen seien mittlerweile allgemeine Praxis geworden. »Das Schauspiel hat den Platz des Lebens eingenommen«, sagt ein japanischer Journalist, »das Falsche den Platz des Wahren, der Mörder den Platz des Helden.«

Einer der Bestseller des Jahres ist das Buch »Im Nebel«, 200 000 Exemplare wurden verkauft. Der Verfasser, Issei Sagawa, hatte 1983 in Paris seine holländische Freundin erschossen, die Leiche im Kühlschrank aufbewahrt, um täglich ein Stück von ihr zu verspeisen.
Die Franzosen schickten den Täter nach Japan zurück, die Japaner ließen ihn im Sommer frei. »Er ist schließlich nicht hinter Japanerinnen her. Nur westliche Frauen in Japan sollten auf der Hut sein«, sagt dazu Susuma Oda, Professor für geistige Hygiene an der Universität Tsukuba. Ein literarisches Magazin hat Sagawa interviewt. Auf die Frage, was ihn in seinem Leben am meisten beeinflußt habe, hieß seine Antwort: »Die Märchen der Gebrüder Grimm. Besonders Rotkäppchen.«

5000 ausländische Bücher werden jährlich ins Japanische übersetzt, über 4,5 Millionen Japaner reisen jährlich ins Ausland. Tausende Japaner sind Experten für bestimmte Länder. Dennoch scheinen die Japaner äußeren Einflüssen gegenüber wenig aufgeschlossen zu sein: »Wir haben jede Technik erlernt, aber keine hat unsere Seele verändert«, sagt der Schriftsteller Yukio Kanasawa.
Viele Ausländer reisten schon nach Japan, um dieser Seele auf die

Spur zu kommen – und wurden meist schwer enttäuscht. Der englische Schriftsteller Lafcadio Hearn (1850 bis 1904), der seit 1890 in Japan lebte, um dessen Rätsel zu enthüllen, starb in der Überzeugung, daß es hier nichts zu enthüllen gebe.
»In Japans Mitte liegt die Leere«, schreibt der französische Philosoph Roland Barthes. Und Henry Scott-Stokes, Verfasser einer Biographie des Schriftstellers Yukio Mishima, erklärt dessen Selbstmord mit der These, daß dem japanischen Wesen ein tiefer Todesdrang eigen sei. 24 334 Japaner haben sich voriges Jahr das Leben genommen, 572 davon waren Schüler. Aber: Bei Autounfällen starben nur 9262 Japaner.

4. Oktober 1985: ein erschreckendes Erlebnis. Das Haus schüttelt sich, die Lampen schwanken, das Geschirr klirrt. Aus dem Lautsprecher der Nachbarschaft fordert eine Stimme die Bevölkerung auf, die Gashähne zuzudrehen und unter die Tische zu kriechen. Hinterher wird bekannt, daß es eines der heftigsten Erdbeben seit 1923 war, als in Tokio über 43 000 Menschen ums Leben kamen. Dennoch war es nicht jenes Beben, das die zwölf Millionen Einwohner dieser Stadt seit langem erwarten: Nach seismologischen Erfahrungen wird Tokio alle 60 Jahre von einem katastrophalen Erdbeben heimgesucht. Der Tag X ist also seit zwei Jahren überfällig. »Nächstes Mal könnten drei Millionen Menschen ums Leben kommen«, lautet der einleitende Satz eines neuen Stadtführers von Tokio.
Natürlich veranstalten die Japaner regelmäßig kollektive Notfallübungen. Auf Lastwagen, die an den Schulen vorfahren, ist ein Zimmer eingerichtet, in dem ein starkes Erdbeben simuliert wird – damit sollen die Kinder die richtigen Verhaltensweisen einüben. Viele Familien halten an der Haustür einen Sack mit Lebensmitteln, Wasser, Streichhölzern und Medikamenten bereit. Ein befreundeter Fotograf trennt sich Tag und Nacht nicht von seinen Kameras, Teleobjektiven und einem großen Vorrat Filmen: »Ich halte mich bereit«, sagt er.

Angst gibt es auch andernorts. Ein seltsames Wort erscheint seit Wochen regelmäßig in den Tageszeitungen: »ijime«. Es bedeutet: isolieren, Gewalt antun, zum Opfer machen, jemanden psychologisch unter Druck setzen.

Beispiel: Seji Sato, ein 14jähriger Junge, wird von seinen Mitschülern ständig verspottet, weil er schwächer als sie ist. Jeden Tag schlagen und treten sie ihn. Sie zwingen ihn, Gras zu essen, gießen ihm Säure über den Rücken. Eines Tages erhängt sich der Junge.
»Ijime« ist ein weitverbreitetes Phänomen in allen Mittel- und Oberschulen des Landes. Opfer sind meist die Kleineren und Schwächeren, ab und zu auch die Klassenbesten. Die Polizei hat eine Sonderabteilung von Psychologen und Detektiven auf »ijime« angesetzt.
Nach Schätzungen sind 40 Prozent der Schüler aktiv in solche Vorfälle verwickelt. Seit Anfang des Jahres wurden 928 Kinder festgenommen, 532 mußten wegen der erlittenen Gewalt ins Krankenhaus.

Dialog zwischen einem alten Japanologen und einem jungen englischen Elektronik-Ingenieur: »Meine japanischen Kollegen sind so gut trainiert wie die besten Ingenieure im Westen«, sagt der Engländer, »aber in ihrer Denkweise sind sie starr. Von A bis E zu gelangen bedeutet für sie unbedingt, über B, C und D zu gehen. Für mich bedeutet es hauptsächlich, eine Abkürzung zu suchen.«
»Ja, aber wenn du am Ziel anlangst, bist du allein«, antwortet der Japanologe. »Wenn sie endlich ankommen, sind sie mindestens zu 300.«
George Kennan, ein in Japan lebender Verwandter des amerikanischen Diplomaten, hatte bereits Anfang dieses Jahrhunderts geschrieben: »Ich habe in Japan bis jetzt kein einziges Individuum getroffen, das mich als großartig beeindruckt hätte ... Die Größe liegt in Japans kollektivem Denken.«
Diese Stärke betrachten die Japaner mitunter selbst als einc gewisse Schwäche. Ein Leitartikel in der *Japan Times* singt das Lob des europäischen Genius, wünscht sich für die Japaner mehr Schöpfungsgeist und Individualität. »Es gibt nur eine Ware, von der wir zuviel importieren – Ideen«, sagt ein japanischer Journalist. »Entweder wir fangen an, sie selbst zu produzieren, oder wir sind verloren.«

Das Leitmotiv des Erfolgs taucht in Gesprächen immer wieder auf, manchmal sorgenvoll. Der Chefredakteur einer Tokioter Tageszeitung: »Wir stellen viel her und verkaufen viel. Deshalb sind wir

stark. Aber was geschieht, wenn die Welt aufhört, von uns zu kaufen? Die Vorstellung ist ein Alptraum.«
Ein junger Verleger: »Japan hat nur ein Problem, seinen Erfolg. Wir sind gerannt, gerannt und sind bis zum Rand der Klippe gekommen. Jetzt müssen wir uns entscheiden, ob wir anhalten oder springen wollen.«
Er meint, daß Japan – nachdem es jahrhundertelang China, 100 Jahre den Westen und 40 Jahre Amerika kopierte – heute nichts mehr zu kopieren habe.

Oder kopiert Japan jetzt die westlichen Gesellschaftskrankheiten?
29. November 1985: »Schwarzer Freitag«. Im Morgengrauen greifen etwa 100 linke Stadtguerrilleros in Gruppen von drei bis fünf Leuten gleichzeitig 34 Knotenpunkte der japanischen Nationalen Eisenbahn zwischen Tokio und Hiroschima an. Mit hochentwickelten elektronischen Geräten haben sie den Polizeifunk abgehört und unverständlich gemacht, und so gelingt es ihnen, unterzutauchen und zu verschwinden. Einen ganzen Tag stranden oder verspäten sich zehn Millionen Fahrgäste. Die Produktion steht still. In Tokio herrscht Chaos.
Was in japanischen Zeitungen inzwischen die »Krankheit der Industrienation« genannt wird, zeigt sich zunehmend auch hier.
Die Japaner arbeiten immer noch mehr als alle anderen Völker der Welt: Die effektiv geleistete Arbeitszeit von Industriearbeitern beträgt in Japan 2123 Arbeitsstunden pro Jahr, in der Bundesrepublik 1673. Bei einer Umfrage hat das Arbeitsministerium kürzlich bekümmert festgestellt, daß die Arbeit bei japanischen Angestellten nicht mehr an erster Stelle in ihrem Leben steht, sondern vielmehr die Gesundheit ihrer Familien. Danach kommen das Einkommen und die Ausbildung der Kinder, die Arbeit steht in der Rangfolge der Werte an vierter Stelle.
Ein General beklagt, daß die jungen Rekruten weniger gehorsam als ihre Vorgänger sind. Industriebosse bemängeln, daß viele junge Arbeiter sich dem Betrieb nicht mehr so selbstlos hingeben wie ihre Väter: daß sie sich vor dem gemeinsamen Feierabend-Trinken mit den Kollegen drücken und nur widerwillig an Büropartys und Betriebsausflügen teilnehmen.
»Eine Armee von Fremden ist in die japanische Geschäftswelt eingedrungen«, schreibt die Tageszeitung *Mainichi* und zielt damit

auf die jungen Manager, die westliche Werte angenommen haben und nach Art der »Fremden« ihre Jobs suchen und wechseln, statt nach altbewährter Art einer einzigen Firma ein Leben lang treu zu bleiben.

Wer sind die Japaner? Sie fragen sich selbst als erste danach. Die Tageszeitung *Yomiuri* veröffentlicht seit Wochen die Ergebnisse eines Seminars über die »Theorie des Japanertums«. Die Frage wird von jungen Autoren in ihre Romane und Theaterstücke eingeflochten. Von den 37 Büchern, die Tag für Tag in Japan veröffentlicht werden, handeln die erfolgreichsten über Japan und die Japaner. »Dieses bedeutet, daß wir keine rechte Antwort auf die Frage nach unserer Identität gefunden haben«, sagt Professor Idetoshi Kato.

Viele meinen, diese Identitätskrise habe sich verstärkt, weil die Japaner sich in dem Image des »Japan As No. 1« (so das berühmte Buch des Soziologen Ezra Vogel), das man im Ausland von ihnen hat, nicht ganz erkennen. Derartige Schmeicheleien und von Ausländern erdachte Mythen haben die traditionelle Arroganz der Japaner wieder angefacht, aber gleichzeitig auch eingeschüchtert.

Eine europäische Delegation trifft sich in Tokio mit Japanern auf höchster Ebene. »Die ganze Welt bewundert eure Leistung. Welche Botschaft habt ihr für die Menschheit?« fragt der Europäer. Die Japaner blicken sich gegenseitig verlegen an. Dann antwortet ihr Minister: »Botschaft? Ach, wir arbeiten noch an ihr.«

Und sie gedenken der Vergangenheit – aber ganz anders als die Deutschen. Die japanischen Zeitungen melden, daß der Eichmann-Gehilfe Alois Brunner in Syrien aufgespürt wurde. Ein japanischer Intellektueller findet es verblüffend, daß die Deutschen 40 Jahre nach Kriegsende noch nach ihren Kriegsverbrechern fahnden.

Er sagt: »Wir Japaner haben keinen Schuldkomplex. Es gibt nichts, was wir vergessen möchten. Die Niederlage, nicht der Krieg, war hier das dramatische Erlebnis. Falsch war nur, unsere nationalen Ziele militärisch zu verfolgen. Jetzt tun wir es wirtschaftlich und sind nahe am Sieg. Zum erstenmal in unserer Geschichte haben wir eine echte Chance eine Großmacht zu werden.«

Jeden Tag kommen Tausende von Japanern nach Tokio, um den

Yasukuni-Schrein zu besichtigen. Er ist dem Frieden gewidmet, aber verehrt werden dort die Seelen der etwa drei Millionen japanischen Soldaten, die im Lauf des vorigen Jahrhunderts für das Vaterland gefallen sind, darunter auch die sechs Generäle, die von den Siegern nach Kriegsende als »Kriegsverbrecher erster Klasse« gehängt wurden.
Am Abend geht ein Gärtner durch das Tempelgelände, füllt die Automaten mit frischem Taubenfutter auf und räumt Mengen von Blumensträußen weg, mit denen die Besucher die Kanonen und Panzer auf dem Tempelgelände geschmückt haben.

Eine Gruppe privater Bürger möchte das Schlachtschiff »Yamato« heben lassen, einst größtes Kriegsschiff der Welt, das sich mit seinen über 3000 Mann Besatzung im April 1945 den amerikanischen Luftgeschwadern in einem sinnlosen Kamikaze-Einsatz entgegenwarf. Der Riese liegt nun in 340 Meter Tiefe auf dem Grund des Ostchinesischen Meeres.
»Ich will die ›Yamato‹ wiedersehen. Wenn mein Körper nicht mehr lebt wird meine Seele sie betrachten«, sagt Mitsugu Uchida, einer der Überlebenden.

HELLMUTH KARASEK

Der k. u. k. King von Hollywood

Über den achtzigjährigen Filmemacher Billy Wilder
Mai 1986

März 86. Oscar-Preisverleihung in Hollywood. Auf der Bühne drei aktive Veteranen des Kinos. Der 76jährige Japaner Kurosawa, der 80jährige Amerikaner John Huston und der 80jährige US-Wiener und Beverly-Hills-Berliner Billy Wilder.

Kurosawa stochert nervös im Briefumschlag herum und kann lange den Zettel für den besten Film-Oscar nicht finden. Während er den Briefumschlag durchwühlt, fällt Wilder etwas Bissiges ein, das er sich nur mühsam verkneifen kann: »Na«, will er zu Kurosawa sagen, »Pearl Harbor habt ihr aber schneller gefunden.«

Wilder erzählt das mit sichtlichem Vergnügen und sagt, ich solle das bitte nicht schreiben. Möglichst oft erzählen, das ja. Was hiermit geschehen ist.

Wilder galt sein Leben lang, also während seiner 50 Hollywood-Jahre, als gefürchteter Witzbold. Die Anekdoten über ihn, die Wortspiele von ihm gehörten zu Hollywood – wie die Fuß- und Handabdrücke der Stars vor Grauman's Chinese Theatre. Manchmal erliegt er selbst den Wilder-Anekdoten, man fragt ihn etwas, und das hundertfach überlieferte Wilder-Bonmot drängt sich zwischen die Frage und die spontane Antwort – nobody is perfect.

Was soll er gesagt haben, als der gefürchtete Hollywood-Tycoon Louis B. Mayer starb und sich zu seiner Beerdigung um die Synagoge am Wilshire Boulevard besonders viele Schaulustige drängten: »Gebt dem Publikum, was es will, und es wird kommen.«

Was soll er den Oberammergauern nach 1945 geantwortet haben, als die den Umerziehungsoffizier Wilder baten, der Ex-SS-Mann Anton Lang solle doch bitte trotzdem den Christus spielen dürfen? »Unter einer Bedingung. Wenn er am Ende wirklich angenagelt wird.«

Beide Anekdoten haben auch einen ernsten Kern. Die Geschichte mit Louis B. Mayer erinnert an Billy Wilders lebenslangen Kampf mit Hollywood, der in dem Film »Sunset Boulevard« von 1950 kulminierte. Das Drehbuch der Geschichte, wie Hollywood mit seinen alternden Stars und seinen jungen Scriptschreibern umspringt, hatte er wie eine Geheimsache behandelt. Für die Besetzung war er monatelang hausieren gegangen. Als dann die Premiere war, soll Louis B. Mayer, damals der mächtigste Filmboß in Hollywood, ihn zornschnaubend vor dem Kino abgefangen haben: »Sie Bastard, Sie haben die Industrie in den Dreck gezogen, die Sie gemacht und aufgepäppelt hat. Man sollte Sie teeren und federn und aus Hollywood jagen.«

Wilder zog seinen Hut ganz tief und antwortete nur »Fuck you«. Das war überhaupt nicht witzig und ein wenig so, als würde heute ein römischer Kardinal dem polnischen Papst bei einem öffentlichen Essen in die Borschtsch-Suppe spucken.

An Hollywood, dessen ungekrönter König er gewiß eine lange Zeit war, hat er sich ein Leben lang gerieben. Ein Anpasser war er nie. Er hat 1945 den ersten Film mit einem Helden, der Säufer war, gedreht. Er hat, in »Apartment«, die Doppelmoral des Aufstiegs im Business aufgezeichnet: Betthupfer auf der Karriereleiter. Er hat, in »Küß mich, Dummkopf«, gezeigt, daß man seine Frau an einen geilen Sänger verhökern muß, um es in der Unterhaltungsbranche zu was zu bringen. Die US-Frauenvereine standen kopf.

Er hat die korrupten Politiker der Watergate-Ära in »Extrablatt« (»Front Page«) parodiert – und hat ihnen die Schlagzeilenjournalisten gleich hinterhergeworfen, nachdem er schon in »Reporter des Satans« die vielgelobte Pressefreiheit zum Gegenstand einer Satire gemacht hatte. »Katharina Blum« mit ihrer »verlorenen Ehre« nimmt sich da neben wie ein frommes Märchen aus.

Nein, die reine Freude hatte sich Hollywood nicht mit ihm eingehandelt – obwohl es ihm eine der erfolgreichsten Komödien (»Manche mögen's heiß«), einen der spannendsten »Hitchcocks« (»Zeugin der Anklage«) und einen der besten Film-Krimis der

schwarzen Serie (»Double Indemnity«) verdankt. Von »Sunset Boulevard« (Boulevard der Dämmerung«), dem besten Hollywood-Film über Hollywood, ganz zu schweigen.
Und Deutschland? Als ich ihn besuche, freut er sich gerade über Österreich und Waldheim. Und natürlich fällt ihm auch dazu gleich das passende Bonmot ein. »Die Österreicher«, so sagt er, »haben das Kunststück fertiggebracht, aus Beethoven einen Österreicher und aus Hitler einen Deutschen zu machen.« Und: »Kennen Sie die neueste Krankheit? Die Waldheimersche. Man vergißt alles.«
Über Deutschland nach Hitler hat er zwei der boshaftesten Filme gedreht – einen (»A Foreign Affair«) mit Marlene Dietrich während der Schwarzmarktzeiten in Berlin. Die amerikanischen Zuschauer konnten sich da freuen, daß ihre GIs die liebevollen Geschenke ihrer Verlobten gegen Nylons eintauschten – und sich dafür deutsche Fräuleins besorgten. Die Deutschen kamen eigentlich ganz gut weg. Sie hatten Hunger und wollten Nylons.
Der andere, »Eins, zwei, drei«, handelt vom Kalten Krieg und von Coca-Cola und nimmt beides etwa so ernst wie die italienische Post einen Eilbrief. Die Deutschen kommen wieder gut weg. Sie wollen überleben und bieten dazu das Beste auf, was sie haben: »hackenschlagenden Gehorsam«.
Daß Billy Wilders Mutter und Großmutter in Auschwitz umgebracht wurden, hat er stärker den Amerikanern gegenüber betont. Die wollten nämlich, Filmgeschäft ist Filmgeschäft, seinen Film »Stalag 17« auch nach Deutschland bringen. Da der Film in einem Nazi-Gefangenenlager spielt, die Paramount aber deutsche Zuschauer nicht verprellen wollte, hat sie Wilder vorgeschlagen, den Nazi des Films einfach auf einen Polen umzusynchronisieren.
Da ist er aus der Haut gefahren, hat einen finanziell blendend ausgepolsterten Paramount-Vertrag zerrissen und nie wieder für die Paramount einen Film gedreht.
Billy Wilder ist, obwohl und weil er Österreich ständig boshaft durchschaut, Österreicher. Karl Kraus und Franz Molnar sind die Vorbilder seiner Jugend, unter seinen Bildern zeigt er besonders liebevoll die Schiele-Zeichnungen. Und ein kleines Bild von Camilla Friedländer. »Da ist nämlich das *Wiener Tagblatt* drauf, die erste Zeitung, bei der ich gearbeitet habe.«
Der alte Herr spricht immer noch Deutsch wie ein Wiener – und

Englisch erst recht. Kaum zu glauben, daß er schon in Wien (er ist in Galizien zur Welt gekommen) Billie Wilder hieß. Das schrieb sich fast genauso, sprach sich nur anders aus. In Wahrheit hieß er Samuel, aber seine Mutter träumte von Amerika und nannte ihre Söhne Willie und Billie.

Billy Wilders Filme sind Alp- und Wunschträume von Amerika, in denen manchmal auch vom alten Europa geträumt wird. In Europa holen sich die Amis zivilisatorischen Schliff. Jedenfalls in Billy Wilders späten Filmen.

Aus Wien hat Billy Wilder auch seine große Spottliebe zu Freud mitgebracht. Psychoanalytiker haben in seinen Filmen nichts zu lachen. Das Publikum (über sie) um so mehr. Wilders Biographen wollen wissen, daß die Freud-Aversion und der Psychoanalyse-Spott Wilders sich kausal erklären ließen: Freud soll den jungen Reporter Wilder in Wien kurzerhand vor die Tür gesetzt haben. Ich glaube das nicht. Wilders Urteil kommt einfach aus seinem scharfsinnigen Witz.

Jedenfalls hat er einmal Reportern als Stoff eines Films folgende Geschichte aufgebunden: Ein Junge verliebt sich in seine Mutter und heiratet sie. Sie leben glücklich zusammen, bis er herausfindet, daß sie nicht seine wirkliche Mutter ist. Jetzt begeht er Selbstmord – Ödipus hätte es bei Wilder schwer. Es wäre eine Komödie, und Jack Lemmon würde ihn spielen.

Von Wien nach Berlin. Und das in den »Roaring Twenties«. Die anekdotische Biographie Wilders hat überliefert, daß er sich um ein Haar mit Erich Remarque duelliert hätte, weil er ein Verhältnis mit dessen Frau hatte – Ariane oder die Liebe am Nachmittag.

In seiner Wohnung in Westwood, am Wilshire Boulevard, genau gegenüber der Synagoge, wo Louis B. Mayer zu Grab getragen wurde, zeigt er mir unter seinen meist erotischen Bildern und Grafiken auch einige Titelblätter der Zeitschrift *Die Dame*.

Bei der Zeitschrift war Remarque Chefredakteur, erzählt er. »Ein herrliches Leben. Hübsche Damen, ein hübsches Büro, wenig Arbeit. Eines Tages sagt Remarque mir, er wolle aufhören, einen Roman schreiben. Bist du verrückt, hab' ich gesagt. Er aber, auch weil seine Frau drängte, hat sein Büro aufgegeben und den Roman geschrieben: ›Im Westen nichts Neues‹. Das kommt davon, wenn man nicht auf mich hört.«

Eine weitere Anekdote aus Berlin: Weil er in Untermiete wohnte, mußte er einmal den Liebhaber einer anderen Untermieterin vor deren eifersüchtigem Freund verstecken. Der Flüchtling entpuppte sich als Ufa-Gewaltiger, und Wilder nützte die Notlage, um dem Schwitzenden ein Drehbuch anzudrehen: Billy Wilder oder das Apartment.

Weniger anekdotisch war das Jahr 1933. Mit vielen anderen mußte Billy Wilder Berlin verlassen. Ob er die 1000 Dollar Ersparnisse im Hutband oder im Anzug eingenäht mitführte, da mischen sich Erinnerung und Erzählung – je nach Biographie. (Eine gute, wenn auch umstrittene Biographie ist die – vergriffene – von Maurice Zolotow: »Billy Wilder in Hollywood«.)

In Hollywood jedenfalls wurde Billy Wilder Drehbuchschreiber. Der Widrigkeit zum Trotz, daß man in Hollywood nicht berlinerte oder wienerte. Wilder sagte es einem Filmboß ebenso entschieden wie in falschem Englisch: »Ich wollen Filmen geschrieben.«

Immerhin kam auf diese Weise eines Tages das Drehbuch zu »Ninotschka« (1939) zustande. Ein Film mit der göttlichen Garbo von dem ebenso göttlichen Lubitsch, mit einem so göttlichen Antikommunismus, daß »Ninotschka« später zum Plädoyer für die amerikanisch-sowjetische Allianz avancierte – und das trotz des Stalinschen Nichtangriffspakts mit Hitler.

Bevor Wilder in Hollywood einsteigen konnte, mußte er nach Mexiko, um dort auf die nötigen Einreisepapiere zu warten. Er hat 1941 über seine Wartezeit in einem lausigen, dreckigen mexikanischen Hotel »South of the Border« geschrieben, ein hinreißendes Drehbuch. Für Mitchell Leisen, einen der wunderlichsten Schwulen unter Hollywoods damaligen Regisseuren, und für den französischen Star Charles Boyer, der einen Emigranten an der mexikanischen Grenze spielen sollte. Und der Wilders Karriere entscheidend veränderte.

Wilder hatte (mit seinem langjährigen Partner Charles Brackett) dem Emigranten eine Szene geschrieben, bei der Boyer vor dem verschmutzten Spiegel sitzt und eine Kakerlake daran hindert, den Spiegel hinaufzukriechen. Er schiebt ihr ein Lineal vor und sagt: »Wo wollen Sie hin? Was ist der Zweck Ihrer Reise? Darf ich Ihre Papiere sehen?« Ein Stück Emigranten-Tristesse auf ein schlüssiges Kino-Bild gebracht.

Im Studio beim Drehen wurde die Szene kurzerhand gestrichen. Wilder wurde beschieden: Mr. Boyer pflegt sich nicht mit Kakerla-

ken zu unterhalten. Er kochte vor Wut. Seine Rache bestand darin, daß er für den Rest des Films Charles Boyer so gut wie alle Dialoge strich. Vielleicht wurde deshalb nur dessen Partnerin für den Oscar nominiert.
Und an Leisen rächte sich Wilder, indem er selbst Regisseur wurde. Gleich in seinem ersten Film »The Major and the Minor« (1942) verliebt sich ein hoher US-Militär, obwohl er verlobt ist, in eine Lolita, in eine Minderjährige.
Ging denn das damals, noch dazu mitten im Krieg? Selbstverständlich ging das nicht. Aber Billy Wilder kannte alle Tricks. Das Mädchen (Ginger Rogers) ist natürlich eine Frau. Mit besonders hervorstechenden weiblichen Merkmalen. Sie kommt als Vertreterin nach New York, und die Männer machen ihr schmutzige Angebote. Also will sie wieder heim aufs Land. Und merkt auf dem Bahnhof, daß sie nicht genug Geld für die Fahrkarte hat.
Das heißt: Für eine Minderjährige würde es reichen. Also geht sie auf die Toilette und macht sich zum kleinen Mädchen. Und der Major im Zug verliebt sich in sie. So geht das.
Übrigens hat Billy Wilder später erzählt, er habe der üppigen Ginger Rogers den Busen für die Minderjährige einschnüren lassen. Sie dagegen hat erzählt, davon könne keine Rede sein, sie habe ihre üppige Brust einfach weggespielt. Schauspieler-Intuition gegen Regie-Omnipotenz.
Billy Wilder zeigt in seinem Schlafzimmer das große Gemälde einer 13jährigen von Balthus: Das Mädchen ist eindeutig jung und eindeutig üppig. Billy Wilder erzählt, wie er dem Lolita-Schöpfer Nabokov eines Tages das Bild gezeigt habe. Der habe, wie aus der Pistole geschossen, den Namen des Malers gewußt. Wie sehr in Hollywood Europas Decadence zu Hause war, McCarthy und John Wayne zum Trotz, erfährt man aus solchen Beiläufigkeiten.
Eigentlich hatte der Wiener Billy Wilder nur noch einmal als Europäer Schwierigkeiten. Als er mit William Holden, Audrey Hepburn und Humphrey Bogart 1954 »Sabrina« drehte – eine Aschenputtel-Version der fünfziger Jahre.
Sabrina, Chauffeurstochter, liebt einen leichtsinnigen Millionär. Nach einem Selbstmordversuch aus Liebeskummer wird sie nach Europa geschickt. Schließlich heiratet sie den älteren, vernünftigeren, steiferen Millionärsbruder.
Das Problem war: Bogart sollte den älteren, steiferen Bruder spie-

len und Holden den jüngeren, charmanteren. Der wahre Bogart trug damals ein Toupet und war Alkoholiker. Wurde länger als bis 18 Uhr gedreht, bekam er Durst. Wilder wußte das nicht.
Das Problem war: Wilder hatte mit Holden schon gedreht, und Bogart fürchtete, benachteiligt zu werden. Er glaubte immer wieder, die beiden würden das Drehbuch so ändern, daß doch der Holden am Ende die Hepburn bekäme. Auch Holden war Alkoholiker, aber sehr diszipliniert.
Das Problem war: Bogart haßte Europäer, besonders Leute mit deutschem Akzent die er für Nazis hielt. Er haßte den europäischen Touch der Story. Er haßte Wilder. Er äffte seinen deutschen Akzent nach und nannte ihn einen Nazi.
Wilder erzählt heute, daß er zwar Schwierigkeiten mit Bogart gehabt habe. Und dann ernst: »Nicht, als er wußte, daß er todkrank war. Ich habe ihn besucht. Er ist unerhört tapfer und nobel gestorben.«
Sonst ging es auf Billy Wilders Sets ruhig, ausgeglichen, europäisch zu – selbst wenn die Monroe sich um Tage verspätete. Billy Wilder war tolerant genug, auch auf Änderungsvorschläge von Schauspielern einzugehen – notfalls drehte er ihre Anregungen mit laufender Kamera, aber ohne eingelegten Film.
Gespräche über Rollen-Motivationen hat er nicht sehr gemocht. Wenn ihn jemand fragte, warum er das spielen solle und ob nicht der Vater und der Großvater der Figur vielleicht einen Komplex..., dann konnte er antworten: »Vor allem spielst du das, weil du dafür 50 000 Dollar die Woche bekommst. Das ist deine Motivation.« Das klingt nach Hollywood und ist doch Wien, Kapitel Anti-Freud, Anti-Strasberg.
Wilder liebt das Theater, liebt Molnar, die Verkleidungen und Maskierungen, die notwendigen und überflüssigen Lügen, den Schnitzlerschen Reigen der Sexualität. Er liebt den Dialog, den er schreiben kann wie kein zweiter.
Trotzdem sind seine Filme Filme, keine Theaterstücke. Das Schwarzweiß hat er den Bonbonfarben von Technicolor vorgezogen, und ein paar Hollywood-Regisseur-Allmachtsgeschichten gibt es auch von ihm. Etwa: Wie er die Wüste für »Five Graves to Cairo« (»Fünf Gräber bis Kairo«) fegen ließ.
Wilder hatte für den Rommel-Film einen Drehort in der Yuma-Wüste in Arizona aussuchen lassen. Als er am Morgen an die aus-

gewählte Düne kam, sah er Autospuren im Sand. Nach einem kurzen Schock ließ er im nächsten Ort ein paar hundert Besen kaufen, und das Team machte sich ans Wüsteblankfegen.
Oder: Wie er 4000 Gänseblümchen für den »Kaiserwalzer« von Kalifornien in die kanadischen Rockies transportieren ließ, damit sie mehr nach Alpen aussahen. Wie er sie dann alle blau einfärben ließ, weil »Weiß beim Filmen so glänzt«. Wie er im gleichen Film die Straßen kilometerlang ockerfarben anstreichen ließ. Die Strafe folgte der Großmannssucht auf dem Fuß. Der Film, kaufmännisch äußerst erfolgreich, wurde künstlerisch Wilders schlimmste Geschmacksverirrung.
Aber sonst hat der Regisseur nie den napoleonischen Feldherrn gespielt wie seine Breitwand-Kollegen, für deren biblische und spätrömische Materialschlachten er nur Hohn und Spott übrig hatte. Er war ein Regisseur, der in die Gesichter schaute, etwa in das alte Gesicht der Gloria Swanson, weil er den Abglanz welkender Majestät liebt – auch das ein österreichisches Erbteil, denn das Wien der Jahrhundertwende gab als welkende Majestät auch eine Art Abschiedsgala.
Die Todsünde ist ihm die Langeweile. Das merkt man seinen Filmen an, die als Komödien kein aufgedrehtes Tempo haben. Das merkt man ihm selbst an, wenn er erzählt, weil er sich bemüht, einen pausenlos amüsant zu unterhalten. Er ist voll von Witzen, Wortspielen, Anekdoten aus zwei Welten. Fällt ihm mal gar nichts Lustiges ein, zitiert er schnell ein paar Toiletten-Graffiti. Bloß nicht langweilen!
Der 80jährige hat auch Glück. Seine Frau Audrey, ehemals Sängerin bei Tommy Dorsey, schmal, elegant, immer noch von einer nervösen Schönheit, sagt ihm beim Abendessen gleich zweimal, daß er sich aber heute eine besonders hübsche Krawatte ausgesucht habe, und er hört es äußerst geschmeichelt.
Als Hollywood ihm in diesem Jahr den »Lifetime Achievement Award« verlieh, hatte er wiederum Glück. Denn diese Trophäe ist sonst das verkörperte schlechte Gewissen Hollywoods; sie wird mit Vorliebe an Stars verliehen, an denen der Oscar-Segen während ihrer aktiven Zeit vorbeiging. Manchmal wirkte sie schon wie der Todeskuß Hollywoods. So war das bei Henry Fonda, bei Alfred Hitchcock.
Bei Wilder ist das anders. Er hat während seiner Erfolgsjahre mehr

Oscars eingesammelt als jeder andere: sieben. Er war der erste, der für einen Film drei Oscars eingeheimst hat. Ihn konnte das American Film Institute ohne Panik und schlechtes Gewissen ehren.
Aber merkwürdig ist das schon, daß ausgerechnet dieser Europäer zur Inkarnation der US-Traumfabrik wurde. Genauso merkwürdig wie die Tatsache, daß seine Filme gleichzeitig Ausdruck und schärfste Kritik der fünfziger Jahre wurden – wie sonst nur noch die des Durch-und-durch-Engländers Hitchcock.
Wilders beste Helden sind Amerikaner wie Jack Lemmon, die in Europa lernen, zivilisiert zu werden, ohne aufzuhören, Amerikaner zu sein. Wenn es je eine glückliche Synthese zwischen Wien und Hollywood geben könnte, sie müßte wie BW aussehen. Und Lubitsch könnte ihn gedreht haben. Allerdings nur nach einem BW-Drehbuch.
Vielleicht kann man es sich so klarmachen: Wenn beispielsweise Woody Allens Witz unverwechselbar jüdisch-new-yorkerisch ist, dann ist der Wilders jüdisch-wienerisch. Aber der Witz mußte nach Kalifornien emigrieren, um zu sich selbst zu kommen.

HENRY GLASS

»Balsam auf die wunde Seele des Volkes«

Eine Hochzeit im englischen Königshaus
Juli 1986

In seiner Londoner Lieblings-Disco »Trumps« scharte sich zum letztenmal der Kreis nymphenhafter Wesen um ihn, deren mehr oder weniger intimer Bekanntschaft er den Beinamen Randy Andy verdankt. Als sich die Runde nach gehörigem Genuß von Champagner, Wein und vor allem Cognac auflöste, blieb ein deprimierter Brandy Andy zurück, in dessen Augen jener trübsinnige Blick trat, wie man ihn bei abgekochten Kalbsköpfen beobachten kann: »Gosh«, seufzte er, »it's all over.«

Vorüber sind die Zeiten, da Prince Andrew dem hormonellen Walten in seinem Athletenkörper freien Lauf lassen konnte und sich – wie etwa damals im Frühjahr 1983 auf Barbados – mit drei Schönen gleichzeitig nackt im Wasser vergnügte. Vorbei auch ist es mit den verschwiegenen Soupers à deux im Buckingham Palace mit all den Koos (Porno), den Ruths und Katies (Models), den Finolas (Ballett) und Martells (Brandy).

Zwar versuchte die britische Union der geschiedenen und unterhaltspflichtigen Männer Andrew gleichsam in letzter Minute von seinem Vorhaben abzubringen. Die Ehe, warnte dieser Leidensverband der Geprüften, Gehörnten und Geschröpften, sei ein nicht unbedingt erstrebenswertes Ziel: »Die Ausgaben verdoppeln sich, und das Pfund ist nur noch 50 Pence wert.«

Doch zu spät. Am Mittwoch, dem 23. Juli, kurz nach ein Uhr, spricht Prince Andrew seiner Braut Sarah Ferguson gegenüber

selbstschuldnerisch jene Absichtserklärung aus, welche die Iren (die, man wird es am Schluß noch sehen, auch bei dieser Partie dabei sind) »the hard word« nennen, das schwere Wort: »Ja, ich will.«
Etwa 45 Minuten später wird, so alles nach Plan verläuft und der zum improvisierten Predigen neigende Erzbischof Runcie sein Füllhorn schöner Worte rechtzeitig schließt, die 26jährige Verlagsangestellte an der Seite des ihr Angetrauten das unter den Schmetterklängen des »Thriumphal March« erzitternde Kirchenschiff der Westminster Abbey als Princess Andrew verlassen – gewandet in ein rüschenreiches Brautkleid und aufgeschirrt mit Diadem und Perlenkette aus der Schmuckschatulle ihrer Schwiegermutter.
Mehr als 500 Millionen Zuschauer in fast 50 Ländern werden die »Hochzeit des Jahres« live im Fernsehen miterleben, zwölf Stunden lang wird die BBC Bilder von der Hochzeit und Berichte über das Paar in die internationalen TV-Kanäle einspeisen. Die drei großen US-Fernsehstationen präsentieren den Amerikanern »Royal Wedding Specials«, die europäischen Anstalten übertragen die Feierlichkeiten stundenlang – so auch das ZDF, das mindestens 180 Minuten lang mit (wie bittere Erfahrung zu fürchten gelehrt hat) drögen Begleitkommentaren seiner Informationspflicht Genüge tun will.
Zu sehen bekommt das Fernsehvolk – neben dem üblichen Schock wild gestikulierender Peers im Greisenalter, die nach einem langen Leben der Jagd auf Fasane und schottische Moorhühner so taub sind wie ein Türpfosten – Vertreter aller Königshäuser Europas sowie eine »Abgesandte des amerikanischen Volkes« in Gestalt von Nancy Reagan, die erfahrungsgemäß mit der ihr eigenen Penetranz immer wieder ins Blickfeld der Kameras zoomen wird.
»Die Mumie«, wie sie von der Royal Family wegen ihrer Hartfaserfrisur und ihres Greiferlächelns genannt wird, hatte sich – mit dem deutlichen Hinweis auf ihre touristische Schlepperfunktion hinsichtlich der von Terroristenfurcht gebeutelten Amerikaner – quasi selbst eingeladen.
Angesichts der Szenen von einer enthusiastisch jubelnden, nach Hunderttausenden zählenden Menschenmenge an den Straßen und vor dem Buckingham Palace wird der Rest der Welt draußen an den Bildschirmen wieder einmal darüber staunen, mit welcher Selbstverständlichkeit sich die Briten in einen Zustand der Eupho-

rie begeben, sobald sie ihrer Royal Family ansichtig werden – und dies in einem von Klassengegensätzen zerrissenen Land, das einerseits von einer Premierministerin Margaret Thatcher mit der Engstirnigkeit einer viktorianischen Gouvernante in den Frühkapitalismus zurückgeführt wird; und in dem andererseits die Gesinnungströpfe der Linken die von ihnen regierten Städte und Gemeinden mit sämtlichen Spielarten des Sozialismus zu beglücken versuchen. »Die Royal Family ist Balsam auf die wunde Seele unseres Volkes«, konstatierte die *Times* in einem seltenen Anflug von Poesie.

Die Hochzeit von Andrew und »Fergie«, wie die Briten das neue Königskind liebevoll nennen, dokumentiert wieder einmal aufs eindrücklichste, mit welchem Geschick die Windsors das Staatsschauspiel der Monarchie inszenieren – eine Mischung aus Royal Shakespeare Company und Royal Road Show, in der sie ihrem Volk vor eindrucksvollen Schloßkulissen und mit viel Pomp und Tschingderassabum die guten alten Zeiten vergangener Größe vorspielen. Durch die eheliche Vereinnahmung der pummeligen Landpomeranze mit dem widerspenstigen Rothaar besetzten die Windsors in ihrem Ensemble eine bislang offene Rolle – die des Kindes aus dem Volke, den Gegenpart zur Queen.

Sie, die Prinzipalin des ganzen Theaters, beflügelt wie keine zweite die in allen Schichten verbreiteten post-imperialen Phantasien der Briten und wirkt so als klassenverbindende Integrationsfigur (»Wir sind und waren eine große Nation«); Prince Philip hingegen ist der Realist der dem Volk immer wieder aufs Maul haut (»Wir sind zu faul und müssen die Ärmel hochkrempeln«); Prince Charles wandelt sich mehr und mehr zum fortschrittlichen Denker, der etwa das Minus-Wachstum des Waldes nicht als groteske Verirrung der Natur hinnehmen will (»Großtechnologie bringt große Probleme mit sich«); Princess Diana, die wohl vielseitigste Darstellerin der royalen Wanderbühne, ist zum einen das glamouröse Nummerngirl des ganzen Unternehmens, zum anderen die naive Schöne und zugleich die verantwortungsbewußte Mutter und liebende Frau (»Meine Familie ist mir alles«). Und dann gibt es im weiteren und engeren Familienkreis noch eine ganze Reihe von Knallchargen wie etwa Princess Anne, deren zweiter Wohnsitz der Fettnapf ist, oder Prince Edward, der so langweilig wirkt, daß nicht einmal seine Weibergeschichten Aufsehen zu erregen vermögen.

Auftritt Sarah Ferguson, (vorerst noch) gewandet in großkarierte oder quergestreifte Kleider von unvorteilhaftem Schnitt und behaftet mit dem fersenstampfenden Watschelgang der Übergewichtigen; grobzügiges Antlitz, das bei ausgeprägter Mimik entfernt an eine Kartoffel erinnert – eines jener Gesichter also, das Wohlmeinende in ihrer Not apart zu nennen pflegen; lautes, häufiges, breites Lachen; gute Zähne.

Sie wurde dem Major Ronald Ferguson (und natürlich, was aber in dieser Schicht weniger zählt, der Mrs. Ronald Ferguson) als zweitälteste Tochter geboren – ein Bürgerkind also, das freilich einer Klasse entstammt, die man in England »Landed Gentry« nennt. Familien wie die Fergusons, meist Besitzer weitläufiger Güter, bilden den Unterbau der englischen Oberschicht: Da riecht es nicht nach Kuhstall oder Schweinegülle, sondern nach Sattelwichse, altem Port und altem Geld.

Mit 16 Jahren kam Sarah, versehen mit der für die weiblichen Mitglieder dieser Klasse üblichen Ausbildung (mittlere Reife, Sekretärinnen- und Kochkurs), nach London; dort tippte sie zuerst im Büro einer Maklerfirma, anschließend verdingte sie sich in die Dienste der Messrs, Burton, Card und Kapplum, deren Firma sich mit der Herstellung von Auktionskatalogen befaßt.

Dann begann Fergie mit der Suche nach einem Mann zum Heiraten. Der erste, den das Kind vom Lande in Aussicht nahm, war der Eaton-Zögling Kim Smith-Bingham – doch der reiche Sportveranstalter wollte sich partout nicht ins Joch der Ehe beugen. Auch sein Nachfolger, der Formel-1-Manager Paddy McNally, entpuppte sich als Vertreter der (durchaus diskutablen) Ansicht, daß es sich bei der Ehe um das Zweitschlimmste handelt, was dem Mann seit dem Sündenfall zugestoßen ist: Als der um 22 Jahre ältere McNally im Frühjahr 1985, nach dreijähriger Verbindung, um weitere zwölf Monate Bedenkzeit bat, machte Fergie wutentbrannt Schluß.

Doch schon im Sommer landete die Ferguson den großen coup de foudre, als ihr die Jugendfreundin Diana bei der Rennwoche von Ascot Zugang zur »Royal Enclosure«, dem königlichen Logengeviert, verschaffte. Andrew hatte gerade Kummer wegen einer Hupfdohle vom Ballett, die Sonne schien, der Champagner floß, da bohrte sich der Stachel der Liebe in des Prinzen Herz.

Sie sei so ganz anders als die anderen, so erfrischend respektlos und gar nicht aufs Maul gefallen, vor allem habe sie ein großes

Herz und Nerven für zwei – die braucht sie auch, denn ihr Andrew hat offenbar keine: Der Hubschrauberpilot im Rang eines Oberleutnants der Royal Navy ist der Action-Mann der Königsfamilie. So sprang er unlängst aus 50 Metern Höhe von einer Klippe in die frühjahrskalte Nordsee.
Kaum war das Verlöbnis bekanntgegeben, nahmen die Ereignisse ihren bei solchen Anlässen üblichen Lauf: Andenkenhersteller stellten den Briten die Wohnung mit Krimskrams voll. Boulevardzeitungen begannen – mit Farbseiten, Ausziehseiten, Sonderseiten – ihren Countdown für die Hochzeit. Der Poet Laureate – ein Ehrentitel, der seit dem 17. Jahrhundert von britischen Monarchen jeweils einem Dichter verliehen wird – drohte an, eine Ode auf die Hochzeit zu verfassen (sein musikalisches Pendant, der Master of the Queen's Music, bekam wegen der aufdringlichen Modernität seiner Kompositionen von vornherein Aufführungsverbot). Madame Tussauds Wachsfigurenkabinett bat um Erlaubnis, die Braut zwecks Nachbildung vermessen zu dürfen – Gracious Lord, wie taktlos.
Denn Fergie, die mit einer Lebensfülle von 68 Kilo deutlich zur Korpulenz neigt und von Freunden aus gegebenem Anlaß »old thunderthigh« (alter Donnerschenkel) genannt wird, wollte bis zum Hochzeitstag gute zehn Kilo abhungern – doch die Marshmallows, Toffees und all das andere Naschwerk das sie so liebt, waren stärker. »Welch ein königlicher Po (109 cm!)«, staunte *Bild.* Die Londoner *Daily Mail* hingegen stellte, ihrer patriotischen Pflicht genügend, den Mors des Mädchens gleichsam unter Denkmalschutz: Fergie habe den »guten alten birnenförmigen Hintern, wie er für die Britin typisch ist«.
Doch mehr als ihre körperliche Beschaffenheit beschäftigten das Britenvolk und seine Presse drei wesentlich gravierendere Mängel der Braut: Sie ist keine virgo intacta, sie ist ein Kind aus skandalumwitterter Familie, und sie ist nicht von Stand.
Die Frage der Jungfräulichkeit warf der (knochenkonservative) Adelskalender »Burke's Peerage« auf, der sich darüber entrüstete, daß Sarahs »Privatleben, gemessen an den Traditionen der Royal Family, nicht nur unorthodox, sondern auch in der nationalen Presse wohldokumentiert« sei. Prompt eilten Hofbeamte zu Fergies zwei Verflossenen und fragten an, ob die beiden gedächten Intimes aus der mit Sarah verbrachten Zeit auszuplaudern – die Herren versprachen zu schweigen.

So konnte der *Observer* den Fall zur Zufriedenheit aller schließen, indem er – unter Mißachtung gynäkologischer Tatbestände – kurzerhand verfügte: Ein Mädchen, das in den achtziger Jahren bis zum Alter von 26 nur zwei Freunde gehabt hat, ist Jungfrau.
Etwas mehr Wind verursachte die familiäre Verstrickung der Fergusons mit dem Erzfeind Argentinien, der im vorliegenden Fall in der Person eines gewissen Senor Hector Barrantes Gestalt annahm. Mit ihm, einem Polo-Profi der Weltklasse, war Sarahs Mutter 1973 durchgegangen. Die beiden heirateten, und auch der Major verehelichte sich anderweitig – womit die Angelegenheit ihr Bewenden gehabt hätte, wäre Hector Barrantes während des Falklandkrieges nicht auf die Idee verfallen, sich zum Dienst fürs argentinische Vaterland zu melden.
Wieder mußten die Hofdiplomaten ausschwärmen, diesmal zu den Preßbengels vom Boulevard, die damals den Waffengang um die Felsansammlung nahe der Antarktis mit lautem Kriegsgebrüll begleitet hatten. Fergies Mutter, so beschworen die Höflinge die Journalisten, werde unter Hintanlassung ihres Polo-Gauchos zur Hochzeit reisen; auch der einer Fraternisierung mit dem Feind gewißlich unverdächtige Major sei mit dem Arrangement einverstanden – und überhaupt, wollten sie dem Glück des Königssohnes im Wege stehen? »Wir Briten sind zu zivilisiert«, kommentierte daraufhin der *Daily Express*, mit selbstzufriedener Toleranz, »um Sippenhaft zu üben.«
Irritiert zeigte sich – Problem Nummer drei – die Presse auch darüber, daß die Frau von Prince Andrew bürgerlicher Abkunft ist. Prompt schickte der Hof zwei Ahnenforscher ans Werk, die auftragsgemäß feststellten, was nach den Gesetzen der Bevölkerungsmathematik wahrscheinlich ist: Die beiden sind, 350 Jahre ist das nun schon her, über eine Mätresse von Charles II. miteinander verwandt und mithin Cousins sechsten Grades. Nach dieser Betrachtungsweise freilich sind sie auch mit zweieinhalb Millionen Amerikanern verwandt.
Schamhaft verschwiegen die Genealogen hingegen eine direkte Ahnenlinie der Braut, die sich auch in ihrem flammroten Haar und den unregelmäßigen Gesichtszügen dokumentiert: In ihren Adern fließt irisches Blut, und das nicht zu knapp. Denn 1736 heiratete der Doktor James Ferguson, ein Mitglied des irischen Parlaments aus Londonderry, die aus demselben Ort gebürtige Leinenfabrik-

besitzerstochter Sarah Clark, wechlselbe innerhalb standesgemäßer Frist eines Kindes genas. Später verzogen James und Sarah Ferguson mit unbekannter Adresse nach England.
Daß die Ahnenforscher den nach Irland reichenden Wurzelstrang von Fergies Stammbaum nicht weiter erwähnten, ist verständlich. Denn noch immer gilt das rauf- und sauflustige Inselvölkchen, das den Briten mehr Widerstand entgegensetzte als jede andere Kolonie, bei vielen Mitgliedern der englischen Oberschicht als eine Ansammlung von »gälisch sprechenden Wilden«.
In diesem Sinne sei dem Paar ein herzliches »le gach deaghghuidhe« zugerufen – die gälische Kehllaut-Ansammlung für »Alles Gute«.

ERICH WIEDEMANN

Vor der Todeszelle blühen die schönsten Blumen

Bei deutschen Rauschgift-Häftlingen im Zentralgefängnis von Bangkok
Januar 1987

»Bananas for Mister Bergmann«, ruft Hildegard Sachs und stopft eine Staude grüner Bananen durch den Verschlag in der Stirnwand der Wachstube.

Von der anderen Seite wird der Empfang bestätigt: »One banana for Mister Bergmann.« Frau Sachs schiebt eine Stange Ami-Zigaretten durch die Luke. »Cigarettes for Mister Dormann.« Von draußen kommt das Echo: »Cigarettes for Mister Dormann.«

»Nescafé for Mister Polonek«, ruft Frau Sachs. Wieherndes Echo: »Polonek, nek, nek.« Der Wärter lächelt. Spaß muß sein. Durch die geöffnete Klappe sieht man im Gefängnishof drei Gefangene vorbeischlurfen, die an den Füßen aneinandergekettet sind.

Einer ist um die Zwanzig, die anderen beiden sind vielleicht zwischen 14 und 16. »Mörder«, sagt einer der Besucher, die in der Wachstube auf Abfertigung warten. Der Mann am Schreibtisch nickt. Über drei Viertel der 7500 Strafgefangenen, die im Bang-Kwang-Zentralgefängnis in Bangkok Haftstrafen zwischen 20 Jahren und lebenslänglich verbüßen oder in der Todeszelle auf die Hinrichtung warten, sind Mörder – darunter auch Jugendliche und Kinder.

Hildegard Sachs aus Hannover kommt alle zwei, drei Wochen mit einem Klapp-Kinderwagen voll Lebensmittel, Medikamenten, Zigaretten und etwas Lesestoff für die deutschen Gefangenen. Sie wechselt sich ab mit fünf anderen Frauen von der Hilfsgruppe der

deutschen evangelischen Pfarrgemeinde von Thailand, die sich um die 17 Deutschen in Bang Kwang, im Stadtgefängnis Klong Prem und in der Untersuchungshaftanstalt Mahatschai kümmern. Die Damen vom Betreuungsverein sind privilegierter Besuch. Sie dürfen mit den Gefangenen im VIP-Zimmer sprechen, einem 20 Quadratmeter großen kahlen Raum, der durch ein Gitter in zwei Hälften getrennt ist und in dem sich höchstens ein Dutzend Besucher gleichzeitig aufhalten.
Normale Besucher werden in den sogenannten Tigerkäfig geführt, in dem bis zu 200 Gefangene und Besucher, durch zwei Gitterreihen und einen Laufgang voneinander getrennt, einander gegenübersitzen und zu überbrüllen versuchen, um sich verständlich zu machen.
Der Häftling Karlheinz Bergmann* aus Homburg im Saarland, der seit viereinhalb Jahren in Bang Kwang ist, hat im Tigerkäfig nur einmal seine Tochter getroffen. Er sagt, es sei so deprimierend gewesen, daß er danach nie wieder Besuch von zu Hause haben wollte.
Im Vergleich zu den anderen vier Deutschen, die in Klong Prem wegen Drogenschmuggels einsitzen, ist Karlheinz Bergmann seelisch und körperlich in Topform. Er hat seit drei Jahren in der Schang Diem Ma, dem Disziplinarbuch, das die Verwaltung über die Gefangenen führt, eine Sechs. Wenn er weiterhin so gute Noten in Betragen kriegt, hat er gute Chancen auf vorzeitige Entlassung.
Bergmann wurde am 7. August 1982 an Bangkoks Don-Muang-Airport mit 450 Gramm Heroin 4 in einem Plastikbeutel erwischt, das er in seinen Anzug eingenäht hatte. Er verbrachte drei Monate, überwiegend angeschmiedet, in einer Dunkelzelle in Mahatschai, bevor er seinen Prozeß bekam.
Die Verhandlung dauerte zwölf Minuten. Sie wurde ausschließlich auf Thai und ohne Dolmetscher geführt. Sein Verteidiger, der 25 000 Baht Vorschuß – nach heutigem Kurs etwa 2000 Mark – kassiert hatte, ergriff in der Sitzung nicht einmal das Wort. Als Bergmann in Ketten aus dem Saal geführt wurde, lief ihm der Anwalt nach, schlug ihm fröhlich auf die Schulter und rief: »Glück gehabt, mein Lieber, nur 25 Jahre. Gut, daß Sie alles gestanden haben.«

* Die Namen der Häftlinge wurden geändert.

Bergmann hatte einen relativ pflichtbewußten Verteidiger. Andere Anwälte kassieren und lassen sich dann nie wieder sehen.
»Es war im großen und ganzen ein fairer Prozeß«, sagt Bergmann. Am Tatbestand konnte er nicht rütteln. Und das Strafmaß war auch in Ordnung. Für 450 Gramm wird sonst automatisch lebenslänglich gegeben. In Malaysia wäre er unweigerlich dafür gehängt worden. Nein, sagt er, er habe keinen Grund, sich zu beklagen.
Vielleicht weil Mustergefangene sich nicht beschweren und weil er hofft, daß die Appellationsinstanz, die über sein Gnadengesuch entscheidet von seiner tiefen Einsichtsfähigkeit erfährt?
Bergmann schüttelt ganz langsam den Kopf und sagt: »Ich habe hier im Knast so viele an Heroin verrecken sehen und erst hier kapiert, was ich getan habe. Man muß das ganz hart bestrafen.«
Fixerei im Knast wird selten oder nie bestraft – einfach weil die strafende Instanz mit daran verdient. Die Chinesen-Mafia von Bang Kwang verkauft das Gramm reines Heroin für 700 Baht. Das ist halb soviel wie auf der Patpong Road im Rotlichtviertel von Bangkok, wo westliche Fixer ihre Schüsse kaufen.
»Es ist wahr«, sagt Hans-Bernd Zöllner, der Pfarrer der deutschen evangelischen Gemeinde, »die Gefängnisse hier sind keine Entzugsanstalten.« Pastor Zöllner ist zur Verschwiegenheit verpflichtet, schon um die Arbeit seiner Hilfsgruppe nicht zu gefährden. Aber daß in Bang Kwang acht von zehn Gefangenen an der Spritze hängen, ist kein Geheimnis.
Wer hier clean reinkommt, hat wenig Chancen, auch clean wieder herauszukommen – wenn er überhaupt je wieder rauskommt. Die besten Aussichten haben noch die ganz Mittellosen, die nicht von draußen unterstützt werden, die sich das bißchen falsche Seligkeit für zwischendurch schon finanziell nicht leisten können.
Weil Injektionsnadeln knapp sind, wird mit spitzgefeilten Kugelschreiberminen und mit Röhrchen aus Haarspraydosen gespritzt. Man füllt die Röhre mit Stoff und pustet sich die Ladung in die Vene. »Ein Aids-Fall, nur ein einziger Aids-Fall«, sagt Karlheinz Bergmann, »und ein Vierteljahr später ist das hier ein riesiges Totenhaus.«
Bang Kwang ist ein Haupthandelsplatz für Heroin. Von hier aus wird der Nachschub für Hongkong und Westeuropa gesteuert. Am Flughafen Frankfurt wurde neulich eine Sendung Heroin abgefangen, die direkt in Bang Kwang abgeschickt worden war.

Wer im Knast mit Schnee geschnappt wird, riskiert ein Vierteljahr Dunkelhaft in Ketten, falls er an einen unbestechlichen Wärter gerät. Das ist schlimm. Aber die Touristen, die sich im Puff an der Patpong Road ein Kondom mit zehn Gramm aufschwatzen lassen, um sie in After oder Vagina außer Landes zu schmuggeln, riskieren viel mehr. Der »Narcotics Control Board« verhaftet jedes Jahr durchschnittlich 20 000 Drogentäter, darunter auch immer ein paar hundert Ausländer.

Die Strafen für Heroin-Besitz sind mörderisch. Faustregel: ein Jahr pro Gramm. Doch die Gerichte haben viel Ermessensspielraum. Bernd Dormann bekam 33 Jahre für 250 Gramm, Robert Hundmeyer aus München 33 Jahre für nur 17 Gramm.

Im Foyer der deutschen Botschaft an der Sathorn Road liegen hektographierte Flugblätter mit Informationen über Drogenhandel aus. Darin heißt es unter anderem: »Der Strafvollzug in thailändischen Gefängnissen ist für Europäer wegen der klimatischen und örtlichen Verhältnisse hart.«

Hart? Die »örtlichen Verhältnisse« in Bang Kwang wären ein Fall für Greenpeace, wenn in den Zellen Waschbären statt Menschen so gehalten würden. 15 Quadratmeter Beton mit einem Notdurft-Loch in der Ecke für je 25 bis 30 Häftlinge, kein Bett, kein Stuhl, kein Tisch. Die Schlaffläche ist so knapp berechnet, daß die Schläfer nur auf der Seite liegen können. Wenn sich nachts einer umdrehen will, müssen sich alle umdrehen.

Das Waschwasser kommt aus dem nahen Fluß, der auch als Abwasserkanal für die benachbarte Siedlung dient. Zu essen gibt es faulige Fischsuppe mit Gräten, Dreck, manchmal auch Nägeln und Schrauben, dazu roten Reis, den die Thais sonst ans Vieh verfüttern.

Die 300 Insassen der Todeszelle, darunter ein australischer und ein französischer Drogenschmuggler, leben noch beengter als die anderen Häftlinge. In der Todeszelle wird überwiegend im Hocken geschlafen. Die Todeskandidaten tragen Tag und Nacht zwölf Kilo schwere Ketten – so lange, bis sie hingerichtet oder zu lebenslänglich begnadigt werden.

Vollstreckt wird gleich hinter der Todeszelle. Der Delinquent wird auf ein Holzkreuz geschnallt und von hinten erschossen.

Die Europäer sind besser dran als die Thais. Weil die Farang, wie sie auf Thai heißen, nach Auffassung der Gefängnisleitung zu qua-

lifizierter Tätigkeit zu ungeschickt sind, brauchen sie nicht zu arbeiten. Ihre Zellen sind etwas geräumiger als die Thai-Zellen. Und was am wichtigsten ist: Sie dürfen sich auf eigene Kosten selbst verpflegen und sich – für zehn Baht pro Kanister – sauberes Trinkwasser von draußen kommen lassen, wenn das Disziplinarbuch in Ordnung ist.
Nach der Gefängnisrevolte am 4. August 1985 wurden die Privilegien drastisch gekürzt. Gegen elf Uhr früh hatten 1200 Mann aus Block 6 rebelliert und zwei Wärter als Geiseln festgesetzt. Mittags war das ganze Gefängnis in der Hand der Rebellen. Aber es war ein aussichtsloser Kampf. Noch vor Einbruch der Dunkelheit hatte die Armee Bang Kwang wieder unter Kontrolle.
Sieben Gefangene wurden nach regierungsamtlichen Angaben bei Fluchtversuchen getötet – alle sieben per Genickschuß, mindestens 20 weitere angeblich mit Knüppeln totgeschlagen.
Seit der Revolution, wie sie im Knastjargon heißt, leben auch die Farang wieder wie richtige Gefangene. »Am meisten macht uns die saumäßige Hygiene zu schaffen«, sagt Willi Polonek aus Wuppertal, der jetzt seit gut fünf Jahren in Bang Kwang sitzt. »Alles ist dreckig, überall Kot, überall Jauche. Stellen Sie sich vor, Exkremente von 7500 Mann und keine Kläranlage. Sie schütten alles auf die Blumenfelder zwischen den Blocks.« Vor der Todeszelle von Bang Kwang wachsen die schönsten Blumen von Bangkok.
Polonek lehnt sich auf seinem Hocker zurück und hebt sein entblößtes rechtes Bein auf den Tisch vor dem Gitter. »Schauen Sie: Abszesse, Geschwüre. Ich brauche Geld für Antibiotika.« Seine Mutter ist Rentnerin. Sie überweist mal 100, mal 150 Mark im Monat – soviel, wie sie erübrigen kann. Das reicht gerade für Milchpulver, Fruchtsäfte und Bananen. Polonek sind in der Haft die Zähne ausgefallen. Deshalb, so sagt er, könne er nur Brei und Flüssignahrung zu sich nehmen.
Eine deutsche Ärztin, die ihn kürzlich untersucht hat, so gut das durchs Gitter hindurch ging, glaubt, daß Polonek nicht zu wenig, sondern zu viele Medikamente bekommt. »Wenn Sie nicht damit aufhören«, hat sie zu ihm gesagt, »brauchen Sie kein Gnadengesuch mehr zu stellen, dann werden Sie in der Waagerechten entlassen.«
Polonek hat Leberzirrhose – Folge von 15 Jahren Drogen- und Medikamentenmißbrauch. Mit 14 fing er an zu haschen, und seitdem

hat er nicht aufgehört, sich wahllos mit Giften vollzusaugen – bis er auf der Flucht vor der deutschen Justiz der Bangkoker Drogenfahndung ins Netz ging.
Willi Polonek ist körperlich und seelisch ein Wrack, keiner von denen, die, wie Pastor Zöllner sagt, »diesen furchtbaren Schock der Haft positiv umsetzen, um Tritt zu fassen«. Sein Lebtag lang kam er nicht aus dem Stolpern heraus, sein Leben ist eine einzige Havarie. Er umklammert mit seinen knochigen Fingern das Gitter, blickt einen Moment lang schweigend zur Decke. Dann öffnet er den zahnlosen Mund und sagt mit langen Pausen zwischen den Wörtern: »Ich will hier raus, bevor es zu spät ist.«
Polonek hat erst ein Fünftel seiner Nominalstrafe verbüßt. »Das ist kein Knastkoller, nach fünf, sechs Jahren kommt eine Art psychische Wende«, sagt Karlheinz Bergmann. »Die Leute fangen dann an, komisch zu werden, sie reden mit sich selbst oder mit Leuten, die gar nicht da sind.« Wenn er die Wahl gehabt hätte, so sagte Frank Förster aus Rüdesheim nach seinem Freispruch in Penang, hätte er lieber den Galgen gewählt als 20 Jahre in einem südostasiatischen Knast. Aber die Wahl hat keiner.
Welche Amnestiechancen ein Häftling hat, hängt auch von seiner Nationalität ab. Es gibt ausländische Botschaften in Bangkok, die jede Woche einmal eine Verbalnote zugunsten inhaftierter Landsleute ans Außenministerium schicken. Ende 1985 wurden nach einer Demarche aus Paris sieben Franzosen auf einmal entlassen. Auch Italiener haben weit überdurchschnittlich gute Aussichten auf Begnadigung.
»Die Amis lassen ihre Leute hier drin, bis sie verfaulen«, sagt Bergmann. Die US-Regierung hat in Bangkok jahrelang Druck gemacht, weil sie die Strafen für Dealer zu lasch fand. Heute findet sie – ebenso wie die anderen Ausländer – die Urteile der Thais zu hart. Aber sie kann von ihrer Position nicht mehr runter. Ebensowenig ist die bundesdeutsche Botschaft eine Trostadresse für die meisten deutschen Häftlinge. Das Referat Soziales müht sich redlich um Vertrauen. Die Botschaft hilft, Anträge zu stellen, verteilt zu Weihnachten Plätzchen im Knast, und sie stellt Gefängniskommandanten zur Rede, die deutsche U-Häftlinge »zur psychologischen Anpassung an die neue Umgebung« wochenlang angeschmiedet in Dunkelhaft halten. Jedoch, so sagt ein Botschaftsmitarbeiter, »es ist schwer, das letzte Mißtrauen der Leute abzubauen«.

Die deutschen Diplomaten haben zweierlei Interessen zu vertreten, die einander zum Teil ausschließen: die Interessen der deutschen Häftlinge und die Interessen des Gesetzes, gegen das die Häftlinge verstoßen haben und dessen Verletzung auch in der Bundesrepublik mit harten Strafen bedroht ist. Das ist das Dilemma, das ihre Klientel nicht versteht.

Bei dem Häftling Rainer Grille aus Berlin ist die Botschaft nicht mal ihre Nikolaustüte losgeworden, weil er sich, wie er mitteilen ließ, verraten fühlt. In seiner Akte steht der Vermerk: »Keine Betreuung erwünscht.« Das wird sich geben.

An Grilles Verbitterung sind Rainer Harms und Manfred Bolte vom Bundeskriminalamt nicht ganz schuldlos, die ihr Büro im Botschaftsgebäude haben. Die zwei bundesdeutschen Kriminalbeamten beschatten die deutsche Touristenszene in den thailändischen Urlauberzentren. Sie haben Grille am 13. Oktober vorigen Jahres im Transit des Flughafens Don Muang hochnehmen lassen, weil sie ihn des Drogenschmuggels verdächtigten.

Der Fall Grille ist ein Indizienfall. Er hatte bei seiner Festnahme keinen Stoff bei sich. Sicher war nur, daß er Leute aus der Bangkoker Drogenszene kannte und daß er häufiger zwischen Europa und Thailand hin- und hergeflogen war, als das ein normaler deutscher Urlauber gewöhnlich tut. Weil die Beweislast nicht beim Ankläger, sondern beim Angeklagten lag, wurde er in erster Instanz zu 13 ½ Jahren Haft verurteilt, ein Klacks für thailändische Verhältnisse.

»Er wäre auch in Deutschland verurteilt worden«, sagt Manfred Bolte. Das kann gut sein. Nur, so wie Bolte das sagt, hört es sich an, als habe er Grund, sich zu entschuldigen.

Bolte und Harms haben häufig die Wahl, ob sie einen von ihnen identifizierten Pusher in Bangkok verhaften lassen oder erst am Zielort in Europa, wo Rechtsprechung und Haftbedingungen humaner sind. Und sie machen von ihrer Auswahlmöglichkeit auch Gebrauch, wenn es die Umstände zulassen.

Bei Grille, so sagt Bolte, hätten sie keine Wahl gehabt. Sie hatten ihn dreimal mit Aeroflot oder Interflug aus Bangkok losfliegen lassen, weil ihn später der Frankfurter Zoll festnehmen sollte. Dreimal war Grille nach der Zwischenlandung in Moskau auf Flüge in Richtung Brüssel und Amsterdam umgestiegen, statt nach Frankfurt weiterzufliegen.

Einmal wurde er nach der Landung in Moskau ins Krankenhaus eingeliefert, weil einer der heroingefüllten Kondome, die er angeblich vor der Abreise geschluckt hatte, unterwegs undicht geworden war. Beim vierten Mal alarmierten die BKA-Leute die Kollegen vom Narcotics Control Board, weil sie auf Nummer Sicher gehen wollten. Grille wartet jetzt auf sein Appellationsverfahren. Aber die Aussichten sind schlecht.
Welche Gewissensbisse hat ein deutscher Kriminalbeamter, einen mutmaßlichen deutschen Straftäter einer fremden Justiz auszuliefern, deren Strafen er selbst für mörderisch hält?
Gar keine, sagt Bolte. Ein Polizist, der anfängt, die für die Betroffenen negativen Folgen seiner Pflichterfüllung zu traumatisieren, kann einpacken. Ein dickes Fell gehört zur Grundausstattung eines deutschen Drogenfahnders in Thailand.
Im Fall Noglin waren Harms und Bolte unsicher. Andreas Noglin wurde in Pitsanulok festgenommen, nachdem die Polizei in seinem Koffer ein halbes Pfund Stoff gefunden hatte. Er sagte vor Gericht aus, seine thailändische Frau habe ihm das Rauschgift in den Koffer gepackt, um ihn loszuwerden.
Das klang, so wie Noglins Eheverhältnisse sich darstellten, fast plausibel. Und ein großes Paket Heroin 4 in Originalverpackung ungetarnt ganz obenauf im Koffer – so dumm ist kein Pusher. Aber ehe jemand eingreifen konnte, war die Beweisaufnahme geschlossen. Und wo sie geschlossen ist, wird sie auch nicht wieder aufgenommen. Die Thai-Justiz ist prinzipienfest und fackelt nicht. Unmenschlich? Thailand hat eine halbe Million Drogensüchtige.
Wenn Manfred Bolte mal schwach wird im Glauben an die Gerechtigkeit, braucht er sich bloß das Unheil vorzustellen, das man mit 250 Gramm Schnee auf der deutschen Fixerszene anrichten kann. 1986 starben in der Bundesrepublik 330 überwiegend junge Leute an einer Überdosis Heroin. Und ein Gramm ist schon eine todsichere Überdosis.
Es heißt, daß jede Verhaftung in Bangkok in Europa zwei Junkies vor dem goldenen Schuß rettet. Das rechnet sich vielleicht in der Theorie. Die Praxis sieht anders aus. Die große Masse des Stoffs, den die Junkies in Westeuropa verschießen, wird zentnerweise von Großdealern in den Markt eingespeist. Die Mengen sind so großzügig kalkuliert, daß der Markt nicht austrocknet, wenn mal eine Tonne abgefangen wird.

In After, Magen und Vagina tollkühner Klein-Dealer werden noch nicht einmal zehn Prozent des thailändischen Rauschgifts aus dem Land geschmuggelt.

JOACHIM HOELZGEN

»Die Stadt ist reich, aber ohne Träume«

Das schöne Sterben von Triest
Februar 1988

Wenn Giorgio Voghera das jüdische Altersheim verläßt und in die Via Giulia einbiegt, erscheint ihm Triest wie eine Stadt, aus der die Zeit herausgenommen worden ist.

Voghera, ein imposanter Mann mit hoher Stirnglatze und weißem, an den Seiten gekräuseltem Haar, ist der letzte Überlebende einer Epoche, in der Triest eine Welthauptstadt der Literatur war. Seine Romane setzten sich mit der verborgenen Innenwelt von Angestellten auseinander, die Voghera, der bei einem Triestiner Versicherungsunternehmen tätig war, aus eigenem Erleben kennt.

In der Bar Giulia begrüßen ihn die Gäste, wenn er an seinem Tisch mit Leselampe Platz nimmt. Der Alte erzählt bei einer Tasse Cappuccino von James Joyce, der in Triest seinen »Ulysses« schrieb und an der Berlitz-Schule in der Via Donato Bramante Englisch unterrichtete. Joyce lernte dabei den Geschäftsmann und heimlichen Autoren Ettore Schmitz alias Italo Svevo kennen – Triests zentrale Figur der peinlich genauen Selbstdarlegung – und ermutigte ihn, seine Werke zu veröffentlichen.

»Svevo verkehrte im Café Garibaldi an der Piazza Unita«, erzählt Voghera, »oft zusammen mit dem Freud-Schüler Edoardo Weiss, bei dem die halbe Stadt in psychoanalytischer Behandlung war. Jeder wußte, wie es um den anderen stand.«

Voghera ist ein fast mythisches Symbol der Triestiner Kaffeehäuser, die er mit der präzisen Routine des rüstigen Greises aufsucht.

Dreimal täglich geht er in die Bar Giulia. Zweimal in der Woche sitzt er im Café San Marco in der Via Cesare Battisti, einer Enklave des Jugendstils mit kaffeebraunen Marmortischchen und Thonet-Stühlen. Hier und auch im Café Tommaseo, 1830 eröffnet und beladen mit belgischen Wandspiegeln, Reliefs und honigfarbenen Stukkaturen, nähern sich ihm die Ober mit solch vornehmer Zurückhaltung, als ob sie einem Denkmal den Kaffee servierten. »Es ist angenehm, dort Freunde zu treffen und trotzdem allein zu sein – aber nicht einsam«, sagt Voghera.

Es ist die eigentümliche, zur Schicksalsform stilisierte Melancholie ihrer Elite, die Vielfalt der konservierten Formen aus der Zeit des habsburgischen Kaiserreichs und die Wiederentdeckung der europäischen Geschichte, die Triest und sein Fluidum plötzlich wieder interessant machen. Vor allem die Pariser Zeitungen haben die Stadt an der Adria neu entdeckt und schwärmen, wie *Le Monde,* in langen Essays über ihre »kosmopolitische, posthumanistische und posthistorische Kultur«. Der *Nouvel Observateur* rühmte die »elegante Tristesse von Triest«, wo der Autor auf die höchste Selbstmordrate in Italien gestoßen sein will.

Triest, das seine Parkanlagen nach dem Vorbild des Volksgartens am Wiener Ring zurechtgeschnitten hat und Liebhaber mit Fassaden von Bürgerhäusern und Palästen aus den theresianischen, josephinischen und franz-josephinischen Stilepochen fasziniert, müsse auf gelegentliche Besucher wie ein Museum wirken, meint der Triestiner Claudio Magris, Kulturkritiker des *Corriere della Sera,* Professor für deutsche Literatur und neben Regisseur Giorgio Strehler intellektuelles Aushängeschild der Stadt am östlichsten Zipfel Italiens. »In dem Museum«, fügt Magris hinzu, »wird aber immer noch gelebt und gedacht.«

Als Beweis dient etwa den PR-Leuten der Stadt Triests neuer Containerhafen, eine mit Kränen gespickte Milliardeninvestition, die im Wettbewerb mit dem von Streiks geplagten Genua und anderen ligurischen Häfen wie La Spezia durchaus bestehen kann.

Der Aufschwung an den Docks ist das Verdienst des Hafenpräsidenten Michele Zanetti, der es mit psychologischem Geschick verstand, die früher allmächtigen Hafenarbeiter auf Computer anstelle von Streiks einzuschwören und einem Personalabbau um die Hälfte zuzustimmen. Zanetti hat auch zwei dem Deutschen entliehene geographische Begriffe – »Hinterland« und »Mitteleuropa« – neu belebt und das Geschäft in Richtung Norden und Nordosten ausgeweitet, nach Bayern, Österreich und Ungarn, von wo die Container-Lastwagen über eine Stelzen-Autobahn direkt bis an die Kais heranrollen.

Für die Triestiner verkörpert Zanetti, was der frühere Ministerpräsident Bettino Craxi dem Land gepredigt hat – Tatkraft und Effizienz. In seiner früheren Rolle als Chef der Provinzregierung hatte er diese Eigenschaften mit einem weltweit beachteten Experiment schon einmal bewiesen: Er unterstützte die Abschaffung der gefürchteten Triestiner Zwangspsychiatrie, in deren geschlossenen Abteilungen, wie Zanetti sich erinnert, »Menschen wie Gemüse gestapelt« wurden.

Zanetti und der von ihm eingestellte Psychiater Franco Basaglia sorgten für ein Netz von ambulanten Stationen in den Stadtvierteln Triests und schufen auf diese Weise Anlaufstellen mit blitzblanken Zimmern und weißbelakten Betten für die früheren Patienten – ein Angebot, das von amerikanischen Experten gerade neu entdeckt wird. Mini-Zentren wie in Triest könnten in den US-Großstädten das Problem obdachloser, auf den Straßen umherirrender Geisteskranker lösen, denen der Winter zur tödlichen Bedrohung wird.

Am liebsten verweisen die Stadtoberen zur Demonstration der eigenen Fortschrittlichkeit auf einen Glaskomplex mit Blick auf die Adria, in dem der Physik-Nobelpreisträger Abdus Salam das Fundamentalkonzept der »elektroschwachen Kraft« entwickelt hat. Der aus Pakistan stammende Salam entwirft auf seiner Wandtafel gerade eine neue Formel, die er »das große Prinzip der Partikel und der Kräfte, die den Elementarteilchen zugrunde liegen«, nennt.

Auf den Kalkhügeln des Karsts, nahe der Staatsgrenze zu Jugoslawien, wird eine Anlage gebaut, die der Kaffeehaus- Pensionopolis nun auch ein High-Tech-Image geben soll – ein Synchrotron. Mit Hilfe des Beschleunigers sollen exotische Mikrochips zur späteren Verwendung in der Industrie gezüchtet werden.

Doch die Forscher um Salam – sein Kollege Carlo Rubbia stammt aus dem nahen, ehemaligen k.u.k. Beamtenstädtchen Görz und erhielt 1984 den Nobelpreis – leben in einer Sonderwelt, in der Triest trotz seiner Nähe eigentlich nur stören kann. »Ich gehe nur selten in die Stadt«, sagt Abdus Salam, »sie soll eine gute Oper haben, ich war aber noch nie drin. Triest hilft uns beim Arbeiten, weil es so wenig Attraktionen hat.«

Es fällt natürlich nicht nur Wissenschaftlern schwer, dem rückwärtsgewandten, sich stets wiederholenden Wehklagen zu folgen, das die Einheimischen zum gepflegten Umgangston entwickelt haben. »Wir haben nicht mehr den Erfolg von einst«, sagt etwa Dr. Alberto Nicoli, 64, Vizesekretär der Triestiner Handelskammer, »was uns aber bleibt, ist die Geschichte. Das prägt unseren Charakter.«

Nicoli arbeitet im neoklassizistischen Prunkbau der Alten Börse in einer Art Zeitmaschine aus der k.u.k. Ära mit Seidentapeten und dunklem, schwerem Eichenmobiliar. Er hat sich wie die meisten Triestiner seines Alters in der Vergangenheit fest eingerichtet – idealerweise jener der Jahrhundertwende, als Triest, nach Wien, Budapest und Prag die viertgrößte Stadt des Habsburger-Imperiums war.

Es war die Zeit des Österreichischen Lloyd, der von Triest aus Dampfer mit Namen wie »Imperatrix«, »Fürst Metternich« und »Baron Stürmer« auf die Weltmeere entsandte, aber auch der k.u.k. Marine, deren Flaggschiff »Viribus Unitis« auf einer Triestiner Werft gebaut wurde, ein »Dreadnaught« mit zwölf Kanonen vom Kaliber 30,5 Zentimeter. Im Sommer 1914 lief die »Viribus Unitis« wieder im Hafen von Triest ein – an Bord die Leiche des in Sarajevo ermordeten Thronfolgers Franz Ferdinand, die via Triest nach Wien übergeführt wurde.

Das Kriegsschiff mit einem lateinischen Namen, dem Wappenspruch des Kaisers Franz Joseph, war 1918 dem südslawischen Nationalrat übergeben worden und sank nur einen Tag nach seiner Auslieferung (italienische Kampfschwimmer hatten an der Panzerhülle Minen angebracht und diese gezündet).

1919, nach dem verlorenen Krieg und dem Auseinanderfallen des k.u.k. Imperiums, wurde die Stadt, deren Bevölkerung zu zwei Dritteln italienisch war, Italien zugeschlagen. 1945, nach dem nächsten Krieg, vertrieben englische Truppen Titos Partisanen, die Triest nun Jugoslawien einverleiben wollten. Entlang der Küste entstand ein Kunstgebilde in Form eines 30 Kilometer langen Schlauches mit Triest im Mittelpunkt. Züge, die in den Bahnhof einfahren, müssen ihn auf denselben Gleisen wieder verlassen. Der Bahnhof markiert die Stadt als Endstation.

Die Zugreise nach Wien dauere auf der kürzesten Strecke über Ljubljana heute länger als vor hundert Jahren, bedauert Alvise Barison, mit 73 noch Tourismusdirektor Triests, »wegen der Verspätungen in Jugoslawien«.

Kein Wunder, daß auch er an die Zeit der Großväter zurückdenkt, in der, wie Barison in seinem Büro auf der Burg San Giusto ausmalt, ein leibhaftiger Beamter im glattgebügelten blauen Uniformrock die Pensionsgelder förmlich serviert habe. Barison: »Und das mit freundlicher Empfehlung von Kaiser Franz Joseph.«

Die ganz Alten haben's nicht vergessen. »Im Schloß Miramare«, so hat Barison beobachtet, »stehen zerknitterte Damen vor Gemälden des Kaisers und weinen. Sie bringen ihm sogar Blumen.«

Das Heimweh nach dem Vorgestern manifestiert sich nicht nur in der makellosen Pflege von Miramare, von wo aus einst der Erzherzog Ferdinand Maximilian nach Mexiko aufbrach, wo er als unerwünschter Kaiser erschossen wurde. Es hat sich auch im Triestiner Dialekt mit Wörtern wie »schleif« (Bremse), »schiene« (Bahnhof) und »schinakel« (Boot) eingehakt, wird auf Wirtshaus-Emblemen für »Ottakringer Goldfassl Bier« festgehalten (Speisekarten verzeichnen saure Kärntner Krautsuppe mit Bohnen), bildet aber letztlich nur die pittoreske Kehrseite der Angst, die in Triest eine neue Existenz- und Kulturkrise anzeigt.

Es ist die Furcht vor dem Rest dieses Jahrhunderts. Sie ist mit einem Rückzug in die Kaffeehäuser nicht zu bannen, in denen das Zukunftsproblem sichtbar wird, wenn neben Rechtsanwälten, Notaren und den Angestellten der Triestiner Versicherungskonzerne pensionierte Rechtsanwälte, Notare und Versicherungsangestellte sitzen, leicht erkennbar an etwas zu weiten Hemdkragen, Flanellhosen und farblich fein abgestimmten Kaschmirpullovern unter den Jacketts. Denn Triest, von dem einst Grillparzer in seinem Tagebuch notierte, es beherberge »ein Gewimmel von Menschen aller Kleidung und Sprachen«, stirbt hinter den eklektizistischen Fassaden zügig aus.

Schuld daran sind Phänomene, die auch im nationalen Maßstab registriert werden – und nicht nur da. Ausgerechnet das katholische Italien, das Mythos-Land der Bambini, verzeichnet mit nur zehn Geburten auf 1000 Einwohner zusammen mit der Bundesrepublik die weltweit niedrigste Geburtenrate.

In Triest steht die Alterspyramide schon völlig auf dem Kopf.

102 000 der 240 000 Einwohner sind über 65 Jahre alt. Jährlich sterben in der Stadt 4500 Menschen. Zugleich nimmt eine Wachstumsindustrie an Umfang zu, die sich um die Versorgung der Rentner und Pensionäre kümmert, während die industrielle Basis schwindet – auf den jüngsten Zählstand von nur 18 000 Arbeitsplätzen, bald aber noch weniger, da eine Raffinerie schließen und auch ein Hochofen der staatlichen Stahlgruppe Finsider erkalten soll.

Dafür ist die Unità Sanitaria Locale, zuständig für die Tages-, Alters- und Erholungsheime, Krankenhäuser, Ärzte und das Hilfs- und Pflegepersonal, mit 5000 Beschäftigten der größte Arbeitgeber in der Stadt.

»70 Jahre lang steckten wir in einer Identitätskrise«, sagt der frühere Bürgermeister Franco Richetti, ein Christdemokrat. »Wir gingen von den Österreichern zu den Italienern und zu den Faschisten. Nun aber wissen wir, wo unsere Zukunft liegt: in guten Dienstleistungen für alte und kranke Menschen – das ist die Zukunft.«

Triest, seit je eine sensible Außenstelle am Rand Mitteleuropas, erscheine »wie ein Modell der großen Zentren auf dem Kontinent im Jahr 2000«, befand der *Nouvel Observateur*. Man kann es aber auch so sehen: Lange bevor sich die wirklich großen Metropolen auf eine Zukunft besonnen haben, in der auch die Yuppies von heute zur Pensionierung anstehen, hat sich Triest an den komfortablen Niedergang gewöhnt – mit nach außen unvereinbaren, kafkaesken Widersprüchlichkeiten.

Lässig streift die Stadt ihre Schlotindustrien ab, als handele es sich bei ihnen um abgewetzte Mäntel, erfreut sich aber eines fast Kalifornien vergleichbaren Freizeitwerts am Mittelmeer, der die Agonie verschönt und die Wechsel auf die Zukunft schonend prolongiert.

Denn Triest, auch das ist ein Merkmal der postindustriellen Gerontokratie, ist trotz oder gerade wegen seines Altersüberhanges eine vermögende Stadt, in der die Pensionen konjunkturunabhängige Puffer bilden und die »liquidazione«, eine Besonderheit der italienischen Sozialgesetzgebung, ruhig schlafen läßt.

Jeder Arbeitnehmer in Italien erhält bei seinem Abschied aus dem Berufsleben eine Abschlagssumme, die sich aus der Zahl der Berufsjahre, multipliziert mit einem Teil des letzten Jahreseinkommens, zusammensetzt. Es sind stattliche Beträge, die auf diese Art der Stadt und ihrem schwelgerischen Fin-de-siècle-Chic zugute kommen.

Die »liquidazione« ist ein Hauptgesprächsthema in den Kaffeehäusern, in deren Nähe sich passend die luxuriösen Konsumtempel der italienischen Designerwelt befinden – chromblitzende Läden von Armani, Gucci, Fendi und Missoni, die auch mit jenen auf der Mailänder Via Monte Napoleone konkurrieren können.

Triest, in dem sich das Leben eher im Zeitlupentempo abspielt und wo Taxifahrer schon bei einem mittleren Verkehrsaufkommen über einen »Dschungel« schimpfen, ist sogar reicher als die vibrierende Metropole in der Lombardei. Mit diesem Befund überraschte Ende November das statistische Institut der römischen Sapienza-Universität, das Triest fast gleichauf mit Bologna als wohlhabendste Provinz der Stiefel-Republik auswies, gemessen am Jahreseinkommen pro Kopf (14,8 Millionen Lire).

Doch wer hier Pensionär ist, scheut das Risiko und hält sein Geld zusammen, anstatt es zu investieren. »Triest mag reich sein, aber es hat keine Träume«, schrieb das Lokalblatt *Il Piccolo* selbstquälerisch über den Befund aus Rom.

Die Stadt hat sich wohlig auf den Erträgen ihrer Versicherungskonzerne eingerichtet, vorneweg der Gigant Generali und der Lloyd Adriatico. Die Konzerne bilden gleichsam eine Rückversicherung für die Pläne des Bürgermeisters Giulio Staffieri, der in seinem früheren Beruf als Pilot der Alitalia DC-9-Maschinen flog und der seine Amtspapiere wie im Bordbuch mit dem Zusatz »c.t.«, der Abkürzung für »commandante«, unterschreibt.

»Triest«, sagt Staffieri, als referiere er über eine erdgeschichtliche Epoche, »ist die Hauptstadt des Tertiärs, in den Dienstleistungsbranchen liegt noch viel Wachstum.«

Der Bürgermeister vertritt die stärkste politische Kraft in Triest: die sogenannte Lista per Trieste, eine Protestpartei, deren Anhänger der Meinung sind, daß die Stadt nur deshalb so gut dastehe, weil sie nichts mit den byzantinischen Rankünen der Traditionsparteien zu tun habe. Die trivialen römischen Regierungskrisen lassen den Bürgermeister kalt. »Wir können unsere Sachen selber managen«, sagt er, »wir betteln auch nicht um Geschenke, wie es andere tun.« Triest, heißt das, ist nicht Neapel und muß sich, anders als der arme, unterentwickelte und korrupte Süden, nicht auf Hilfe durch die Zentralregierung verlassen.

Ein solches Selbstverständnis gebietet auch Distanz zu jenen armen Nachbarn, von denen Triest fast widerwillig profitiert: Zehntausende Slowenen, Kroaten und Bosnier mit Pseudo-Fellmützen, die jeden Sonnabend in Bussen, staubverkrusteten Privatwagen und per Eisenbahn in die Stadt einfallen, um auf den Budenmärkten an der Piazza Ponterosso Jeans, schrille Dessous, Spielwaren und Auspufftöpfe einzukaufen.
In den Supermärkten des Viertels stapelt sich gleichsam die wirtschaftliche Krise Jugoslawiens. Die Regale stehen voll Waschpulverpaketen, Sieben-Liter-Flaschen mit Olivenölverschnitt und Billig-Paketen mit dem Aufdruck »Arom Caffee« – Hamsterware, die jenseits der Grenze knapp geworden ist und massenweise gekauft wird, obwohl der Kurs der jugoslawischen Währung derart abgesunken ist, daß in den Wechselstuben für einen Dinar nur noch eine halbe Lira zu bekommen ist.
Die Triestiner schauen verlegen zur Seite, wenn sich die Fremden in Hauseingängen und Gebüschen neue Kleider anziehen und die alten einfach liegenlassen wie auf einem irrealen Schlachtfeld, auf dem herrenlose Schuhe, Hosen, Hemden und Pullover den Rückzug einer Armee der Zukurzgekommenen versinnbildlichen.
Staffieri geht über das Thema lieber hinweg. Seiner Partei nutzt die verdeckte Furcht vor dem verelendenden Nachbarland, mit dem Triest, wie er bekundet, »nicht gerade warme Beziehungen verbinden« – noch bis Anfang der fünfziger Jahre drohte um die Stadt ein heißer Krieg mit Tito.
Lieber schwärmt der Bürgermeister vom geplanten Elementarteilchen-Beschleuniger, von dem er sich »einen Bezugspunkt auf Weltniveau« in Gestalt eines künftigen italienischen Silicon Valley erhofft. »Triest«, sagt Staffieri, »ist wie ein Rolls-Royce. Nur der Zündschlüssel fehlt noch.«
Aber auch Staffieri, ein kompakt gebauter Mann mit Bürstenhaarschnitt, sinkt hinter seinem Schreibtisch regelrecht in sich zusammen, wenn die Rede auf die Vergreisung seiner Stadt kommt. »Absolut gefährlich, diese demographische Entwicklung«, formuliert er. »Gegensteuern ist das wichtigste, sonst wird ein kritischer Punkt erreicht, von dem aus keine Umkehr möglich ist. Dann wird aus der Stadt vielleicht wieder ein Dorf.«
Doch Triest entvölkert sich bereits rapide, und auch der Ex-Pilot im Rathaus wird den Prozeß kaum bremsen, bestenfalls etwas ver-

zögern können. »Pro Pensionär«, so hat Staffieri errechnet, »benötigen wir 1,6 Helfer, das wäre ideal.«

Die kopflastige Altersstruktur schafft paradoxe Gegensätze, die aus einer Phantasiewelt stammen könnten. Ein Beispiel: Mit chirurgischer Präzision schneiden in den Kaffeehäusern alte Damen, die in elegante Pelze gehüllt sind, Artikel aus dem *Piccolo*, die sich mit der Rentengesetzgebung befassen. An einem anderen Tisch setzen junge Leute die Schere an, um die Seiten mit den Todesanzeigen herauszutrennen – jeder Name in den schwarzumrahmten Kästen bedeutet womöglich eine nun freie Wohnung.

»Die jungen Leute haben das Gefühl, in der Stadt der Alten nicht dazuzugehören«, sagt Serena Marsiei, 26. »Sie sind deprimiert, wenn sie von einem Besuch in Mailand oder Rom zurückkehren. Das Leben erscheint ihnen dann nicht mehr ›frizzante‹-prickelnd.«

Serena Marsiei arbeitet in San Giovanni, der ehemaligen Zwingburg der Triestiner Psychiatrie, wo sie im Centro Medico di Assistenza Sociale Heroinsüchtige betreut. Die Patienten werden gleich zweifach umgestellt: auf den Ersatzstoff Methadon, dessen Verabreichung in Italien seit 1980 erlaubt ist, zugleich aber auf eine neue soziale Wirklichkeit.

Fachkräfte erteilen in dem Zentrum Gruppenunterricht und bilden die in der Regel Arbeitslosen zu gelernten Tischlern, Installateuren, Friseuren oder Sekretärinnen aus. Ein monatliches Salär von 350 000 Lire (470 Mark) soll als Anreiz dienen, mit dem oft erstmals selbstverdienten Geld die Ausbildung bis zum Ende durchzuhalten.

Der Versuch, Süchtige in solchen Arbeitskooperativen bei gleichzeitiger medizinischer Kontrolle zu betreuen, ist aber nur möglich, weil die Europäische Gemeinschaft einen Teil der Kosten zuschießt. »Sonst ist in der Stadt kaum Geld für Jugendliche vorhanden«, sagt Serena Marsiei, »alles geht hier für die Alten drauf.«

Eine Polarisierung zwischen den beiden Lagern gibt es aber trotzdem nicht. In den hin- und herschwankenden Bussen bilden die jungen Leute höflich ein Spalier und fahren auch mal freiwillig eine oder zwei Stationen weiter, um den Alten, die sich an der Tür zu einem Pulk versammeln, beim Aussteigen nicht im Weg zu stehen.

Die Nekropolis Triests, der Zentralfriedhof Santa Anna, ist für die jüngeren Trauergäste eine Schule der Gesellschaftsfähigkeit. Sie tragen Lodenmäntel, betreiben auf dem Vorplatz mit gedämpfter Stimme Konversation und reihen sich an den Versammlungsplätzen mit der Geschmeidigkeit von Routiniers in die jeweiligen Trauerzüge ein.

Der Tod bewirkt auch Rummel, eine fast lebensfrohe Atmosphäre, die zugleich Streß erzeugt. »Avanti, avanti«, kommandieren vor den Portalen Santa Annas weißbehelmte Polizisten, die das Chaos auf den überfüllten Parkplätzen gleichwohl nicht verhindern können. In einer Budenstadt am Friedhofszaun kaufen Eilige halbverwelkte Blumen und Kränze.

Die Friedhofsverwaltung befindet sich in einem hangarähnlichen Gebäude, das 1933 im klotzigen Stil des Faschismus vergrößert wurde. In der Vorhalle stehen die Menschen geduldig vor einem Schalter Schlange und warten auf Formulare. Auf der anderen Seite der Barriere hämmern Sekretärinnen auf Schreibmaschinentasten, hasten Priester mit abgestumpftem Blick und geöffneten Soutanenkragen durch das Büro-Labyrinth.

Es ist für eine Stadt nicht einfach, einen schönen Tod zu sterben.

HELMUT SORGE

»Unberührt ist keiner davongekommen«

Mit amerikanischen Vietnam-Veteranen auf Besuch in Vietnam
März 1988

Das Leben war nicht einfach für William Fero, damals, 1968. »Fünf Brüder, fünf Schwestern, ein bösartiger Vater und entsetzlicher Hunger. Was blieb mir?«
Er meldete sich freiwillig zur Fallschirmjägertruppe, naiv, wie er war, und »fasziniert von der Welt des John Wayne«. Von Vietnam wußte er damals nur, »daß es weit weg ist von Amerika«.
Bill Fero kämpfte dort zwei Monate, bis zu diesem schrecklichen Abend im August 1971. Per Hubschrauber wurde er mit seinen Kameraden zum Einsatz geflogen. Der Befehl hieß: »Rendezvous am Friedhof«. Der Soldat kam nicht bis ans Ziel.
Er erinnert sich nur noch an einen Schlag, an das dumpfe Gefühl, »irgendwie abzuheben und in die Unendlichkeit zu fallen«. William Fero aus dem US-Staat Wisconsin erwachte zehn Tage später in einem Lazarett in Japan. Seine Beine waren weg.
Drei Jahre im Krankenhaus, ein Leben im Rollstuhl – und kein Sieg in Vietnam, obwohl »ich doch«, wie Fero verbittert sagt, »zwei Beine für Frieden und Freiheit opferte«.
Die Erinnerung ließ ihn nicht mehr los. Der Invalide wurde Besitzer eines Bauernhofs und nahm vietnamesische Flüchtlinge auf, 46 insgesamt. Sie sollten ihm bei der Landarbeit helfen. Wenn die Verzweiflung zu stark wurde, ließ er seine Wut an ihnen aus: »Ich verhielt mich wie ein Schwein und behandelte sie wie Sklaven.« Die Vietnamesen blieben geduldig, freundlich, hilfsbereit.

Schließlich stellte er sich die Frage, die ihm in Vietnam nie in den Sinn gekommen war: »Was sind das bloß für wunderbare Menschen?«, und plötzlich wurde ihm bewußt: »Die anderen, auf die du schießen mußtest, waren ähnlich wie die.«

Im Februar war Fero wieder in Vietnam, ein Mann, inzwischen 38 Jahre alt und Automobilarbeiter, auf der Suche nach seiner Vergangenheit. Als ihn ein vietnamesischer Friseur in Ho-Tschiminh-Stadt (früher Saigon) einseift und das Rasiermesser ansetzt, erschreckt ihn für Sekunden ein Gedanke: »Vor zwei Jahrzehnten war der vielleicht Vietcong und hätte mir die Kehle durchgeschnitten.«

Nun aber wird der Besuch des Kriegsversehrten William Fero zum Symbol einer späten Versöhnung mit dem Feind. 13 Jahre nachdem die letzten Soldaten der Supermacht Amerika vor den Einheiten des Bauernstaates Nordvietnam im Hubschrauber vom Dach der Saigoner US-Botschaft flüchteten, kehren amerikanische Veteranen zurück ins ehemalige Kriegsgebiet.

Noch stuft Washington das wiedervereinigte, kommunistische Vietnam als »Feindesland« ein. Diplomatische Beziehungen existieren nicht. Vielleicht ist jedoch die Rückkehr ehemaliger US-Soldaten ein Indiz dafür, so hofft jedenfalls Veteran Don Mills, 46, »daß Washington und Hanoi nun dabei sind, das letzte Kapitel eines elenden Dramas zu Ende zu schreiben«.

Die Bomben, die Vietnam verwüsteten und allein im Süden etwa 1,7 Millionen Menschen töteten, verwundeten auch Amerika: Der Krieg radikalisierte eine ganze Studentengeneration; in den Reisfeldern versackten amerikanische Moral und Menschlichkeit, zerbrachen die Karriere eines Präsidenten (Lyndon B. Johnson) und das Selbstbewußtsein einer Weltmacht.

Erstmals in der US-Geschichte mußten sich amerikanische Soldaten geschlagen aus einem Krieg zurückziehen. Waffen im Wert von fünf Milliarden Dollar überließen sie den Feinden. Die Nation, die seit je nur die Sieger liebte und die Schwachen verachtete, empfing die heimkehrenden GIs nicht mit Militärkapellen und Konfettiparaden, sondern meist nur mit Ablehnung, Vergessen oder gar Feindseligkeit.

»Die Kommunisten in Hanoi, alles Vietnamesische bleiben verhaßt«, hat Don Mills beobachtet, der schon das vierte Mal als Tourist ins Feindesland reiste und im Veteranenverband »Vietnam Veterans of America« aktiv ist. Aber er ist überzeugt, daß sich allmählich »ein Wandel abzeichnet, bald werden sie in Scharen kommen«. Noch sind es erst wenige hundert Vietnam-Veteranen, die bereit waren, die 2700 Dollar Reisekosten (für elf Tage Vietnam) zu zahlen. Das Schwierigste aber ist: »Man muß die innere Kraft finden, die verschüttete Vergangenheit wieder auszugraben«, sagt Reiseleiter Jim Kurtz, 42, selbst Veteran.

Der ehemalige GI, der während seines Kriegsdienstes seine Waffe »nicht einmal abfeuern mußte«, führte in den letzten Wochen acht Veteranen und mehrere Vietnam-Flüchtlinge, die inzwischen zu US-Staatsbürgern geworden sind, in das »Land der Tränen und Tragödien« zurück. Sein Urteil: »Unberührt ist keiner davongekommen.« Einer der Veteranen, der vor 13 Jahren auf einem US-Stützpunkt als Mechaniker arbeitete, hat seiner vietnamesischen Freundin von damals regelmäßig geschrieben. Nun wollte er persönlich über ihre Ausreise verhandeln – vergeblich. Die Behörden lehnten den Antrag ab. Nicht einmal sein Kind, das bei Pflegeeltern in Ho-Tschi-minh-Stadt lebt, darf er besuchen, er hat es noch nie gesehen. Für diesen Mann wird der Rest der Reise »eine absolute Folter«.

Die Psychologin Barbara Cohen, 49, die 1970 als Majorin in Da Nang psychisch angeknackste GIs betreute und inzwischen mehrere tausend Seiten eines amerikanisch-vietnamesischen Liebesromans in ihren Computer getippt hat, sucht Szenen für das Ende ihres Buches und – immer wieder – Antwort auf die Frage, die Amerika nicht ruhen läßt: »Wie konnten diese Menschen uns in die Knie zwingen, uns mit all unseren technischen Möglichkeiten?«

Die Ex-Majorin, die mit maßgeschneiderten vietnamesischen Kleidern aus Kalifornien anreiste, ist typisch für viele US-Soldaten: Mit vietnamesischen Zivilisten hatte sie – einen Wochenendausflug nach Saigon ausgenommen – in ihrer Kriegszeit nie Kontakt. Gefährdet war sie nur zweimal, als Scharfschützen das Krankenhaus beschossen: Da setzte sie ihren Helm auf und kroch unters Bett.

Anders Frontsoldaten wie Robert Jablonski, heute 40 Jahre alt. Der ehemalige Unteroffizier war bis vor 18 Monaten überzeugt: »Mein Vietnam-Trauma habe ich im Griff.« Dann plötzlich, »fast über Nacht«, befielen ihn Nervosität, Schwächeanfälle, Angstzustände.

Die vier Fehlgeburten, die vier von ihm geschwängerte Frauen erlitten, gingen ihm nicht aus dem Kopf. Er begann zu fürchten: »Es sind die verdammten Chemikalien« – Agent Orange. Damit wollten die Pentagon-Planer Vietnam entlauben. Sie ließen 57 000 Tonnen versprühen.

Das Gift gelangte auch in die Körper der US-Soldaten. Jablonski hofft darauf, daß die Kommunisten ihm Studien zur Verfügung stellen, mit denen er die katastrophalen Folgen des Chemiekrieges belegen kann, »nicht für mich allein, sondern für alle Kameraden, die nun verrecken und nicht beweisen können, warum«. Die amerikanische Regierung soll sie entschädigen, verlangt er.

Der Veteran, mit acht Orden ausgezeichnet, ist arbeitslos. Seinen Kameraden William Fero schiebt er durch Saigon – zwei verbitterte und verkrüppelte Vietnam-Opfer, die ihren inneren Frieden bei den Feinden von gestern suchen.

»20 Jahre hat es in mir gearbeitet«, beschreibt Greg Kleven, 39, heute Postangestellter im kalifornischen Concord, seinen Zustand. Zwei Jahrzehnte, in denen es »mir im Kopf nicht gutging«. Immer wieder überkamen ihn die Erinnerungen an den 17. Oktober 1967.

An jenem Tag war er mit seinem Spähtrupp in einen Hinterhalt geraten; zwei Freunde fielen neben ihm. Einer von ihnen rief minutenlang nach seiner Mutter. Greg Kleven – »ein Kind noch, dem man gesagt hatte, er solle den Kommunismus stoppen« – wurde von drei Schüssen in den Rücken getroffen. Er lag auf dem Bauch und konnte sich nicht mehr bewegen. Zwei nordvietnamesische Soldaten stürzten mit aufgesetztem Bajonett auf ihn zu. Kleven drückte instinktiv ab. Seine Leuchtspurmunition brannte sich in die Leiber der Vietnamesen. Er roch das verschmorte Fleisch.

Nach 18 Stunden Todesangst wurde der Verwundete geborgen. Fünf der neun beschädigten Rückenwirbel heilten. Zu 60 Prozent ist Greg Kleven kriegsbeschädigt. Seine Beine sind oft taub. Die Frage quält ihn: »Wozu das alles, was war der Wert des Krieges?«

In seiner Vietnam-Zeit hatte er, bis auf die Küchenhilfen und den Friseur im Hauptquartier, nur mit toten Vietnamesen zu tun. Seine Begegnung mit dem lebendigen Friedens-Vietnam verunsichert ihn. Die erste Lehre, die er aus dem Besuch zieht: »Unter ähnlichen Umständen wie damals würde ich meinen beiden Söhnen raten, den Wehrdienst zu verweigern.«

Er sieht noch immer aus wie ein typischer GI: kurzgeschorene Haare, olivgrüne Shorts, ein buntes Hemd mit dem Aufdruck »Do you have fun?« Nach dieser Reise, hofft er, wird er erstmals in 17 Jahren Ehe mit seiner Frau über Vietnam sprechen können und nicht mehr nachts schweißgebadet aufschrecken: »Denn nun habe ich die fröhlichen Gesichter der schönen vietnamesischen Kinder vor mir.«

Die feuern zwar in Schießbuden auf dem Volksmarkt der ehemaligen Kaiserstadt Hué mit Luftgewehren auf Panzer-, Flugzeug- und Satellitenmodelle aus Pappe, die mit »US« gekennzeichnet sind. Sobald sie jedoch die Amerikaner sehen, lassen sie die Gewehre fallen und rufen: »Lien Xo, lien Xo«, was in Vietnamesisch »Russen« heißt. Das sind die Fremden, die sie kennen – 40 Prozent der 63 Millionen Vietnamesen sind jünger als 14 Jahre.

Zu Dutzenden, zuweilen sind es mehrere Hundert, folgen die Kinder den Veteranen. Ein wenig irritiert klebt Don Mills US-Abziehfahnen an die Scheiben des Reisebusses: »Wir wollen doch hier nicht als Russen auftreten.« Seine Kameraden stecken sich Nadeln mit dem Sternenbanner an die Hemden und prägen sich ein, was Amerikaner auf vietnamesisch heißt: »My«.

Roger Cote, 41, Rechtsanwalt, war vor 20 Jahren Spezialist für den Tunnelkampf. Der Krieg »nahm mir meine Jugend und meine Unschuld«. Die vietnamesischen Gegner waren »Gooks«, »Dinks« oder »Zipperheads«, alles, nur keine Menschen: »So war es psychologisch leichter, sie zu töten.« Ohne Verwundung kehrte er in die USA zurück. Die Seele aber war gestört. Roger Cote wartete auf den Tag, an dem er zurückkehren durfte, denn Vietnam »hat mich nie mehr losgelassen«.

Er wollte sein ehemaliges Kampfgebiet besuchen. Die Vietnamesen lehnten seinen Antrag ab. Als er im Bezirk Cu Chi in einen zur Besichtigung freigegebenen Tunnel klettert, trägt er ein blaues T-Shirt mit der Aufschrift »Copacabana, Brazil, Rio«, Sandalen und Shorts. Er schreckt zusammen, als er die für Touristen erweiterte, 50 Meter lange Tunnelröhre durchkrochen hat: Irgendwo war ein Knallkörper explodiert, das vietnamesische Neujahr stand bevor. »Wenn's kracht, gehe ich immer noch automatisch in Deckung.« Im College wollte er nie am Fenster sitzen, weil er fürchtete, eine Handgranate könnte ins Zimmer fliegen.

Tran Thi Bich, die zierliche Vietnamesin, die mit Hilfe eines Zeigestocks den Veteranen auf einer Grafik erklärt, warum sie nicht siegen konnten, spricht zwar von den Flächenbombardierungen durch die B-52 und den »freien Feuerzonen«, die »unser Land in eine Wüste verwandeln sollten«. Sie wird jedoch nie anklagend, sondern sagt den Veteranen: »Letztes Mal wart Ihr auf Befehl der US-Regierung hier, nun seid Ihr als Botschafter des Friedens gekommen.«

Die Funktionäre verkneifen sich jedes böse Wort gegen die US-Touristen. Auf dem Programm fehlen Besuche von Kriegsverbrecher-Museen. In Saigon meidet der Tour-Bus das Gebäude der früheren US-Botschaft, in dem jetzt eine vietnamesisch-sowjetische Ölförderungsgesellschaft untergebracht ist.

Und in Hanoi halten die nordvietnamesischen Reiseleiter auch nicht vor der berüchtigten Haftanstalt in der Ly-Nam-De-Straße, dem von den Amerikanern einst ketzerisch »Hanoi-Hilton« getauften Gefängnis, wo während des Krieges 75 US-Piloten eingekerkert waren. Die Busse halten ebensowenig an einem Denkmal, das an einem der Seen der Hauptstadt an den Abschuß eines amerikanischen Piloten erinnert – der US-Flieger, in Stein gemeißelt, schwebt wie gekreuzigt am Schirm. Die Buchstaben »USA« purzeln vor ihm vom Himmel.

»Erstaunlich«, bemerkt Fred Fulton, 65, ehemals Armee-Pilot und jetzt Imker im Südstaat Alabama, »wie rücksichtsvoll die mit uns umgehen.« Der ehemalige Oberstleutnant war schon 1962 in Indochina im Einsatz, als dort die ersten Beratertruppen anrückten. Sechs Jahre später führte Fulton mit seinem Aufklärer die Bomber ins Ziel. Nach jedem Einsatz versuchte der Militär sich in seiner Freizeit als Missionar: Er bekehrte Vietnamesen für die Baptistenkirche.

Im Armee-Museum der Hauptstadt wandert er an den Trümmern einer B-52 vorbei, die bei den Luftangriffen am 18. Dezember 1972 »vom Volk und der Armee der Provinz Vinh Puh« (so die Hinweistafel) abgeschossen worden war. Kampfanzüge, Stiefel, Helme von US-Piloten liegen in einer Halle aus. Auf einem Kreuz kleben Fotos gefangengenommener US-Flugzeugführer.

Erst auf eindringliches Bitten der Amerikaner hält der Bus vor einem vietnamesischen Soldatenfriedhof unweit des Dorfes Hoa Hiep. Ein alter Vietnamese, in einen langen schwarzen Mantel gehüllt, schreitet an den weißen Gräberreihen entlang und bleibt vor einem rotgelben Blumengebinde stehen. Seine weiße Kappe hält er in der Hand. Er hat einen Sohn verloren im Krieg gegen die Amerikaner. Er weiß nicht, wo, er kennt das Grab seines Kindes nicht – so wie annähernd 2500 amerikanische Väter, die in derselben Ungewißheit leben.

Der Greis redet nicht mit den Ex-GIs. Vorbei an einem US-Veteranen, der auf die Knie gefallen ist und betet, geht der Vietnamese zurück ins Dorf. Bob Jablonski stellt die Frage, auf die keiner von ihnen eine Antwort weiß: »Wie viele Vietnamesen sind eigentlich gefallen?«

In Hué, am vietnamesischen Neujahrsabend, liegen Pulverrauchschwaden von abgebrannten Feuerwerkskörpern über dem Perfume-Fluß. Aus der Stadt am anderen Ufer dringen per Lautsprecher Hymnen hinauf ins »Huong Jiang«-Hotel. Die Amerikaner hören die Böllerschüsse und Knallkörper, die das neue Jahr des Drachen ankündigen.

Ein älterer Vietnamese tritt an ihren Tisch. Sechs Orden, darunter einen sowjetischen, trägt er am schwarzen Jackett. Ein General, ein Oberst? rätseln die GIs. Der Greis, 72 Jahre alt, hat nie zuvor einen Amerikaner getroffen. Er heißt Phung-Van, übersetzt der Dolmetscher. Während der Tet-Offensive 1968 organisierte er den kommunistischen Aufstand in Hué. Damals hatten Vietcong und Nordvietnamesen in über hundert Städten die Amerikaner und deren südvietnamesische Alliierte angegriffen, sogar bis in die US-Botschaft waren die Vietcong vorgedrungen, 17 fielen. Am Neujahrstag liegen Kränze vor dem Eingang der ehemaligen US-Vertretung.

In Hué wehte 29 Tage die Fahne der Revolution, »es war eine der brutalsten Schlachten des gesamten Kriegs«, notierte US-Autor Stanley Karnow in seiner »Geschichte des Vietnamkriegs«. Während der Besetzung durchsuchten die Kommunisten die Häuser von Hué nach »reaktionären Elementen und bösartigen Tyrannen«. Rund 3000 angebliche und wirkliche Kollaborateure des Saigon-Regimes wurden erschossen und erschlagen.

»Es ist eine Ehre, Sie kennenzulernen«, sagt Robert Jablonski zu dem alten Vietnamesen, zieht seine acht Orden aus der Tasche und heftet sie sich ans dunkelblaue Hemd. »Im Krieg waren wir Feinde, jetzt müssen wir Freunde werden.« Auch Don Mills redet auf den Vietnamesen ein: »Wir Veteranen müssen uns näherkommen.« Gemeinsam stellen sich die ehemaligen US-Soldaten und der Untergrundkämpfer zu einem Gruppenbild auf. Der Kommunist rückt seine grau-schwarze Krawatte zurecht, hebt sein mit Mineralwasser gefülltes Glas und verkündet: »Auf Frieden und Freundschaft. Wir sind ein sehr armes Volk. Wir brauchen Amerikas Hilfe.«

In der Tat: Wirtschaftlich liegt das Siegervolk am Boden. In den Krankenhäusern fehlen Medikamente. Lebensmittel sind rationiert. Treibstoff ist knapp. Busse und Lastwagen, die über die durchlöcherten Straßen holpern, sehen schrottreif aus. In den Städten wälzen sich die Fahrradmassen wie ein gigantischer Strom durch die Gassen. Ein Jeep, zuweilen ein Citroën, Baujahr 1946, einige von Chauffeuren gesteuerte Autos sowjetischer Herkunft, in denen kommunistische Funktionäre hinter geschlossenen Vorhängen sitzen, drängen sich unter unablässigem Hupen an den Krad- und Radfahrern vorbei.

Die Tamarind-Bäume von Saigon, zu kolonialen Zeiten der Franzosen gepflanzt, die in den 15 Jahren amerikanischer Anwesenheit unter den Auspuffgasen der Lkws, Jeeps, Busse und Taxis zu ersticken drohten, stehen wieder in gesundem Grün; das amerikanische Militärgerät, das als Beute im Land zurückblieb, ist weitgehend abgeräumt.

US-Panzerschrott verkaufte Hanoi an japanische Stahlwerke. Für die Herstellung von Straßenlampen und Prothesen verwenden die Vietnamesen Aluminium aus amerikanischen Truppentransportern. Im kleinen Tierpark von Mytho im Süden von Ho-Tschiminh-Stadt fressen die mageren Bären aus US-Stahlhelmen. Auf dem Jahrmarkt von Hué schützt sich ein Blumenhändler mit US-Fallschirmseide vor der Sonne.

An den gigantischen Öltöpfen, in denen die kaiserlichen Herrscher des alten Vietnam vor ihrem Palast in Hué Diebe und Feinde sieden ließen, sind die Einschußlöcher noch nicht repariert. Auch in den Kupferdrachen stecken die Kugeln. Das Holz in vielen Wäldern kann nicht genutzt werden, weil die Sägeblätter an Geschossen und Bombensplittern zerreißen, die in den Bäumen stecken.

Was amerikanische Infanteristen nie planten, nämlich in Onkel Hos Hauptstadt vorzudringen, hat der »Greenback«, der Dollar, schon lange geschafft. Und mit ihm kamen Popmusik und sogar Punker-Look.

1300 Dong bietet ein Tuchhändler einem US-Veteranen für einen Dollar – es ist beinahe das Dreifache des offiziellen Kurses. Die Inflationsrate beträgt um 1000 Prozent. »Mir wäre es lieber, wenn Sie in Dollar zahlen könnten«, erklärt ein Händler in einer Gasse von Hanoi dem Ex-GI, der Hanois rote Fahne als Andenken mit nach Hause nehmen will.

Jim Kurtz, der Reiseleiter, trug auf der Reise mehr als 20 000 Dollar in bar in einem Beutel bei sich. Vietnams Tourismusfunktionäre hatten darauf bestanden, direkt in Dollar abzurechnen.

Überall werden von den Straßenhändlern – auch in Hanoi – amerikanische Produkte angeboten, Jeans für umgerechnet 53 Dollar. Das ist der durchschnittliche Lohn für ein halbes Jahr Arbeit. Längst ist dies nicht mehr allein Schmuggelware. Die Waren kommen per Post und Luftfracht – als Geschenkpakete von geflohenen Vietnamesen.

Dem Staat ist dieser Import willkommen. Für eine Sendung, deren Wert von den Zöllnern auf 300 000 Dong geschätzt wird, muß der Empfänger rund 120 000 Dong entrichten. Oft fehlt den Vietnamesen das Geld für diese Luxussteuer. Private Geldverleiher helfen aus und lassen sich in Naturalien bezahlen. Mit einem satten Aufschlag landet die Ware dann auf dem freien Markt.

Vor allem für ehemalige Amtsträger des Saigon-Regimes, Beamte und Offiziere, die nach vielen Jahren Haft in Umerziehungslagern zurückkehrten in ihre Städte und Dörfer und weder Lebensmittelkarten noch Jobs von der Regierung erhielten, ist dieser Pakethandel Existenzgrundlage.

Andere schlagen sich als Rikscha-Lenker durch. 40 Dollar im Monat kostet die Miete für ein Fahrrad-Taxi; was sie darüber hinaus verdienen, ist ihr Gewinn. Nicht selten sind es Ex-Soldaten, die an die Amerikaner und den Endsieg geglaubt hatten und nach dem Krieg als Zwangsarbeiter auf kommunistischen Reisfeldern landeten. Sie sprechen Englisch mit US-Akzent, die Offiziere unter den Rikscha-Tretern kennen die USA von ihrer Ausbildungszeit her.

Und fast alle träumen von der Ausreise. Einige haben mißlungene Fluchtversuche hinter sich. Sie wollen Dollar, sie fordern Hilfe von den Veteranen. Ein Ex-Offizier sagt, er wisse von den Bemühungen der Regierung in Washington, die Überreste vermißter US-Soldaten zu finden. Womöglich könne er helfen. Sein Preis? Ausreisedokumente für sich und seine Familie.

Der Amerikaner verabredet sich mit ihm in einer Kneipe unweit des Hafens. Sein Informant will einen Beweis liefern, womöglich ein Gebiß. Der Vietnamese erscheint aber nicht zum Rendezvous. Ein Phantast? Einer von den vielen Geschäftstüchtigen, die Amerikanern, sogar in Bangkok, Gebeine angeblich Gefallener zum Kauf anbieten? Oder haben Polizisten ihn festgesetzt?
Lili, 15 Jahre alt, verkauft keine Knochen, sondern Stadtkarten von Ho-Tschi-minh-Stadt. Vor dem Hotel »Rex«, dem jetzt wohl feinsten Haus am Platz, spricht sie einen der Besucher an: »Bitte, helfen Sie mir.« Sie sucht ihren Vater, einen Amerikaner, den sie nicht kennt.
Er war Soldat, hatte ihrer Mutter die Ehe versprochen und die Übersiedlung nach Amerika, ins gelobte Land. Statt dessen kocht die Vietnamesin nun in ihrer Wohnung Reissuppe und verkauft sie unten auf der Straße. Davon leben Mutter und Tochter. Das Mädchen spricht alle an, die ihrer Meinung nach wie Amerikaner aussehen. Da sie eine Schönheit ist, wird sie nie abgewiesen. Manch einer will mit ihr schlafen, gegen Dollars. Nach dem letzten Gespräch mit einem der Ex-GIs wird sie von der Polizei verhört.
Mindestens 10 000 Brüder und Schwestern, so die Schätzungen, hat Lili, 10 000 sogenannte Amerasians: Mutter Vietnamesin, Vater amerikanischer Soldat. Die meisten wollen nach Amerika. Doch Washington zögert noch immer – 10 000 Kinder, das bedeutet womöglich 10 000 Familien, die mit aufgenommen werden müßten, oder 10 000 amerikanische Väter, die ihre Söhne und Töchter verleugnen, vielleicht nicht einmal wissen, daß es sie gibt.
Michael Vernon Ysker, geboren am 5. September 1950 in St. Paul (Minnesota), wußte von der Existenz seiner Tochter Ha. Bis 1975 hat er geschrieben, seither schweigt er. Das Mädchen spricht die Amerikaner auf dem Marktplatz von Da Nang an. Sie zeigt einen Fetzen Papier, auf dem der Name ihres Vaters steht. Sie fleht: »Ich muß ihn finden.« Im August wird Ha 16 Jahre alt. Sie führt die Besucher zu ihrer Mutter, die unweit des Marktes Lotterielose verkauft.
Sie war Bardame auf einem Stützpunkt der Amerikaner, ihr Englisch hat sie nicht vergessen. Aus ihren Unterlagen kramt sie die Geburtsurkunde des US-Soldaten. Kein Wort des Vorwurfs, nur die Frage: »Können Sie helfen?« Sie ist zu einer verhärmten Frau geworden, ihr fehlen Zähne, das Gesicht ist gezeichnet. Sie ist 42.

Roger Cote, der Rechtsanwalt aus Massachusetts, verspricht Hilfe. Er will Inserate in den Veteranen-Zeitungen aufgeben und mit dem Pentagon telefonieren. Mehr als zwei Jahrzehnte hat er mit seiner Frage gelebt: »Wer hat in diesem verdammten Krieg eigentlich nicht leiden müssen?« Jetzt hat er die Antwort gefunden: »Keiner.«

HENRY GLASS

»Weltquell des gelebten Wahnsinns«

Die Tausendjahrfeier der Stadt Dublin
Mai 1988

Let's do it again« – mit diesem kontemplativen Bekenntnis zum Unvermeidlichen wuchtete der Mann seinen breit gequaderten Leib durch die Tür von Ryan's Pub, aus dem das von gläsernem Klingklang durchwobene Gemurmel der nachmittäglichen Kundschaft drang.

Um das Geviert des Tresens mit seiner schier endlosen Reihe von Zapfhähnen, deren bronzeglänzende Köpfe sich dienstfertig den leeren Gläsern entgegenneigten, scharte sich eine Handvoll Gäste, die mit taumelnder Zunge nach einer weltumfassenden Daseinsdeutung suchten.

Dazwischen krümmten sich zwei verwackelte Murrgreise, die sich über jene gute alte Zeit unterhielten, in der die Luft noch sauber und Sex schmutzig war, während ein dritter immer wieder Nachricht gab, wenn tröpfelnd Botschaft von seiner Blase kam. Hinten im Eck gelangte einer, den nur noch seine eigene Galle zu konservieren schien, auf monologischem Wege zu der Erkenntnis, daß es eigentlich nur sechs Sakramente gebe: »Ehe und Buße sind dasselbe.«

Sorry, Gentlemen, aber nimmt es wunder, wenn Menschen von außerhalb die Vermutung pflegen, Dublin sei eine Stadt, deren Fundamente auf nimmerleere Fässer gegründet sind und die bevölkert ist von verfleckten Tweedjacken, in denen offenbar Verrückte ein schnurrpfeifiges Dasein führen?

»Dublin ist gar keine Stadt, sondern eine Posse, die von uns jeden Tag aufs neue gerissen werden muß« – was immer das meinen mag, aber so hat Kevin O'Daly, ein chronisch trinkender Schriftsteller (oder umgekehrt), das tagtäglich strebende Bemühen der Dubliner beschrieben, das Leben zum Witz zu machen und den Aberwitz zu leben.

An dem von ihm postulierten Schaffensprozeß hat er, der in der Dubliner Seele wissend zu Hause war, zeit seiner Leber nach Kräften mitgewirkt, bis er vor acht Monaten im Whiskey-Koma starb. So muß die Posse jetzt ohne ihn ihr 1000jähriges Bestehen feiern. Offiziell heißt dieses Unterfangen »The Dublin Millennium«, und organisiert ist es nach ortsüblich unaufdringlicher Art – also so gut wie gar nicht: Nirgendwo wehen Wimpel eilfertig Salut, Ausstellungen zum Jubiläum werden erst im Mai fertig oder im Herbst, so genau weiß das keiner, und mit dem Millenniums-Brunnen in der O'Connell Street wird es auch noch eine Weile dauern; was keinen stört, denn Zeit gilt dem Dubliner keineswegs als rares Gut – schließlich, so sagt er sich, hat der Herrgott genug davon gemacht. Diese Geisteshaltung erklärt, weshalb die Dubliner erst im letzten Sommer darauf gekommen sind, daß sie in diesem Jahr ein Millennium feiern könnten – ein Vorhaben, das weniger mit historischen Gegebenheiten zu tun hat als mit dem Umstand, daß es ganz offensichtlich wieder einmal Zeit war, ein paar Fässer mehr als ohnehin üblich aufzumachen. Dies tun die Dubliner seit Stichtag Neujahr derart hingebungsvoll, daß der Jubilar auf der Straße nur noch vom »Dublin Delirium« spricht.

»Die Stadt hätte das Millennium natürlich auch vor 200 Jahren feiern können oder vielleicht auch erst in 50«, so der ortsansässige Archäologe Peter Harbison. »Also warum nicht jetzt, wenn wir etwas davon haben?«

Obwohl den Dublinern ganz offensichtlich der dem Anlaß angemessene Ernst fehlt, ist das Ereignis dennoch geeignet, die Welt daran zu erinnern, daß sich kein Respekt tief genug vor dieser Stadt zu beugen vermag.

Denn erstens hat dieses Gemeinwesen im hintersten Westen Europas in den letzten 1000 Jahren mehr Schriftsteller, Dramatiker, Dichter und Satiriker geheckt als jede andere Stadt auf dem Erdenrund.

»SwiftSheridanGoldsmithWildeStoker-SyngeYeatsShawJoyce-

BeckettO'Casey-O'NolanMurdochandgoodoldBrendaBehan« – so hämmern die Festredner das Namens-Stakkato der »großen Musensöhne dieser Stadt«, wobei sie in ihrem Millenniumsgeschwellten Stolz ganz zu erwähnen vergessen, daß Dublin auch fuderweise Sonderlinge jedweder Ausprägung geliefert hat. Dieses tolle Kunterbunt von Genie und Gaga, von Sublimem und Seichtem muß es gewesen sein, was Oscar Wilde vermuten ließ, sein Geburtsort sei »der Weltquell des geschriebenen Wortes und des gelebten Wahnsinns«.

Zweitens hat Dublin, auch darin ist es einzig unter den Städten, niemals in seiner Geschichte auch nur einen einzigen Tatmenschen von Erheblichkeit hervorgebracht: keinen großen Feldherrn, keinen großen Seefahrer oder Politiker, nicht einmal einen einigermaßen erfolgreichen Sportler – abgesehen vielleicht von dem Boxer John Malone (1898 bis 1947), an dessen Grab ein Redner rühmte, der Entschlafene habe »im Laufe seines aktiven Lebens mehr als 200 Polizisten die Knochen zu Butter geprügelt«.

Und drittens schließlich beherbergt Dublin einen Menschenschlag, der den Beweis lebt, daß Anarchie praktikabel ist und eine destillierte Wirklichkeitssicht eine feine Sache. »Realität ist eine Illusion, die durch Mangel an Alkohol entsteht« – so erklärt sich der Dubliner, das Leben als eine Art augenzwinkernden Eiertanz definierend, den Zusammenhang zwischen Whiskey und Wahrnehmungsfähigkeit.

Daß die Realität jedermanns persönliche Angelegenheit sei und mithin durch Worte oder Wunschdenken (oder Whiskey, as you please) nach Belieben gestaltbar, dieses dem Dubliner urtümliche Lebensgefühl hat nicht umsonst einer ins Philosophische verdichtet, der viele Jahre in der irischen Hauptstadt gelebt hat: »Die wirkliche Welt hat keine außerhalb der menschlichen Wahrnehmung bestehende Realität«, postulierte vor mehr als 150 Jahren George Berkeley, der zu den Mitbegründern der modernen Philosophie zählt.

Später im Leben wurde der Mann, der am Trinity College zu Dublin studiert und gelehrt und belegtermaßen gut gesoffen hat, Bischof und Abstinenzler – ein Schicksal, das sich der gewöhnliche Dubliner in der Regel erspart.

Dessen Wesen ist geprägt vom ausfahrenden Gärgeist der keltischen Vorväter, geformt durch acht Jahrhunderte anglonormannischer Unterdrückung und gezeichnet vom Genuß geistiger Getränke. Wohin ein solches Erbe führt, haben Chronisten quer durch die Jahrhunderte immer wieder schaudernd beschrieben:

> Eine größere Abordnung von Studenten unter dem Kommando von »Galgen-Walsh«, dem größten Krawallbruder dieser Tage, suchte die Polizeistation heim und führte die Gefangenen im Triumphzug zur Universität, wo die Konstabler gründlich in der alten Zisterne untergetaucht wurden, was damals ein beliebter Sport war ... Einige Zuschauer, die sich hatten verleiten lassen, Zaungäste zu spielen, verloren im Laufe der Kampfhandlungen ihr Leben.

Der Vorfall liegt nun zwar schon gut zwei Jahrhunderte zurück, aber geändert haben sich die Dubliner nicht, thanks to God. Kaum irgendwo gibt es so gnadenlose Fanatiker des Exzesses und so viele Freizügler von schier mediterranem Lebensungestüm, wohl nirgendwo derart gewohnheitsmäßige Querdenker wider den gesunden Menschenverstand und virtuos in der Kunst der personenbezogenen Gehässigkeit Geübte – das Maulwerk eines Dubliners würde anderwärts unter das Kriegswaffenkontrollgesetz fallen.

Unerhört, was die berühmte Dubliner Jagdreiterin Mrs. Delany 1920 einem englischen Lord ins Gesicht sagte, als der ihr schweißnasses Pferd mißbilligend ansah: »Wenn ich Sie fünf Stunden lang zwischen den Beinen gehabt hätte, dann würden Sie auch schwitzen.«

Unglaublich, was jene sieben Pariser Polizisten alles hören mußten, die 1974 im Rahmen einer franko-irischen Freundschaftswoche in Dublin den Verkehr zu regeln versuchten – selten sah man Flics so hüpfen. Als sie begriffen hatten, daß der örtliche Autofahrer die Straßenverkehrsordnung für einen unverbindlichen Vorschlag der Behörden hält, stellten die zugereisten Schutzmänner ihre Bemühungen ein.

Unmöglich, was der Schriftsteller Brendan Behan, nach einem kurzen Leben in Sauf und Braus mit einer zirrhotischen Leber auf dem Totenbett liegend, zu der Nonne sagte, die ihm im Krankenhaus den Whiskey wegnahm: »Ich hoffe, daß Sie die glückliche Mutter eines Bischofs werden.«

Mit welcher nonchalanten Respektlosigkeit in Dublin selbst die ernsthaftesten Probleme behandelt werden, dokumentiert am treffendsten die Tagesordnung eines Kongresses über Alkoholismus, der vor Jahren in der irischen Hauptstadt stattfand:

9.00: Alcoholism in Society
10.15: Alcoholism and Family
11.00: Alcoholism at Work
12.00: Bar open.

Die Dubliner seien die fleischgewordene »Verspottung und Geringschätzung aller Werte«, schimpfte der Dublin-gebürtige George Bernard Shaw. James Joyce nannte sie »die hoffnungsloseste, nutzloseste und widerspruchsvollste Rasse von Scharlatanen«. Ganz offenbar handelt es sich bei dem Dubliner, so jedenfalls läßt Joycens weitere Beschreibung vermuten, um eine Sonderform der Evolution, deren ökologische Nische das Pub ist:

> Er verbringt seine Zeit mit Schwatzen und Rundgängen durch die Bars, Schenken und Spelunken, ohne je seine doppelten Quantitäten von Whiskey oder Home Rule (Kürzel für das jahrhundertealte Bestreben der Iren, sich, unabhängig von Großbritannien, selbst zu regieren) satt zu kriegen, und nachts, wenn nichts mehr reingeht und er mit Gift angefüllt ist wie eine Kröte, stolpert er aus einem Nebenausgang und geht, geleitet von dem instinktiven Wunsch nach Standhaftigkeit, an der geraden Häuserfront entlang und schrubbt seinen Rücken an allen Mauern und Ecken. Er ertastet sich den Weg „mit dem Arsch«, wie wir auf englisch sagen.

Mehr als eine Million Exemplare (die paar nach außeririschen Maßstäben Normalen sind eine vernachlässigbare Größe) dieses munteren Menschenschlages irrlichtern durch eine Stadt, die anmutet wie ein schwarzer Fleck Traurigkeit – ein Gegensatz, der Dublin zu einem Ort von geradezu phosphoreszierender Anziehungskraft macht.

Atemnah und doch kaum wahrnehmbar wölbt sich über der Stadt ein Hauch von Verfall wie ein gläserner Katafalk. Vom Schmutz gewesener Tage betupfte Häuser zeilen sich das dunkle Geström der Straßen entlang, unterbrochen nur von tief ins Gemäuer verkrochenen Läden und den bunten Türen der Pubs, aus denen bisweilen ein Dunstgemisch von Malz und Urin streicht.

Im Norden, nur zehn Minuten Wegs vom Zentrum, wehrt sich ein ganzes Viertel von der Zeit zerfalteter Häuser gegen das endgültige Ende – es ist, als würden die Gespenster der Vergangenheit Inventur machen mit dem Ergebnis: Hat sich alles nicht gelohnt.

Hier arbeiteten Ende letzten Jahrhunderts die Liverpool Kate, die Piano Mary und die Mrs. Mack. Sie zählten zu ihrer Zeit zu den berühmtesten Puffmüttern Europas, aus dessen Ländern die Dirnen scharenweise ins erzkatholische Dublin reisten. Denn ausgerechnet hier, in den schmalen Straßen des »Monto« (wie die Gegend damals hieß), befand sich das größte Bordellviertel der westlichen Hemisphäre – leider nur bis zum Jahre 1921, als sich die Iren vom englischen Joch befreiten und sich dafür das einer eigenen Regierung aufhalsten, zu deren ersten Amtshandlungen das Verbot der Prostitution gehörte.
Geblieben sind vom Monto nur die Ruinen und die vielen Gassenhauer, die das Volk auf die wegen ihrer mütterlichen Großherzigkeit weithin beliebten »Ladies der Nacht« sang:

Missis Mack ist gut zu mir,
Macht's für einen Heller.
Und hab' ich mal kein Geld bei mir,
Macht sie's etwas schneller.

Es ist nicht augensinnlich schön, nicht staunenswert prächtig, was da zwischen dem »rotzgrünen Meer« (Joyce) und den Wicklow Mountains in die Weite wuchtet – denn Dublin war immer eine arme Stadt, und sie ist es noch. »Bevor ich die Armen Dublins sah«, notierte einst der Engländer Samuel Foote, »konnte ich mir nicht vorstellen, was die Armen Londons mit ihren abgelegten Kleidern taten.« Das hätte er heute – Arbeitslosenrate: 19 Prozent – genauso schreiben können.
Fähnlein bettelnder Kinder mit rotzigen Nasen schweifen durch die Stadt, vornehmlich über die vielbegangene O'Connell Bridge, unter der sich die Liffey hinzieht wie ein Trauerband aus schwarzem Krepp – ein Fluß, dreckmarmoriert und brackdünstig, der geradenwegs der Unterwelt entsprungen zu sein scheint:

Kaum hör'ch mehr beim graulen Gemausel, all die liffeygen Wasser der. Ho, hör redd uns! Zuseiten den flüssernden Wasser der, lispelndundwispernden Wassern der. Nacht!

So hat (in der deutschen Übertragung von Hans Wollschläger) James Joyce in seinem monumental unverständlichen Werk »Finnegan's Wake« die düstere Stimmung lautzumalen versucht, die der Fluß quer durch Dublin trägt.

Nur wenn die Abendsonne die leergeregneten Wolken rosig durchstrahlt, dann legt sich heiterer Goldglanz gütigend über die düstere Liffey und die grau hingeduckten Häuser der Stadt, die dem Schriftsteller Sean O'Casey vorkamen wie »arme eingeschüchterte Huren, denen ein zu langes Leben beschieden war«.

Natürlich haben sie in Dublin auch neu gebaut – und zwar so, als gelte es, den endgültigen Nachweis dafür anzutreten, daß der Mensch, vor allem in seiner Erscheinungsform als Planungsbürokrat, aus den Fehlern anderer nichts zu lernen vermag.

Statt alte Bauten zu sanieren, verwarzen die Planer das Weichbild der Stadt mit tristen Funktionsbauten und grotesken Hochhäusern – was um so ärgerlicher ist, als Dublin bis in die siebziger Jahre über ein Ensemble georgianischer Architektur von einzigartiger Geschlossenheit verfügte. »Alles was der Rest der Welt schon vor 15 Jahren zum groben Unfug erklärt hat«, sagt der Architekturkritiker der *Irish Times*, Frank McDonald, »machen wir jetzt getreulich nach.«

Nach seiner Beschreibung könnte Dublin, läge es einmal in Schutt, wieder originalgetreu nachgebaut werden, hatte James Joyce bei der Niederschrift des »Ulysses« erklärt. In diesem berühmtesten aller Stadtromane, für viele das Buch schlechthin, mäandert ein gewisser Leopold Bloom, ein irischer Jude »von elf Stone und vier Pfund Handelsgewicht«, am 16. Juni 1904 durch die irische Hauptstadt. An diesem Tag, dem (nach der Joyce-Figur so genannten) Bloomsday, finden sich jedes Jahr Joyce-Adepten aus aller Welt in Dublin ein, um Blooms Route nachzugehen. »Und jedes Jahr«, so der Dubliner Joyce-Experte David Norris, »ist ein weiteres Dutzend markanter Wegzeichen verschwunden.«

Blooms Haus in der Eccle Street mit »der 4. der äquidifferenten ungeraden Nummern« (also der 7), die berühmteste literarische Adresse überhaupt – abgerissen nach Jahren planvoller Vernachlässigung. Die Nassau Street, wo Bloom »vor dem Schaufenster von Yeates und Sohn stehenblieb, um die Preise der Feldstecher zu studieren« – versaut durch einen Büroblock von einmaliger Scheußlichkeit. Die Grafton Street, »fröhlich mit ihren festgezurrten Markisen« – da kommt jetzt ein schickes Shopping Center hin. Gegenüber dem Ormond Hotel unten am Fluß, wo Bloom »sich Mantschkartoffeln in Lebersaft mantschte« und derweil über das Wesen der Musik parlierte – dort hat sich die Dubliner Stadtverwaltung 1984 zwei monströse Türme vom Typ modernes Mausoleum hingeklotzt: »Natürlich sieht das nicht besonders schön aus«, sagt Frank Feely, der allmächtige Stadtdirektor. »Das liegt aber nur daran, daß wir statt der geplanten vier Türme nur zwei bauen konnten.«

Es ist bezeichnend für den hirnsträubenden Vandalismus der Planer, daß sie ausgerechnet unter diesem kommunalen Ungetürm die Vergangenheit ihrer Stadt begraben haben: Bei den Aushubarbeiten für die Schreckbauten stießen die Bagger auf die Überreste der alten Wikinger-Siedlung »Dubh Linn« – eine Zeitlang durften die Archäologen an der Fundstelle schäufeln, dann wurde die Keimzelle der Millenniums-Stadt gnadenlos zubetoniert.

Im Jahre 840 hatten die Wikinger das Kelten-Kaff an der Liffey erobert und eine Stadtmauer gebaut, in deren Schutz und Festung sich fortan die wenigen Häuser Dubh Linns kauerten. 1170 besetzten die Anglo-Normannen die Stadt und von dieser aus nach und nach den Rest der hibernischen Insel. Erst 750 Jahre und fast ebenso viele Aufstände später wurden die Iren ihre Unterdrücker wieder los – was vor allem daran lag, daß sie ihre Rebellionen mit ähnlicher Nonchalance organisierten wie die Dubliner jetzt ihre Tausendjahrfeier.

Um das Millennium ausgerechnet auf dieses Jahr fallen lassen zu können, mußten die Historiker lange nach einem passenden Anlaß suchen. Sie fanden ihn schließlich in Form einer Eselshaut, die ein Wikingerkönig im Jahre 988 mit seinem Namen gezeichnet hatte, kraft welchen Dokuments die Dubliner tributpflichtig wurden; die Wahl ist insofern ganz passend, als die Bewohner der Millenniums-Stadt mit die höchsten Steuern auf der Welt zahlen.

»I've done it again«, knorkste der Breitgequaderte, offensichtlich mit Whiskey gefüllt bis zur Zungenwurzel, und verließ unsicheren Fußes Ryan's Pub, nicht ohne vorher zu verkünden, er gehe jetzt nach nebenan, zu Murray's.

Die zwei gichtknolligen Alten versuchten zu ergründen, was es mit jener in der neuesten Ausgabe des *Irish Independent* veröffentlichten Umfrage auf sich habe, deren Ergebnis ihnen verwirrend erschien: Danach hatten 15 Prozent der Dubliner angegeben, sie würden Gedichte lesen, hingegen 17 Prozent behauptet, sie würden welche schreiben.

Der Gallige im Eck entdeckte sich den Umsitzenden als gefallener Priester, der seinen Herrgott gegen eine Ehefrau eingetauscht hatte: »Mit Gott zu leben«, gab er die Summe seiner Erfahrungen kund, »ist viel einfacher.«
Sorry again, Gentlemen, aber ist es wirklich so erstaunlich, wenn die Menschen von außerhalb zu dem Schluß kommen, Jonathan Swift habe recht daran getan, den Dublinern mittels eines letztwillentlichen Reims – »und zeigt'in bissiger Manier, nirgends tät's so not wie gerade hier« – Geld für den Bau eines Irrenhauses zu hinterlassen?

JÖRG R. METTKE

»Sie sollen nicht wiederkommen«

Über den sowjetischen Truppenabzug aus Afghanistan
Mai 1988

Der Morgen beginnt, um 20 Minuten vor sechs, mit einer gewaltigen Detonation. Aus dem Talkessel von Kabul steigt träge ein Rauchpilz in den wolkenlosen Himmel: Zeitbomben haben einen in der Innenstadt abgestellten Mercedes-Bus zerrissen. 16 Tote und 13 Verletzte kostet die Terrortat, mit der die Mudschahidin aus den Bergen ihre Allgegenwart demonstrieren wollen.

Für die Sowjets, die seit mehr als acht Jahren mit mindestens 100 000 Soldaten und militärischem Gerät im Wert von 600 Millionen Rubel in diesem nicht nur geographisch zerklüfteten Land stehen, bricht der letzte Tag vor ihrem unwiderruflichen Rückzug an.

Michail Gorbatschow, der energische Generalsekretär der sowjetischen Kommunisten, hatte den außenpolitischen Passivposten Afghanistan ohnehin längst abgeschrieben. Bereits vor zwei Jahren bekannte er in kleinem Kreis, für diese Fehlentscheidung seines Vorgängers Breschnew dürfe »die Sowjetunion keinen Tag länger als unvermeidlich vor der Weltöffentlichkeit am Pranger stehen«; das ehrgeizige Reformprogramm Perestroika setze, was das Abtragen alter Hypotheken angehe, absolute Glaubwürdigkeit voraus – nach außen wie nach innen.

»Wir alle haben auf diesen 15. Mai sehnsüchtig gewartet«, beschwört Iwan, 22jähriger Artillerist einer in Kabul stationierten Einheit, das historische Datum. Historisch auch deshalb, weil es den Blick freigibt auf eine sich wandelnde sowjetische Außenpolitik, die in stärkerem Maße als je zuvor bereit scheint, vertraglich ausbalancierter Sicherheitspartnerschaft den Vorrang zu geben vor eigenen Bedrohungsängsten und deren militärischer Kompensation.

Für jeden sowjetischen Truppenteil liegt das genaue Abmarschdatum Richtung »rodina«, in die Heimat, inzwischen fest. »Ganz gleich, was die Unterschriften der USA und Pakistans unter die Genfer Afghanistan-Vereinbarung wirklich wert sind«, so formuliert der Komsomolze Iwan, was auch Gorbatschow denken mag: »Wir müssen hier raus und wollen hier raus, in unserem eigenen Interesse.«

Iwans Chef Boris Gromow, Generalmajor und Oberbefehlshaber der sowjetischen Expeditionstruppen, erklärt, warum: »Das afghanische Volk sehnt sich nach Frieden« – den die sowjetische Militärmacht in jahrelangem verlustreichen Kleinkrieg nicht herbeizuschießen vermochte. Und der Rückzug seiner Armee sei »ein Beitrag zur Vertrauensbildung unmittelbar vor dem Moskauer Gipfel« – der wie der vorige in Washington Anfang Dezember 1987 ohne die sowjetische Bereitschaft zum Abzug aus Afghanistan kaum zustande gekommen wäre.

Unter Fernseh-Scheinwerfern gibt General Gromow, ein bulliger, aus Saratow stammender Mittvierziger, jene glücklichen Truppenteile bekannt, die 20 Stunden später das auf neun Monate berechnete Rückzugsmanöver eröffnen dürfen: Panzer-, Flugabwehr- und Luftsicherungseinheiten aus der Provinzhauptstadt Dschalalabad, rund 140 Kilometer östlich von Kabul, insgesamt 1000 Mann mit knapp 200 Fahrzeugen.

In Kabul werden derweil fleißig bonbonbunte Plakate geklebt. Sie zeigen einen blumenbekränzten Sowjet-Armisten, der lachend Abschied nimmt von seiner »internationalistischen Pflicht«, wie die gestanzte Propagandaformel für den ebenso vergeblichen wie völkerrechtswidrigen Afghanistan-Einsatz noch immer lautet. Freilich: »Geändert haben wir hier kaum etwas«, resümiert bitter ein junger Sergeant aus Belorußland, Mischa, als er sich am Vorabend des Rückzugs von afghanischen Freunden in Kabul verabschiedet.

Gewiß, da seien die Schulen, Krankenhäuser, Kindergärten und Betriebe, die General Gromow stolz als Beiträge seiner »Internationalisten« zur inneren Entwicklung Afghanistans aufzählt; und Straßen und Wohnhäuser dazu, die in schweißtreibenden Sondereinsätzen gebaut wurden. »Trotzdem herrscht hier nach wie vor finsterstes Mittelalter«, sagt Mischa, »und dagegen waren wir machtlos.«

Oberleutnant Andrej aus Sewastopol auf der Krim, der mit seinen Leuten tags darauf die Straße durch die Kabul-Schlucht für den aus Dschalalabad anrückenden Konvoi freihält, teilt diese Resignation wie die meisten sowjetischen »Afghanzy« mit dem roten Stern am khakifarbenen Schlapphut: »Afghanistan – das ist das 14. Jahrhundert mit Flugzeugen.«

Daß die Afghanen in ihrer Mehrheit konservativ sind und traditionalistisch, daß altväterliche Stammestraditionen und Wertvorstellungen in diesem Land nicht nur durch Kolonialismus gewaltsam konserviert, sondern in weit stärkerem Maße selbstgewählt, selbstgewollt sind – den jungen Sowjetbürgern in Uniform will das nur mit Mühe in den Kopf. »Diese entsetzliche Armut, die bettelnden Krüppel, die hungernden Kinder, die rechtlosen Frauen«, entsetzt sich Mischa aus Minsk auch noch nach fast zwei Jahren Afghanistan-Einsatz: »Wie können sie so leben?«

Die Demonstrationsobjekte sowjetisch-soldatischer Lebensweise, jede Menge Kasernen, Hospitalbaracken, Flug- und Exerzierplätze in 18 Garnisonen und 170 Stützpunkten, werden gegenwärtig landauf, landab an die Kameraden von der afghanischen Armee übergeben. Militärische Ausrüstung dagegen, so lautet der Befehl, ist zu verpacken, zu verladen und abzutransportieren.

Oberst Konstantin Iwanowitsch Below, der eine Nachrichteneinheit im Kabuler Vorort Durlaman nahe beim gleichnamigen ehemaligen Königspalast befehligt, führt ein letztes Mal neugierige West-Zivilisten durch sein Reich – von den 36-Betten-Zimmern der Mannschaften bis zur original-russischen Sauna.

Der Abzug von Belows Einheit ist für die zweite Etappe vorgesehen. Wann die beginnt, mag er nicht sagen. Immerhin: Bis zum Beginn des Gorbatschow-Reagan-Gipfels am 23. Mai soll bereits ein Viertel der sowjetischen Soldaten vom Hindukusch verschwunden sein, ein weiteres Viertel dann bis spätestens 15. August. Oberst Below wirkt keineswegs wie ein Besiegter, wenn er es mit strahlendem Goldzahn ausdrücklich ein »Glück« nennt, endlich heimkehren zu dürfen.

Dennoch belastet die Sorge, womöglich als geschlagene Armee zu gelten, erkennbar Korpsgeist und Ehrgefühl der Sowjet-Armisten: Niemals sei in den acht Jahren auch nur eine Einheit, »nicht einmal die kleinste«, den Rebellen unterlegen, immer auch seien die Verluste der Feinde erheblich größer gewesen, wendet sich General Gromow gegen jeden Vergleich mit dem Jahr 1842, als die aufständischen Afghanen die Briten-Garnison von Kabul, 4500 Menschen stark, zur Kapitulation mit freiem Abzug zwangen, bei dem dann jedoch das gesamte Kontingent aufgerieben wurde – nur der Arzt der Engländer entkam.

Noch will Gromow die Zahl der eigenen Toten, nach westlichen Schätzungen rund 30 000, nicht bekanntgeben; eine solche Bilanz werde demnächst in den sowjetischen Medien veröffentlicht. Doch zugleich beklagt er sich darüber, daß die Presse daheim den Verlusten und insbesondere den in Kriegsgefangenschaft Geratenen zu wenig Aufmerksamkeit geschenkt habe. Gromows Soldaten haben denn auch jede Menge Spottverse und Witze parat über jene auf drei Tage aus Moskau eingeflogenen Journalisten, die dann in den sowjetischen Blättern das Bild vom fröhlichen Afghanistan-Krieger malen, der immerzu Kinder streichelt, Gutes tut und dafür von der dankbaren Bevölkerung mit Blumen beschenkt wird.

Seit einer Woche haben sowjetische Hubschrauber und Aufklärungseinheiten die Straße von Dschalalabad nach Kabul gesichert. Als am Sonntag des Rückzugsbeginns um 14 Uhr, nach sieben Stunden Fahrt, endlich der Führungspanzer der ersten Heimkehrer-Einheit aus der Kabul-Schlucht rollt, war sie unbehelligt geblieben: Etwas Steinschlag habe es gegeben, möglicherweise von Mudschahidin-Händen ausgelöst, möglicherweise aber auch nur ein Abschiedsgruß der unwirtlichen Natur.

Doch die Helden sind zu früh dran. Da sich die afghanische Bürokratie, gegen die selbst die sowjetische als effizientes Management erscheint, noch immer mit den Begrüßungsvorbereitungen abquält, müssen die Soldaten zwei Stunden lang außer Sicht hinter einer Straßenkrümmung in der Sonne warten.

Kaum einen Kilometer weiter Richtung Kabul dösen zur Jubel-Parade mit Plastikblumen ausgestattete afghanische Soldaten im Schatten eines Lehmmäuerchens. Ob sie es nun allein schaffen würden, der fanatischen Guerilla standzuhalten? Vielleicht, sinniert einer in gebrochenem Russisch, vielleicht auch nicht. Zwei Kameraden, die zuhören, stimmen spontan, aber kaum unglücklicher, für eher nicht.

»Sie geben sich Mühe« – das ist die positivste Einschätzung über das afghanische Militär, zu der sich einfache russische Soldaten gerade noch verstehen mögen. Viele freilich machen keinen Hehl aus ihrer Vermutung, daß die afghanische Wehr ohne sowjetische Hilfe nicht lange standhalten werde. Ihre oft blutjungen Soldaten erhalten kaum Sold, wirken lustlos und müde, sehen abgerissen aus und betteln die wenigen Touristen in Kabul ungeniert um ein Bakschisch an.

Die Jubelfeier für die aus Dschalalabad abgezogenen Sowjets beeindruckt vor allem durch ihren merkwürdigen Doppelcharakter: Offiziell ist Dank für den geleisteten Freundschaftsdienst angesagt, aber nicht wenige am Straßenrand aufgereihte Afghanen, Schulkinder wie Soldaten, machen durch unzweideutige Gesten deutlich, was sie wirklich meinen: Haut doch endlich ab. Auch das zum Kauf lockende »Ej, Towarischtsch« der Basar-Jungen, für die Ausländer und Russe gleichbedeutend ist, scheint jetzt geringschätziger, schadenfroher als noch vor einem Jahr.

Die Sowjetsoldaten spüren die Veränderungen im Land und deuten sie als Undank oder Verrat – die bemüht-opportunistische Hinwendung des Partei- und Staatschefs Nadschibullah zum Islam beispielsweise, die vom Funktionärskorps der afghanischen Kommunisten inzwischen beflissen kopiert wird.

Immer mehr Freunde, berichtet die in Moskau ausgebildete Pädagogin Fatima, die nach eigenem Bekenntnis »für die Errungenschaften der afghanischen Revolution durchs Feuer gehen« würde, verkündeten jetzt beiläufig: »Übrigens, wir beten wieder.« Sie zuckt mit den Schultern, als ihr sowjetischer Freund Mischa ebenso empört wie naiv fragt: »Wie könnt ihr so etwas zulassen?«

Wie ernst es die Sowjets mit der Heimholung der Ihren aus diesem ihnen unverständlichen Land meinen, konnte in der vergangenen Woche jeder Kabul-Besucher erfahren, der seine Reise über Moskau fortsetzen wollte: Alle Aeroflot-Maschinen waren für sowjetische Zivilangestellte, Frauen und Kinder reserviert, die den sinkenden Bruderstaat als erste verließen.

Für den vorsorglichen Versuch, mit der nationalen Fluglinie Ariana über Delhi eher in die sowjetische Hauptstadt zurückzugelangen, mußten zunächst zwei Kilo Banknoten der Landeswährung erworben werden: Das Billett kostet 122 738 Afghani.

Und als drei würdige ältere Herren samt einem jugendlichen Assistenten den Geldberg nach 30 Minuten endlich durchgezählt haben, erkundigt sich der Chefkassierer höflich, wohin es denn gehen soll.

»Ach, nach Moskau«, gibt er dem Reisenden gütig mit auf den Weg: »Dann sagen Sie denen dort doch bitte, sie sollen nicht wiederkommen.«

MARIE-LUISE SCHERER

Kleine Schreie des Wiedersehens

Über Modenschauen in Paris
August 1988

Unter den Wartenden auf die Frühmaschine von Hamburg nach Paris heben sich vier Frauen und ein Mann in tiefdunkler Kleidung ab. Der Mann trägt den langen schwarzen Mantel offen. Die Hände in den Taschen seiner enormen Hose hält er seitlich so sperrig, als führe er den Spielraum vor, den die elefantische Stoffmasse ihm läßt.

Eine der vier Frauen hat sich mit einem kleinen braunen Bowler das Gesicht halbiert. Unter ihrem zum Boden reichenden Soldatenmantel sehen Herrenhalbschuhe von übertriebener Bequemlichkeit vor. Ihre Handtasche trägt sie an Rucksackriemen auf dem Rücken; den Schnappverschluß sichert ein zigfach gezurrtes Gummiband. Die übrigen drei Frauen in großen schwarzen Mänteln wären, träfe man sie einzeln, weiter nicht auffällig. Nur im Verbund mit der vierten und dem geschilderten Mann ist auch ihnen das Ziel ihrer Reise anzusehen. Es sind die Schauen des Pariser Prêt-à-porter für den nächsten Winter.

Es war die Rede davon, daß alle immer in Schwarz kämen, die Redakteurinnen der dicken glänzenden Magazine, ihre Blattgestalter, Fotostylisten, deren jeweilige Assistenten, die Wortberichter und Meinungsschreiber, die Ideendiebe und Tragbarmacher, die Einkäufer aus Tokio und den USA. Also immer der schwarzen Flut nach unter den Arkaden der Rue de Rivoli. An der Rue de Marengo stoppt die Flut, bis ein Polizist sie rechts über die Straße winkt. Die

Flut springt hinüber vor den großen, gelben Baldachin an der Porte Marengo des Louvre, wo sie sich verliert, weil hier alles schon schwarz ist. So schwarz wie ein Mohnfeld rot ist, das heißt, auch ein paar Kornblumen stehen dazwischen.

Kleine Schreie des Wiedersehens; über allen Begrüßungen liegen die Altstimmen der Italienerinnen; neben jeder Wange ein in die Luft gedrückter Kuß, wobei der Blick der Küssenden und der nicht wirklich Geküßten schon anderswo am Kontaktieren ist; lächelnd hinübernicken und in Erwartung des zurückkommenden Lächelns zur Seite sagen: »Das ist eine ganz Böse!« Doch auch die herzliche Begegnung hat ihre festen Zeiteinheiten, bevor sie fahrig wird und beide Partner wieder frei sein wollen, um anderen Personen zu begegnen.

Weil die Mode so flüchtig ist, bedient sich der weibliche und männliche Habitué, dieser hier vor dem gelben Baldachin versammelte Menschenschlag, nur ihrer Akzente. Hinzu kommt, daß für ein striktes Befolgen der Mode der Habitué oft nicht mehr jung und schmal genug ist. Beides sind Gründe für seine modisch moderate Erscheinung.

Der bevorzugte Akzent des Habitués ist der Schal. Dieser ist meistens schwarz, manchmal zyklamrot oder beidseitig das eine und das andere und immer aus dem willfährigen Kaschmir, der selbst bei dreifädigem Volumen sich wickeln und knoten läßt wie Mull.

Selten liegt der Schal auf dem kürzesten Weg so um den Hals, daß er nur wärmt. Häufig wird er wie die Capa eines Toreros nur auf einer Seite getragen. Manchmal spannt er sich wie der Tragegurt eines Klavierschleppers oder die Armschlinge eines Invaliden von der linken Schulter diagonal über den Rücken und endet in einer satten Quaste auf dem rechten Rippenbogen. In seiner anspruchsvollsten Drapierung bildet der Schal einen Blütenkelch. Zyklamrot und sehr halsfern liegt er dann mit dem Gestus verwelkender Außenblätter auf dem Mantel und zwingt den Kopf seines Trägers in die Rolle der Mittelknospe.

Unterhalb dieser Mutproben ist der Habitué rigoros praktisch gekleidet. Was ihn zum kennerischen Ignoranten der Mode macht, ist ein schwarzer Kaschmirmantel. Da es aber auch im inneren Zirkel der Ignoranten eine Mode gibt, ist dieser Mantel meistens datierbar und stammt aus einem der hart empfohlenen Häuser. So ignorieren auch die Ignoranten nie wirklich. Vielmehr sind sie bei

aller persönlichen Modemattigkeit eine doppelt scharfe Jury ihresgleichen.
Die Eigenschaft, gelassen unmodisch zu sein, kann es für den Habitué nicht geben. Denn jeder Verzicht auf deutliche Mode bildet für ihn die Nische einer Nebenmode. Wer vor dem gelben Baldachin im schweren Ulster seines Vaters steht, ist deshalb nicht unschuldig, sondern kontrazyklisch, Wer den Kleppermantel eines Landvermessers trägt, kann auch dann, wenn es regnet, kaum noch behaupten, er habe ihn für dieses Wetter sich nur ausgeliehen. Denn längst ist sein Mantel als kühne Abweichung erkannt.
Es gibt kein Entrinnen aus der Mode. Wer in morgendlicher Benommenheit mit dem rechten Fuß in den linken Schuh geschlüpft ist oder umgekehrt und gelangt so vor den gelben Baldachin, könnte für einen schöpferischen Menschen gehalten werden. Denn alles wird in Absicht verkehrt, auch das Versehentliche. Doch nicht jedem wird im Radius der Modeleute eine Abweichung zugestanden. Wer das gesicherte schwarze Mittelfeld verläßt und den Habitué nicht rühren, sondern seinen Respekt haben will, muß eine Persönlichkeit des Milieus sein.
Alle Bedingungen, eine solche Persönlichkeit zu sein, erfüllt die Modejournalistin Anna Piaggi aus Mailand. Ihre dem Milieu bekannte Freundschaft zu dem Couturier Karl Lagerfeld rangiert um Grade höher als die anderer, ebenfalls auserwählter Modejournalistinnen zu ihm. Anna Piaggi gilt als seine Muse. Sie ist eher klein und hat eine arabisch große Nase, die ihr Gesicht vor einer vergänglichen Lieblichkeit bewahrt. Einen Anlaß, ihr Alter zu raten und sich dabei untertreibend zu überbieten, gibt sie nicht. Sie ist die Inkarnation der Abweichung.
Im Pulk der schwarzen Mäntel steht sie im grünen Reitkostüm der Belle Epoque zu lila Knöpfstiefeletten; auf dem Kopf eine Mütze aus Bast, deren schräg aufsteigender Schirm die Größe eines Ruderblattes hat. Eine Hand umfaßt den Jadeknopf eines Kavalierstockes; die andere liegt auf dem Unterarm ihres Begleiters. Ein Begleiter ist unerläßlich für Anna Piaggi, da er ihr die profaneren Dinge tragen muß, die geräumigen Beutel und den Schirm an dem Tag, wo ein Stock die Nuance ihrer Ausstattung bildet. Sicher wird der Begleiter sie auch vor Behelligungen schützen müssen. Denn Anna Piaggi läuft mit dieser Bastmütze und einer Turnüre unterm Reitrock auch weitab vom Modegeschehen an der Porte Marengo

durch die Straßen. Und dort gibt sie Rätsel auf; auch in Paris, wo alle Spielarten ethnischer Kostüme zum Bild gehören, nur die Erscheinung einer Anna Piaggi nicht.

Ihr Kleiderfundus, wird erzählt, fülle drei Stockwerke in ihrem Mailänder Haus. Und wenn sie Mailand nur für drei Tage verlasse, nehme sie vier Schiffskoffer voller Sachen mit, die Hutschachteln nicht gerechnet. Und am Zielpunkt ihrer Reise dann würde sie gar nicht jeden Koffer öffnen. Das ganze Gepäck werde nur für die Eventualität einer modischen Stimmung geschleppt.

Mit ihrer dreisten Verquickung der Stile, der Unerhörtheit, mit der sie eine englische Tropengamasche als Abendhandschuh überzieht und auf der Duchessebluse von Jacques Fath ein bretonisches Bauernmieder trägt, kann Anna Piaggi auf das umfassende Einverständnis der Modeleute zählen. Ihre Abweichungen liegen über der Norm einer Abweichung. Sie gelten als sakrosankt und entziehen sich dem Urteil der Meute, die den Daumen einmal senken und das Mißraten eines Auftritts feiern möchte.

So bleiben nur die Kühnheiten der Amateure übrig, die melierte Schafwollsocken zu einer Leopardenhose kombinieren, darüber einen Bratenrock zu einem Jakobinerhut. Und neben ihnen der streng schwarze Block der Japaner unter den schweren, tiefblauen Haaren. Da sie bei eher kleiner Gestalt meistens extrem weit gekleidet sind, sehen sie wie kompakte dunkle Würfel aus.

Unter das Gewölbe der Porte Marengo führen zwei Gassen aus enggestellten Straßensperren. Polizisten in halben, dunkelblauen Pelerinen prüfen die Einladungen. Auf diese erste, mit dienstlicher Miene vollzogene Kontrolle folgt eine zweite durch junge Frauen, die die Handtaschen nach Waffen durchsuchen müssen. Und entsprechend ihrer viel intimeren Pflicht bitten die jungen Frauen lächelnd um Entschuldigung und heben, ohne in der Tiefe zu stöbern, den Tascheninhalt nur ein bißchen an.

Hinter der Porte Marengo, in der Cour Carrée des Louvre, finden die Schauen statt. Hier sind drei weiße Zelte aufgeschlagen, deren Eingänge Lorbeerbäume in Kübeln flankieren, und wieder Absperrgitter, vor denen sich neue Begrüßungen fügen. Der Einlaß in die Zelte geht etappenweise vor sich. Den Vortritt haben die Chefredakteure internationaler Modemagazine, der französischen Frauenzeitschriften und die Einkäufer der Fifth Avenue. Dieser Personenkreis mit seinem fast steckbrieflichen Bekanntheitsgrad soll noch vor dem Schieben der Menge seine Plätze einnehmen können. Es sind natürlich die besten Plätze, die erste Reihe frontal zum Laufsteg oder gleich in der Kurve des Hufeisens. Mr. Fairchild von *Women's Wear Daily* hat in der Mittelachse den mittleren Stuhl, sitzt also im Fadenkreuz der langen, auf ihn zueilenden Beine.

Das Placieren der Modeleute, sie auf einen Stuhl zu bitten, der ihren oder den Namen ihrer Zeitung trägt, ist ein delikates Amt. Denn ein objektiv guter Platz wird im persönlichen Empfinden zu einem schlechten, wenn davor jemand sitzt, den man selber hinter sich placieren würde. So liegen die Selbsteinschätzung und der zugewiesene Stuhl oft um Reihen auseinander. »Ich sitz' in der dritten, das zahl' ich dem heim!« sagt eine Männerstimme.

Wie eine tafelnde Ritterrunde nehmen die Fotografen die Ränder des Laufstegs ein. Auf ihren Metallkoffern sitzend, jeder vor seinem markierten Platz, legen sie die Apparate ab und gestatten sich eine kurze Ruhe vor dem Defilee. Dann verlöscht im Zelt das Licht. Jemand sagt: »Ach, es geht los, dann sind die Chefredakteurinnen von *Marie-Claire* schon eingetroffen«, zwei distinguierte, streng gekämmte Damen. Auch die Kommentare über die Einkäuferin von Bergdorf & Goodman, 754 Fifth Avenue, verstummen in der Dunkelheit. »Diesmal«, wurde über sie gesagt, »versucht sie den Look von Lauren Bacall.« Die Einkäuferin trägt eine helle Hemdbluse mit halbem Arm.

Ein Herr kommt zu spät. Er will auf den vierten Stuhl einer Reihe, in der alle in bestmöglicher Bequemlichkeit sich schon ausgebreitet haben. Der Herr muß die Knie übersteigen, auf denen die Notizblöcke schon aufgeschlagen sind; er tritt in abgestellte Handtaschen, reißt die Schals von den übergeschlagenen Mänteln der Vorderstühle und sagt, sich endlich niederlassend, zu seiner Nachbarin auf dem dritten Stuhl: »Frau Mohr, ich bin nicht so schlank wie Sie, obwohl ich viel mehr hungere.«

Auf der Bühnenwand erscheint der Name des Couturiers. Die Musik setzt ein, und wie von Katapulten geschleudert rasen die Mannequins schon auf ihrer Bahn. Sie sind aller Gangarten mächtig. Als würden sie gezogen oder vom Wind gedrückt, treiben sie in den Applaus hinein. Bei jedem Schritt drehen sie ihre Füße auswärts, als müßten sie ein Insekt austreten. In einem schlingernden Vorwärtsbewegen ahmen sie die Kontraktionen einer Schlange nach, die ein Beutetier aus der Rachenzone in die Tiefe würgt. Dazu bringen sie ein Lächeln aus den Kulissen mit, als wirke eine unglaubliche Geschichte in ihnen nach. Die Fotografen stellen sich quer zum Laufsteg und biegen ihren Oberkörper seitlich tief herunter für ein frontales Bild. Dabei will jede Schulter, als hinge sie aus dem Beiwagen eines Motorrades, die andere an Reichweite überragen. Die Moderedakteurinnen machen in großen gehetzten Buchstaben ihre Notizen. Nach den Attacken ihrer Filzstifte muß es ungeheure Neuigkeiten geben. Sie bringen simultane Skizzen zu Papier, indem ihre Striche das Übertriebene noch einmal übertreiben.

Da der weibliche Körper, außer daß er gestreckt oder gedrungen, breit oder schmal sein kann, immer gleich ist; da keine Frau einen geflügelten Rücken hat, weder über ein drittes Bein verfügt noch über den Stützschwanz eines Känguruhs, auf dem sie sich schnellend fortbewegen könnte, muß die Mode eine ewig unveränderte Anatomie hofieren. Die Arme brauchen Ärmel, der Rumpf ein geschlossenes oder zu schließendes Futteral, und zumindest das obere Drittel der Beine möchte bedeckt sein. Innerhalb dieser Bedingungen hat sich der Modeschöpfer einzurichten.

Würde der Modeschöpfer die Unterseite eines Kartons mit Löchern versehen, um die Beine einer Frau hindurchzustecken, wäre der Karton dem Wesen nach eine Hose. Ein zur Brust hin offenes Kleidungsstück mit Ärmeln könnte aus Brotteig gebacken sein; es wäre dem Wesen nach eine Jacke. Der Modeschöpfer kann dem Mannequin einen Melkschemel um die Hüften binden, um dem Rock das Traditionelle zu nehmen; ein neues Kleidungsstück hat er dadurch nicht erfunden. So bleibt jeder Entwurf, auch der entlegenste, den alten Gattungen von Hemd und Hose, Kleid und Rock, Mantel und Jacke verpflichtet. Der Modeschöpfer hat das gleiche Problem wie der Designer eines Löffels. Soll der Löffel für die Suppe taugen, kann er nur geändert, doch nicht neu geschaffen werden. Immer braucht er eine Kelle und einen Stiel.

Der vorgeführten Mode gibt die Musik einen akustischen Halt. Zum Katzenschreiten der Mannequins ist beschleunigtes Trommelrühren bei versiegender Melodie zu hören. Zu getigerten Kleidern von Junko Shimada werden blaß gefleckte Strümpfe getragen, die an weißen Beinen wie eine langsam symptomatisch werdende Krankheit aussehen oder wie die Musterung eines pigmentschwachen Tieres. An den Beinen der Negerinnen haben diese Strümpfe eine umgekehrte Wirkung. Auf dunkler Haut erscheinen die gleichen Flecke nur als Irritation, auf deren Verschwinden man wartet. Die Großkatzen scheuchen ihre Opfer über den Laufsteg. Letztere tragen kleine Lammfellglocken als Miniröcke.

Plötzlich haben sich Katzen und Lämmer in schiefergraue Diakonissen verwandelt. An ihren Ohren hängen Aluminiumkreuze. Auch auf dem nackten Busen unter Gaze liegt ein Kreuz. Den weißen Schürzen nach muß es ein dienender Orden sein, das Personal einer Krankenstation. Doch gnade Gott den Kranken, wenn sie ein anders Leiden als das des Masochismus haben. Diese Geschöpfe durchmessen nur als Verwirrungsstifterinnen den imaginären Saal voller Betten. Es sind Hospitalsirenen, aufreizende, kalte Schwestern, die jedes Wimmern überhören, allen voran die überlegen schönen Negerinnen.

Da es an acht aufeinanderfolgenden Tagen 54 Modenschauen gibt, wobei einige nicht in den Zelten sind, sondern im Grand Hôtel, in den Stammhäusern der Couturiers, in Theatern, Messehallen oder im Cirque d'Hiver, müssen die Modeleute ein erschöpfendes Hakenschlagen durch Paris absolvieren. Dieser Zumutung entzieht sich der Habitué. Mit seiner über viele Jahre gesättigten Erfahrung weiß er, wo er sich langweilen wird. Couturiers mit einer bourgeoisen Stammkundschaft inklusive auswärtiger Königshäuser und Emirate interessieren ihn nicht. Denn dort rangieren vor jedem Wagnis die figürlichen Rücksichten und die Pastelltöne von Konditoreiglasuren.

Dorthin geht er auch dann nicht, wenn im großen Salon des Grand Hôtel an der Rue Scribe, unter der üppigsten Kuppel des Zweiten Empire, mit der Anwesenheit von Madame Guy de Rothschild, Marie-Hélène, Madame Elie de Rothschild, Liliane, den Prinzessinen von Kent und Fürstenberg und Paloma Picasso zu rechnen ist. Im Grand Hotel läßt Jaqueline Vicomtesse de Ribes ihre Mode vorführen. Als junge Frau, sagen gute Stimmen, als sie noch keine Kleider machte, habe sie die Prominenten, die jetzt auf ihren besten Stühlen applaudieren, alle schon gekannt. Die bösen Stimmen sagen, ein Teil der Prominenz sei gemietet über Madame Dumas, jene Pariser Agentin, die auch den Herzog von Orleans unter Vertrag habe.

Das Publikum bei Jaqueline de Ribes scheint weniger berufstätig zu sein als das in den Zelten. Ihrer kosmetischen Frische nach können die Frauen nicht von anderen Terminen kommen, sondern müssen direkt von ihren Schminktischen zum Grand Hôtel aufgebrochen sein. Alles ist untadelig an ihnen, nichts glänzt außer den Haaren und den Lippen. Ihre Schlankheit unter den schmalen Kostümen läßt keine Mühe vermuten, eher eine strikte Unlust, mehr zu essen als einen Artischockenboden und die Filetstreifen einer Seezunge. Auf ihren Seidentüchern von Hermes tragen sie die Fauna Französisch-Afrikas spazieren, wobei, je nach Drapierung, ein Gazellenhorn sich ihnen in die Brust einbohrt oder der Huf eines Zebras ihnen gegen die Kehle schlägt.
Für dieses Pandämonium der Pariser Damenhaftigkeit zählt in der Mode nur, was persönlich kleidsam ist. Eine Ausnahme bildet das Brautkleid am Ende des Defilees. Es muß nicht praktikabel sein, da der Moment vor dem Altar bei allen längst vorüber ist. Wie eine Scheuklappe wächst dem Kleid ein Kelch aus der Taille bis hoch über den Kopf, als müsse die Braut gegen einen plötzlichen Sinneswandel abgeschottet werden.
Häufig besteht das Sensationelle einer Modenschau nicht aus der eigentlichen Mode. Denn stärker oft als die Kleidungsstücke selber bleibt ihre Inszenierung in Erinnerung. Die Mode liefert, um es überzogen auszudrücken, nur noch den Vorwand für ein neues Unterhaltungsfach.
Kansai Yamamoto läßt scharfgebündeltes Licht aus der Kanone schießen; Leuchtturmkegel suchen die Zuschauerköpfe ab; glühende Finger stochern in der Dunkelheit des Zeltes, und über den Laufsteg fegen Mannequins, die in den Händen Bergkristalle schwenken. Gegen diese Salven, Streifen und Splitter aus Licht können sich gerade drei Abendkleider im Gedächtnis halten. Unter schwarzem Chiffon, nur minimal entrückt, zeigen sie das nackte Gesäß ihrer Trägerin samt seiner Schlucht. So sitzt auch jemand, dem die Mode nichts bedeutet, keine öden Stunden ab.
Die Modenschau als Spektakel kennt keine zivilisatorischen Hemmungen. Musettewalzer, Kosakenchöre, Tiefflieger, Hummelflug, Apokalypsen aus dem Synthesizer, Peer Gynt, Schulbeginn in den Karpaten, Kirchgang in Harlem, Bad Fuschl und Cordoba auf ein und demselben Kragenspiegel, Stille Nacht, Spieluhrfrieden, chinesisches Bänderwerfen zu bulgarischen Schultertüchern, x-bei-

nig gesetzte Füße in Haferlschuhen, im Jankerl König Ludwigs Wahnsinnsposen zu Jodlern und Zither, schwarzgrüne Bersaglierifedern als Hecke um das Décolleté, karierte Gangstersakkos zu erregten Schubertliedern, rollende Handtaschen an der Hundeleine, weiße Tauben in einer Rotbuche mit bemoostem Fuß, Schneetreiben mit vermummten Kindern und schwarzem Ziegenbock – es ist ein grenzenloses Potpourri, dem zwischen der Rue de Rivoli und der Mandschurei atmosphärisch alles innewohnt.

Bei Chloé, während eines Defilees grauer Flanellkostüme im Stil der Dietrich, wird laut nach Josef von Sternberg gerufen. Dann verebben diese Rufe im Potsdamer Glockenspiel, das seinerseits verklingt in einer abstürzenden Zigeunergeige. Darauf kündet sich ein Unheil an mit süßen Kirmestönen, und jeder glaubt, gleich kommt der Mörder und schnappt sich so eine Kindfrau im ausgereizten Kleid. Bei Claude Montana werden wie beim Kraftsport Entlastungsschreie ausgestoßen und die harten Signale von Hirten, die über Berge hinweg sich zu verständigen suchen.

Zwischen diesen Polen aus weichen und outrierten Tönen, feierlicher Eleganz und abseitigen Entwürfen, die im Glücksfall mit einer begeisterten Empörung rechnen dürfen, entfaltet sich die Kunst der Mannequins. Wenn sie als Herrin schreiten, hat es den Anschein, als ob eine Gasse sich vor ihnen bildet und eine Spezies plumper Gebrauchsmenschen sich rechts und links zur Seite drückt. Wenn sie als Herrin sich beeilen müssen, weil mit langen, schnellen Schritten eine Robe schöner weht, entsteht der Eindruck, sie müßten im Schloß ein vom Unwetter aufgestoßenes Fenster schließen. Und immer strahlen sie Verachtung für den Financier ihrer Kleider aus. Auch als Luder mit ausschlagenden Hüften zeigen sie einen unverhohlenen Stolz auf seinen Ruin. Mit einem somnambulen Lächeln tragen sie Schwangerschaften in Empirekleidern vor sich her, über dem hohen Leib die Hände gefaltet. Sie schneiden Fratzen im Spiegel einer Puderdose und verwandeln den langen Laufsteg in einen schläfrigen Serail.

Als pantomimische Vollstreckerinnen bitten sie auch in einem lächerlichen Aufzug nie um Gnade. Sie setzen auf die Tugend des Geldes, da die Schönsten unter ihnen 7000 Mark pro Schau verdienen und bis zu viermal täglich laufen. Auf alles sind sie gestisch eingerichtet, auf Himmel, Hölle, Jüngsten Tag samt Gotteslästerung. Bei Thierry Mugler singt ein Kathedralenchor »Hosianna in excelsis«, dazu tragen die Mannequins abendlich gemeinte Fechtanzüge mit spitz zum Schritt verlaufendem Polsterschutz gegen den feindlichen Stich. Zu schlimmen Taten aufgelegt, drücken sie jeden Finger ihrer schwarzen Handschuhe bis zum Ansatz herunter und ziehen ihr Chiffontuch wie eine Gerte durch die schmal gemachte Hand.

Aus grünen Dämpfen löst sich die Belegschaft eines Höllenbordells unter den Bittgesängen von Mönchen. Dominas im Paßgang mit geballten Brüsten und mahlenden Hinterbacken tragen Handtaschen in Form eines Flammenblocks oder eines Backenzahns, Kokainelfen schleifen Schwänze unter rückwärts geknöpften Smokingjacken und reißen plötzlich ein Bein zur Schulter hoch. Beim Agnus Dei schleicht Maria Stuart zum Schafott. Die Henkerstöchter ziehen am Schößchen ihres Tailleurs und freuen sich auf das arme Weib, dem Ambulanzsirenen noch Rettung versprechen. Doch das Requiem hat schon eingesetzt, gefolgt von Knabenstimmen zu Ehren einer weißen Braut.

Das modisch Brauchbare an dieser blasphemischen Revue wird sich nur dem Kenner, dem Habitué, mitteilen. Da er überreizt und unschockierbar ist, vermag nur er zwischen den Dämpfen, den ekstatischen Oratorien und Satansschwänzen erste Anzeichen des Neuen zu entdecken, das einmal Geschmack werden könnte.

Nach seiner Modenschau zeigt sich der Couturier auf dem Laufsteg. Für einige geht der Beifall dann in Ovationen über. Nicht allen wäre auf der Straße anzusehen, was sie sind. Yves Saint Laurent geht die Bravos wie ein schlechtbezahlter Zeichenlehrer ab und Christian Lacroix wie ein gutgelaunter Koch, während Karl Lagerfeld als gesättigter kleiner König, der sich soeben die Serviette abgebunden hat, durch den Jubel läuft. Und wie ein neidloser Harem einen Geliebten, feiern auch die Mannequins den Modeschöpfer. Es ist ein mörderisches Fach, dem hier gehuldigt wird. Zweimal im Jahr muß es mit einer Neuheit auf die Bühne, zumindest muß es imstande sein, den Charakter einer Neuheit vorzutäuschen.

Wer den Modeschöpfer kennt oder über ein freches Naturell verfügt, verschwindet nach dem Defilee hinter der Bühne, wo es Champagner gibt. Auch der allem überdrüssige Habitué findet sich ein. Um seiner Neugierde keine Blöße zu geben, versucht er sein Dabeisein mit Kühle auszustatten. Er steht abseits mit seinem Glas und wartet, bis sich der Pulk der Gratulanten lichtet und die

tobenden Audienzen nicht mehr so beliebig sind. Erst dann geht er frontal auf den Modeschöpfer zu, damit dieser die Hand schon nach ihm ausstrecken und ihn beim Vornamen nennen kann.
Hinter einsehbaren und lose zu Kabinen gefügten Stellwänden ziehen sich währenddessen die Mannequins um. Sie lassen sich aus den Modellen helfen und bewegen sich in ihrer Nacktheit so sachlich, als ob sie ein Berufskittel wäre. Zwischen den riesigen Mädchen wimmeln die Assistenten wie kleine Maschinisten. Unter den Handgriffen der Coiffeure, die die getürmten Frisuren jetzt einebnen müssen, kommen die knochenzarten Köpfe der Äthiopierinnen wieder zum Vorschein. Die Negerinnen, deren hohe Hintern jedes Abendkleid ironisieren, zerren sich ihre Strumpfhose hüpfend in Paßform. Und plötzlich stehen alle in ihrer ursprünglichen Schönheit und ohne berufliche Gesten unter den anderen Leuten.
Das Erlebnis von acht Tagen Mode flacht gegen Ende zu einer geräuschvollen Eintönigkeit ab. Dann freut sich jeder über einen Zwischenfall wie diesen: Im Hotel Inter-Continental an der Rue de Castiglione, Ecke Rue de Rivoli, in dem viele Modeleute wohnen, wurde die Suite eines Scheichs von dessen Jagdfalken zerhackt.

JÜRGEN LEINEMANN

»In einem Land wie hier kann man klotzen«

Wachstum und Spiele in der Olympiastadt Seoul
September 1988

Wer gerade erst aufgenommen worden ist in die »olympische Familie« von Korea, mag es vielleicht für einen individuellen Ausrutscher halten, für einen momentanen Anfall olympischen Fiebers, als die Anzeigetafel im Radstadion von Seoul plötzlich lautlos aufzubrüllen beginnt, als ob Rudi Völler die deutsche Fußballnationalmannschaft in Führung geschossen hätte.
Aber nicht das Wort »Tor«, »Tor«, »Tor« blitzt aggressiv und grell durch die schläfrige Mittagshitze ins Zuschaueroval, wo träge ein paar Betreuer dösen, sondern »Progress«, »Progress«, »Progress« jubelt es vom schwarzen Schirm. Und um einen gemächlich seine Runden drehenden französischen Radrenner daran zu erinnern, warum er hier ist, hetzt die elektronische Uhr Zehntelsekunden hinter ihm her.
30 Grad im Schatten? Noch drei Tage bis zur Eröffnung? Lockerung? Vorwärts, Junge, hau rein, dein Fortschritt von gestern ist Koreas Ziel für morgen. Du bist hier nicht im schläfrigen Europa, allenfalls in einer Art elektronischer Super-Version jenes ins Industriezeitalter aufbrechenden alten Kontinents von vor 100 Jahren, als Landsmann Pierre de Coubertin die romantischen olympischen Ideen zu dämmern begannen.
»Schneller, höher, stärker.« Gleich 19mal beschwören knallig blaurote Transparente auf den Rängen des Velodroms den alten olympischen Wachstumsgeist. Die Spitze einer Pagode ragt herüber,

aus Beton gegossen, sicher in Rekordzeit. Es wird gedrängelt, geschoben und gestoßen in den Straßen dieser dynamischen Metropole. Bis aufs Blech führen die Autofahrer in jeder Sekunde den Kampf um Zentimeter-Vorteile.
Nein, ein olympischer Fieberanfall ist der hektische Fortschritts-Appell im Radstadion nicht, eher gleicht Olympia dem extrem zugespitzten Alltag Seouls. Diese Stadt ist ja nicht gewachsen, sondern aus den Trümmern des Koreakriegs geradezu herausexplodiert – von knapp zwei Millionen Einwohnern um 1960 auf elf Millionen heute. Jeder vierte Südkoreaner wohnt hier, täglich kommen 574 hinzu – soweit erfaßbar.
Die wirtschaftlichen Wachstumsraten der Super-Entwicklungsmacht Südkorea sind ohnehin Weltrekord: 12 Prozent 1987. Rechtzeitig zum Beginn der Spiele hat Präsident Roh in unmittelbarer Nähe des Stadions – und noch näher am Arbeitszentrum der ausländischen Journalisten – ein protziges Welthandelszentrum eröffnet, 55 Stockwerke hoch, stahl- und marmorblitzend mit Ausstellungsflächen von 600 000 Quadratmetern. Was das mit Olympia zu tun hat? Alles. Die Spiele in Seoul sind das »teleökonomische Superspektakel« geworden, vor dem der ehemalige Goldmedaillen-Ruderer Hans Lenk gewarnt hat. Über drei Milliarden Dollar sollen sie gekostet haben, gewiß wird es mehr gewesen sein am Ende.
Um den Geist dieser Mammut-Spiele zu erfassen, mußte niemand darauf warten, bis mit der inzwischen weltweit genormten Fernseh-Show-Mischung aus Trachtenfest und Kraft durch Freude, Disneyland und dem üblichen nationalistischen Fackel- und Flaggenzauber eröffnet wurden. Diesmal zusätzlich und reizvoll angereichert durch kultisch-farbenprächtige Rituale einer jahrtausendealten Kultur.
Das »größte Ereignis der Welt«, wie IOC-Präsident Juan Antonio Samaranch den sportlichen Hochleistungszirkus anzupreisen pflegt, ist Wachstum pur: Um die 13 000 Wettkämpfer und Funktionäre aus 160 Ländern treten an. Für weltweit vier bis fünf Milliarden Menschen – kleinlich wollen die Veranstalter da nicht sein – wird die Show aufbereitet, ausgeschlachtet und hochgejazzt von 9862 schreibenden Journalisten und 6400 Fernsehmenschen. Alle werden auf Schritt und Tritt bewacht und kontrolliert von 140 000 Polizisten und Soldaten.
»Spitzenspiele bei einem Spitzenvolk«, in jedem U-Bahn-Wagen

und Tausenden von Bussen ist es den Koreanern seit Wochen eingehämmert worden. Das Maskottchen der Spiele, Hodori, der alberne Tiger, grinst von jeder Hotelbar und hockt zwischen den Puppies im Verkaufsstand der Hundeverkäufer auf dem Namdaemum-Markt. Ein alter Händler hat zu bieten: elf Zwiebeln, zwei Faxentiger, sonst nichts. Kann er davon leben?

Wo die Ringe in der Stadt monumentale Gestalt gewinnen, da sind sie aus metertiefen Stahlrohren zusammengeschweißt, wuchtig und hart stehen sie vor Hochhaus-Betonburgen neben den achtspurigen Boulevards, die auf dem Reißbrett in die Reisfelder geschnitten sind.

Alles wächst: das Bruttosozialprodukt, der Ehrgeiz der wirtschaftlichen Fünfjahrespläne, die Zahl der zugelassenen Autos – täglich werden es 360 mehr in Seoul –, die Menge der akademisch ausgebildeten jungen Leute. 85 Prozent aller Eltern wollen ihre Söhne aufs College schicken, 10 Prozent inzwischen sogar ihre Töchter. Selbst Körpergröße und Gewicht der Studenten nehmen zu.

Größer, schneller, stärker? Mehr – heißt das zusammenfassende Schlüsselwort. »Mehr Sicherheit, mehr Produktivität, mehr Zuversicht und mehr Ansehen« ist nach den Worten des Organisationschefs Park Seh Jik die Aussicht für Korea, »während wir der Welt beweisen wollen, daß die nationalen Ziele von Wachstum und Entwicklung Hand in Hand gehen mit den Zielen der olympischen Bewegung«.

Einwände mögen nörgelig klingen, grün-romantisch oder gar typisch deutsch. Und tatsächlich fühlen sich die Deutschen in Korea auf eine vertrackte Weise besonders zu Hause – erfreut die einen, bedrückt die anderen. Ob sich die DDR-Fernsehmenschen von Adlershorst nun am Flugplatz darüber aufregen, wie gründlich die Zöllner sogar die Kosmetikbeutel der hübschen Athletinnen aus Ghana filzen – »Wo sind wir denn hier?« knurrt einer – oder ob sich westdeutsche Funktionäre darüber freuen, »wie zackig die Jungs hier strammstehen, wenn man sie richtig anfaßt«, die Ähnlichkeiten mit daheim sind größer, als vielen lieb sein kann. Beides seien eben »fleißige Völker, ordentlich und korrekt, hilfsbereit und warmherzig«, wiegelt Han Ho San ab, der aus Seoul stammende Judo-Bundestrainer, der seit 27 Jahren in der Bundesrepublik lebt, mit deutschem Paß.

Daß alles klappt, daß alles perfekt ist und daß nur fleißig geschafft wird – diese typisch deutschen Sorgen beschäftigen auch die Koreaner in diesen Tagen auf eine penetrante Weise. »Arbeit ist das einzige deutsche Wort, das unübersetzt ins Koreanische eingegangen ist«, sagt Lee Hak Ro, ein Koreaner, der in Köln studiert und während der Spiele in Seoul als Übersetzer und unentbehrlicher Wegweiser durch die Olympia-Bürokratie arbeitet.

Sieben Jahre lang habe das Volk von Südkorea »Tag und Nacht« gearbeitet für Olympia, pries Staatspräsident Roh Tae Woo die nationale Aufbauleistung zwei Tage vor der Eröffnung den Patriarchen des Internationalen Olympischen Komitees an. Aber denen mußte er das nicht erzählen. Daß Südkorea mit 54,3 Stunden pro Woche, bei vier Tagen Jahresurlaub, den Arbeitszeit-Weltrekord hält, war den Herren nicht zuwider. Daß die Zahl der Arbeitsunfälle auch Weltspitze ist, ging sie nichts an. »In einem Land wie hier kann man natürlich klotzen«, sagt Walther Tröger, deutscher Sportdirektor des IOC, denn auch in einer sichtbaren Mischung aus Unbehagen und Genugtuung: »Der Staat sagt an, die Wirtschaft hilft.« Fast entschuldigend fügt er hinzu: »Die Delegierten des IOC kommen zu 80 Prozent aus Ländern, die volles Verständnis für das haben, was hier läuft.«

Allen voran Präsident Samaranch, der sich selbstzufrieden wegen seines Einflusses auf die »außergewöhnlichen Entwicklungen in diesem Teil der Welt« lobt. Im Nationaltheater von Seoul, wo die Festversammlung der IOC-Session sich bei seinem Einzug wie vor einem Weltmonarchen von den Plätzen erhebt, tönt der kühle katalanische Großbürger: »Ich halte es nicht für überheblich zu glauben, daß mit den Spielen in Seoul langanhaltende Veränderungen der koreanischen Landschaft eingetreten sind.«

Rote Teppiche werden dem Spanier in Korea ausgerollt, Polizeieskorten fahren seinem Cadillac voraus. In seinem Schatten hält das IOC im feudalen Shilla-Hotel über Seoul hof, als tage dort der Wiener Kongreß. Schwedens König Carl Gustaf, im gleichen Stil umschwänzelt wie die IOC-Granden, scheint eher geniert von diesem byzantinischen Gehabe als die Herren mit den Goldknöpfen an den Klubjacken.

Höher, schneller, stärker. Auch die offizielle Rhetorik wächst zu bombastischem Rekordschwulst: höher das Pathos, flotter die Sprüche, stärker denn je die penetrante Selbstgefälligkeit. Wozu Samaranch und seine Olympiker den sich als Demokraten gebärdenden Ex-Generälen verholfen haben, das können die jedenfalls gar nicht aufgedonnert genug in Worte kleiden: »Mit den Olympischen Spielen werden wir auf der Schwelle der entwickelten Welt angekommen sein«, versichert im Fernsehen Präsident Roh seinen 42 Millionen Landsleuten. »In die einzutreten war unser langfristiges nationales Ziel.«

Geschafft also, vorausgesetzt, alles geht gut bis zum 2. Oktober. Hand in Hand mit den USA und neuerdings auch den kommunistischen Giganten UdSSR und China, nach Möglichkeit noch vor dem Erzfeind Japan, auf jeden Fall aber turmhoch über den armen nordkoreanischen Nachbarn – so sehen sich die Südkoreaner am liebsten. Sie wollen um jeden Preis aufs Siegertreppchen in Seoul, nicht nur die Schützin Kang Hye Ja, 22, die erste Aspirantin auf olympisches Gold, sondern das ganze Volk.

Nach 5000 Jahren im Schatten der Kolosse Japan und China, zeitweilig auch Rußlands und in letzter Zeit der USA, einer Geschichte, die Südkoreas Diktatoren und beinah mehr noch die oppositionellen Studenten zum patriotischen Leidenskult verklärt haben, wollen die »Polen Asiens« (Han Ho San) endlich vor aller Welt selbst als Großmacht dastehen. Ob sie dafür als Athleten Ohrfeigen einstecken müssen von ihren Trainern, als Taxifahrer und Marktfrauen Englisch lernen, sich als Studenten unter selbstmörderischem Druck durchs Examen büffeln, als Klein-Geschäftsleute riskant ihre Ersparnisse investieren oder als Obrigkeit brutal Slums abräumen und Oppositionelle niederknüppeln – das Ziel lohnt allemal den Einsatz.

Daß Samaranch die Spiele für Profis geöffnet hat, daß damit angeblich »ideeller, friedlicher Wettstreit von gestern« zu einem Geschäft »mit Medien, Marketing und Millionen« verkommen sei, wie der Generalsekretär des Deutschen Sportbundes, Karlheinz Gieseler, jammert, den Südkoreanern kann der Boom nur recht sein. Ergebnis: Das IOC ist mit den Generälen zu einer Symbiose verschmolzen, die nicht nur den Oppositionellen Shim Sang Wan vom »Christlichen Institut zum Studium von Gerechtigkeit und Entwicklung«, einer Art Datenzentrale der Opposition in Seoul, fatal an Goebbels' Berliner Propaganda-Spiele von 1936 erinnert.

Der bedächtig formulierende Shim will nicht ausschließen, daß mindestens psychologisch auch das koreanische Volk vom Erfolg profitieren könnte. Aber um welchen Preis? »Die Olympischen

Spiele«, sagt er, »sind nicht einfach ein Mittel, um das Leben des militärisch-diktatorialen Regimes in Korea zu verlängern. Sie sind ein nützliches und großartiges Medium, um all ihre politischen Ziele zu verwirklichen.«

Nun ist es ja nicht so, daß die ganze Welt und alle angereisten Journalisten den Machthabern von Seoul ihre heile olympische Welt plötzlich unbesehen abkaufen würden. Jedes Gerücht über angeblich neue Unruhen an Seouler Universitäten bringt viele der angereisten Medienvertreter in Bewegung. Schließlich sind die brutalen Polizeieinsätze gegen protestierende Studenten, die Nachrichten über Folter, politische Unterdrückung und Korruption, die Meldungen über Ausbeutung der Arbeiter und Bauern und die Unterdrückung der Frauen sowenig vergessen wie die anhaltenden Horrorstorys über Doping und gesundheitlichen Raubbau im Hochleistungssport.

Und doch ist, je näher die Spiele in der vergangenen Woche heranrückten, zu spüren, wie das Flair der internationalen Begegnungen im olympischen Dorf, der Nervenkitzel sportlicher Zweikämpfe, die Faszination nationaler Auseinandersetzungen, die Stimmung auch kritischer Berichterstatter einzufärben beginnt. Das Spektakel, an dem ein jeder teil hat, der nach Seoul gereist ist – ob als Zuschauer, Journalist, Betreuer, Athlet oder Geschäftemacher –, beginnt seinen eigenen Sog zu entfalten.

Aber das heißt gewiß nicht, daß die dreisten Parolen von »Friede, Harmonie und Fortschritt«, mit denen die Hochglanzfassaden der Luxushotels und Geschäftshäuser ebenso knallig behängt sind wie die Bauzäune, hinter die der Schutt des hastigen Aufbaus gekehrt ist und die Armut sich verstecken muß, von der Mehrheit der Journalisten gekauft würden. Wie spektakulär die Spiele auch werden mögen, Unbehagen und Mißtrauen gegenüber den koreanischen Machern und Mackern bleiben.

Ganz ohne positive Folgen für die Veranstalter wird die aufdringliche Werbeinszenierung für Korea indes nicht bleiben. Denn sie brauchen ja nicht nur auf den Sog der Ereignisse zu bauen und auf den Sickereffekt ihrer Parolen. Ihre wichtigste Waffe ist der Patriotismus ihrer Landsleute. Wie die Herrschenden wanken auch die Oppositionellen nicht im Glauben an den nationalen Aufbruch und Auftrag Koreas. Das gibt den Schlagwörtern der Propagandisten ein haltbares Unterfutter.

»Friede« – das sind ja nicht nur die aufdringlichen Symbole vom völkerverbindenden Ringelreihen, dargeboten in fünf ineinandergreifenden Ringen auf Aschenbechern und Kugelschreibern. Oder gar die unvermeidlichen weißen Picasso-Tauben, die in zigtausendfacher Abbildung an den Drahtzäunen und Betonwänden des Sicherheitszoos von Seoul hängen und den Eindruck erwecken, als finde derzeit in Korea eine Welttaubenausstellung statt.
Nein, der Friede in Seoul ist handfester, ist Sicherheit durch Stärke. Die tatsächliche Gefahr des Terrorismus und die bedrohliche Nähe zum feindseligen kommunistischen Nordkorea erlauben den Generälen eine waffenstarrende Schau der Abschreckung und Kontrolle, genannt »Bo An«, die neben der gesamten südkoreanischen Armee von 600 000 Mann auch die 40 000 am 38. Breitengrad stationierten US-Soldaten in Alarmbereitschaft hält.
Dagegen wird sich nicht nur aus Angst kein Protest regen. Die Studenten Ji, Li und Hyun etwa, die sich auch in Militäruniformen nicht scheuen, ihre Regierung wegen der Kosten für Olympia vor Fremden massiv zu kritisieren, finden solche militärischen Gesten für ihr Land völlig in Ordnung. »Wenn Krieg ausbricht, dann sind wir gern dabei.«
Es ist diese Haltung, gemischt aus Patriotismus, Disziplin und Unterordnung, die auch den zweiten koreanischen Jubelbegriff untermauert – Harmonie. Das meint ja nicht die heimelige Geborgenheit in der »olympischen Familie«, nicht die bis zur Peinlichkeit freundlichen Verbeugungen, selbst wenn man in der Cafeteria das Tablett mit dem dreckigen Geschirr abgibt.
Dahinter steckt das seit Jahrhunderten verinnerlichte System konfuzianischer Kultur – mit strengen Hierarchien von oben nach unten: »Wir haben einen Kapitalismus, der tief in feudalen Strukturen verwurzelt ist« – zitiert das deutsche *Korea Forum* einen Soziologen aus Seoul. Und die Leute, die anordnen, sind zumeist ehemalige Offiziere. Sie sitzen an den Schaltstellen der Armee, der Regierung, der Bürokratie und der Wirtschaft. Natürlich haben sie auch bei den Spielen in Seoul das Sagen bis in die Treppenhäuser des olympischen Dorfes hinein.
Wen also kann es wundern, daß in einem Land, das von einer solchen Elite beherrscht wird und das in einem derartigen Eiltempo die industrielle Entwicklung durchläuft, der Fortschritt – mit europäischen Augen betrachtet – ziemlich alt aussieht? Wen kann es

wundern, daß die Spiele in Seoul nicht menschlicher, fröhlicher und sanfter ausfallen, sondern bis ins Mark geprägt sind von jenen harten Wachstumswerten, die nach unseren – sich langsam genug herumsprechenden – Vorstellungen genau jene sind, mit denen die Menschheit dabei ist, die Welt zu ruinieren?
Umweltschutz etwa ist auch in Korea schon gesetzlich geregelt. Daß aber den Fahrern das Hupen verboten ist, daß die 750 000 Privatautos nur jeden zweiten Tag fahren dürfen, daß sogar die mit Kohle beheizten öffentlichen Badehäuser drei Tage vor dem Marathonlauf schließen müssen – das alles sind kosmetische Gesten, keine Einsichten. Sie werden nach den Spielen zurückgenommen werden wie die Millionen Blumenkübel, die den Beton verschönern.
»Am hohen Himmel stehen so viele Sterne, in unserem Land gibt es soviel Kummer«, heißt es in dem koreanischen Lied »Mil-Yang arirang«, das auch den Bossen des Internationalen Olympischen Komitees im Nationaltheater vorgetragen wurde – freilich ohne Text. Und die Musiker haben es ziemlich lustig heruntergefiedelt. Trauer und Leid mögen tief verwurzelt sein im Wesen der Koreaner, wie Landeskenner sagen. Bei Olympia haben sie keinen Platz. Wozu hat man schließlich Seoul gescheuert, gefegt und angemalt und das Elend an die Ränder verbannt?
So ist es denn offen, ob es ein listiger Kritiker des Systems war, ein besonders gedankenloser Bürokrat oder gar ein Zyniker, der unmittelbar vor dem Presseeingang der Radrennfahrer die Statue des Pakistaners Sajjad Shahid aufgestellt hat. »Frau in Verzweiflung« heißt die Figur, die auch von Käthe Kollwitz sein könnte. Noch geschockt vom hektischen »Fortschritts«-Fieber auf der Leuchttafel, ist der olympische Neuankömmling vor dieser Figur stehengeblieben wie vor einer alten Bekannten. Er hat ihr Gesicht oft gesehen – auf Fotos aus Hiroschima, vom Vietnamkrieg, aus Indien nach der Bhopal-Katastrophe. Es taucht immer dann auf, wenn der in Korea olympisch verherrlichte Fortschritt uns seine tödliche Kehrseite gezeigt hat.

JÖRG R. METTKE

Abschied von Potemkin

Die Verwandlung der UdSSR in eine Informationsgesellschaft
November 1988

Was sie vom Leben erwarte, will der Jungarbeiter Sergej von seiner Freundin Wera in einer trägen Strand-Minute wissen. »In unserem Land, Serjoscha«, antwortet das kesse Mädchen mit todernstem Sarkasmus, »in unserem Land haben wir nur ein Ziel – den Kommunismus.« Das Publikum im gestopft vollen Moskauer Filmtheater »Horizont« bricht in tötendes Gelächter aus.

»Kleine Wera« heißt der sowjetische Kultfilm im Perestroika-Herbst 1988, in dem die Fassaden stürzen und die Masken fallen. Daß die langen Schlangen vor den Kinokassen nur der einen, halbnackten Sexszene wegen aufmarschiert seien, muß bezweifelt werden.

Alltags-Tristesse satt verheißt schon die mündliche Reklame, ungeschönt und mit der großen Kelle ausgeteilt: Weras Wohnblock, eine Betonhöhle von der Stange zwischen Bahngleisen und Industriebetrieben, der nörgelnde Vater, der im Suff regelmäßig erst in Sentimentalitäten und dann ins Bett abkippt, eine harmoniesüchtige, jeden Konflikt verkleisternde Mutter, hitzige Schlägereien frustrierter Jugend-Cliquen im Film-Ort Schdanow, einer ukrainischen Hafenstadt am Asowschen Meer, und schneidig dazwischenknüppelnde Miliz mit deutschen Schäferhunden – gnadenlos ausgeleuchtete Sowjet-Wirklichkeit.

Auf die vorgeführten Implosionen aufgestauter Alltags-Aggressivität reagieren die Zuschauer häufig mit Humor, seltener mit Betroffenheit. Das Unerhörte indessen steckt im Herzeigen selbst, im Offenlegen und Ausstellen einer beklemmenden Normalität.

In der Sowjetunion wird nicht länger nur in die gute Stube gebeten. Propagandistische Abziehbilder, an denen vorbei sich die unaufgeräumte Realität stets erfolgreich bemerkbar gemacht hatte, werden nur noch sparsam angeboten – den eigenen Bürgern, die es eh immer besser wußten, kaum noch, aber auch Ausländern nur noch selten und dann zumeist in der Provinz.

Einer der historischen Schatten, aus denen Generalsekretär Michail Gorbatschow die Sowjetmenschen gegenwärtig herauszuführen sucht, ist weit länger als jener Stalins oder Breschnews. Ihn wirft exemplarisch der große Täuscher Grigorij Alexandrowitsch Potemkin, der seiner Kaiserin Katharina II. während einer Krimreise 1787 eine gigantische Scheinwelt inszenierte – die berühmten Potemkinschen Dörfer mit Girlanden, Triumphbögen und Kulissenbauten von Kiew an den ganzen Dnjepr hinunter, so als blühten dort Gewerbefleiß, Wohlstand und Volkszufriedenheit. Die Prosperität in der südrussischen Steppe war schiere Chimäre, »mehr Eklat als Realität«, wie Österreichs Joseph II. befand, der seine russische Kollegin während dieser Traum-Reise ein Stück weit begleitete. Besonders teuer an dem mit enormen Menschenopfern und Rubelbeträgen bezahlten Täuschungsmanöver kam die Russen die Langzeitwirkung zu stehen: die Geneigtheit zum politischen Selbstbetrug.

Über zwei Jahrhunderte hinweg wuchs sie sich zu einem zentralen Element zaristischer und seit 1917 auch sowjetischer Wahrnehmung der eigenen sozialen Befindlichkeit aus. »Alles wird hier begonnen, nichts wird beendet«, so erklärte Louis Philippe Ségur, der damalige französische Gesandte in St. Petersburg, dem habsburgischen Reform-Betrachter die Potemkinschen Werke: Er gebe »regelmäßig wieder auf, was er mit Eifer angefangen. Keines seiner Projekte ist ausgereift, keines wird befolgt«.

Für das Projekt Perestroika kann dieses Urteil nicht gelten, ist Gorbatschow doch gerade deshalb angetreten, mit der tradierten Flucht in die Phantasmagorie Schluß zu machen.

Den Schein als Wirklichkeit auszugeben, sich mit einer einzigen Facette der Realität zu begnügen und sie fürs Ganze zu nehmen, die vorbildliche Ausnahme zum Regelfall umzulügen – diese vor allem während der letzten Jahrzehnte besonders erfolgreich ein-

geschliffene Methode von Selbstvergewisserung hatte eine eigentümliche Unschärfe hervorgetrieben: Nur verschwommen nahmen die sowjetischen Regierenden, vielleicht mit Ausnahme des KGB, ihr Volk und dessen Wünsche wahr; im Nebel blieb für die Regierten, wer von den Herrschenden welche Politik verfolgte.
Ein stiller Konsens zwischen Oben und Unten, eine Art sozialer Vertrag des Als-ob kennzeichnete jene Vor-Gorbatschow-Zeit, der die Moskauer Phrasen-Münze inzwischen die Bezeichnung »Periode der Stagnation« aufgeprägt hat: Verschwommene Deklamationen der Führung wurden bereits für tatkräftige Politik genommen, umgekehrt die Selbstverpflichtungen der Werktätigen bereits für tatsächlich geleistete Arbeit, die Moralbeteuerungen der Funktionäre für ihren wirklichen Lebenswandel, die Propaganda-Idylle von der sowjetischen Völkerfamilie für wirkliche nationale Harmonie, die Verheißung des Sozialismus bereits für ihn selbst.
»Alle betrogen einander«, philosophierte unlängst in kleinem Kreis ein Kreml-Funktionär, »vor allem aber sich selbst.«
Der innenpolitischen Selbsttäuschung entsprach die außenpolitische vom qualvoll sterbenden Spätkapitalismus: Arbeitslosigkeit, Drogensucht, Revanchismus, politische Unterdrückung, Obdachlosigkeit und Streiks unter roten Fahnen standen für den Wilden Westen – sonst nichts.
Niemand glaubte diesen düsteren Stereotypen der sowjetischen Publizistik, selbst dann nicht, wenn sie traurige Wahrheit erzählten: die Leser nicht, nicht die Schreiber und schon gar nicht die Oberen, die jene endlosen Litaneien zu drucken befahlen. Erst sehr allmählich dämmert sowjetischen Auslandskorrespondenten, wie sehr sie durch das ritualisiert-beharrliche Ausblenden jeder lichteren Information vor allem das eigene Land geschädigt haben – etwa durch das lange Verschweigen des High-Tech-Booms im Westen und seiner ökonomischen wie sozialen Konsequenzen.
»Verbotene Zonen«, bekannte der couragierte *Iswestija*-Kommentator Alexander Bowin, ließen in der Vergangenheit auch die Zustände in Bruderparteien wie in befreundeten Ländern des Warschauer Pakts und der Dritten Welt in idealisierter Unschärfe verschwimmen. Was immer weh tun konnte, wurde weggelassen. Es sei »nicht verwunderlich«, so Bowin selbstkritisch, »daß sich

Schwierigkeiten in den Bruderländern für viele als völlig unerwartet ereigneten: Wie kann das sein, alles war doch so wunderbar?«
Die rhetorische Frage des populären Moskauer Kolumnisten ist unmittelbar dem Volksmund abgelauscht, provoziert allein durch die allmähliche Wiederherstellung schlichter Faktengenauigkeit – Basis von Gorbatschows Desillusionierungspolitik:
Plötzlich kommen in der heilen Welt der Sowjets Hunderte Menschen jährlich bei Zugunglücken und Flugzeugabstürzen um, richten Unwetter Millionenschäden an, bricht in Provinzstädten die Versorgung selbst mit elementaren Lebensmitteln zusammen, sterben russische Menschen an Aids, belagern Jugendbanden Milizreviere, prügeln sie sich und die Polizisten halb oder ganz zu Tode, werden in Pogromstimmung Angehörige nationaler Minderheiten bei lebendigem Leibe verbrannt.
Nicht nur die alten Frauen, eingehüllt in ihre warmen Umschlagtücher wie ihren tiefwurzelnden Aberglauben, bemitleiden unentwegt »unseren armen Mischa«, der ausgerechnet in solch schwerer Zeit massierter Heimsuchungen die sowjetischen Völker regieren müsse. Selbst aufgeklärte Zeitgenossen tun sich noch immer schwer zu begreifen, daß Glasnost ja lediglich den Potemkinschen Vorhang unablässiger Erfolgsmeldungen vor einer Szene aufzieht, die zu keiner Zeit ärmer an Widersprüchen, Versagen, Gewalt und Alltagskatastrophen war als heute.
Das Beiseitelegen vieler Dogmen und Tabus, mit denen die Sowjetgesellschaft bislang ihre Blößen bedeckte, ihre langsame Umwandlung in eine Informationsgesellschaft, ist in seiner Fern- und Außenwirkung noch kaum abschätzbar. Und die Geschwindigkeit, mit der dieser Prozeß sich vollzieht, läßt einzelne Veränderungen, die früher ganze Seiten und Sonderprogramme westlicher Medien gefüllt hätten, zu Fußnoten der Perestroika schrumpfen.
Lenins Kampfgenosse Leo Trotzki, von Stalin ausgegrenzt, verfolgt, schließlich umgebracht und bis vor kurzem unberührbar und unzitierbar, gewinnt seinen geschichtlichen Platz zurück. Einige seiner Schriften sollen schon bald wieder erscheinen.
Emigranten der letzten drei Jahrzehnte treffen mit Gorbatschows Umgestaltungs-Aktivisten in Dänemark und Spanien zusammen, um über Rußlands Zukunft zu sprechen.
Zugunsten der Rehabilitierung und Heimkehr des strengen und wortgewaltigen Antikommunisten Alexander Solschenizyn enga-

giert sich öffentlich eine Initiative gebildeter Bürger; die Forderung des Schriftstellers, vor ihm selbst müßten seine Bücher zurückkehren, scheint längst nicht mehr unerfüllbar.
In den baltischen Republiken haben binnen weniger Monate mächtige Volksfront-Bewegungen die diskreditierten Statthalter Moskaus im Partei- und Staatsapparat fast überall weggespült. Wirtschaftliche Unabhängigkeit und selbst nationale Autonomie werden zwischen Wilnius und Tallinn in beispielloser Offenheit diskutiert.
Nun beschreiben auch Zeitungen in Litauen detailliert Massaker der Roten Armee, als sie sich 1941 vor den Deutschen zurückzog. Ein gerade abgedrehter Dokumentarfilm (»Solowezki – Macht«) schildert ohne Beschönigung das mörderische Regime im berüchtigtsten Straflager der Stalinzeit am Weißen Meer.
Die heutigen Staatsschützer vom KGB sollen künftig parlamentarischer Kontrolle unterstellt werden, und mancherorts versuchen sich Sicherheitsbehörden schon einen weißen Fuß zu machen, sie bieten ihre guten Dienste bei der Aufklärung Stalinscher Verbrechen an.
Bauern fordern furchtlos jenes Land zurück, das ihren Großvätern einst die Kolchosen raubten. Obwohl durch die Bürokratie noch behindert, bricht sich eine Springflut privatwirtschaftlich arbeitender Kooperativen Bahn. Innerhalb eines Jahres eröffneten allein in Moskau über 200 Kooperativ-Restaurants.
Kooperative Kliniken, Maschinenbaubetriebe, Textilfabriken, Handels-, Reparatur- und Dienstleistungseinrichtungen lassen das behäbige Staatsmonopol samt seinem Mißmanagement auf all diesen Gebieten zwar noch nicht erzittern, doch der Anfang zur Rehabilitierung von Privatinitiative und kaufmännischem Denken ist gemacht.
Schon kursiert der Referentenentwurf eines Gesetzes, nach dem westlichen Firmen bei Joint-ventures mit sowjetischen Partnern künftig bis zu 80 Prozent Beteiligung (bislang höchstens 49 Prozent) gestattet werden sollen, und Sowjet-Ökonomen publizieren um die Wette differenzierte Vorschläge, wie der Rubel innerhalb kürzester Zeit konvertierbar gemacht werden und danach mit großem Nutzeffekt am internationalen Kapitalmarkt teilnehmen könne.
Schon bringen Parker Brothers in London ihr unterhaltsames Ex-

propriationsspiel »Monopoly« auf russisch heraus, mit der Moskauer Arbatstraße und dem Smolensker Platz samt Außenministerium als Spekulationsobjekten.

Schattenseiten der Sowjetgesellschaft, die früher aus der veröffentlichten Meinung zentral herausgefiltert wurden – wie Kriminalität, Rentnerleben nahe der Armutsgrenze oder miserable Krankenhausversorgung –, werden inzwischen fast selbstquälerisch beschrieben und entfachen leidenschaftliche Auseinandersetzungen.

Weit wirkungsvoller als die Präsentation des schönen Scheins regen solche Berichte zur Bürger-Selbsthilfe an. Aufgrund einer kritischen Reportage über die Isolation Behinderter beispielsweise gründeten junge Leningrader eine Hilfsvereinigung namens »Barmherzigkeit«; allein dieser Name wäre noch vor wenigen Jahren als Rückfall in bürgerliche Gefühlsduselei verdammt worden, nun gerät das Wort in Mode.

Je bereitwilliger herausgearbeitet wird, daß nicht alles Elend dieser Welt im Kapitalismus zu Hause ist, um so mehr gewinnen auch die Darstellungen des Westens realistische, ja mitunter bereits positiv überzeichnete Konturen. Dort leben mit einem Male, folgt man der Sowjet-Publizistik, arbeitsame Menschen, die Mehrheit mit einem halbwegs sicheren, interessanten Job und zufriedenstellendem Verdienst. Vor allem die Bundesrepublik erscheint in den Alltagsreportagen des Fernsehens mehr und mehr als eine friedliche Ansammlung sauberer Städtchen mit funktionierender Müllabfuhr, pünktlichem Bahnbetrieb und reibungsloser Versorgung.

Mit jedem Perestroika-Schritt wird deutlich, wie flexibel-pragmatisch Gorbatschows Umgestaltung angelegt ist, wie wenig ihre Grenzen definiert sind, wie sehr sie tatsächlich auf eine stille Revolution hinausläuft. Schon heute würde eine Rückübersetzung der zahlreichen Perestroika-Maßnahmen in die dogmatische Sprache der Vergangenheit das stalinistisch-breschnewistische Ideologie-Gebäude krachend in sich zusammenstürzen lassen.

Ob eine Renovierung lohnt oder die vom schönfärberischen Lack befreite Ruine ganz abgerissen gehört, mag gegenwärtig noch niemand entscheiden. Es gehe nicht um weniger, sondern um mehr und besseren Sozialismus, lautet eine der biegsamen Grundformeln des Generalsekretärs, und die andere: In dieser Zeit atomarer und ökologischer Bedrohung hätten Klasseninteressen hinter Menschheitsinteressen zurückzutreten. »Die jeweilige Vorstellung vom Sozialismus«, orakelte öffentlich Reform-Ökonom Leonid Abalkin, »ist eine veränderliche Größe der Zeit, in der sie gedacht wird.«

Gleich drei heilige Kühe auf einmal geschlachtet hat jetzt Jurij Krassin, Rektor des ZK-Instituts für Gesellschaftswissenschaften. In einem aufsehenerregenden Beitrag in der Ideologie-Zeitschrift *Kommunist* stellt er fest: Die Mehrheit der westlichen Werktätigen, mit dem alten Bild einer Arbeiterklasse ohnehin nicht mehr zu fassen, fühle sich offenbar unter der Doppelherrschaft von Neo-Konservativismus und Zweiter industrieller Revolution nicht unwohl; angesagt sei deshalb für die Zukunft nicht der gewaltsame Umsturz des Kapitalismus, sondern die Entwicklung einer »demokratischen Alternative«.

Kommunisten seien dabei keineswegs auf eine Führungsrolle abonniert; ob dieser demokratisierte Kapitalismus sich dann eines Tages im Hegelschen Sinne »aufheben« werde im Sozialismus – dafür seien »Perestroika und Erneuerung des Sozialismus in der UdSSR und anderen sozialistischen Ländern von großer Bedeutung«. Krassin: »Von ihren Erfolgen hängt die Attraktivität des sozialistischen Ideals ab.«

Als Joseph II. von Österreich vor 200 Jahren den Potemkinschen Bluff besichtigte und durchschaute, beeindruckte ihn immerhin eines stark: daß es »in Rußland kein Intervall zwischen dem Befehl . . . und seiner Ausführung« gibt. Nachdenklich fügte er allerdings hinzu: »wie launisch er auch immer sein mag«, der Befehl.

Was dem Habsburger damals noch als beneidenswerte Stärke russischer Herrschaft erschien, ist als eine alles lähmende Schwäche erkannt. Das letzte unsinnige und aufwendigste Monument Potemkinscher Bauart heißt Rüstung.

Doch »je weiter wir auf dem Weg der Abrüstung voranschreiten können«, vertraute sich Michail Gorbatschow im vergangenen Jahr einigen Freunden an, »um so dringender brauchen wir in diesem Lande Menschen, die nicht mehr auf Befehle von oben warten, sondern auch ohne Anweisung das Richtige tun«.

PETER SCHILLE

»Perestroika – nur noch Gerede«

Die Bergarbeiter im sibirischen Kohlerevier Kusbass
November 1989

Hat sich der Streik denn gelohnt, Towarischtsch Below? Er lacht, und das Lachen kommt tief aus seiner Kehle und zieht ihm die Backen auseinander. »Aber ja!« ruft er und schaut ganz verblüfft – was für eine Frage! »Aber ja: Auf einmal haben wir das Gefühl, daß wir Menschen sind! Früher waren wir nichts. Wir fühlten uns machtlos, ohne Rechte, wie Zuschauer. Nie konnten wir auf die Ereignisse einwirken. Heute dagegen!«

Der Bergmann Wiktor Below aus der Kohlengrube Tschersinskaja in der sibirischen Stadt Belowo spricht mit einer Begeisterung von sich, die ihm früher ungeheuerlich vorgekommen wäre. Das früher ist gerade drei Monate her: der Streik.

Jetzt macht der Streik Pause, die Streikkomitees heißen Arbeiterkomitees, und aus dem Streikanführer Below ist der Vorsitzende des Arbeiterkomitees von Belowo geworden, amtlich bestallt mit einem in rotes Kunstleder gebundenen Mandat. Arbeiten im Schacht braucht er nicht und erhält dennoch fast vollen Lohn. Seine Kumpel haben ihn unter ihresgleichen gewählt, ganz öffentlich auf dem Sowjet-Platz, alle hoben die Hand für ihn.

Belowo, wo er vor 42 Jahren geboren wurde, liegt im schwärzesten Kusnezk-Becken, dem »Kusbass«, einem Industrierevier fast so groß wie Portugal, auf Kohle gebaut in Westsibirien. Neun Monate Winter, sieben Wochen Sommer, der Rest des Jahres fällt aus wegen Smog: Jeder Tag ist ein Anschlag auf das Leben.

»Wir sind jetzt eine starke Kraft«, sagt Below, »wir nehmen Einfluß auf die Staatsmacht, sie muß mit uns rechnen, wir haben endlich Selbstbewußtsein erworben.«
Übereinstimmung mit der Führung ist nicht mehr das höchste irdische Gut. Selbstbewußtsein und Angst wechselten die Besitzer: Belows frisch erworbene Stärke ist den Apparatschiks verlorengegangen; seine alte Angst steckt jetzt den Parteifunktionären in den Knochen.
Jeden Tag, nur sonntags nicht, hocken die Arbeiterkomitees beieinander, jeden Tag empfangen sie »das Volk«, ihre Kundschaft. Das Volk rennt ihnen mit seinen Beschwerden die Türen ein, von den Behörden erwartet es keine Hilfe mehr, die Behörden haben ihm ja auch früher nicht geholfen.
Die Arbeiter verwandeln sich in sich selber: Ehrfürchtig schart sich das Gebiets-Arbeiterkomitee um seinen Vorsitzenden, den Volksdeputierten Teimuras Awaliani. Mitten im Hauptquartier des Feindes, der Gebietsverwaltung am Sowjet-Platz in Kemerowo, öffnen sich ihnen die verschwiegensten Büros, und wer der Herr im Haus ist, sehen alle, aber noch wagt es niemand zu denken.
Unten auf dem weiten Platz zelebrierte die Partei früher ihre proletarischen Massenandachten. Im Juli hatten ihn die Bergleute in Besitz genommen, hatten Minister und Parteibonzen auf ihm vorgeladen. Jetzt ist er leer und kahl, wie gewöhnlich, und hält das Volk auf Abstand: Einsam, im Stich gelassen von den Gläubigen, kommt ein bronzener Lenin, die Rechte in die Zukunft gereckt, seit Jahrzehnten nicht von der Stelle.
An diesem kalten Oktobermorgen treibt das Komitee dem stellvertretenden Gebietsstaatsanwalt den Schweiß auf die Stirn. »Wie weit dürfen wir noch gehen? Wann verletzen wir das Gesetz? Ist ein neuer Streik verboten? Dürfen wir eine gesellschaftlich-politische Organisation gründen?«
Aber besteht die nicht bereits, unter dem Namen »Rat der Werktätigen«, als Nebengewerkschaft mit Zweigstellen in Workuta und Karaganda? Ist es legal, wenn in der Stadt Nowokusnezk im November die »Arbeiterunion des Kusbass« ihr proletarisches Haupt erheben wird – vorläufig noch nicht als Partei?
Heftige Fragen stoßen auf heftige Antworten. Der Staatsanwalt, klein, bös, aber gescheit, klagt die Arbeiter an, zu weit zu gehen mit ihren Forderungen. Die Arbeiter in ihren Sonntagskleidern

spüren, daß sie auf die Anklagebank gezerrt werden sollen. Sie wehren sich, so laut sie können.
Vertreter der Intelligenzija bereiten ihnen noch immer Unbehagen, Reflex des alten Minderwertigkeitsgefühls: Sie müssen allein herausfinden, was sie wollen. Während des Streiks versperrten sie sich dem Rat meinungsstarker Intellektueller, sogar Journalisten schlossen sie aus ihren Zirkeln aus. Sie machten Politik wider Willen – und Politik war ihnen unheimlich. Jetzt sind sie drei Monate älter und 10 Jahre klüger, vielleicht auch 50? Haben sie am Ende 72 Jahre aufgeholt, das endlose Elend nach der Revolution überwunden?
Ein Lehrer der Moskauer Parteihochschule studiert diese Fort- und Rückschritte im Auge des Taifuns. Er seziert die Leidenschaften der Arbeiterkomitees in Kemerowo, um, wie er über seiner stramm gezurrten Krawatte mit schmalen Lippen verkündet, seinen Studenten die Augen für die neue Wirklichkeit zu öffnen.
Nicht nur in die Hände des Bergmanns Below, auch in die Runzeln seines Gesichts und seines Halses hat sich der Kohlenstaub gefressen. Die Luft, die er atmet, als ob es ihm freistünde, ist Ruß und Gestank. Doch die Vermutung, er könnte allein für mehr Seife gestreikt haben, kränkt ihn.
»Unsere Forderungen nach mehr Lohn und besserem Essen waren bloß der Übergang in die Politik. Aber ja«, ruft er, die Augen weit aufgerissen, »unser Horizont ist erweitert worden. Wir sind erwacht, wir lernen jetzt, was zu tun ist. Früher trauten wir uns nicht im Traum an politische Organisationen heran. Aber für Seife – dafür streiken wir doch nicht: Jetzt haben wir sogar mehr Seife als nötig.«
Der Protest der sowjetischen Bergleute im Sommer 1989 war auch ein Referendum über Michail Gorbatschow. Der Streik brach aus am 10. Juli in der Zeche »Raspadskaja« in Meschduretschensk, der »Perle des Kusbass«, wie die Kumpel schwärmen, »dort wächst die beste Kokskohle der Welt«. 180 000 Kumpel in allen 90 Gruben legten die Arbeit nieder, 140 000 Kollegen aus der Chemie-, Zement- und Maschinenbauindustrie schlossen sich ihnen an. In den Streik traten alsdann die Bergleute von Workuta am Polarkreis und von Karaganda in Kasachstan, und schließlich standen auch im ukrainischen Donez-Becken (»Donbass«), dem größten Kohlerevier der Sowjetunion, die Räder still, zehn Tage lang.

Die Trilogie der Zuversicht – Gorbatschow, Perestroika und Glasnost – hat »dazu geführt, daß sich das Volk selbst zu verstehen begann«, sagt Below, »und seinen Platz in der Welt sucht«. Wenn der Geist Gorbatschows in den Streikenden sein Ideal gefunden hat, wenn Demokratie und Perestroika siegen müssen, dann würde sich ihre Sache durchsetzen. Belows Optimismus ist unbesiegbar: »Der Streik ist Teil des Prozesses zur Verbesserung der Lage.«

Wie ist die Lage, Towarischtsch Korotkich? Der Bergmann Wiktor Korotkich, 43, ist im Dorf Jagunowsky verheiratet, Sohn Wanja ist 7, Tochter Irina 13 Jahre alt. Er arbeitet seit 22 Jahren unter Tage, als Lokführer auf der Zeche Jagunowskaja, in 250 Meter Tiefe. Dem Streik sei Dank, verdient er jetzt 405 Rubel im Monat, 50 mehr als früher.

Wie die Lage ist? Er denkt lange nach, es ist still in seiner Hütte, nur der Fernseher quasselt vor sich hin. Auch der Streik hat Wiktors Leben nicht erleuchtet: »In der Produktion hat sich wenig geändert, und hier ist alles geblieben, wie es war.« Seine Holzhütte über dem Stollen versinkt bei Regen und Tauwetter im schwarzen Schlamm, neben der Küche liegen zwei Zimmerchen, das Klo ist im Garten, das Wasser wird aus dem Brunnen geschöpft.

Ist das Leben nicht besser geworden? Korotkich verstummt und grübelt, seine Frau Tamara kichert unruhig. Er sucht nach Spuren von Veränderung, Hoffnung, nach einem Ausweg, aber alles, was er wahrnimmt, ist trostlos: »Man verspricht uns ein gutes Leben, aber es bleibt, wie es war.« Allein die Luft! Wenn er zur Schicht loszieht, »was für ein Gestank!« Unter ihm schiebt sich die Zeche durch die Taiga, 400 000 Tonnen Koks und Steinkohle fördern sie im Jahr. Die Arbeit ist schwer, »und diejenigen, die oben sitzen, ahnen nicht mal, wie es unten aussieht«.

Die dicke Gewerkschaftssekretärin mit den Kirschenaugen und den knallroten Lippen, erst seit drei Monaten im Amt, denn die alte Gewerkschaftsleitung hat der Streik hinweggefegt, sie weiß wenigstens, was da unten geschieht: Verlust, unaufhaltsamer Bankrott. Sie rechnet vor, Korotkich rechnet mit, seine verarbeitete Stirn wird dabei nicht heller.

Selbstkostenpreis pro Tonne: 43 Rubel. Verkaufspreis an den Staat: 12 Rubel. »Um Profit zu machen, müßten wir 70 Rubel nehmen, dafür würden wir unsere Kohle auch ins Ausland verkaufen, an wen auch immer.« Mit jeder Schicht gräbt sich die Zeche Jagunowskaja tiefer in jenen Zustand, dem die Sowjetunion in unseliger Koexistenz verbunden ist: ins Defizit; man lebt von dem, was man nicht hat.

Die Versorgung mit dem Lebensnotwendigen ereignet sich in wetterwendischen Zyklen, ein Lotteriegewinn ist präziser vorauszusagen als die Lieferung von Fleisch, Möbeln oder Schuhen. »Heute gibt es viel, morgen gibt es nichts«, sagt Tamara Korotkich, »und das Geld ist nichts wert, weil du nichts dafür kriegst. Statt Rubel könnten sie uns auch Spielkarten geben.«

Bei Babuschka, der alten Oma, 71, aber munterer als Kinder und Enkel, wird die blasse Irina aufgezogen, sie wohnt und schläft bei ihr. Babuschka ernährt sie mit einer Rente von 45 Rubel und ihrem kleinen Garten; dessen Gemüse verkauft sie neben der Zeche, sonst müßte sie verhungern. Ferkel können sie nicht mehr halten, weil es kein Schweinefutter gibt, und Brot möchte Wiktor Korotkich nicht verfüttern: Dann kostet das Fleisch mehr als auf dem Markt.

Für 4,80 Rubel bietet die Kooperative im Zentrum von Kemerowo frischen Rinderbraten an, das Volk liebkost ihn mit zärtlichen Blicken und reiht sich dann nebenan geduldig in die Schlange für Suppenfleisch ein, das Kilo kostet nur 1,80 Rubel.

Erst Schlangestehen macht die Dinge kostbar, was unumkämpft verfügbar ist, kann nichts taugen. Nur das, was es nicht gibt, wird gesammelt. Menschenschlangen lauern dem Glück auf – auch wenn es als Klopapier erscheint oder als ärmliche, knorpelreiche Suppenfleischbrocken. Der Laden wird zum Wartesaal, das Volk hält die Metzgerei besetzt; Demonstration für das Menschenrecht auf Ernährung.

Was für ein Tag: Die Lebensmittelgeschäfte fließen über von Milch, Eiern und Butter. Dazu ein paar Hühner, Oliven aus Afghanistan, furchteinflößende Konservenbüchsen, aber kein Zucker, kein Tee, nicht einmal Mineralwasser. In den Fleischvitrinen wird sibirische Luft ausgestellt, sonst nichts.

Ein Berg Wassermelonen tritt als Obstangebot auf. Und der Geruch ist überall gleich, ein scharfes Aroma aus Dörrfisch und Verachtung. Auf der Straße stehen Körbe mit grünen Äpfeln aus der Moldau-Republik, niemand kauft sie, sie sind mit Nitraten vergiftet. Die Zeitung *Kusbass* hat es verraten.

Für die Wartenden vor dem Suppenfleisch, für all die Jäger und

Sammler, die, wie Einkaufsabenteurer, durch die kahlen Steppen der Städte pirschen, ist der Bergarbeiterstreik Geschichte. Eine Episode zwischen zwei Sonderangeboten.

Die Verachtung ihrer Bedürfnisse zahlen sie dem Staat, dem großen Feind aller Wünsche, schon lange nicht mehr mit Gleichgültigkeit heim, sondern mit haßerfülltem Widerstand. Sie wollen mit ihrer Arbeit nichts mehr zu tun haben: Neue Häuser sind morsch, neue Straßen porös, der Kohl schimmelt, und der Weizen verfault zwischen Kiew und Kemerowo, was geht das sie an? Sie werden schlecht bezahlt, ob sie anständig arbeiten oder gar nicht. Wenn ihre Produktion verdirbt, weil sie nichts taugt, empfinden sie den Verlust nicht als den ihrigen. Was sie schaffen, ist nicht ihr Eigentum, es ist ihnen fremd, ist Staatsauftrag, und sie sind nicht der Staat, denn ihnen gehörte nichts, nicht mal ihr eigener Wille. Karl Marx hat das, es ist schon eine Weile her, »entfremdete Arbeit« genannt, eine Erscheinung des Kapitalismus, die mit der sozialistischen Revolution vergehe.

Die Kumpel vom Kusbass, gefangen in ihren vier Sechs-Stunden-Schichten, haben ihre Wut noch nicht an die Arbeiterkomitees abgetreten.

Der Einfall des Komitees der Nordzeche von Kemerowo, eine großzügigere Zuteilung japanischer Autos zu erstreiken, mißfiel den Arbeitern: »Streikt allein, uns laßt in Ruhe!« Mit der Disziplin allerdings ist's auch bei ihnen vorbei, die Pläne der Staatsauftraggeber werden nicht mehr erfüllt. In der Zeche »Raspadskaja« in Meschduretschensk droht der Direktor den 6000 Kumpels sogar mit Rücktritt, weil Bummelei und Anarchie den Betrieb lähmten; Resultat: Produktionsausfall.

Wenn die Bergleute aus dem Schacht poltern, Hände und Gesichter rußschwarz, verstecken sie ihre Erschöpfung in Gelächter. »Natürlich hat sich der Streik gelohnt«, ruft einer aus der Nordzeche, die anderen schweigen.

»Aber erst muß sich der Alltag ändern«, sagt keck ein Junge, »wir brauchen ein anständiges Leben, Wohnungen, Kleider.«

»Was am nötigsten fehlt? Wo soll man anfangen? Das Essen schmeckt nicht, im Donbass ist es besser, mit Moskau oder Leningrad wollen wir uns lieber nicht vergleichen.«

Ein Älterer: »Gorbatschow hilft uns nicht, und Perestroika nützt uns nichts: Wir urteilen nach dem Leben – und das ist schlecht.«

»Na ja, man schenkt uns mehr Aufmerksamkeit, aber die Zeche gehört noch immer dem Staat: Wir können noch nicht selbst über uns bestimmen: 40 Prozent unserer Kohle nach Japan exportieren, zum Nutzen der Zeche, so könnte es klappen. Dann wären wir endlich Herren über die eigene Produktion.«

Vielleicht schämen sie sich ein wenig, weil sie nicht genau wissen, wofür oder wogegen sie streiken: Fleisch oder Perestroika, Schuhe oder ein neues Bewußtsein?

Boris Chomjakow, der stellvertretende Vorsitzende der Kusbass-Verwaltung, trägt »die persönliche Verantwortung für die Versorgung von 3,2 Millionen Menschen«. Er sieht so rund und glatt aus, als wüßte er nicht, daß er an allem schuld hat. Nein, er leugnet sogar erbittert. Auf seinem Tisch sprudelt, exklusiv für Kemerowo, die Defizit-Ware Mineralwasser, »aus dem Kaukasus, ich trinke kein anderes«, sagt er und lächelt sorglos.

Was? Die Bergleute, überhaupt alle Menschen des Kusbass litten Not? Nach Maßgabe der »medizinisch-rationellen Norm«, offensichtlich einer wissenschaftlichen Rechnungseinheit zur Regulierung des Hungers, werde jedermann ausreichend mit Grundnahrungsmitteln beliefert: 250 Gramm Fleisch und 400 Gramm Milchprodukte pro Tag, Brot nach Belieben. Und mehr als 50 Kilo Zucker, auf Bezugschein, im Jahr, über das Doppelte der »gesunden Dosis«.

Dazu so viel Obst und Gemüse, wie die Medizin es für nötig hält; eine Leistung, wo doch in Sibirien fast nichts mehr wächst! Rationiert sind Zucker, Tee, Seife, Waschpulver – Mangelartikel, die »gegen andere Raritäten getauscht oder in Schnaps verwandelt werden; ein Kilo Zucker ergibt einen Liter sündhaft billigen Wodka«.

Der unbeirrbare Parteifunktionär sucht Zuflucht bei vertrauten Winkelzügen und schwindelt sich aus der Affäre: Die Schwierigkeiten des Kusbass würden wie die Schwierigkeiten des ganzen Landes durch Dürren und Überschwemmungen hervorgerufen. Von Korruption will er noch nie gehört haben, Transportschäden, gewiß, die kämen gelegentlich vor, aber eins sei erwiesen: Durchs Einfrieren verliere Fleisch an Gewicht.

500 Millionen Rubel gebe er im Jahr an Subventionen für Fleisch und Milch aus. Er und die Leitung seien freizusprechen, Ursache der Krise »ist der Reichtum des Volkes, die Menschen verdienen zuviel Geld und fordern ein besseres Leben. Sollen sie doch Ferkel

aufziehen und einen Garten bestellen, aber nein, dazu haben sie keine Lust«.

Sein Gesicht rötet sich. Für Boris Chomjakow, 55, sind die Bergarbeiter noch längst keine Menschen; für ihn bleiben sie statistisches Material. Und wenn sie wieder streiken, läßt er die 20 000 Tonnen Fleisch auffahren, die er für 1990 bestellt hat.

Wie mutlos muß sich einer fühlen, der nicht streiken will im Kusbass? Der Brigadier Jurij Rudolf hat im Schacht Kalininien in Prokopjewsk schon im April den Streik vorbereitet, er wußte also, was ihm bevorstand. »Seit fast fünf Jahren werfen sie uns vor« – sie, das ist Moskau, die Führung –, »daß wir schlecht arbeiten. Aber das ist gelogen, wir haben immer besser gearbeitet – und nichts wurde besser, nichts.« Und die Kohle blieb auf den Halden liegen.

Trotzdem arbeiteten sie sich schier tot: Die Flöze in den 20 Zechen der Nachbarstädte Prokopjewsk und Kisseljowsk, Pro-Kiss genannt, verlaufen beinahe lotrecht in die Tiefe, müssen mit Dynamit erst gelockert und dann mit Spaten abgebaut werden: Die Kumpel klettern nach jeder Sprengung steil nach oben, um sperrige Brocken zu lösen. »Du weißt dann nie«, sagt Rudolf, »ob die Kohle auf dich runterstürzt und dich begräbt.«

Je tiefer die Stollen in die Kohle gesprengt werden, desto gefährlicher die Arbeit. Kusbass verrechnet seine Opfer mit der Förderung: »Auf eine Million Tonnen Kohle kommen zwei Tote«, sagt Rudolf, »in den Gruben von Prokopjewsk sogar vier. 1988 wurden im Kusbass 156 000 Tonnen gefördert, macht 312 Tote.« Vor einer Woche wurde sein bester Freund von der Kohle erschlagen.

Und je tiefer die Stollen, desto höher die Normen: Im Schacht Kalininien muß jeder Kumpel 80 Tonnen pro Schicht hochbringen, die Tonne wird mit 56 Kopeken bezahlt, bei einem Grundlohn von 9 bis 18 Rubel. Beste Kokskohle, Weltmarktpreis 60 Dollar: »Und wir verschleudern sie für 12 Rubel an den Staat, zum Preis einer Flasche Wodka«, sagt Rudolf mit schwerem Blick, aber leichter Zunge, denn die Arbeiterräte trinken nicht – tagsüber –, und er ist stellvertretender Vorsitzender des Kusbass-Komitees.

Vielleicht ist er ein Held, wie ein Märtyrer sieht er jedenfalls nicht aus, schon eher wie ein Gladiator. Sein rotes Gesicht ist voll von Narben, seine Hände sind breit wie Spaten. Er redet offen und laut; der Streik hat die Bergleute von aller Furcht erlöst.

Klarer, lauter Sprache wegen ist Rudolf bereits einmal verbannt worden, von 1977 bis 1987, aber er war stärker als seine Strafe. Zehn Jahre Lager in Usbekistan für »bewaffneten Überfall«. Er schwört – bei seiner deutschen Großmutter? »nein, bei Sibirien« –, er habe niemals Menschen überfallen. Er habe sie nur zu »Offenheit und Wahrheit« aufgerufen, das war sein Verbrechen. Ja, und dann habe er noch »gegen die Diebstahl-Ideologie gekämpft«, so nennt er die gewöhnliche sowjetische Korruption.

Jurij Rudolf ist 45 und zum Leben verurteilt, er weiß, weshalb er gestreikt hat. »Wir sind schon viel zu lang viel zu geduldig gewesen. 72 Jahre glaubte unser Volk an das zukünftige Glück, aber eines Tages wollten wir Arbeiter nicht mehr für die Zukunft, sondern für die Gegenwart leben. Unseren Lohn wollen wir jetzt ernten – deshalb haben wir gestreikt.«

Seid ihr für Perestroika eingetreten?

»Wir haben gestreikt«, sagt Rudolf, »weil Perestroika nur noch Gerede war. Lauter Worte, keine Taten. Erstarrung, nichts kam voran. Die Konservativen wollen eben alles beim alten lassen.«

Aber Gorbatschow?

»Pah, Gorbatschow. Das Wasser im Aquarium war schmutzig, Gorbatschow hat es weggeschüttet, nun ist er zu feige, um neues nachzufüllen. Und die Fische schwimmen auf dem Trockenen.«

Gorbatschow verhalte sich zweideutig, er wisse wohl nicht mehr, was er will: »Er muß den Prozeß der Demokratie weiterführen, hat aber Angst vor den Folgen, verteilt Wohltaten mit der Rechten und nimmt sie mit der Linken wieder zurück. Halbherzige Lösungen – das ist Gorbatschow. Und dagegen haben wir auch gestreikt.«

Das Kusbass ist Moskaus reichste sibirische Kolonie, »aber Moskau entscheidet über uns«, grollt Rudolf, »wir werden nicht gefragt«. Und jetzt macht er Revolution von unten, vorerst nur in Gedanken: »Das Volk muß die Macht übernehmen, die Autorität der Partei ist verbraucht. Wirtschaftliche Selbständigkeit allein genügt nicht mehr, ganz Kusbass soll unabhängig von Moskaus Befehlen leben, auf eigene Rechnung. Wir müssen selbst entscheiden, ob unsere Flüsse nach Norden oder Süden fließen.«

Die Lage der sibirischen Natur ist so verzweifelt wie die ihrer Bewohner, sie sind Nutznießer und Ausbeuter zugleich. »Noch ein Chemiewerk und das Gleichgewicht wäre für immer zerstört«, sagt Rudolf, er wird jetzt allmählich grimmig; »aber man will uns wohl in den Abgrund stürzen.«

5000 Kilometer östlich von Bonn wirkt die Umwelt-Angst des Abendlandes ein wenig hysterisch: Das Kusbass ist eine von 3,2 Millionen Menschen bewohnte ökologische Katastrophe. Himmel und Erde sind vergiftet.

Das Maschinendenken der Apparatschiks denkt sich selbst zugrunde: Sibirische Ökonomen haben errechnet, daß sich das Kusbass schon in zwei Jahren mit Fleisch und Milch autark versorgen könnte. Doch das Gegenkonzept der Partei, murrt Rudolf, jetzt ist er wahrhaftig wütend, »sieht weitere Tagebau-Gruben vor, so viele, daß kein Land mehr für die Landwirtschaft übrigbleibt«.

88 Prozent der Kusbass-Bevölkerung lebt in den 19 großen Städten – als Industriearbeiter. »Sie haben uns so lange versprochen, wir versorgen euch, wenn ihr nur fleißig produziert, bis wir die Bauern abgeschafft hatten.«

Obwohl der Gebietsparteichef neben ihm saß, der allmächtige Alexander Melnikow, und ihm erst den Widerstand ausreden wollte und dann, weil das mißlang, das Wort verbot, was gleichfalls fehlschlug, rief der radikale Rudolf im Fernsehen wieder einen Warnstreik aus. 200 000 Kumpel befolgten seinen Aufruf und legten am 3. August während der Reparaturschicht zwei Stunden lang die Arbeit nieder; sie begehrten auf »gegen ökologischen Irrsinn«. Melnikow verhieß ihm großen Ärger, aber Rudolf und die Kumpel siegten: Staudamm und Wasserkraftwerk Krapiwinski am Fluß Tom, 100 Kilometer südlich von Kemerowo, verkommen kurz vor ihrer Vollendung zu Ruinen. Vom restlichen Geld sollen Wohnhäuser gebaut werden.

Vor aller Augen und zu aller Zorn schiebt sich eine dicke Pipeline 240 Kilometer über die Berge von Belowo nach Nowosibirsk. Durch die stählernen Rohre made in Germany soll Kohle per Wasserantrieb transportiert werden. Eine Tonne Kohle fließt in 32 Kubikmeter Taigawasser westwärts, Natur wird dabei vergeudet und das Land dehydriert: Schon heute leiden die 520 000 Einwohner von Kemerowo jeden Sommer unter dem Defizit in ihren Wasserhähnen, es fehlen 30 000 Kubikmeter, 1995 wird das Doppelte fehlen.

Über die schwer beschädigte Welt im Kusbass hat sich im Januar 1984, vor dem Zeitalter Gorbatschows, bereits das Politbüro gegrämt, wortreich und folgenlos: Die Regierungszeitung *Iswestija* warf Ministern und Industrie Schlamperei und Verantwortungslo-

sigkeit vor. Kohlegruben und Kokereien hätten die Flüsse Tom und Inja zu »schmutzigen Abfallgruben« gemacht. Der Befund im Oktober 1989: Die Fische sind schwarz.
Im Kusbass dauert ein Menschenleben, selbst wenn es köstlich war, zehn Jahre weniger als ringsum in der Sowjetunion, nach 54 statt 64 Jahren ist es für Männer vorbei, statistisch betrachtet. In der Stadt Jurga, wo sich im Tom die giftigen Abwässer des ganzen Kusbass sammeln, sterben 26 von 1000 Kindern, ehe sie ein Jahr alt werden konnten.
Die erste Kohlegrube wurde 1851 in die Kusbass-Erde gebuddelt; der industrialisierte Zarismus ist noch heute in Betrieb. Im Vertrauen auf »die mächtige sibirische Natur« wurden 70 000 Quadratkilometer Taiga, Birkenwälder, Moore und Dörfer ins 20. Jahrhundert hinein entwickelt. Heute ist die Industriedichte fünfmal größer als im übrigen Sibirien – ein Drittel der Sibirjaken hausen im Kusbass.
Was die Menschen am heftigsten empört, seitdem sie Bescheid wissen, sind die Raubzüge des Staates in ihrer Heimat. Das Kusbass produziert für zwölf Milliarden Rubel Güter im Jahr und bereichert damit manchen, nur sich selbst nicht: Bloß 800 Millionen kehren ins Gebietsbudget zurück, davon müssen die Bewohner leben.
»Die ganze Sowjetunion lebt auf Kosten Sibiriens«, tobt der Volksdeputierte Jurij Kasnin, der einzige Parteilose unter den 14 Abgeordneten des Kusbass. Mit Donnerworten malt er den Untergang in die rußige Luft, er ist Dozent für Hygiene am staatlichen medizinischen Institut Kemerowo und das schlechte Gewissen der Industrie: Nowokusnezk martert Sibirien – und seine Bronchien – mit Eisen- und Aluminiumhütten, Belowo stinkt von Zink und Kohle, in Kemerowo wird Koks produziert, Kunstdünger und Textilfasern.
Und überall wird Wärme erzeugt: Aus 3000 Heizkraftwerken steigen schwarze Rauchwolken in den grauen Himmel und verfinstern die trübe Sonne.
Kasnin, 46, beobachtet fassungslos den »professionellen Kretinismus« bei der Arbeit: Der die Luft reinigende Wind weht, selten genug, aus Norden. Und ausgerechnet im Norden von Kemerowo wächst das neue riesengroße Heizkraftwerk in den Himmel.
Tom und Inja, natürliche Kloaken, liefern Trinkwasser für Mensch

und Vieh. Die Fabriken filtrieren ihre Abwässer nur notdürftig und leiten das Gift dann sorgfältig in die Flüsse. Die Begründung dafür hat großes vaterländisches Gewicht: Im Zweiten Weltkrieg wurden die Frontlieferanten derart überstürzt ins Kusbass umquartiert, daß für den Bau von Kläranlagen keine Zeit blieb. Noch heute spielen fünf uralte Kriegsfabriken in Kemerowo Krieg. 26 dieser technischen Museen wurden seit 1980 stillgelegt, jetzt brechen moderne Zeiten an.

Kasnin wird sich noch zum Ökologie-Zaren im Obersten Sowjet hochleiden, so schmerzerfüllt wirft er sich in die Schlacht gegen den Apparat: »Die Kontrolle der Umwelt ist jenseits aller Kritik. Niemand interessiert sich für die Welt von morgen. Daten werden verheimlicht, Statistiken werden gefälscht – genauso wie die Wirklichkeit.«

Der Streik der Bergleute war auch ein Streik für klare Verhältnisse. Olga Andrachanowa, in Kemerowo Leiterin der Umweltbehörde, verordnet an 100 Tagen im Jahr einem Drittel der smogstiftenden Kokereien, Dünger- und Benzolfabriken Betriebsferien, Arbeitsstopp. Sie ist die meistgehaßte Person der Stadt, der ökonomische Schaden, den ihre Zwangsmaßnahmen anrichten, wird auf zehn Millionen Rubel geschätzt. Doch in ihrem dünnen Lächeln ist keine Freude zu erkennen.

Nicht Kemerowo ist das irdische Inferno, sondern Pro-Kiss, die rauchgeschwärzte Zwillingsstadt Prokopjewsk-Kisseljowsk. War der Himmel jemals blau? Aus einem goldenen Herbstmorgen führt die Straße in tiefe graue Dämmerung, die Luft ist zum Kauen, schmeckt nach Kohle und Gestank: früh um zehn Uhr – und schon Nacht.

Das Arbeiterkomitee tagt unter dem Bild von Friedrich Engels an einem langen Tisch, eine Sekretärin nimmt am Telefon die Klagen des Volkes entgegen. Wladimir Machanow, der Genosse Vorsitzende, verhandelt in Moskau mit dem Ministerrat; ein Streikposten im Kreml: Der Aufrührer bespricht mit Vizepremier Lew Rjabew ein Millionenprojekt, »er macht ihm Dampf«, sagen seine Kumpel fröhlich.

Es geht um ein neues großes Heizkraftwerk, es soll 90 kleine ersetzen, lauter stinkende Umweltvergifter. Der Wunsch ist alt, aber Moskau hat ihn nie ernst genommen. »Wir mußten erst streiken«, sagt Anatolij, »1995 ist das Ding fertig.«

Die 21 Mitglieder des Komitees, sie regieren die Stadt, »fast 100 000 Arbeiter aus 13 Zechen und 6 Fabriken stehen hinter uns«. Der dicke Pjotr überwacht die gerechte Verteilung des Defizits in den Geschäften: Fleisch, Kondensmilch, Zucker. Jeden Morgen muß er die Verkäufer zwingen, ihre Geheimvorräte preiszugeben, die Hamsterwaren unter dem Tresen allen anzubieten, nicht nur ihren Freunden. »Sie hassen uns«, sagt er stolz, »noch nie sind sie so streng kontrolliert worden.«
Ihr Protokoll mit den 32 Forderungen kennen alle auswendig, sie träumen Tag und Nacht davon. Obwohl die Großen Drei aus Moskau am 22. Juli mit ihren Unterschriften die Erfüllung des Wunschzettels garantiert haben, ist die Regierung in Verzug geraten: Gilt das Wort des Politbüro-Mitglieds Nikolai Sljunkow nichts mehr? Hat der Gewerkschaftschef Stepan Schalajew keine Macht mehr? Ist der Erste Vizepremier Lew Woronin ein Lügner? Haben sie im Herbst schon vergessen, was ihnen im Sommer abgerungen wurde, in Prokopjewsk und den anderen Kusbass-Städten?
Punkt 6 lautet: Zusätzliche Versorgung mit 20 Bussen für den Pendelverkehr. Termin: Ende August. Noch kein Bus in Sicht. Unerledigt sind auch 24, 25 und 26.
Punkt 24: Kohleminister Michail Schtschadow, ihr oberster Arbeitgeber, sollte ihnen 20 Millionen Rubel für neue Wohnungen und den Abbruch der alten Baracken überweisen. Nicht ein Rubel ist eingetroffen.
Punkt 25: Der Eisenbahnminister soll Waggons schicken, damit die Kohlehalden verschwinden, dauernd entzünden sich die schwarzen Berge, verglühen und verderben. Andrej schwört, daß allein in Prokopjewsk eine Million Tonnen liegen – »und uns wirft man Saumseligkeit, gar Sabotage vor. Kein Wunder, daß die Disziplin so schlecht ist«. Ende Oktober fehlten in Prokopjewsk 1500 Waggons. Tut mir leid, ließ der Minister bestellen, meine Waggons hängen in Armenien und Aserbaidschan fest, da wird nämlich gestreikt.
Lüge, sagen die Kumpel: »Als wir streikten, waren plötzlich genug Waggons da, denn im Juli zitterte Moskau vor dem Produktionsausfall.«
Punkt 26: Bis Mitte November muß so viel Grubenholz in Prokopjewsk vorrätig sein, daß die Schächte sicher abgestützt werden können. Ein Anliegen, um das sich in Moskau vier Ministerien

kümmern müßten: ein Organisationsproblem, das ihre Fähigkeiten überfordert – deshalb noch keine Reaktion.
Wanja schläft gleich ein, so erschöpft ist er. Er sagt: »Wenn nichts geschieht, legen wir die Arbeit nieder. Nicht einmal für unsere baufälligen Baracken haben wir Holz.« Durch Dächer und Wände seiner Bergarbeitersiedlung Jasnaja poljana scheinen Sonne, Mond und Sterne, toben Wind, Regen und Schnee.
Der Sieg vom Juli, droht er sich in eine Niederlage zu verkehren?
Der Streik ist nur unterbrochen. Werden sie weiterstreiken, falls Moskau seine Versprechungen nicht hält? Im Sommer war das Streiken noch legal, kein Gesetz hat es verboten. Nun legt ihnen das neue Streikgesetz Fesseln an.
»Gorbatschow hat es in der Hand, er muß sich entscheiden, ob er mit dem Volk oder mit dem Apparat geht«, sagt Pjotr.
»Man hört zwar auf uns, wir dürfen alles kritisieren, aber verändern können wir wenig«, sagt Anatolij.
Die Versorgung? »Plocho«, schlecht. Noch immer zuwenig Fleisch. »Man hat uns eine Büchse Wurst und eine Dose Kondensmilch hingeworfen, das war's.«
Wann also geht der Streik weiter?
Die Genossen Arbeiterräte sind keine Revoluzzer, Anarchie verwirrt sie. Zwischen Resignation und Revolution muß es doch ein Schlupfloch geben, hoffen sie. Wenn sie nur wüßten, wie Demokratie geht. In ihrer politischen Erziehung wurde Demokratie nicht behandelt, und ihre politischen Erfahrungen machten sie in einer Diktatur, angeblich war es ihre eigene, die Diktatur des Proletariats. All ihre Volksvertreter wurden von oben ernannt, »wir wurden nie gefragt«.
Wenn am 4. März 1990 in der Russischen Föderation die Ortssowjets gewählt werden, wollen sie endlich einmal mitbestimmen – von unten. Premiere: »Die ehrlichsten Leute müssen aufgestellt werden«, fordert Wanja. Er freut sich schon. »Nein«, widerspricht Anatolij, »ehrlich sind wir alle: die energischsten.«
»Unsere Abgeordneten müssen Rechte haben und Druck ausüben können auf die Leitung. Dann wird die Luft wieder rein.« Es ist schwer, sein eigener Herr zu sein, wenn man immer Knecht war.
»Betrügt uns die Regierung, streiken wir wieder.« Teimuras Awaliani spricht im Namen von einer starken Million Arbeiter des Kusbass. »Aber die Regierung wird schon nicht so dumm sein, sie

weiß, was auf dem Spiel steht. Nur wird sie bremsen, die neuen Gesetze verschleppen – und das macht die Leute böse.« Streiks schwächen den Staat und ängstigen das Volk, es fängt an, wieder von Ordnung zu träumen und einer eisernen Hand.

Awaliani haßt überstürzte Entschlüsse, er spricht so bedächtig und leise, daß die Zuhörer seine Gedanken bei der Entstehung zu sehen meinen. Er bewegt sich mit zögernden Schritten, er sagt: »Die Entscheidungen aus Moskau kommen meistens zu spät.«

Moskau will offenbar nicht begreifen: »Schon im Herbst 1987 baten wir in einem langen Brief um Hilfe für das Kusbass. Unsere Botschaft enthielt die wichtigsten Elemente des späteren Streik-Protokolls. Man übersah uns. Am 18. Oktober 1987, vor zwei Jahren also, las auch Gorbatschow unser Dokument – und reagierte nicht.«

Awaliani, 57, stellvertretender Direktor des Kisseljowsker Kohlekonzerns – »Ich beziehe mein Gehalt von denen, die ich bekämpfe« –, ist seit März Mitglied des neuen sowjetischen Parlaments. Direkt gewählt als Abgeordneter, mit 72 Prozent der Stimmen, nicht als Sendbote der KP. Briefe an den Kreml haben ihm stets Schwierigkeiten bereitet.

Im November 1980 hatte er Generalsekretär Leonid Breschnew zum Rücktritt aufgefordert, samt all den alten Herren, die zu hinfällig waren, um »in extremen Situationen« das Land zu führen. Breschnews greiser Freund Tschernenko, später sein Nachfolger, ließ den unerhörten Vorgang bearbeiten.

Awaliani spöttisch: »Dann trat das Telefon-Recht in Aktion.« Telefonisch wurde der Befehlshaber des sibirischen Militärbezirks auf ihn angesetzt, in Kemerowo übernahm den Fall ein gewisser General Kabustin.

»Zuerst wollten sie mich aus der Partei ausstoßen, scheuten aber das Aufsehen.« Im Dezember 1980 scheiterte auch der Versuch, ihn in eine Heilanstalt einzuweisen. Erst Mitte 1988 wagte Awaliani, um seine verlorene Ehre zu kämpfen, vergebens: Kabustin starb während der Untersuchung.

Awaliani ist ein erprobter Widerstandskämpfer wie sein Stellvertreter Jurij Rudolf: Er kennt seinen Gegner. »Unser Streik war kein Zank zwischen Kumpel und Direktor, es war der Konflikt aller Arbeiter mit dem Staat. Ein politischer, ein hochpolitischer Streik.«

Der Konflikt ist ungelöst.

Die Forderung der Forderungen: Die völlige wirtschaftliche und juristische Unabhängigkeit der Kohlegruben ist zwar seit dem 1. Oktober gesetzlich gewährt – aber vor Ort ohne Folgen geblieben. Der Kohlepreis ist niedriger als der Selbstkostenpreis, »deshalb hängen wir weiter von der Gnade des Staates ab, die Zechen bleiben in Staatsbesitz«.
Die Kumpel wollen ihre Betriebe in kollektives Eigentum umwandeln und unter Marktbedingungen wirtschaften: »Wir werden uns selbst versorgen, da der Staat es nicht kann. Der Staat vernachlässigt uns.« Selbst können sie sich aber erst ernähren, wenn sie 30 Prozent ihrer Produktion auf eigene Rechnung verkaufen dürfen, an Japan oder an Singapur, an wen auch immer. Den Rest darf der Staat übernehmen, aber nicht für 12, 14 oder 16 Rubel, wie heute noch, sondern für 32, 50 Rubel die Tonne.
Awaliani sagt, und mit jedem Wort wird die Drohung deutlicher sichtbar: »Ich spreche für alle, sogar für die Rüstungsbetriebe. Die Arbeiter sind wachsam wie Soldaten vor dem Angriff.«

GERHARD MAUZ

Die Wodkas im Pipeline Club...

Im Prozeß gegen den »Exxon Valdez«-Kapitän Hazelwood in Anchorage
Februar 1990

Nein, die Exxon-Leute in Alaska müssen sich nicht verstecken. Niemand trachtet ihnen nach dem Leben. Keiner hier oben wünscht die Ölgesellschaft zur Hölle. Im 49. Bundesstaat der Vereinigten Staaten ist man stolz darauf, »The Last Frontier« zu sein, an der letzten Grenze zu leben, an der sich der Mensch behauptet. Hier lebt der Geist der Pioniere noch. Und ein Pionier ist nicht einfach ein Abenteurer, der mit strammen Beinen in Stiefeln steckt. Er ist vor allem clever, gewitzt und lebensklug. Nur Narren bringen den um, der ihnen einen Schaden zugefügt hat. Wer tot ist, kann nicht wiedergutmachen, kann nicht mehr zahlen.
Am 24. März 1989 lief der Supertanker »Exxon Valdez«, Tragfähigkeit 214 861 tdw, auf das Bligh-Riff. 40 000 Tonnen Rohöl verseuchten den Prinz-William-Sund und seine Küsten. Am 4. Februar 1990 gewinnt Charlie Champaine aus Salcha mit seinen zwölf Schlittenhunden das »Exxon Open« auf dem Tudor Track. Die Ölgesellschaft hat das Rennen, das die Saison eröffnet, finanziert und mit 10 000 Dollar Preisgeldern ausgestattet.
Doch die Exxon ist nicht nur ein Sponsor. Am 28. Januar 1990 brennt in Tatitlek, einer kleinen Siedlung am Prinz-William-Sund, das Gebäude, in dem der Generator steht, bis auf den Grund nieder. Alles, was mit Strom betrieben wird, vom Eisschrank bis zur Heizung, fällt bei klirrender Kälte aus. Unverzüglich fliegt Exxon einen 50-Kilowatt-Generator ein, der fast 1500 Kilo wiegt, und die

Sendung wird von einem Elektriker begleitet, der die Anlage installiert. Der Generator ist übrigens im vergangenen Jahr bei der Reinigung der verölten Küsten eingesetzt worden, bis die Arbeiten abgebrochen wurden.
Der Film der Exxon, der vor Augen führt, was alles die Gesellschaft zur Säuberung der Gewässer und der Küsten und zur Rettung der Tierwelt unternommen hat, findet Anfang Februar 1990 im Petroleum Club in Anchorage ein wohlwollendes Publikum.
Ob die Säuberungsarbeiten im Frühjahr wieder aufgenommen werden, steht derzeit noch dahin. Auch haben sich inzwischen Fachleute von Rang gemeldet, die der Meinung sind, durch die gewaltige Aktion, die bislang an die zwei Milliarden Dollar gekostet haben soll, sei der Schaden eher vergrößert worden.
Doch ein Pionier entmutigt den, der ihn geschädigt hat, nicht, wenn dieser sein Schuldgefühl demonstriert, wenn dieser vorführt, in welcher Weise und in welchem Ausmaß er sich um Wiedergutmachung bemüht. Daß er nicht nur dort, wo es ihm nötig scheint, Geld auszugeben hat, wird man ihm schon klarmachen, gewitzt und lebensklug.
Gewitztheit und Lebensklugheit, diese wichtigen Elemente echten Pioniergeistes, lassen natürlich nicht zu, daß man die Exxon wegen der Katastrophe anklagt, die ihr Tanker ausgelöst hat. Die Gründe, die man für den Verzicht auf eine solche Klage anführt, hören sich vor allem sehr gut an: Douglas Baily, der Generalstaatsanwalt von Alaska, hat beispielsweise erklärt, die Kosten für eine derartige Klage lägen viel zu hoch, als daß man sie hätte riskieren können. Wer wird widersprechen, wenn auf den Steuerzahler Rücksicht genommen wird.
Man schuldete der wiedergutmachungsbereiten (und so fabelhaft wiedergutmachungsfähigen!) Exxon Rücksicht. Zugleich hatte man aber auch Rücksicht auf die Öffentlichkeit zu nehmen, die darauf bestand, daß ein Schuldiger ermittelt und verurteilt wird. Die Rücksichten ließen sich in Einklang bringen, indem man den Mann anklagte, und zwar ihn allein, der am 24. März 1989 das Kommando auf der »Exxon Valdez« hatte – den heute 43 Jahre alten Kapitän Joseph J. Hazelwood.
Joseph Hazelwood befand sich nicht auf der Brücke seines Schiffes, als dieses auf Bligh-Riff lief. Er hatte das Kommando dem Dritten Offizier übergeben und sich in seine Kabine zurückgezogen. Er

soll betrunken und unfähig gewesen sein, das Schiff zu führen, so jedenfalls sieht es die Staatsanwaltschaft in Anchorage. Und sie hat es nicht schwer gehabt, diese Anklage durchzusetzen und der Öffentlichkeit einleuchtend darzustellen. Denn Joseph Hazelwood hat schon vor dem 24. März 1989 unstreitig erhebliche Alkoholprobleme gehabt.

Joseph Hazelwood ist ein schmaler, an die 1,90 Meter großer Mann, grüblerisch und in sich gekehrt, nicht erst seit dem 24. März 1989. Joseph Conrad, der Pole, der Kapitän war und der große Schriftsteller der Seefahrt in englischer Sprache wurde, hat in seinem Roman »Lord Jim« die Geschichte eines Mannes erzählt, den die Leidenschaft für das Meer hinaustreibt – und der am Meer und seiner Leidenschaft scheitert.

Joseph Hazelwood hat einen hohen Intelligenzquotienten (IQ), wie man dank *Life* weiß, der einzigen Zeitschrift, von der er sich sprechen ließ. Der IQ ist gewiß nicht der Schlüssel zum Verständnis von Menschen und Lebensläufen, aber einen IQ von fast 140, wie Joseph Hazelwood ihn hat, haben nur wenige. So ist ihm denn auch empfohlen worden, zu studieren und Arzt oder Anwalt zu werden.

Doch seine Leidenschaft für das Meer war zu groß, als daß er seine Möglichkeiten für Berufe nutzen mochte, die, bei allem Respekt vor der Seefahrt, denn doch wohl mehr geben können als der Beruf eines Kapitäns, der immer von einem Schiffseigner abhängig bleibt.

Wie Lord Jim ist Joseph Hazelwood, weit vor dem 24. März 1989, vom Meer und der Rolle, die er als Kapitän auf ihm spielen durfte, zutiefst enttäuscht worden. Er befehligte ein Riesenschiff, doch davon, daß er ein Seemann ersten Ranges war, hatte er für seine Identität, für sein Selbstgefühl und seine Selbstachtung nichts. Gerade 20 Mann taten zuletzt noch Dienst unter ihm auf der »Exxon Valdez«, deren Besatzung kontinuierlich verringert wurde, auf einem computerisierten Monster, das von Computern an Land dirigiert und überwacht wurde. Seinen Alltag füllte, wie er gegenüber *Life* gesagt hat, ein erschöpfender Krieg mit der Verwaltung, mit dem Management aus, ein endloser Austausch von Schriftstücken.

Das waren nicht die Seefahrt und die Freiheit des Meeres, die er allem, was er aus sich hätte machen können, vorgezogen hatte. Und

so scheint auf ihn zuzutreffen, auf seine abweisende Persönlichkeit, was Joseph Conrad über Lord Jim sagt: »... und sein Betragen bewies eine Art störrischer Selbstbehauptung, die nichts Aggressives hatte. Sie schien ein Zwang zu sein und war sichtlich ebensosehr gegen ihn selbst gerichtet wie gegen jeden andern.«
Katastrophen haben die Gewohnheit, die Rollen, die sie zu vergeben haben, perfekt zu besetzen. Joseph Hazelwood war schon vor dem 24. März 1989 ein gebrochener Mann, der den Alkohol als Brücke zwischen dem Meer, dem seine Leidenschaft galt, und der Realität des von ihm gewählten Berufs brauchte.
Damit ist nicht gesagt, daß Joseph Hazelwood in strafrechtlichem Sinne das Auflaufen seines Schiffes verschuldet hat. Seine Verteidiger bestreiten, daß er betrunken war und außerstande, das Schiff zu führen. Und die Energie, mit der die Anklage sich allem widersetzt, was zu anderen möglicherweise Schuldigen führen könnte, die zumindest auch hätten angeklagt werden müssen, wirft böse Schatten.
Die Auswahl der Jury dauert nur eine Woche. Sieben Frauen und fünf Männer werden zuletzt als Hauptgeschworene, drei Frauen und ein Mann als Reservisten, von Richter Karl S. Johnstone, einem Superior Court Judge, eingeschworen. Die Anklage, die Staatsanwalt Brent Cole vertritt, hat sich durchgesetzt. Die Verteidigung, die Anwälte Dick Madson und Michael Chalos, haben sich nur so weit behaupten können gegen Richter Johnstone, wie sie Geschworene ohne Begründung ablehnen durften.
Der Jury gehören beispielsweise an: ein Angestellter des US-Postdienstes, der keinen Alkohol trinkt; ein Trainee der Flugkontrolle, der keinen Alkohol trinkt; die Zivilangestellte eines Militärstützpunkts, die gesagt hat, daß sie nie Alkohol getrunken hat in ihrem Leben, und die nicht erlauben würde, daß ihre erwachsenen Kinder in ihrer Gegenwart oder in ihrem Haus trinken; ein Mann der Army, der nicht trinkt, weil er gesehen hat, was Alkohol anrichten kann; ein Mann, dessen Frau von einem betrunkenen Kraftfahrer getötet wurde – nur 3 von 16 Geschworenen räumen ein, gelegentlich Alkohol zu trinken.
Die Juryauswahl wird von Richter Johnstone entschieden. Michael Dean von der *Anchorage Times*, einer ortsansässigen Zeitung also, findet einen Weg, gewisse Bedenken anzudeuten. Er zitiert den Kollegen Bill Rumpel von der *Los Angeles Times*, der sich fragt, ob

Joseph Hazelwood einen fairen Prozeß haben werde unter der Leitung eines Richters, der über die kommerziellen Fischrechte einer vom Öl der »Exxon Valdez« geschädigten Bucht verfügt und der außerdem ein Jagdkamerad des Generalstaatsanwalts von Alaska ist.
Schon am ersten Tag, an dem tatsächlich verhandelt wird, löst sich die Medientruppe auf, ein Fernsehteam war sogar aus Australien angereist. Auf der Skala des nationalen Interesses ist der Hazelwood-Prozeß auf zwei Punkte gefallen, die Höchstpunktzahl liegt bei zehn Punkten. Die Erklärungen, die von Anklage und Verteidigung zu Beginn abgegeben werden: Es ist praktisch nur von Wodka und Bier die Rede. Die eine Seite will diese Alkoholika nachweisen, die andere bestreitet sie oder widerspricht zumindest der These, sie hätten sich ausgewirkt. Geht es um das bislang folgenschwerste Öltankerunglück der US-Geschichte oder um den Unterschied zwischen Trinken und Saufen?
Die Medientruppe hat sich aufgelöst, doch es ist etwas geblieben, es wird immerhin im Media-Courtroom des Gerichtsgebäudes von Anchorage verhandelt: Links neben dem Eingang in den Saal, gegenüber dem hohen Sitz des Richters, eine Reihe flacher Fenster. Sie erinnern an etwas – und man erinnert sich nicht falsch. Hinter ihnen befindet sich ein kompletter Regieraum. Hier wird die Fersehkamera, die im Saal steht, dirigiert und ausgewertet. Gegen Joseph Hazelwood wird in totaler Öffentlichkeit verhandelt.
Zwar hat keine Fernsehgesellschaft aus dem Pool, bei dem jede von ihnen einkaufen kann, eine direkte, laufende Übertragung erworben, die ja auch schwer zu senden wäre, weil der Richter, vorerst jedenfalls, die Sitzung nicht für Werbeeinblendungen unterbricht. Doch abends laufen, »nation-wide«, Zusammenschnitte aus den Aufzeichnungen des Tages. Und auch ein Fotoapparat befindet sich im Saal, der für das druckende Medium Bilder anfertigt. So ist die Öffentlichkeit also dabei, sie wird, so meint sie, komplett unterrichtet, kompletter geht es nicht, jeder kann sich nun endlich eine eigene Meinung über Schuld oder Unschuld von Joseph Hazelwood machen. Die Akteure der Verhandlung tun tapfer so, als wäre ihnen nicht bewußt, daß sie gefilmt werden und daß man sie möglicherweise überall in den Staaten am Abend auf dem Bildschirm sieht.
Was am Abend, genauer, schon vom Nachmittag an, als Zusam-

menschnitt aus rund vier bis sechs Stunden Verhandlung maximal drei Minuten lang immer wieder zu sehen ist, hat mit dem, was sich tatsächlich abgespielt hat, überhaupt nichts zu tun. Es gibt nur wieder, was als besonders wirksam ausgewählt wurde. Staatsanwalt Cole widerspricht der Absicht der Verteidigung, die Radarmänner der Coast Guard nach dem Ergebnis der Tests auf Alkohol und Drogen zu befragen, denen sie sich – viele Stunden nach dem Auflaufen der »Exxon Valdez« – unterziehen mußten. Der Staatsanwalt spricht langsam, immer langsamer. Er ist jung, man kann, beobachtet man die Szene auf dem Bildschirm, den Eindruck gewinnen, er sei noch zu jung, er könne sich nicht ausdrücken, durch ihn vertreten sei die Anklage benachteiligt.
Doch Staatsanwalt Cole spricht nur so langsam, weil Richter Johnstone in einer Akte liest und offenkundig nicht zuhört, und Cole durch sein immer langsameres Sprechen erreichen will, daß der Richter wieder aufschaut und zuhört. Doch den Richter, der liest und nicht zuhört, sieht man auf dem Bildschirm in dieser Szene nicht.
Höhepunkt der Groteske: Werden Verfahrensfragen erörtert zwischen dem Richter, der Anklage und der Verteidigung, meist geht es um die Zulässigkeit von Fragen, so wird die Jury aus dem Saal geschickt. Ihre Unbefangenheit soll für den Fall behütet werden, daß die Frage, um die es jeweils geht, nicht zugelassen werden sollte. Doch am Abend können die Geschworenen im Fernsehen Ausschnitte aus der Diskussion sehen und hören, die in ihrer Abwesenheit stattfand.
Es ist kein Wunder, daß das öffentliche Interesse am Hazelwood-Prozeß so schnell erlischt. Es geht ja, diesen Eindruck muß man gewinnen, um nichts als Alkohol, um ein menschliches Versagen alltäglichster Art – und keinesfalls um Radarmänner der Coast Guard, die hätten bemerken können und müssen, daß die »Exxon Valdez« auf Bligh-Riff aufzulaufen drohte, und die wohl pflichtgemäß Alarm geschlagen hätten, wenn da nicht das gewesen wäre, was ihre, auf Anordnung von Richter Johnstone nicht zu erörternden, Alkohol- und Drogentests ergeben haben.
Es geht nur um Joseph Hazelwood und den Alkohol und nicht etwa darum, daß ein Lotse über Jahre bis Bligh-Riff an Bord zu sein hatte, daß diese Vorschrift jedoch eines Tages aus Bequemlichkeit aufgehoben wurde, weil ja bis dahin nichts passiert war und auch

weiterhin nichts passieren würde. Und was ist da nicht alles zu lesen, zu hören und zu sehen, was die Öffentlichkeit viel mehr interessiert als diese Alkoholaffäre: 400 amerikanische Elche sind seit Oktober 1989 von der Eisenbahn getötet worden. Wie retten wir die Elche? 1000 Dollar Strafe für jeden Elch, wie Politiker eilends vorschlagen?

Und was verwirrt einen nicht alles: Der Weißkopfadler, nach dem Unglück der »Exxon Valdez«, durch das viele dieser Vögel umkamen, bangte man um das Wappentier der Staaten – doch jetzt wird gemeldet, die Gattung sei gerettet. Und was die Seelöwen angeht, die man so lange erbittert geschützt hat, so heißt es nun, daß sie sich allzusehr vermehrt haben und daß eine große Zahl von ihnen zum Abschuß freigegeben werden muß. Wie soll man einen Kurs durch die Flut der Informationen finden?

Mit Joseph Hazelwood muß man sich nicht beschweren, da geht es ja nur um Alkohol. Denn da sieht man zum Beispiel auf dem Bildschirm die Zeugin Janice Delozier. Die ist Assistentin eines Dentisten, und am Mittag des 23. März 1989 war sie im Pipeline Club in Valdez, und da hat sie gesehen, daß ein Mann, den sie später als Joseph Hazelwood erkannte, zwei Gläser Wodka trank.

Die Zeugin sagt vor einer Grafik des Pipeline Clubs aus, sie zeigt, wo sie saß und wo Joseph Hazelwood gesessen hat. Daß die Zeugin die Ehefrau eines Offiziers der Coast Guard ist, der im Zusammenhang mit der Untersuchung des »Exxon Valdez«-Unglücks eine wichtige Rolle spielt, wird im Fernsehen nicht erwähnt.

Und dann wird der Hazelwood-Prozeß mit einem Mal wieder interessant, beginnt er, auf der Skala des öffentlichen Interesses zu klettern. Es wird bekannt, daß die 1285 Kilometer lange Alaska-Pipeline, die von der Prudhoe Bay im Norden nach Valdez, dem einzigen eisfreien Hafen im Süden Alaskas, verläuft, an schweren Korrosionsschäden leidet. 1,2 Millionen Barrel fließen täglich durch diese Pipeline, und nun sollen plötzlich 1,3 Milliarden Dollar im Lauf der nächsten fünf Jahre nötig sein, um sie zu reparieren und eine Katastrophe zu verhindern, der gegenüber das »Exxon Valdez«-Unglück ein Fliegendreck wäre.

Nicht genug: Am 7. Februar schlägt sich vor Kalifornien, vor Huntington Beach, der Tanker »American Trader« mit dem eigenen Anker ein Loch in den Rumpf. Ein riesiger Ölteppich läuft auf den Strand zu, 1,4 Millionen Liter Öl bedrohen 50 Kilometer südlich

von Los Angeles eine prominente Küste, zwischen Anaheim Bay und Newport Beach wohnen reiche Leute. Alaska hoch im Nord ist weit, da mag ja manches passieren, was einen aufregt, aber an die Nieren geht einem das nicht. Und nun – die Ölpest vor den eigenen Füßen, Hunderte von Freiwilligen und Retter von Amtes wegen, verendende Tiere und unabsehbare Folgen für Strände, mit denen viel Geld verdient wird, die auf Gäste angewiesen sind ...
Da setzt sich denn die Politik in Bewegung, nun sind die Fragen dringend, die man fast ein Jahr lang vor sich hergeschoben hat – ob die Öltransporte nicht schärfer kontrolliert, Ölverschmutzungen nicht strenger bestraft und für den Bau von Tankern doppelte Rümpfe vorgeschrieben werden müssen. Die Frage, ob Joseph Hazelwood betrunken war oder nicht, ist mit einem Mal nicht mehr so wichtig. Und selbst wenn er schwer versagt haben sollte – wie kann ein einzelnes Versagen so fürchterliche Auswirkungen haben?
Düster rechnen jetzt die Ölgesellschaften durch, welche finanziellen Rückwirkungen das jüngste Tankerunglück für sie haben wird. Die Versicherungsraten werden für alle steigen, teure Auflagen des Gesetzgebers drohen. Und besonders traurig blickt man bei der BP drein. Wie feinsinnig hatte man doch in Alaska in den Beginn des Hazelwood-Prozesses hinein eine Anzeigenserie gestartet, die unter dem Motto »Taten, keine Versprechungen« beschreibt, wie man – anders und besser als andere – sich durch Übungen auf Ölzwischenfälle vorbereitet, wie schnell man im Falle eines Falles in Zukunft die Natur rettend und die Tierwelt bewahrend zur Stelle sein wird, wie man so prächtig vorsorgend trainiert, daß Ölzwischenfälle kaum noch eintreten werden. Doch nun ist die »American Trader« ausgerechnet für die BP unterwegs gewesen.

ARIANE BARTH

Nacht der Zivilisation

Über die Kindervernichtung in Rumänien
März 1990

Der ellenlange Eisenriegel wird zurückgeschoben, und im ehemaligen Jagdschlößchen der Grafen Tissa öffnen sich die Flügeltüren zu einem Zimmer des Horrors: Es enthält nichts weiter als ein monumentales Bett aus zusammengeschobenen, verrosteten Gestellen mit Preßholz als Auflage. Darauf hocken zwischen Lumpen, inmitten von Kot und Kotze, Kinder wie die Tiere, die Körper eng aneinandergedrängt. Manche richten ihre kalkweißen Gesichter mit dunklen Augenhöhlen zur Tür, manche verkriechen sich im Gewimmel der Leiber, andere wiederum springen auf und vollführen mit blödsinnigem Grinsen unkoordinierte Bewegungen.
Wir trauen unseren Augen nicht, wagen unserer Wahrnehmung nicht zu glauben. Unser Fotograf blitzt in die Düsternis, und wir müssen realisieren, daß wir uns nicht in einem Alptraum befinden, sondern daß die im Licht aufblitzenden Szenen Bestandteil einer entsetzlichen Wirklichkeit sind. Um uns den Schrecken vom Leibe zu halten, fangen wir an zu zählen, und verzählen uns immer wieder im Gemenge der Körper, bis wir einigermaßen sicher sind: 17 vegetieren in diesem Raum.
Ihre Kleider sind verschmiert und verschmutzt, einige tragen bloß Fetzen, und ein paar sind halbnackt. An ihren Körpern blaue Flecken, an ihren Hintern Geschwüre vom Sitzen im Unrat, an vielen Köpfen mit kurzgeschorenen Haaren offene Wunden. Rhythmisch wiederholt sich ein geheulter Ton: Huhhuhhuhhuhhuh.

Wer hier nicht wahnsinnig ist, muß es werden im ständigen Halbdunkel dieses furchtbaren Raums. Ein vergittertes, dreckblindes Fenster führt nach innen, das Außenfenster zum Park ist mit Pappe vernagelt, so daß nur durch das Oberlicht, Scheiße am Gitter, ein wenig Helligkeit eindringt, aber kein Strahl der März-Sonne auf den feuchten Betonfußboden fällt.
Auch da unten in den Lachen und der glitschigen Schmiere des »Izolator« genannten Raums kauern Kinder mit bloßen Füßen und bloßem Po. Das Niedrigste in der Gewalthierarchie hat sich unter das Bett verkrochen und zittert in der Kälte vom Boden. Der Kachelofen mit dem zerbrochenen Schutzgitter ist nicht geheizt, selbstverständlich nicht: Ein Feuer wäre zu gefährlich für die Gefangenen im unbeaufsichtigten Raum.
In diesem Kindervernichtungsheim werden die Kinder auf andere Weise umgebracht. Jedes zweite der Hundertschaft wurde je Jahr in das Leichengelaß neben der Waschküche mit dem Schild »Morga« verlegt. Und immer wieder wurde das Kollektiv für die Wartezimmer zum Tod durch Neue aufgefüllt, hier sind sie jetzt.
Wir befinden uns im dritten Monat nach der rumänischen Revolution. Ihre Ausläufer haben dieses Schreckensschloß in Cighid nahe der Grenze zu Ungarn nur insofern erreicht, als wir es betreten und uns darin frei bewegen dürfen. Aber die Kräfte der Erneuerung sind zu schwach, um die Verhältnisse für die Kinder zu verändern. So befinden wir uns im Monat drei nach Ceauşescu inmitten seiner Zeit auf einer fürchterlichen Insel im Archipel der rumänischen Kinder-Gulag.
»Die Sterne unserer Zukunft« pflegte der Diktator die Kinder zu nennen. Er träumte von einer »historischen Größe« seiner Nation und befahl den 23 Millionen Rumänen: »Bis zum Jahr 2000 müssen wir zu einem 30-Millionen-Volk werden.« Frauen, die es auf zehn Kinder brachten, wurden als »Heldenmütter« geehrt. Als Gebärsoll pro Familie waren fünf festgelegt. Die Staatsmacht schnüffelte mit Fragebögen im Intimleben der Paare, gynäkologische Pflichtuntersuchungen machten transparent, welche Gebärmutter gefüllt war. Auf Abtreibung stand Gefängnis. »Der Fötus«, so sprach Ceauşescu, »ist sozialisiertes Eigentum der ganzen Gesellschaft.«
Unter diesem System, das seine Spitzel selbst auf die Leibesfrüchte ansetzte und Schwangere geradezu dahin trieb, an sich

selbst herumzupfuschen mit dem Fehlschlag beschädigter Embryonen, bei einem Schwarzmarkt voller verfallener Antibabypillen aus dem Westen mit schädigender Wirkung, in einer Gesellschaft, die ihre vielen Mißstände im Alkoholismus ertränkt, in einem Hungerland, wo unterernährte Frauen unterentwickelte Babys nur noch unterernähren konnten und selbst Kranke ihren kranken Nachwuchs gegen ihren Willen zur Welt bringen mußten – in diesem Rumänien war die Produktion von Kindern ohne Chance automatisch gegeben.

Massenhaft wurden behinderte Kinder geboren, massenhaft auch »Sterne unserer Zukunft« von ihren Eltern in Sozialwaisenhäuser abgeschoben. Immer neue Inseln entstanden im Archipel der Bewahranstalten für nicht gewollte Kinder.

Die Stärksten griff sich das Ehepaar Ceauşescu, ließ ihnen die beste Ausbildung zukommen und formte sich nach seinem Abbild die grausame Präsidentengarde, »Falken unseres Vaterlandes« genannt. Nach dem Chef rekrutierte die Securitate ihren Nachwuchs aus den Häusern der verlassenen Kinder.

Die Schwachen dagegen, die Kinder mit den Geburtsfehlern, die Kinder mit den Entwicklungsschäden durch Unterernährung, die Kinder mit den chronischen Krankheiten, wurden von Ärztekommissionen selektiert, ob sie noch für den Staat zu retten waren oder nicht. Ganz Rumänien war und ist noch von solchen Kommissionen durchzogen, jeder der 39 Kreise hat so ein Gremium, das Kinder bereits mit drei Jahren sortiert. Wer den Intelligenzquotienten 30 nicht bringt, wird ausgesondert für ein Endlager, etwa für Cighid. Securitate oder Cighid – zwei Seiten eines Prinzips.

Cighid ist im Begriff, eingetragen zu werden in die Liste der Namen für die Abgründe der menschlichen Zivilisation, angeführt von jenem Namen, den ein Deutscher in Rumänien nicht zu assoziieren, geschweige denn zu sagen wagt. Von einem »Auschwitz« reden aber die Leute in der Umgebung von Cighid, doch Cighid ist und war kein Auschwitz. In Cighid wird das Tötungstabu formal respektiert. Cighid ist der Name für Euthanasie durch die Verhältnisse.

Man könnte auch Coltesti sagen, nach einem Schloß in den Karpaten, wo österreichische Fahrer eines Hilfstransports Kinder in einem ähnlichen Horrorraum vorfanden und einen unwirschen Tischler, der ein abgebrochenes Tischbein nicht reparieren wollte, weil ihm die Särge, 60 im Jahr, dringlicher erschienen. Oder Plataresti, nach einem Dorf in der Nähe von Bukarest, wo in einem Heim für psychisch Kranke die Überlebenschancen für Kinder, die nicht selbst essen können, gering sind und letztes Jahr über 50 starben. Oder Abrud im Kreise Alba, wo in einem Hospital für chronisch kranke Kinder und Erwachsene ebenfalls grauenvolle Verhältnisse herrschen.

Cighid ist die Aufbewahrungsanstalt für die Ausgemusterten allein des Kreises Bihor. Cighid aber ist der Name für ein überall obwaltendes System.

Eigentlich ist Cighid bloß eine Bahnstation für ein paar verstreute Kolchosen inmitten von gigantomanischen Feldern bis zum Horizont. Die schweren Maschinen, die rundum ackern, weisen diesen Landstrich von Bihor als zugehörig aus zur Agroindustrie des 20. Jahrhunderts.

Wir sind aus der Kreishauptstadt Oradea gekommen, wo die vielen historischen Bauten, das Theater und das Museum davon zeugen, daß dort einmal ein Begriff von europäischer Kultur geherrscht haben muß. Von da sind wir durch schmucke Dörfer, die Ceauşescu alle niederwalzen lassen wollte für den Wahnsinn der großen Agrarreform, nicht ganz 60 Kilometer gefahren, die letzten sechs auf einer Schotterpiste.

Wir sind durch ein romantisches Tor eingerollt in einen lieblichen Park und wurden, als wir vor dem äußerlich nur etwas heruntergekommen wirkenden Schlößchen mit ockerfarbenem Putz und grünen Fenstern anhielten, von einem Dutzend freudig erregter Kinder umringt. Daß sie geistig schwer behindert sein sollen – auf Anhieb angesehen haben wir es den wenigsten in dieser Gruppe der draußen spielenden Kinder.

Wir sind durch das Vestibül voller riesiger Stapel unausgepackter Matratzen aus Hilfsgüterlieferungen des Westens eingetreten in einen Geruch, der mehr ist als die Summe der Fäkalien von den 109 hier lebenden Kindern, für die es nur zwei Toiletten gibt. In diesen Geruch eingegangen ist der Dreck von Jahren, der verstockte Stoff, der Schwamm in den Wänden, die vergammelten Essensreste. Moder, Fäulnis, Verwesung liegt in der Luft, und wir müssen uns zusammenreißen, um uns nicht zu übergeben. Wir bewegen uns in einer Welt, in der die zivilisierte Vorstellung von Hygiene ebenso verschollen ist wie die Menschenwürde.

»Salon 13« oder auch »Salon 14« steht auf Schildern aus anderer Zeit über den verkommenen Schleiflacktüren, Schilder, die wie ein Hohn auf die Zustände hinter den Türen wirken. Auf Parkett, das inzwischen aussieht wie verlegtes Treibholz, steht Gitterbettchen neben Gitterbettchen, eines verrosteter als das andere. Darin verdreckte Decken, feuchte Laken, verklumpte Matratzen mit einem Grind eingetrockneter Kacke. In diesen elendigen Lagern leben tagaus, tagein die kleinen Kinder, die jüngsten gerade drei Jahre alt. Aber manche sind schon acht und wirken doch wie drei, so zurückgeblieben sind sie.

Niemand hat hier Zeit, niemand die Kenntnis, diese Kinder systematisch anzuregen. In so einem Bett-Käfig würde das gesündeste Kind verblöden, um so mehr ein Kind, das bereits eine Behinderung hat.

Manche liegen mit leerem Blick einfach nur so da, manche stehen und ruckeln monoton mit ihrem Bettgestell, andere wiegen sich stundenlang hin und her, einige schlagen bis zur Erschöpfung mit dem Kopf gegen die Stäbe. Solche Symptome, Hospitalismus genannt, weisen auch normale Kinder auf, wenn sie in Heimen vernachlässigt werden. Wer kann schon sagen, was bei den Kindern von Cighid auf das Konto ihrer Krankheit geht und was auf das Konto ihrer kranken Umgebung. Daß sich ein kleines Mädchen ständig auf die Ohren schlägt und ihm das Blut auf einer Seite herunterrinnt, kann nicht normal sein. Aber normal ist es auch nicht, daß sich niemand um das Kind kümmert.

Etliche der kleinen Wesen verfolgen uns mit den Augen, lachen uns an, greifen nach uns. Sie rufen uns »Baba«, Mütterchen, und »Unchi«, Onkel, und immer wieder »Papa«, was Essen heißt. Daß ihre Impulse nicht entwickelt werden, wiegt als soziales Verbrechen genauso schwer wie ihre mangelnde Pflege. Sogar beim Füttern bleiben die Kinder hinter Gittern, niemand nimmt sie dabei auf den Arm, und während sie den für sie ungeeigneten Pamps schlucken, fährt der gleiche Löffel schon dem nächsten und dem übernächsten Bettbewohner in den Mund.

Der Stolz der Wärterinnen auf ihre Schnelligkeit treibt die Abfüttermaschinerie an. Eine lebhafte Kleine, die immer wieder den Mund gierig aufsperrt für die einzige Sensation im Einerlei der Tage, bekommt zuviel eingefüllt und patscht bald in ihrem Erbrochenen herum.

Die Abfütterungsmaschine ist anderweitig beschäftigt. Wie Sand in ihrem Getriebe wirkt der kleine Junge mit dem todtraurigen Greisengesicht, der den Löffel mit einer würdevollen Geste zurückweist, wie wenn er abgeschlossen hätte mit diesem Leben. Sie müssen ihm irgendwann, als wir nicht hingeschaut haben, den Brei zwangsweise hineingestopft haben, denn er ist als Kotze wieder herausgekommen. Mein Gott, dieser Junge mit der gewaltigen Beule am Kopf muß dringend zum Arzt. Daß sein Horn nicht angeboren ist, entnehmen wir dem Bild in seinen Akten. Tiberius Varga heißt er, sieben Jahre alt ist er, aber winzig wie ein Kleinkind. Wir sehen ihn nie anders als halb angezogen oder auch nackt, meist mit dem Kopf unter seiner Decke.

Wir haben sie überhaupt nicht gleich gesehen, wir haben sie in all der Unordnung für abgelegte Bündel schmutziger Wäsche gehalten, die Kinder mit den Decken über dem Kopf. Ein gutturales Heulen wie der Ausdruck allen Unglücks dieser Erde macht uns aufmerksam, daß sich ein Lebewesen unter dem grauen Flanell befinden muß.

Wir schlagen ihn zurück, und ein Kind mit übergroßem Kopf, aber sehenden Augen jammert uns an, die spindeldürren Glieder in embryonaler Haltung an den Körper gepreßt. Es habe Familie, sei erst kürzlich gebracht worden und weine ständig, so hören wir von einer Betreuerin. »Die von einer Familie kommen«, sagt sie ungerührt, »die gehen hier schnell kaputt.« Es gibt noch ein paar solch atmender Bündel, und wenn wir die Decken zurückschlagen, sehen wir auf Haut und Knochen, näher schon dem Tod als noch dem Leben.

Wir sind verstört, wir befinden uns an der ethischen Grenze und wissen nicht mehr genau, ob in Cighid zu überleben nicht schlimmer ist, als zu sterben. Sollte eins der kleineren Kinder das Leben packen und kraft seiner Natur kletternd und laufend dem Gitterbettchen entkommen – es könnte sehr schnell hinter dem Riegel im dumpfen Gefängnis für die größeren Kinder enden.

Wir fragen, warum diese Kinder eingesperrt sind, und wir hören, sie wären durch das Haus getobt, sie hätten die Vorhänge abgerissen, die Scheiben eingeschlagen, die Steckdosen herausgerissen. Einige wären aus dem Park in den Wald gelaufen, und man hätte sie stundenlang suchen müssen; andere wiederum wären in die Zimmer der Kleineren gegangen und hätten ihnen auf den Kopf geschlagen. Wir können uns die wilde Horde schon vorstellen, aber wir können uns auch vorstellen, daß geschulte Erzieher in einem geeigneten Haus samt eingezäuntem Garten mit solchen Problemen fertig werden.

Je genauer wir hinsehen im »Izolator«, desto mehr Spuren von Normalität entdecken wir bei einer Reihe von Kindern. Nicht wenige können erstaunlich gut balancieren oder durch die nie trocknende Schmiere am Boden glitschen; warum sollten sie nicht andere Körperbewegungen lernen? Ihre Kleider zu zerfetzen ist ihre einzige Spielmöglichkeit; warum sollten sie nicht andere Formen von Beschäftigung entwickeln können, zumal einige zeigen, daß sie sich geschickt anzuziehen vermögen.

Fast alle gefangenen Kinder können mit dem Löffel essen. Von den mit Freiheit privilegierten Kindern dagegen schieben sich etliche den breiigen Fraß mit den Händen in den Mund und wischen sie hernach an den Wänden ab, wenn nicht an uns. Nach und nach begreifen wir, daß nicht der Grad der geistigen Behinderung, sondern ganz gewöhnliche Unarten, die dem Personal unangenehm sind, aber geradezu auf eine Potenz von Bildungsmöglichkeiten verweisen, die Selektionskriterien sind: die Guten in den Park, die Bösen hinter den Riegel ins Abseits der Zivilisation.

Daß sich unser Entsetzen noch steigern könnte, haben wir nicht für möglich gehalten, nachdem wir aus dem »Izolator« gekommen sind. Ein paar Mal müssen wir schon vorbeigegangen sein an dem Gitter vor einer lichtlosen Abseite im Flur. Eine Hand, die sich aus einem Karree zwischen den schrägen Stäben zwängt und an dem Vorhängeschloß rüttelt, macht uns aufmerksam: Hier ist noch jemand, hier wird jemand unter dem Niveau eines Hundezwingers gehalten.

Wir öffnen die gegenüberliegenden Türen, so daß fahles Licht in den Flur fällt und wir den Menschenzwinger besser erkennen können. Die Hand zieht sich zurück. Nicht bloß das Wesen, dem sie gehört, noch ein zweites Geschöpf befindet sich in dem Kerker, nur etwas größer als das Bett darin. Kein Fenster. Diese beiden Mädchen, so wird uns gesagt, seien gefährlich, sie könnten die kleineren Kinder glatt umbringen. Wir sehen sie dumpf dahindämmern, dann wieder zeigen sie uns ein wahnsinniges Grinsen, und wir bekommen eine Ahnung von ihrer Wut, als sie uns mit Scheiße beschmeißen.

Für die Mittagsfütterung wird das Vorhängeschloß aufgesperrt, abends wieder. Maria Deutsch, 15, tags im Menschenzwinger, wird abgeführt zum Abspritzen für die Nacht. Zwei Frauen müssen sie mehr stützen als festhalten, denn sie kann auf ihren von Bewegungslosigkeit dünn gebliebenen Beinen kaum laufen. Was ihr blüht, scheint sie zu wissen, denn sie wimmert schon, und als sie auf ein Lager niedergezwungen wird, fängt sie grauenvoll zu schreien an in Erwartung der Spritze: Chlorpromazinhydrochlorid, ein Psychopharmakum der ersten Generation, das im Westen entbehrlich geworden ist durch bessere Medikamente gegen Angst und Erregung, Wahn und Halluzination.
Das kleinere Mädchen, Angela Fechete, 12, zeigt durch sein Jammern ebenso, daß es einen Begriff von Handlungsabläufen hat und der nahenden Zukunft, die ein Schmerz durch die Nadel sein wird. Abgespritzt und ruhiggestellt, werden die Kerkerkinder mit den Kindern aus dem »Izolator« in ihren gemeinsamen, klammkalten Schlafraum gebracht, wo die schweren Strickdecken ordentlich über den Betten liegen, so daß die urinnassen Matratzen keine Chance hatten, tagsüber wenigstens etwas abzutrocknen. Die letzten kommen auf allen vieren angekrochen.
Die leeren Menschenställe werden ausgemistet. Der Matsch aus Lumpen, Exkrementen, Erbrochenem und Essensresten landet auf einer Rampe neben dem Haus, wo sich die Schweine bevorzugt aufhalten. Eine Ratte huscht herein.
Im Schlafraum hat sich die angeblich so gefährliche Angela aus dem Verlies angstvoll unter das Bett verkrochen. Die apathisch daliegende Maria, die schon Schamhaare hat, wird von den größeren Jungen befummelt.
Im Formblatt ihrer Akte steht als Berufsbezeichnung »Kind«. Ihre Mutter hat sie gebracht. Sie ist unverheiratet und hat noch sechs Kinder zu versorgen. So sah sie keine Möglichkeit mehr, sich um das siebente, schwierige Kind, Maria, zu kümmern, und nimmt »deshalb unsere Dienste in Anspruch«. Ärztlich ist dem Mädchen eine Enzephalopathie bescheinigt, was nichts Spezifisches besagt, sondern bloß, daß es irgend etwas am Hirn hat. Und: »Bei objektiver Betrachtung zeigt sich das Kind in einem allgemein guten Zustand.« Ihre Kerkergefährtin Angela wurde als elftes Kind nach der 15. Schwangerschaft zu früh geboren. Mutter: »Analphabetin«; Vater: »mental retardiert«.

Ceauşescus Gebärzwang für die Frauen Rumäniens – bis ins Verließ von Cighid führen seine Ausläufer. Noch ehe der hybride Diktator seine letzte Salve bekam, muß in diesem Schloß die Schublade mit den abgelegten Akten der gestorbenen Kinder schon übergequollen sein, jetzt geht sie kaum noch zu. 54 tote Kinder 1988, 62 tote Kinder im letzten Ceauşescu-Jahr. Für die Zeit nach ihm ist der Block mit den Totenscheinen bis Nummer 5 ausgefüllt. Wir blättern in den Formularen und finden den Beweis: Hier sind Kinder nicht nur an ihrem Wasserkopf, ihrem Herzfehler oder im epileptischen Koma gestorben, hier sind Kinder am Dreck krepiert (»Abszeß im rechten Bein, Sepsis«) oder an Vernachlässigung eingegangen (»An Erbrochenem erstickt«). Wiederholt taucht »gelähmt« als Sondervermerk auf: Aha, die schwierig zu pflegenden Fälle sind bis auf ein Kind, das wir im Rollstuhl gesehen haben, beseitigt. Reihenweise Durchfälle mit tödlichem Flüssigkeitsverlust; Serien von Lungenentzündungen in den Monaten, in denen es in diesem Haus grabkalt gewesen sein muß.

Die meisten Totenscheine unterschrieb eine Dr. Angelika Barbu. Ihr unterstand dieses Schloß, das den offiziellen Status eines Hospitals hat, bis zum letzten Dezember. Die neue Ärztin, Anca Cartis, bescheinigte fünf Sterbefälle und ward nicht mehr gesehen.

Oberschwester Rozalia Csabai, 34, derb im Ausdruck, blütenweißer Kittel, hat das Kommando übernommen. Dabei will sie nichts als hier schnell raus und nach Ungarn auswandern. Jeden Werktag zieht sie hier bis 15 Uhr die Arbeit zusammen mit einer zweiten medizinisch ausgebildeten Kraft durch. Nachmittags und nachts ist nur eine der übrigen drei Schwestern oder einer der zwei Pfleger da, die viel frei haben, schieben sie doch nur zweimal in der Woche ihre 24-Stunden-Schichten – wenn es ruhig ist vor dem Fernseher ohne Ton. Die Dreckarbeiten delegieren sie an zehn nicht ausgebildete Bäuerinnen, die sich in der Unterversorgung der Kinder abwechseln.

»Was sollen wir machen?« Oberschwester Csabai zuckt mit den Schultern und sagt, hier habe sie alles verlernt, was ihr auf der medizinischen Schule beigebracht worden sei. Sie zählt, wie auch ihre Kollegen, die Begründungen für die Mißstände auf, die wir schon auswendig können: kein warmes Wasser, keine Zentralheizung, nur ein Badezimmer mit einer gerade abmontierten Wanne, nur eine heile Waschmaschine für die Berge von schmutzigem

Zeug, keine vernünftige Bettwäsche. Aber warum bloß werden nicht wenigstens die gespendeten Matratzen im Flur benutzt? Ein Schulterzucken, sie passen wohl nicht im Format.
Für jede Kleinigkeit aus dem verschlossenen Lagerraum, der Spenden auch aus der Bundesrepublik enthält, »Pampers« und »Milupa mit Dekorbild fürs Fenster«, müssen die Schwestern eine Formularschlacht schlagen. In diesem Haus funktioniert nur eine idiotische Bürokratie. »Hier gibt es keine Möglichkeit, nicht für die Kinder und auch nicht für die Mitarbeiter«, sagt Deliah Strajer, 24, eine blühende Schwester wie aus dem Bilderbuch.
Das hoffnungslose Personal hat im Schloß von Cighid bis vor zweieinhalb Jahren Alte gepflegt, und damals soll hier so etwas wie ein Paradies gewesen sein. Die Alten wurden verlegt, ihre Betreuerinnen freuten sich, wie sie rundum versichern, auf die Kinder und richteten für sie alles schön her. Und dann kamen aus einer aufgelösten Institution in Baita zusammen mit dem schon dort tätig gewesenem Ärzte-Ehepaar Barbu diese Kinder und machten alles kaputt. Hinter den Riegel.
Und es kamen die Kleinen aus einem Haus für verlassene Kinder in Oradea. Sie kamen mit dem Verdikt »irecuperabil«, wörtlich: unwiederbringlich, will heißen unheilbar krank. Sie trugen das Stigma, daß sie für den Staat »nutzlos«, »nicht zu brauchen«, »ohne Wert« seien, wie es die bäuerlichen Pflegerinnen reihenweise wiedergeben. Sie waren »vorgeprägt von Mißachtung«, so drückt sich die sonnige Schwester Strajer aus.
Schwester Boros Gyöngyi, 27, berichtet, sie hätte hinter ihrer dicken Brille heulen müssen, als sie diese Kinder sah. Wir fragen sie, ob auch sie, die so sensibel wirkt, diese Kinder für lebensunwert hält. Sie knackt mit ihren Fingerknöcheln und sieht uns mit ihrem Eulenblick klar an: »Ja«, sagt sie, »das hätte man zu Anfang machen müssen, als man gesehen hat, wie diese Kinder geboren worden sind.«
Das vermeintliche Versäumnis wurde und wird nachgeholt von der demoralisierten Mannschaft, die wider Willen durch die Gesundheitsdirektion in Oradea an das Schloß gekettet blieb. »Uns hat man von hier nie weggelassen, und niemand war so dumm hierherzukommen«, sagt der Pfleger Ferenc Deak, 33: »Ich bin hier nur ein kleiner Scheißer, was sollte ich tun?«
Sein Vater, Ferenc Deak Senior, 59, ist der Chefbuchhalter von

Cighid. Schlips und Kragen, Sekretärin mit Mütze am antiquierten Kurbeltelefon. »Ich als Subalterner«, sagt er, »ich hatte niemanden hinter mir, eine leichtere Arbeit zu finden, eine Arbeit, wie es sich gehört.« Wir fragen ihn nach seiner Sicht der Dinge in diesem Haus, und er, der sein Büro im separaten Torhäuschen hat, fragt zurück: »In welchem Haus?« Um dann umständlich zu erklären: »Anläßlich gewisser Inspektionen war ich, ob ich wollte oder nicht, auch mal da. Was soll ich sagen, es ist nicht gut, es ist nicht gut.« Aber wir sollten doch bitte verstehen, dieses Heim beherberge »solche, die für unseren Staat, wie soll man sagen, überhaupt keinen Nutzen haben«.

14,50 Lei zur Ernährung hat er pro Tag und Kind, und wir, die für eine Mark 12 Lei nach offiziellem Kurs bekamen und von Schwarzhändlern, die 1:50 boten, verfolgt wurden, glauben ihm, daß damit die Kinder kaum satt zu machen sind. Zwei Millionen Lei hat er im Jahr für das Heim, einschließlich der Gehälter für 28 Mitarbeiter, das Doppelte, so rechnet er uns vor, müßte er haben. Hier reduziert sich alles Leid auf Zahlen, und wir halten den Atem an, als der Buchhalter des Todes auch noch das ständige Kindersterben als »verlorene Arbeitskraft« kalkuliert.

Um die Beerdigungsgenehmigung zu erhalten, müsse er einen Mann neun Kilometer weit zur Gemeinde schicken: »Er geht entweder zu Fuß oder fährt mit dem Fahrrad, oder er nimmt den 12-Uhr-Zug, was beinhaltet, daß er nicht mehr zurückkommt.« Ferner falle ein Mann beim Brennholzhacken aus, weil er den Sarg und das Kreuz machen müsse. Zwei weitere Arbeitskräfte wären abgängig, um auf dem Friedhof das Grab auszuheben und zuzuschaufeln. »Ohne Pfarrer, ohne alles.«

Wir fragen, ob denn der Chefbuchhalter die Mißstände in Cighid je seiner vorgesetzten Behörde gemeldet hätte, und er sagt, das wäre nicht nötig gewesen, »die da oben, die großen Menschen, verstehen Sie mich, mit Hochschulstudium, Ärzte und so weiter«, hätten alles gewußt. Er wäre doch bloß ein kleiner Bediensteter, einerseits der ärztlichen Heimleitung unterstellt, die wiederum der Gesundheitsdirektion unterstellt ist, doch andererseits auch wieder direkt der Arbeits- und Sozialbehörde unterstellt, die für das Heim als ganzes zuständig ist. Aber Oradea ist weit.

Dort ist in das zuständige Sozialamt im Zuckerbäcker-Rathaus, erdbeerrosa und altweiß getüncht, die Revolution eingezogen in

Gestalt von zwei neuen Leuten, aber der Apparat mit über 100 Bürokraten ist der alte geblieben. Constantin Nenciu, 27, ein Jurastudent, der aus dem politischen Untergrund aufstieg in die zweite Spitzenposition, bekam in Cighid einen Schock, als er sah, wofür er nun zuständig ist: »Mein erster Eindruck war, ich wollte sterben.« Er sah Kinder und assoziierte »Affen«, »keine Menschen«, »wie Tiere gehalten«. Dann faßte er sich: »Dies sind menschliche Wesen, ihr Leben liegt in unserer Hand, und wir wollen ihnen ein anderes Leben geben.«

Nur er weiß nicht, wie. Was hat er nicht alles getan, um wieder einen Arzt nach Cighid zu bekommen, Geld aufzutreiben, ein anderes Haus zu finden. Ein bißchen Renovierung am alten Haus kam in Gang, mehr nicht.

Im Kompetenzwirrwarr versackt sein revolutionärer Elan: »Rumäniens altes und neues Problem ist die Bürokratie.« Plus Korruption. Er ist überzeugt, »daß man von den Kindern stiehlt«, nur hat er keine Beweise als die allgemeine Lebenserfahrung: »Überall, wo gegessen wurde, da wurde auch gestohlen. So eine Mentalität ändert sich nur schwer. Das braucht Generationen. Eine blutige Revolution genügt nicht.«

So sitzt der blasse Intellektuelle, Goldkettchen um den Hals, hinter seinem Schreibtisch und räsoniert über die Atomisierung der Verantwortung, die zur Folge hätte, daß die Lösung eines Problems fast immer gleich Null sei: »Die Schuld wird auf jeden aufgeteilt, und so ist keiner mehr verantwortlich.«

Die Ärztin Barbu, die wir nach ihrer Schuld fragen wollen, hatte sie doch das Kindervernichtungsheim die längste Zeit in ihrer Hand, ist untergetaucht. Kurz bevor wir vor ihrem Haus in Oradea stehen, hat man sie vor uns gewarnt. Die vorgesetzte Gesundheitsdirektion kann das Wirken des Ärzte-Ehepaars Barbu in Cighid nicht negativ bewertet haben. Herr Doktor Barbu durfte sich letztes Jahr als Radiologe qualifizieren, Frau Doktor Barbu bekam einen Posten in Oradea, was angenehmer ist als das Pendeln in die Weltabgeschiedenheit.

Die Cighid-Ärztin Anca Cartis, die von ihrer Vorgängerin Barbu zwei Monate eingearbeitet wurde und einen Monat allein zuständig war, will über die Kollegin »nichts Schlechtes sagen«. Nur so viel, daß sie bis heute nicht begreift, wie man Kinder, die man so lange kennt, einer derartigen Kälte aussetzen kann: Sie meint das

wörtlich, denn fast alle Kinder hatten schwere Erfrierungen, als sie anfing, einen Kampf um das Brennholz zu führen.
Sie erzählt, wie sie im knallheißen Schwesternzimmer anordnete, daß in jedem Ofen der eiskalten Kinderzimmer sechs Körbe Holz zu verfeuern wären. Aber der Mann fürs Holz habe sich geweigert und darauf gepocht, daß es nie mehr als zwei Körbe pro Ofen gegeben hätte. Zwar gehört zu dem einstigen Jagdschloß ein Wald, aber die Stämme müssen mangels Motorsäge auf archaische Weise mit einem Eisenkeil gespalten werden. Die Ärztin Cartis rang den Holzmann nieder, und trotzdem wurde kein Feuer gemacht. Nun hätte es geheißen, es wären keine mit Petroleum getränkten Sägespäne zum Anzünden da. Schließlich hätte sie doch Wärme bekommen und die Erfrierungen der Kinder behandelt.
Sechs oder zwei Körbe oder keiner: Wir begreifen, daß die toten Kinder mit der beurkundeten Lungenentzündung im Grunde erfrorene Kinder waren.
Die Ärztin Cartis mußte kämpfen, um die Nackten und die Halbnackten zu bekleiden. »Ich wette«, sagt sie, »mein Anschlag, daß jedes Kind eine Hose und Schuhe tragen muß, hängt nicht mehr an der Wand.« Weil die Wäscherin die Berge von Hand nicht bewältigen konnte, hätte sie auf abenteuerlichen Umwegen vier Waschmaschinen beschafft. Wir haben nur noch zwei gesehen, eine kaputt.
Maria und Angela im Menschenzwinger – in dem Monat unter der Ärztin Cartis hätten wir diese Nacht der Zivilisation nicht gesehen. Sie hat die Mädchen befreit und medikamentös sediert. Aber auch sie wußte keinen Rat, die 17 Kinder aus dem »Izolator« herauszuholen. Sie mit Psychopharmaka vollzupumpen schien ihr nicht angezeigt. Sie unter menschlicher Obhut zu halten scheiterte an den Menschen: »Ich war eine gegen alle mit zwei Händen und einem Stethoskop.«
Mit den behinderten Kindern sei sie gut zurechtgekommen: »Man merkte, daß sie jede Streicheleinheit mit großem Glücksempfinden aufnehmen.« Besiegt worden seien sie durch »die Lethargie des Personals, die unaufhörlichen Streitigkeiten, das Insistieren um jede Kleinigkeit bis in die Unendlichkeit«. Aber erst, als ihre Mutter sterbenskrank wurde und ihre Pflege brauchte, habe sie sich beurlauben lassen können. Anca Cartis, 29, Mutter einer siebenjährigen Tochter und eines Schnullerbabys, fängt zu weinen

an, weil sie für ihre eigene Familie die fremden Kinder im Stich gelassen hat.

»Wir konnten nichts machen«, sagt der Chefarzt Pal Szabo, 55, der im Hospital der Kleinstadt Salonta, zu deren Einzugsbereich auch Cighid gehört, eine blitzsaubere Kinderstation mit 50 Betten führt. Darin haben immer wieder »Haut und Knochen« aus diesem fürchterlichen Schloß gelegen, das Szabo immer wieder »Katanga, Katanga« genannt hat, denn es läge »nicht in Europa«. Es liegt 15 Kilometer weit.

Der Pädiater, der sich durchaus auf europäischem Stand befindet, wenn er auch seit einem Jahrzehnt nach internationaler Fachliteratur hungert, hat die Krankheiten der »Katanga«-Kinder, zumeist ihre Lungenentzündungen, geheilt. Aber um sie aus ihrem Zustand der Unterernährung wieder aufzupäppeln, hätte er sie monatelang oder auch Jahre in seinem Krankenhaus behalten müssen. Dafür habe seine Kapazität nicht ausgereicht, und im übrigen habe er es als Ungar im alten Regime nicht leicht gehabt.

So haben die Kinderärzte von Salonta die »Katanga«-Kinder immer wieder zurückgeschickt, mit »schlechtem Gewissen«, wie Szabo sagt, denn ihm war glasklar, daß in Cighid eine »indirekte Euthanasie« läuft: »Es gibt in Rumänien viele Cighids.« Aus Angst, so sagt der Arzt, habe er »in der Zeit des Schweigens auch die Augen zugemacht« und das »Selektionssystem« akzeptiert. Er redet von seiner Ohnmacht und »der Macht der Kommissionen«, deren Mitglieder »niemand kennt«.

Wir finden den Raum, in dem die Kommission des Kreises Bihor an jedem 10. und 25. des Monats tagt. Er befindet sich im von außen verträumt wirkenden Hospital für Neurologie und Psychiatrie von Oradea. Der Chefarzt der Kinderabteilung, Stefan Kecskemeti, 55, halb österreichischer Abstammung, klärt uns auf deutsch über den bürokratischen Vorgang auf.

Im Kreis Bihor, einem der größten im Lande, gehen über den langen Tisch der Kommission pro Jahr etwa 800 Akten. Wenn die Sozialwaisen und Problemkinder des Bezirks drei Jahre alt sind, kommen ihre Papiere auf diesen Tisch, wenn sie schulreif sind, wieder. Ein Facharzt für Nervenkrankheiten, ein Kinderpsychiater, ein Psychologe, ein Logopäde, ein Schularzt und ein bis zwei Bedienstete der Verwaltungsbehörde unterscheiden aufgrund der Krankenblätter zwischen, wie sich Kecskemeti ausdrückt, »solchen Kindern, denen man helfen kann, und solchen, denen man nicht helfen kann«.

Irecuperabil, das Verdikt, das über den Kindern von Cighid hängt und ihr Leben, ihr Sterben prägt – es stammt aus diesem Raum und hat weite Kreise gezogen bis ins Hirn der einfachen Bäuerinnen.

Als Chef gehört Kecskemeti der Kommission nicht an. Dafür hat er seine Leute. Sie arbeiten nach einem System, hinter dem er voll und ganz steht, und sortieren die Kinder nach Intelligenzquotienten in verschiedene Kategorien: »Zwischen 70 und 51 wird in die Sonderschule für sogenannte Debile geschickt«, sagt Kecskemeti, »unter 50 kommt in sogenannte Schulheime, unter 30 sind Versorgungsfälle, mit denen man medizinisch, wohlgemerkt medizinisch, nichts mehr tun kann.«

Daß die »Versorgungsfälle« in Cighid nicht nach dem Standard seiner wohlgeordneten Klinik versorgt werden, hat er früher schon gehört und kürzlich mit eigenen Augen gesehen. »Schrecklich«, sagt er, »aber wir haben kein Recht, uns da einzumischen.« Er verweist auf die Zuständigkeit der Arbeitsbehörde und legt gesteigerten Wert auf die Feststellung, daß eine andere Kommission, die den Beinamen »zum Schutz Minderjähriger« trägt, zu entscheiden habe, in welche Institution welches Kind kommt. Dagegen sei die Kommission in seinem Haus – und da haben wir sie wieder, die atomisierte Verantwortung – nur für die medizinische Begutachtung zuständig.

Wir bezweifeln, daß man bei Dreijährigen den Intelligenzquotienten bestimmen kann. »Man kann«: Der Psychiater verteidigt seine Berufsehre. In seinem Haus gebe es Daten von 15 000 Problemkindern aus dem Bezirk Bihor, deren Entwicklung verfolgt werde. Da habe man seine Erfahrungen und zum Beispiel herausgefunden, daß es früher in Rumänien eine Akzeleration wie im Westen gegeben hätte, doch nach der »großen Sparkatastrophe« eine Dezeleration: Die Kinder bleiben kleiner.

In diesem Beobachtungshaus, das so freundlich aussieht, produzieren Kinder durch ihr Spiel Daten für ihre lebensbestimmenden Akten. Ein- bis zweimal im Monat sind Kecskemetis professionelle Kinderbeobachter außer Haus tätig: In Oradeas Krippe, wo 450 Kinder bis zum dritten Lebensjahr aufgezogen werden, sammeln sie Erkenntnisse für die erste Selektion.

In dem klassizistischen Gebäude, das vor einem Jahrzehnt umgebaut wurde, um aus dem ganzen Kreis die Nebenprodukte des Gebärzwangs aufzunehmen – die Liegengelassenen in den Entbindungsstationen, die Findlinge an unmöglichen Orten, die Überzähligen aus hungrigen Geschwisterscharen, die Zurückgelassenen vagabundierender Zigeunersippen, die Unversorgten aus desorganisierten Familien –, noch und noch saubere Gitterbettchen, darin gepflegte Kinder.
Wir befinden uns in einem Zimmer mit acht Säuglingen und sehen durch die Wandscheibe in das nächste Zimmer und so fort bis ans undefinierbare Ende der riesig langen Station. Wir überblicken eine Flucht der Verlassenheit und rechnen hoch, daß es in Rumäniens 39 Kreisen 10 000 bis 15 000 verlassene Kinder unter drei Jahren in solchen zentralen Aufbewahrungshäusern geben muß. Hier könnten sich die kinderlosen Paare aus den reichen Nationen wie nach Katalog bedienen, ein Kleines knuddeliger als das andere. Lieber im Westen mit Marshmellows vollgefressen als in Rumänien fürs Leben ruiniert.
Zwar werden hier die Kinder mit 14,50 Lei, demselben Tagessatz wie in Cighid, immerhin so gut ernährt, daß sie nicht elend aussehen. Hier stirbt keines an Vernachlässigung. Aber hier läuft ein Skandal subtilerer Natur. Die diensthabende Ärztin, Ana Kövari, 40, Mutter zweier Kinder, wagt ihn jetzt nach der Revolution ebenso offen auszusprechen wie unabhängig von ihr auch ihre Kollegin Ida Nagy, 47, Mutter eines Kindes. Sie kennen sich aus in der Forschung über Hospitalismus, sie wissen, daß Kinder körperlich, seelisch und geistig degenerieren, wenn sie nicht genug Zuwendung bekommen. Hier stehen oder liegen selbst Kinder, die über ein Jahr alt sind, die meiste Zeit in ihren Bettchen, weil nicht genug Personal da ist und auch nicht genug Raum in diesem idiotisch umgebauten Haus.
Nach sozial-darwinistischem Gesetz erobern sich die niedlichen Kinder vom raren Gut menschlicher Wärme ein größeres Stück, während die anderen in ihrer Entwicklung zurückfallen, erst recht die Kinder mit den Geburtsfehlern, die einer besonderen Förderung bedürften, aber in den großen Stationen an den hinteren Enden zu finden sind.
In diesem Haus werden unter großem Einsatz die Frühgeburten gerettet, wie vom Regime Ceauşescu befohlen, damit Rumänien

prächtig dasteht im internationalen Vergleich der (bis zum ersten Lebensjahr erfaßten) Säuglingssterblichkeit, die als zivilisatorischer Gradmesser gilt. Nach einer bis heute gültigen Vorschrift wird Kinderärzten das Gehalt gekürzt, wenn sie das Überlebenssoll nicht erfüllen.

Hoffnungslose Hungerbündel, graue Greisengesichtchen – sie dennoch durchzubringen, das haben sie in Oradea fast immer geschafft. Mehr als fünf Frühchen im Jahr sind nie gestorben. Im Brutkasten ist der Nachwuchs warmgehalten worden – für die Erledigung in Cighid.

Tiberius Varga, der Junge, der jetzt im kalten Schloß mit dem Kopf unter der Decke hockt und das Essen verweigert – vor sieben Jahren war er, im sechsten Monat mit 1600 Gramm geboren, ein Schatten von einem Kind, schwere Bronchitis, in der Säuglingsstation von Oradea auf die Seite des Lebens gezogen worden – um seine Chance schnell wieder zu verlieren. Mit vier Monaten wies er nur eine »mittelmäßige Retardierung« auf; nachdem er den Silo für die Ein- und Zweijährigen durchlaufen hatte, wurde er mit »starker Retardierung« in das Kontingent sortiert, dem nicht mehr zu helfen war.

Wie abstrus so ein Kinderschicksal verlaufen kann, demonstriert uns die Ärztin Kövari an einem putzigen Kerlchen, drei Jahre und neun Monate alt, das in dem öden Krankenhausgang munter umherjagt. Als die Dreijährigen-Selektion anstand, war es noch so zurückgeblieben, daß es keinen Schritt laufen konnte, ein Kandidat womöglich für Cighid. Man hat ihn unterderhand in Oradea behalten, und auf einmal hat er einen Sprung gemacht. Die Schwestern, die nicht wissen, daß wir das wahre Alter des Kindes kennen, behaupten steif und fest, ihr Liebling sei noch nicht drei.

Die Schönen und die Klugen, so bestätigt die Ärztin Nagy, bleiben in Oradea und kommen mit drei ins benachbarte Vorschulkinderhaus. Die irecuperabil Gezeichneten gehen nach Cighid und die Übriggebliebenen aufs Land, etwa in das Dorf Tinca.

»Wir haben noch nie ein schönes und kluges Kind bekommen, aber uns gefallen unsere Kinder«, sagt die Erzieherin Florica Luncan, 33, in dem ärmlichen, aber reinlichen Heim von Tinca. Wenn sie mit drei aus Oradea ankommen, könnten die meisten ihrer Schützlinge weder richtig laufen noch allein essen. »Viele sprechen kein Wort«, berichtet die Erzieherin: »Es ist eine titanische

Arbeit, diese Kinder voranzubringen, daß sie, wenn auch verspätet, mit sieben oder acht Jahren zur Schule gehen können.«

Ihre Zöglinge sollten eigentlich Mittagsschlaf halten, aber der fremde Besuch hat sie neugierig gemacht, und eine Hundertschaft quillt aus den Zimmern. Um uns tobt eine satte, lustige Schar. »Wir lassen ihnen viel Freiheit«, sagt Tante Florica. Dem kleinen tapsigen Zigeunerjungen wird schnell die heraushängende Windel eingeschoben, damit er sich auf dem Foto gut macht.

Wir fragen, was denn mit den Kindern geschieht, die an der Selektion für die Schulreife scheitern. »Cighid«, sagt sie, doch bisher seien nur zwei Kinder von ihr dahin gekommen: »Aber wir wußten nicht, daß wir sie auf den Friedhof oder nach Auschwitz schicken, wie man hier jetzt so sagt, nachdem das alles bekannt geworden ist.« Von dem einen Kind weiß sie noch den Namen, Radu Keresztúri, er müßte neun Jahre alt sein. Von dem anderen erinnert sie nur noch den Vornamen Daniel und daß er aus dem Dorf Gurbedin stammt, auch, daß er Gedichte aufsagen und Lieder behalten konnte, aber starke Schwierigkeiten beim Sehen hatte.

Wir rechnen uns aus, daß die Chancen 50:50 stehen, die Kinder lebend zu finden. Auf dem Friedhof am Rande des Dorfes Ghiorac stehen die Kreuze der Kinder von Cighid abseits auf einem Acker, und ein neues Stück ist schon frisch gepflügt. Die ersten Reihen der Gräber sind von altem Gras überwachsen, in den letzten sind die Erdhügel noch nackt. Auf einem rohen Holzkreuz finden wir die Lettern KERESZTURI, darunter die Vornamen RADU TIBOR. Daniel steht auf keinem Kreuz geschrieben, aber manche sind schon umgefallen und verrottet.

Doch in Cighid bekommen wir von einem Daniel ein Lebenszeichen durch eine verächtliche Bemerkung: Der böse Junge, so wird uns gesagt, sei wieder einmal nicht hier und treibe sich wohl am Bahnwärterhäuschen herum. Er sitzt da mit zwei größeren Mädchen, die wir schon kennen. Die eine hat uns erzählt, daß sie so gern lesen und schreiben lernen möchte, die andere, daß sie immer wieder von einem Arbeiter des Heims belästigt werde.

Wir fragen den Jungen, ob er aus Gurbedin stammt, und er sagt ja. Und wir fragen ihn, ob er noch Gedichte und Lieder kennt, und er sagt nein, aber dann erinnert er sich an einen Kinderreim: »Das Hündchen mit dem krausen Haar stiehlt die Ente aus dem Stall ...« Wir fragen ihn, ob er sich noch an das Heim in Tinca erin-

nern könnte, und da strahlt er und rattert die Namen der »Tanten« herunter.
Tinca ist verloren, Cighid ist für den Zigeunerjungen Daniel Bercsenyi, 14, die Heimat, seit er einen Ort kennt, der noch fürchterlicher ist: sein Zuhause. Im letzten Sommer war er aus der traurigen Bewahranstalt davongelaufen nach Gurbedin. Er kam zurück voller Flöhe und mit einem halb abgerissenen Ohr. Sein Vater, so sagte er im Heim, habe ihn mit den Füßen getreten. Seither hat er keine Sehnsucht mehr, weit fortzulaufen, er geht immer nur das kleine Stück fort zu den Gleisen.
Die warmherzige Bahnwärtersfrau stellt den Kindern das Radio an, und aus dem frühgeschichtlichen Empfänger kommt Volksmusik. Der halbblinde Daniel, dem das nie jemand beigebracht hat, fängt mit Grazie zu tanzen an, und uns kommen endlich die Tränen.
Vom Leidensweg des Kindes Radu Kereszturi finden wir in der Totenschublade die letzten Spuren. Zu früh geboren, überzählig als neunter, Bronchitis, Mandelentzündung, Unterernährung, Kreislaufstörungen, Hepatitis, »institutionalisiert« schon als Baby, Stationen Oradea, Tinca, Cighid. »Seit der Ankunft in diesem Haus«, so steht in seiner Akte, »hat er sich zurückgezogen, hat die Fütterung abgelehnt, fast systematisch, ist progressiv abgemagert und dadurch atrophisch geworden. Das Kind ist gestorben als Folge eines Herz- und Kreislaufstillstandes.« Gestorben nach 63 Tagen in diesem Hinrichtungsschloß, angeblich »18.00«.

DIETMAR HAWRANEK

Mit Perestroika am Abgrund

Der trostlose Zustand der sowjetischen Wirtschaft
August 1990

Irina Morosowa postiert sich als eine der ersten vor der Kühltruhe, in der Neonröhren zwei zerknüllte Papiertüten beleuchten. Bald folgt ihr ein Dutzend weiterer Menschen, die im Supermarkt am Moskauer Taganskaja-Platz schweigend vor der leeren Truhe warten, als müsse jeden Moment ein Wunder geschehen.

Nach einer Viertelstunde schieben die ersten ihre Einkaufswagen unruhig hin und her, die kleinen Räder quietschen, und schließlich geschieht, was alle offenbar erwarteten. Die Wand, an der die Truhe steht, hat ein kleines Fenster, das nun geöffnet wird. Eine dahinter stehende, weiß bekittelte Frau wirft mit beiden Händen etwas heraus, das mit dumpfem Aufprall in die Kühltruhe fällt.

Hastig greift Irina Morosowa zweimal zu, wird dabei von den neben ihr Stehenden schon bedrängt und geht schnell einige Schritte zur Seite. Nun betrachtet sie, was sie in der Hand hält: zwei Stücke einer dicken, gräulich schimmernden Wurst.

Einige Kunden schimpfen: »So wirft man nicht mal den Hunden ihren Fraß vor.« In zwei oder drei Tagen aber werden sie wieder vor dieser Kühltruhe stehen. In dem riesigen Supermarkt mit zwölf Kassen gibt es noch eine Menge weiterer Kühltruhen und Regale, die ebenfalls leer sind. Hinter ihnen aber befindet sich kein Fenster, durch das sie aufgefüllt werden könnten.

Die Sowjetunion im Jahre sechs der Perestroika: Im Lebensmittelladen werden die Kunden behandelt wie Tiere im Zoo. Zur Fütterungszeit müssen sie sich vor der Truhe versammeln. Wer zu spät kommt, geht leer aus. Die Klappe ist wieder geschlossen.

Vor einigen Jahren noch, sagt Irina Morosowa, »konnte ich in diesem Geschäft alle Lebensmittel kaufen, die ich brauchte«. Nun aber gibt es hier und in den meisten anderen Läden Moskaus »wochenlang kein Fleisch und keinen Käse, kein einziges Stückchen Obst und kein Gemüse«.

»Warum kommst du überhaupt hierher«, brüllt sie plötzlich ein alter, leicht gebeugter Mann an, »bleib doch, wo du herkommst.«

Am Dialekt muß der Alte wohl erkannt haben, daß Irina Morosowa nicht in Moskau lebt. Morgens um fünf hat sie sich in Rybinsk, nordöstlich von Moskau, in den Zug gesetzt und ist in die Hauptstadt gefahren. »Bei uns gibt es auch nichts«, sagt sie dem Alten, »oder warum, glaubst du, fahre ich vier Stunden, um einzukaufen?«

Irina schiebt ihren Wagen langsam weiter, eine junge Moskauerin wirft ihr Worte wie Steine hinterher: »Nichts gibt es hier, von Woche zu Woche wird es schlechter, und dann kommen auch noch Leute wie du hierher, verschwinde lieber.«

Die Sowjetunion in diesen Wochen: Die Versorgungsmisere auf dem Land treibt immer mehr Bürger in die Städte, als habe die große Krise nicht auch diese längst erreicht. Mal gibt es kein Waschpulver und keine Zahnpasta, mal keine Schuhe und keine Zigaretten. In den staatlichen Läden sind Lebensmittel knapp wie seit Jahren nicht mehr. Die Schlangen vor den Brotständen werden länger; sicheres Zeichen dafür, daß auch das Grundnahrungsmittel bald zur Mangelware wird.

Von der großen Trostlosigkeit zum kleinen Paradies sind es nur ein paar Kilometer, es ist die Strecke vom Taganskaja-Platz zum Zwetnoj bulwar. Kunden betreten die turnhallengroße Markthalle dort durch ein Spalier von roten und violetten, von orangenen und weißen Blüten. Hinter den Blumenhändlern haben die Obst- und Gemüseverkäufer ihre Tische aufgebaut, präsentieren Paprika und Tomaten, Auberginen und Zucchini, Bohnen und Möhren, Pfirsiche und Melonen.

Irina Morosawa kommt nicht hierher, die wenigen Kunden verlieren sich in der weiten Halle. Eindeutig in der Überzahl sind die Verkäufer, die Usbeken, Georgier und Ukrainer, die ihre zu Hause angepflanzten Produkte anbieten. Kein Käufer stört die Ruhe

eines Metzgers, der seinen Kopf auf die Theke gelegt hat und nun eingeschlafen ist neben einer Waage, einem Ferkel und vier Reihen gerupfter Hühner.
Es gibt nicht viele, die sich ein Hühnchen für 15 Rubel leisten können oder eine große Melone für 60 Rubel, in einem Land, in dem der Durchschnittslohn bei 260 Rubel liegt und Rentner meist nur 70 Rubel im Monat bekommen. Für Menschen dieser Einkommensklasse, und sie sind die Masse, ist das kleine Paradies nur ein großes Ärgernis.

»Es ging uns nie sonderlich gut«, sagt Irina Morosowa, »aber jetzt geht es uns dreckig.« Mit diesem Satz der Hausfrau aus Rybinsk läßt sich die Situation der gesamten sowjetischen Wirtschaft beschreiben. Landwirtschaft und Industrie des Landes arbeiteten nie sonderlich effektiv, nun aber läuft häufig gar nichts mehr.
Alle sehen die Misere: die Arbeiter in den Fabriken, in denen immer weniger hergestellt wird; die Bauern auf dem Lande, deren Ernte zu rund einem Drittel noch auf dem Feld, während des Transports oder in den Lagerschuppen verkommt; die Statistiker in den Behörden, die das Ausmaß des Desasters in volkswirtschaftlichen Kennziffern erfassen: Die Arbeitsproduktivität sinkt (minus 1,5 Prozent), die Inflation wächst (voraussichtlich über 20 Prozent in diesem Jahr), das Handelsbilanzdefizit steigt und die Arbeitslosigkeit ebenfalls.
Und die Politiker, die in Moskau und die im Westen? Sie vermitteln vor allem den Eindruck großer Ratlosigkeit.
Fast flehentlich bat Michail Gorbatschow die Regierungschefs der sieben führenden westlichen Industriestaaten um Hilfe, als die sich Mitte Juli in Houston trafen. Die Bundesrepublik versprach einen Kredit, fünf Milliarden Mark, das klingt nach viel Geld. Das meiste davon aber taucht nur für einen Tag, vielleicht auch nur für eine Stunde als Zahl auf einem Moskauer Konto auf, dann entfleucht es wieder Richtung Westen, zu deutschen und anderen ausländischen Firmen, bei denen die Sowjetunion im Zahlungsverzug ist.
Die Deutsche Bank hat dafür gesorgt, daß Bonn dieses Darlehen verbürgt. Die Banker, die an diesem risikolosen Kredit gut verdienen, sorgten sich um ihre Kundschaft aus der Industrie, denen die Sowjets keine Rechnungen mehr bezahlten.

Die USA und Großbritannien warten erst einmal ab. Vielleicht, weil sie in Ruhe zusehen wollen, wie die Wirtschaft der Sowjetunion und damit auch die Macht des Landes immer weiter abbröckelt. Vielleicht, weil sie wirklich nicht wissen, wie diesem Staate zu helfen ist.
Erst mal sollen schlaue Leute, von Weltbank und Weltwährungsfonds und anderen Organisationen, bis Jahresende herausfinden, was denn die Gründe für den Verfall der sowjetischen Wirtschaft sind und ob Kredite ihn aufhalten könnten.
Einfach wird die Ursachenforschung für die Ökonomen des Westens nicht. Die Planwirtschaft allein können sie für das Desaster nicht verantwortlich machen. Schließlich ist die starre Planung vergangener Jahrzehnte bereits ein wenig abgebaut, wird hier und da im großen Sowjetreich schon etwas Marktwirtschaft geprobt.
Rund 190 000 kleine Privatunternehmen, von der Computerwerkstatt bis zur Gaststätte, arbeiten mitten in der Planwirtschaft. Stolz berichten die Moskauer Umgestalter von 1500 registrierten Gemeinschaftsunternehmen, die mit westlichen Industriefirmen dem Land Zugang zu fortschrittlicher Technik und Devisen verschaffen sollen. Die Leiter der großen Staatskonzerne sollen sich mehr am Bedarf ihrer Kundschaft orientieren, deshalb wurden sie von einigen irrsinnigen Plankennziffern befreit.
Waren die Reformschritte noch »zu langsam, zu halbherzig«, wie der sowjetische Wirtschaftsreformer Leonid Abalkin befindet? Oder müßten die Reformen eher »langsamer, systematischer« verwirklicht werden, wie der Sowjetunion-Kenner Friedrich Wilhelm Christians meint, der Aufsichtsratschef der Deutschen Bank?
Ist die Versorgungsmisere nun ein Zeichen dafür, daß es noch viel zuwenig Marktwirtschaft oder bereits zuviel in relativ kurzer Zeit gibt? Wie arbeiten die neuen Privatbetriebe, die Joint-ventures, und wie die alten Staatskonzerne?

Ein Hinterhof in Moskau, der nur durch einen anderen Hinterhof zu erreichen ist: Tauben suchen auf einem offenen Müllkübel zwischen den faulenden Abfällen nach Freßbarem, eine Holztür steht offen, irgendwo ruft eine Stimme: »Kommen Sie ruhig rein.«
Hinter diesem Eingang befinden sich die Büroräume eines sowjetischen Privatunternehmens. Dem Chef, Wictor Lisonkow, wurden nach einem Unfall beide Beine amputiert. Nun liegt er neben dem

Schreibtisch auf einer Couch, der Oberkörper wird von zwei dicken Kissen hochgehalten, so daß Lisonkow das Telefon bequem erreicht. Von diesem Zimmer aus, in dem sich Essensdüfte mit den von draußen hereinziehenden, leicht süßlichen Gerüchen der Mülltonne mischen, steuert Lisonkow seine Firma mit acht Beschäftigten.

Seit seinem Unfall weiß er, daß es die Planwirtschaft nicht schafft, annähernd genügend Arm- und Beinprothesen herzustellen. Lisonkow wollte nicht Jahre auf Prothesen warten, er entwickelte und baute sie zunächst für sich selbst, später für jeden, der bereit war, für die künstlichen Arme und Beine zu zahlen.

Das kleine Gewerbe mußte sich lange Zeit in einem Keller verstecken. Es verstieß schließlich gegen einen Grundsatz der sozialistischen Wirtschaft: Die Produktion elementarer Güter war den Staatsbetrieben vorbehalten; wenn die nicht genügend Prothesen herstellten, dann gab es eben keine.

Nachdem Gorbatschow 1987 Sowjetbürgern erlaubte, kleine Firmen zu gründen, konnte Lisonkow seinem Geschäft ganz offen nachgehen, eine Werkstatt mieten, Arbeiter anheuern. Nur Privatbetrieb sollte er seinen Privatbetrieb nicht nennen. Offiziell heißen solche Firmen Kooperative. Das klingt noch ein bißchen nach Sozialismus, auch wenn es mit dieser Wirtschaftsform nichts mehr zu tun hat. Kein Plan schreibt Lisonkow vor, was und wieviel er zu produzieren hat.

Im Vorraum zu Lisonkows Werkstatt wirbt ein Opernsänger lautstark um seine Angebetete. Ein grauhaariger Mann in langer weißer Unterhose schaut dem Treiben auf dem Bildschirm eines kleinen Schwarzweißfernsehers gelangweilt zu. Nebenan hämmern, bohren und schrauben zwei Männer an der Prothese herum, die er bald anprobieren will.

Ein Regal, das vom Boden bis zur Decke reicht, ist gefüllt mit Arm- und Beinprothesen. Es sind zuwenig, viel zuwenig. Der kleine Privatbetrieb kann die Lücken der staatlichen Versorgung nicht annähernd füllen.

Unzählige Männer und Frauen in den Staatskonzernen, den Planungsbehörden und Parteigruppierungen sorgen dafür, daß Lisonkows Betrieb diesen Mangel genausowenig ausgleichen kann, wie Tausende anderer Kooperativen es in anderen Bereichen der Wirtschaft nicht schaffen können. Jahrzehntelang haben diese

Bürokraten, die eigentlichen Herren des Systems, in einem ganz speziellen Sinn ausgesprochen erfolgreich zusammengearbeitet.
Der allgegenwärtige Mangel, der an Prothesen, der an Maschinen oder Schrauben, verschaffte denen, die ihn verwalten, viele Annehmlichkeiten. Sie haben eine Datscha, einen Privatwagen, und wenn es in keinem Laden Moskaus mehr »Schampanskoje« gibt – sie haben stets genügend Sekt im Kühlschrank.
Privatunternehmen wollen am Mangel mitverdienen. Sie sind zu klein, um ihn zu beheben, aber oft groß genug, diejenigen zu stören, denen die Verteilung knapper Güter bisher das Leben erleichterte. Die alten Nutznießer des Mangels müssen schon aus Eigeninteresse die neuen Privatunternehmen bekämpfen.
Lisonkow bräuchte mehr Maschinen, mehr Material, eine größere Werkstatt. Woher aber soll er das alles bekommen? Maschinen muß er bei den staatlichen Firmen bestellen. Die dürfen viele Maschinen, weil es sogenannte Defizitwaren sind, gar nicht an Privatunternehmen verkaufen. Neue Räume für eine Werkstatt muß Lisonkow bei der Stadtverwaltung beantragen. Dort zeigen ihm die alten Bürokraten erst mal, daß sie auch in diesen neuen Zeiten noch die Macht haben. Sie finden keine geeigneten Räume. Ein leerstehendes Haus, das Lisonkow selbst entdeckte, ließen sie abreißen, bevor der Kleinunternehmer es übernehmen konnte.
Der Opernsänger wird inzwischen häufig von lauten Flüchen übertönt. Der Grauhaarige geht einige Schritte vor und zurück, ein wenig unsicher noch und stark auf eine Krücke gestützt. Zwei von Lisonkows Arbeitern haben ihm die Prothese an den rechten Beinstumpf geschnallt. Die drückt noch an mehreren Stellen. Darüber flucht der Grauhaarige. Und darüber, daß »die elenden Bürokraten« solche Betriebe »unterstützen und nicht blockieren sollten«.
Diese Wahrheit ist sehr bequem, ein wenig zu bequem. Die elenden Bürokraten allein können es nicht sein, die Privatbetriebe allüberall behindern. Peter Bischko, der eine Computer-Kooperative mit 86 Beschäftigten leitet, wird nicht von irgendeinem Bürokraten vorwurfsvoll gefragt, warum er sich denn einen neuen Wolga gekauft hat. Es fragt ihn sein Nachbar, der den ganzen Tag Bier trinkt und Domino spielt. Der wirft ihm auch vor: »Wer soviel Geld hat, muß ein schlimmer Gauner sein.«
Nur im Suff entstanden ist dieser Vorwurf nicht, auch wenn er mit Peter Bischko sicher den Falschen trifft. Bischko und seine Beleg-

schaft liefern vielen Betrieben Computer, crstellen Programme, bilden Mitarbeiter aus. Die ersten 100 000 Rubel Gewinn haben sie sofort wieder ausgegeben für zwei große Computer.
Von den rund 16 000 bis 18 000 Kooperativen, die in Moskau arbeiten, sind aber nach Bischkos Schätzung nur etwa 600 so groß wie seine Firma. Nur 600 haben einen festen Kundenstamm, zahlen Steuern und investieren Geld.
Jede vierte Kooperative, sagt Bischko, nennt sich jetzt so, weil das besser klingt als Schwarzhändler oder Diebesbande. Das bißchen Freiheit, das der zögernde Aufbruch in Richtung Marktwirtschaft für privaten Handel und Geschäfte gibt, nutzen die Ganoven häufig als erste.
Verschwinden irgendwo zwei Drehmaschinen, tauchen die beiden sicher bald im Angebot einer sogenannten Kooperative auf. Und die Geschichte davon macht schnell die Runde, denn es gibt genügend Leute, denen es ganz recht ist, wenn in der Folge gleich alle Privatunternehmer beschimpft werden als »Diebe«, »Aussauger« oder »Spekulanten«. So geraten die Unternehmer und die Marktwirtschaft schon gehörig in Verruf, bevor beide richtig arbeiten. »Sieben Jahrzehnte Sozialismus«, sagt Peter Bischko achselzuckend, »hinterlassen halt ihre Spuren.«

Es ist Mitternacht in Moskau, und in einem Hotelzimmer am Lenin-Prospekt plant ein deutscher Mittelständler die Zukunft der Neun-Millionen-Stadt. »Das wird ein Hammer«, sagt Reiner Roland Lang und donnert mit der Faust auf den Tisch. »Das bringt euch richtig etwas«, verspricht er einem sowjetischen Verhandlungspartner.
Ein Technologie- und Handelszentrum mit Läden, Hotelzimmern und Büros für westliche Konzerne will der Inhaber einer badischen Maschinenbaufirma errichten. Alles in großem Stil. Siemens soll dort einziehen. Und wenn dann noch »mein Freund Niefer kommt«, der Chef von Mercedes-Benz, »was meinscht, was dann abgeht?«
Für eine Stunde ist die Sowjetunion die große Chance für deutsche Unternehmen, der riesige unbefriedigte Markt mit 290 Millionen potentiellen Kunden. Und die Konzerne aus dem Kapitalismus sind die große Chance für die Sowjetunion, aus der Krise herauszufinden. Ganz klar ist für Lang in diesem Moment, daß auf das

Technologie- und Handelszentrum der »Mercedes-Stern obendrauf kommt«, der einmal »bis zum Roten Platz rüberleuchten wird«.
Am nächsten Morgen befindet sich Reiner Roland Lang wieder in der grauen Gegenwart deutscher Unternehmer, die in der Sowjetunion investieren. »Du sollst nicht diskutieren, du sollst Maschinen verkaufen«, brüllt er Wladimir P. Sawin an, »sonst ist es aus, sonst läuft hier gar nichts mehr.«
Lang war der erste deutsche Unternehmer, der mit einem sowjetischen Partner eine Gemeinschaftsfirma gründete. Homatek (kyrillisch: Xomatek) heißt sie, beteiligt ist neben Langs schwäbischer Maschinenbaufirma Heinemann die Moskauer Werkzeugmaschinen-Fabrik Ordschonikidse. Homatek beschäftigt in Moskau rund 100 Leute, Wladimir P. Sawin ist der Generaldirektor, und er hebt hilflos beide Hände: »Alle wollen unsere Maschinen, aber niemand kann sie bezahlen.«
Langs Kopf ist gerötet, sein Hemd spannt gefährlich über dem Bauch, der ganze Mann erweckt den Eindruck, gleich müsse irgend etwas platzen. »Was ist mit der DDR?« fragt er Sawin. Der Generaldirektor holt das Telex, mit dem die DDR alle Verträge storniert hat. Es ist nüchtern formuliert wie ein Todesurteil. Die DDR war der Hauptkunde für die Homatek-Maschinen. Doch DDR-Firmen, die nicht wissen, wie sie die nächsten Wochen überstehen sollen, kaufen keine neuen Maschinen.
Vor drei Jahren noch klang Joint-venture für sowjetische Wirtschaftsreformer wie ein Zauberwort, das dem Land Zugang zu Devisen und fortschrittlicher Technik aus dem Westen verschafft. Als Gorbatschow solche kommunistisch-kapitalistischen Gemeinschaftsunternehmen zuließ, als in recht kurzer Zeit rund 1500 angemeldet wurden, schien der Zauber auch zu wirken.
Inzwischen aber sind Joint-ventures nur ein weiterer Beleg für die These, daß es nicht möglich ist, inmitten der Riesen-Planwirtschaft kleine kapitalistische Inseln zu schaffen. In Zahlen: Von den 1500 vereinbarten Gemeinschaftsunternehmen haben nur rund 200 die Arbeit aufgenommen, und von diesen arbeiten etwa 120 mit Verlust, immer mehr melden Konkurs an. Axel Lebahn, bei der Deutschen Bank zuständiger Direktor für das Sowjetunion-Geschäft, warnt: »Zur Zeit kann man deutschen Firmen nicht zu Joint-ventures raten.«

Reiner Roland Lang fragt Wladimir Sawin immer wieder: »Warum werfen die uns hier ständig Knüppel zwischen die Beine?« Sawin weiß darauf keine Antwort. Er weiß nur, warum sowjetische Firmen kaum noch Maschinen bei Homatek bestellen: Sie werden nicht mehr von der staatlichen Planbehörde zugeteilt, die Firmen müssen die schönen Maschinen nun selbst bezahlen.

»Ich habe einige neue Angebote rausgeschickt«, versucht Sawin zu beschwichtigen. Der Satz soll Hoffnung wecken, die Tonlage aber verrät, daß Sawin sich von dieser Initiative auch nicht die Rettung der Gemeinschaftsfirma verspricht.

»Wieviel Maschinen verkaufst du?« drängt Lang. »Ich brauche Geld.« Mit den Rubel, die das Joint-venture auf russischen Konten ausweist, kann der Deutsche nichts anfangen. Er kann sie nicht in Dollar oder D-Mark umtauschen. Er muß sie »glatt vergessen«. Und zu Hause, im Schwarzwald, »sitzt die Bank und dreht mir den Hahn ab«.

In Bedrängnis geraten ist nun auch Langs bundesdeutsche Firma, der Maschinenbau-Hersteller Heinemann, der mehr als zwei Drittel des Umsatzes im Geschäft mit der Sowjetunion erwirtschaftet. Wenn Heinemann seine Teile nicht mehr an Homatek in Moskau loswird, weil Homatek kaum noch Maschinen in der Sowjetunion oder in der DDR verkaufen kann, droht dieser kapitalistisch-kommunistischen Firmengemeinschaft der Zusammenbruch.

Unter ihr begraben würde wohl auch Langs großer Traum von einem Technologie- und Handelszentrum in Moskau. Das vorgesehene Areal, auf dem Bagger schon den Schrott wegschieben, liegt auf dem Werksgelände von Langs sowjetischem Partner Ordschonikidse.

Ein anderes Grundstück kann Lang nicht bekommen. Als Ausländer darf er nicht einen einzigen Quadratmeter sowjetischen Bodens erwerben. Zweifelhaft auch ist, ob er tatsächlich Mieter für sein Gebäude fände. Warum sollten sich Siemens oder Mercedes stark in einem Land engagieren, in dem sie kein Werksgelände kaufen dürfen, in dem sie ihre Rubel-Einnahmen nicht in Devisen wechseln können?

Je klarer Lang das drohende Ende sieht, um so verbissener kämpft er. »Keine Angst, ich pack' das schon«, sagt er, »ich weiß nur noch nicht, wie.«

Einem Feldherrn gleich steht Weniamin Kalner auf einer Brücke der Moskwa und zeigt mit weit ausgestreckten Armen nach links und rechts, auf Werkshallen und Bürogebäude, längs des Flusses und längs der Straße, so weit der Blick reicht. »Das ist eine eigene Stadt«, sagt Kalner. Viel Mühe gibt er sich nicht, seinen Stolz darauf zu verbergen, Vizechef des Lkw-Konzerns Sil zu sein, der allein in dieser Moskauer Dependance 60 000 Menschen beschäftigt.
Das Bild des selbstzufriedenen Managers aber vermag Kalner allenfalls noch für zwei weitere Sätze aufrechtzuerhalten: »Der Konzern stellt jedes Jahr 200 000 Lastwagen her, insgesamt beschäftigen wir 120 000 Menschen.« Dann ist Kalner schon bei den Problemen, die dieses Staatsunternehmen wie alle anderen derzeit umtreiben. Und die hängen allesamt mit der Perestroika zusammen, denn »vorher hatten wir keine Schwierigkeiten«.
Vorher: Da legten die Bürokraten von Gosplan fest, daß Sil 200 000 Lastwagen im Jahr herzustellen hat, das staatliche Komitee für Materialversorgung Gosnap lieferte die nötigen Rohstoffe und kaufte exakt 200 000 Lkw zum vorher festgelegten Preis ab.
Heute: Da wird der Übergang zu ein bißchen Marktwirtschaft geprobt. Der Staat will seinen Staatsbetrieben nur noch einen Teil ihrer Produktion abnehmen, vielleicht 60 oder 70 Prozent. Gosnap will nur für diesen Teil die Rohstoffe liefern. Und die Führer der großen Konzerne, Leute wie Kalner, werden von vielen neuen Fragen gequält, die sie nicht beantworten können: »Wo bekommen wir nun den Stahl her, der uns für die Produktion fehlt? Wie versorgt man eine Fabrik mit Rohstoffen? Wo finden wir Käufer für die Lkw, die der Staat uns nicht mehr abnimmt?«
Viele Firmen in der Sowjetunion könnten einen Lastwagen von Sil gut gebrauchen. Wenn sie den nun aber nicht mehr von Gosplan auf Antrag bewilligt und zugeteilt bekommen, wenn sie ihn selbst bezahlen müssen, dann verzichten viele erst mal auf die Anschaffung. »Und welchen Preis können wir von Firmen verlangen, die vielleicht doch einige Lkw kaufen?« fragt sich Kalner.
Einkauf, Verkauf, Kostenkalkulation: Nach Jahrzehnten zentraler Planwirtschaft sind dies für die Chefs der riesigen sowjetischen Konzerne Vokabeln aus einer sehr fremden Welt. Die neuen Freiheiten bringen für sie nur neue Schwierigkeiten. Und wenn sie die Freiheiten nutzen, bringt das mitunter die ganze Volkswirtschaft in Schwierigkeiten.

Nachdem rund 40 000 Betriebe endlich ein bißchen von dem durften, was ihnen zuvor strengstens verboten war, nämlich selbständig Außenhandel betreiben, bestellten sie erst mal eine Menge Waren im Westen. Um die Bezahlung kümmerten sich die wenigsten, das war zuvor ja auch nie ihre Aufgabe. Die Folge: Westliche Firmen klagten über die miserable Zahlungsmoral der sowjetischen Handelspartner. Die hohe Kreditwürdigkeit des gesamten Landes, bis vor einem Jahr noch von Bankiers in aller Welt gelobt, ist dahin. Weniamin Kalner ist einer, der sich im Kombinat für mehr Markt stark gemacht hat und der deshalb auch in die Führungsspitze aufstieg. Nun ist er Vizechef des Riesenkonzerns, kann mehr entscheiden als jeder Vizechef zuvor und muß eingestehen: »Ich weiß nicht, wie ich unsere Arbeitsplätze sichern soll.«
Sieben Jahrzehnte Planwirtschaft haben Realitäten geschaffen, die den Übergang zur Marktwirtschaft tatsächlich als Aufgabe für Generationen erscheinen lassen. In fast allen Branchen verfügen große Staatskonzerne über eine Monopolstellung. Werden sie privatisiert, an die Belegschaft oder Außenstehende verkauft, wandelt sich das staatliche in ein privates Monopol. Können diese Konzerne dann auch noch ihre Preise frei gestalten, verlangen sie Monopolpreise. Die Inflation würde noch stärker steigen, aber in den Fabriken von Sil würde kein einziger Lastwagen zusätzlich produziert.
Für die Marktwirtschaft ist Kalner nach wie vor. »Ich bin kein Konservativer«, fügt er ganz erregt hinzu, »aber . . .« Das Wirtschaftssystem sei viel zu kompliziert, um es im Schnelldurchgang umzustellen. Die Betriebe, ihre Führer müßten auf die neue Zeit vorbereitet werden. Und die Bevölkerung auch. Die verliere nämlich langsam die Geduld. »Unsere Arbeiter sagen das, fragen Sie die doch«, sagt Kalner und verabschiedet sich eilig.
Einige Arbeiter von Sil stehen neben einem hohen Sockel, auf dem die Büste eines früheren Sil-Direktors ruht: Sie schimpfen über Lebensmittel und Schuhe und Zigaretten, die es nicht gibt oder die zu teuer sind für Leute mit 260 Rubel im Monat. Warum sollten sie sich einsetzen in der Fabrik für einen Lohn, mit dem sie nichts kaufen können? Ein Arbeiter erzählt einen alten Witz, der inzwischen Realität wurde: »Der Staat tut so, als ob er uns bezahlt, und wir tun so, als ob wir arbeiten.«
Schneller noch als die Wirtschaft verfällt die Währung. Ein Rubel

ist ein Stück Papier, ein sehr kleines. Ausländischen Unternehmern wie Roland Lang, aber auch Managern vieler Staatskonzerne nutzt ein Rubelschein weniger als ein Tempo-Taschentuch. Sowjetische Firmen verkaufen gesuchte Maschinen oft nicht mehr, sie tauschen nur noch. Der Kunde muß sich zuvor Kühlschränke besorgen. Die sind seltener und wertvoller als Rubel.

Wenn die Währung nichts mehr wert ist, welchen Wert hat dann die Perestroika, die große Umgestaltung der Sowjetunion? Für die Arbeiter der Lastwagenfabrik ist Perestroika nur ein weiteres nicht eingehaltenes Versprechen.

Was hilft es ihnen, wenn Kalner erklärt, daß die alte Planwirtschaft keineswegs besser war, daß in den siebziger und achtziger Jahren nur die hohen Einnahmen für Ölexporte es dem Land ermöglichten, die Mängel des Systems einigermaßen zu verdecken? Was hilft ihnen der Hinweis, daß der Zusammenbruch der östlichen Wirtschaftsgemeinschaft RGW und das Selbständigkeitsstreben der Sowjetrepubliken die Krise noch verschärfen?

Die Sil-Arbeiter sind es leid, immer wieder neue Erklärungen und Versprechungen zu hören, auch wenn die neueste Verheißung sich nun Marktwirtschaft nennt. Warum sollte es sich ausgerechnet diesmal lohnen, für das neue Ziel zeitweilig Entbehrungen in Kauf zu nehmen? Vielleicht geht es dann ja einigen besser, aber daß ausgerechnet er dabei ist, daran glaubt kaum einer.

»Was hat die ganze Perestroika denn gebracht?« fragt ein Verwaltungsangestellter von Sil. »Ein paar Leute sind reicher als vorher, und ganz viele sind ärmer.«

Die neuen Reichen, die Chefs und Eigentümer von Kooperativen, fahren mit einem Volvo oder BMW durch Moskau, sitzen abends in Restaurants wie dem Lasagne in der Pjatnizki-Straße, lassen sich ihr Tuborg von Bedienungen im Stretch-Mini servieren und bezahlen mit Dollar oder D-Mark.

Die neuen Armen, das sind die Alten, die Rentner, deren Einkünfte sich kaum erhöht haben, während alles teurer wurde. Die Opfer der Inflation finden sich nun an Moskaus Tischinski-Markt wieder und verkaufen Teile ihres Hausstandes.

Eine alte Frau lehnt an einer Bretterbude, neben ihr, auf einer Obstkiste, liegen ein Paar Schuhe und ein grüner Filzhut. Sie ist 86 Jahre alt, sagt die Frau. Von ihrer Rente, 70 Rubel, zahlt sie 13 für die Wohnung und 2 Rubel für das Telefon. Einmal im Monat will sie sich wenigstens Tomaten leisten und frisches Obst, erzählt sie noch, bevor sie richtig wütend wird: »Was sollen diese dummen Fragen, glaubt ihr, es macht mir Spaß, meine Sachen zu verkaufen? Eine Schande ist das. Wenn meine Rente um ein paar Rubel erhöht wird, verdreifacht sich der Fleischpreis. Und jetzt verschwindet endlich und laßt mich in Ruhe.«

TIZIANO TERZANI

»Zeige mir deine reine Haut«

Die Japaner und ihr Kultberg Fuji
Oktober 1990

Er ist der höchste, der heiligste, der schönste Berg Japans. Von seinem 3776 Meter hohen Gipfel aus wirkt das Land zu seinen Füßen zwischen der schimmernden See und den endlosen Ketten blauer Berge wie auf mythischen Bildern: großartig, geschichtsträchtig, unverdorben, ewig – das Land der Götter.

Doch der Fujiyama (Berg Fuji) ist nicht, was er sein sollte. Von weitem erhaben und stark, magisch und elegant, erweist er sich, sobald man ihn besteigt, als klein, ordinär und bedauernswert: eine Masse grauer, roter und schwarzer Asche, ohne die Unerschütterlichkeit eines Felsens. Da gibt es weder Heiligkeit noch Schönheit noch Zauber.

Die dicken Rauchschwaden, die um den Krater aufsteigen, kommen nicht aus den schwefligen Eingeweiden des Vulkans, sondern von stinkenden Abfallhaufen, die ständig verbrannt werden. Die freundliche Frauenstimme, die mitten in der Nacht oben auf dem Berg ertönt, stammt nicht von der Göttin aus der Höhe, die der Legende nach dort oben lebt, sondern kommt aus dem Automaten, der dem durstigen Bergsteiger für den Kauf eines Getränks dankt. Die Lichter dieses Automaten strahlen in der Dunkelheit heller als die Sterne.

Jede Stelle auf dem Berg hat ihren eigenen romantischen Namen: die »Herberge zu den weißen Wolken«, der »Pavillon des ersten Lichtes«. Aber in Erinnerung bleibt letzten Endes vor allem der intensive Urindunst, der den Berg einhüllt.

15 Millionen Japaner klettern Jahr für Jahr auf den Fujiyama, 300 000 von ihnen erreichen gar die Spitze. Auf dem mühseligen Weg dorthin lassen sie Überflüssiges zurück: leere Dosen, Sauerstoffflaschen, Hüte, Handtücher, Zeitungen, Trockenbatterien und die bunten Plastikverpackungen ihrer Fertigmenüs.
Entlang dem heiligen Weg mahnen hölzerne Torbögen, Torii, den Bergsteiger, daß er durch die Portale des Shintoismus das Reich der Götter betritt. Doch die himmlischen Bewohner scheinen sich von dem Berg zurückgezogen und ihre Plätze irdischen Spekulanten überlassen zu haben.
»Halt, verbringen Sie die Nacht hier. Auf dem Gipfel zu schlafen ist verboten!« rufen aufdringliche Hotelwirte, um die Bergwanderer in primitive Hütten zu locken. Die Übernachtung auf dem Gipfel ist lediglich eine Frage des Preises: Für 5800 Yen (65 Mark) bekommt man gerade ein Schlafplätzchen auf einer Holzpritsche, neben Hunderten anderen Fuji-Besteigern, dazu unsanftes Wecken um vier Uhr morgens, wenn die Sonne aufgeht.
Über die Schönheit dieses bewegenden Ereignisses kann sich der Wallfahrer aber kaum freuen, denn direkt auf dem Gipfel, dem eigentlichen Altar der Sonne, verdirbt das grelle Licht starker Reflektoren die Magie des Sonnenaufgangs, und das Summen von Generatoren zerstört die Stille der Natur.
Während sich einige alte Damen bei den ersten goldenen Strahlen verbeugen und ihre Gebete verrichten, sehen die meisten anderen Bergsteiger die aufgehende Sonne eher leidenschaftslos durch die dicken Rauchwolken ihrer Zigaretten.
Das erste Tageslicht weckt rund um den Fuji-Krater das Pandämonium eines Basars zu neuem Leben. Vor Kiosken preisen die Verkäufer warme Nudeln, kalte Getränke und Postkarten an. In einem kleinen Shinto-Schrein auf der höchsten Erhebung besitzen zwei junge Priester das Monopol, rote Stempelaufdrucke zu verkaufen, den Nachweis für einen erfolgreichen Aufstieg. Ein größerer Schrein, ein wenig weiter unten gelegen, beherbergt einen Supermarkt für Fuji-Amulette.
Der Pfad um den Rand des Kraters ähnelt plötzlich der überfüllten Hauptstraße eines japanischen Dorfes, an der Waren jeder Art zum Kauf angeboten werden. Alles, was mit diesem Berg zusammenhängt, ist kommerzialisiert, in irgendein belangloses Souvenir verwandelt.

War aber der Fuji nicht viel mehr als ein Berg? War er nicht das Symbol, die Quintessenz Japans? War er nicht gemeinsam mit dem Kaiser die Quelle der Identität dieses Landes, der eigentliche Grund dafür, daß Japaner sich als Japaner fühlen?
In früheren Zeiten muß es so gewesen sein. Jahrhundertelang war der Fujiyama für die Japaner das Haus ihrer Götter, der Schauplatz ihrer Legenden, der Maßstab ihrer Schönheit. »Kein anderes Phänomen hat im Denken der Japaner eine so wichtige Rolle gespielt wie der Fuji«, schrieb vor einem halben Jahrhundert der Essayist Okakura. Maler und Dichter haben sich abgemüht, diesen Berg zu beschreiben.
Vor allem spiegelte der Fuji das besondere Verhältnis der Japaner zur Natur. Seit eh und je empfanden sie ihr gegenüber Furcht und Respekt. Die Sonne war für sie der Ursprung der Götter und der Fujiyama ein göttlicher Wächter über ihr Schicksal:

> Die Wolken des Himmels halten in ehrfürchtigem Wunder inne, ein Schatz, der dem Sterblichen gegeben wurde, ein schützender Gott, der über Japan wacht

schrieb im Jahre 757 Tachibana no Moroe in einem Gedicht, das seither jedes japanische Kind auswendig lernen mußte.
Durch Besteigen des Fujiyama hofften die Japaner ihre Ängste zu verlieren und sich zu läutern. »Rokkon Shojo« (Mögen die sechs Seelen meines Körpers gereinigt werden) rezitierten die Pilger jahrhundertelang, wenn sie die Hänge erklommen. Alle waren in einfache lange weiße Gewänder gekleidet und trugen Strohsandalen, in der Hand hielten sie einen achteckigen Stock mit zwei Glöckchen. Deren Geläut klang wie eine Litanei, welche die Bedeutung eines jeden Schrittes zum Gipfel hin markierte. Pferde und Frauen durften nicht auf den Berg.
Der Pfad war in zehn Abschnitte mit jeweils einer Station eingeteilt, an der Pilger rasten und beten konnten. Im Shinto-Schrein auf dem Gipfel wohnte der Geist des Berges: eine weibliche Figur mit dem Namen »Diejenige, die die Bäume erblühen läßt«.
Jeder Japaner betrachtete es als größtes Glück, auf dem Gipfel des Fujiyama die aufgehende Sonne anzubeten. Und jeder, der nächtens von dem Berg träumte, sah darin ein gutes Omen. Der Fuji war der Schrein, in dem die Japaner ihre inneren Überzeugungen offenbarten, war ihnen ständig gegenwärtig. »Enthülle deinen

Wolkenschleier und zeige mir deine reine weiße Haut«, schrieb ein Zen-Maler auf ein berühmtes Fuji-Gemälde.

Aus dem ursprünglichen, rund 2000 Jahre alten Fuji-Kult entwickelte sich eine Shinto-Sekte, deren Haupttempel am Anfang des heiligen Pfades lag. Jedes Dorf, von dem aus der Berg zu sehen ist, hatte seinen eigenen Fuji-Schrein. Jene Provinzen des Landes, die nicht mit dem Fuji gesegnet sind, benannten ihren eigenen höchsten Berg nach ihm. Und allerorts entstanden in Tempeln Miniaturnachbildungen des heiligen Vulkans, einige bis zu sechs Meter hoch.

Für Ausländer, welche die Seele Japans erkunden wollten, war es immer schwierig zu verstehen, wie ein Berg, der vor allem wegen seiner symmetrischen Form bewundert wurde, das Symbol einer Nation sein konnte. Manchen schien das bezeichnend dafür zu sein, daß die Japaner während ihrer ganzen Geschichte der Form viel größere Bedeutung beigemessen haben als der Substanz. Anderen wiederum war es ein weiterer Beweis für eine Leere der japanischen Seele.

»Den Kern Japans zu suchen ist wie Zwiebelschälen«, pflegten Vertreter der abendländischen Kultur zu Beginn des Jahrhunderts zu sagen, »man schält und schält, aber am Ende hat man nichts als einen Haufen Schalen.«

Der französische Philosoph Roland Barthes war von der Symbolik des leeren Raums tief beeindruckt, die der Kaiserpalast in der Mitte Tokios ausstrahlt, und zog die Schlußfolgerung: »In Japans Mitte liegt die Leere.«

Ähnlich steht es mit dem Fujiyama. Auf dem Gipfel des Berges, den im Lauf der Jahrhunderte unzählige Millionen Japaner mühevoll erstiegen haben, findet sich nichts als ein leerer Krater. Auf seinen Boden schreiben Besucher mit weißen Steinchen ihren Namen und oft den Namen ihrer Firma in die schwarze Asche.

Der Krater hat einen Durchmesser von mehr als einem halben Kilometer und ist 250 Meter tief. Vor Sonnenuntergang, wenn der Himmel verblaßt und die Dunkelheit langsam das Meer, die Gebirgsketten und den Fuji mit allen Bergsteigern aufsaugt, spürt man ringsum den Hauch des Todes – auch er ein Symbol.

Immer in ihrer Vergangenheit waren die Japaner vom Tod fasziniert, keinem anderen Phänomen als diesem haben sie sich ständig gestellt. Schwerter sind wahrscheinlich ihre größten Kunst-

werke, gefallene Krieger ihre am inbrünstigsten verehrten Helden. Der Tod ist von einer schaurigen Schönheit – und der Fuji auch.
So haben Japaner von alters her keinen heißeren Wunsch, als mit dem Blick auf den Fuji zu sterben. »Denke an deine Eltern, denke an deine Lieben, das Leben ist etwas Wertvolles. Bitte benachrichtige die Polizei, bevor du hier eintrittst«, steht auf Tafeln am Aohigamori, dem »Blauen Wald« am Fuß des Fujiyama – er ist als Selbstmörderwald bekannt. Aus ganz Japan kommen die Menschen, um hier im Schatten des Zauberbergs ihr Leben zu beenden. Die Ortspolizei ist auf die Hilfe Freiwilliger angewiesen, wenn sie den Wald nach Leichen durchkämmt.
Akira Kurosawa, der große japanische Filmregisseur, wählte die schwarzen Lavahänge des Fuji als die Stelle aus, an der seine japanische Inkarnation des Königs Lear den Verstand verliert und die letzte Schlachtszene seines Meisterwerkes »Ran« stattfindet. Ein Science-fiction-Roman über das Ende Japans, der in den achtziger Jahren ein Bestseller war, beginnt damit, daß der Fuji explodiert.
Vor über 100 Jahren wurde der Fujiyama auch noch zu einem Symbol der japanischen Einmaligkeit. Damals entschloß sich Japan, seine Traditionen zu überwinden, um das Land nach dem Muster des Westens zu erneuern und zu modernisieren. Fortan blieb den Japanern, wie sie meinten, nur noch die Natur, die sie von den Menschen im Westen unterschied. So wurde die japanische Natur fortan als »einmalig« bezeichnet, der Fuji als Inbegriff japanischer Überlegenheit angesehen.
Die Besteigung des Fuji war nun plötzlich nicht mehr nur eine religiöse Kulthandlung, sie geriet zur patriotischen Tat: Zu den beiden Glöckchen an dem Pilgerstab, mit dem der Wanderer den Berg besteigt, kam die japanische Flagge. Der Kaiser als der »Eine und Einzige« und der Fujiyama als der »eine und einzige Berg« gaben der Idee Auftrieb, daß die Japaner einer göttlichen Rasse, ja einer Nation von Göttern angehören.
Bilder mit dem Kaiser und dem Fuji waren in ganz Japan zu sehen, der patriotische Kaiserkult und der Fuji-Kult gehörten fortan zusammen.
Nähe zum Fuji war demnach ein Quell für Stärke und Stolz der Nation. Die kaiserliche Armee hatte am Fuß des Berges ihre Ausbildungslager – sie sind auch heute noch dort. 1923 bestieg Hirohito, damals noch Kronprinz, den Fujiyama.

Nach dem Krieg begaben sich japanische Krieger ganz neuer Art in den schützenden Schatten des Berges. Dr. Inaba, Gründer einer der am schnellsten wachsenden Firmen des Landes, baute als erster am Fuße des Fujiyama eine riesige Fabrik, in der heute Roboter rund um die Uhr Roboter herstellen. High-Tech-Laboratorien und Fabriken auf dem höchsten Entwicklungstand folgten.
Nationalistische Gruppen zogen dorthin und errichteten dem Kriegspremier General Tojo, den die Amerikanern gehenkt hatten, ein Denkmal. Die nationalistische Soka-Gakkai-Sekte unterhält dort einen eigenen Friedhof, auf dem 50 000 ihrer Anhänger die letzte Ruhe finden.
Im Diesseits versetzt einem der Fuji heute vorwiegend einen Schock, und zwar schon zu Beginn des Aufstiegs: Die ersten fünf Stationen des heiligen Pfades gibt es praktisch nicht mehr. Eine Straße führt den Berg hinauf, auf ihr rollt ein endloser Strom von Autos auf halbe Höhe. Von der fünften Station an ist der Pfad durch Seile, Ketten und Dutzende von Schildern markiert, die den Bergsteiger vor herunterfallendem Gestein warnen, ihm empfehlen, keine Abkürzungspfade einzuschlagen, sowie ihm anzeigen, welche Entfernung er bereits zurückgelegt hat und welche noch vor ihm liegt.
Die Menschenmasse, die den Berg hinaufkraxelt, steht so dicht gedrängt wie in einer Tokioter U-Bahn-Station während des Berufsverkehrs. Tausende sind unterwegs, alle sehr diszipliniert, aber alle auch ohne eine rechte Vorstellung davon, warum sie sich die Klettertour zumuten. »Wieso besteigen Sie den Fuji?« fragten kürzlich Reporter einer Fernsehstation die schwitzenden Menschen auf ihrem Weg nach oben. Die häufigste Antwort lautete: »Weil der Berg da ist« oder »weil alle hinaufsteigen«.
Der Fujiyama hat seine Aura verloren. Er ist kein heiliger Berg mehr, sondern ein Ort, an dem man neue Rekorde aufstellen kann – der älteste Bergsteiger, der Bergsteiger mit der schwersten Last –, auch Bühne für irgendwelche sinnlosen Leistungsnachweise wie das Hinauftragen eines Fahrrads.
Der Fuji ist außerdem ein Warenzeichen geworden. Neben einer Fuji-Bank und einer Fuji-Fernsehstation werben vielerlei Fuji-Produkte um Interessenten – ebenso etliche Fuji-Einrichtungen, von Bowlingbahnen bis zu Stundenhotels, die den einst heiligen Namen ausschlachten.

»Der Fujiyama lebt«, behaupten die japanischen Gelehrten und stufen den Berg unter die 77 noch aktiven japanischen Vulkane ein. Dabei hatte der Fuji seinen letzten großen Ausbruch im Jahre 1707. Als magische Präsenz Japans ist der Berg ebenfalls tot, und die Tatsache, daß ihn jährlich so viele Japaner besteigen, ist in gewisser Weise eine Art kollektives Begräbnis: das Ende jener japanischen Zivilisation, deren Symbol der Fujiyama war.

Ein klassisches Plakat zeigt eine kleine Schnecke am Fuße des mächtigen Berges und dazu die Inschrift: »Mit Entschlossenheit wird selbst dieses kleine Wesen die Spitze erreichen« – genau das haben die Japaner die letzten 100 Jahre vollbracht. Mit imponierender, manchmal beängstigender Entschlossenheit und unter Wahrung mancher nationalen Eigenart sind sie voranmarschiert, sind modern und wohlhabend geworden. Aber sie haben diesen Erfolg mit dem Verlust dessen bezahlt, was in der neueren Zeit die Quelle mancher Kunst, Literatur, Religion und letzten Endes ihrer Identität war: der Natur.

Wer auf der Suche nach der Seele Japans den Fujiyama besteigt, den schockt der Verlust, den die Japaner sich selbst zugemutet haben: Die Wanderung, fünf bis zehn Stunden lang, vermittelt keine Erfahrung der Natur, keine Zwiesprache mit ihr, sondern ist eine Übung in Modern living.

Die Spitze des Berges erscheint nicht mehr als Altar für die großartigen Kräfte der Natur, vor allem der Sonne, sondern als Wiederholung dessen, was man zurückgelassen hat: das unnatürliche Leben in der japanischen Zivilisation von heute, vor allem der großen Städte.

Die Bergsteiger freuen sich, daß sie auf der Spitze des Berges ein betriebsfähiges Postamt finden; daß es dort reihenweise die üblichen grünen Telefone gibt, vor denen sie sich anstellen können, um aus der »höchsten Telefonzelle im Lande« daheim anzurufen; daß zahlreiche andere Bergsteiger nur gekommen sind, weil sie als Funkamateure ihre Antennen aufstellen und dem Stimmengewirr des Ausflugsbasars noch ihre monotonen Rufe hinzufügen.

Die gleichen Japaner, die jahrhundertelang in Ehrfurcht und Respekt gegenüber der Natur lebten, scheinen jeglichen Sinn für sie verloren zu haben. Aus Anbetern der Natur sind Zerstörer der Natur geworden.

Die Ufer der meisten japanischen Flüsse haben sie zementiert, über die Hälfte der gesamten japanischen Küste verschandeln ganze Reihen von Beton-Wellenbrechern. Der Regenwald Südostasiens wird von japanischen Firmen weggerodet, der Grund der Weltmeere von den japanischen Trawlern leergefischt. Umweltschützer der ganzen Welt brandmarken Japan als Naturfeind Nummer eins.

In den letzten drei Jahren stiegen die Bodenpreise am Fuße des Fuji um das Vierfache, in einigen Gebieten gar um das Achtfache. Alte Bauern wurden von ihren Reisfeldern vertrieben, 20 Prozent der Wälder in der Nähe des Berges von Spekulanten aufgekauft, die noch einen weiteren Golfplatz bauen wollen, obwohl es dort schon über 20 gibt und sich inzwischen auch in Japan herumgesprochen hat, daß Golfplätze eine große Belastung für die Umwelt sind.

Ein altes Projekt, eine Drahtseilbahn bis auf den Gipfel zu bauen, wird neu belebt, dito ein Plan, in den Schluchten des Fuji, wo der Schnee sogar im Hochsommer liegen bleibt, den Skisport anzukurbeln. Noch rührt sich Widerstand gegen diese Pläne, aber das Profitdenken dürfte sich dennoch durchsetzen.

Der letzte religiöse Torbogen auf dem Fujiyama, der dem Wanderer das Ende des heiligen Pfades verkündet, ist heute mit Münzen übersät, die Pilger ihm geopfert haben. Die Japaner sagen, das sei nicht anders als an Roms Trevi-Brunnen, aber der war nie eine heilige Stätte. An dem Tor beschleicht einen der Eindruck, daß der Gott des Geldes auf der höchsten Spitze des Berges Platz genommen hat.

Entheiligt, entstellt, voller Abfälle – in gewisser Weise ist der Fujiyama zum Symbol auch der destruktiven Macht der Japaner geworden. Sein Name schien einen Fluch zu enthalten: Das Wort Fuji, das möglicherweise einen Feuergott bezeichnete, ist nicht japanischen Ursprungs, es entstammt der Sprache der Ainus, jener Ureinwohner des Archipels, die von den Japanern fast ausgerottet wurden.

Von allen Völkern der Welt sind die Japaner vermutlich das einzige, das als Symbol für sich selbst ein Stück Natur gewählt hat. Anders als die Chinesen mit ihrer großen Mauer oder die Ägypter mit ihren Pyramiden haben sie ihre Identität mit einem Vulkan verbunden. Welch eine Ironie für das Volk der Supermacher und der Supergeschäftsleute, als das sich die Japaner heute sehen!

Eine noch größere Ironie scheint darin zu liegen, daß der Wert jenes Symbols bereits auf seine Form reduziert war, diese Form inzwischen aber in höchster Gefahr ist. »Herrlich bei schönem Wetter, herrlich an wolkigen Tagen, die ursprüngliche Form des Fujiyama ändert sich niemals«, pflegten die alten Japaner zu schwärmen. Der Sage nach gelangte jedes Körnchen Sand, das die Pilger tagsüber vom Berg mit herunterbrachten, nachts auf geheimnisvolle Weise wieder hinauf, so daß nichts den Berg verändern konnte. Das gilt natürlich längst nicht mehr.

Jedes Jahr verliert der Fuji rund 200 000 Kubikmeter Sand und Lava – sie werden vorsätzlich entfernt oder gleiten vom Berg herunter und gelangen nie wieder zurück. Die berühmte symmetrisch-konische Form des Fujiyama, die angeblich so stabil war wie das politische System des Landes, verändert sich durch Erosion. Doch Japaner lassen sich durch ein Problem dieser Art nicht entmutigen. Sie entwarfen einen Plan, dem gesamten Fuji-Gipfel einen Zementkragen zu verpassen, auf daß der Berg aus der Ferne auch weiterhin so aussehe wie in den Jahrhunderten zuvor.

Die Japaner machen vor nichts halt. Da sie sich zur Moderne bekehrt und den Glauben an ihre Millionen Götter – der Shintoismus hat deren acht Millionen – verloren haben, empfinden sie kaum noch etwas als unantastbar. Vor kurzem sagte ein junger Student der Universität von Tokio in öffentlicher Diskussion: »Luft? Es ist egal, ob sie verschmutzt wird oder verschwindet. Wir werden sie künstlich erzeugen können!«

Zu Beginn dieses Jahrhunderts waren die Japaner stolz auf ihre Modernisierung gewesen – nur ein paar Jahrzehnte hatten genügt, wofür das Abendland Jahrhunderte benötigte. Ihre heutigen Wirtschaftssiege, ihre Fähigkeit, zu lernen, sich anzupassen, jeden nützlichen Aspekt anderer Zivilisationen zu verbessern, erheben sie nach eigenem Verständnis zum Inbegriff des modernen Menschen – und zum Beispiel für alle anderen.

Der homo nipponicus sollte nach ihrer Überzeugung der Mensch der Zukunft sein.

Ihre Stärke liegt in ihrem sozialen Zusammenhalt und in ihrer Entschlossenheit, vergleichbar der kleinen Schnecke, die auf dem Fuji-Plakat den Berg hinaufkriecht.

Wenn man im Morgengrauen von der Höhe des Fujiyama hinunterblickt, sieht man sie heranströmen. Sie wirken wie ein riesiger

Schwarm Leuchtkäfer, in endloser, unbarmherziger Masse. Sie klettern über Lava und Abfall, streben beständig dem Gipfel zu, tragen ihre Lampen, Bergstöcke, Glöckchen, Zelte, Fotoapparate, Fahrräder, Fahnen in dem Gefühl, Japaner zu sein.
Läßt sich auf dem Fujiyama das Geheimnis Japans entschlüsseln? Der Blick von oben vermittelt die Erkenntnis, daß es vielleicht gar kein Geheimnis gibt, das zu entschlüsseln wäre, daß Japan heute, ebenso wie der Fujiyama, groß nur von weitem ist.

JOACHIM PREUSS

Bürokraten auf dem wilden Pferd

Die chaotische Lebensmittelversorgung in Leningrad November 1990

Mafia? »Wir sind kein Land für die Mafia«, sagt Timur Wladimirowitsch Missikow. Der bullige Mann drückt abwechselnd die Fingerknöchel der einen Hand gegen den Handballen der anderen, lauscht und lächelt: Es knackt vernehmlich.

Früher war Timur Wladimirowitsch ein bekannter Ringer. Jetzt ist er Direktor der »Newskaja Basa«, eines großen Lebensmittellagers im Südosten Leningrads. Aus seinem halbhoch holzgetäfelten Büro dirigiert er Obst und Gemüse in drei Stadtbezirke.

Rechts, neben seinem Schreibtisch, warten fünf verschiedenfarbene Telefone auf Befehle. Zentral, an der Stirnseite des Raumes, wacht ein großes Lenin-Porträt. Ein kleinerer Gorbatschow, in der am Muttermal retuschierten Parteivariante, steht auf dem Schrank. An der Wand lehnt ein gewaltiger Expander.

Timur Wladimirowitsch gehört zu jenen Sowjetmenschen, die noch nach Plan arbeiten. Er beliefert die staatlichen Läden, in denen die Preise künstlich niedrig gehalten werden und die armen Leute sich die Beine in den Bauch stehen. Eine handgeschriebene Liste mit sämtlichen Obst- und Gemüsesorten, den Soll- und Istdaten verdeutlicht die abweichende Wirklichkeit: In den Lagerhallen der »Newskaja Basa« stapelt nur 60 Prozent dessen, was für den Winter geplant war.

Karotten gibt es mehr, Äpfel weniger. 68 Prozent ist die Kartoffelzahl, die wichtigste.

Der Grund für den Mangel? Timur Wladimirowitsch wirft einen Blick nach oben, wo der Lenin hängt: »Wir haben keine Richtung, die Disziplin ist zusammengebrochen. Die Studenten, die Arbeiter aus den Fabriken sind nicht mehr zur Ernte aufs Feld gegangen. Die Kolchosen erfüllen ihre Verträge mit uns nicht mehr. 50 Prozent«, er wiederholt die Zahl dreimal, »der vereinbarten Verträge sind gebrochen worden. Was passiert bei Ihnen mit solchen Leuten?«

Der Direktor überhört nun schon das zweite Telefon, das beharrlich klingelt. Die Schultern nach vorn geworfen, macht er deutlich, daß er »solche Leute« am liebsten nach Ringerart bändigen würde. Die Welt ist aus den Fugen, weiß der Teufel, wo die Kolchosbauern ihr Gemüse verkaufen, das vertragsgemäß in die »Newskaja Basa« gehört: »Die Marktwirtschaft«, sagt Timur Wladimirowitsch, »ist ein wildes Pferd.«

Dann hat er sich beruhigt und noch eine Frage: »Können Sie mir in Deutschland eine Destillations-Anlage besorgen?« Wild hin oder her – auch er würde gern auf dem Pferd reiten. In einer Ecke des riesigen Lagergeländes ließen sich Kartoffelreste leicht zu Alkohol verarbeiten. Dafür brauche man keinen Staat, das sei besser privatwirtschaftlich zu organisieren.

Das ist strategisch nicht übel gedacht. Tatsächlich fällt reichlich Abfall an. Und wer bestimmt schließlich, was Abfall ist? Die blitzenden Augen des ehemaligen Ringers lassen den Schluß zu, daß die potentielle Spritfabrik stets über eine gesicherte Rohstoffbasis verfügen könnte.

Auf dem wilden Pferd sind die Phantasien der Menschen längst aus dem tristen Großlager geflohen. Olga Nikolajewna Stupina, die im Haus V der »Newskaja Basa« die Obstbestände überwacht, hat »alles satt, ich höre hier auf und arbeite in einer privaten Kooperative«. Die kleine Frau mit den schnellen Augen und dem taftfesten Haar hat die saugenden Kräfte der Privatwirtschaft gerade erlebt. Sie nimmt in ihrem überheizten Dienstzimmer, in dem statt Lenin oder Gorbatschow ein Spiegel die Wand schmückt, einen Schluck gesüßten Kaffees, ehe sie die Geschichte ihrer Äpfel erzählt.

»Jahr für Jahr« seien früher die Äpfel aus Moldawien und dem Kuban, den fruchtbaren Provinzen am Schwarzen Meer oder aus Belorußland pünktlich im frühen Herbst im Haus V eingetroffen.

Dieses Jahr aber seien die Lastwagen und Waggons mit den Äpfeln aus dem Süden ausgeblieben. »Nichts, gar nichts, verstehen Sie«, sagt Olga Nikolajewna und greift mit gekonnter Leichtigkeit nach der angebotenen Marlboro des Besuchers.
Schließlich habe sie »Leute hingeschickt, die den Kolchosbauern die Verträge unter die Nase gehalten haben«. Aber in der Kuban-Ebene etwa, nördlich des Kaukasus, erlebten die Obsteinkäufer aus Leningrad, was inzwischen landauf und landab in der Sowjetunion gültig ist: Wer etwas zu verkaufen hat, schert sich einen Dreck um Pläne und Verträge, sondern verkauft an den Abnehmer, der am meisten Geld bietet. Während in Moskau die Debatten zur Einführung der Marktwirtschaft tosten, hat das Leben längst entschieden.
Olga Nikolajewnas Abgesandte boten im Kuban 1,20 Rubel für ein Kilo Äpfel. Konkurrenten aus dem Norden, »die Reichen aus Murmansk und Archangelsk, die Öl und Gas haben und sowieso von der Regierung unterstützt werden, weil sonst niemand da leben will«, wie Olga Nikolajewna sagt, jagten ihren Leuten die Äpfel ab. Sie bezahlten 1,60 Rubel pro Kilogramm.
Erst nach längerem Betteln bekamen ihre Sendboten wenigstens 200 Tonnen Äpfel – ein Fünftel der normalen Lieferung aus dem Kuban-Gebiet.
Auf kleinen Stiefeletten, die Olga Nikolajewna über den allgegenwärtigen Matsch erheben, geleitet die Lagerverwalterin zu ihren Kühlhallen, in denen dieses Jahr insgesamt nur 30 Prozent der üblichen Apfelmenge liegen. Sie hat strikte Anweisungen von der »Glawk« (Hauptverwaltung), ihrer vorgesetzten Obst- und Gemüsebehörde, derzeit keine Äpfel an die staatlichen Läden zu geben.
Der Grund leuchtet ein: Wenn Olga Nikolajewna jetzt schon Äpfel herausrückt, sind ihre Vorräte im Winter erschöpft, wenn es womöglich mit anderen Nahrungsmitteln knapp wird. Wer jetzt unbedingt Äpfel will, kann sie sich in privaten Kooperativ-Geschäften kaufen. Allerdings sind die Äpfel dort zuweilen doppelt so teuer wie jene 1,90 Rubel, die Olgas Ware im Laden kosten wird.
Mit malerischer Langsamkeit sortieren drei Babuschkas auf einem klapperigen Tisch vergammelte Äpfel aus einem Haufen. Es sind 80 Tonnen bulgarische Importe, die ein versprengter Befehl in das Haus V der »Newskaja Basa« befördert hat, um die inländische Knappheit zu lindern.

Mit matter Handbewegung weist Olga Nikolajewna auf den Tisch: »Die müßten dringend weg, die bulgarischen Äpfel lassen sich nicht so lange lagern wie unsere.« Um den Verkaufsstopp zu unterlaufen, hat sie ein Gutachten angefordert, das den labilen Zustand der bulgarischen Äpfel bestätigt. Vor einer Woche hat sie, natürlich schriftlich, das Gutachten bei der Glawk eingereicht. Inzwischen habe sie auch telefoniert, aber niemand gebe ihr Erlaubnis, die bulgarischen Äpfel zu verkaufen.

Und auf eigene Faust? »Dann werde ich bestraft, weil sie denken, ich würde etwas beiseite schaffen.« Das stimmt; Olga Nikolajewna, bestätigt ein Miliz-Major, war bereits einmal mit einem Bein im Gefängnis, weil sich eine größere Obstpartie unter ihrer Ägide in nichts aufgelöst hatte.

Wladimir Leonidowitsch Abakumow empfindet die Frage nach den bulgarischen Äpfeln als unangemessen. Zugegeben, die Angelegenheit falle wohl in seine Zuständigkeit. »Aber, verstehen Sie, wir haben nur 60 Leute, wie sollen wir uns da um alles kümmern?« Wladimir Leonidowitsch steht in der Leningrader Stadtverwaltung, die nicht mehr von Kommunisten geleitet wird, der Behörde für Obst und Gemüse vor. Ein großer Gorbatschow und ein kleiner Lenin hängen in seinem Dienstzimmer. Über die halbhohe Holztäfelung ist eine Stoffbespannung gezogen. Links von ihm stehen acht Telefone, die er ungerührt klingeln läßt.

Erst als der grüne Apparat schrillt, ist Wladimir Leonidowitsch mit einem Satz am Gerät. Er muß es geahnt haben: Moskau will die aktuelle Kartoffellage erfahren. »Ja, es ist eine Katastrophe mit den Waggons«, brüllt er ins Telefon, »ja, die zwei Millionen Devisen habe ich heute gekriegt, das ist nur die eine Hälfte, ich habe Leute nach Polen geschickt.«

Leningrad braucht 1000 Tonnen Kartoffeln am Tag. Bis zum 15. April, dem Ziel der staatlichen Winterplanung, sind es 154 Tage, also 154 000 Tonnen. Wladimir Leonidowitsch hat davon gut 50 000 Tonnen. »15 000 liegen noch im Hafen, 17 kriege ich aus Polen und dann im Frühling noch mal die 50 000 aus Polen«, ruft er in das grüne Telefon.

Es ist nicht leicht, Abakumow nach seinem Telefongespräch mit der Hauptstadt wieder zu Olga Nikolajewna und den bulgarischen Äpfeln zurückzuführen: »Warum kommt sie nicht hierher«, fragt er mit nur knapp gezügelter Stimme, »wenn sie Probleme hat?«

Der Gedanke, daß Olga in ihrem speckigen blauen Kittel, die Stiefeletten vom Vorstadtmatsch bespritzt, auf Abakumows Besuchersofa vor der zierlichen Teetasse Platz nimmt, ist absurd. Zwischen der Lagerverwalterin am Stadtrand und dem Behördenleiter inmitten der Stadt klafft eines jener schwarzen Löcher, die Rußlands wahre Mafia sind.
»Organisatorische Gründe« nennt das Leningrads Oberbürgermeister Anatolij Sobtschak, der den Westen um Hilfe gebeten hat. Es gebe zwar mehr Lebensmittel als im Vorjahr, aber sie kämen einfach nicht zum Verbraucher.
Hektisch und sichtlich genervt dreht Wladimir Leonidowitsch an seinen diversen Telefonen, um herauszufinden, ob in seiner Behörde irgend jemand von den bulgarischen Äpfeln weiß. Kein Echo, niemand hat je davon gehört.
Geschmeidig lenkt der Behördenchef das Gespräch vom Besonderen aufs Allgemeine. Schuld an der Misere sei einfach das Wetter. Das ist der Grund für die Kartoffelknappheit: »In Belorußland war so viel Wasser auf den Feldern, daß wir nicht ernten konnten, man konnte nicht mal mit Panzern fahren. Es ist einfach Pech in diesem Jahr.«
Der entspannte Tonfall, in dem Leningrads erster Gemüse- und Obstverwalter die miserable Versorgungslage erörtert, läßt nur einen Schluß zu: Er ist sicher, daß die Bevölkerung den Mangel still erträgt. »Und nächstes Jahr wird es ja alles besser, im Dezember setzen wir uns zusammen, um das Land rund um Leningrad zu privatisieren.«
Wladimir Leonidowitschs Bemühen ist unverkennbar, die Themen des Gesprächs in der Zukunft anzusiedeln. Nein, auch von Olga Nikolajewnas Weintraubengeschichte hat er nichts gehört, schließlich müsse er sich um die Gesamtversorgung kümmern.
Das ist verblüffend. Denn über die Weintraubenschwemme in der »Newskaja Basa« hat sogar das Fernsehen berichtet.
Im September produzierte das Kommandosystem unverhofft eine jener Überflußblasen, die den Zusammenbruch der Planwirtschaft neben allen Knappheiten begleiten: In der »Newskaja Basa« trafen über 1000 Tonnen Weintrauben aus Moldawien und Usbekistan ein.
Bis heute weiß niemand, wieso die süßen Früchte in der doppelten der sonst üblichen Menge in die tristen Lagerschuppen ge-

langten. Olga Nikolajewna erinnert sich jedenfalls an jede Tonne. Die Weintrauben brachten nur Ärger. Von vornherein war klar, daß die reifen Trauben sich allenfalls einen Monat lagern lassen würden.

Also mußten täglich 35 Tonnen in die staatlichen Läden geschafft werden. Obwohl Olga Nikolajewna, was offenkundig höchst ungewöhnlich ist, mit vielen Läden telefonierte und dringend bat, ihr die Trauben abzunehmen, blieb sie auf Dutzenden Tonnen sitzen. Das närrische Planungssystem leistete ganze Arbeit.

»Ja, ja«, sagt Natalja Iwanowna Belowenzewa in den Katakomben des 26. Ladens an Leningrads Obuchowskoi Oboronny Boulevard, »ich erinnere mich an die Weintrauben.« Sie blättert in ihrem Orderbuch und stellt fest, daß sie sehr vorsichtig bei der Weintraubenbestellung war, »die waren ja sehr teuer«. Falls die Trauben bei ihr vergammelt wären, »hätten wir weniger Prämien gekriegt«.

Wie alle anderen staatlichen Läden ist Natalja Iwanowna an einen Plan gebunden: Sie muß Waren in einer bestimmten Rubelhöhe verkaufen. Ob sie den Rubelbetrag in ihrem Lebensmittelgeschäft allerdings mit Zucker, Mehl, Konserven oder etwa Weintrauben schafft, ist gleichgültig. Da die Trauben schnell verderben, bestellt sie in der »Newskaja Basa«, ihrem Lager, nur soviel, wie sie mit Sicherheit verkauft. »Ja, so ist es doch richtig, oder wird das bei Ihnen anders gemacht?« fragt sie, durch die Fragerei leicht verunsichert. »Ich hätte mehr Weintrauben genommen«, fügt sie nach einer Pause des Nachdenkens entschlossen hinzu, »wenn die ›Basa‹ die Preise gesenkt hätte.«

Das aber durfte Olga Nikolajewna nicht. Statt dessen bildete sich in der »Newskaja Basa«, unter dem Druck der Weintraubenmassen, eine eigentümliche Notgemeinschaft. Die Lagerverwalterin verbündete sich mit ihrem natürlichen Feind.

Alexander Maximowitsch Danilko ist Major der Miliz. Er gehört zu jenen Polizisten, die dem verheerenden Lebensmittelschwund entgegenwirken sollen. Letzten Monat hat er einen Kognak-Diebstahl aufgeklärt und sein ohnehin stattliches Gehalt von 430 Rubel um eine Sonderprämie von 100 Rubel aufgebessert.

Zu seinem Einsatzgebiet gehört auch die »Newskaja Basa«, und es war Alexander Maximowitsch, der Olga Nikolajewna vor einiger Zeit fast in den Knast gebracht hätte.

Der Miliz-Major, ein pflichtbewußter Diener seines Staates, sah

Olga Nikolajewna in den Weintraubenbergen versinken. Alexander Maximowitsch, in Einkommen und sozialer Hierarchie weit über der Lagerverwalterin, fühlte sich herausgefordert, ihr zu helfen. Er alarmierte ein Leningrader Fernsehteam, das tatsächlich einen kleinen Bericht über die Traubengeschichte sendete.

Ein paar Leute regten sich auf – und gleich wieder ab. Die unermeßliche Lethargie erstickte den Ausbruchsversuch des Majors und der Marktfrau. Am Ende verrotteten Dutzende Tonnen von Weintrauben in der »Newskaja Basa«.

Warum hat Olga Nikolajewna die Weintrauben nicht an private Läden, die Kooperativen, verkauft? Oder wenn sie schon keinen Lastwagen hatte, warum hat sie die Früchte nicht in letzter Sekunde wenigstens an Menschen verschenkt, die an der »Basa« wohnen? Sie zuckt mit den Schultern, dreht die Hände nach außen: »Das darf ich nicht.«

Wladimir Leonidowitsch hört sich die Geschichte mit wachsendem Unmut an. »Das geht mich nichts an, wie die Lager ihr Zeug verkaufen«, sagt er trotzig. »Olga Nikolajewna ist für ihre Ware verantwortlich, sie kann verkaufen, wie sie will und zu welchem Preis sie will.« Alexander Maximowitsch, der Polizeimajor, der die Audienz bei dem Behördenchef ermöglicht und bislang als stiller Zuhörer auf dem Besuchersofa gesessen hat, springt so heftig auf, daß er fast die Teetasse umstößt: »Nein, das darf sie nicht.« »Doch«, sagt Wladimir Leonidowitsch, »es gibt eine Verordnung, die ihr alle Freiheiten gibt.« – »Seit wann?« Der präzisen Frage des Polizisten entfleucht der Behördenleiter verblüffend wendig: »Wenn es vernünftig gewesen wäre, hätte sie es schon immer gedurft.«

Unversehens entblättert sich im Amtszimmer des Leningrader Gemüseverwalters die Perestroika in all ihrem Elend. Selbst wenn Olga Nikolajewna längst in die freie Marktwirtschaft entlassen sein sollte – sie hat keine Ahnung davon, in ihrem Großmarkt am Stadtrand jedenfalls sind keine Direktiven, Verordnungen oder gar Gesetze angekommen.

Und auch der Miliz-Major, der die Einhaltung der Gesetze überwacht, weiß von nichts. Seinem Mienenspiel ist freilich abzulesen, daß er an die neue Verordnung nicht glaubt. Hat nicht vielmehr Wladimir Leonidowitsch, schließlich ein fintenreicher Parteimann, die Verordnung auf die schnelle herbeigezaubert, um seine

befremdliche Unkenntnis in Olga Nikojalewnas Weintraubenabenteuer zu verdecken?
Wladimir Leonidowitsch spürt die frostige Atmosphäre und lenkt ab. Was immer im einzelnen passiere, man dürfe nicht vergessen, daß die Versorgungsmisere neben dem schlechten Wetter einen entscheidenden Grund habe: Die Nahrungsmittelproduzenten auf dem Lande schafften einfach nicht genug heran, »keiner will mehr richtig arbeiten«.
Eine knappe Autostunde südlich von Leningrad erstreckt sich auf 3000 Hektar die Sowchose Schuschari, einer der zehn stadteigenen Landwirtschaftsbetriebe. »Ja, ja, es ist schon schwierig«, bestätigt der Agronom Sergej Wladimirowitsch Borodawko, »die Landarbeiter für 3,15 Rubel Tageslohn zur Arbeit anzutreiben« – mithin für den Gegenwert von zwei Kilo Äpfeln.
Aber dennoch, wie geplant, hat die Sowchose dieses Jahr 16 000 Tonnen Gemüse eingefahren. Nur die Zeiten, da Sergej Wladimirowitsch seine Ernte in die »Newskaja Basa« und ein zweites der großen Stadtlager transportierte, sind vorbei.
Der Agronom verkauft neuerdings nach den Gesetzen der Marktwirtschaft und genießt es offenkundig. Zwar behauptet er, am Erfolg der Sowchose lediglich mit einem 13. Monatsgehalt von 250 Rubel (auf dem Schwarzmarkt 25 Mark) beteiligt zu sein, aber der Triumph, es dem Ringer von der »Newskaja Basa« zu zeigen, springt aus seinen Augen.
Es ist die stille Genugtuung, mit der die Leute vom Land den Bonzen in der Stadt die Jahre der Erniedrigung zurückzahlen. Am Beispiel einer größeren Kohllieferung verdeutlicht Sergej Wladimirowitsch seinen Sieg über den Ringer. Die Geschichte beweist zudem, mit welchen unkontrollierten Folgen die Marktwirtschaft das sowjetische Plansystem aufsprengt.
Zwischen der »Newskaja Basa« und der Sowchose besteht ein Vertrag, der Sergej Wladimirowitsch verpflichtet, Kohl zu einem Tonnenpreis von 195 Rubel zu liefern. Für besonders gute Qualität gibt es 50 Rubel mehr.
Der Preis von 245 Rubel für umgerechnet 1000 Kilo Kohl ist genau gerechnet: Der festgelegte Kohlpreis in den staatlichen Geschäften Leningrads beträgt 25 Kopeken pro Kilo.
Bevor Sergej Wladimirowitsch seinen Kohl an die »Newskaja Basa« lieferte, hörte er sich in der Stadt nach den Preisen um. Zwei an-

dere Lager boten 350 Rubel pro Tonne. Der Ringer lehnte es ab, diesen Preis zu bezahlen.
Der Agronom verkaufte seinen Kohl am Ende für 500 Rubel pro Tonne an eine kleine Basa außerhalb der Stadt. Anschließend bezahlte er eine bescheidene Strafe für die Vertragsverletzung.
Die Folgen dieser Geschäftigkeit sind in jenen Läden zu besichtigen, die ihren Kohl aus der »Newskaja Basa« beziehen: Die Schlange der starren, grauen Gesichter wächst in Windeseile auf 30, 50 Meter, wenn es tatsächlich einmal Kohl zum behördlich festgesetzten Preis von 25 Kopeken zu kaufen gibt.
Sergej Wladimirowitsch hat kein schlechtes Gewissen. Im Gegenteil. Von seiner Ernte lagern noch 2000 Tonnen Gemüse in der Sowchose. »Im Winter werden die Preise steigen«, sagt der Agronom in zwingender Kapitalisten-Logik. Weiß die Gemüsebehörde in der Stadt von seiner stillen Reserve? »Nein, natürlich nicht.«
Das System der Gemüseversorgung in der Millionenstadt Leningrad gleicht einer Telefonvermittlung, in der sämtliche Strippen im falschen Loch stecken. Daß jetzt die Kartoffeln in der Stadt knapp sind, sagt Sergej Wladimirowitsch, »daran haben die da oben doch selbst schuld«.
Im Frühjahr, erzählt er, hätten die hohen Herren von der Gemüsebehörde große Mengen Kartoffeln in der DDR und Polen besorgt. »Als wir unsere Kartoffeln dann im Sommer an die Stadt verkaufen wollten, waren die Lager noch voll.« Notgedrungen habe die Sowchose dann ihre Kartoffeln anderweitig losgeschlagen.
Wohin und wie teuer? »Nach Sibirien für 85 Kopeken pro Kilo.« Ja, ja, das sei schon das Doppelte, was die Stadt sonst bezahle.
Sergej Wladimirowitsch ist ein Mann für die Sowjetunion von morgen. Er verkauft seine Produkte nach den Gesetzen des Marktes, und ihn haben sogar schon holländische Agrarexperten auf der Sowchose besucht. Radieschen in einer verschweißten Plastikumhüllung sind ein weithin gerühmtes Ergebnis dieser Zusammenarbeit. Sein Gehalt aber, die 250 Rubel, sind noch von heute. Das Mißverhältnis spürt er neuerdings selbst: »Ich arbeite ja gegen mich selbst, mein Gehalt bleibt, und in den Läden wird es teurer.« Wie Rentner mit 80 Rubel pro Monat über die Runden kämen, »weiß ich nicht«.
Im Laden Nummer 40 auf der Leningrader Hauptstraße, dem Newskij Prospekt, ist kein Rentner zu sehen. Dabei gibt es alles zu

kaufen, sogar Zitronen und Apfelsinen. Aber zwei Rubel für ein Kilo Kartoffeln ist fast das Zehnfache des staatlich verordneten Preises.
Gennadij Alexejewitsch Baronow, ein stämmiger Typ in schwarzer Lederjacke, ist Geschäftsführer, ja, »so könnte man sagen«. Und wem gehört der Laden? »Das ist schwer zu sagen.« Und woher kommen die Waren? »Och, von überall, vom Land, wir haben gute Verbindungen.« Nein, nein, bitte kein Foto. Vielleicht gibt es die Mafia doch.
An der Wand hängt kein Lenin oder Gorbatschow, sondern ein leicht vergilbter Kalender. Mit akkurater Schrift sind Dutzende von Plan-Daten eingetragen. Gennadij Alexejewitsch hat das Zahlenwerk des früheren Geschäftsführers aus Nostalgie hängenlassen. »Das ist jetzt Kunst, wissen Sie.«

III.

DAS NEUE CHAOS

Nirgendwo manifestierte sich das neue Chaos augenfälliger als in jenem Vielvölkerstaat, der mehr als vier Jahrzehnte lang nur deshalb ein Staat blieb, weil ein übermächtiger Marschall ihn unter strenger Knute zusammenhielt: in Titos Jugoslawien. Nur elf Jahre nach Titos Tod brach der offene Bürgerkrieg aus, kämpften Serben, Kroaten, Slowenen und Bosnier gegeneinander. Hilflos schaute die Welt zu, wie ein Waffenstillstand nach dem anderen gebrochen wurde. Die Nato, die USA mischten sich ein, entsandten Truppen auf den Balkan, aber die Lunte glomm auch dann noch weiter, als sich die Kombattanten im amerikanischen Dayton einem Friedensdiktat beugten.

Chaos auch bei der einstigen Führungsmacht des Ostens, wo das Ende der Ära Gorbatschow zugleich auch das Ende der Sowjetunion markierte. Die neue »Gemeinschaft unabhängiger Staaten« (GUS) wurde alles andere als eine Gemeinschaft, Boris Jelzin, der erste *gewählte* Präsident Rußlands, alles andere als eine Integrationsfigur. Zwar konnte er einen Putsch der alten Garde gerade noch niederschlagen – aber gegen die Sezessionsbestrebungen etwa der Tschetschenen wußte auch er nur ein Mittel: den Einsatz des Militärs.

Im Norden Afrikas versuchten zur gleichen Zeit terroristische algerische Fundamentalisten, einen islamischen Gottesstaat vor den Toren Europas zu errichten. In der Südsee brachte Frankreichs gerade gewählter Präsident Chirac mit einer Serie von Atomversuchen den Rest der Welt gegen sich auf. Und auch in Europa wurde – wenngleich unblutig – gekämpft, fochten Europäer und Nationalisten pro und contra Maastricht: Wird er kommen, der Euro, und wann?

Wie Inseln im Sturm wirkten – für eine Weile immerhin – die traditionellen Krisenregionen Südafrika und Nahost: Im Burenstaat ging die Apartheid zu Ende; im Nahen Osten vereinbarten die einstigen Todfeinde Israel und die PLO – unter tatkräftiger Anleitung durch den US-Präsidenten Bill Clinton – eine Autonomie-Regelung für Palästina. Nacheinander erhielten erst die Südafrikaner Frederik Willem de Klerk und Nelson Mandela, sodann die Israelis Jizchak Rabin und Simon Peres sowie der PLO-Chef Jassir Arafat den Friedensnobelpreis.

Frieden aber garantierte das noch lange nicht: Im November 1995 fiel der Friedens-Premier Rabin den Schüssen eines fanatischen Landsmanns zum Opfer. Der sah, wie viele Israelis, in einem Frieden mit den Palästinensern das Ende Israels.

JÖRG R. METTKE

»Wir sind die Tiger Rußlands«

Millionäre, Raffer und Rotarier in Moskau
Juni 1991

Als Stadt«, fand Otto von Bismarck 1859, sei sie »die schönste und originellste, die es giebt«. Stefan Zweig, Jahrzehnte und zwei Revolutionen später, sah »barbarisches Durcheinander, ein planloses Kunterbunt«, aber immerhin noch eine »sonderbare Stadt«. Der Besucher von heute hat schon Schwierigkeiten, sich zu vergewissern, ob er tatsächlich in Moskau gelandet ist: Der internationale Flughafen scheint Samsung zu heißen, so allgegenwärtig ist die Reklame des südkoreanischen Elektronik-Konzerns.

Im Zentrum der Metropole raten dem Besucher lastwagenhohe Werbetafeln, regelmäßig »Mars« zu essen oder jene Schokoladen-Klicker, »die im Mund schmelzen und nicht in der Hand«. Empfohlen wird, japanische Kleinwagen zu gebrauchen und französische Duftwässer und dabei das Trinken jener bekannten Ami-Brause nicht zu vergessen.

Waren und Markenzeichen des Okzidents, und mit ihnen westliche Geschäftigkeit, haben das Eigenständig-Originelle dieser Stadt gepackt wie ein grippaler Infekt. Alle reden von Marktwirtschaft, nur wenige aber machen das große Geld: Gründerzeit, Gründerfieber in Moskau.

In den beiden Speisehäusern des US-Konzerns »Pizza-Hut« drängen sich russische Jungunternehmer an der Salatbar – in schnieken Benetton-Pullovern und natürlich in der Devisenabteilung. Nebenan, wo lange Schlangen Wartezeiten bis zu zwei Stunden verheißen, gibt es die mäßig schmackhafte Ware zwar für Rubel. Doch »dort stehen die sowjetischen Schafe«, sagt Arkadij Petrowitsch verächtlich: »Wir essen und trinken für Dollar, wir denken in Dollar, wir sind die jungen Tiger Rußlands.«

Das Wohlleben des jungen Raubtiers Arkadij, 24, Ex-Fleischverkäufer auf einem Moskauer Bauernmarkt, hängt an einer Profit-Kette. Deren Kioske mit der Aufschrift »Alles für Sie« machen sich in der Stadt breit wie die Pilze in den ruinierten Wäldern ringsum schon längst nicht mehr. Videokassetten, unbespielt oder mit Kopien amerikanischer Gewaltfilme, im Baltikum dem finnischen Fernsehen abgezapft, sind Arkadijs Spezialität: »Ich beschaffe alles, nur bei Pornos gibt's momentan Nachschubprobleme.«

Der Thriller »Gorki-Park«, englisch mit finnischen Untertiteln und russischer Einfachst-Übersetzung, kostet 135 Rubel – einen halben Monatslohn. Ihre Kunden betrachten die Händler ebenfalls als Hammel, die geschoren werden wollen: Freundlichkeit und Dienstleistungsanstrengungen sind ebenso Mangelware wie beim Staatshandel nebenan, der freilich obendrein nichts zu verkaufen hat. »Komm morgen wieder, Bruder«, sagt ein Videohändler am Rogoschski-Markt gähnend zu einem Kunden, »ich habe diesen Film selber noch nicht gesehen.«

Rüde Ruppigkeit überall, wo die halbstarken Gründer das Sagen haben. Desinteressiert sitzen sie neben ihren Jeans-Imitaten auf dem Rigaer Markt, Karten spielend, Bier trinkend. »Warte gefälligst, bis du gefragt wirst«, raunzt der Verkäufer einer Privat-Kooperative einen jungen Soldaten an, der sich eine asiatische Billiguhr zum Nepp-Preis von 500 Rubel anschauen möchte.

Nach inoffiziellen Schätzungen hat Michail Gorbatschows Neue Ökonomische Politik der sowjetischen Hauptstadt inzwischen rund 30 000 Handels-Kooperativen beschert. Von denen legte nur ein kleiner Teil Wert auf die Weihen staatlicher Registrierung. »Die anderen«, philosophiert ein Moskauer Wirtschaftsprofessor, »bilden informelle Strukturen: Je nach kriminalpolitischem Standort kann man die freie Unternehmer, Spekulanten oder Gangster nennen.«

Bereits im kleinen sind die Übergänge fließend: vom Handwerker, der selbstgetischlerte Regale oder selbstgeflochtene Körbe vertreibt, über den Trödler mit Samowaren, Zarenbildchen und Nazi-Orden bis zum Wiederverkäufer, der Mangelwaren aus staatlicher

Produktion abzweigt, um sie mit 10- bis 20fachem Gewinn auf Märkten und an belebten Straßenecken zu verhökern.
Gorbatschows jüngste Warnung, das krisengeschüttelte Land dürfe »kein Klondike für ausländische Unternehmer werden«, geht an die falsche Adresse: Es sind vor allem der Gewinnrausch der fixen Minderheit seiner eigenen Mitbürger und das zynische Behagen, mit dem diese der Konsumentenmehrheit das Fell über die Ohren zieht, was Normalverbraucher verbittert.
Und auch die Bedingungen, unter denen der schnelle Rubel rollt, sind samt und sonders hausgemacht: eine Hyperinflation, welche die Schere zwischen bürokratisch festgelegtem Warenwert und tatsächlichem Endverbraucherpreis immer weiter aufklaffen läßt; eine rapide Geldentwertung, die den Rubel inzwischen auf ein amtliches Kursniveau von sechs deutschen Pfennigen gedrückt hat; eine vollständige Rechtsunsicherheit, verschärft durch weitgehende Unvereinbarkeit alter und neuer, zentraler und republikanischer Gesetzgebung. Das verwischt die Grenzen zwischen legaler und illegaler Bereicherung.
Im »Melodija«-Schallplattenladen am Lenin-Prospekt sind die Verkäufer von Compact Discs (CD) längst an zahlungskräftige Großkunden gewöhnt. Die verstehen nichts von Musik, dafür aber um so mehr von der Kunst der Geldvermehrung unter sowjetischen Bedingungen: Regelmäßig verlangen sie mit dem knappen Befehl »Alles, was da ist« und bezahlen den staatlichen Abgabepreis von 20 Rubel pro CD mit dicken Geldbündeln. Schon draußen auf der Straße verlangen sie das Fünffache pro Stück, auf dem Wochenendmarkt von Ismailowo leicht das Zehnfache.
Rafik, 21, wegen Schlägerei mit Körperverletzung zweimal vorbestraft, handelt außer mit CDs auch mit dicken Kunstbüchern, die in regulären Geschäften selten auftauchen. Der Kamerascheue mit einem nur besten Freunden und der Miliz bekannten Familiennamen bringt es nach eigenem Bekunden auf einen monatlichen Gewinn von »rund 2000 Rubel und meist 200 Dollar« – die auf dem Schwarzmarkt noch einmal für 5000 Rubel gut wären.
Mit diesem Einkommen, auf das legal zum UdSSR-Lebensabend bestenfalls jemand käme, der zugleich Professor, Mitglied des KPdSU-Politbüros und der Akademie der Wissenschaften war, kauft sich Rafik »Klamotten, Mädchen und Beziehungen«.
Von einem Restaurant, einem Import-Export-Geschäft, einem ei-

genen Laden träumt jeder in Rafiks Clique. Und diese Moskauer Träume nehmen gegenwärtig massiv Gestalt an – vornehmlich freilich mit großspuriger Reklame: »World Business« steht an einer baufälligen Bude im Taganka-Bezirk, angeblich die Herberge einer Spitzenagentur für Werbung und Kommunikation. »Prestige« verheißt der Einkauf im gleichnamigen klapprigen Holzkiosk, der Wegwerf-Feuerzeuge, Strumpfhosen und holländisches Bier offeriert, die Dose zu 25 Rubel.

»Kommertscheski magasin« prangt stolz an Konsumtempeln der sowjetischen Marktpioniere. Ironie ist dabei nicht beabsichtigt. »Wir sind ein kommerzielles Restaurant«, sagt der Kneipen-Manager wie warnend bei der Tischbestellung – Kommerz ist das sowjetische Synonym für gesalzene Preise. Der »Kommersant« gilt eher als gewissenloser Beutelschneider denn als seriöser Kaufmann.

Da der Markt eine einzige Lücke ist und Besserverdienenden der Rubel deshalb locker sitzt, bleibt der neuen Händler-Bourgeoisie als einzig wirkliches Problem der unberechenbare Staat. »Unter der Sowjetmacht zu leben«, ereifert sich Sergej Bolschagin, 29, »ist das größte Risiko, so etwas wie höhere Gewalt; dagegen sind alle sonstigen Geschäfts- und Unternehmerrisiken harmlos.«

Bolschagin muß es wissen: Im Stadtteil Krylatskoje betreibt er vier Gemüse-Verkaufsstellen sowie einen Laden mit wahllosen Produkten westlicher Lebensweise von Konfektion bis Videos. Die Räume verpachtet die Sowjetmacht, die sich mit der Registrierung des Privathandels erst mal monatelang Zeit ließ.

Wer über mehr Geld und bessere Verbindungen verfügt, kommt schneller zum Zuge: In nur zwei Tagen erlangte die Firma »Alissa« amtlichen Segen. Hier werden Waren und Güter aller Art vermakelt, Raritäten sogar in der *Iswestija* angepriesen: Lastwagen für 300 000 Rubel, Kopiergeräte (60 000), gleich tonnenweise Mehl (2000) und Benzin (520).

»Alissa«-Chef German Sterligow, 24, organisiert das Tauschgeschäft im großen Stil und bringt, oft über mehrere Stationen, Käufer und Verkäufer zusammen. Vom Umsatz kassieren seine »Broker« im Schnitt fünf Prozent. Sie bringen es damit laut Sterligow »auf einige zigtausend Rubel pro Woche«.

Auf diese Weise hat Sterligow seine erste Rubel-Million in einem Monat gemacht – Grund genug, unlängst den »Russischen Klub

junger Millionäre« mit zwölf Mitgliedern zu gründen. Diesem illustren Zirkel, der ebenfalls innerhalb von zwei Tagen im Moskauer Oktober-Bezirk registriert wurde, kann gegen das Kleingeld von 500 000 Rubel jeder beitreten, der mit 35 Jahren seine erste Million auf der hohen Kante hat.
Ihren Verein wollen die jungen Neureichen als »eine Art Gewerkschaft« verstanden wissen – eine Interessenvertretung gegen die Neider und Habenichtse. Vor allem aber, so Sterligow, »gegen die einzige echte Gefahr, gegen die Sowjetmacht: Morgen kann alles wieder verboten werden, stets muß man mit Einbuchtung rechnen, vor der Mafia der Kommunisten ist man niemals sicher«.
Der argwöhnischen Öffentlichkeit suchen die frischgebackenen Kapitalisten im Stil ihrer ideologischen Großväter durch milde Werke zu gefallen: Alten- und Kinderheime bekommen etwas zugesteckt, auch junge Musiktalente und Sportinvaliden. Sterligows liebster Sozialfall ist eine Oma, die ihre Wohnung mit 28 herrenlosen Hunden teilt und dafür von der Millionärs-Liga unterstützt wird, »mit einem Gehalt von über 1000 Rubel, mehr, als ein Minister bei uns kriegt«.
Schon sind die Sowjet-Millionäre für soziologische Untersuchungen zur Erstellung eines »sozialen Porträts« ins Auge gefaßt: 50 hat man bereits ermittelt, doch weniger als die Hälfte erwies sich als gesprächsbereit.
Nur wer durch Verdienste und Titel geschützt ist wie etwa der umtriebige und geschäftstüchtige Augendoktor Swjatoslaw Fjodorow, leistet es sich, seinen Reichtum regelmäßig und öffentlich zur Schau zu stellen: Mal posiert er im Fernsehen mit einem mobilen Telefon; mal kauft er zur Versorgung seiner Kliniken mit Biokost gleich einen Kolchos samt potentiellen Öko-Bauern und erklärt denen, nun werde unter seinem Kommando richtig gearbeitet und anständig verdient.
Augenzeugen berichten von Auftritten nach Gutsherrenart: Im fersenlangen Pelzmantel entstieg der Unternehmer-Professor einem nagelneuen japanischen Geländewagen. Die Frau Gemahlin wurde in einem weiteren Automobil per Walkie-talkie herandirigiert.
Gerade erst hat sich Fjodorow auch um die in- und ausländische Halbwelt an der Moskwa verdient gemacht: Sein mikrochirurgisches Institut gibt den sowjetischen Partner ab in dem mit deut-

scher Beteiligung gegründeten Joint-venture namens »Interklub«, das in dem mit über 20 Millionen Mark restaurierten Hippodrom die vierte und teuerste Moskauer Spielhölle betreibt. Durch die Fenster des pompös hergerichteten »Casino Royale« kann der an der Pforte auf Bonität geprüfte Zocker seine Blicke über Rennbahn und Zossen schweifen lassen – darunter auch die von Fjodorow.
Für einen »aufgeschlossenen und modern denkenden Geschäftsmann«, so »Interklub« in einer Eloge auf Fjodorow, bietet das boomende Moskau zwischen lauter Schein- und Sumpfblüten auch traditionelle Exklusiv-Nischen – beispielsweise die von »Rotary«.
Der Moskauer Ableger dieser amerikanisch beherrschten Weltgemeinschaft kungelnder Herrenklubs existiert seit einem Jahr; seither griff die Seuche der Selbst-Nobilitierung auch auf Tallinn, Leningrad und Irkutsk über.
Zu den roten Rotariern in Rußlands Hauptstadt, die jeden Dienstag im »Business-Klub« des Staatskonzerns Intourist mit Kaffee und Schnittchen abgefüttert werden, gehören Jelzins wirtschaftlicher Chef-Berater Michail Botscharow, der RSFSR-Justizminister, der Chef der Moskauer Baubehörde, stellvertretende Minister, Abgeordnete, Bank- und Geschäftsleute – insgesamt 50 Wichtigkeiten.
Klub-Sekretär Alexander Tarnowski, 30, Chef eines privaten Anwaltsbüros, sieht bei den US-Aufsehern von Rotary gegenwärtig wenig Neigung, noch mehr sowjetische Klubs aufzunehmen: »Die haben Sorge wegen der instabilen Situation in unserem Lande; bei anderen Machtverhältnissen könnten Rotarier leicht Opfer von Verfolgung werden.«
Gegen derlei Schicksalsschläge versucht sich die neue Klasse der Besitzenden nach Möglichkeit rückzuversichern: Wer kann, nimmt in seine Kooperative gern einen pensionierten KGB-General als Frühstücksdirektor auf. Der muß dafür kitzlige Angelegenheiten mit der wankenden, aber erstaunlich zählebigen Staatsmacht richten.
Oder die KPdSU, die gegenwärtig erhöhte Aktivität erkennen läßt, beteiligt sich gleich selbst mit Kapital und Kadern hinter unverdächtigen Firmenadressen – zum Beispiel der AG Mateko. Viele der neugegründeten Gesellschaften sind ohnehin Gemeinschaftsunternehmen von Partei, Komsomol und Gewerkschaften: »Die Leute sind dieselben geblieben«, beschreibt ein deutscher Ge-

schäftsmann in Moskau diese merkwürdige Mimikry in Erwartung der Marktwirtschaft, »aber sie haben alle fabelhafte neue Visitenkarten.«

Da Papier geduldig ist, machen jede Woche neue Gazetten mit und ohne ausländische Beteiligung von sich reden. Alle wollen sie dem Sowjetbürger die Marktwirtschaft beibringen. Und sie empfehlen westliche Unternehmer »als vertrauenswürdige Führer im Labyrinth der sich ständig verändernden sowjetischen Gesetzgebung« – so etwa macht sich die Erstausgabe einer *Financial & Business News* (Jahrespreis: 200 Dollar) unentbehrlich.

Westwirtschaft intern heißt ein Elaborat des Deutschen Armin Bluhm, der von Bonn aus den heimischen Mittelstand bereits mit dem ähnlich gehaltlosen Dienst *Ostwirtschaft intern* beglückt. Wirkliche Interna aus der bundesrepublikanischen Geschäfts- und Finanzwelt liefert auch das russischsprachige Blättchen nicht, dafür aber jede Menge abgestandener Wirtschaftsmeldungen.

Doch im rumorenden Rußland kann auch noch der letzte Ladenhüter des Kapitalismus auf Absatz hoffen. Der moderne russische Patriot, so spottete der Satiriker Awruschin, lebt nach dem Leitsatz: »Hier bin ich geboren, hier will ich sterben; aber leben – dort.«

Wenigstens aber will er die andere Währung. Die staatstragenden Institutionen gehen mit schlechtem Beispiel voran: Die sowjetische Post liquidiert ihre Telefonrechnungen bei Ausländern in englischen Pfund. Das Fernsehen läßt sich Dienstleistungen in Schweizer Franken bezahlen, die KPdSU berechnet Übernachtungen in Parteihotel »Oktjabrskaja« in holländischen Gulden.

Wer immer etwas Rares zu verkaufen hat, nennt zunächst einen Preis in Dollar oder in Mark: Eine Wohnung in Jalta, eine nicht nach Fälscherlack riechende Ikone, ein garantiert Aids-freies Abenteuer – alles gibt es gegen »SKW«, die russische Abkürzung für frei konvertierbare Währung.

Trotz 70 Jahren Kommandowirtschaft: Die privatwirtschaftliche Wüste lebt – und wie. Allianzen von Parapsychologen und Rüstungstechnikern bieten »Psychotronik« an. Damit können angeblich Abwässer gereinigt, Supertomaten gezüchtet und Schädlingsbekämpfungsmittel überflüssig gemacht werden. Ein Unternehmen bewirbt sich beim Gesundheitsministerium um die Genehmigung zur Herstellung künstlicher Phalli. Die Zeitschrift

Megapolis witterte angesichts des »Millionenheers von Impotenten« bereits Riesengewinne: »Schließlich kostet ein künstliches Glied im Ausland zwischen 10 und 150 Dollar.«
Mit 50 000 Rubel Startkapital hat Irina Kononowa eine Sekretärinnen-Schule für Hochschul-Absolventinnen eröffnet, die Vorzimmerdamen »westlichen Zuschnitts« ausbilden soll. Sprachunterricht, Computertechnik, Frisier- und Schminkkunst stehen unter anderem auf dem Lehrplan. Die Ausbildungskosten von 10 000 Rubel tragen in der Regel ausländische Firmenvertretungen oder Joint-ventures, die schlechte Erfahrungen mit ihrem bisherigen Personal gemacht haben. Das stürmische Interesse an ihren Mädchen läßt Frau Kononowa bereits an zwei weitere Lehrinstitute denken: für persönliche Referenten und Bodyguards.
Der rasche Reichtum läßt ganze Gewerbe neu erstehen: Unter der Moskauer Telefonnummer 452 72 12 kann Eisentüren und Fenstergitter bestellen, wer inzwischen mehr zu verlieren hat als seine Ketten.
Wer zur Offerte der Firma »Mark«, sich »zusätzlichen Gewinn« durch Erwerb und Betrieb von »Spielautomaten aus der BRD« zu verschaffen, noch das Startkapital benötigt, der versucht es mit Glücksspiel auf offener Straße: Überall in Moskau blühen schäbige Tombolas und Lotterien, Lospreis bis zu 50 Rubel, die betrügerische Absicht überdeutlich auf die Stirn der ambulanten Gewerbetreibenden geschrieben. Genehmigungen haben sie angeblich alle, aber keiner mag sie herzeigen.
Nach den Bürgern pfeifen nun offenbar auch die Ordnungshüter auf den Staat: Im allgemeinen »Rette sich, wer kann« dienen sie dem Meistbietenden – und das ist selten ihre Behörde. Wer kann, verkauft Pässe (für 3000 Mark); wer von der Dienststellung her ärmer dran ist, verhökert technische Unbedenklichkeitserklärungen für schrottreife Autos (für eine Schachtel West-Zigaretten). »Ich habe drei Milizionäre auf der Gehaltsliste«, prahlt ein Porno-Händler: »Gegen meine Zuwendungen sind ihre Bezüge ein Taschengeld.«
Derweil verfällt im allgemeinen Manchestertum nicht nur die öffentliche Moral oder was die hohe Breschnew-Schule der Verlogenheit von ihr übrigließ – es verfällt buchstäblich die Stadt: Ihre Grünanlagen verwandeln sich in Müllkippen, auf denen abends Halbstarke unter den Augen der Miliz die Parkbänke verbrennen.

Moskaus Altbau-Viertel verslumen. Mancherorts fallen die Balkons von den Häusern, die Reste liegen monatelang auf dem Gehweg. Die Ratten erobern einen Bezirk nach dem anderen; im Volk hält sich trotz offizieller Dementis das Gerücht, in den Metro-Schächten seien sie inzwischen groß und fett wie Hunde.
Die Straßen mutieren zu Krater-Landschaften, auf denen kaum noch ein Gesetz gilt außer dem Darwins: Das »nicht besonders motorisierte« Rußland, so das Gewerkschaftsblatt *Trud*, liegt »weltweit vorn, was schwere Verkehrsunfälle angeht«. Krankenhäuser, soziale Dienste, kommunale Selbsthilfe – entweder Fehlanzeige oder längst in den Sog des allgemeinen Niedergangs geraten.
»Die Stadt entgleitet uns ins Chaos«, sorgt sich ein Moskauer Bezirksverordneter: »Jeder denkt nur noch an sich selbst.« Oder, mit den Worten des jungen Tigers Arkadij: »Der Staat kann verrecken – solange es uns nur gutgeht und wir unseren Gewinn machen können.«

ERICH WIEDEMANN

»Ihr sollt eure Feinde lieben«

Die Gewalt im Johannesburger Schwarzen-Ghetto Soweto
Mai 1991

Paß auf, wir machen einen Deal. Du hörst auf zu saufen, und ich kann dir garantieren, daß dir keiner mehr spitze Gegenstände in deine Weichteile steckt.« Doktor Chataliah macht einen schnellen Schritt zur Seite, um nicht in die Blutlache neben der Trage zu treten, und patscht seinem schwarzen Patienten ein Wundpflaster auf das Loch in der Brust.

»Dringend?« fragt Oberschwester Pauline Maphalala. »No, normal procedure.« Ein Loch in der Brust gilt hier nicht unbedingt als bedrohlich. Der Stich ist dicht am Herzen vorbeigegangen. Kein Grund zur Vorzugsbehandlung. Der Verletzte knurrt. Um zu zeigen, daß er zornig ist, schlägt er absichtlich zweimal hart mit dem Hinterkopf auf den stählernen Rahmen der Trage.

Normalerweise werden in der Nacht von Samstag auf Sonntag in der Unfallstation des Baragwanath-Krankenhauses 150 bis 250 Schwerverletzte eingeliefert. Es gibt notorische Krawallbrüder, die waren schon acht- bis zehnmal hier. Sie werden zusammengeflickt, und ein paar Wochen später sind sie wieder da.

»Frust«, sagt Dr. Chataliah, der indische Stationsarzt. »In Soweto sind der Alkohol und der Chauvinismus stärker als die Vernunft.« Er gibt dem Trolley mit der Krankentrage einen Tritt und ruft: »Schwester, Kundschaft!« Und dann: »Wo ist der nächste?«

Der nächste ist ein Arbeiter um die 40 mit blutverschmiertem Gesicht, auf dem Gras und Blätter kleben. Der Mann sagt, er habe mit

einem Freund zusammengesessen und Ungombothi aus einem Eimer getrunken. Ungombothi ist jene graugelbe Brühe, die die Weißen früher Kaffernbier nannten.
Danach tranken sie Zuckerrohrschnaps, Fastmove, wie der Fusel wegen seiner hohen Durchschlagskraft genannt wird. Und dann gab es Streit. Der Mann sagt, sie hätten beide eine Flasche an der Tischkante zerschlagen und sie sich gegenseitig ins Gesicht gestoßen. Er versucht zu lächeln: »Mein Freund ist auch hier, aber ich habe gewonnen.«
In Baragwanath kommen nur die ganz lebensgefährlichen Fälle sofort auf den OP-Tisch. Sie kriegen einen ovalen roten Sticker mit dem Aufdruck »dringend« auf die Stirn. Die Ärzte in der chirurgischen Aufnahme gehen sparsam mit den Stickern um. Vor allem in den Nächten am Wochenende, wenn die OP-Säle überlastet sind. Die Chirurgen haben dann nur die Wahl, entweder sorgfältig zu operieren und andere schwere Fälle warten zu lassen oder schneller und nicht ganz so akkurat zu operieren. So oder so steigt natürlich die Todesrate.
Nein, sagt Unfallärztin Helen Clark, sie seien normalerweise nicht unterbesetzt. Aber am Wochenende sei eben so gut wie gar nichts normal. Dann wird nach der Fließband-Methode operiert: »Man schafft weg, was man kann.«
Die Bezahlung ist hier relativ gut. Ärzte verdienen um die 4000 Rand (2500 Mark), OP-Schwestern knapp die Hälfte. In anderen Abteilungen gibt es Hilfsschwestern, die nach 20 Arbeitsjahren 500 Rand haben – und eine Kündigungsfrist von 24 Stunden.
Soweto hatte schon immer die höchste Verbrechensquote des Kontinents. Seit hier die Xhosa-Krieger von Nelson Mandelas African National Congress (ANC) und die Zulus der eher rechtsorientierten Inkatha-Bewegung unter Häuptling Buthelezi mit Keulen, Speeren und Kalaschnikows in der Vorentscheidung um die Verteilung der Macht im freien Südafrika stehen, ist Soweto die Stadt mit der mutmaßlich höchsten Mordrate der Welt. Die Zulus und Xhosas begreifen sich als Freiheitskämpfer. Wobei der Kampf gegen die vermutete künftige Unterdrückung durch die jeweils gegnerische Fraktion vorwiegend am Freitag- und am Samstagabend stattfindet, wenn in den Shebeens, den illegalen Hinterhofkneipen, Fastmove und Ungombothi in Strömen fließen.
An der Wand hängt eine handgeschriebene Liste, in die die Neuzu-

gänge eingetragen werden: Mesa Ramula, Schußwunde; Jabu Seane, Messerstiche; Moses Nkagane, Speer; Abdomen ... 19 Eintragungen bis 19 Uhr. Um 19.30 Uhr ist die erste Tabelle voll. »Noch kein Toter«, sagt Oberschwester Maphalala. Sie zieht warnend die Augenbrauen hoch. Das soll heißen: Warten Sie mal ab, hier geht's noch rund heute abend. Sie nimmt die alte Liste ab und klemmt eine neue an die Wand.

Bis zum letzten Jahr hatten neun von zehn Patienten, die hier angeliefert wurden, Stichwunden. Jetzt kommt fast jeder dritte mit einer Kugel im Leib. Seit die weiße Staatsmacht ihren Griff gelockert hat, kursieren immer mehr Schußwaffen in Soweto – vorwiegend chinesische AK-47-Sturmgewehre, die aus Mosambik und Angola eingeschmuggelt werden.

Kurz vor 20 Uhr wird der erste Tote angeliefert: ein 19jähriger Xhosa-Junge aus Meadowlands. Er saß mit ein paar Freunden im Wohnzimmer seiner Eltern beim Kartenspiel, als ein Mann mit einer Maschinenpistole ins Zimmer trat und feuerte. Der Junge starb auf dem Weg nach Baragwanath. Die anderen wurden nicht mal verletzt. Niemand weiß etwas über die Gründe des Überfalls.

Der Tote wird hinter dem giftgrünen Vorhang neben der Aufnahme auf eine Trage gebettet. Irgendwann ruft eine der Schwestern: »Eh, hier liegt noch einer, ist denn keiner da, der ihn kennt?«

»Das ist mein Bruder«, ruft die kleine Frau, die auf einem Stuhl gleich an der Tür sitzt. »Wie geht es ihm?«

»Er ist tot«, sagt jemand. Die junge Frau reißt den Mund auf und starrt mit leeren Augen auf den Vorhang. Sie springt kreischend auf, um den Vorhang zur Seite zu reißen. Zwei Pfleger halten sie zurück. Zwei Schwarze in grauen Kitteln kommen und tragen den Toten nach draußen. Auf dem Hof schieben sie ihn in einen gelben Leichenwagen.

Kurz nach halb neun kommt Gospelsound von draußen rein. »Go, tell it on the mountain...« Drei, vier Verletzte richten sich auf ihren Tragen auf. Einer schnippt den Takt mit den Fingern mit. Die anderen fallen ein. Die Tür geht auf, gut ein Dutzend schwarze und weiße junge Leute drängen herein – der Kirchenchor der Christusgemeinde von Johannesburg.

Der Chorleiter tritt vor und hält eine kurze Ansprache. Sie seien hier, um Lieder gegen die Gewalt zu singen. »Gewalt paßt nicht in unsere Zeit. Christus hat gesagt, ihr sollt eure Feinde lieben.« Ge-

sang. Die Schwestern wiegen sich im Takt mit, der diensttuende Arzt klatscht in die Hände. Die Chirurgie swingt. Bis auf die Schwerverletzten und Ohnmächtigen singt der ganze Saal: »Go, tell it on the mountain . . .«
Auch der Junge, der seit zwei Stunden auf einem Stuhl am Fenster hockt und einen dicken Tampon auf seine Bauchstichwunde drückt, klatscht mit. Eine Stimmung wie beim Sonntagsgottesdienst. Es ist, als wenn keiner mehr Schmerzen hätte.
Die Schwestern erzählen erstaunliche Geschichten über die Fähigkeit von Patienten, Schmerzen still zu ertragen. Einen hatten sie, der saß anderthalb Stunden, in eine Wolldecke gehüllt, stumm auf einem Stuhl und wartete, bis er aufgerufen wurde. Als er drankam, schlug er die Decke zurück, legte mit der rechten Hand den bis auf ein paar Fasern abgetrennten linken Arm vor sich aufs Kissen und sagte: »Können Sie mir den wieder dranmachen, Doktor?« Oder der Mann, der mittags zu Fuß in der Aufnahme erschien und sagte, er habe eine Wunde am Kopf. Als er den Hut abnahm, sahen sie, daß ein Messer mit abgebrochenem Stiel in seinem Schädel steckte. »Diese Leute sind zum Teil sehr roh, auch gegen sich selbst«, sagt Oberschwester Maphalala.
Viertel nach neun, draußen im Hof stoppt wieder eine Ambulanz. Die Tür fliegt auf, zwei weiße Feuerwehrleute tragen im Eilschritt einen Schwarzen herein, der sich laut schreiend auf der Trage wälzt. Dr. Chataliah schlägt die Decke zurück und ächzt. »Mein Gott, Mann, was haben sie bloß mit dir gemacht?«
Der Mann hat ein großes Loch in der rechten Nierengegend, aus dem dunkelrotes Blut sickert. Aus dem Loch quellen zerstochene Därme. Die Schwester, die den Tropf über dem Trolley installiert, hält sich die Nase. Es riecht.
Dr. Chataliah dreht den Verletzten vorsichtig um. Das Einstichloch ist über der Magengegend. Sie haben ihm einen Speer quer durch den Leib gestoßen. Der Patient kriegt sofort seinen Sticker. Der Arzt schiebt den Trolley mit der Trage selbst nach hinten zum OP.
»Sie sind Tiere, aber es ist das Apartheidsystem, das sie zu Tieren gemacht hat«, sagt Dr. Chataliah, der Inder. »Die Weißen werden das eines Tages begreifen, wenn das Gesetz des Dschungels von hier aus in die weißen Villenvororte schwappen wird.«
Doch das kann dauern. Die kriminellen Gangs überfallen nicht gern Europäer, weil das leicht Scherereien gibt. Und von den poli-

tischen Gruppen haben Europäer sowieso nichts zu befürchten, weil Zulus und Xhosas die Weißen – trotz allem, was war – nicht als ihre Hauptfeinde sehen. Weiße sind in Soweto viel sicherer als Schwarze.
Warum macht die Polizei dem aberwitzigen Schießen, Hauen und Stechen kein Ende? Im Zentrum von Johannesburg hat sie nur durch verstärkten Patrouillendienst die Verbrechensrate im letzten Jahr auf wenig mehr als ein Drittel gedrückt. Warum geht das nicht in Soweto?
Es ist ja nicht so lange her, daß die Burenrepublik ein perfekter Polizeistaat war. Sogar viele Schwarze glauben, daß die Regierung aus dem alten Unterdrückungsapparat jetzt doch mal was Nützliches rausholen sollte. Früher, so sagen sie, wußte man, daß der Cop der Feind war. Heute ist hier fast jeder eines jeden Feind. Viele ältere Schwarze, die jahrzehntelang unter der Apartheid gelitten haben, finden, daß die jungen Leute mit den neuen Freiheiten nicht umgehen können.
Der ANC hat die Regierung aufgefordert, härter gegen die Inkatha durchzugreifen. Sie soll endlich die Hostels schließen, die Wohnheime für ledige Minenarbeiter vorwiegend aus Zululand, in denen die Inkatha ihre treuesten Bataillone hat.
Die Hostels sind graue Malocher-Gulags aus den finstersten Apartheid-Tagen. Jeweils 20, 30 Arbeiter hausen hier in großen Kubikeln von doppelter Containergröße – immer 6000 bis 8000 Männer in einem großen Barackenblock.
Der ANC hat in den Straßenschlachten erheblich mehr Blut lassen müssen als die Inkatha. Anfang des Monats wurden auch zwei Neffen von ANC-Führer Nelson Mandela in Soweto getötet.
»Sie müssen diesem Mist ein Ende machen«, sagt Aggrey Klaaste, Bürgerrechtler und Chefredakteur des *Sowetan*, der größten Schwarzenzeitung der Republik. »Sie sollen endlich für Ordnung sorgen, egal um welchen Preis.«
Die Verhältnisse stehen kopf: Ein schwarzer Bürgerrechtskämpfer fordert den bedingungslosen Einsatz von weißen Polizisten in den schwarzen Ghettos. Die Polizei scheut sich, Law and Order mit Macht durchzusetzen. Und die Polizeiführung spielt den geschundenen Siegfried. Wie sie es mache, sei es verkehrt – egal, ob sie dazwischenhauen lasse oder sich ganz heraushalte.
Das liegt aber im wesentlichen daran, daß südafrikanische Cops

nicht viel wissen von der Verhältnismäßigkeit der Mittel im Kampf gegen die Gewalt. Wegsehen oder draufschlagen, dazwischen kennen sie nichts. Wenn die Polizei wirklich mal hinlangt, ist es auch gleich wieder so wie früher. Am 14. April ging eine Hundertschaft vor dem Nancyfield Hostel mit Tränengasgranaten und Schrotflinten gegen verfeindete Zulu- und Xhosakrieger vor. Das Resultat: 52 Schwerverletzte.

Der Verdacht, daß die Polizei systematisch die Zulus protegiert, wie der ANC behauptet, ist wohl nicht zu erhärten. Aber sie kommt so häufig zu spät, daß es schwerfällt, dahinter keine Absicht zu vermuten. So trottelig, wie sie sich manchmal gibt, ist die südafrikanische Polizei ganz gewiß nicht.

Eine stattliche Minderheit von Polizisten vertritt die Auffassung, jeder Schwarze, der einen anderen Schwarzen ermorde, bringe die Außenwelt der Erkenntnis näher, daß die Schwarzen nicht die nötige Reife hätten, um sich selbst zu regieren. Und diesen Erkenntnisprozeß, den sie sich herbeiwünschen, wollen sie nicht behindern.

Präsident Frederik Willem de Klerk hat Anfang des Monats erklärt, er werde die Befriedung Sowetos gern einer internationalen Polizeitruppe überlassen, wenn die Welt der Ansicht sei, daß seine Polizei sich nicht so schnell verändere, wie es das Tempo der Reformen gebiete. Nein, ihm kann keiner die Welle der Gewalt anlasten. »Er ist ein ehrenwerter Mann«, sagt Aggrey Klaaste. »Sogar ein ehrlicher Mann.«

Wo die staatliche Ordnung zerfällt, da machen sich die Schwarzen ihre eigene Ordnung. Der ANC hat in verschiedenen Stadtteilen »Volksgerichte« eingerichtet, die das von den Weißen hinterlassene Rechtsvakuum füllen sollen. Richter und Scharfrichter in diesen Volksgerichten sind vorwiegend Xhosas.

Die »Känguruh-Gerichte«, wie sie auch genannt werden, weil sie von Gerichtsort zu Gerichtsort springen, strafen meist mit dem Sjambok, der Nilpferdpeitsche, mit der früher die weißen Herren schwarze Domestiken zur Demut erzogen. Das Strafmaß wird nicht in Hieben bemessen, sondern in Minuten. Das ist schlimmer, weil die Vollstrecker drauflosschlagen, bis ihnen die Puste ausgeht.

Der 15jähriger Schüler Colin Mahloele hat berichtet, wie er für einen Verstoß gegen ein vom ANC verhängtes Ausgangsverbot be-

straft wurde: »Sie waren 15, von denen immer jeweils zwei auf mich einschlugen, bis ich besinnungslos war. Sie warteten, bis ich wieder zu mir kam, um mir dann den Rest zu geben. Bevor ich das noch mal erlebe, möchte ich lieber sterben.«
Man nennt den Vorgang auch »Siwasho«. Das ist Zulu und heißt »reinigende Medizin«. Der 24jährige Arbeiter Alfred Makgopela bekam davon eine solche Überdosis, daß er tagelang danach bewußtlos war. Die Vollstrecker hatten seine Hände auf ein Brett genagelt, damit er nicht weglaufen konnte.
Die Känguruh-Gerichte sind ermächtigt, in schweren Fällen auch Finger abhacken oder Kniescheiben zerschießen zu lassen. ANC und Inkatha sagen zwar übereinstimmend, sie seien gegen übertrieben grausame Strafen. Man müsse aber auch sehen, daß die Volksgerichte dazu beitrügen, die Lage in den Townships zu stabilisieren. Die Alternative sei völlig unkontrollierte Spontanjustiz. Und so was wünsche sich keiner.
Spontanjustiz wird mit Pangas vollzogen, schweren Hackmessern, die normalerweise zum Zuckerrohrschneiden benutzt werden. Oder auch mit dem »necklace«, dem benzingefüllten Autoreifen, der dem Delinquenten um den Hals gehängt und dann angezündet wird.
ANC und Inkatha wollen beide, daß das Gemetzel aufhört. Ihre Führung hat die Kontrolle über einen Teil ihrer Anhänger verloren. Allerdings wenden sie einschränkend ein, daß der Volkszorn auch schon mal den Richtigen trifft. Zum Beispiel Chief Sugar Nkomo, den Boß der Rastafari-Bande, die monatelang die Gegend von Zola im Nordwesten von Soweto mit Mord, Raub und Vergewaltigungen terrorisiert hatte. Eines Tages lag Nkomo tot vor dem Bahnhof von Jabavu. 200 Leute tanzten frenetisch klatschend um die Leiche herum und riefen: »Der Hund ist tot, der Hund ist tot.« Irgendeiner zog plötzlich seine Panga und hackte auf die Leiche ein. Dann fielen sie alle über den Toten her – so lange, bis nur noch Fetzen übrig waren. Schließlich schütteten sie Benzin über den blutigen Fleischhaufen und zündeten ihn an. Den abgehackten Kopf steckten sie auf einen Gartenzaunpfahl. Er wurde von der Polizeistreife sichergestellt, die vier Stunden nach dem Mord am Tatort eintraf. Die Mörder wurden nie gefunden. Sie wurden auch nie gesucht. Wozu auch? Alle waren sich darin einig, daß hier Gerechtigkeit geschehen war.

Polizeikommandant Johan Swart hat im Kampf gegen das Verbrechen in Soweto voriges Jahr 23 schwarze Polizisten verloren. In den ersten drei Monaten dieses Jahres waren es schon wieder 12. Nein, er hat nichts dagegen, wenn das gesunde Volksempfinden ihm ein wenig Luft verschafft.

Die Lieblingsvigilanten der weißen Ordnungsmacht sind die »Russen«, die letztes Jahr dem Stadtrat von Soweto dabei geholfen haben, einen Mietboykott von jungen Politaktivisten zu brechen. Sie stammen aus Lesotho, einer unabhängigen Enklave im Osten der Republik. Ihren Kriegsnamen haben sie sich in den Tagen des Widerstands gegen das Apartheidregime zugelegt. Sie nannten sich nach den Russen, weil Rußland die mächtige Nation war, die alles bekämpfte, was mit dem Westen zu tun hatte, also auch die Apartheid.

Die Russen tragen zu kurzen Hosen bunte Wolldecken statt Jacken und benutzen als Peacemaker vorwiegend zweischneidige Äxte, die sogenannten Kwakwas. Die Apartheid, die sie bekämpft haben, ist nur noch in Rudimenten erhalten. Es gibt nicht mehr viel zu kämpfen. Aber der Ruf »Die Russen kommen« hat nichts von seinem Schrecken verloren. Sie beherrschen als einzige Kampfgruppe von Rang noch das gefürchtete »Spiking«, die Fertigkeit, einen Gegner – buchstäblich – zu lähmen, indem sie ihm eine angespitzte Fahrradspeiche gezielt ins Rückenmark stoßen.

Bei den Flüchtlingen aus Mosambik, die illegal in Soweto leben, heißen die Russen auch die Bana MaPolisi, die Kinder der Polizei, weil sie für Kopfprämien Jagd auf Illegale machen. Die Polizei zahlt 50 Rand pro Flüchtling, der ihr lebend frei Station geliefert wird.

Die Russen werden auch gegen kriminelle Banden eingesetzt. Gegen die Rastafari oder die »Japaner« oder die »Zebra Force«, die Wegezoll kassieren, Autos beschlagnahmen und in Häuser eindringen, in denen sie keinen Widerstand vermuten.

Doch kriminelle Mörder sind für weniger als zehn Prozent der rund 2500 jährlichen Morde in Soweto verantwortlich. Die Hit-and-run-Killer von Inkatha (die mit den roten Stirnbändern) und ANC (die mit den weißen Stirnbändern) sind schlimmer. Sie haben einen Terror entfesselt, für den der *Sowetan* nur noch eine einzige Schlagzeile für angemessen hält: »Krieg!«

Die Welle der Gewalt erreichte ihren vorläufigen Höhepunkt am 1. Mai, als zum erstenmal in Südafrika der Tag der Arbeit gefeiert

wurde. Nach getrennten Kundgebungen zogen Banden von Xhosas und Zulus marodierend durch Soweto und messerten nieder, was ihnen feindlich vorkam.
In der folgenden Nacht suchten mehrere hundert Xhosas aus Meadowlands in Baragwanath Schutz vor amoklaufenden Zulus. Tags darauf rückten auf Ersuchen der Polizei Armee-Einheiten nach Soweto ein. Doch die Schlächterei ging weiter. Am Sonntag erklärte ein Inkatha-Sprecher, man werde 100 000 Zulu-Kämpfer aus Natal nach Soweto einschleusen, um dem ANC-Terror zu begegnen.
Polizei-Captain Joseph Ngobeni sagt: »Wir haben hier alles im Griff.« Das stimmt, soweit die Polizeikaserne gemeint ist, die mit doppelten Stacheldrahtverhauen und Sandsackbarrikaden gegen Angriffe gesichert ist. Draußen auf den Straßen hat die Polizei fast gar nichts im Griff. Dort herrscht der Mob, abwechselnd mal der linke ANC-Mob und mal der rechte Inkatha-Mob.
Freitag früh hockt eine Gruppe von zwei Dutzend nervösen, übermüdeten, verdreckten Zulus unter einer Baumgruppe vor dem Friedhof an der Potchefstroom Road. Sie sind von ANC-Brigaden aus Pimville vertrieben worden. Weil sie sich nicht mehr nach Hause trauen, warten sie hier auf die weißen Soldaten, die sie zu ihren Hütten eskortieren sollen, damit sie die nicht geplünderten Reste ihres Eigentums retten können.
Mittendrin steht der beleibte Häuptling Andries Makwaza Masondo aus Vryheid in Natal. Er schwingt laut brüllend die Faust: »Wir werden die Gerechtigkeit wiederherstellen.« Was er damit meint? Der Häuptling blickt bedeutungsvoll gen Himmel. Ihr werdet es sehen.
Drei Tage später steht im Johannesburger *Star*, welche Gerechtigkeit Häuptling Masondo gemeint hat: »Zu Tode erschrockene Siedler in Chicken Farm in Pimville lagen in ihren Betten und beteten ums Überleben, als unbekannte Männer mit Maschinenpistolen ihre Häuser beschossen. Am Morgen wurden vier Leichen mit Schußwunden aufgefunden.«
Die Mörder waren in zwei Minibussen in die Siedlung gefahren und hatten wahllos in die Häuser geschossen. Auge um Auge, Zahn um Zahn. Allerdings, einer der Killer war ebenfalls umgekommen, als eines der Autos gegen einen Baum fuhr und in Flammen aufging.
In Soweto wohnen auch wohlhabende Schwarze in Häusern mit

sechs Schlafzimmern und Salons mit venezianischen Möbeln und Steinway-Flügel. Warum lebt einer inmitten dieser infernalischen Gewalt, zwischen Lärm, Gestank und den ewig qualmenden Müllbergen, wenn er nicht muß? Seit der Abschaffung der Siedlungsbeschränkungen für Schwarze kann im Prinzip jeder wohnen, wo er will, wenn er das Geld dazu hat.

Sowetan-Reporter Robert Magwaza sagt: »Hier ist Leben. Unsere Freunde leben hier. Die Shebeens machen erst dicht, wenn der letzte Gast keinen Durst mehr hat. Keiner beschwert sich, wenn du zu Hause bis morgens um fünf bei Reggae volle Pulle Geburtstag feierst.« Daß vorletzten Monat bei seiner Hochzeit zehn Halbstarke sein Festzelt überfallen und die Gäste ausgeplündert haben, das hat er in Kauf genommen. »Herrje, auch das ist Leben.« Er hat selbst schon als Zehnjähriger in der Schule ständig ein Messer im Kniestrumpf gehabt.

Robert bewohnt ein kleines Haus mit zwei Zimmern, Küche und Bad in Orlando West, dem mörderischsten Stadtteil der Mordmetropole Soweto. Seinen kleinen Sohn hat er aus Sicherheitsgründen bis auf weiteres zu seiner Mutter in Meadowlands am anderen Ende der Vorstadt gebracht.

Ja, gewiß, er will nicht ausschließen, daß eines Abends ein paar rabiate Kerle mit Pangas und einem Fünfliterkanister Benzin vor dem Haus auf ihn lauern könnten, weil ihnen einer seiner Artikel nicht gefallen hat. Aber die fänden ihn auch woanders, wenn es sein müßte, sagt er. Wegziehen von hier, wo er großgeworden ist, wo er als junger Bursche sein Mädchen mit dem Messer gegen Rivalen verteidigt hat? Nein. Robert sagt: »Ich bleibe hier, in Soweto ist es schön.«

VOLKHARD WINDFUHR

»Helft uns, wir sind am Ende«

Elend und Niedergang in der irakischen Hauptstadt Bagdad
September 1992

Vor dem verstaubten Eingang des historischen Chan-Mordschan-Restaurants in der Altstadt von Bagdad hofft Fatima, 6, auf Mitleid. Mit traurigem Blick streckt sie Passanten, die vom Abendgebet in der nahe gelegenen Chulafa-Moschee kommen, ihre Händchen entgegen. »Bei Allah, ich habe heute noch nichts gegessen«, ruft das Kind mit weinerlicher Stimme einem vornehm gekleideten Ehepaar zu, das an dem schmutziggelben Lokal – früher das feinste in Bagdad – vorbeischlendert.
Fast ungläubig greift das dünne Kind nach der viereckigen Münze, die ihr der wohlhabende Effendi zuwirft: 250 Fils, ein Viertel Dinar – genug immerhin für ein paar kleine Fladenbrote.
Solche Großzügigkeit können sich nur noch wenige Iraker leisten. Der Golfkrieg und die Wirtschaftssanktionen der Vereinten Nationen haben das Land ruiniert.
Die herausfordernden, sorgfältig inszenierten Auftritte des Staatschefs Saddam Hussein, die offiziellen Bilder von gelungener Wiederaufbauarbeit und jubelnden Massen täuschen. Die Kriegswut ihres Diktators hat die Bewohner des Ölstaates, die sich an einen hohen Lebensstandard, an eine funktionierende Verwaltung und vorbildliche Sozialleistungen gewöhnt hatten, in einem knappen Jahr zu einem Volk von Bettlern gemacht.
Um Almosen flehende Kinder wie Fatima waren früher in Bagdad unvorstellbar – jetzt laufen sie in Scharen herum. Zu den Gebets-

zeiten zieht es die Bedürftigen in die Nähe der Gotteshäuser. In der Innenstadt bitten selbst ordentlich gekleidete Männer und Frauen mit gesenktem Blick und flüsternder Stimme wohlhabend aussehende Passanten um »mussaada«, eine Unterstützung.

Die zunehmende Verelendung hat einen für das Regime gefährlichen Effekt: Sie schürt keineswegs nur den Zorn auf US-Präsident George Bush, den Saddam als Verbrecher am irakischen Volk anprangert. Mit dem Hunger wächst der Groll, und damit auch die Bereitschaft zur Kritik am einst unantastbaren Feldherrn.

»Wir haben unsere Zukunft in Kuweit verspielt«, bekennt ein Regierungsbeamter in einem ungewohnt offenen Gespräch mit einer Handvoll übriggebliebener Auslandsdiplomaten. Ein hochgestellter Funktionär der Baath-Partei spricht aus, was vor kurzem noch lebensgefährliche Ketzerei gewesen wäre: »Was hatten wir in Kuweit zu suchen?«

Derart krasse Formen nimmt der Verfall an, daß nicht einmal mehr die Pflichtoptimisten im Informationsministerium Mühe darauf verwenden, ausländische Besucher von der Existenz eines glaubwürdigen Aufbauprogramms zu überzeugen. »Wir wissen nicht, wie es weitergehen soll«, räumt der Leiter des staatlichen Informationsamtes, Amir el-Hulw, ein. Daß Saddam Hussein die Schuld daran trage, sagt el-Hulw nicht.

Auf den ersten Blick sieht das Stadtzentrum der Tigris-Metropole nicht nach Elend und Not aus. Um Besucher zu blenden, führen die staatlichen Propagandisten gern die in Bagdad mit Vorrang betriebene Beseitigung der Bombenschäden vor. Zwei der drei zerstörten Tigris-Brücken konnten schnell repariert werden – aber nur, weil die US-Bomber Präzisionsarbeit geleistet und lediglich die Mittelstücke der Brücken aus den Stahlrahmen gesprengt hatten.

Auch die Erdölraffinerie von Daura im Süden der Hauptstadt ist wieder intakt: die Feindflugzeuge hatten nur die Abfüllanlagen zerstört. Von den Angriffen der Alliierten sind deshalb nur noch wenige Spuren zu sehen, wie die Ruinen des Alwija-Fernmeldezentrums und des Ministeriums für Lokale Selbstverwaltung am Gamal-Abd-el-Nasser-Platz. Trümmerfelder wie im bürgerkriegsverwüsteten Beirut gibt es in Bagdad nicht.

Am schwer getroffenen Bunker im Villenvorort Amiria, in dem durch gezielten Einsatz von Spezialbomben über 400 Menschen umkamen, räumen Arbeiter allerdings noch demonstrativ auf. Daß die Raketenangriffe der Iraner während des achtjährigen Golfkrieges siebenmal mehr zivile Opfer forderten als die Lufteinsätze der anti-irakischen Allianz, verschweigen die beamteten Stimmungsmacher des Regimes, die Besuchern einen Abstecher zum Katastrophenbunker eifrig empfehlen.

Das üppige Warenangebot gaukelt Normalisierung vor. Die Geschäfte im Einkaufsviertel Karrada oder um die quirlige Raschid-Straße halten amerikanische Zigaretten, japanische Kameras und italienische Modeschuhe feil – zum Teil noch Beutegut aus der »19. Provinz«, zu der das annektierte Kuweit für sieben Monate gemacht worden war.

Frische Importe werden durch Lastwagenkolonnen herangeschafft, die vom jordanischen Hafen Akaba am Roten Meer ins 1300 Kilometer entfernte Bagdad rollen – teilweise über gut ausgebaute Autobahnen. Uno-Beobachter schätzen, daß die Sanktionsbrecher täglich 4600 Kubikmeter Frachtgut ins Land bringen. Etwa halb soviel transportieren die Laster aus der Türkei, die den gegen Saddam kämpfenden kurdischen Peschmerga-Verbänden einen hohen Wegzoll zahlen, um ungehindert nach Bagdad zu gelangen. Und gegen Gebühr dürfen auch die Tankzüge passieren, die irakisches Erdöl illegal in die Türkei bringen.

Doch auch wenn die Regale der Geschäfte gefüllt sind – ein Beweis für die Rückkehr zu normalen Zeiten ist das nicht. Der Masse der Bevölkerung fehlt das Geld. Menschenschlangen drängen sich vor den wenigen staatlichen Konsumläden, die subventionierte Grundnahrungsmittel verkaufen.

Die Inflation hat den Mittelstand enteignet. Während die Gehälter um 50 Prozent angehoben wurden, schossen die Preise ums Dreißigfache in die Höhe. Die Bezugsscheine berechtigen zwar zum Kauf künstlich verbilligter Waren, zu denen mittlerweile sogar Rasierklingen und Seife gehören. Doch die monatlichen Zuteilungen reichen bei weitem nicht aus.

So hat eine siebenköpfige Familie Anspruch auf nur sechs Kilogramm subventionierten Zucker und wenige Gramm Tee im Monat. Für die Iraker, die gewohnt sind, mehrmals am Tag ein Gläschen stark gesüßten Tee zu schlürfen, ist das lächerlich wenig.

Beschämt sehen sich immer mehr Bürger, die sich früher zur Mittelklasse zählten, zum Handaufhalten gezwungen. »Meine Frau

hat seit drei Tagen nichts gekocht, wir verhungern. Helfen Sie uns, wir sind am Ende«, fleht ein Mann Mitte 50 auf der Saadhun-Straße, der Hauptgeschäftsmeile Bagdads, in geschliffenem Arabisch.
In einer einst gepflegten Verkaufspassage unterhalb des Midan el-Tahrir, des Befreiungsplatzes im Zentrum der Hauptstadt, hocken apathisch dreinblickende Lumpengestalten; sie betteln die Passanten um ein paar Münzen oder auch nur um ein Stück Brot an.
Die Teuerung drückt ganze Familien ins Elend; nacheinander müssen sie Schmuck, Wohnungseinrichtung und sonstigen Besitz verkaufen, um sich Essen beschaffen zu können. Ein Gymnasiallehrer aus Baakuba westlich der Hauptstadt klagt, daß er seit über einem Monat kein Fleisch mehr gegessen habe. Bei einem Gehalt von 300 Dinar ist Fleisch ein kaum bezahlbarer Luxus; ein Kilo, das vor einem Jahr 9 Dinar kostete, ist heute nicht unter 50 Dinar zu haben. Ein Kilo Mehl, vor kurzem noch für 10 Fils im Angebot, kostet derzeit 3000 Fils, 3 Dinar.
Weil die Kunden ausbleiben, haben die meisten Restaurants geschlossen. Konditoreien mußten auf Druck der Regierung dichtmachen, weil Zucker zu knapp ist. Der Besitzer der stadtbekannten Zuckerbäckerei »el-Umara«, gleich neben der deutschen Botschaft, bangt um seine Existenz.
Billig ist nur, weil es nicht exportiert werden darf, das Benzin: ein Pfennig pro Liter. Aber die roten und blauen MAN-Doppeldeckerbusse der Stadtwerke fallen immer öfter aus – wegen Ersatzteilmangels. Sammeltaxen sind zum wichtigsten Transportmittel geworden. Vor den Verkehrspolizisten, früher respektgebietende Autoritätspersonen, haben die Fahrer keine Angst mehr. Hohe Geldstrafen verhängen die Aufpasser nur noch selten: die unterbezahlten Staatsdiener bevorzugen die einträgliche Bakschisch-Regelung – vor dem Golfkrieg im strengen Irak verpönt.
Wer kann, geht einer zweiten Beschäftigung nach. Der pensionierte Chef der Zollverwaltung etwa, der mit seiner Rente von 190 Dinar »nicht leben und nicht sterben« kann, fährt täglich sechs Stunden Taxi. Das bringt ihm ein Zubrot von etwa 400 Dinar: »Wie die anderen sich durchschlagen, weiß ich nicht.«
Kein Tag, an dem nicht Betriebe schließen, an dem nicht Firmen wegen stockenden Nachschubs aufgeben müssen und die Zahl der Jobsuchenden weiter in die Höhe treiben. Selbst die Armee,

bislang Hätschelkind und Stütze des Despoten Saddam, verstärkt das Heer der Arbeitslosen. Mehr als eine halbe Million Angehörige der Volksarmee, aber auch Rekruten der regulären Einheiten wurden in den letzten Monaten entlassen.

Einst wohlsituierte Familien schicken ihre Kinder zum Arbeiten auf die Straße oder lassen sie zumindest im Laden mit anpacken. Das ist billiger, als erwachsene Tagelöhner oder gar ägyptische und sudanesische Gastarbeiter anzuheuern. Der elfjährige Dschaafar trägt im Basar Stoffballen für einen Dinar am Tag. Dafür kann er sich nicht einmal eine Portion brauner Bohnen leisten.

Die Sozialleistungen, auf die Saddam Hussein früher so stolz war und auf die sich seine Popularität als Wohltäter gründete, sind fast wertlos geworden. Für das Kindergeld von zwei Dinar, das vor dem Währungsverfall eine willkommene Einkommensverbesserung darstellte, kann sich ein Familienvater nicht einmal mehr eine Tasse Tee leisten. Das Arbeitslosengeld reicht, wenn es denn gezahlt wird, gerade für zwei Suppenhühner.

Die einst im Nahen Osten als vorbildlich gerühmte medizinische Versorgung ist zusammengebrochen. In den Krankenhäusern fehlt es an Medikamenten; die muß sich der Patient auf dem freien Markt beschaffen. Selbst Heizgeräte, im kalten Bagdader Winter nahezu unverzichtbar, hat der Kranke auf eigene Kosten zu besorgen.

Doch anders als von Saddams immer noch funktionierendem Propaganda-Apparat dargestellt, sind die Mängel nicht so sehr Folge des Uno-Embargos. Die schwer angeschlagene Volkswirtschaft ist nicht mehr in der Lage, die vorhandenen Mittel angemessen zu verteilen.

Um die Vereinten Nationen und den Erzfeind Amerika anzuprangern, setzt Saddam seine Bürger unnötigen Qualen aus, wie der Chefarzt eines großen Krankenhauses in Bagdad zornbebend berichtet: Geheimpolizisten hätten ihn und zwei andere Chirurgen gezwungen, während des Besuchs eines amerikanischen Fernsehteams Patienten ohne Narkose zu operieren: »Die sollten schreien, um der Welt klarzumachen, wie grausam der Boykott ist.«

Säuglinge und Kleinkinder leiden in irakischen Krankenhäusern vor den Kameras für die Weltöffentlichkeit. »Kein einziges Kind hätte sterben müssen«, behauptet eine Schwester im südirakischen Basra. Als Opfer, sagt die Pflegerin, hätten Saddams Scher-

gen vor allem »Bürgerkriegswaisen und Kinder von politisch unzuverlässigen Bürgern« ausgewählt.
Seit Kriegsende, so das irakische Gesundheitsministerium, seien 31 033 Kinder unter fünf Jahren an den Folgen von Lebensmittel- und Medikamentenknappheit gestorben.
Gut leben kann nur, wer dem Diktator bei der Unterdrückung hilft. Die kilometerlange Front von Luxuswohnungen, die in Bagdad am Tigrisufer aufgebaut wurde, ist ausschließlich Armeeoffizieren vorbehalten.
Zudem wurden die Gehälter der Offiziere und der Funktionäre der Baath-Partei kräftig angehoben, um den Wertverfall des Dinar aufzufangen. Die verbliebenen 7000 Angehörigen der Präsidialgarde, die für den persönlichen Schutz des Diktators verantwortlich sind, beziehen einen Anfangssold von 1000 Dinar – ein Hochschulprofessor bringt es nur auf 600 Dinar im Monat.
Unter das geschundene Volk trauen sich die Gehilfen des Diktators seit dem kläglichen Ende des Kuweit-Abenteuers allerdings kaum noch. Selbst aus der Marmor-Bar des staatlichen Luxushotels Raschid, wo die Führungselite früher gern großspurig hofhielt, sind Saddams Schranzen verschwunden.
Die dünne Schicht skrupelloser Kriegsgewinnler stellt ihren frischen Reichtum dagegen ungeniert zur Schau. Ihre neuen Mercedes-500-Limousinen – Lieblingsfarbe Weiß – heben sich von den überalterten Wolga- und Moskwitsch-Modellen gewöhnlicher Iraker ebenso ab wie die Nerzstolen und perlenbestickten Abendkleider ihrer Begleiterinnen von den schwarzen Umhängen der einfachen Frauen.
Woher die Schätze stammen, lassen manche der Emporkömmlinge ungeniert erkennen: Der Besitzer eines Achtzylinder-Cadillacs legt Wert darauf, das Lagerzertifikat der »Kuwait Free Zone« ans Fenster zu kleben.
In den stets mit neuester Ware belieferten Geschäften der Herren- und Damenausstatter in der Raschid-Straße geben Bagdads neue Millionäre, die das einträgliche Importgeschäft an sich gerissen haben, für modische Garderobe kleine Vermögen aus.
Betuchte Familien mit alter Tradition ziehen es dagegen vor, ihr Geld ins Ausland zu bringen: Im Nachbarland Jordanien haben sich 40 000 Iraker niedergelassen und über eine Milliarde Dollar investiert.

Während die Aufsteiger den Haß verarmter Iraker auf sich ziehen, gibt sich Saddam, unlängst noch der größte Protz von allen, volksnah. Sein Sohn Udai, Chef des nationalen olympischen Komitees und Träger eines eigens für seine »vaterländischen Verdienste« geschaffenen Ordens, behauptete vor kurzem, genauso unter den schwierigen Lebensbedingungen wie das Volk zu leiden. Der für seine früheren Exzesse verrufene Diktatoren-Sproß tat in den Zeitungen den Verlust seiner Lebensmittelkarte kund und versprach dem ehrlichen Finder eine gute Belohnung.

Die immer tiefer aufreißende soziale Kluft treibt den Religiösen im laizistischen Irak neue Anhänger zu. Zwar versucht das Regime, gegenzusteuern. Allah ist größer als alles Ungemach, steht seit dem Krieg um Kuweit auf den irakischen Fahnen. Das Fernsehen unterbricht die Nachrichten, wenn es Zeit zum Gebet ist.

Doch für die wahrhaft Frommen ist das nur Heuchelei. Die Zerstörung zahlreicher Moscheen im Süden, als die Armee einen schiitischen Volksaufstand (laut offiziellem Sprachgebrauch: eine »Revolte des Pöbels«) niederkämpfte, ist bei den Gläubigen unvergessen. Immer öfter kleben überzeugte Moslems islamische Parolen (»Es gibt keinen Gott außer Allah«) auf ihre Wagen oder in die Fensterscheiben ihrer Geschäfte. Selbst auf überlebensgroßen Saddam-Postern, einst unberührbaren Ikonen, prangen gelegentlich provozierende Sprüche der Frommen wie: »Wo ist dein Islam, Saddam?«

Die Anzeichen mehren sich, daß die Diktatur ihr stahlhartes Regime nicht mehr überall aufrechterhalten kann. Offiziere vermeiden es, auf offener Straße zu flanieren; Symbole der Führung werden nicht mehr zum Verkauf angeboten. Nur in den Buchhandlungen stapeln sich die 18 Bücher über Saddam Hussein, die den Händlern ohne Anfrage geliefert werden.

Voller Hoffnung, daß ihre Leidenszeit womöglich bald ein Ende haben könnte, verfolgen viele Bürger die Erosion der Macht. Ein libanesischer Textilkaufmann, der schon lange im Lande lebt, findet es bezeichnend, daß die Iraker, »zum erstenmal in ihrer Geschichte«, Witze über Saddam Hussein erzählen – und gibt gleich einen zum besten:

Der Geheimdienst hat den Erfinder der Saddam-Witze verhaftet. Der aufgebrachte Staatspräsident stellt den Todeskandidaten zur Rede: »Weißt du nicht, daß ich der Retter der Nation bin?« Der Missetäter schüttelt den Kopf: »Der Witz ist nicht von mir.«

MATTHIAS MATUSSEK

Was, wenn der Messias stirbt?

Die Jünger des New Yorker Rabbi Schneerson
April 1992

Seit Wochen schon verbirgt er sich dort hinter den Butzenscheiben des kleinen Backsteinhauses in Brooklyn. Nur manchmal öffnet sich die braune Eichentür. Dann hasten graubärtige Rabbiner heraus, Emissäre, Vertraute. Die Frühlingssonne wirft harte Schatten unter ihre Hutkrempen. Und die Jünger, die draußen warten, versuchen vergebens, in ihren Gesichtern zu lesen, eine Antwort, einen Glanz vielleicht, das Anzeichen eines Wunders.

Hier in Brooklyn warten sie nicht auf das Wunder, sie rechnen darauf. Schriftgläubig klagen sie es ein, gesetzestreu. Steht nicht geschrieben, daß der Messias sich offenbare nach 45 Tagen der Verborgenheit? Der 45. Tag ist heute.

Dort drinnen liegt der Mann, den sie als Messias verehren. Menachem Schneerson, siebter Rebbe der belorussischen Lubawitscher Dynastie und ganz sicher der letzte, denn er wird sich als der Messias zu erkennen geben. Vielleicht jetzt, vielleicht in fünf Minuten, vielleicht heute nacht. Heute nacht wird er 90 Jahre alt. Heute, am 11. des Nissan, im Jahre 5752 seit Erschaffung der Welt, könnte das Versprechen des Allmächtigen eingelöst werden.

An diesem Tag, in dieser Nacht wird der Rabbi in vielen Ländern der Erde gefeiert. Wie kein anderer hat er eine weltweite orthodoxe Sammlungsbewegung ins Werk gesetzt. Er vereidigt seine Anhänger auf die eisernen Gesetze der Tora. Zurück zu den Fundamenten, zurück in die Strenggläubigkeit der osteuropäischen Diaspora

des 18. Jahrhunderts. Das moderne Judentum sieht er der Gefahr eines »spirituellen Holocaust« ausgesetzt.
Doch er nutzt die Mittel, die die säkulare Welt bereithält, Satellitenleitungen, Ton- und Videokassetten, um sein gewaltiges Werk zu verbreiten – seine in 250 voluminösen Büchern gesammelten Reden, chassidischen Texte und Talmud-Auslegungen.
Seine Gegner sehen in ihm einen Scharlatan; seine Jünger den Messias. Eines ist er sicher: ein Gelehrter von magnetischer Ausstrahlung, einer, der Macht über Menschen hat. Politiker und Popstars pilgern zu seinem Backsteinhaus. Ein Wort des Rabbi kann in Israel Parlamentskrisen auslösen.
Aus Italien und Australien, der Schweiz und Kanada sind sie gekommen, hierher nach Brooklyn, um den Geburtstag ihres Rabbi zu feiern.
Crown Heights, Eastern Parkway 770, das ist ein jüdisches Schtetl im New York des 21. Jahrhunderts. Die Männer tragen altmodische Anzüge und steife schwarze Hüte, und die Kinder spielen mit den Zizes, den Schaufäden, die ihnen von den Hüften hängen. In den Straßen tönt eine Sinfonie aus chassidischen Musikfetzen und jiddischen Rufen, herrscht Gedränge bei den Buchhändlern und koscheren Krämern, die den Talmud verkaufen und Bilder des Rabbi und Mazzen, denn es ist die Woche vor Passover.
Das Passover-Fest, das den Auszug aus ägyptischer Gefangenschaft feiert und den Aufbruch ins Gelobte Land! Damals führte Mose die Israeliten; und heute ist es der Rabbi, der das Werk vollenden wird, das wissen sie.
Für den jungen Shmuel, der die Tür des Backsteinhauses nicht aus den Augen läßt, ist ganz klar: »Ich werde den Messias erleben. Bald.« Bald ist jetzt, und jetzt heißt: jederzeit. Vor einigen Tagen wurde versehentlich die Sirene ausgelöst, die sonst zum Sabbat ruft. »Das ist der Moment«, durchfuhr es Shmuel. Er lächelt, als er davon erzählt.
Judaismus bedeutet in erster Linie: Warten auf den Verheißenen. Doch hier, bei den Lubawitschern, ist das Warten nicht ergeben, ist nicht demütiges Beten, ist nicht ein vages Hoffen auf Erlösung. Hier, in Brooklyn, ist das Warten ein Feuer. Braucht die Welt etwa keinen Messias?
Doch vor einigen Wochen ist das Undenkbare geschehen: Vor einigen Wochen hatte ein Schlaganfall den Rabbi gelähmt. Seither

dringen nur spärliche Informationen in die Gemeinde. Der Rabbi mache Fortschritte, er könne sich bereits wieder verständlich machen.

Aber was ist, wenn der Messias stirbt? Für Rabbi Haschel Greenberg eine unverständliche Frage. »Er hat unzählige Menschen geheilt. Warum sollte der Messias nicht auch sich selber heilen können?« Rein »wissenschaftlich« würde sein Tod keinen Sinn machen. »Seine Krankheit ist rationalisierbar«, sagt Greenberg, »aber warum sollte ich für Gott Entschuldigungen suchen.«

Bei ihm, wie bei allen Lubawitschern, sind glühendes Begehren und logischer Geist, sophistische Spitzfindigkeit und gläubiger Taumel verschwistert: Alle in der Gemeinde glauben an den Rabbi als den Messias. Doch gleichzeitig haben sie sich medizinische Fachbücher besorgt und alles über Schlaganfälle gelesen, was sie finden konnten. Und am Bürgersteig parkt ein blauweißer Krankenwagen der »Hatzoloh Ambulanz«. Nein, für den Rabbi ist dieser Wagen nicht. Aber es ist gut, daß er da ist.

Rabbi Greenberg und Israel, ein junger Talmud-Schüler aus der Schweiz, hasten hinüber in die Tora-Schule, die gleichzeitig die Synagoge ist, dorthin, wo nun die Mincha, das Nachmittagsgebet, gesprochen wird. Ein Raunen und ein Singen ist in diesem dunkel getäfelten Riesensaal mit den Kristallüstern, Bänken und Emporen. An diesem Tage beten sie den 91. Psalm, denn für den Rabbi beginnt das 91. Lebensjahr. »Orech jamim asbiehu we-arehu bischuati« – Ich will ihn sättigen mit langem Leben und will ihm zeigen mein Heil.

Hunderte von Männern wippen rhythmisch über ihren Bänken und blättern hastig die Seiten zerfledderter Bücher, die linken, die schwachen Arme entblößt und mit Gebetsriemen umwickelt, und sie rufen ihre Gebete nicht ehrfürchtig, sondern fordernd – Herr, schick uns den Messias!

Und nun übertragen die schnarrenden Lautsprecher in der Synagoge direkt aus Israel, wo sich Zehntausende versammelt haben, um den Geburtstag des Rabbi zu feiern und die bevorstehende Ankunft des Messias, und drüben, im Gelobten Land, feiern sie schon jetzt, denn Israel ist sieben Stunden voraus.

Im brausenden Auf- und Abschwellen der Gebete und Gesänge, dem Schreien der Kinder, dem Scheppern der Lautsprecher sitzt Chaim Nissenbaum in einer Bank gleich neben dem Schrein, der die Tora-Rollen enthält. Ein Schriftgelehrter, der gerade aus Paris gekommen ist, übernächtigt und beseligt. Keine Frage für ihn, daß der alte Mann im Nebenhaus der Messias ist. Mit stechender Logik weist er die Genealogie des Rabbi nach, die in direkter Linie zu David führt – Schneerson ist der Messias, er erfüllt die Bedingung. Auch seine Prophezeiungen haben sich erfüllt. Hat er nicht den Zusammenbruch der atheistischen Welt richtig vorhergesehen? Ist die Berliner Mauer nicht gefallen? Hat er nicht das zerstreute Volk Israels gesammelt? Und hat er es nicht jüngst, vor dem Golfkrieg, beruhigt mit der Zusicherung, es werde ihm kein Leid geschehen? Ganz sicher wird er auch noch die letzte Forderung erfüllen und sein Messiastum beweisen: Er wird den Tempel bauen in Jerusalem, wie es geschrieben steht. Den Zeitpunkt allerdings, den bestimmt allein er. Aber läuft ihm die Zeit nicht davon?

Die Nacht ist hereingebrochen, die die letzte sein könnte, die Nacht der Offenbarung, und hinter den Butzenscheiben schimmert gelbes Licht. Hinter den Butzenscheiben liegt ein gebrechlicher alter Mann, linksseitig gelähmt, dessen Mund, tief vergraben in einen mächtigen grauen Bart, nur unter größten Mühen kaum verständliche Wörter formt.

Wie kann er der Messias sein? In einem koscheren Imbiß um die Ecke sitzen Israel und sein Freund Mendel über weißem Hühnerfleisch, und sie reden ungeduldig alle Zweifel nieder. »Wir werden den Messias sehen, mit eigenen Augen. Er wird sich uns offenbaren.«

Aber hat es in der jüdischen Geschichte, die eine Geschichte ungeduldigen und öfter heißlaufenden Wartens ist, nicht schon Fanatiker gegeben, die den theologischen Sprung über die Grenze vollzogen, die Spannung auflösten, sich als Messias inthronisierten? Da war im 17. Jahrhundert Sabbatai Zwi aus Smyrna, ein Ekstatiker und Mystiker, der den vollen Gottesnamen (»Schem ha-meforasch«) aussprach und sich von seinen Jüngern als Messias verehren ließ, selbst dann noch, als er später, vom türkischen Sultan gezwungen, zum Islam übergetreten war. Sein Weggefährte Abraham Jachini veranstaltete kultische sexuelle Orgien, denn im messianischen Zeitalter gibt es keine Sünde mehr, keine Gesetze, die gebrochen werden könnten, kein Gut, kein Böse.

Israel und Mendel lächeln überlegen: Das allein genüge, Sabbatai Zwi als Betrüger zu entlarven, denn auch der Messias lebe nach

dem Gesetz. »Im übrigen hat der Rabbi von sich selber nie gesagt, daß er der Messias sei.« Aber sie glauben es? »Natürlich.«
Zu ihnen hat sich Cliff aus Chicago gesellt, im modischen grauen Zweireiher, nur das Kippa auf seinem Hinterkopf weist ihn als gläubigen Juden aus. Cliff ist Psychotherapeut. Ein Fachmann für die Seele. Und als Fachmann, so sagt er, hat er gemerkt, wie schmal der psychoanalytische Begriff der Seele sei. Er ist zu den Lubawitschern gestoßen wie einer, der heimgekehrt ist.
Ob er nicht glaube, daß der junge Israel, dessen Heilserwartung in allerhöchste Höhen geschraubt ist, bei einer Enttäuschung suizidal abstürzen könnte, ein Ikarus mit versengten Flügeln? Was, wenn der Rabbi stirbt, ohne sich als Messias offenbart zu haben?
Cliff nickt geistesabwesend, so, als höre nur der Fachmann in ihm zu, der »sicher« murmelt, und dann übernimmt der Gläubige in ihm: »Aber keiner von uns glaubt, daß dem Rabbi irgend etwas zustoßen könnte.« Und er strahlt in stählerner Gewißheit wie die anderen.
Drüben in der Synagoge kann keine Stecknadel mehr zu Boden fallen. Ein schwankendes Meer aus schwarzen Anzügen und schwarzen Hüten in dieser Nacht, und sie tanzen und feiern den Rabbi und die Ankunft des Messias.
Von oben, durch schmale Schlitze in getönten Scheiben, schauen die Frauen auf ihre Männer hinab. Unten wird Hering verteilt und süßer Kuchen und Wodka, und Galina oben hält sich an einem Buch fest, das den Titel »Notwendige Verluste« trägt. Ein Buch über Trennungen, über das Altern, über den Tod. Unten singen sie »Der Herr, der König, der Messias soll leben immerdar«, lauter, ekstatischer, denn die Mitternacht rückt näher, und Galina kaut auf ihrer Unterlippe, und ihr schmaler Körper ist wie ein gespannter Bogen. Sie ist klug, sie hat viel gelesen, vor allem über den Tod, aber den Rabbi damit zu verknüpfen fällt ihr nicht ein. »Der Chassidismus ist fröhlich«, sagt sie, »warum sollte ich über den unmöglichen Tod des Messias nachdenken.«
Die Nachtwache dauert bis in die frühen Morgenstunden, im Wechsel von Klagen, Singen und Beten. Immer wieder wird der Grund genannt für das Ausbleiben des Messias. »Wir beten nicht genug.« Dann steigt das Brausen an.
Der Messias hat sich auch diese Nacht nicht gezeigt. Doch am nächsten Morgen besteigen die Lubawitscher 91 Campingwagen

mit Lautsprechern, eine Flotte von Autos, die sie Gebetspanzer nennen, und sie rollen gegen Manhattan, und über Lautsprecher verkünden sie die frohe Botschaft in Form eines Rap-Gesangs: »Der Rabbi der Lubawitscher ist Messias. Überzeugt euch davon. Der Messias kommt, seid bereit.«

Im 44. Wagen sitzen Chaim und Yossi, Jim aus Hongkong und Chesky, der vor fünf Monaten aus Australien nach Brooklyn gekommen war, um den Talmud zu studieren. Seine Brüder sind Geschäftsleute, und er hatte kurz überlegt, ob er einmal Rechtsanwalt werden solle. »Aber diese Welt hat genug Anwälte«, sagt er lächelnd, »und zu wenige Menschen, die sich auf die Ankunft des Messias vorbereiten.«

Die Jungen an Bord sind witzige, schlagfertige Burschen, keine Sonderlinge, sondern Teenager, die Gemeindemitglieder aufs Korn nehmen oder über den Nahen Osten fachsimpeln und über Fußball.

Ihr Tag beginnt morgens um sechs mit chassidischen Unterweisungen, und er ist abends um zehn noch nicht zu Ende. In ihnen allen brennt die Leidenschaft für die Mystik, die Tiefen der talmudischen Texte. Und für sie alle ist der Messias nah, zum Greifen nah. Sie glühen. Sie sind dicht vor dem Ziel.

Als die Autokarawane auf der Manhattan-Brücke ins Stocken gerät, klettern sie auf das Dach des Wagens, hinauf in die Sonne. Und dort oben stehen sie im Licht, wie schwarze Vögel in ihren langen Mänteln, und sie breiten die Arme aus. Im Hintergrund funkeln die Spiegeltürme des World Trade Center, und unter ihnen glitzert der East River, und fast sieht es aus, als könnten sie fliegen. In diesem Moment in der blauen Luft glauben sie ganz sicher daran.

CORDT SCHNIBBEN

Krieg den Russen

Die Waffen der Tschetschenen
Mai 1992

Als Said Satujew sich wieder einmal über Boris Jelzin ärgerte, beschloß er, ein Flugzeug zu entführen. Dieser Gedanke lag nahe, denn Satujew kann mit Waffen ebensogut umgehen wie mit Flugzeugen.

Um 21 Uhr hatte der Tschetschene im Fernsehen von Jelzins Anordnung gehört, über die tschetschenische Republik den Ausnahmezustand zu verhängen; um 21.20 Uhr verließ er sein Haus; bis 2 Uhr nachts brauchte der 45jährige, um in der tschetschenischen Hauptstadt Grosny zwei Komplizen, drei Pistolen und sechs Handgranaten aufzutreiben; um 10 Uhr morgens traf die Dreier-Bande auf dem Flughafen von Mineralnyje Wody ein.

Satujew will Russen entführen und keine Tschetschenen; darum hat er sich gegen ein Flugzeug aus Grosny und für den Flughafen der russischen Stadt »Mineralwasser« entschieden. »Nummer 85 307« liest er auf der Anzeigetafel und: »Jekaterinburg«. Jelzins Geburtsort. Abflug: »12.20 Uhr«. Die werden sie nehmen.

Satujew will Tickets kaufen; die Dame am Schalter möchte jedoch 600 Rubel extra kassieren, einen Monatslohn. Der Entführer, der die Korruption so haßt wie die Bürokraten, kann die Erpresserin auch durch das Argument, er sei Pilot, nicht von ihrer Forderung abbringen. Satujew hält der Bürokratie eine schöne Grabrede und kauft die Tickets für 1000 Rubel bei herumlungernden Schwarzhändlern.

Die Sicherheitsschleuse überwinden die drei Schwerbewaffneten mit einem lächerlichen Trick, den Satujew aus Sorge um die Sicherheit des internationalen Flugverkehrs nicht veröffentlicht sehen möchte. Man braucht eine essende alte Dame, 25 Rubel und eine Pilotentasche.

Zwölf Minuten nach dem Start, die Maschine ist noch im Steigflug, das Anschnallzeichen leuchtet noch, macht sich Satujew auf den Weg zum Piloten. Im Aufstehen schießt ihm durch den Kopf: Warum soll ich die Maschine nach Moskau entführen, warum nicht in die zivilisierte Welt? In Moskau werden sie alles tun, um mich zu kriegen, sagt er sich. Allah habe ihm diesen Gedanken geschenkt, glaubt er.

Eine schwangere Stewardess stellt sich ihm in den Weg, fragt, warum er nicht sitzen bleibe? Weil er schauen müsse, wie sie arbeite, entgegnet der Entführer, er sei Fluginspekteur des Ministeriums für Transport und Verkehr. Und nun wolle er den Piloten überprüfen. Als die Stewardess seinen Dienstausweis sehen möchte, erklärt er ihr, er scherze, in Wahrheit sei er Pilot und wolle seinen Kollegen besuchen. Satujew zeigt seinen Fliegerschein.

Der Pilot der Maschine erweist sich als ein Freund der Tschetschenen: Als er hört, daß sein Besucher aus Grosny kommt, schimpft er auf Jelzin, diesen Holzkopf, der den Tschetschenen, diesen Tapferen, nicht die Unabhängigkeit und die eigene Republik gönne.

Froh, einen netten Menschen getroffen zu haben, weiht Satujew den Piloten ein in die lange Leidensgeschichte seines Volkes, in die Deportation durch Stalin, den Völkermord in der kasachischen Verbannung, die Ausplünderung durch die Russen. Die Tschetschenen hätten immer nur eins gewollt: die Freiheit. Darum hätten sie sich nun unter Führung von General Dudajew von Rußland losgesagt, und Jelzin könne das nur rückgängig machen, wenn er sie alle umbringe.

»Ja, der Ausnahmezustand ist wirklich ein Riesenfehler«, pflichtet der Pilot bei.

»Ein Verbrechen! Es wird Blut fließen!«

»Ja, damit ist zu rechnen.«

»Das muß man verhindern. Wäre es nicht gut, irgendein Flugzeug zu entführen, um das Blutvergießen zu stoppen?«

Der Pilot lacht verneinend und beginnt einen Monolog über die Anmaßung der Russen. Er ist Ukrainer.

»Ich weiß, Sie sind in Ordnung,« unterbricht Satujew, »aber ich muß Ihnen sagen, daß Sie ab jetzt meine Geisel sind. Hinten sitzen meine beiden Assistenten, die uns in die Luft sprengen werden, wenn Sie nicht den Kurs ändern und nach Ankara fliegen. Bitte seien Sie mir nicht böse!«

Dann habe er seine Pistole gezogen, erzählt Satujew, ganz beiläufig habe er das gemacht, um den Piloten nicht zu erschrecken, »ungefähr so« – er zaubert eine handliche Makarow aus dem Innern seines Jacketts in die rechte Hand. Und da bleibt sie unbeachtet wie ein Zigarettenetui liegen, während er weiter berichtet von der »unglaubwürdigsten Geschichte meines Lebens«.

Fast alle Zuhörer am Tisch tragen die bulgarische Makarow unter dem Jackett. Sie ist in Tschetschenija so verbreitet wie in anderen Kulturkreisen der Golf; der Vater des Hausherren trägt eine stahlschwarze TT 33, einem Mercedes Diesel vergleichbar.

Am Flughafen, als uns die Familie des Gastgebers abholte, lag eine Kalaschnikow auf dem Rücksitz ihres Autos, »zur Beruhigung«, wie das Familienoberhaupt versichert: »Jeder Gast wird in unserem Land beschützt wie ein Familienmitglied.«

Weil unser Moskauer Dolmetscher gleich zwei Freunde in Grosny hat, standen zwei Clans am Flughafen. Sie einigten sich auf wechselnden Schutzdienst. Der Aischajew-Clan beansprucht die erste Schicht, das Geleit zum Begrüßungstee in der Wohnung des Schwiegersohns. Das Oberhaupt bleibt während der Zeremonie diskret vor der Tür. Der Hausherr dürfte sonst in seiner Anwesenheit nicht reden und nicht sitzen.

Den archaischen Regeln des sturen Völkchens haben die Jahrhunderte der russischen Kolonialisierung nichts anhaben können. »Es gab da eine Nation«, schrieb Alexander Solschenizyn über seine Zeit in der kasachischen Verbannung, »die der Psychologie der Unterwerfung ganz und gar nicht unterlag; kein Tschetschene versuchte je, den Vorgesetzten zu gefallen, immer zeigten sie Stolz und sogar offene Feindschaft.«

Weder der Zar noch Lenin, weder Stalin noch Gorbatschow haben der einen Million Bewohner des nördlichen Kaukasus die rauhen Sitten austreiben können. Die Art, wie die Männer einander töten, ist so unverändert wie die Art, sich zu begrüßen – nebeneinander, sich mit einem Arm umfassend, einem Eislaufpaar vorm doppelten Rittberger nicht unähnlich.

Die Aischajews leben von Plastiktüten, wenn man ihren mit verschämtem Lächeln vorgebrachten Einlassungen glauben darf. Jeder Tschetschene aus Grosny ist entweder Geschäftsmann oder Professor: Kaspi, der Chef, ist Lehrer für russische Literatur; seine Söhne sind »Geschäftsleute«, was in Tschetschenija heißt, »auf allen möglichen Wegen zu Geld kommen«, in diesem Fall also durch den Verkauf aus dem Westen eingeschmuggelter Plastiktüten.

Die Geldquellen der Gantamirows, unserer zweiten Schutzmacht, sind unübersichtlicher: Der Hauptverdiener Bislan Gantamirow ist sowohl Bürgermeister als auch Geschäftsmann als auch Professor der Rechtswissenschaften. Für einen 28jährigen ehemaligen Polizisten eine erstaunliche Karriere.

Den Gelehrtenstatus hat er sich nach einem mehrmonatigen juristischen Abendkurs während seiner Miliz-Zeit kaufen können; Unternehmer wurde er, nachdem er aus dunklen Gründen seinen Polizeidienst quittieren mußte; zum Bürgermeister hat ihn die Revolution gemacht, genauer gesagt, die geniale Idee, eine seiner Unternehmungen – die Einfuhr des Koran – durch die Gründung der Partei »Islamischer Weg« zu fördern.

So hatte der Parteivorsitzende Gantamirow viele Anhänger und der Unternehmer Gantamirow viel Geld, als im August 1991, nach dem Moskauer Putsch, die alte Macht in Grosny ins Wanken geriet und Tausende Tschetschenen vor dem Regierungssitz für Wochen ein Zeltlager errichteten. Gantamirow trat dem großen Führer Dschochar Dudajew zur Seite, fütterte die kampierenden Revolutionäre und formierte aus ihrer Mitte die Privatarmee seiner Partei. Er wurde zum Polizeichef der Revolution und zum Dank der Bürgermeister der häßlichen Hauptstadt Grosny, die »Schrecklich« heißt.

Gantamirow grinst goldzähnig wie ein Desperado aus mexikanischen Revolutionsfilmen, wenn er von den Tagen seines Aufstiegs erzählt; dieses ungläubige Lotto-Gewinner-Lächeln, das auch das Gesicht der deutschen Justizministerin Sabine Leutheusser-Schnarrenberger am Tage ihrer Ernennung überstrahlte, schimmert immer wieder bei dem Tschetschenen auf, obwohl er die überraschende Macht nun schon ein halbes Jahr genießt.

Gantamirow erheitert sich gern über die »Revolutionäre« in Moskau und überall sonst in der GUS. Sie sind in seinen Augen nur

Bürokraten, die das Etikett auf ihren Aktendeckeln überklebt haben. »In Grosny hat das Volk zu den Waffen gegriffen und die alte Macht verjagt. Das geht nur mit Gewalt, sonst bleibt sie in den Sesseln kleben.« Gewalt sei der Geburtshelfer jeder neuen Gesellschaft, wagt der Moslem Marx zu zitieren.
Das Volk hat bei der allgemeinen Waffenverteilung, die Gantamirow im Auftrage seines Führers Dudajew nach dem August-Putsch organisierte, so entschlossen zugegriffen, daß nun jeder männliche Tschetschene über 14 Jahre mit einer Pistole herumläuft. Im Vollzug der Revolution kam der Vorsitzende des Stadtsowjet bei einem Fenstersturz zu Tode.
Rechts von Gantamirows Schreibtisch sitzt sein Stellvertreter, links sein Pressesprecher. Das Trio sieht aus, als sei es täglich damit beschäftigt, Flugzeugentführungen zu planen. Doch in Wirklichkeit denken die drei Glorreichen über den Verkauf von Staatseigentum an vertrauenswürdige Bürger Grosnys nach. Weil sie ihrer eigenen Verwandtschaft am meisten trauen, fallen ihnen immer wieder dieselben Treuhänder ein.
Spätestens im Zehn-Zimmer-Haus Gantamirows, das mit Teppichen und Hi-Fi-Technik so vollgestopft ist wie das Zwischenlager eines Hehlers, stellt sich die Frage, warum das Streben nach Freiheit entweder nur Revolutionäre wie Günther Krause oder solche wie Bislan Gantamirow an die Macht trägt.
Neben dem Eßtisch, in einem Rosa-Rüschen-Körbchen, liegt des Hausherrn 20schüssige Stetschkin, die unter den Handfeuerwaffen so etwas ist wie ein Jaguar XJ-S. Der Bürgermeister habe sein revolutionäres Kapital mit Waffenhandel erwirtschaftet, sagen Leute, die ihn nicht mögen, aber darüber kann er nur spotten.
Als er sich kurz nach der Ernennung durch Präsident Dudajew bei einer Wahl bestätigen lassen wollte, erhielt Gantamirow gegen sieben Konkurrenten nicht die nötige Mehrheit. Er überging das Wahlergebnis, unterstellte sich vorsichtshalber die Polizei, und seither, so seine Kritiker, blühe in Tschetschenija der Handel mit Polizeiwaffen.
Hinter den Überfällen auf die GUS-Kaserne in Grosny, bei denen Hunderte Waffen und einige Panzer erbeutet wurden, soll auch der Bürgermeister stecken. Die Attacke war für den Präsidenten der Anlaß, die Kaserne fortan von Kämpfern seiner Nationalgarde bewachen zu lassen.

Die Gardisten, alles Freiwillige, die im Afghanistan-Krieg Erfahrungen und Orden gesammelt haben, stehen nun vor Jelzins Soldaten und warten auf Angreifer. Die können aus zwei Richtungen kommen: entweder von vorn – dann sind es »die Oppositionellen«, also die alten Machthaber, die Waffen erbeuten wollen, »um sie zu verkaufen«; oder von hinten, dann nämlich, wenn Jelzin die einseitige Unabhängigkeit des aufsässigen Völkchens beendet.
Natürlich sind die Gardisten bereit, für ihr »Vaterland« zu sterben. Das heißt jetzt Tschetschenija. Für das Vaterland kämpften sie auch in Afghanistan. Damals hieß es Sowjetunion. Deren Anhänger sind nun die »Oppositionellen«, die »negativen Elemente«, die »Feinde«, die »Aggressoren«. Die Front hat sich so schnell gedreht, daß die Gardisten der neuen Macht nun vor den alten Plakaten der neuen Angreifer wachen.
In Schali, einem Panzerstützpunkt der GUS-Armee nicht weit von Grosny, schützen die Soldaten ihre Panzer vor den Gardisten und die Gardisten die Panzer vor den Soldaten. Am Tor des weitläufigen Armeegeländes wachen Gewehr an Gewehr der Russe Alexander Orlow und der Tschetschene Saipuddin Isajew. Die meiste Zeit verbringen die beiden in dem Panzer, der neben dem Tor steht. Der ist zwar eiskalt, aber sicher, »hier drin kann uns keiner abknallen«.
Letzte Nacht ist wieder ein Trupp Angreifer aus dem Wald herangestürmt, »die wollten nur ein bißchen rumballern«, sagt der Tschetschene, »nichts Ernstes«. Der Russe guckt skeptischer.
Seine Familie hat der Offizier schon weggebracht, nach Moskau, zu seinen Eltern; nein, ihn habe es nicht gedrängt, selbst auch in Rußland zu bleiben. Schließlich müsse er seinen Dienst dort machen, wo »das Oberkommando mich hinstellt«, sagt Orlow, »und außerdem«, sagt er und blickt dabei in die Mündung des Panzerrohres, »leben wir doch gut zusammen hier«.
Niemand zwinge die Russen zu gehen, pflichtet Isajew bei. Er, der 40jährige Afghanistan-Veteran, ist von Präsident Dudajew persönlich nach Schali abkommandiert worden. Denn wenn es losgehe, hat ihm Dudajew gesagt, gehe es in Schali los. Dort stehen die Panzer der GUS-Armee, und sie stehen auf tschetschenischem Boden, also würden sie den Tschetschenen gehören.
Die Männer um Isajew herum nicken. Immer mehr Tschetschenen, bewaffnet wie Soldaten, gekleidet in der wilden Uniform von

Freiwilligen, sind aus dem Innern des Stützpunktes aufgetaucht. Sie umringen die beiden Wachposten und steuern Kampfparolen bei. Sie bewundern Dudajew, »den ersten Tschetschenen, der es geschafft hat, in der Sowjetarmee General zu werden«. Unter seiner Führung könnten sie die Russen und die Roten schlagen. Aber war Dudajew nicht auch Kommunist? »Ja, sonst hätte er nicht General werden können!«

Ein Jeep rumpelt heran. Der Kommandeur des Stützpunktes, ein Russe, bittet zum Gespräch; nicht hier am Tor vor den Leuten, lieber weiter drinnen im Gelände. Isajew, der tschetschenische Aufpasser, zwängt sich mit in den Jeep. »Ich muß wissen, was du sagst«, brummt er.

Der Jeep passiert zwei Posten und umkurvt zehn, elf Panzer, die darauf warten, daß ein Anfänger ihr Rohr nutzt, um die Häuser und Lastwagen vor der Mündung zu treffen.

Die Ausbildung der Soldaten am Panzer laufe wie immer, versichert der Kommandeur. Auch wenn sie Tschetschenen sind? »Natürlich nur, wenn sie Soldaten der Armee der Gemeinschaft der unabhängigen Staaten sind.« – »Wir brauchen keine Ausbildung«, setzt Isajew trocken nach, »wir wissen mit Panzern umzugehen.«

Er untersteht dem Kommando von Dudajew; der Russe gehorcht den Befehlen des GUS-Kommandos Nord-Kaukasus. Als Besatzer fühlt sich der Russe nicht, da sein Befehlsstab die tschetschenische Republik nicht als Ausland betrachte. Das Verhältnis zwischen ihm und seinem Ko-Kommandeur sei gut, beide wollten den Frieden schützen. Isajew nickt.

Als die beiden zum Gruppenfoto aus dem Jeep klettern, kritzelt Orlow, der russische Offizier mit dem melancholischen Blick, unserem Dolmetscher drei Zeilen ins Notizbuch: »Hier sind 99 Prozent Bastarde. Wir Russen wollen abhauen, aber unser Befehlsstab läßt uns nicht.«

Die beiden Kommandeure posieren vor einem Tor mit roten Sternen. Jeder trägt die warme Mütze der Sowjetarmee. Der Russe hat seine Kalaschnikow vorschriftsmäßig geschultert. Der Tschetschene hält seine Maschinenpistole so, daß die Mündung auf den Kopf des Russen zielt.

Im Falle des Krieges, so hat Dudajew versprochen, habe er 600 000 Mann unter Waffen. Wie zum Beweis trägt jeder Mann in seinem

Regierungsgebäude eine Kalaschnikow unterm Arm; die Marinesoldaten am Eingang sowieso, aber auch die Revolutionäre in den Fluren und die Sekretäre in den Vorzimmern. So muß es gewesen sein, damals im Smolny zu Petrograd, nach den zehn Tagen, die die Welt veränderten; hinter den Türen Lenin, Trotzki und Stalin; davor die Arbeiter und Bauern aus ganz Rußland, die in Schlangen darauf warteten, ihre Vorschläge zur Umgestaltung der Gesellschaft abzugeben.

Ali Dschabar ist nicht Arbeiter, nicht Bauer, aber Dichter; aus Aserbaidschan, von der anderen Seite des Kaukasus. Der 61jährige Poet möchte zum Präsidenten, um ihm die Vereinigung aller kaukasischen Völker vorzuschlagen; er weiß, er wird offene Türen einrennen, denn genau das ist Dudajews Vision – die vereinigten Kaukasier, also die Aserbaidschaner, die Armenier, die Georgier und die Tschetschenen gemeinsam gegen die Russen, unter seiner Führung selbstverständlich.

Um den pankaukasischen Gedanken unters Volk zu bringen, gibt Dschabar die Zeitung *Kaukasisches Haus* heraus; er hofft auf Unterstützung durch den großkaukasischen Führer. Vier Stunden wartet er schon vor dem Vorzimmer des Vorzimmers, aber er ist sicher, den großen Dudajew zu treffen, den Liebling der Tschetschenen, den Sohn des Kaukasus, das Symbol der Freiheit, die Hoffnung des Islam.

Über 80 Prozent der Stimmen hatte der Messias bei der Oktoberwahl bekommen, an der allerdings die Inguschen, die ebenfalls in der ehemaligen Autonomen Republik der Tschetschenen und Inguschen leben, nicht teilnahmen. Den Amtseid leistete der Präsident auf den Koran.

Je länger der Poet vor seiner Tür wartet, desto heftiger wird seine Rede, desto wilder dirigieren seine Hände, desto schöner malt er die Zukunft des Kaukasus.

»Geschlechter steigen ins Grab, doch nimmer vergeht die Liebe, die ich im Herzen hab'«, rezitiert ein eleganter Zuhörer. Er zieht seinen Borsalino, in Grosny wimmelt es von Borsalinos, und stellt sich, natürlich, als Professor vor, als Professor für russische Literatur, der auch ein bißchen Deutsch kann. Er übersetzt tschetschenische Gedichte ins Russische, zum Beispiel das über den wütenden Tschetschenen, der am Ufer auf- und abläuft und sein Messer wetzt. Und er überträgt russische Lieder ins Tschetscheni-

sche, zum Beispiel das Wolgalied – der Flur hallt augenblicklich von seinem Bariton.
Man wolle die russische Sprache jetzt nicht unterdrücken, hofft der Professor, aber die tschetschenische Kultur blühen lassen. »Vorher waren wir wie Tiere im Zoo, satt und eingesperrt. Jetzt sind wir wie Tiere im Dschungel: hungrig und bedroht, aber frei«, sagt er und tritt ab ins Vorzimmer der Macht, mit dem Borsalino winkend.
Zwischen all den schwarzen Hüten und dunklen Waffen blitzt im Revolutionspalast gelegentlich ein weißes Kopftuch auf. Aus der Nähe betrachtet ist es mehr ein zum breiten Haarband geschrumpftes Kopftuch.
Wie viele Tschetscheninnen trägt auch Aina Musarikowa diesen Kompromiß zwischen islamischer Zucht und westlichem Chic mit unverhohlenem Selbstbewußtsein. Sie führt das Frauenbataillon an, den weiblichen Stoßtrupp der Macho-Republik. An dem Tag im November, als Jelzin Truppen schickte und Satujew das Flugzeug kaperte, stiegen auch Frauen auf die Barrikaden vorm Regierungssitz, und weil es so schön war, blieben sie zusammen.
3000 Kämpferinnen kommandiert die 34jährige Kindergärtnerin, alle können mit Waffen umgehen. Ihre vier Brüder waren entsetzt, als Aina eines Tages mit einer Makarow nach Hause kam. Sie mußte die Pistole, wie alle Frauen, wieder abgeben; Waffen auseinandernehmen darf sie, sie reinigen darf sie, schießen darf sie auch. Aber nur mit den Waffen ihrer Brüder.
Wenn man sie fragt, warum die Pistole so wichtig sei für den tschetschenischen Mann, kichert sie, als rede man über Pornographie. »Ein Mann ohne Waffe ist ein Mann ohne Ehre«, bringt sie irgendwann heraus, und da lacht sie dann nicht mehr. Es sei gut, daß jeder Mann eine Waffe trage, schiebt sie nach, weil sie Gewalt verhindere. »Wer bei uns einen Menschen tötet, der weiß, daß er selbst tot ist.« Die Familie des Opfers wird ihn zur Strecke bringen. Die Vendetta war in den Jahren des Sozialismus zwar offiziell verboten, aber was sind Gesetze aus Moskau gegen die Gesetze der Blutrache?
Der Sohn ihres Onkels tötete im Januar »aus Versehen« einen Passanten: Er wachte vor dem Regierungspalast, schlief ein, sein Finger berührte den Abzug – nun ist er für den Rest seines Lebens auf der Flucht.

Die guten alten Sitten der Tschetschenen sind dabei, auch die letzten Regeln der 70jährigen Übergangsgesellschaft außer Kraft zu setzen. Aina Musarikowa findet das wunderbar, auch wenn sie hofft, daß ihr Frauenbataillon die tschetschenische Gesellschaft, gegen die Sizilien wie ein Feminat erscheint, »ein wenig« verändern kann.

Weil die »barbarischen Russen« das tschetschenische Öl geraubt, aber die Natur ruiniert haben, weil außer dem Wildschwein noch 104 weitere Tiergattungen ausgestorben sind, weil die Kindersterblichkeit die höchste in der GUS ist, hat der Präsident einen Grünen zu seinem Stellvertreter ernannt.

Er sitzt hinter einer gepolsterten Tür, die von seinem bewaffneten Leibwächter so entschlossen zugehalten wird, daß nur Menschen mit schwerwiegendem Anliegen sie aufdrücken können. Ramsan Goitemirow ist Vorsitzender der »Grünen Partei« und selbstverständlich »Professor«, Lehrer für Physik.

Er soll die Natur wieder in Ordnung bringen, ohne allerdings der Ölindustrie zu schaden – Tschetschenija will im nächsten Jahr halb soviel Öl fördern wie früher Kuweit.

Der Umwelt-Retter, unrasiert und übermüdet wie alle Retter der Republik, durchblättert stolz die dicken Prospekte, die der Wirtschaftsberater Dudajews gerade aus Deutschland mitgebracht hat. 32 Verträge hatte er ebenfalls im Gepäck. Die Firmen wollen den Ölschlamm und das Ölwasser des Landes reinigen.

Geldwäsche ist das eigentliche Motiv tschetschenischen Außenhandels, wenn man dem russischen Innenministerium glaubt. Die »tschetschenische Mafia«, das Schreckgespenst aller recht- und unrechtschaffenen Russen, ein allein in Moskau 3000 Mann zählendes Syndikat, sei die Außenhandelsorganisation der illegalen Republik. Schutzgelderpressung, Drogen, Waffenhandel, Prostitution – es gibt nichts in der Moskauer Unterwelt, für das die düster blickenden Dunkelhaarigen mit den Hakennasen nicht verantwortlich gemacht werden.

500 konspirative Wohnungen hat das Innenministerium aufgespürt, ebenso einen Lkw-Verschiebedienst zwischen Moskau und Grosny und den Handel mit in Deutschland gestohlenen Autos. Tatsächlich gibt es zwischen St. Petersburg und Wladiwostok keine Stadt, in der so viele Westwagen verkehren wie in Grosny.

140 Joint-ventures und Genossenschaften Moskaus sind in der

Hand der kaukasischen Gangs, die wegen ihrer Disziplin und Hierarchie gefürchtet sind. Neuerdings zeigen sie Interesse für Aktiengesellschaften, die Erdöl und Erdgas in den Westen verkaufen. Wöchentlich 15 Milliarden Rubel rollen aus Moskau in die Hauptstadt der Tschetschenen, schätzt das Innenministerium.
Im Falle eines Krieges, warnt das Sicherheitsministerium, stehe Dudajew in Moskau eine schwerbewaffnete und straff organisierte Unterwelt-Armee zur Verfügung. Wiederholt habe er gedroht, er könne »Moskau in ein Notstandsgebiet« verwandeln.
Seinen Sohn und seine Tochter, beide studieren an der Universität, hat Dudajew aus Moskau abgezogen. Dort sei es zu gefährlich für sie. »Rußland hat alle anderen Mittel ausgeschöpft, uns in die Knie zu zwingen«, sagt er, »jetzt kann Rußland nur noch Krieg führen.«
Dudajew sagt es gelassen wie jemand, der behauptet, vor Flugzeugabstürzen keine Angst zu haben. Als er noch Generalmajor der sowjetischen Luftwaffe war und eine Division der strategischen Bomber kommandierte, so heißt es, spritzte die Tinte nach allen Seiten, wenn er schrieb, und das Papier zerriß. Jetzt, als Präsident, sitzt er eher versonnen hinter seinem Schreibtisch und gibt sich alle Mühe, staatsmännisch besonnen zu klingen.
Nur gelegentlich, wenn er davon spricht, seit seiner Geburt in sich das Talent zum Führer gespürt zu haben, versagt die Deckung. »Wenn diejenigen, die mich unterstützen, merken, daß einer gegen mich ist, so wird es ihm schlecht ergehen.«
Seine Tschetschenen hält der Präsident für das älteste Volk der Welt, das wie kein anderes unter fremder Gewalt leiden mußte und in der Steppe Kasachstans zu einer auserwählten Sorte Mensch herangewachsen sei. »Arische Rasse«, nennt sie sein Finanzier, der Bürgermeister. »300 Jahre lang haben uns die Russen unter dem Stiefel gehabt«, sagt Dudajew, »aber jetzt sind sie schwach wie nie.« Blitzen da auf der Nationalflagge, die über ihm hängt, die Augen des Wolfes? Krasnodar, Rostow, Astrachan, Stawropol und andere südrussische Gebiete hat der Präsident in Gedanken bereits in sein kaukasisches Reich eingegliedert.
»Wie die USA oder die Türkei« soll sein Staat werden, ökonomisch stark durch das Öl, das nun zum eigenen Vorteil sprudelt. Der Reichtum an Öl, das Streben nach Freiheit und die Abneigung gegen Moskau vereinigt nicht nur die Völker des Kaukasus, sondern auch andere Randgebiete Rußlands. Für die Tataren, die Basch-

kiren, die Sibirjaken und andere sind die Tschetschenen die Vorreiter – »wenn wir widerstehen«, glaubt Dudajew, »ist das der Anfang vom Ende Rußlands«.
Der 8. November letzten Jahres, als Jelzin den Ausnahmezustand verhängte, Truppen schickte und wieder abziehen mußte, war für Dudajew der Beweis, wie erfindungsreich das leicht erregbare Volk seine Unabhängigkeit im Fall einer erneuten Invasion verteidigen wird.
Ein Geisteskranker habe ein Flugzeug auf dem Weg nach Jekaterinburg entführt und wolle in Ankara landen, ließ Aeroflot an jenem Tag verlauten. An Bord seien 171 Passagiere.
Weil der Pilot ihn immer wieder hingehalten habe, erzählt der Entführer – wir sind schon bei der Nachspeise –, habe er die Pistole durchgeladen und sie dem Mann, ungefähr so, an die Schläfe gehalten.
Der Pilot gibt auf.
Zwei türkische Militärjets lotsen die Aeroflot-Maschine nach Ankara. Erst nach dem Ausrollen begreifen die Passagiere, daß sie im Ausland gelandet sind. Bravo-Rufe erschüttern die Maschine. Satujew und seine beiden Assistenten müssen den Geiseln versprechen, daß sie mindestens drei Tage in Ankara bleiben dürfen. Die schwangere Stewardess erleidet vor Aufregung eine Fehlgeburt.
Satujew läßt die Passagiere frei und gibt eine Pressekonferenz. »Unsere tschetschenische Republik ist jetzt ein souveräner Staat. Ich bin hier, um der Welt davon zu berichten.«
Was nun mit ihm passieren werde, wird der Entführer gefragt. »Nichts. Ich fliege zurück nach Grosny.« Alle lachen herzlich.
Zur großen Enttäuschung der Passagiere hebt das Flugzeug schon nach fünf Stunden wieder ab nach Grosny. Einer der Entführer habe kurz vor dem Einsteigen das Siegeszeichen gemacht, meldet AP in den späten Abendstunden.

HANS-JOACHIM NOACK

»Du sollst dich erinnern«

Russen und Deutsche in der Region Kaliningrad
Mai 1992

Seit sich die über Jahrzehnte verschlossene Stadt Kaliningrad der Welt geöffnet hat, gilt als ihr wichtigster Treffpunkt das gleichnamige Hotel am Lenin-Prospekt. Auf dessen terrassenförmig gestaltetem, grau betoniertem Vorplatz versammelt sich täglich bis tief in die Nacht eine Art Empfangskomitee. Das scheint nach Eckenstehermanier herumzulungern, verharrt in Wahrheit aber in einem Dauerzustand gespannter Wachsamkeit.

Wie von einem Choreographen gelenkt, starren die Köpfe der Männer, in kleinen Pulks auch Gesichter von Halbwüchsigen und Kindern, in Richtung des vis-à-vis fließenden Pregel; ihre Blicke fixieren die Brücke oder dahinter die Domruine. Bewegung kommt in die Gruppe bloß dann, wenn sich ein Bus mit »Nemzy« – Deutschen – der schmucklosen Herberge nähert.

Bei der Ankunft von Hotelgästen, die den Einheimischen als Heimweh-Touristen fast schon vertraut geworden sind, bricht auf der Plattform Jagdfieber aus. Taxichauffeure und selbsternannte Dolmetscher buhlen zäh um die ersehnte Kundschaft. In Plastiktüten präsentieren Schwarzhändler vermeintlich wertvolle Fundstücke aus dem untergegangenen Königsberg.

Sooft es ihm die Zeit erlaubt, gesellt sich der Rentner Udo Inzerpi zu den noch ungeübt hökernden Anbietern. Der russifizierte Sohn eines nach dem Ersten Weltkrieg eingewanderten Italieners und einer Ostpreußin verkauft aber nichts. Ein paar Westzigaretten genügen ihm, um dafür den »ursprünglichen Landsleuten« seine Lebensgeschichte zu offerieren.

Häufig berichtet der kleine Mann, der mit einer seltsam spleenigen Erzählweise seine Grundtraurigkeit zu bändigen versucht, auch gratis. Zwanghaft scheint ihm auferlegt, die groteske Pointe seiner verwirrenden Biographie unverzüglich anhand von Dokumenten zu bekräftigen. Der Rentner ist 67 – die zerfledderten Personalpapiere weisen ihn als um 21 Jahre jünger aus.

In der Vita des Udo Inzerpi, geboren 1925 in Königsberg, spiegelt sich das Drama einer bis ins Mark verwandelten Stadt. Da die im April '45 siegreiche Rote Armee die zuvor von den Briten niedergebombte Ostpreußen-Metropole auch aus dem Gedächtnis zu streichen trachtete, durfte der in ihr gefangengenommene Deutsche nicht existent gewesen sein.

Nahezu ein halbes Jahrhundert danach widerfährt dem Alten wie auf einer Bühne öffentliche Genugtuung. Vor dem Hotel, umstanden von Urlaubern und Milizen, sieht sich Inzerpi unvermittelt umarmt und geküßt. Ein Maler und Architekt reicht ihn als den Kronzeugen einer unbewältigten Vergangenheit herum: »Seht her, mein Freund . . . unser Königsberger!«

Der vollbärtige Künstler heißt Igor Schelepow und zählt zu jener wachsenden Avantgarde, die ihre Heimatstadt aus der »geschichtlichen Bewußtlosigkeit« befreien möchte. »Kaliningrad, du sollst dich erinnern«, lautet das Credo einer drängenden Intelligenzija, deren historischer Nachhilfeunterricht allen voran von der knapp 25jährigen russischen Universität gesteuert wird.

Sein Geburtsort könne nur zu sich selber finden, wenn es den Menschen gelinge, ihre »fortwirkende Betäubung abzustreifen«: Aufgewühlt schildert der junge Professor Wladimir Gilmanow, 36, daß ihm von Kindesbeinen an »noch nicht einmal zu denken erlaubt war, was die Augen ja schließlich gesehen haben«. Solche Wahrnehmungsverbote, ergänzt ihn der Kollege Leonid Kalinnikow, hätten die Bürger »innerlich verwüsten lassen«.

Diese Apathie soll nun therapiert werden. Kaliningrad übt sich, wie es der Germanist Iwan Koptzew unumwunden verdeutlicht, »in die Aneignung einer fremden Kultur, der vormals deutschen, ein, um darüber die unsrige zu entdecken«. Als Erlösungsformel setzt sich das Zauberwort »Symbiose« in den Köpfen fest; für deren Realisierung steht der Name Immanuel Kant.

Seit die kommunistischen Übervater Marx und Lenin ziemlich unrühmlich abgetreten sind, hat der größte Sohn Königsbergs Konjunktur – und das nicht nur bei den gebildeten Schichten. »Weil es neuerdings alle so machen«, verzichtet die frisch verheiratete Arbeiterin Olga Trussenko mit ihrem Seekadetten Alexander auf den jahrzehntelang obligaten Besuch einer Soldaten-Denkstätte. Das Paar erweist nach der Trauung dem Grabmal des »Vernunftphilosophen« die Ehre.

Denn Olga ist »irgendwie mitgeteilt worden«, daß die Ideen Kants den Kaliningradskaja Oblast – Stadt und Bezirk – aus dem tristen Alltag herausführen werden. Hat der Mann doch »diese Weltbürgergedanken erfunden«, sagt sie mit wehendem Schleier, die ein Ende von Abgeschlossenheit und Rückständigkeit verheißen.

Immanuel Kant als der Baumeister eines Brückenschlags von Ost nach West, dessen grenzüberschreitende Kraft die Reformerriege um den Chefadministrator Jurij Matotschkin zwar nicht ganz so naiv umschwärmt, aber immerhin: Mit dem Lehrmeister des »kritischen Idealismus« für die 900 000 Menschen in seiner bis vor kurzem noch abgeriegelten Militärregion die Tür nach Europa zu öffnen ist auch dem von Jelzin eingesetzten Statthalter ein Anliegen. Zumal man so den Deutschen gefällig zu sein glaubt. Ohne die Nemzy, weiß Kaliningrads Bürgermeister Witalij Schipow, wird es in Stadt und Land, einer Provinz von der Größe Schleswig-Holsteins, »keine Verwirklichung unserer Visionen geben«.

Auf die Nemzy gründen sich alle Zukunftserwartungen. »Wo man hinguckt, grassiert das Deutschfieber« (Professor Kalinnikow); die von Iwan Koptzew unterrichteten Studentinnen des 6. und 8. Germanistik-Semesters streben ausnahmslos in den Beruf des Dolmetschers. Zwischen Hotels und Krankenhäusern pendelnd, führt die Oberlehrerin Swetlana Jurkowskaja in ein Repertoire von Standardsätzen ein: »Entschuldigen«, radebrechen im Chor Dienstmädchen und Ärzte, »kann ich Ihnen behilflich sein?«

Die Zahl der Ostpreußen, die seit letztem Sommer in den oft bis zur Unkenntlichkeit heruntergekommenen Überresten ihrer einstigen Besitztümer stöbern, wird auf 40 000 geschätzt – eine kleine Invasion, aber eine behutsame und leise. 47 Lebensjahre haben den anfänglich befürchteten Geist des Rollback weitgehend gebannt; die zumeist betagten Besucher verhalten sich häufig indifferent.

»Helga, ich spür' nichts«, ruft die Hamburgerin Natascha Skrodzki Freifrau von Waldenfels ihrer Schwester zu, als die beiden ein von Hecken überwuchertes Trümmerfeld besichtigen, auf dem das Vaterhaus stand. Der in der Phantasie gespeicherte Schmerz über den Heimatverlust hat sich im Augenblick der Wiederbegegnung offenbar erledigt. Sehr viel spannender finden es die Damen schon kurz danach, daß sie die neuen Siedler mit Strumpfhosen und Kosmetika erfreuen können.

Der 13jährige Straßenjunge Sergej, der sich vor dem Hotel Kaliningrad seinen Unterhalt sichert, indem er Autos aus der Bundesrepublik wäscht, glaubt den Durchblick zu haben. Er kennt die Leute, die er einfühlsam »nette Revanchisten« nennt, und bewundert sie: »So alt und noch so stabil«; über alle anderen Vorzüge hinaus rühmt er deren »lückenlose, gleichmäßige Zahnreihen«.

Gelassen selbstbewußt gehen die ehedem Vertriebenen wie die unfreiwilligen Plakatsäulen einer hoch überlegenen westlichen Gesellschaftsordnung in der verelendeten Stadt umher. Natürlich hat sich herumgesprochen, daß von denen kaum einer je noch bereit wäre, den eigenen Wohlstand mit den entseelten Mietskasernen zu tauschen. Warum also soll man die als Gefahr empfinden?

Doch es gibt ja noch die anderen Deutschen, jene von der Wolga, aus Kasachstan oder Sibirien, die im Gebiet Kaliningrad zwiespältige Emotionen wachrufen. Daß der in Dortmund oder Detmold seßhaft gewordene vormalige Ostpreuße ein potentieller Partner ist (zumal er sich womöglich noch als Investor entpuppen könnte), bereitet den Russen kaum mehr Schwierigkeiten. Was aber geschieht, wenn sich zum Beispiel der Fall des aus Orlowka/Nowosibirsk eingeschleusten Bauern Viktor Edel zigtausendmal wiederholt?

Dic auf 450 000 Einwohner angewachsene Stadt und ihr Hinterland sehen sich so vermutlich unterschiedlichen Entwicklungen ausgesetzt. Auch die in der City lebenden Menschen begegnen dem Neuen, das über sie hereingebrochen ist, noch mit Schwerfälligkeit, doch sie lernen. In der Etagenbar des »Kaliningrad« etwa erlauben sich Einheimische im munteren Tête-à-tête mit Dänen, Briten und Balten das prickelnde Selbstwertgefühl, einer künftigen Erfolgsschicht anzugehören.

Das große Wort führt da ein seit Wochen gastierender Deutsch-Kanadier namens Siegfried Köhn, Anlageberater aus Winnipeg, als junger Mann im ostpreußischen Friedland zu Hause. Daß dem der Kommandant der im nahen Baltijsk, dem einstigen Pillau, ankernden U-Boot-Flotte die komfortable Tschaika-Limousine vermietet hat, zeigt den Grad seiner Bedeutung an. Schließlich hält der Finanzier »die russische Seite mit einem attraktiven Joint-venture im Bankbereich« in Atem.

Neben dem quirligen Lautsprecher Köhn wirkt der Farmer Edel, Nachfahr von Einwanderern wahrscheinlich aus Hessen, wie der arme Jakob in Person. Vor gut einem Jahr von Kurieren einer obskuren »Heimholungsbewegung Wiedergeburt« ins Gebiet Kaliningrad gelotst, bemüht sich der Neubürger, mit Frau Katja und zwei Töchtern in der Ortschaft Filippowka Fuß zu fassen.

Es geht ihm materiell nicht einmal ganz schlecht; die Kolchose hat dem 42jährigen eine zumindest wetterfeste Kate (36 Quadratmeter) nebst acht Hektar Ackerboden verpachtet, und er ist mit Hilfe aus der Bundesrepublik beglückt worden. »Ein gewisser Konrad Schmidt«, von dem er nur weiß, daß der in Wuppertal lebt, hat ihm fünf Tonnen Saatkartoffeln und einen imposanten Traktor vor das Haus gestellt.

Die Edels sind bescheidene Leute, die sich »im Land der Störche, wo es richtige Straßen gibt«, durchaus beschenkt vorkommen – und dennoch glaubt der Bauer, enttäuscht sein zu dürfen: »Ich bin do her«, sagt er mit wäßrigen Augen, »weil ich gedenkt hab, daß des wieder ei Deitschland werd.« Das sei ihm zugesichert worden: »Endlich ei Heimat . . . und nu wieder nix.«

Was Edel und mit ihm eine Vielzahl anderer unter den überschlägig 5000 in die Region eingesickerten Rußland-Deutschen arglosunschuldig beklagen, ist für Jurij Matotschkin »die Schlüsselfrage«. Weder nach den Vorstellungen Kants noch sonst eines progressiven Geistes, fürchtet der Verwaltungschef, früher Wirtschaftsprofessor und Schnellboot-Kommandant, wird sich sein Distrikt so je zum »Modellfall« entwickeln: »Wer Europa will, kann die deutsche Autonomie nicht wollen.«

Der massige Polit-Amateur mit dem gutmütigen Bulldoggengesicht steht erkennbar unter Druck. In Kaliningrad droht ihm zwar vorerst nur ein Resttrupp von Bolschewiken, der bei einer Demonstration auf dem »Platz des Sieges« einem übermannsgroßen Konterfei Stalins zujubelt. »Ohne den«, brüllt deren Erster Sekretär Sergej Tschuwurin, »würde die Stadt heute von japanischen Samurai und der SS domestiziert!« Das sieht der Landbewohner weniger dramatisch, aber diffuse Ängste vor einer schleichenden Re-Germanisierung plagen auch ihn.

Die neue politische Klasse in der nach der Selbständigkeit des Baltikums isolierten russischen Westprovinz verharrt in einem nervösen Schwebezustand. Einerseits ist ihr klar, daß es ein Zurück nicht mehr geben darf – »die alten Feindbilder sind endlich tot«, sagt beschwörend die Volksdeputierte Tamara Poluektowa. Im Oblast fungiert die enge Vertraute Boris Jelzins offiziell als seine »persönliche Vertreterin«.

Doch den kühnen Plänen von einer künftig richtungweisenden Vorzeige-Region fehlt der Unterbau. Jählings bricht aus der Dame der Argwohn hervor, und während sie fahrig den Faltenrock glattstreicht, ist es ihr wichtig, »einige Gegenfragen zu stellen«. Man habe von einer in der Bundesrepublik umlaufenden »Anzeigenkampagne« gehört. »Wie verhält es sich mit den Dokumenten eines Preußischen Nationalkongresses, die auf die Befreiung Königsbergs abzielen?«

So behauptet sich über dem noch immer spärlichen Informationsfluß hin und her ein Schlinggewächs furchterregender Annahmen, die sich noch nicht mal als Halbwahrheiten verifizieren lassen. »Der Nationalitätenvermerk ›nemez‹ – Deutscher – in den Personalpapieren«, versteift sich umgekehrt der in Kaliningrad arbeitende Schiffsingenieur Friedhelm Ulrich, vormals Kasachstan, »macht dir alles kaputt.«

Etwas tiefer gehängt, erweist sich das Zusammenleben als verzwickt genug. In Filippowka hat die Kolchose ergrimmt auf das Traktoren-Geschenk reagiert und dem Farmer Viktor Edel erst mal den Dieseltreibstoff gesperrt. Eine Protestaktion, die ihr aber nach wenigen Tagen peinlich war.

Wie viele Deutsche – und welche – verträgt der Distrikt? Eine in Blättern der Bundesrepublik abgedruckte Agenturmeldung, wonach Matotschkin als Obergrenze die Zahl 200 000 genannt habe, ist dem jovialen Verwaltungschef übel angekreidet worden. Nicht allein die weiterhin mächtigen Militärs sitzen ihm seither im Nacken, und jetzt knurrt das Bulldoggengesicht: »Alles Unsinn.« Man wolle hier »kein zweites Berg-Karabach«, nimmt ihn die Kontrolleurin Poluektowa an die Kandare.

Es gibt Deutsche wie die Hamburger Publizistin Marion Gräfin

Dönhoff, Ostpreußin, deren Verdienste um Aussöhnung von der Stadt womöglich alsbald mit der Ehrenbürgerwürde belohnt werden. Es gibt den Bankier Friedrich Wilhelm Christians, Verfechter der Freihandelszone Kaliningrad, der in ähnlichem Ansehen steht. Aber die agieren außerhalb des wechselseitig Mißtrauen erzeugenden Interessengestrüpps.
Angreifbarer, verdächtiger, ist da der vor Ort zielstrebig kungelnde Viktor Hoffmann, 39, Vizepräsident eines russisch-deutschen Kulturvereins »Eintracht«. Seinen eher schwerblütig tapsigen Landsleuten gilt der Hochschulabsolvent als ihr oberster Sachwalter, und so präsentiert er sich auch. Ohne das aus Kasachstan stammende Organisationstalent, das zum Zeichen seiner Umtriebigkeit stets eine prallgefüllte Gürteltasche mit Visitenkarten am Leibe trägt, läuft in Kaliningrad multikulturell nur wenig – Politisches eingeschlossen.
Meldet sich Hoffmann alttestamentarisch wuchtig, fast schon in der Pose eines Vater Abraham zu Wort, beeindruckt das auch Matotschkin: »Viktor« habe ihm versichert, daß er »eine deutsch-autonome Republik Königsberg gar nicht anstrebt«.
Viktor lächelt und schiebt die ohnehin immer aufgekrempelten Jackettärmel noch ein bißchen höher in Richtung Ellenbogen. Das sei natürlich einerseits zu bestätigen, »aber ebenso abgemacht ist es, daß wir hier mit Kindern und Kindeskindern bleiben und uns vermehren werden«.
Im übrigen setzt der Fan Helmut Kohls, der sich in seinem Büro an der Landkarte Ostpreußens nach dem Stand von 1938 erfreut, auf »leise Arbeit«. Erst mal Fakten schaffen – da ist er sich mit dem Mitstreiter Friedhelm Ulrich einig –, »dann wird man weitersehen«.
Daß Hoffmann aus seinem Kulturklub einen kommerziellen Ableger gezüchtet hat – »Eintracht-Ost«, der eine Art Wohnungsbauprogramm für Rußland-Deutsche auflegt –, stört die Kaliningrader Bürokratie offenbar nicht. Desgleichen läßt sie Ulrich und seine Aktiengesellschaft »Die Sache« gewähren, obschon sich erste Mißtöne einschleichen. Der politisch ahnungslose Schiffsingenieur kutschiert mit einem Lkw, Präsent der rechtsextremen »Deutschen Liga für Volk und Heimat«, in der Provinz umher.
Matotschkin, sagt Hoffmann, habe seinen Leuten ein eigenes Dorf in Aussicht gestellt – der oberste Verwalter überhört die Frage da-

nach. Wie soll er auch reagieren? Er will die Beziehungen zur Bundesrepublik nicht belasten. Fließt aus Deutschland kein Kapital, könnte er seine ehrgeizigen Projekte, etwa den Bau eines neuen Hafens, eines Bernstein-Kombinats, allem voran der Autobahn Berlin-Kaliningrad, schwerlich verwirklichen.
Nur: Die Germanen halten sich entgegen allen ursprünglichen Prognosen geradezu desillusionierend zurück. Während ein dänisches Konsortium den über den Fundamenten des ehemaligen Königsberger Schlosses errichteten Super-Mehrzweck-Koloß saniert, »kommt von den Deutschen so gut wie nichts« (Matotschkin). Das tut weh und fordert den Bürgermeister Schipow zu einer höhnischen Bemerkung heraus: Sich derart »klein zu machen« liege wohl »im Nationalcharakter dieses Volkes«.
Aber dann erschrickt er; das sei »gewiß nur als Scherz gemeint gewesen«. Ernsthafter formuliert, geht es dem 37jährigen Administrator darum, »den jeweils anderen verstehen zu lernen«. In Kaliningrad wird laut Schipow langsam nachvollzogen, welche historischen und wirtschaftlichen Hemmnisse ein deutsches Engagement erschweren. Da bittet er, daß man auch umgekehrt Einsicht zeigt. Zum Beispiel werde sich die öffentlich diskutierte Umbenennung der Stadt in Königsberg »bis auf weiteres kaum realisieren lassen«.
Nach dem phantasievollen Höhenflug im Spätsommer vergangenen Jahres überfällt die beiderseitigen Vordenker spürbare Ermattung. Der Bankier Christians mag nicht mehr so recht – eine unter seinem Namen firmierende »Initiativ-Gruppe«, für die der Jurist George Turner die Provinz bereist, verheddert sich. »Wir belauern einander und eiern herum«, gesteht der frühere Berliner Wissenschaftssenator ziemlich verzagt. Wo den Hebel ansetzen?
Vielfach folgt den ersten Eindrücken, in die sich die Rührseligkeit darüber mischt, daß sich die »verbotene Region« überhaupt geöffnet hat, der mitleidlose zweite Blick. Ernüchtert erkennt der Experte oder Tourist, wie heruntergewohnt die Stadt, versteppt das Hinterland ist. Da kann es geschehen, daß etwa der pensionierte Studienrat aus Schwelm, der sich am Vortag im Restaurant »Rus« noch verbrüdert hat, zu seinem alten Urteil zurückfindet: »Ein Saustall das.«
Hervor tritt in solchen Momenten der Herrenmensch. »Eine Großinvestition«, sorgt sich der Anlageberater Köhn aus Winni-

peg, wolle in so einem Umfeld messerscharf konzipiert werden: »Ich bin ein Preuße, und wir Preußen schießen erst dann, wenn wir das Weiße im Auge des Feindes sehen.«

Im Jahre eins nach dem Zerfall der großen Sowjetunion beginnen sich in der sogenannten Freihandelszone Bernstein, wie sich der Oblast nunmehr nennt, Oben und Unten zu regeln. Oben steht Köhn und unten der Straßenjunge Sergej, der, wenn er den Deutschen die Wagen wäscht, vor dem Hotel »Kaliningrad« durch einen Gulli in das Fernheizungssystem hinabsteigt. Von daher holt er das Wasser, und dort nächtigt er auch. Kratzer in seinem Gesicht, die ihn als Raufbold erscheinen lassen, sind Rattenbisse.

Im Jahre eins nach dem überwältigenden Erlebnis, die Fesseln gesprengt zu haben, finden in Kaliningrad vor allem die gebildeten Jugendlichen Deutsches schick. Zulauf erhält ein Studentenzirkel, der im Museum des unzerstört gebliebenen »Friedländer Tors« in Erinnerungen an das alte Königsberg schwelgt und sich »Die Neuen Pruzzen« nennt. Unter Ölbildern von Schiller und Heine berichtet die Kommilitonin Tanja in der Uni von einer Bonn-Reise – »alles so hübsch, höflich, tolerant«. Solche Menschen sollten nun auch in ihre öde Heimatstadt einziehen.

Zunächst einmal kommen Deutsche, die die Region als Missionsgebiet zu schätzen wissen. Evangelisten der Neuapostolischen Kirche durchwandern in Scharen die Freihandelszone. Zwar verwahrt sich der Prediger Bernd Klippert aus Lüdenscheid gegen den Verdacht, »hier eine auf die eigenen Volksgenossen konzentrierte Glaubensgemeinschaft aufzubauen – Politik ist nicht unsere Sache«. Aber so ein bißchen rührt er dann doch hinein. »Denn immerhin hat ja auch der Herr Jesus in einem besetzten Land gelebt«, tröstet der fromme Teutone die um ihn herum sitzenden deutsch-sibirischen Mütterchen – ein Vergleich, der die anwesenden Russen kaum zu betrüben scheint.

Zu Klipperts Andachten mit den allfälligen Taufen versammeln sich die Jünger einer »neuen Bruderschaft«. Neben dem Architekten Igor Schelepow sieht man da Viktor Hoffmann und den Bauern Edel in Demut niederkauern – und den Finanzier Siegfried Köhn, während sein russischer Chauffeur vor der Tür die noble Tschaika-Limousine wienert.

Nach dem Sturz der marxistischen Götter sucht ein Teil der Kaliningrader andere Leitbilder. Nicht nur »Kant ist nach Königsberg zurückgekehrt«, wie der Mathematik-Professor Kasimir Lawrinowitsch fanfarenartig hervorstößt, sondern auch mancherlei Irritierendes. Der Militärexperte Alexander Bujanski, der bis vor kurzem noch Offiziere unterrichtete, dient jetzt dem Klippert-Clan als »Apostel-Anwärter«.

Wo findet der Mensch die Wahrheit, wenn ihm, was er als wahr empfunden hat, unter den Händen zerronnen ist? Um »diese Frage« für sich zu beantworten, lehrt der Oberst Wladimir Sokolow an der Uni neuerdings Religion – und flüchtet dann doch wieder in die alten Bindungen. Auf der Bolschewiken-Demo steht der 68jährige Veteran (»Immer noch Kommunist«) im vollen Ornat seiner Tapferkeitsmedaillen verschämt am Fuße der Lenin-Statue.

Über länger als eine Generation Verdrängtes steigt auf und gibt sich als Trauma zu erkennen. Das zerstörte Königsberg wirkt als Schattenreich nach, dem depressiv-kreative Künstler, wie der Maler Wiktor Rjabinin, mit mystisch beladenen Aufarbeitungsversuchen zu entkommen trachten. Doch am Ende bringt er fast immer nur Ruinen auf die Leinwand.

Ohne Selbstbetrug, sagt die Ehefrau des Architekten Schelepow, Ljudmila, müsse man sich eingestehen, »daß es in Kaliningrad nie eine echte russische Atmosphäre gegeben hat«. Dauerhaft habe die Vergangenheit auf der Stadt gelastet.

Die Lage ist kompliziert. Je offenkundiger die Bereitschaft verunsicherter Russen, sich selbst zu prüfen, desto unverblümter treten die Gelüste rechtsständiger Heim-ins-Reich-Bewegungen in der Bundesrepublik zu Tage, »Freiheit für Königsberg« einzufordern.

Natürlich wissen die Beobachter in Matotschkins Regierungssitz, daß es insbesondere die rückwärtsgewandten und unversöhnlichen Deutschen sind, die ihre Landsleute im Oblast etwa mit Traktoren bedienen – letzter Stand: 28. Andererseits ist das wertvolles Gerät, und überdies: Die ersehnten richtigen Partner bleiben ja aus.

Obschon sie es immer noch nicht glauben möchten, beginnt den jungen Beratern in Witalij Schipows Bürgermeisteramt zu dämmern, was sie so kaum ins Kalkül gezogen haben: » . . . daß die Deutschen ihre historische Verflechtung mit der Stadt Kaliningrad/Königsberg schlichtweg leid sein könnten«.

Vielleicht liegt es ja auch nur daran, daß es selbst für die bewegendsten Sachverhalte einen Sättigungsgrad gibt. Vergebens hält der Rentner Udo Inzerpi auf der Terrasse des »Kaliningrad« nach einem Ehepaar Ausschau, das er tags zuvor in der Stadt getroffen und mit dem er sich fest verabredet hat: »Die möchten doch meine Geschichte hören.«

»Überfordert von tausend Geschichten«, sind die Heimweh-Touristen, wie man später im Hotel erfahren wird, dem »Königsberger« absichtlich aus dem Weg gegangen.

JÜRGEN KREMB

Wie ein Tier am Pfahl

Der Horror in Nervenheilanstalten der Volksrepublik China
August 1992

> »Was wollen Sie«, sagt der Chinese zu seinem stirnrunzelnden Kollegen aus Europa, während wir den Rundgang beginnen, »die Patienten sollen hier geheilt werden oder sterben. Aber sie werden weder geheilt, noch sterben sie. Ist das bei euch anders?«

Tao Shimao hörte auf, ein chinesischer Mensch zu sein, als er den irren Blick bekam. »Es war im Politikunterricht nach dem Pekinger Massaker von 1989«, sagt sein Freund. »Nein, es begann erst zu Hause«, sagen die Nachbarn.
Wann der junge Student Tao zerbrach, ist unklar. Für das Vorleben interessierte man sich nicht, ein Nachleben gibt es nicht.
Schizophrenie, fanden die Ärzte. Aber das sagen sie meistens in Chinas Irrenhäusern. Es ist die häufigste Diagnose, auch die einfachste. Die Bauern sprachen von »bösen Geistern«.
Früher war der ganze Ort nur stolz auf ihn. Tao, der einem Weiler in Chinas Südwestprovinz Sichuan entstammt, besuchte die Universität in Chengdu, der Provinzhauptstadt. »Er war der einzige Student in unserem Dorf«, erzählt der Vater mit Tränen in den Augen. Auch in Chengdu waren 1989, im chinesischen Frühling der Demokratie, die Hochschüler für Reformen im Sozialismus auf die Straße gegangen. Die Regierung schickte Soldaten. Viel Blut floß. Dann kamen die Propagandisten und trommelten »Zurück ins Glied«, koste es, wen es wolle. Wie alle Studenten im Land, mußte

auch Tao mehrere Monate Gehirnwäsche über sich ergehen lassen: Persönliche Wahrnehmung wurde per Polituntericht umgepolt.
Voll Aufregung und Zorn fuhr Tao nach Hause. Er entzog sich dem Wahnsinn durch Wahn. Tagelang schwieg er. In der Nacht des 23. Januar 1990 nahm er einen Spaten und schlug zu. Tot war seine Mutter, schwer verletzt der Vater.
Drei Monate später verschnürte der wiedergenesene Vater seinen Sohn wie ein Baby und brachte ihn zur psychiatrischen Klinik in die Stadt. Doch Psychopharmaka, mit denen auch in China seelisch Kranke ruhiggestellt werden, verschlingen in einem Monat den doppelten Jahreslohn eines chinesischen Bauern, da es für Landbewohner – drei Viertel der Bevölkerung – keine Krankenversicherung gibt.
Nach 20 Tagen ging Taos Vater das Geld aus. Er trug seinen Sohn mit dem irren Blick nach Hause, wußte keinen Ausweg mehr. Also mauerte er ihn ein.
Der junge Tao wurde in ein Kabuff aus gehauenen Steinen gesetzt. Zwei Öffnungen sind gerade so groß, daß eine Reisschüssel hindurchpaßt. Der Blick zum Himmel ist für den verrückt gewordenen 23jährigen seitdem versiegelt.
»Es ist ein Teufelskreis«, sagt die Krankenschwester Wang Zhihong. »Die Familie wird bei einem Psycho-Fall in die Armut getrieben, weil die Behandlungskosten zu hoch sind, zugleich eine Arbeitskraft ausfällt.« Darauf verschlimmert sich der Zustand des Patienten.
Die Schande einer seelischen Störung bringt zudem über eine ganze Familie Gesichtsverlust. Da bleibt den Bauern nur die Selbsthilfe – nach 43 Jahren sozialistischer Gesundheitsversorgung, meist durch »Barfußärzte« (Sanitäter). Angekettet ans eigene Lager oder gleich einem Tier an einen Pfahl hinter dem Haus festgebunden, vegetieren so Millionen psychisch kranker Menschen in China dahin.
Zhang Jingtai, 51, ist einer der Aussätzigen, der die Degradierung des Homo sapiens zum Tier am eigenen Leib erfuhr. Was mit ihm vor über 30 Jahren geschah, läßt sich kaum rekonstruieren: Sein Vater war gestorben, da verfiel der Junge in eine manische Depression und redete wirres Zeug.
Den Nachbarn wurde er unheimlich, sie ketteten ihn an wie einen

Hofhund. Bis Anfang der neunziger Jahre verbrachte er sein Leben mit einem Eisen um den Hals auf der Fläche von einem Quadratmeter.

Ein Psychiater in der nahen Großstadt Tianjin hörte von Zhang und versuchte, ihn zu befreien. Erst drohten die Dörfler, den Arzt zu lynchen, dann flüchteten sie. Der freigelassene Zhang konnte weder reden noch laufen.

»Nur der Kapitalismus macht krank«, hatte Staatsgründer Mao Tse-tung behauptet. 1957 stellte die kommunistische Partei das Studium der Psychologie an den Hochschulen ein. Erst Ende der siebziger Jahre befreundeten sich Chinas Kommunisten mit der vormals als staatsgefährdend geltenden Seelenheilkunde.

Eine Generation von Psychiatern und Psychologen fehlt. Wissenschaft und die meisten Krankenhäuser erreichen allenfalls den Stand Europas um die Jahrhundertwende, Modellkliniken den westlichen Standard der fünfziger Jahre.

Für seelisch Gestörte, geistig Behinderte oder Patienten mit Hirnschäden gibt es kaum Krankenbetten und kaum eine andere Therapie als Medikamente: Für 15 Millionen Patienten – davon 10 Millionen auf dem Land – stehen 80 000 Plätze, meist in geschlossenen Großanstalten, zur Verfügung. Um sie kümmern sich 7000 schlecht ausgebildete Psychologen und Psychiater, einer für 2000 Kranke. Nur in den 30 000 Betten, die dem Gesundheitsministerium unterstehen, gibt es Aussicht auf Behandlung.

Ansonsten sind für Geisteskranke die Polizei und die Wohlfahrtsabteilungen des Ministeriums für Zivile Angelegenheiten zuständig. Obdachlose und Straffällige mit seelischen Störungen werden eingesperrt. Lediglich sechs Prozent aller psychisch Kranken des 1,16-Milliarden-Volkes erfahren jemals Zuwendung durch einen Arzt.

Auch diese Privilegierten entkommen nicht der Demütigung, etwa in der Provinz Guizhou, wo jeder Frühling sie einem Volksbrauch ausliefert: An einem nicht vorhersehbaren Tag laufen die Bauern im Kreis Rongjiang zusammen, um unter Gejohle »mit den Irren Spaß zu haben«.

Das Krankenhaus hat kein Tor, das den Mob zurückhalten könnte. Es verfügt über keinerlei Macht, um sich zu wehren. »Keiner weiß, wie es begonnen hat«, sagt der Arzt, »doch es geht jetzt schon so seit zehn Jahren.«

Voriges Jahr machte der Pöbel sich einen Spaß daraus, die Behinderten vorzuführen. Applaus erntete, wem es gelang, eine kranke Frau zum Entblößen ihrer Brüste oder zum Strippen ihrer Kleider zu bringen. Essensreste und Abfälle der Hungerleider aus den Dörfern prasselten auf die Kranken nieder: Die Ärmsten vergnügten sich daran, jene zu malträtieren, denen es noch schlimmer ergeht.

Dieses Jahr sah diese Volksbelustigung kaum anders aus. »Wir trauen uns nicht, die Scheußlichkeiten abzustellen«, sagt eine Krankenschwester. »Das würde nur weitere Angriffe gegen uns herausfordern.«

Einmal versuchte der kleine grauhaarige Anstaltsleiter, eine Beschwerde »nach oben weiterzugeben«. Die Antwort der Kreisverwaltung: »Wir sind außerstande, das zu verhindern.«

In Tianjin, acht Millionen Einwohner, gibt es zwei Anstalten für psychisch Behinderte. Gonganbu, das gefürchtete Sicherheitsbüro, betreibt die eine: Kranke Verbrecher, die der Hinrichtung entgangen sind, werden hier ihr Leben lang verwahrt.

Doch auch eine Einweisung in das andere Haus, das dem Zivilverwaltungsamt untersteht, kommt dem mittelalterlichen Einmauern gleich. Kaum ein Patient kann seinen Aufenthalt selbst bezahlen, da läßt sich kein Gewinn erzielen. 100 Mark für einen Monat Therapie, das kann sich eine Familie selten leisten; ein Monatslohn beträgt im Schnitt gerade mal 60 Mark.

Deshalb sollen die Kosten möglichst niedrig sein. Von dem Kasernenbau mit seiner stacheldrahtbewehrten Mauer bröckelt der Putz. Drinnen steigen jetzt im Sommer die Temperaturen auf über 40 Grad.

In der Toilette kauert ein halbnackter Patient und kämpft mit seinem Kot. Die Monatsration von 30 Blatt handtellergroßem Klopapier hat er längst aufgebraucht. Also schmiert er die Exkremente wie Hunderte vor ihm an die Wand.

Zhang Shuhua liegt am Ende der Frauenstation teilnahmslos auf dem Holzrost eines Bettes. Sie ist Witwe, Mutter zweier minderjähriger Kinder. Niemand kümmert sich um sie.

Zhang ist zu schwach, um sich zu bewegen – abgemagert zum Skelett. Keiner hilft ihr, sich umzudrehen, so daß sich die Druckstelle an ihrer Hüfte zu einem schwarzen, stinkenden Loch ausgeweitet hat.

In einer der Zellen, die das Personal stets verschlossen hält, vegetiert eine Frau mit wirrem Haar. Sie spricht nie. »Die kleine Stumme« nennen sie die Schwestern. Seit sie vor drei Jahren hier von einem Polizisten endgelagert wurde, hat niemand ihren Namen erfahren können.
Die Ärzte schätzen, daß die Frau nicht mal 20 Jahre alt ist. Nie hat sie eine Schule besucht. Wahrscheinlich wurde sie ausgesetzt, weil die Familie nicht mehr mit ihr klarkam: Wer will schon ein Mädchen – und ein behindertes obendrein?
Die kleine Stumme zerstört alles, was ihr unter die Finger kommt. Das Krankenhaus hat kein Geld, ihr neue Decken und Kleider zu geben. Nackt liegt sie in ihrer Zelle, die so nackt und schmutzig ist wie sie selbst.
»Bleiben wird sie wahrscheinlich ein Leben lang«, sagt der Arzt gleichgültig. Das kann freilich nicht mehr lange dauern. Die meiste Zeit des Tages verbringt die Schweigende auf dem Betonboden, in ihren Ausscheidungen. Einmal die Woche wird sie mit Wasser abgespritzt, mehr Pflege erfährt sie nicht.
In der 500-Betten-Klinik leben noch 170 andere Taubstumme, die ohne Betreuung zu Idioten retardiert sind. Ein Almosen steuert die Regierung dazu bei, daß sie am Leben bleiben. Doch für die medizinische Betreuung bleibt den Ärzten gerade eine Mark pro Monat.
»Wenn die Patienten erkranken, dann können wir nur auf ihre Widerstandsfähigkeit vertrauen«, sagt der Arzt.
»Seit drei Jahren hat niemand mehr nach den Irren gefragt«, murrt Wang Dekong, Vizedirektor der Gesundheitsverwaltung der Provinz Shaanxi. Er muß Besuchern den Zutritt zu psychiatrischen Kliniken genehmigen. »Was ist dort schon zu sehen?«
Dem schäbigen Betonbau droht fast der Einsturz. Überall sind Fensterscheiben zerborsten. Die Psyche des einzelnen muß sich in China, das war immer so, dem Gemeinwohl unterordnen. Wen schert es, wenn sie daran zerbricht? In Chinas multikultureller Tradition gibt es keine Liebe gegenüber den fremden, nicht aus der eigenen Familie stammenden Nächsten.
Die chinesische Justiz weist ihre Regimegegner selten in die Psychiatrie ein. Anders als in Rußland ist schon der gesamte Justizapparat dazu angelegt, sich die Seele eines Angeklagten von Anfang an zu unterwerfen.
Prominentestes Opfer ist der Regimekritiker Wei Jing-sheng. 1979

wegen seiner kritischen Wandzeitungen *Tansuo* (Untersuchung) an der Pekinger »Mauer der Demokratie« zu 15 Jahren Haft verurteilt, wurde er unter der jahrelangen Isolationsfolter wirklich geisteskrank.

Der große Steuermann Mao hatte die Zerstörung der Psyche politischer Gegner begründet: »Wer keine korrekte politische Einstellung hat, der hat keine Seele.« Also: Abweichende politische Meinung macht verrückt.

Im Anju-Krankenhaus in Sichuan steht der Spruch noch heute wie eine Drohung an einer Zellenwand. Die Psychiatrie ist hier in einem 400 Jahre alten Tempel eingepfercht. Zwei von den Kommunisten gehaßte Außenseitergruppen wurden dorthin gemeinsam aus der Gesellschaft verbannt: Mönche und Verrückte.

Von seinem Betrieb wurde Cheng Jian nach einem Nervenzusammenbruch (vor zehn Jahren) in das Krankenhaus Hongchaofang der Millionenstadt Chongqing eingewiesen. Die Firma garantierte die Kostenübernahme.

In einem Brief, der nun in Chengs Krankenakte steckt, fordert der Fabrikdirektor: »Cheng darf das Krankenhaus ohne unsere Zustimmung nicht mehr verlassen.« Nach Ansicht des behandelnden Arztes ist Cheng seit Jahren genesen: »Er kann wieder in der Gesellschaft leben.« Doch nicht gegen den Willen der Firma.

Seine Frau hat mehrere Anträge auf Entlassung gestellt – erfolglos. »Auf Dauer kann ich ihr nicht zumuten, daß sie allein lebt«, sagt Cheng. »Doch wenn sie sich scheiden läßt, wird das wohl auch mein Ende sein.« Die Kosten der Beerdigung will die Firma übernehmen.

Yang Wenguang, 42, ist Vater von drei Kindern. Er geriet in eine Krise und bedrohte seine Frau. Die Familie entschloß sich zur sofortigen Einweisung in die Dali-Klinik der Provinz Yunnan. Als am Tag drauf die Krankenschwester seine Zellentür aufsperrte, versuchte er gewaltsam auszubrechen.

Seitdem sind seine linke Hand und sein linker Fuß mit einer Handschelle an die Wand gefesselt. Viele Kerker in Chinas psychiatrischen Kliniken gleichen den »Affenkäfigen« in thailändischen Gefängnissen: Spiegelbild der letzten großen sozialistischen Gesellschaftsordnung.

Eine manisch Depressive im Frauentrakt trägt die Schellen seit zwei Wochen, doch sie kann auch ohne Ketten kaum laufen. Die kleinste Bewegung läßt sie laut aufschreien, sie liegt in der Ecke ihrer Zelle wie ein sterbender Hund.

Die Verweildauer für Patienten mit »nicht negativer Schizophrenie« im Schanghaier »Reha-Krankenhaus Nummer 1« betrug nach Auskunft der leitenden Ärzte 1991 durchschnittlich 17,1 Jahre.

Kranke Kinder sind – außer in einer Pekinger Musterklinik – stets mit Erwachsenen zusammengepfercht. Die Statistiken weisen für das Jahr 1990 gerade 8795 Betten in der Psychiatrie für Kinder und Jugendliche aus. Die Zahl der Patienten wird allerdings auf 4,34 Millionen geschätzt.

Wang Lijie, 11, lebt seit Wochen mit schwergestörten Erwachsenen in einer Zelle des Provinzkrankenhauses in Heilongjiang. Anfänglich brüllte sie täglich: »Papa, nimm mich nach Hause«, bis sie so heiser war, daß kein Ton mehr aus ihrer kleinen Kehle kam.

Seither steht sie mit leerem Blick an den eisernen Gitterstäben ihrer Zellentür. »Die erwachsenen Patienten kümmern sich nicht um die Kleine«, sagt die Krankenschwester, »manchmal schlagen sie auf Lijie einfach ein.« Sie selbst hat keine Zeit, sich um das Kind zu sorgen: »Zuviel zu tun.«

Trotz alledem hat ein Geisteskranker noch Glück, wenn er hinter diese Gitter kommt. Tang Yuxin lebte 22 Jahre in einer Toilette neben dem größten Kino der Millionenstadt Mianyang in der Provinz Sichuan. 1982 wurden Ärzte auf sie aufmerksam und baten die lokalen Behörden um Einweisung, doch nichts passierte.

Erst 1987, als die Abgeordneten des Provinzparlaments eine Sitzung in der Stadt zelebrierten und eine Abendvorführung in dem Kino anstand, erhielt der menschliche Schandfleck einen Platz in der Psychiatrie. Die meisten mental Gestörten Chinas leben auf der Straße. Keiner weiß, wo sie herkommen, wie sie heißen, wer sie verstoßen hat: Abfall.

Die obdachlosen psychisch Kranken hält Heinz Klätte, 67, für eines der schwerwiegendsten Defizite im unterentwickelten Gesundheitswesen Chinas. In Wuhan hat der frühere Vorsitzende der Gesellschaft für soziale Psychiatrie mit zwei Ärzten die einzige Rehabilitierungsklinik der Volksrepublik eingerichtet.

»Geistig Behinderte sollen mehr Gelegenheit erhalten, am sozialen Leben teilzunehmen und ihre Ausbildung zu verbessern«, heißt es im Rahmenplan »Behinderte« des achten Fünfjahresplans Chinas, der bis 1995 läuft.

In 30 Städten soll Psychiatrie als Modell ausgebaut werden. Doch ein wichtiges Bekenntnis fehlt: wo das Geld dafür herkommen soll. Klätte: »Es besteht die Gefahr, daß alles im Sande verläuft.«

Nach 43 Jahren Sozialismus ist die Sorge um das Seelenwohl der chinesischen Untertanen überfällig. Ein Drittel aller »unnatürlichen Todesfälle« geht auf Selbstmord zurück. Der Suizid, vor allem von Frauen, rangiert weit vor Autounfällen.

»Die Leute haben ihre Mitte verloren«, sagt die Psychologin Yang Xia, 28, vom Pekinger Zentrum für Konfliktberatung. Sie meint: Viele Chinesen können sich dem Reformzeitalter nicht mehr anpassen.

Xias Arbeitsfeld im Barackenbau am überquellenden Pekinger Westmarkt ist Chinas erste offene Beratungsstelle für seelische Krisenfälle, gegründet 1988. Großstädte wie Schanghai und Kanton sind dem Beispiel gefolgt und richten Nottelefone für Suizidgefährdete ein.

Auf der Hongkonger Konferenz »Psychiatrische Rehabilitation in Asien« stellten voriges Jahr zwar 50 volkschinesische Fachmediziner erstmals neue Konzepte offener Pflege vor. Doch nur zwei Modellkliniken am Stadtrand Pekings stehen fremden Besuchern offen. Sie sollen die Überlegenheit des derzeitigen Sozialismus demonstrieren.

Parteikommissar Shi Gui, 51, von der »Wohlfahrtsanstalt Nummer 3« empfängt die Gäste mit dem Fahrrad an der Einmündung zur nächst gelegenen Hauptstraße, wo auch der Weg zum Dissidentengefängnis Qincheng abführt.

Früher war Shi Gui Regimentskommandeur, heute lenkt er politisch das gekachelte und frisch getünchte 500-Betten-Hospital für »Obdachlose mit seelischen Störungen«, wie sie Direktor Chen Yunfu definiert: »Menschen mit ernsthafter Abweichung von der Norm«. Zum Beispiel Menschen, die an »Geister glauben oder homosexuell sind«.

Wie rasch dürfen geheilte Patienten nach Hause? Diese Frage erstaunt die beiden Fachleute aus Partei und Apparat. »Wir bestehen erst seit drei Jahren«, bekundet Direktor Chen. »Den Fall hat es noch nicht gegeben.« Zudem hätten alle Patienten kein Zuhause mehr.

Stolz ist man in »Nummer 3« auf die moderne Videoüberwachungsanlage. Von einem Kontrollraum aus kann der Parteimann

an zwei Dutzend Bildschirmen jede Bewegung in den militärisch kargen Krankenzimmern beobachten.
»Als erste chinesische psychiatrische Klinik bieten wir Videokontrolle, Elektrokardiogramm, biochemische Untersuchung und Ausrüstung für die Arbeitstherapie«, heißt es in der englischsprachigen Präsentationsbroschüre über das ganz ungewöhnliche Spital.
Die Wahrheit offenbart sich hinter den verglasten Sehschlitzen der Behandlungsräume. Vor Schränken voller Psychopharmaka stehen Bahren mit Fuß- und Handfesseln und dem ganzen Horrorszenario der Gewaltpsychiatrie. Hier gelten die alten repressiven Rezepte.
Für die politische Erziehung ist der Polit-Betreuer Shi zuständig. Als Erfolgsbeweis präsentiert er Ma Jingcheng, 60, den seine Familie verstoßen hat. Ma muß singen.
Die Hände an die gestreifte Anstaltskluft gelegt, krächzt Ma aus zahnlosem Mund: »Sozialismus ist gut. Groß ist im Sozialismus des Menschen Wert. Die politischen Gegner wurden verjagt. Und die Imperialisten sind geflohen.«
Parteisekretär Shi steht daneben und lächelt zufrieden.

ERICH WIEDEMANN

»Das sind doch alles nur Gespenster ohne Hemd«

Die Schlacht um Maastricht
September 1992

Wenn man Marie-Anne Cantin über das bevorstehende Referendum zur Ratifizierung des Maastricht-Vertrags reden hört, dann könnte man denken, Europa sei für die Franzosen vorwiegend ein Bakterien-Problem.

Nein, wirklich, das sei ein wenig übertrieben, sagt Madame Cantin. Aber sie hält daran fest: »Mit unserem Camembert verteidigen wir auch die Souveränität unserer Nation gegen Maastricht.«

Richtiger französischer Camembert lebt von seinem Gehalt an Staphylokokken. Wobei leben hier im Wortsinn zu verstehen ist. Staphylokokken sind jene wandlungsreichen Eiterbakterien, die in ihrer bösartigen Variante Abszesse und Furunkel auf der menschlichen Haut verursachen, in ihrer gutartigen (»Staphylococcus aureus«) dagegen dem Camembert zu seinem vitalen Hautgout verhelfen.

Marie-Anne Cantin darf in der Sache als kompetent gelten. Sie ist Inhaberin der hochberühmten Crémerie in der Rue du Champ-de-Mars, die unter anderem Maxim's und den Elysée-Palast mit Weichkäse beliefert, außerdem Vorsitzende der »Gesellschaft zur Respektierung der französischen Käsetradition«. Ihre Freunde nennen sie auch »la Pasionaria du Camembert« – wegen der Kompromißlosigkeit, mit der sie die Interessen ihrer Zunft vertritt.

Madame Cantin ist in bester Kampfbereitschaft. Denn die Höchstmengenverordner der EG, die darüber wachen, was die Europäer

essen, trinken und atmen, wollen langfristig den Staphylokokken-Gehalt des Camemberts aus hygienischen Gründen auf 10 000 Stück pro Gramm begrenzen.
Seit 200 Jahren steht die noble Weichschimmelkreszenz aus dem Ort Camembert in der Normandie für beste lukullische Tradition. Und nun kommen die »macaques bruxellois«, die Brüsseler Affen, und wollen den normannischen Fromagisten sagen, wie man guten Käse macht. Das werden sie sich nicht gefallen lassen.
Die Milch, aus der der Camembert hergestellt wird, soll künftig keimfrei gemacht werden, damit die Staphylokokken sich nicht so schäumend entfalten können. Die Connaisseurs finden das empörend. Camembert aus sterilisierter Milch. Incroyable. Richtiger Camembert, so sagen die Leute in Camembert, muß riechen wie die Füße vom lieben Gott – und zwar auf 20 Meter Entfernung. Camembert aus sterilisierter Milch riecht fast gar nicht mehr.
Die traumatische Reaktion in Frankreich hat die Brüsseler Spitzen zwar veranlaßt, den Erlaß erst mal zurückzunehmen. Aber das war natürlich ein taktischer Rückzug. Wenn das Ja zur Ratifizierung durch ist, kommt auch der Camembert ganz sicher wieder ins Gedränge.
Deshalb werden die Käse-Lobby und ihre Sympathisanten am 20. September mit »non« stimmen. Und so wackelig, wie das Referendum nun mal steht, kann es gut sein, daß die Camembert-Frage über das Schicksal des Maastrichter Vertrags und damit über das Schicksal Europas entscheidet.
Käse hat in Frankreich fast Devotionalienstatut. Die Deutschen, die das lächerlich finden, brauchen sich nur das pseudosakrale Getue in Erinnerung zu rufen, mit dem sich deutsche Brauer und Biertrinker 1987 der von Brüssel erzwungenen Verwässerung des Bier-Reinheitsgebotes entgegenwarfen. Jeder hat eben so seine Empfindlichkeiten.
»Sie können stimmen, wie Sie wollen, aber, bitteschön, nehmen Sie erst mal unsere Argumente und Informationen zur Kenntnis«, ermahnte das Pariser Nachrichtenmagazin *L'Evénement du Jeudi* seine Leser auf der Titelseite seiner Maastricht-Sondernummer. Und: »Sie haben hinterher nicht das Recht, zu sagen, Sie hätten nicht gewußt, worum es geht.«
Eine satte Minderheit will es auch gar nicht wissen. »Macht Maastricht zum St. Helena von François Mitterrand«, steht auf den

Stickern, mit denen Europartisanen die Parkbänke im Bois de Boulogne bekleben. Präsident Mitterrand ist gewiß ein guter Europäer. Aber seine Popularitätsrate liegt unter 25 Prozent. Viele Franzosen sind gegen Maastricht, nur weil Mitterrand dafür ist. Er zieht Europa mit runter.

Im Prinzip hat Mitterrand das ja auch eingesehen. »Ein Ja zu Europa ist kein Ja zu Mitterrand«, hat er den Franzosen zugerufen. Zwecklos. Er würde Maastricht am zuverlässigsten über die Hürde helfen, wenn er sich ganz raushielte oder, besser noch, zurückträte.

Die Unzufriedenheit mit dem herrschenden System ist das greifbarste Motiv im Nein-Lager. Im übrigen ist das Meinungsspektrum sehr unübersichtlich. Mitterrands Europawerber haben die Nation mit einem flotten Trennstrich in zwei Lager geteilt: hier die junge, urbane, gebildete Linke, die selbstverständlich für Europa ist; dort das alte ländliche Frankreich, la France profonde, das dagegen ist, weil es von der Vergangenheit nicht lassen kann.

So einfach ist es nicht. In Wahrheit schlängelt sich die Grenze, die Gegner und Befürworter voneinander trennt, quer durch alle politischen, kulturellen und sozialen Fraktionen.

Ganz sicher mit Nein stimmen werden die Fundamentalisten von links und rechts: die Kommunisten, weil sie das soziale Erbe der Nation vom EG-Kapitalismus bedroht sehen; die Rechtsradikalen, weil sie eine Asylantenschwemme aus Deutschland fürchten; die Jäger, die um freies Schußfeld bangen; die Patrioten der alten Schule und die greisen Gaullismus-Barone, die befürchten, daß Europa die Grande Nation zur Grande Province degradieren wird. Viele Intellektuelle stimmen schon deshalb mit Nein, weil sie meinen, daß das Bejahen nicht ihres Amtes ist. Der Mathematiker und Literat Arnaud Aaron Upinsky menetekelt in einem »Offenen Brief« an die Nation auf 192 Buchseiten über den bevorstehenden Untergang der Demokratie und der Grundwerte von Volk und Zivilisation. Ohne erkennbaren Grund, so schreibt er, steige der älteste Nationalstaat des Kontinents in einen unerklärlichen Prozeß der Selbstauflösung ein. Plötzlich sei Frankreich »von wahnsinnigem Entzücken und von kollektiver Blindheit geschlagen«.

In ihrer lähmenden Beweisnot haben die Antieuropäer den germanischen Popanz gegen Europa in Stellung gebracht. Die Gemeinschaft werde eine Marionette am Tau des D-Mark-Imperialis-

mus sein. Und man sehe ja an den ausländerfeindlichen Pogromen, wohin da drüben die Reise schon wieder gehe.
Genau andersrum, sagt die Pro-Europa-Fraktion. Wenn man die Deutschen jetzt nicht fest an die Leine lege und in die Gemeinschaft einbinde, würden sie sich im Osten ihren eigenen Laden aufmachen – ein Ersatzreich von Luxemburg bis Kiew. Und dies Reich werde sich dann todsicher gegen den Westen kehren.
So oder so, höhnt es aus den Salons der westlichen Diplomatie an der Seine, die französische Politik habe nur noch die Wahl zwischen Waterloo und Trafalgar. Frankreich werde dem Schatten des häßlichen Deutschen nicht entrinnen.
Wahr ist: Die Mehrheit der Franzosen hat keine Bange vor der Bundesbank und den Rostocker Glatzen. »Das sind doch politische Gespenster ohne Hemd«, sagt der Exportkaufmann Rene Duvallet hinter seinem Maßkrug im »Löwenbräu« an den Champs-Elysées. Deutsche Hegemonie? Die Deutschen seien doch mit ihren eigenen Problemen so sehr beschäftigt, daß sie gar keine Zeit hätten, ihre Nachbarn zu drangsalieren.
Duvallet sagt: »Es ist eine unverschämte Heuchelei, wenn Mitterrand heute so tut, als sei das Volk nicht zur guten Nachbarschaft bereit. Als er versuchte, Gorbatschow die deutsche Wiedervereinigung auszureden, waren die Franzosen mit mehr als 80 Prozent für die deutsche Einheit.«
Nein, die deutsche Tüchtigkeit fürchtet er nicht. Und seit er die Ostdeutschen kennt, noch weniger als früher. Etwas mehr Selbstvertrauen dürfte den Franzosen nicht schaden. Da gibt er dem deutschen Bundeskanzler recht. »Was ist denn das bißchen mehr Savoir-faire gegen soviel mehr Savoir-vivre.«
Im Elsaß, da, wo Frankreich am europäischsten ist, sieht man die deutsche Frage nach 40 Jahren Nachbarschaft mit der deutschen Demokratie besonders gelassen. Landwirt Andre Bechtold aus Obernai sagt: »Die Deutschen sind gute Freunde, das haben sie bewiesen.«
Deutschland spielt für Bechtold bei der Entscheidung über Maastricht überhaupt keine Rolle. »Wenn einer nicht reif ist für Europa, dann ist es Frankreich.« Deshalb wird er mit Nein stimmen. »Wir müssen erst Frankreich bauen und dann Europa.«
Frankreichs Bauern haben Grund zur Klage. Aber nicht Grund zur Klage gegen die EG. Brüssel hat ihnen im letzten Jahr 40 Milliarden

Francs spendiert – mehr als die eigene Regierung. Die französische Landwirtschaft ist die exportstärkste der ganzen Gemeinschaft – vor allem, weil sie so üppig von der EG alimentiert wird. Trotzdem wird die große Mehrheit der Landwirte sich Maastricht versagen. »Der Segen ist so ungleich verteilt«, sagt Bechtold. Er muß die Kartoffeln, die er mit seinem Gehilfen in Handarbeit vom Acker klaubt, für 20 Francs pro Zentner verkaufen. Das sind umgerechnet 6,50 Mark. Soviel kostete in Deutschland der Zentner Kartoffeln vor 30 Jahren.

Die Bauern im Elsaß sind nicht gegen Europa. Sie sind gegen Mitterrand und sein System, von dem sie sich ausgebeutet fühlen. Die rechtsradikale Nationale Front, die gemeinsam mit den Kommunisten an der Spitze der Anti-Maastricht-Bewegung marschiert, hat hier ganz starke Bataillone.

Das Durchschnittseinkommen eines Landwirts in der Auvergne liegt, trotz der hohen Subventionen, bei 12 000 Mark im Jahr. Die einzigen Landwirte, die einstweilen nicht ständig im Regen stehen, sind die Weinbauern. Gute Weine bringen gute Preise, vor allem im Export nach Deutschland.

Doch das wird nicht so bleiben. Denn die Franzosen saufen nicht mehr so sorglos wie früher, weil die alte Zirrhotikerweisheit, Wein sei kein Alkohol, an Boden verliert. 40 Prozent weniger in zehn Jahren. Und vor der Tür die Konkurrenz aus Amerika, Südafrika und Australien, die heute auch ganz trinkbare Weine produziert.

»Wir brauchen eine starke europäische Gemeinschaft, die uns hilft, zu überleben«, sagt Winzer Romain Jehle aus Dambach-la-Ville im Vogesen-Vorland. Jehle reckt den Daumen zur Decke. Er wird mit Ja stimmen.

Was Frankreich jetzt dringend braucht, das sind Männer wie George Whitman, Inhaber der legendären Antiquariatsbuchhandlung »Shakespeare and Company« im Pariser Quartier Latin. George ist voll Begeisterung darüber, daß er mit seinen 80 Jahren Europas große Stunde noch erleben kann: »In einer Welt voll Diktaturen und Rassismus endlich ein Zeichen der Humanität und des Liberalismus, Europa ist ein Vorbild für die ganze Menschheit. Hoffentlich werden die Franzosen das erkennen.«

Daß George Whitman es erkannt hat, das nützt Frankreich und Europa nicht viel. Er darf nämlich nicht mit abstimmen, weil er Amerikaner ist.

WALTER MAYR

»Wie's Messer in'n Schmand«

Über rußlanddeutsche Pioniere am Kurischen Haff
Dezember 1992

Die Tore der geheimen Stadt am Rand der kasachischen Steppe sind streng bewacht wie immer, als Waldemar Drews ein letztes Mal auf der Ausfallstraße nordwärts fährt. »Wohin?« rufen die Posten. »Nach Rußland«, antwortet er. »Wie lange wirst du bleiben?« fragen die Wächter. »Für immer«, sagt der junge Deutsche.

Er fährt ins Land seiner Väter – das Elchrevier im heute russischen Norden von Ostpreußen. Bis dorthin, ans Kurische Haff nahe Kaliningrad, das einst Königsberg hieß, sind es 6000 Kilometer – weiter als nach Peking oder Kairo. Doch Waldemar will freier Bauer werden, und deshalb scheut er die Mühsal nicht. Im alten Ostpreußen, so hat er gehört, soll eine selbständige deutsche Republik entstehen.

Drei Autostunden nördlich, in der kasachischen Provinzstadt Krasnoarmeisk, wartet Waldemars Mutter Angelina Drews mit den Söhnen Viktor und Eduard. Auch die rüstige Frau und die altdeutsch dreinblickenden Männer mit den roten Wangen gehen mit auf die Reise nach Ostpreußen.

Seit Kasachstan unabhängig sei, so sagen sie, hätten es Deutsche und Russen schwer. Das Kasachische, Muttersprache von nicht einmal der Hälfte der Bevölkerung, soll alleinige Amtssprache werden. Die Mutter ist vor 56 Jahren unter Stalin schon einmal vertrieben worden – aus ihrer ukrainischen Heimat. Sie hat Angst, daß sich dieses Schicksal in der kasachischen Steppe wiederholen könnte. Im Land ihrer ostpreußischen Vorvorfahren, deren Sprache sie spricht, will sie nun zur Ruhe kommen. »Dort ist deitsche Erde, unsere Männer mechten Arbeit haben und wir ein Haus. So wird alles recht werden«, sagt die Alte.

Haus und Vieh sind verkauft, der Weizen geerntet und transportfähig in Säcke verpackt. Drei Schweine haben die Drews noch geschlachtet und verwurstet, dazu Gemüse und Obst eingelegt für den Start in der neuen, fernen Heimat. Als der Güterwaggon voll beladen auf den Schienen steht, steigen die Männer zu und richten sich mit einem winzigen Gasbrenner ein für die lange Fahrt in den nordwestlichsten Zipfel des zerfallenen Riesenreichs Sowjetunion. Es ist der 29. Dezember 1991.

13 Tage lang kauern sie im eisigen Waggon, ehe der Bahnhof von Labiau zwischen Königsberg und Memel erreicht ist. Von hier ist es nicht mehr weit bis nach Gilge, das seit dem Krieg Matrossowo heißt. Wochen zuvor hat Waldemar das alte Fischerdorf besucht und vom Kolchose-Chef die Zusage erhalten, er werde Arbeit bekommen.

Vorläufig kann er Stallknecht in der Viehkolchose werden – er, der in der geheimen kasachischen Stadt »Postfach 03« als Hätschelkind des Sowjetsystems gutes Geld machte. Mit seiner Familie bewohnte er eine Neubauwohnung in der 10 000-Einwohner-Siedlung, die auf keiner Landkarte zu finden ist. Es gab dort Zentralheizung und Warmwasser, Fernsehen, Kino und frisches Gemüse in den Läden – Luxus als Lohn für die Angst.

Denn in Postfach 03, im Herzen des ökologischen Notstandsdreiecks zwischen der Plutoniumfabrik von Tscheljabinsk, dem verseuchten Atomgelände von Semipalatinsk und dem Raumfahrtzentrum Baikonur, sind schon die Kinder bleich, und der Tod kommt früh. Er kenne keinen, sagt Waldemar, der älter als 50 geworden wäre.

Die Männer, die hier leben, graben im Schichtdienst den Rohstoff der sowjetischen Atomwirtschaft aus der Erde – Uranerz. In Schacht 4 hat Waldemar acht Jahre lang mit Dynamit und Bohrhammer Stollen in den Fels getrieben. Das radioaktive Erz wurde im Akkord gebrochen, jeder Meter brachte 30 Rubel. »Da gehst du rein, auch wenn der Staub von der Sprengung noch in der Luft hängt«, sagt er.

Er ist regelmäßig geröntgt worden, und die Ärzte haben versichert,

es bestehe kein Anlaß zur Sorge. Wenn andere Bergmänner starben, hieß es, ihr Herz habe versagt. Doch hartnäckig hielten sich die Gerüchte, die Organe der obduzierten Körper seien »verstrahlt, verfault und zerfressen«.
Waldemars Tochter Tatjana lebte von Geburt an am Rande der Stollen. Das stille, magere Mädchen leidet unter schwerem Asthma und chronischer Immunschwäche. Als sie acht wurde, war sie allergisch gegen beinahe alles – gegen die Gänsefedern in ihrem Kopfkissen, gegen Hunde, Katzen und Blumen. Die Ärzte wußten keinen Rat. Die Erstickungsanfälle kamen häufiger. Waldemar Drews und seine Familie beschlossen, die Stadt zu verlassen.
Mit rußgeschwärzten Gesichtern, Vollbärten und schmerzenden Gliedern treffen die drei Brüder am Kurischen Haff ein. Ihr Zielort Gilge liegt im Südosten zwischen Königsberg und Tilsit. Bis Kriegsende war die vom Mutterland isolierte Provinz Ostpreußen der östlichste Teil des Deutschen Reichs. 2000 Deutsche lebten damals in dem abgeschiedenen Fischerdorf Gilge, eingekeilt zwischen zwei Flüssen, einem Kanal und der Haffküste.
Sascha, der schmächtige russische Fährmann mit seinem rostigen Kolchoseprahm, spielt Schicksal. Von seinem Wodkastand hängt ab, wer wie schnell den Fluß überquert – für Schwangere, Kranke und Kinder in Gilge ein gefährliches Glücksspiel. Müde und griesgrämig hockt der Alte in seiner Blechhütte und säuft. Sobald die Sonne sinkt, hält nur noch ein straff gespanntes Stahlseil seine schlingernde Fähre auf Kurs. »Ihr müßt in Flüssig-Dollar bezahlen«, raunen die Leute, »das zieht.«
Knirschend schrammt der Fährausleger auf Sand. Vier Kilometer Birkenallee und Kopfsteinpflaster noch, und Waldemar, Viktor und Eduard sind in Gilge. Es ist Freitag, der 10. Januar. Die Ehefrauen und die Mutter warten schon. Sie waren als Vorauskommando mit einer Aeroflot-Maschine aus Kasachstan eingeflogen, um die neue ostpreußische Heimat zu testen.
Ihre Eröffnungsbilanz war verheerend: kein Laden, kein Arzt, keine Schule; Fährmann besoffen, Haus vorhanden, aber ohne Dach. Mit dem unbestechlichen Blick deutscher Ostsiedler fällte die alte Angelina ein vernichtendes Urteil über die verluderte Kolchos-Idylle: »Hier is' kein Wirt nich'.« Dann gab sie den Befehl zur Umkehr: »Mädls, Telegramm aufjebn, wir fahren zurick.«
Ein Jahr ist vergangen. Die Drews sind geblieben.

»Komm, Herr Jesu, sei unser Gast«, spricht in der Wohnstube laut die Alte das Tischgebet, während die russischsprachig erzogenen Söhne fromm murmeln, »und segne, was du uns bescheret hast.« Dann schlägt sie das Kreuzzeichen über den dampfenden Tellern mit Kohlsuppe und tritt zurück. Suppe gibt es nur für Männer. Sie sind mit rotgefrorenen Gesichtern, in schweren Stiefeln und Fellmützen von der Arbeit gekommen. Auf dem Tisch steht die dürre Ernte des ersten Sommers in Gilge.

Hier im ehemaligen Krankenhaus, wo die Kolchose nur Waldemar Platz zuweisen wollte, sind sie nun alle untergekommen, 14 Personen insgesamt. »Hast se mitgebracht, wirst'se missen reinnehmen«, so sagt die Alte, hätten die Russen ihrem Waldemar bedeutet. Nun hat jede Familie »ein Stiebchen«. Das Dach ist gedeckt, und die kasachischen Teppiche haben sie nach alter Sitte an die Wand genagelt. Heimisch fühlen sie sich deshalb noch nicht.

Das Land am Haff ist ihnen fremd. Soviel Wasser, wo die Jungen doch nur Steppe kennen. Soviel Fisch und kaum Weizen. In den endlosen Erlenbruchwäldern, zwischen den Moorseen und Schilfgürteln wechseln die Elche. 800 gab es vor dem Krieg zwischen Gilge und Memel. In diesem Winter, sagt Eduard, sind die ersten schon bis zum Dorfrand gekommen.

Das Leben im Land der Elche ist hart. Nur Waldemar verdient regelmäßig, der Monatslohn von 1800 Rubel reicht für fünf Kilogramm Milchpulver. Ein Paar Winterstiefel kosten den Kolchosbauern einen halben Jahreslohn. Waldemars Brüder schlagen sich mit Gelegenheitsarbeiten durch. Die Vorräte, die sie in der kasachischen Steppe angelegt hatten, sind aufgebraucht, die Ersparnisse durch Inflation und die höheren Preise in Rußland aufgezehrt. »Das Jeld von unserm Haus hab ich für 'ne Kuh jejeben«, sagt die Alte. »Unser Auto haben wir aufjefressen«, formuliert es drastischer der Sohn.

Über die Zukunft sprechen die Brüder mit der finsteren Entschlossenheit von Menschen, welche die Wüste nicht fürchten, weil sie wissen, wo sie nach Öl bohren müssen. Sie haben Kartoffeln in die feuchten Böden gesetzt und gut geerntet, was ihnen im Sommer schon die Hochachtung schollenkundiger Vertriebener auf Heimweh-Urlaub eintrug. In einem alten Stall werden zwei Ferkel gepäppelt und vier Kühe gemolken – angeschafft mit dem letzten Geld. Für den Hunger müssen saure Gurken, Beerengelee, Kartoffeln und Kohl genügen. »Sechs Hektar bräuchte jeder von uns«, sagt Waldemar, »und ein Stück Land zum Bauen.«

Platz gäbe es genug, denn Gilge ist ein totes Dorf, ein Hort der Heimatlosen. Vertriebene Russen, Ukrainer und Tataren siedeln hier seit dem Krieg. Viele der verlassenen Häuser werden von Moskauern und Litauern als Datschen genutzt. Wer mehr zum Leben braucht als Luft, Wasser und Stille, muß hinüber ans andere Ufer nach Elchwerder.

Wenn genügend Benzin da ist und Sascha, der Fährmann, seinen Rausch ausgeschlafen hat, steht morgens um sieben ein Bus für die Menschen auf der Insel bereit. Er bringt die deutschen Kinder von Gilge – russische gibt es nicht mehr – zum Unterricht in die Golowkin-Schule von Elchwerder. Waldemar, der im 24-Stunden-Schichtbetrieb die Kolchoseställe ausmistet, hat an diesem Morgen frei. Er nimmt seine dick vermummte Tochter Tatjana am Arm und stapft mit ihr durch die dunkle Allee zur Haltestelle.

Außer »Guten Tag« spricht das blonde Mädchen kein Wort Deutsch. Bei ihren Schulkameradinnen in der dritten Klasse hilft das mehr, als es schadet. Hier wird ausschließlich Russisch gesprochen. Deutsch kommt erst in der fünften Klasse auf den Stundenplan. »Pioniere und Schüler, liebt eure Heimat«, steht auf einem angejahrten Schaubild im Erdgeschoß.

Die Pioniere gibt es nicht mehr, und der Heimatbegriff, so erläutert der Lehrer Wladimir Iwanow, wurde relativiert. Die Schüler wüßten inzwischen, daß früher Ostpreußen war, was jetzt Gebiet Kaliningrad heißt. Nach sowjetischer Lehre hatte dieser Landstrich vor 1945 keine Geschichte. Solange die Schulbücher, die bald nach dem gescheiterten Putsch 1991 erschienen sind, darüber noch nichts erzählen, korrigiert der junge Lehrer sein eigenes Weltbild und das der Kinder mit Hilfe von Zeitungsausschnitten. »Man muß jetzt alles gründlicher erforschen«, sagt er und lächelt hilflos.

Zehn deutsche Familien leben inzwischen wieder in Gilge, an die 10 000 Deutsche sollen es in ganz Ostpreußen sein. Sie kommen aus Kasachstan, Kirgisien und dem sibirischen Altai-Gebirge.

Über Bleiben oder Gehen haben sie nach archaischen Mustern entschieden: Es wird in Sippen gedacht und den Ohren vertraut. Wer vom Bruder oder Onkel hört, daß es sich anderswo besser leben läßt, zögert nicht mit dem Aufbruch.

Zwei Millionen Deutschstämmige siedeln noch auf dem Gebiet der alten Sowjetunion. Nur die Vorkriegsgeneration spricht fließend Deutsch. Die Töchter der Drews-Brüder heißen Tatjana, Mascha und Olga. Es hat sich herumgesprochen, daß die Zahl der knochenharten Deutschtümler, die in der Heimat mit offenen Armen auf Aussiedler warten, gering ist. »Bei euch is' jetzt voll mit Schwarzen«, sagt mitleidig die alte Angelina Drews, »so missen wir bleiben: Deutschland is' auch nich' von Gummi, was man ewig auseinanderziehen könnt'.«

»Hier nennen sie mich Faschist oder Fritz«, klagt ein Bernsteinschnitzer von der Küste, »wenn ich nach Deutschland gehe, bin ich der Russ.« Für die ungeliebten Grenzgänger zwischen den Kulturen wäre Ostpreußen rein geographisch ein prächtiger Parkplatz – einst deutsche, jetzt russische Exklave. Andererseits ist es keine zwei Jahre her, da war das Land am Haff militärisches Sperrgebiet, und noch immer ist es Brückenkopf der russischen Armee. Grund genug für die Deutschen, leisezutreten. »Wir müssen reingehn wie's Messer in'n Schmand«, formuliert es in der lebensnahen Lyrik der Rußlanddeutschen Viktor Hoffmann, einer ihrer Sprecher.

Der bullige Fischer Iwan Kotscherjagin ist der einzige Mensch in Gilge, der noch mit den alten Deutschen gefischt hat und jetzt die Ankunft der neuen erlebt.

Als er 1946 in Gilge ankam, waren noch nicht alle Einwohner vertrieben. »Die Deutschen haben mir beigebracht, wie man mit dem Treidelkahn ins Haff segelt und wo es die besten Fanggründe für Brachsen und Zander gibt.« Erst 1948 seien die letzten weggezogen.

Nach und nach ist Gilge verfallen, sagt Kotscherjagin. Erst wurde das Krankenhaus geschlossen, in dessen Räumen nun die Drews leben, dann die achtklassige Schule, die Bäckerei und die Läden. Aus der alten Backsteinkirche, deren Reste nun wie ein kariöser Zahn in den Auwald ragen, wurden die Steine gebrochen. Baumaterial ist kostbar in Rußland. Orgel und Kirchenglocke landeten im benachbarten Litauen. Seit die Kolchose mit der aus Elchwerder zusammengelegt wurde, stirbt Gilge.

Wenn die Deutschen das Dorf wieder aufbauen wollen – »sollen sie doch«, sagt der alte Kotscherjagin. Er selbst will bleiben. Hundert Tonnen Fisch haben die letzten 30 Kolchosniki von Gilge seit September gefangen. Oft fehlt das Benzin, um mit den Booten noch bis ins Haff zu kommen. Die Fangquoten sind begrenzt, und die Brigade erhält ganze vier Prozent vom Erlös – den Profit schluckt die Kolchosleitung. Im Laden von Elchwerder, einem protosowjetischen Versorgungsstützpunkt mit leeren Regalen, verkümmern ein paar Dosen Fischklein.

Noch thront Kolchose-Chef Wadim Schilinski im Verein mit Bürgermeister Wladimir Oschurko über den Geschicken von Gilge. 70 Prozent der Häuser gehören der Kolchose. Bauland bekommt nur, wer fünf Jahre zum Wohle aller den Rücken gekrümmt hat. Doch kleinmütig muß der Betonkopf Schilinski in seinem Büro unter dem Intarsienbild Lenins einräumen, daß es um seine Kolchose nicht zum besten steht. Die Böden seien schlecht und die Zeiten schwer, windet er sich. »Er ist bankrott«, sagen die Arbeiter.

Wer die Kolchose-Kühe noch besichtigen wolle, müsse sich beeilen, meint Waldemar Drews: »Die fallen in den nächsten Tagen um.« Das sei kein Wunder, ergänzt er, denn wer im Sommer nichts pflanze, habe im Winter nichts zu verfüttern – »nur Heu, das wächst von selbst«.

Männer wie Waldemar, zupackend und erdverbunden, muß jener Besucher getroffen haben, der im vergangenen Winter nach Gilge kam und danach schwärmte: »Echte Kerle sind das. Als wir ihnen unseren Plan erläutern, Gilge zu einer deutschen Mustersiedlung mit eigener Bäckerei, Räucherei, Ziegelei und Tischlerei zu machen, schlagen sie gleich begeistert ein. Auf Gilge müssen wir den Beweis führen, daß wir es schaffen, in den weitgehend entvölkerten Gegenden Ostpreußens funktionierende Dörfer anzulegen.«

Deutsche Dörfer, wohlgemerkt, denn der Gast heißt Dietmar Munier und kommt aus Hohenhude bei Kiel. Er ist Verleger und Organisator der Aktion »Deutsches Königsberg«. Sein Ziel sei es, schreibt er in einem Bittbrief, »Fakten für eine deutsche Perspektive unserer Ostprovinz zu schaffen«.

Potentielle Spender, die noch nicht wissen, gegen wen es im Verteilungskampf um das Kurische Haff gilt, packt Munier an der Ehre: »Prüfen jetzt bitte auch Sie mit heiligem Ernst, was Sie wirklich entbehren können, ob wir uns etwa von dem gierigen Polen beschämen lassen sollen.« Es folgt eine Bedarfsliste, in der vom deutschen Liederbuch bis zum Tütensamen nichts unerwähnt bleibt.

Außer Gerüchten, daß gutgläubige Ostpreußen im Westen kräftig spendeten, sei bei ihnen nichts angekommen, sagt Waldemar Drews. Seine Nachbarin Nina, »blond und blauäugig« (Munier), weiß immerhin von einem Brief zu berichten, in dem der Verleger ein Darlehen über 10 000 Mark zum Hauskauf offeriert, bei sieben Prozent Zinsen und 1000 Mark Tilgung pro Jahr. Ninas Mann verdient in der Kolchose umgerechnet acht Mark monatlich.

An Rattenfängern, die von Westen kommend in Gilge Zutaten für ihr braunes Süppchen suchen, ist kein Mangel. Auch der ehemalige NPD-Aktivist Torsten Paproth wurde bereits vorstellig. Der eigentliche Heilsbringer aber, der Gilge eine Zukunft und Deutschen wie Russen dort Wohlstand bringen soll, heißt Wladimir Dolschnikow, oder, wenn er sich bei den Deutschen die Ehre gibt, Waldemar Kremer.

Wie ein Lämmergeier brach der Bauingenieur und Geschäftsmann Dolschnikow im April in die Idylle Gilge ein. Als Sohn eines russischen Vaters und einer deutschen Mutter zwischen die Völkerfronten geboren, hat er mit untrüglichem Spürsinn erfaßt, wo die Zukunft des stillen Fischerdorfs liegt: Neue deutsche Siedler auf altem deutschen Land, dazu russische Konkursverwalter auf der Suche nach dem Absprung in die goldene Marktwirtschaft – Dolschnikows Hirn gebar die Idee vom Touristenzentrum Gilge.

Mit 110 Millionen Rubel (400 000 Mark) an Investitionen, so die Pläne des Vorsitzenden der im vergangenen Jahr gegründeten Delo AG, wird aus dem Dorf, in dem es weder einen Laib Brot zu kaufen noch warmes Wasser gibt, ein Sommersitz für Heimweh-Touristen. Villen will er bauen, ein Restaurant, Gaststätten, Handwerksbetriebe und einen Jachthafen – Klein-Disneyland im Elchrevier.

Im Sperrgebiet zwischen Königsberg und Memel, wo fast 50 Jahre lang kein Geschäftsmann mehr gesichtet wurde, rannte der clevere Wohlstandsprediger mühelos sämtliche Türen ein. Die örtlichen Bosse sicherten ihm Bauland zu, auch die Option auf zwei stattliche Anwesen. Auch das Vorkaufsrecht für weitere Häuser aus dem Besitz der Kolchose, »die leerstehen oder verkauft werden sollen«, erwarb Dolschnikow. Der russische Kolchose-Chef Schilinski, ausgeschlafen wie selten zuvor, glaubte, die Zeichen der Zeit zu erkennen, und wurde Mitglied der AG.

Viktor und Eduard, Waldemars Brüder, haben sich beim Lämmergeier als Arbeiter verdingt. Das Werkzeug müßten sie pflegen wie

ihr eigenes, höflich sein und nicht trinken, heißt es im Vertrag, dann stünden ihnen 2000 Rubel monatlich zu – das ist nicht einmal die Mindestrente, die in Rußland gezahlt wird. Dafür sollen sie die deutsche Kirche wieder aufbauen, doch sie wissen nicht, womit. Sie sollen die alte Schule abtragen, und sie wissen nicht, warum. Seit Monaten haben sie kein Geld mehr bekommen und Dolschnikow-Kremer nicht mehr gesehen.
»Morgen endlich will er hier sein«, sagen Kolchose-Chef und Bürgermeister treuherzig, und fügen hinzu, daß sie seit dem Sommer auf ihn warten. »Kremer muß kommen«, sagen die Brüder aus Kasachstan, »keiner weiß, wie's weitergeht.«
Doch Kremer sitzt im Schatten des Moskauer Kreml und wartet auf sein Visum für Deutschland. Er muß Geld auftreiben für seinen Plan vom Fischer- und Touristenidyll am Ostseestrand. 2,6 Millionen Rubel habe seine AG inzwischen beisammen, sagt er – 10 000 Mark. Das sei zwar lange nicht genug, räumt er ein, doch den Traum vom schönen, neuen Gilge, der Vertriebenen-Zuflucht am Haff, will er sich nicht mehr nehmen lassen: »In dieser Siedlung jetzt bin ich ein Herr.«

DIETER WILD

»Paris – die Stadt der Menschheit«

Über Kultur und Krise in Frankreich
Januar 1993

Die urtümlichen, tonnenschweren Menschen und Tiere des Kolumbianers Fernando Botero scheinen dem kolumbianischen – oder transsylvanischen oder masurischen – Urwald zu entstammen. Auf die Pariser Champs-Elysées, diese welkende Prachtallee aus Empire und Eleganz, passen sie nicht. Oder etwa doch?

Die 31 Bronzestatuen, denen Bürgermeister Jacques Chirac bis Ende Januar Gastrecht gibt, sollen eine doppelte Botschaft verkünden: daß der Machtmensch Chirac auch ein Kunstmensch sei und daß französische Kultur die Weltkultur umarme – sofern sie nicht sogar mit ihr identisch ist.

So hatte es 1870 schon der große Victor Hugo empfunden: »Paris ist die Stadt der Städte. Paris ist die Stadt der Menschheit. Es hat Athen gegeben, es hat Rom gegeben, und es gibt Paris.«

Der Kolumbianer Botero an den Champs-Elysées, die Bilder des geborenen Briten Alfred Sisley im Musée d'Orsay, des Schweizers Jean-Etienne Liotard im Louvre, der deutschen Expressionisten im Musée d'Art moderne, der Lateinamerikaner im Centre Pompidou – das athenisch-römische Welt-Paris sprießt derzeit an allen Ecken.

Doch Paris in seiner Schönheit vermittelt ein unzulängliches Bild vom Zustand Frankreichs. Gewaltexzesse radikaler Bauern fordern den Staat heraus, und vor der »jacquerie« (so heißen die Bauernrevolten, die das Land seit dem Mittelalter immer wieder erschüttern) hatten die Herrschenden stets eine Heidenangst. Fieberschübe aufflackernder Streiks mal dieser, mal jener sozialen Gruppe zeigen an, wie tief die französische »morosité« (etwa: Staatsverdrossenheit) inzwischen sitzt.

Abgehoben von der politischen Realität wirkt da Staatspräsident François Mitterrand, als er am 15. Dezember den Louvre feierlich zum »größten und schönsten Museum der Welt« ernennt: 39 neue Ausstellungssäle mit 700 Bildern.

Weitere Superlative sind in Arbeit. Star-Architekt Ieoh Ming Pei wird seiner berühmt-berüchtigten Glaspyramide im Louvre-Hof eine zweite, auf den Kopf gestellte und in die Erde versenkte zugesellen. Sie schafft Licht in ein unterirdisches Labyrinth, von wo aus man in das Louvre-Entrée unter der überirdischen Pyramide gelangt.

Im November, wenn das 200. Jubiläum des Museums pompös begangen wird, kommt noch der Richelieu-Flügel hinzu, zur Zeit eine riesige Baustelle. 1997 soll das Projekt »Grand Louvre« vollendet sein – und mindestens sechs Milliarden Francs gekostet haben. Statt rund 75 000 Quadratmeter Fläche, die der Kunst-Saurier 1984 einnahm, wird er fast 240 000 Quadratmeter umfassen. Niemand soll dann mehr zweifeln, daß Victor Hugo recht hatte.

Wunder über Wunder: Im Théâtre de l'Atelier zerrt Bernard-Henri Lévy (»BHL«), Star der Pariser Intelligenzija, das ganze 20. Jahrhundert vor sein Tribunal. Das »Jüngste Gericht« ist sein Erstlingsstück. Hochmut? Auch der große Sartre war schließlich als Philosoph und Dramatiker gleichermaßen bedeutend. Das Stück soll eine Antwort auf den Amerikaner Francis Fukuyama mit seiner »Häresie« vom »Ende der Geschichte« sein. Sie kann wohl so lange nicht zu Ende gehen, wie der »maître à penser« BHL noch schreibt.

Neben all diesen Schmausereien der kulturellen Haute Cuisine erfreuen die Franzosen zum Jahreswechsel auch noch höchst angenehme profane. Sie haben nun endlich ein höheres Wirtschaftswachstum und eine bessere Leistungsbilanz, eine niedrigere Inflationsrate und ein geringeres Haushaltsdefizit als die Deutschen – fast ein neues Marne-Wunder. Die Vereinigung Deutschlands lastet, anders als befürchtet, überhaupt nicht auf Frankreich.

Also könnten die Franzosen doch jubilieren, ihren kulturellen Höhenrausch genießen und ihren Regierenden dankbar sein. Doch ein Klima des »fin de règne« lastet auf dem Land, beklem-

mender als 1969, da Charles de Gaulle abtrat, und erst recht als 1981, da Mitterrand das Bürgertum mit einer Drohung schreckte, die er dann zur Erleichterung auch vieler eigener Wähler nicht wahrmachte: »die Herrschaft des Geldes zu beenden«.
Nicht daß die Utopie, wenn sie je ernsthaft gemeint war, so schnell verdorrte, verstimmt viele Franzosen, sondern daß der »Mitterrandismus« politische Ziele in Wahrheit gar nicht hatte, vielmehr nur eine spezielle Herrschaftsform zum Machterhalt war, vom Gaullismus kaum unterscheidbar.
Nun aber, da eine Alternative wie 1981 nicht mehr zur Verfügung steht, hat Untergangsstimmung viele Vertreter der politischen Klasse erfaßt. »Das ist der Appell an das Nichts«, sagt der Liberale Ex-Minister Hervé de Charette, der Linkssozialist Pierre Chevènement fühlt sich durch die politische Richtungslosigkeit »an die dreißiger Jahre erinnert, die zu dem bekannten Desaster geführt haben«. Und Jean-Marie Colombani, Chefredakteur von *Le Monde* sowie Autor einer gerade erschienenen Analyse über »Frankreich ohne Mitterrand«, sieht die Franzosen »in kollektiver Depression«.
Eine geheiligte Institution des Landes, die Elite, hat sich diskreditiert, und so etwas geschieht nach dem »contrat social à la française« nicht ungestraft. Schon dem Präsidenten Valéry Giscard d'Estaing war zum Verhängnis geworden, daß er den Glaubenssatz beschädigte, die spezifisch französische »Meritokratie« administriere das Land – bei Fortbestehen extremer Klassen- und Vermögensunterschiede – im Grunde vernünftig und moralisch einigermaßen integer. Nur deshalb war das Volk auch unbeirrt bereit, die liebevoll gepflegte Hierarchie von Intelligenz und Leistung anzuerkennen.
Jetzt aber haben nicht endende Kaskaden schwerer Korruptionsfälle diesen Glauben zerstört, vorweg der Skandal um den behördlichen Handel mit HIV-verseuchtem Blut, der nachweislich über 300 Menschen das Leben kostete. »Frankreich«, so schreibt die Politologin Blandine Barret-Kriegel, »ist das einzige Land, in dem die Blutaffäre zu einer Krise der Republik führte.«
Aber auch wenn es dies Debakel nicht gäbe, ständen die Sozialisten nach einem Jahrzehnt ihrer Herrschaft kaum besser da. Es ist ihnen nicht gelungen, das Grundübel der »70-20-10-Gesellschaft« zu heilen: Um die 20 Prozent Ausgegrenzten zu integrieren, müßten nicht nur die 10 Prozent Reichen, sondern auch die 70 Prozent

der mittleren Einkommensschichten zur Solidarität bekehrt werden – im Sperrfeuer der organisierten Interessen eine noch nirgends bewältigte Herausforderung.

Auf der Suche nach heimischen Ursachen kommen der Linke Colombani und der Gaullist Alain Peyrefitte zu der gleichen Diagnose: »Die französische Demokratie ist ein System, in dem nicht lange beraten wird, sondern in dem Autorität alles gilt und alles vollzieht.«

Peyrefitte, Verfasser eines berühmten Buches mit dem Titel »Le mal français«, widmet dem Krankheitszustand des Landes auch sein neuestes Buch »La France en désarroi«; Kernsatz: »Der Skandal um das vergiftete Blut ist das Verbrechen einer Gesellschaft, die vom Übel der Verantwortungslosigkeit in seiner Endphase befallen wurde.«

Huldvoll bescheinigt Peyrefitte den Sozialisten, daß sie tatsächlich guten Willens waren, den allmächtigen französischen Zentralverwaltungsstaat zu mildern, indem sie sich auf das Abenteuer einließen, ihn zu dezentralisieren. Jedoch: »Die Vormundschaft der großen Beamtenkorps blieb«, und die Präfekten der 100 Departements blieben die Vollzugsorgane des Pariser Innenministeriums. »Paris und die französische Wüste«, so beschreibt Peyrefitte den Segen des Zentralismus, die eigentliche »französische Krankheit«. Noch andere Syndrome dieser Krankheit scheinen unheilbar, etwa die Justizgläubigkeit einer Gesellschaft, die sich weithin als »lateinisch« versteht und der das Regulativ einvernehmlicher, etwa schiedsrichterlicher Lösungen nicht geheuer ist; die sich statt dessen lieber auf die überschaubaren Handreichungen des Prozeßrechts verläßt und – wenn Fehler unterlaufen – diese durch harte strafrechtliche Sanktionen zu beheben sucht, etwa im großen Blutskandal.

Die Schwächen des Systems blieben weithin verborgen, solange der Ersatzmonarch an der Spitze auf der Höhe seiner Macht stand und guter Gesundheit war. Doch seit seiner Wiederwahl im Jahre 1988 unterliefen Mitterrand Kurzschlüsse und Fehler serienweise. Entgeistert sahen die Franzosen, wie ein großer Mann versuchte, seinen beinahe atemraubenden Ansehensverlust durch immer neue, immer ungeschicktere Schach- und Winkelzüge zu kompensieren – ein politisch Ertrinkender.

Da preist er in der auslaufenden DDR ohne jeden Hauch von Iro-

nie vor dem ostdeutschen Übergangsstaatschef Manfred Gerlach im Dezember 1989 »den Beitrag, den Ihr Land zur europäischen Zivilisation geleistet hat«.
Noch surrealistischer, wie er im August 1991 im Fernsehen das Programm des Moskauer Chef-Putschisten Gennadij Janajew verliest, samt »Garantien« der Umstürzler für »Bürgerrechte und Freiheiten«, so als sei der Trunkenbold Janajew ein zweiter Montesquieu.
Da nimmt er sich die zwar hochstreitbare, aber auch hochumstrittene Freundin Edith Cresson zur Premierministerin, jagt sie nach knapp elf Monaten zum Teufel und empfängt sie nie wieder. Da erhebt er die Europapolitik zum ein und alles seiner Präsidentschaft, erklärt aber, daß ein Nein des Volkssouveräns in der Abstimmung über Maastricht diese seine Präsidentschaft nicht berühre. Da sucht er Zuflucht bei Vorschlägen für Verfassungsänderungen, ohne sich aber zum größten Problem der Verfassung – der Schwäche des Premierministers gegenüber dem Präsidenten – auch nur zu äußern.
Und schließlich desolidarisiert sich der Mann, der das Wort Solidarität ständig auf den Lippen trägt, öffentlich von seinem im Blutskandal belasteten ehemaligen Premier und jetzigen sozialistischen Parteichef Laurent Fabius. Für jedermann ist seither offenbar: Der Kommandant denkt stets zuallererst an sich. Großmütig bietet er den HIV-Opfern noch den »grand pardon de la nation« an.
Jean-François Revel, der flamboyanteste Polemiker der französischen Rechten, frohlockt in seiner neuesten Streitschrift, das Regime falle aus einem »ineffizienten Absolutismus in eine autoritäre Anarchie«.
Wie gelähmt starren die französischen Sozialisten auf den Termin der Parlamentswahl im März. Unentrinnbar, so scheint es, steuern sie in das größte Wahlfiasko ihrer neueren Geschichte, das sie sogar wieder zu einer marginalen politischen Kraft wie zu Zeiten vor der Ankunft des Erlösers Mitterrand schrumpfen lassen könnte. »Die Beresina« nennen die Franzosen eine solche Katastrophe seit Napoleon.
Nicht mal die paradiesischen Kulturgüter der gallischen Nation wollen da jedem noch schmecken, dem Kunsthistoriker Marc Fumaroli, Professor am Collège de France, schon lange nicht mehr.

Er erschüttert seine Landsleute mit ein paar Wahrheiten über den so bewunderten, aber auch enorm gefräßigen französischen »Etat culturel«, der »das Gespenst einer fernen, stolzen Vergangenheit« beschwöre, aber die Standards des Sonnenkönigs aus dem 17. Jahrhundert dennoch nicht erreiche: »Die gegenwärtige französische Kultur zählt mehr Kulturbürokraten als Künstler.«
Und die »Grands Travaux« des Sonnenpräsidenten aus dem 20. Jahrhundert? Unumstritten ist eigentlich nur der »Grand Louvre«, ein architektonisches Schreckgebilde dagegen die Opera an der Bastille – und ein Millionengrab, in dem seit kurzem erst regelmäßig gespielt werden kann. Das letzte Riesenbauwerk, die vier Glastürme der »Très Grande Bibliothèque«, halten jene, die darin arbeiten sollen, für unzweckmäßig und abscheulich überdies.
Was Wunder, daß sich die Intellektuellen angesichts solcher Widrigkeiten – wie zuvor schon so oft – in die Geschichte versenken, und zwar gleich in eine sehr ferne. Mit einer Orgie von Gedenkartikeln feiern sie den 400. Todestag des Moralisten und Essayisten Michel de Montaigne, der so tiefe Weisheiten erdachte wie: »Wenn ich mit meiner Katze spiele, wer weiß, ob sie sich nicht noch mehr die Zeit mit mir vertreibt als ich mit ihr?«
Der Essay, so überkommt es den Schriftsteller François Bott zum Jubelfest Montaignes, sei Bestandteil »des französischen Nationalstolzes«: »Die Deutschen lieben die metaphysischen Zehntausendmeterläufe. Die Franzosen hingegen ziehen die Probeläufe vor, die Versuche« – also den Essay.
Metaphysischen Zehntausendmeterläufen geben sich einige erlauchte Franzosen aber doch hin, darunter der Schriftsteller Gilbert Prouteau und der frühere Justizminister Michel Crépeau. Sie inszenieren einen Revisionsprozeß um den Ritter Gilles de Rais, der anno 1440 wegen angeblicher Ermordung und Zerstückelung von 800 Kindern zum Tod verurteilt und hingerichtet wurde. Ritter Gilles führte den Beinamen »Barbe-Bleue«, obwohl er der historische Blaubart gar nicht war.
Das Gericht von 1440, so befindet nun jenes von 1992, habe die Beweise gefälscht, nämlich im Sold der Briten gestanden, während der edle Blaubart Mitkämpfer der Jungfrau von Orleans war. Natürlich war er freizusprechen. Kein Witz – das Tribunal tagt im Palais du Luxembourg, dem Sitz des Senats.
Wie sagte doch der klarsichtige Bernard-Henri Lévy: »Die große

Häresie des 20. Jahrhunderts war zu glauben, daß man das Böse beseitigen könne.« Blaubart galt als das absolut Böse. Voilà, es ist beseitigt.

In der Gegenwart macht sich solches natürlich schwerer, sogar auf dem Theater. In »Marguerite et le Président« schlurft ein Mitterrand über die Bühne des Théâtre de l'Aquarium, bereitet der Schriftstellerin Marguerite Duras, 78, gespielt von einer 13jährigen, in Pantoffeln Tee und Kakao: Ionesco-reife Szenen, Text nach wahren Interviews zwischen den beiden.

Marguerite: Es gibt da ein paar kleine Skandale in Paris.

Mitterrand: Ach ja?

Marguerite: Sind Sie ein hintergründiger Präsident?

Mitterrand: Ja, hintergründig!

Das Publikum jubelt – etwa für Frankreich?

JOACHIM PREUSS

Potemkins kleiner Trecker

Über den Versuch, in Rußlands berühmtester Waffenfabrik Ziviles herzustellen
Februar 1993

Die Natur hat Wladimir Petrowitsch Priwenzew auf besondere Aufgaben vorbereitet. Leib, Hände und Gesichtskonturen des Vorarbeiters aus St. Petersburg sind riesengroß. Wladimir Petrowitsch ist ein Panzermann.

Seit 20 Jahren schmiedet, hämmert und zeichnet er Waffen für die Armee. Das ist ein ehrenvoller Beruf. Die Russen achten ihre Soldaten, die das Vaterland vor den Angreifern aus dem Westen gerettet haben.

Das Gefühl, in die Zuneigung seiner Umgebung eingebettet zu sein, ist Wladimir Petrowitsch, 42, wichtig. »Wir Russen«, sagt er in einem seiner kargen, geraden Sätze, »sind ein stolzes Volk.«

So war die Wahl seines Arbeitsplatzes, damals, als er von der Ingenieurschule kam, eine Auszeichnung. In der Kirow-Fabrik, inmitten Leningrads, schlug das Herz des russischen Patriotismus. Hier waren jene Kanonenkugeln gegossen worden, die Napoleon 1812 stoppten. Aus dieser Fabrik, die später einem russischen Krupp namens Nikolai Putilow gehörte, zogen im Februar 1917 die kriegsmüden Munitionsarbeiterinnen auf die Straße und lösten den Sturz des Zaren aus. Es war jene bürgerliche Revolution, von der Lenin aus der *Neuen Zürcher Zeitung* erfuhr und ihr acht Monate später die kommunistische Idee überstülpte.

Über den eisengeriffelten Boden der Kirow-Halle Nummer 340 rollten die berühmtesten Sowjetwaffen: die Panzer T-34 und T-72,

die legendäre 203-Millimeter-Haubitze, mit der sich Atomgranaten über 30 Kilometer weit auf den Feind schleudern ließen.
Jetzt muß Wladimir Petrowitsch mit der U-Bahn ins Artilleriemuseum fahren, um die olivgrünen Kanonen-Monster wiederzufinden. In der Halle erinnern nur noch ein kleines Drehkreuz, eine Sichtblende und ein verlassenes Wärterhäuschen an die glorreichen Zeiten. Ein paar Arbeiter stehen herum. Kein Hammer knallt, kein Schweißbrenner zischt. Es herrscht die Stille von Kurzarbeit Null.
Das Verteidigungsministerium in Moskau hat »einfach aufgehört, bei uns zu bestellen«, erläutert Wladimir Petrowitschs Chef in seinem holzgetäfelten Büro. Von einem Tag auf den anderen endete die Geschichte der ruhmreichsten Waffenschmiede Rußlands.
Nirgendwo in einem westlichen Industrieland ist die Konversion, wie Fachleute die Umstellung von Waffen auf zivile Produktion nennen, derart rabiat angegangen worden. Schocktherapie heißt das nach einer Idee, die in den fernen Universitäten von Stanford und Harvard erdacht worden ist.
Die Amerikaner wußten nicht, worüber sie nachdachten. Die Rüstungsindustrie war das Zentrum, der wirtschaftliche Motor der alten Sowjetunion. Um die Waffen kreisten alle Anstrengungen der Planer in Moskau. Die Hälfte ihres Sozialproduktes erwirtschafteten die Werktätigen der Sowjetunion in den Rüstungsbetrieben.
Da die Waffenfabriken größtenteils in Rußland stehen, haben die Reformer eine schier unlösbare Aufgabe geerbt: Die Wirtschaft muß umgebaut, zuvor aber stillgelegt werden.
Auf Deutschland übertragen, würde das bedeuten, in einer dramatischen Wirtschaftskrise erst noch einmal Volkswagen, BMW, Opel, Ford und Daimler-Benz platt zu walzen, ehe dann der Aufschwung beginnt.
Kein Wunder, daß selbst überzeugte Reformer, die der Kommandowirtschaft nachweislich abgeschworen haben, an den Rezepten der Schocktherapie inzwischen zweifeln.
Einen »technologischen und sozialen Wahnsinn« nennt der liberale Bürgermeister von St. Petersburg, Anatolij Sobtschak, die abrupte Umkehr.
Es ist wieder eine Revolution. Diesmal ist sie nicht von flammenden Reden, Straßendemonstrationen und heroischen Gesängen begleitet. Sie findet in den Menschen statt, still und unerbittlich.

Neben dem zierlichen roten Trecker wirkt Wladimir Petrowitsch, der Panzermann, seltsam fremd. Der Hüne in dem selbstgestrickten Pullover erinnert an ein Geschöpf des Dr. Frankenstein, dem ein entscheidendes Bauteil fehlt. Mit dem Traktor da neben ihm hat er nichts im Sinn.

Aber könnte der K 20 nicht genau das Fahrzeug für Rußlands Zukunft sein? Der kleine handliche Trecker hat westliche Maße. Wenn die gigantischen landwirtschaftlichen Kolchosen an einzelne Privatbauern aufgeteilt sind, müßte der K 20 doch das passende Gerät sein?

Wladimir Petrowitsch hat während des Gesprächs stocksteif neben dem Trecker verharrt. Jetzt berührt er mit einer scheuen Geste kurz den Kotflügel und sagt halblaut: »Es gibt Schwierigkeiten.«

Der kleine Trecker, stellt sich heraus, steht hier seit über einem Jahr – ein Ausstellungsstück aus dem Dorf des Grafen Potemkin.

Der Motor funktioniert nicht. Der Motor war von Anfang an das Problem bei der wunderbaren Idee vom Trecker für die privatisierten Äcker. Es sollte ein Dieselmotor sein. Das sagten alle Experten, vor allem die westlichen. Wo aber gibt es Dieselmotoren in der ehemaligen Sowjetunion, oder besser in Rußland? Seit Ukrainer oder Kasachen, Usbeken oder Letten sich davongemacht haben, ist der Handel mit ihnen höchst mühselig.

Die Suche nach den Dieselmotoren zog sich hin. In Moskau interessierte man sich nicht besonders für die Petersburger Schwierigkeiten. Andererseits wußte man nur in Moskau, früher die Sammelstelle alles Wissens, wer was produziert in dem großen Land. Schließlich fand sich bei Lada an der Wolga eine Quelle. Um den Prototyp des kleinen Treckers zu bauen, kauften die Panzermänner ein paar Dieselmotoren.

Der Trecker gelang, nur die Motoren taugten nichts. Seither suchen die Kirow-Manager im Westen nach einem Motor. Er wäre leicht zu finden, wenn sie in harter Währung bezahlen könnten. Doch hier endet dann auch die schöne Vision vom kleinen roten Trecker, der sich massenhaft als Kundschafter einer neuen, menschengemäßeren Zeit über das weite Land ausbreitet.

Immerhin drang die Kunde von der kleinen Maschine bis ins ölreiche Sibirien. Einem wohlhabenden Provinzbonzen, dem das Öl harte Dollar eingebracht hatte, gefiel die Geschichte. Er bezahlte 600 Dieselmotoren, die eine englische Fabrik lieferte.

Die Geschichte von dem winzigen Hoffnungsschimmer stammt nicht von Wladimir Petrowitsch. Ihn umweht nur grenzenlose Traurigkeit. Sein quicklebendiger Chef Alexander Krikunow ist es, der voller Optimismus in die Welt blickt.
Den Direktor hat die neue Zeit schon mehrfach ins Ausland geführt. Reisen bildet und macht vor allem Spaß. Mit Caterpillar, den Amerikanern, und auch mit japanischen Firmen gab es Verhandlungen. Viel ist dabei nicht herausgekommen. Die besten Pläne scheitern daran, daß die Russen nur Rubel bezahlen können und die Ausländer Dollar wollen.
Es zählt nichts in der Welt, daß Kirow einstmals der technisch fortschrittlichste Betrieb in Rußland war. Ja, von den 30 000 Beschäftigten seien schon 7000 ausgeschieden, sagt Krikunow, es gebe keine Arbeit und Wohnungen für sie.
Daß der neue kleine Trecker nicht auf die Räder kommt, ist traurig – aber erklärlich. Es fehlen eben die Dollar für den Motor. Schlimmer ist das Desaster, das die Kirow-Manager mit ihrem alten, berühmten gelben Trecker erleben, dem traditionellen Arbeitsgerät auf den endlos weiten Ackerflächen der Kolchosen.
Daß der Treckerverkauf im vergangenen Jahr so dramatisch von 18 000 auf 6000 Stück absackte, ist das eigentlich alarmierende Signal für den Zustand des Landes. Die Maschinen werden gebraucht. Hier wären sie zu produzieren. Daß Angebot und Nachfrage nicht zueinanderfinden, hat auch nichts mit dem russischen Devisenmangel zu tun. Es liegt einfach daran, daß Rußland nach dem Zusammenbruch der Sowjetunion einer Telefonzentrale ähnelt, in der sämtliche Strippen aus der Wand gerissen sind.
So sind die Jelzin-Kritiker im »militärisch-industriellen Komplex« nicht zwangsläufig Anhänger der alten Kommandowirtschaft. Sie verlangen vielmehr jene Ordnung, nach der es auch die Manager westlicher Konzerne verlangt: Der Staat muß das Spielfeld einzäunen und die Regeln schaffen, nach denen die Wirtschaft arbeitet.
Das ist Jegor Gaidar, dem unlängst abgehalfterten Premier und Marktwirtschaftler, nicht gelungen. »Vielleicht konnte er es nicht«, sagt Krikunow, der Gaidar zugute hält, daß er »gearbeitet und nicht geredet hat. Aber die Freigabe der Preise reicht nicht: Die Regierung muß uns helfen, damit wir den Übergang schaffen«. Wann immer Jelzin in eine Fabrik gehe und mit den Arbeitern rede, sei die Botschaft der Basis: »Einigt euch, ihr da in Moskau.«

Die anhaltend gute Laune des Direktors, dic angesichts seiner tristen Rede verblüfft, hängt mit dem 5. November 1992 zusammen. Seither ist die Kirow-Fabrik eine Aktiengesellschaft. Fast auf den Tag 75 Jahre nachdem ihre Großeltern Wache für Lenins Putsch hielten, gehört den Werktätigen ihr Betrieb, zumindest ein Teil.
Direktor Krikunow ist ganz bei der Sache, als er die schwierigen Details skizziert. Ein gutes Drittel der Aktien geht an die Belegschaft. 20 Prozent werden frei verkauft. Schließlich sollen, nach bester US-Kapitalistenart, 5 Prozent an 30 Spitzenmanager verteilt werden. Den Rest wird zunächst die Stadt St. Petersburg behalten. Da die Kirow-Fabrik, wie alle Großkombinate, derzeit nur Verluste macht, ist die Beteiligung der Beschäftigten keinen Rubel wert. Aber das Gefühl, ein einzelnes Wesen zu sein, dem eine imaginäre Winzigkeit gehört, übt besonders auf die jüngeren Werktätigen einen erkennbaren Reiz aus. »Aktiengesellschaft« ist das Zauberwort dieser Tage in St. Petersburg. Wer kann, gründet eine eigene Firma: notfalls als die Unter-AG einer Ober-AG.
In der Redaktion der Kirow-Werkszeitschrift tropft zwar der Regen durch die Decke, aber eine Mitarbeiterin weist sich per Visitenkarte als »Direktorin« eines neuen Unternehmens aus. Der Geschäftszweck der frischen Firma ist weiterhin die Werkszeitung, aber die jugendliche Direktorin hat den grauen Wintertagen etwas Licht abgewonnen.
Werkzeuge und Pressen stellt künftig die Abteilung »Unikum« her. Als die Arbeitsausweise der Werktätigen von »Kirow« auf »Unikum« geändert werden sollten, weigerten sich die Alten beharrlich. Sie halten die Kurzarbeit aus. Sie ertragen, daß die Löhne gerade noch zum Essen und nicht mehr für ein neues Kleid oder einen Urlaub reichen. Aber daß der Name geändert, am Mythos gerührt wird, das ist zuviel.
Und mit solchen Leuten soll Dmitrij Parfjonow zusammenarbeiten? Das kann nicht gutgehen. Der 31jährige ist ein eigentümliches Wunderkind.
Mit Büro und Werkstatt hat er sich unter den Zwiebeltürmen einer orthodoxen Kirche eingerichtet. Daß Ingenieure Kirchen benutzen, war in der kommunistischen Ära an der Tagesordnung. Tatsächlich hat der Autokonstrukteur Dmitrij Parfjonow, der wie ein flippiger Designer aus London wirkt, seine Karriere in den alten grauen Zeiten begonnen.

Seit seinen Kindertagen ist er ein Autofreak. Gerade 20, entwarf und baute Parfjonow ein eigenes Auto. Irgendwann wurde Michail Gorbatschow auf den jungen Mann und sein futuristisches Automobil aufmerksam. Dem Kreml-Chef muß das schnittige Gefährt als Sinnbild eines jugendlichen, reformierten Kommunisten erschienen sein. Parfjonow durfte zur Genfer Autoschau.

Der Politiker Gorbatschow trat ab, der Designer Parfjonow blieb. Ein hochbeiniges Kunststoff-Auto aus seiner Werkstatt ist inzwischen neben dem kleinen roten Traktor die zweite Hoffnung der Panzerbauer aus der Kirow-Fabrik: eine eigene Autoproduktion für den riesigen russischen Markt.

Aber der zartgliedrige Parfjonow mit seinen Phantasien vom BMW 850i (»mein Lieblingsauto«) und der schwermütige Panzermann Wladimir Petrowitsch, der in Gedanken immer noch die Bergbremse vom T-80 testet, passen nicht zueinander. »Wir sind das Gehirn«, behauptet der selbstbewußte Designer, »und die sind die Arme.« Wladimir Petrowitsch kann sich nur wundern über soviel Arroganz: »Autos bauen kann doch jeder, aber Panzer?«

Die erste Schwierigkeit tauchte auf, als die Kirow-Leute das Auto näher in Augenschein nahmen. Der Motor stammte von Toyota, die Reifen kamen von Goodyear. Parfjonow hatte sich eben umgesehen in der Welt. Zunächst sagte die Regierung zu, die ausländischen Teile zu finanzieren. Inzwischen sind alle Zusagen verschüttet.

Aus dem Auto, das in der Halle 340 neben dem kleinen Trecker steht, sind die ausländischen Teile entfernt. Der Motor stammt aus der russischen Wolga-Produktion und paßt nicht richtig unter die Haube. Die Panzermänner sind wütend auf den Designer; der konstruiere Autos, in denen nicht mal der Motor richtig sitze.

Dmitrij Parfjonow will mit diesen Ignoranten nichts mehr zu tun haben. Er überlegt, ein gepanzertes Auto für russische Mafiosi zu bauen, das Stück für 50 000 Dollar. Oder wie wäre es mit einer Kreuzung aus Rolls-Royce und Ferrari für reiche Leute aus Hollywood? Das Ganze von einem russischen Designer, das müßte sich doch verkaufen lassen.

Wladimir Petrowitsch kann es nicht mehr hören. Dollar, Japaner oder Marktwirtschaft: Neuerdings ist immer von Dingen die Rede, auf die andere Leute stolz sind. Mit seinen derben Stiefeln tritt er einmal kurz gegen die Felgen des traurigen Autos und lächelt: Die sind aus Titan, die haben sie hier gebaut, bei den Panzermännern.

WALTER MAYR

Fluchtburg der Geschlagenen

Das Flüchtlingsdrama im bosnischen Tuzla
April 1993

Gute Nachrichten aus Bosnien. Leichte Kriegskost auf den Kanälen, keimfrei. Kaum Witwen, Krüppel oder Kinderleichen. Der Westen filmt den Westen. Die Beiträge:

Nato-Kampfflugzeuge als Speerspitzen des Atlantikpakts aufgeboten. Erneut erschöpfte Flüchtlinge aus Srebrenica von Uno-Soldaten ins sichere Tuzla gebracht. Im Windschatten amerikanischer Hercules-Maschinen: Deutsche Flieger werfen Fertiggerichte für die Eingeschlossenen ab. Die Unterhändler der gerechten Sache appellieren an den serbischen Aggressor, das Blutbad zu beenden.

Weitere Nachrichten aus Bosnien. Die Daten: Jeder zwanzigste Einwohner ist tot; jeder dritte vertrieben. Zehntausende Frauen wurden vergewaltigt. Im Osten des Landes ist eines von drei Flüchtlingskindern Halb- oder Vollwaise. Der Krieg ist ein Jahr alt.

Keine Nachricht aus Bosnien: die Menschen. Sie bleiben unter den Zahlenbergen begraben, tote Seelen, ausgeblendet.

Sie haben Eltern oder Kinder verloren, Heimat, Verstand oder Unschuld – nicht selten erst das eine und dann den Rest. Sie leben weiter, zusammengetrieben in urbanen Zentren wie Tuzla, im Rücken der Kameras, die auf neue Flüchtlingstrecks warten.

Tuzla ist die Fluchtburg der Geschlagenen aus dem Norden und Osten des Landes. Oben, in den düsteren, eisenumzäunten Betonblocks am Gradina-Hügel, drängen sich die, denen sonst nirgends mehr zu helfen war. Das Klinikzentrum Dr. Mustafa Mujbegović

hat 1500 Betten für eine Million Menschen in der Region. In 22 Abteilungen kämpfen die Ärzte gegen die Wunden an Körper, Geist und Seele.
Hier treffen sich die Wege von Samira, Elmedin, Muniba, Saša und einem nicht näher bezeichneten Häuflein Haut und Knochen. Elmedin und das namenlose Bündel kommen aus der Enklave Srebrenica, Samira und Muniba aus dem von Serben gestürmten Cerska, Saša aus Sarajevo. Fünf Bosnier, deren Schicksale sich in einem Punkt decken: Endstation Tuzla, Betonbezirk.
Samira Gerović, Abteilung Gynäkologie, Hauptgebäude III. Stock, ist ein blondes Mädchen mit dunklen Augen. Im vergangenen Mai, in Sarajevo wird schon gekämpft, zieht sie mit Mutter und Schwester von Cerska an der serbischen Grenze nordwärts, Kartoffeln holen bei der Tante. Sie kommen nie an.
Kurz vor Novo Selo überwältigen sieben Männer mit schwarzen Strumpfmasken die Mutter in einem Tunnel. Ein Lastwagen bringt sie und die Töchter ins serbische Lager Pilica. Mit 200 anderen Gefangenen kommen sie in einen Raum. Noch in derselben Nacht verschwindet Samira.
Stunden später findet die Mutter ihr Kind hinter einem Paravent wieder, bewußtlos, mit Schaum vor dem Mund und Blut an den Schenkeln. »Versuchte Vergewaltigung«, sagen die Ärzte in Tuzla, die Samira nun untersuchen: »Vollzug ist in diesem Alter nicht möglich.« Die Männer haben der Dreieinhalbjährigen das Hymen zerfetzt, so die Gynäkologen, und sie dann liegengelassen.
In einem Nebenraum stößt die Mutter auf ihre zweite Tochter. Die Unterlippe der Einjährigen ist mit einer Rasierklinge zerschnitten worden. Die Narben sind noch jetzt, elf Monate später, zu sehen.
Samiras Mutter selbst wird von sieben Männern mehr als zwei Stunden lang mißbraucht und mit Stiefeln getreten. »Vier Alte waren dabei«, sagt die blonde Bauersfrau: »Sie hätten meine Väter sein können.« Sie würde die Täter wiedererkennen.
39 Tage bleibt die geschändete Samira in Pilica, dann wird sie mit ihrer Mutter und der Schwester ins berüchtigte Lager Batković verlegt. Sie ist im selben Raum, als Gefangenen das Kreuzzeichen mit Messern in die Stirn geschnitten wird. Ein Mann muß das blutige Gesicht eines erschossenen Mithäftlings ablecken. Serbische Aufseherinnen in Uniform schlagen die Mutter und treiben sie nackt zur Arbeit aufs Feld.

Nach zweieinhalb Monaten in Batković kehrt Samira mit ihrer Familie im Tausch gegen serbische Gefangene nach Cerska zurück. Wenige Tage nach ihrem vierten Geburtstag fällt der Vater an der Front. Dann sterben nacheinander der Onkel und die Großeltern. Kurz bevor Cerska im März von den Serben erobert wird, packt die Mutter ihre Töchter und flieht zu Fuß durch die Berge nach Tuzla. Zurück bleiben Haus und Heimat, das alte moslemische Bauernland in einer der abgelegensten Ecken Bosniens. Die Gerovics besaßen Pferde, Kühe und Hühner. »Wir waren reich«, sagt die Mutter.

Seit jener Nacht in Pilica schläft die kleine Samira schlecht und verliert an Gewicht. Die Ärzte hoffen, daß die Zeit helfen wird, die Wunden zu heilen. Das Kind ist ein Fall von vielen in ihren Akten. Täglich kommen Flüchtlingsfrauen zur Abtreibung in den Betonbezirk. Der Abbruch ist in Bosnien bis zur zehnten Schwangerschaftswoche legal. So lange müssen die Frauen keine Gründe nennen, also auch über eine eventuelle Vergewaltigung nicht sprechen. Viele von ihnen schweigen, weil sie die Schande fürchten. Der Ehemann und die Familie sollen nichts erfahren.

Samira darf jetzt gehen. Die Ärzte können nichts mehr für sie tun. Sie wird mit zehn anderen Kindern und zwei Erwachsenen in einem kargen, ebenerdigen Raum am Stadtrand von Tuzla unterkommen. Das Haus gehörte, bittere bosnische Ironie, vor dem Krieg einer serbischen Familie.

Ein paar Schritte weiter, in der Kinderklinik, wird um acht Uhr Frühstück serviert, das beste im ganzen Komplex. Statt »zweimal Brot mit nichts«, wie die anderen Patienten klagen, gibt es hier Marmelade, manchmal auch Kakao. Vor einer Stunde war Wecken, lächerlich spät in den Augen von Elmedin Barakovic, 7, und seinen Geschwistern. »Bauernkinder«, sagt die Pflegerin, »haben ihren eigenen Rhythmus.«

Der kräftige Junge mit den schwarzen Augen hat die Flucht von Srebrenica nach Tuzla in qualvoller Enge auf der Ladefläche eines Uno-Lastwagens geschafft. Zwei Schwestern und ein Bruder sind mit ihm gekommen.

Elmedin ist jetzt der Haushaltsvorstand. Die Mutter wurde vor den Augen der Kinder von einer Granate zerrissen, der Vater mußte als Kämpfer zurückbleiben. »Der Junge spricht vernünftig«, sagt die Pflegerin anerkennend. Sie denkt an andere Kinder, die nach monatelangem Granatenbeschuß das Gedächtnis verloren haben. »Stand die Mutter weit entfernt von dir, als sie getroffen wurde?« fragt sie prüfend. »Nein, ganz nah«, sagt Elmedin, und er zuckt kein bißchen.

Als er in die Klinik kam, war er wie seine Geschwister barfuß, verlaust und hatte Krätze. Sie wurden gebadet, zum erstenmal seit zwei Monaten, kahlgeschoren und in Pyjamas gesteckt. Nun liegen sie mit fünf anderen Kindern in der zehn Quadratmeter großen Werkstatt des Hausmeisters. Einmal wöchentlich wird gebadet, dreimal täglich gegessen. Manchmal kommt ein Lehrer und liest im grellen Schein der Neonröhre ein paar Geschichten vor. Die Fenster sind mit Plastikplanen verkleidet. Seit zehn Granaten die Kinderklinik getroffen haben, sind alle Abteilungen in den Keller verlegt.

Tuberkulosekranke liegen nun Tür an Tür mit Leichtverwundeten. Im Brutkasten dämmert ein Frühgeborener, der mit 1200 Gramm Gewicht und 35 Grad Körperwärme in den Feldern bei Gradacac gefunden wurde. Auf dem Flur kämpft der Moslem Edhem an seinem zehnten Geburtstag mit Herzklappenfehler und Lungenentzündung gegen den Tod. Herzmedikamente zählen nicht zu den Hilfslieferungen.

Der Junge müßte in einem Herzzentrum behandelt werden, in Belgrad, Zagreb oder Ljubljana. Doch diese Städte liegen nun im Ausland, mit jugoslawischer »bratstvo i jedinstvo« (Brüderlichkeit und Einheit) ist es vorbei. Wer überleben will, braucht Devisen.

Lungenentzündung sei eine typische Todesursache bei den Menschen in und aus Ostbosnien, sagt der Arzt Simon Mardel von der Weltgesundheitsorganisation, der eine Woche im eingeschlossenen Srebrenica und Umgebung verbracht hat. »Die Leute, 20 bis 30 täglich, sterben keinen Hungertod wie im Sudan. Am Ende versagen die Abwehrkräfte.«

In Srebrenica leide jeder zweite Bewohner an Darmgrippe, und die Kinder erkranken an Rachitis, weil es an Vitamin D fehlt. Zusätzlich droht eine Fleckfieberepidemie, sagt der Arzt. Die Seuche wird durch Läuse übertragen. Die abgeworfenen Hilfspakete enthalten jetzt auch Entlausungsmittel.

Mardel berichtet von Halbverhungerten, die nachts über die Linien gegangen sind, hinüber auf serbische Felder. Einige sind nie zurückgekehrt. In Srebrenica, wenige Autostunden südlich der

Nutella-Welt, ist das Hauptnahrungsmittel für Kinder Hafer – wer genug in den Pferdeställen gelagert hatte, wird noch eine Zeit überleben.

Wie alle anderen Mütter hat Muniba Mehmedović aus Cerska, Abteilung Chirurgie, Hauptgebäude II. Stock, selbst gehungert, um den Kindern zu essen zu geben. Etwa 50 Pfund verlor sie in den letzten zehn Monaten, genau weiß sie es nicht. Sie wiegt sich nicht mehr. »Was soll das auch«, sagt sie, »der Vergleich stimmt ja nicht mehr.«

Vom linken Bein ist nur ein dicker, weiß verpackter Stummel geblieben. Eine Granate hat ihr am 17. Januar im eingeschlossenen Cerska acht Zentimeter Knochen aus dem Unterschenkel gerissen. Im Dorf gab es keinen Arzt. Eine Pflegerin entschloß sich zur Notoperation. »Ich wundere mich heute noch, daß mein Herz nicht explodiert ist«, sagt Muniba und lächelt.

Sie ist auf einen Tisch gelegt und von je einem Helfer am Kopf, am Bein und den beiden Armen festgehalten worden. Kein Betäubungsmittel, noch nicht einmal Schnaps. Die Pflegerin setzte eine Eisensäge genau auf die Kniescheibe und machte sich ans Werk. Der gesamte Unterschenkel wurde abgetrennt. Anfang Februar, 19 Nächte später, hat Muniba erstmals wieder geschlafen.

Nun liegt sie still mit Tochter Naila in ihrem Bett im Betonbezirk und wartet auf die zweite Operation. Das Fleisch am Knie will nicht anwachsen. Sie hat Fieber und bekommt Antibiotika. Das karge Frühstück rührt sie nicht an; manchmal bringen Freunde Burek (gefüllte Teigtaschen) oder Hähnchen. Am liebsten sind ihr Zigaretten. Sie raucht jetzt 60 Stück am Tag. »Man kann nicht immer lesen«, sagt sie.

Sitzen schmerzt, weil dann der wunde Stumpf am Laken scheuert. Die Holzkrücken stehen in der Ecke. Der Rollstuhl, mit dem sie gern spazierenfahren würde, ist von Kindern belegt. Sobald sie eine Prothese bekommt, will sie nach Hamburg. Die Wohnung dort steht leer, seit ihr Mann tot ist. »Wenn das Geld für den Flug nicht reicht, fahre ich mit dem Bus«, sagt Muniba. Das Haus in Cerska, in dem ihr Geld steckt, haben die serbischen Tschetniks angezündet.

Mittags gibt es Pasulja (Bohnen) im Betonbezirk – in der Gynäkologie, in der Chirurgie und im schäbigen Bau an der Straße der 18. Kroatischen Brigade. Dort ist die psychiatrische Abteilung untergebracht. Für Saša Zurovac ist es der 308. Tag in Folge mit Bohnen und zwei Kanten Brot. Im Mai ist er aus Nordbosnien hierher verlegt worden, als die Serben einmarschierten.

Saša ist lang und schmal wie ein Torpfosten, mit einer riesigen Nase im fahlen Gesicht. Einsam stelzt er in seinem knopflosen Schlafanzug durch die dunklen Flure. Für die Schizophrenen, Neurotiker und Spastiker in der Psychiatrie von Tuzla ist er ein Star, denn er war Schauspieler.

»Sing noch einmal Dolly Bell, Saša«, sagen sie, und Saša singt. Er legt die Hände an die Hosennaht, richtet die Augen weit in die Ferne, und seine zittrige Stimme erzählt wie früher vom blonden Mädchen am Meeresstrand. »Oh, wie glücklich ich war«, heißt es am Schluß, und plötzlich sieht der lange, traurige Mann aus, als kämen ihm die Tränen.

Eigentlich hat Saša solche Auftritte nicht nötig. Er hat mit Emir Kusturica gedreht, der später mit »Time of the Gypsies« in Cannes den Regiepreis gewann. »Vor dem Krieg hat ihm Kusturica täglich einen frischen Anzug ins Heim nach Garevac geschickt«, erzählen die anderen stolz. Auch dort wurde Sasa schon wegen psychotischer Depressionen behandelt, doch es war ein anderes Leben als hier in Tuzla.

Er hatte Arbeit, es gab gutes Essen und saubere Betten. Nun ist er in einem schmierigen 13-Mann-Zimmer gelandet. Es gibt eine Toilette für 110 Patienten. Emir ist in Amerika und meldet sich nicht mehr.

»Wo werde ich begraben, wenn ich sterbe?« fragt der Schauspieler leise.

»Wo willst du?«

»In Sarajevo«, sagt er, »jeder wird in Sarajevo begraben.«

In Sarajevo ist er geboren. Dort sitzt seine Familie fest. Seit sich niemand mehr um ihn kümmert, sagen die Ärzte, verfällt er. Sie können Saša und die anderen Patienten, zu 80 Prozent vertriebene Serben aus dem Heim in Garevac, nur verwahren, nicht betreuen. Es fehlt an Neuroleptika und anderen Medikamenten. Fieberhaft betteln die Kranken um Zigaretten, selbst durch den eisernen Gartenzaun strecken sie die Hände hinaus auf die Straße.

Vor dem Haus hält ein Wagen der Armee. Ein Kämpfer in Camouflage wird in die Anstalt geschoben, um die zehn sind es jeden Tag. Sie ertragen die Front nicht mehr, haben entweder angekündigt, sich umzubringen, oder es schon versucht. An die 1000 haben im Großraum Tuzla im Granatendonner den Verstand oder die Nerven verloren. Sie werden untersucht und dann nach Hause geschickt. Alle Betten an der Straße der 18. Kroatischen Brigade sind belegt.

Still liegt am Abend abseits der Hauptgebäude das Reich von Dr. Zdenko Cihlarž – die Pathologie. Ein ungeteerter Weg führt zu dem dreistöckigen Gebäude mit den schweren, holzgefaßten Türen. Eine halbe Treppe tiefer, im weiß gekachelten Kühlraum 3, wurde vor drei Tagen N. N. abgeladen, ein Säugling aus Srebrenica, mehr ist nicht bekannt. Er starb auf der Ladefläche eines Uno-Lastwagens. Vier weitere Kinder und zwei Erwachsene erstickten während der Fahrt in die Freiheit. »Die Kleinen«, sagt Dr. Cihlarž, »hatten noch Keksreste und amerikanische Plastiklöffel in den Taschen.«

Keiner schert sich um das kleine mit blauer Kordel verschnürte Bündel im Kühlraum 3, das aussieht, als sei es nach langer Wanderschaft abgelegt und dann vergessen worden. Der Kopf, nicht größer als eine Männerfaust, ist blutrot angelaufen. Auf dem Bauch liegt ein Papierschild mit dem Todestag. Die Eltern hätten sich bisher nicht gemeldet, sagt Dr. Cihlarž. Als Mutter käme allerdings die danebenliegende Leiche in Frage. Die Frau hat noch im Tod schützend die Hände vor der Brust verschränkt.

Im Obduktionsbericht heißt es später:

»N. N., Baby, männlich, ungefähres Alter 20 Tage, 55 Zentimeter, 3000 Gramm. Zwei Baumwollschals (gemustert), zwei dimie (Pluderhosen), auf dem Kopf drei Baumwollmützen. Das Baby hat Blut in den Lungen und unter der Hirnhaut sowie Blutergüsse am Hals. Vermutliche Todesursache: erstickt durch Druck auf Bauch und Kopf. Die Schädeldecke war noch nicht zusammengewachsen. Tuzla, im April 1993.«

JOACHIM PREUSS

Der gedemütigte Held

Die zerborstene Welt eines Moskauer Atomphysikers
April 1993

Wiktor Anatolijewitsch Karpow könnte die Bombe bauen. 30 bis 40 Kollegen, schätzt der Moskauer Atomphysiker, müßten helfen. Dazu die nuklearen Zutaten, die schon ein kleiner Atomreaktor liefert, das würde reichen.

Der Oberst Gaddafi in Libyen zum Beispiel hätte dafür das Rüstzeug. Die Sowjets bauten ihm in den achtziger Jahren, von der Weltöffentlichkeit unbeachtet, ein Atomforschungszentrum.

Aber Dr. Karpow, 46, ist kein Desperado. Er ist ein seriöser Wissenschaftler, der sich bevorzugt in einen dunklen Anzug mit Weste kleidet. Meist trägt er einen hartschaligen Aktenkoffer bei sich. Darin stecken seine wissenschaftlichen Veröffentlichungen, die sich mit gasgekühlten Atomreaktoren beschäftigen. Außerdem hat er stets ein Empfehlungsschreiben aus Deutschland dabei. Ein Kollege aus dem Forschungszentrum Jülich bescheinigt ihm seinen Rang als Kernphysiker.

Der Ruhm stammt von gestern. Wiktor Karpow ist derzeit ohne festen Job. Manchmal hat ein etwas dubioser Ex-General der U.S. Army einen Auftrag für ihn. Der Amerikaner sucht nach Kontakten und Tips im zerfallenen Sowjetimperium. Früher hätte man es Spionage genannt; jetzt ernährt die Handvoll Dollar das Ehepaar Karpow, die 16jährige Tochter und den 11jährigen Sohn.

Innerhalb weniger Jahre ist der Physiker von ganz oben nach unten gestürzt. Jene Wissenschaftler, die das Atomfeuer bändigten, waren die Elite der Sowjetmacht. Tschernobyl und das Ende des Kalten Krieges lösten einen Schock aus. Den Helden von einst fehlt ein anständiger Broterwerb; jetzt gelten sie als gefährliche Zeitbomben, mit deren Hilfe ein verrückter Diktator die Katastrophe auslösen kann.

In Wiktor Karpow, der kurz nach dem Krieg in der Nähe von Moskau als Siegerkind geboren wurde, spiegelt sich der Zerfall einer selbstbewußten Großmacht. Der Atomphysiker empfindet seine Geschichte der letzten Jahre als »einen Roman, der noch nicht zu Ende ist«.

Nach seinem erstklassigen Examen als Physiker war Karpow ein Fall für das »Ministerium für mittleren Maschinenbau«. Unter diesem harmlosen Namen hielten die Sowjets seit den Zeiten von Stalins Geheimdienst-Chef Lawrentij Berija ihre Atomgeheimnisse verborgen. Wasserstoffbomben und Atomreaktoren, nuklear angetriebene Satelliten oder U-Boote – das unscheinbare Ministerium steuerte alles, was die Sowjetunion zur Großmacht erhob.

Die Atomplaner steckten den jungen Physiker in eine Arbeitsgruppe, die einen neuen Reaktor konstruierte. Das erste Exemplar jenes Kraftwerkes, das später als Tschernobyl-Typ berühmt und berüchtigt wurde, sollte in Leningrad ausprobiert werden. Karpow erregte Aufsehen, als er einen Fehler im Computerprogramm entdeckte. Man holte ihn nach Moskau und ließ ihn seine Analyse vor der versammelten Atomelite vorführen. Der junge Mann hatte recht. Er blieb gleich in Moskau und durfte fortan im Kurtschatow-Institut arbeiten, dem inneren Tempel der sowjetischen Atomhierarchen.

Igor Kurtschatows Denkmäler stehen heute noch in Moskau. Als Stalin 1942 Berija den Auftrag gab, die Atombombe zu bauen, leitete der den Befehl an Kurtschatow weiter. Mit Hilfe erstklassiger Spione und seinem Sachverstand erreichte der Physiker das Ziel bis 1949. Stalin war begeistert, und Kurtschatow wurde zur Legende.

Als Mitarbeiter des Kurtschatow-Instituts hatte es Karpow geschafft. Er heiratete Tatjana Iwanowna, eine Berufskollegin. Die beiden bekamen zwei Kinder: »Wir lebten fast 20 Jahre wie ein richtiges Musterehepaar«, sagt der Physiker.

Dann, im April 1986, explodierte das Atomkraftwerk in Tschernobyl. Wiktor Anatolijewitsch war gerade beauftragt, den Bau eines

neuen, gasgekühlten Reaktors zu beaufsichtigen. Nach der Tschernobyl-Katastrophe stoppten die Planer das Projekt. Das Leben der Karpows geriet aus den Fugen.
Gorbatschow befahl seinen Atomtechnikern, ihr Wissen mit westlichen Wissenschaftlern auszutauschen. Wiktor Karpow erlebte den ersten Schock.
Tschernobyl war nicht etwa explodiert, weil die Wachmannschaft geschlampt hatte, wie die Sowjets der Welt erzählten. In Tschernobyl war vielmehr eine folgerichtige Katastrophe passiert. Die Elite der sowjetischen Wissenschaft hatte einen Fehler gemacht. Wiktor Karpow und seine Kollegen hatten ein physikalisches Phänomen übersehen, das der ungarisch-amerikanische Wissenschaftler Eugene Wigner bereits 1943 entdeckt hatte.
Die Amerikaner, das erfuhren Karpow und seine abgeschotteten Kollegen erst nach dem Ende des Kalten Krieges, hatten in ihren Kernkraftwerken die richtigen Schlußfolgerungen aus dem von Wigner beschriebenen Effekt gezogen: Sie benutzten höher angereichertes Uran. Die Sowjets hingegen verwendeten in Tschernobyl nur schwach angereichertes Uran, das unter ungünstigen Bedingungen in einem Nuklear-Reaktor überhitzen kann.
Genau dies war in Tschernobyl passiert. Karpow war wie vor den Kopf geschlagen. Schließlich las er in einem amerikanischen Fachbuch, frei zugänglich für jedermann, den Anreicherungsgrad, den das Uran in US-Meilern hat.
Karpow fand es »unglaublich, wie offen die geheimsten Dinge« behandelt werden. Im »Ministerium für mittleren Maschinenbau« hingegen verboten die Chefs, über den demütigenden Fehler zu reden. Stillschweigend änderten die Russen den Grad der Urananreicherung in ihren Reaktoren. Inzwischen reichern sie, sicher ist sicher, ihr Uran weit höher an, als es in amerikanischen Nuklear-Fabriken üblich ist.
Den deutschen Atomfachleuten jedenfalls, die kurz nach dem Tschernobyl-Desaster nach Moskau kamen, verheimlichten die Russen den peinlichen Hintergrund. Bald stellte sich freilich heraus, daß die Deutschen andere Interessen hatten. Mehr als die Mängel der Russen interessierte es sie, ihre Kernkraftwerke zu verkaufen. Die Atomelite aus Moskau, bisher im eigenen Verständnis der Nabel der Welt, war verblüfft.
Wiktor Karpow erlebte verwundert ein Lehrstück in kapitalisti-

schem Gerangel. Die Deutschen witterten das große Geschäft. Atomkraftwerke, zu Hause aus der Mode, schienen in Moskau gefragt.

Zunächst bot Siemens einen Hochtemperatur-Reaktor an. In puncto Sicherheit, erzählten die Deutschen, sei dieser Typ auf der Welt unerreicht. Die Russen staunten noch, als auch die Mannheimer Firma Asea Brown Boveri (ABB) ihre Dienste und Reaktoren offerierte.

Sie begriffen nicht, was die Deutschen wollten. Siemens schien so eine Art Agentur der Bundesrepublik, das war noch klar. Aber was wollte ABB? Daß zwei private Firmen als Konkurrenten Atomreaktoren zum Kauf anboten, ging über die Vorstellungskraft der Russen.

Siemens und ABB luden eine Delegation von Atomfachleuten nach Deutschland ein. Die Reise im Februar 1988, knapp zwei Jahre nach Tschernobyl, war für die Russen der nächste Schock: Viele, auch Wiktor Karpow, waren zum erstenmal im Westen.

Karpow war fassungslos: »Ich glaubte nicht, was ich sah.« Das Hotel in Köln, Institute und Wohnungen der deutschen Kollegen, Restaurants und Geschäfte – die Bilder besetzten seinen Kopf und ließen sich nicht mehr löschen. Die feste Gewißheit, zur Elite der Sowjetunion und damit zu den Besten und Privilegiertesten der gesamten Erdbevölkerung zu gehören, zerbrach. Karpow war bis dahin nur im Ostblock unterwegs gewesen; bei Reisen nach Syrien und Libyen waren die Russen mit äußerster Ehrerbietung behandelt worden – wie die Herren der Welt.

Jetzt, im Westen, schienen sie auf einem anderen Planeten gelandet. Als Wiktor Karpow wieder nach Hause kam, konnte er zwei Tage nichts essen. Über Monate träumte der kühle Wissenschaftler jede Nacht von Deutschland. Seine dröhnende Stimme, mit der er früher Vorträge gehalten und junge Physiker unterwiesen hatte, verlor ihren Klang. Mit einem Schlag war alle natürliche Selbstgewißheit zerborsten: »Ich konnte nicht mehr laut sprechen«, sagt Karpow, »und das hat sich bis heute nicht geändert.«

In Moskau verfolgten die Russen verblüfft und irritiert das aggressive Geschäftsgebaren der Deutschen. Die ABB-Leute warben den sowjetischen Botschafter in Bonn, Julij Kwizinski, als Lobbyisten. Kwizinski, der von Atomtechnik kaum Ahnung hat, »schrieb dummerhaftige Briefe nach Moskau«, erinnert sich Karpow. Am Ende zerschlug sich alles, weil die Russen nicht bezahlen konnten.

Für die Deutschen war es lediglich ein entgangenes Geschäft. Die Atomwissenschaftler aus Moskau, unter deren Käseglocke zum erstenmal der scharfe Wind aus Westen blies, ließ die Episode verwirrt und zerstritten zurück.
Wiktor Karpow war im Verlauf der Verhandlungen dreimal in Deutschland. Ein neidischer Kollege, der in Moskau zurückgeblieben war, inszenierte eine Intrige gegen ihn. Karpow habe, so erzählte der Mann dem KGB, deutschen Atomwissenschaftlern während deren Gegenbesuch eine Prostituierte besorgt. Karpow wehrte sich, er mußte zu Vernehmungen beim KGB, »wie in alten Zeiten«. Am Ende verbot ihm die Staatsmacht, wieder nach Deutschland zu reisen.
Das zerbrochene Selbstbewußtsein, der Schock in der fremden Westwelt und die alten Erniedrigungen veranlaßten Wiktor Karpow zu einem unerhörten Schritt: Obwohl er kein Deutsch spricht und Englisch nur lesen kann, schrieb er einen Brief an einen Siemens-Ingenieur der Kraftwerk-Union, den er während der Verhandlungen kennengelernt hatte, und fragte, ob es in Deutschland für ihn Arbeit gebe.
Unversehens war aus dem geachteten Mitglied der sowjetischen Wissenschaftselite eine schwankende Existenz geworden. Als die gefräßige Inflation ihn zwang, immer größere Teile seines Einkommens allein für Nahrungsmittel auszugeben, war das Maß voll. Karpow kündigte seine Tätigkeit im Kurtschatow-Institut, um nach einem neuen Broterwerb zu suchen.
Er war nun genau in jener Situation, die Politiker und Sicherheitsexperten im Westen fürchten: ein hochqualifizierter Atomwissenschaftler, der seine Familie ernähren und damit den Lockungen jedes Geldgebers gewogen sein mußte.
Prompt traf Karpow, Zufall oder nicht, in Moskau bei einem Freund den Botschafter Indonesiens. Der südostasiatische Staat zählt zu jenen Schwellenländern, die bislang nicht im Verdacht stehen, mit dem Bau einer Atombombe zu liebäugeln. Der Botschafter offerierte Karpow einen Job in Indonesien für ein Monatsgehalt von 3000 Dollar – für russische Verhältnisse eine phantastische Summe. Umgerechnet waren das zu jener Zeit 300 000 Rubel. Im Kurtschatow-Institut hatte der Physiker damals gerade 1000 Rubel monatlich verdient.
Karpow schaffte von seinen neuen Freunden, den deutschen

Atomexperten, ein überschwengliches Empfehlungsschreiben für die Indonesier herbei. Die Physiker im Forschungszentrum Jülich hatten keine Ahnung, wem der sympathische Kollege aus Moskau das Papier vorlegen wollte: »To whom it may concern« – »wen immer es angeht«, stand auf dem Brief. »Wir alle werden überaus froh sein, falls Dr. Karpow seine Karriere erfolgreich fortsetzen kann«, endete der Brief.

Der indonesische Botschafter bat Karpow um etwas Geduld. In seinem Heimatland standen Wahlen bevor. Die heikle Frage, ob russische Fachleute der indonesischen Nukleartechnik aufhelfen können, sollte erst anschließend beantwortet werden.

In jenen Tagen wäre Wiktor Karpow wohl gegangen, ganz gleich, was die Indonesier von ihm verlangt hätten. Die Siemens-Kollegen von der Kraftwerk-Union, auf deren Brief er über ein Jahr gewartet hatte, sagten ab. Sorgen plagten die deutsche Atomindustrie. Im Hochtemperatur-Reaktor in Hamm-Uentrop, Karpows Spezialgebiet, war technisch vieles schiefgegangen. Die Deutschen hatten den Reaktor stillgelegt und kapitulierten, so sah es Karpow.

Rund um den russischen Physiker herrschte Abschiedsstimmung. Ein befreundeter, hochrangiger Physiker war mit seiner Familie nach Deutschland übergesiedelt, ohne die Kurtschatow-Oberen um Erlaubnis zu fragen. Jetzt gab es Riesenärger. Die Russen drohten den Deutschen – es war kurz vor dem Moskauer August-Putsch des Jahres 1991 – mit dem Abbruch aller wissenschaftlichen Beziehungen. Schließlich packte der Kollege seine Sachen in Deutschland und zog nach Südafrika.

Die Welt war aus den Fugen. Ein anderer Physiker-Kollege aus St. Petersburg hatte Hab und Gut verkauft und war samt Familie nach New York ausgewandert. Jetzt fuhr er Taxi und schrieb, daß er zuversichtlich auf einen Job in der US-Atomindustrie hoffe.

Karpow fühlte sich einsam. Überall schien die Freiheit zu blühen. Nach der Prostituierten-Affäre witterte er allerorts das KGB, warum also nicht weg?

Ein anderer Freund, den der Zusammenbruch des Imperiums nach oben gespült hatte, hielt ihn zurück. Er bot Karpow an, eine Umwelt-Zeitschrift herauszugeben.

Das klang gut. Sein Sachverstand schien gefragt. Aber in Moskau fehlt es an anderen Dingen als Öko-Zeitungen: Das Projekt ging nach einem halben Jahr pleite.

Wieder war Karpow ohne Job. Wieder stromerte er durch Moskau, aus der Bahn geworfen und verbittert, lediglich gehalten durch die Familie und ein Netz von alten Bekannten, denen es ähnlich ging.
Wie viele Nuklear-Spezialisten der alten Sowjetunion wie Karpow, Ertrinkenden gleich nach dem Untergang eines Schiffes, nach jedem Rettungsring greifen würden, weiß niemand. Offizielle wie der stellvertretende Kurtschatow-Leiter Nikolai Ponomarjow-Stepnoi beruhigen: »Allenfalls einer unter 10 000.« Ein paar hundert Wissenschaftler seien mit Zeitverträgen in den Westen gegangen, vor allem nach Amerika. Die »angeblich lebenden Zeitbomben«, vor denen der Westen soviel Angst habe, seien ehrbare Leute, die ihr Vaterland liebten.
Mag sein, aber Vaterlandsliebe macht nicht satt. Allein Karpow und einige ehemalige Kollegen aus dem Kurtschatow-Institut wissen von einer Vielzahl von Wissenschaftlern, die abgesprungen sind.
Der Westen versucht, die Atomspezialisten mit Geld einzufangen. Der US-Spekulant und –Mäzen George Soros pickt hier und da einen Schützling auf. Der Milliardär meint es gut. Aber im Moskauer Dschungel hat er keine Chancen. Die Idee, Atomspezialisten mit West-Geld in Rußland zu halten, scheitert an der immer noch alles erstickenden Bürokratie.
Das sogenannte Internationale Wissenschafts- und Technologie-Zentrum, das Amerikaner, Europäer und Japaner mit 20 Millionen Dollar ausgestattet haben, kommt nicht in Gang. In Moskau feilschen die Abgesandten des Westens mit den Russen um die Spielregeln.
Die Russen fürchten, die Amerikaner wollten mit Hilfe der Wissenschaftler nur einen Blick in ihre gehüteten Geheimnisse tun. Die Amerikaner beklagen sich, daß der neuerwachte Nationalismus der Russen es schier unmöglich mache, vernünftige Vereinbarungen zu treffen.
Beide haben recht. Rund um das Kurtschatow-Institut schnüffeln die Späher westlicher, vor allem amerikanischer Auftraggeber. Das Motto ist klar: Was haben die Russen, was wir nicht haben?
Wachsam sitzen die Russen in ihren Instituten und beobachten die Beutejäger. Wenn die Dollar stimmen, kommt man zusammen. Das Geschäftsgebaren erinnert an finsterste Spionagezeiten: Die Betrügereien sind beachtlich.

Eine besondere Geschichte rankt sich um das bislang spektakulärste Nuklear-Geschäft, das die beiden Atommächte abwickelten. Anders als die Amerikaner hatten die Russen keine Scheu, atomgetriebene Satelliten ins All zu schießen. Kein Wunder, daß die Amerikaner nach dem Ende des kalten Krieges daran interessiert waren, die Technik zu begutachten. Für einen Flug zum Mars und ihre weiteren Weltraumpläne brauchen die Amerikaner mehr Energie im All.

Nach langen Verhandlungen lieferten die Russen »Topas«, so der Name des Satelliten-Reaktors, für 13 Millionen Dollar an die Amerikaner. Für Kurtschatow-Vize Ponomarjow-Stepnoi ist das ein Spottpreis; schließlich habe die Entwicklung der Technik »mindestens eine Milliarde Dollar« gekostet. Immerhin, da das Institut inzwischen selbständig ist, durfte die »Topas«-Arbeitsgruppe, deren Anführer Ponomarjow-Stepnoi ist, das Geld unter sich aufteilen.

Höchst neugierig untersuchten die Amerikaner »Topas« in ihrem Atomlabor von Albuquerque. Inzwischen wissen sie, daß sie übers Ohr gehauen wurden: Die Russen haben nicht »Topas« geliefert, sondern einen ähnlich aussehenden Satelliten-Reaktor: »Jenissej« war ein technischer Flop, der niemals ins All geflogen ist.

Diese und manch andere Information verdanken die Amerikaner einem alten Kurtschatow-Mitarbeiter. Wiktor Karpow steht neuerdings im Sold eines ehemaligen Vietnam-Kommandeurs und Brigade-Generals der U.S. Air Force, der seit vielen Jahren für die amerikanische Rüstungsindustrie arbeitet.

Der einstmals hochangesehene Atomphysiker, der zur Vorhut der Sowjetgesellschaft zählte, hat keine andere Wahl: »Wenn der General nicht mehr bezahlt«, sagt Karpow, »muß ich das Land verlassen.«

Seine Frau, ebenfalls früher Physikerin am Kurtschatow-Institut, ist gerade mit 45 Jahren frühpensioniert worden. Sie hat genug Strahlung eingefangen. Karpow braucht das Geld der Amerikaner. Würde er zu Gaddafi oder nach Nordkorea gehen, falls die Amerikaner ihn nicht mehr brauchen? Es dauert lange, bis er antwortet: »Was soll ich denn machen?«

FRITJOF MEYER

Schau weg, hör weg und vergiß

Urlaub in Sibirien
August 1993

Du sonnst dich im Liegestuhl an Deck und läßt die Ufer wie einen Film vorüberrollen – fichtenbesetzte Berge wechseln mit parkartigen Auenlandschaften, hin und wieder ein Dorf. Angler, Motorboote, Camperzelte. Herden von Kühen und Pferden saufen am Strom.

Oxana mit langem Zopf serviert Zürcher Kaffee und Apfelkuchen: in Sibirien, auf dem Jenissej, der breit ist wie der Rhein bei Köln am Ausgangspunkt der Reise in Krasnojarsk, nicht weit von jener lieblichen Gegend, wo der verbannte Lenin einst auf die Jagd ging.

Nach 2000 Kilometern und vielen Windungen mündet der Fluß ins Eismeer. Der Sommer dauert nur ein paar Wochen in Sibirien, ehe der Schnee fällt und das Wasser auf acht, neun Monate gefriert. Dann erstarrt das »schlafende Land« – so heißt Sibirien in der Sprache der Ureinwohner – zur Kältekammer, die den im Boden versteckten Reichtum an allen denkbaren Rohstoffen vor seiner Ausbeutung durch den Menschen schützt.

Wer zu diesem Wagnis dennoch verurteilt war, bekam hierher die Freifahrt einst von der Polizei der Zaren, dann von Stalins Schergen, die Millionen deportierten. Dennoch leben in dem Land, größer als Europa, heute nur etwa doppelt so viele Menschen wie einstmals in der DDR. Die meisten möchten flüchten.

Schweizer, Franzosen, Italiener und ein paar Deutsche sind jetzt gekommen, um auf dem mittleren der drei großen sibirischen

Ströme Ob, Jenissej und Lena Ferien zu machen, an Bord des Passagierdampfers »Anton Tschechow«, der – mit 250 Betten und Swimmingpool – vor 15 Jahren für Nomenklatura-Touristen in Österreich gebaut worden war.

Der Unternehmer Hans Kaufmann, 45, aus Weinfelden in der Schweiz hat das Schiff für Devisentouristen gechartert und mit einer Million Franken und Mobiliar aus dem Westen renoviert, anstelle der Kellner sowjetischen Typs Studentinnen von der Uni Krasnojarsk angeheuert und ausgebildet – Speisen von links, Getränke von rechts.

Zwei Uniformierte der Spezialeinheit Omon mit Pistole schützen Schiff und Ladung. Zum Reiseleiter und Animateur berief Kaufmann den Lehrer seiner Kinder in Weinfelden.

Der verwegene Ostkaufmann, der 1969 mit zwei Angestellten im Reisebüro der Mittel-Thurgau-Bahn (55 Kilometer Strecke) angefangen hatte, riskiert die Schneise in den Dschungel der Unwägbarkeiten russischer Kompetenzen und Eigentumsverhältnisse. Allein der staatliche Steuersatz ändert sich alle paar Wochen. Sämtliche Lebensmittel läßt Kaufmann importieren, weil sich russische Lieferanten nicht an Termine halten; um Krasnojarsk herum etwa streiken gerade die Bauern und schicken keine Milch in die Stadt.

Der Regierungsbezirk Krasnojarsk zieht Devisen aus der Charter und der Hälfte der Restauranteinnahmen. Kaufmann verfügt heute über acht Schiffe, denn er bedient auch Wolga, Dnjepr und die Kanäle von Moskau nach St. Petersburg, und er läßt den alten Orientexpreß über die Transsib bis nach Peking rollen. Für 1993 verbucht er 18 000 zufriedene Kunden.

Kaufmann hat auf ein halbes Jahr einen Jet jener eigenen Fluggesellschaft gemietet, die sich die Region Krasnojarsk in neuem Selbstbewußtsein leistet. Er hat die Sitze neu beziehen lassen und die Stewardessen eingekleidet; sie dürfen die Bordverpflegung verkaufen – ein Kaviarbrötchen für einen Dollar.

Die »Krasnojarsk Airlines« bringt die Touristen von Moskau an den Jenissej und zurück aus Norilsk im Norden (wo einstmals Zwangsarbeiter Molybdän-Erz schürften und vor exakt 40 Jahren Bombenflugzeuge einen Streik beendeten). Der Jet holt auch zwei Dutzend japanischer Gäste aus Chabarowsk in Fernost, weil für die Aeroflot-Konkurrenz wieder mal das Benzin ausgegangen ist.

Rundum Erholung. Schließe die Ohren, wie es die Einheimischen tun, wenn westliche Zeitungen von einem gefahrenträchtigen Plutoniumreaktor mitten in Krasnojarsk berichten. Schau weg von den verrotteten Betonplattenbauten und dem allgegenwärtigen Unrat.

Vergiß, daß im Gebiet Krasnojarsk 68 Zwangsarbeitslager, 6 Gefängnisse und 2 Psycho-Haftanstalten existierten, daß sterbenskranke Deportierte aus dem ganzen russischen Imperium für faulen Kohl und Hering nach Gold und Diamanten schürfen und Frauenbrigaden die Wälder abholzen mußten. Und daß die Atomanlage in der Stadt von Häftlingen betrieben wurde.

Die Lager sind aufgelöst, aber die Orte Igarka, Dudinka, Norilsk gründen sich auf den Gebeinen der Stalin-Opfer, auch jener Hafen, dem die Gefangenen den Namen »Karaul« gaben, »Hilfe!«. Die meisten Menschen hier sind unfreiwillig hergekommen. Nun sind sie frei.

In Lessosibirsk, dem ersten Halt, steht die Holzfabrik still, es ist Sonntag und zudem der »Feiertag der Bauleute«. Im Lokalblatt *Morgenröte des Jenissej* hat Redakteurin Galina Kankejewa Ausruhen »wie in der guten alten Zeit« empfohlen. Sie selbst verdient sich an diesem Tag ein Zubrot als Reiseführerin, weil ihr Gehalt nur für Lebensmittel reicht. Ein Abstieg: Frühere Einkünfte verhalfen ihr zu einem goldenen Gebiß.

Wann war das, die gute alte Zeit? »Eine Floskel«, sagt Galina erst, dann: »Jeder versteht, was gemeint ist.«

Die nächste Station, die Stadt Jenissejsk, war zur Zarenzeit durch Gold und Zobelpelze reich geworden. Ungerührt präsentiert Galina, was die Kommunisten daraus machten. Die nie mehr reparierten Holzhäuser verfallen, von den 26 Kirchen sind 2 geblieben. Eine diente als Gemüselager, Mönche restaurieren sie jetzt. Sie fanden auf dem Gelände viele Schädel mit Einschußlöchern, die sie unter einem frischen Holzkreuz beigesetzt haben.

Kosaken des Zaren hatten die Kolonie Sibirien erobert. Ihre 200 Jahre alte Siedlung Worogowo 400 Kilometer weiter nordwärts ist ein blühendes Blockhausdorf mit Kuh- und Schweineställen, Gänse- und Hühnerscharen und Bauerngärten voller Blumen und Gemüse. Im Winter liegt der Schnee zwei Meter hoch, dann wird das Vieh durch das Dach des Stalls gefüttert.

Wie überall am Jenissej leben hier auch Deutsche von der Wolga,

die nicht mehr wissen, woher ihr Dialekt rührt: »Möchte mir a bißle schwätze?«
Einer hat es piekfein, die Wände mit kaukasischen Teppichen isoliert, Spitzendeckchen und Fernseher in der guten Stube. »Viele sind schon weggemacht ins Reich«, berichtet er. Er hat alles, was er braucht, samt zwei Schinken, die im Flur hängen. Er bleibt am Jenissej.
Die Untere Tunguska, einen Nebenfluß, säumen weiße Felsen. Die Landschaft gehört den Mücken, aber auch Wölfen und Bären, nach denen der Rudergast mit dem Fernglas das Ufer absucht, ehe er die Passagiere mit den Rettungsbooten zu einem Spaziergang ausschifft.
Am Polarkreis liegt die Siedlung Turuchansk, deren berühmtester Bewohner der Altbolschewik Jakow Swerdlow war, dorthin verbannt kurz vor dem Ersten Weltkrieg. Später agierte er als »inoffizieller, aber um so mehr tatsächlicher Generalsekretär der Oktoberrevolution« von 1917 (so sein Genosse Trotzki). Swerdlow wurde Staatsoberhaupt der jungen Sowjetrepublik, erlag indes schon 1919 angeblich einer Lungenentzündung, womöglich aber einem Attentat. Sein Kopf im offenen Sarg war bandagiert.
Seine Blockhütte in Turuchansk ist immer noch Museum. Die Führerin erklärt, er habe die Zarenfamilie erschießen lassen, 1918 in Jekaterinburg, das nachher Swerdlowsk hieß. Ihn besuchte häufig der Verbannte Stalin, mit dem er sich ständig zankte. Als der später Generalsekretär der KPdSU war, bauten Zwangsarbeiter für ihn flußabwärts ein pompöses »Pantheon« aus Lärchenholz und aus Stuck, der roten Granit vortäuscht. Die Stalin-Figur, die davorstand, ist inzwischen gefällt.
Swerdlows überlebensgroße Bronzefigur reckt sich noch im Garten seines Blockhauses. Eine Vitrine im Museum erinnert neuerdings an das Unterfangen von 1948, mit Zwangsarbeitern eine Eisenbahnlinie von hier zum Ob zu bauen (100 000 Tote). Sie wurde nie fertiggestellt.
Ein Eßnapf und ein Kanten Brot der Häftlinge sind ausgestellt, dazu Gulag-Stacheldraht, von dem ein Stück als Souvenir für zwei Dollar zu erwerben ist.
Ein weißbärtiger Litauer, der nach der Fron in der Verbanntensiedlung Igarka hängenblieb, führt einen acht Meter tiefen, klirrend kalten Stollen vor, in dem die Atemluft zu Stalaktiten an der Decke

vereist. Der Schacht war einmal zur Erforschung des Permafrostes vorgesehen, der das Erdreich nur bis zu einem Meter unter der Oberfläche auftauen läßt. Jüngst waren Landsleute da, die im dauergefrorenen Boden die Leichen früherer Leidensgenossen bargen. Die sahen so aus wie im Augenblick ihres Todes.
Sibirien, im kurzen Sommer so schön, erholt sich langsam von der Vergangenheit: Es war immer ein Gräberfeld von der Größe eines Kontinents. Das Heimatmuseum von Igarka bewahrt Fellhemden, Knochenwerkzeug und Wigwams der von den Kosaken einst dezimierten Nenzen und Ewenken, der Indianer Sibiriens. Die Stadt Dudinka rühmt sich des kostbaren Mantels eines Schamanen.
Ein paar tausend Eingeborene ziehen mit ihren Rentieren durch die Taiga, noch immer verfolgt von den weißen Ausbeutern der Naturschätze, aber ihre Kinder gehen zur Schule. Einige Assimilierte bieten im Kulturhaus von Dudinka, vor dem ein marmorner Lenin den Umbruch übersteht, Folklore dar.
Privathändler verkaufen auf dem Markt Westimporte, Rinderhälften und Zigaretten (stückweise). Zum Shopping im gut sortierten Staatsmagazin haben die wohlfrisierten Frauen von Dudinka ihr bestes Kleid nebst Pumps angezogen und Make-up aufgelegt. Überall gibt es, anders als zu Sowjetzeiten, Blumen zu kaufen. Ein Relikt kommunistischer Erziehung blieb: Im Bus bieten Kinder weißhaarigen Fahrgästen ihren Platz an.
In Dudinka läßt sich leben, jedenfalls heutzutage. Im Museum von Igarka erzählt hinter den völkerkundlichen Exponaten ein Plakat eine ungewöhnliche, aber typische Siedlungsgeschichte: Der Posten Igarka wurde 1929 gegründet. Von 1930 bis 1933 kamen – im Zuge der Zwangskollektivierung der ukrainischen Bauern – 20 000 »Volksfeinde« dazu. 1938 wurden ein Dutzend Einwohner erschossen.
1942 vermehrte sich die inzwischen drastisch gesunkene Einwohnerschaft wieder um 2000 Letten, 5000 Deutsche von der Wolga, 500 Griechen vom Kaukasus. Aus Leningrad kamen 300 Finnen, weitere 400 Deutsche und 100 Letten. 1944 wurden 400 Kalmücken zwangsangesiedelt. 1948 stießen – zur Zeit der Künstler- und »Zionisten«-Verfolgung – 500 »Intellektuelle« dazu und 1949 noch 1300 Familien aus Litauen. Die deportierte Tochter Alja der großen russischen Exil-Dichterin Marina Zwetajewa war in Igarka, als Reinigungsfrau in der örtlichen Schule. Heute hat Igarka 5000 Einwohner. 40 000 liegen im Permafrost begraben.

Die »Anton Tschechow« fährt alle Stationen des großen Terrors am Jenissej ab, doch kein Wachturm zeigt sich mehr am Horizont, kein Zaun und kein Barackenlager. Die Sonne brennt, das Captain's Dinner mundet, hundertmal erklingt »Kalinka«.

Weiter nach Norden geht die baumreiche Taiga in die Heide der Tundra über, die jetzt von Glockenblumen, Hahnenfuß und Weidenröschen übersät ist. Holz für den Hausbau und zum Heizen fehlt dort. Zum Gartenbau reichen die Sommerwochen nicht.

Die letzte Siedlung vor dem Meer ist auch ohne die Insignien der Sklavenhaltergesellschaft ein Ort am Ende der Welt. Die Bretterhütten von Ust-Port versinken im Müll und Modder. Kohle für den langen Winter (Temperaturen um 40 Grad minus, bei Wind bis zu 59 Grad minus) ist am Ufer aufgeschüttet. Treibholz zum Heizen fällt erst nach dem Brechen des Eises im Frühjahr an.

Eine zahnlose junge Frau offeriert ihren Polarhund, zum Beispiel, sagt sie, für eine Pelzmütze. »Wir sind die Ärmsten«, befindet eine Arbeiterin. Der Budenladen hält Brot und Gurken feil, köstliche sibirische Butter (die zu Zarenzeiten bis nach Hamburg exportiert wurde), auch Fisch, das Kilo für 180 Rubel – am fischreichen Jenissej. Über der Siedlung hängt ständig der Gestank einer Pelztierfarm. 3000 Silberfüchse, deren Fell je 35 000 Rubel bringt, quälen sich auf Maschendraht, aber sie werden satt: Für sie wird täglich eine Kuh geschlachtet, außerdem fressen sie Fisch, der kraft andauernder Planwirtschaft tiefgefroren aus dem 5000 Kilometer entfernten Wladiwostok kommt – obwohl es in Ust-Port auch eine Fischfabrik gibt.

Vorarbeiter Alexander Schut zog freiwillig aus Krasnojarsk hierher den Strom hinunter, er folgte der zarten Studentin Galja aus Ust-Port, die er geheiratet hat. Sie unterrichtet nun an der Schule, welche eine Deutsche sauberhält, um ihre Rente von 18 000 Rubel aufzubessern. Galja trägt Tee auf, dazu Waffeln, in der Tundra gesammelte Preiselbeeren und rohen Fisch.

Das Dinner an Bord ist komfortabler, die Germanistikstudentin Oxana hat sibirische Landestracht angelegt, die der Kaufmann aus der Schweiz importierte. Gegen Mitternacht – noch ist es taghell – schießt der Erste Offizier drei Leuchtkugeln ab: Das Eismeer ist erreicht.

Unbeschreibliche Farben zeigt der Himmel, Sibirien ist wunderbar. Und der Rückflug – nicht erst nach 25 Jahren – ist bestätigt.

CHRISTIANE KOHL

Hiroschima im Birkenwald

Über den Strahlentod im Ural
Oktober 1993

Viele Jahre hat Walentina Martjuschowa, 64, nicht davon sprechen dürfen. »Aber ich wußte schon lange, was los war«, sagt die Bäuerin.

Damals, 1955, als die Miliz sie und ihre Familie aus ihrem Heimatdorf vertrieb, da sei ihr noch nicht recht klar gewesen, weshalb, erinnert sich die Frau und rückt ihr Kopftuch zurecht. Zwei Jahre später aber, nach dem großen Knall, konnte ihr keiner mehr was vormachen: »Ich habe doch gesehen, was passiert ist.«

Rauch war aufgestiegen am Horizont. »Eine riesengroße Wolke«, sagt Walentina und bildet einen pilzförmigen Halbkreis mit ihren Händen. Sie war mit den Kühen draußen auf dem Feld gewesen damals, nicht weit von dem Dorf, in dem sie zu jener Zeit schon nicht mehr leben durfte.

Zwei Stunden nach dem Knall waren Militärs gekommen, hatten die Bauern von den Feldern getrieben und mitsamt ihrem Vieh ins Dorf gejagt. Dort mußten sich alle ausziehen, »die Kleider wurden gleich verbrannt«. Dann sei ihnen befohlen worden, die Kühe abzuwaschen, erzählt die Alte und schüttelt dabei mißbilligend den Kopf: »Stellen Sie sich vor, mit Seife.«

Die Bäuerin Martjuschowa aus dem Tetschatal hat eine der schlimmsten Tragödien in der Geschichte der Atomtechnik miterlebt – und die durchlebt sie noch immer.

Walentinas Heimat am Südrand des Uralgebirges, 70 Kilometer

von der russischen Stadt Tscheljabinsk entfernt, ist Schauplatz eines makabren Strahlenkrimis.
Nirgendwo sonst wurden Menschen so lange und so nachhaltig mit radioaktiver Strahlung traktiert; nirgendwo sonst haben Mediziner derart akribisch die gesundheitlichen Folgen beobachtet – doch den betroffenen Menschen erzählten sie nichts davon.
Das Drama spielt in einer Landschaft, die so friedlich wirkt wie aus dem Bilderbuch. Da schlängelt sich die Tetscha, ein mäßig breiter Strom, zwischen sanftwellenden Hügeln. Weiß-grün leuchten die Birkenwäldchen, gelb blühen die Sonnenblumenfelder, und saftig grün liegen die Wiesen unten am Fluß.
Bei Musljumowo, einer alten Tatarensiedlung mit schmucken Holzhäuschen, weiden Kühe am Flußufer. Schafe stampfen durch den Morast, knarrend zieht ein Pferdekarren durchs Dorf. Etwas weiter weg wäscht eine Hausfrau ihren Teppich im Flußwasser. Ein paar Ziegen klettern zwischen Geröll und Mauerresten herum, die zu einer ehemaligen Wassermühle gehören. Nichts scheint die ländliche Idylle zu stören.
Vor dem verfallenen Backsteinbau gibt der Geigerzähler ein heftiges Knattern von sich – das Wasser, das die Ruine umspült, ist hochgradig verseucht. Auch der Uferschlamm gibt hundertmal mehr radioaktive Strahlung ab, als in dieser Region der Erde die natürliche Hintergrundbelastung ausmacht.
Die vielen Mücken, die über der Strömung tanzen, sind kleine Nukleargeschosse. Fledermäuse, die nachts bei den nahe gelegenen Seen herumflattern und Insekten vertilgen, gelten als total kontaminiert. Selbst Kuhfladen sind (mit einer 50fach erhöhten Aktivität) ernst zu nehmende Strahlenquellen – die so beschaulich wirkende Flußlandschaft ist ein lebensgefährlicher Ort.
Schuld daran ist eine alte Atomfabrik, die etwa 80 Kilometer flußaufwärts liegt und bis heute auf keiner Landkarte verzeichnet ist: das einstmals streng geheim arbeitende Bombenkombinat Majak (zu deutsch: »Leuchtturm«).
In dem Betrieb wurde, 40 Jahre lang, hochgiftiges Plutonium für russische Atomsprengköpfe hergestellt. Schon der Stoff für Stalins erste Bombe, darauf sind die Kombinatsbosse noch immer stolz, kam von Majak. Auf den Schutz von Arbeitern und Anwohnern nahmen die Bombenproduzenten keinerlei Rücksicht – ihre ehrgeizigen Aufrüstungspläne gingen vor.

Heute ist das Kombinatsgelände, eine Stunde von der Millionenstadt Tscheljabinsk entfernt, selbst eine gefährliche Zeitbombe: Ein schier unglaublicher Vorrat an Nuklearmaterial hat sich angesammelt. So sind dort, nur notdürftig gesichert in Betonbehältern, allein 23 Tonnen Plutonium deponiert – schon ein Gramm dieses giftigen Metalls kann, über die Luft verbreitet und von Menschen inhaliert, viele tausend Lungenkrebsfälle auslösen.

In einen nahe gelegenen See, der zur Abfallhalde umfunktioniert wurde, haben die russischen Atompioniere überdies solche Mengen an Spaltstoffen wie Strontium 90 und Cäsium 137 hineingeschüttet, daß eine vermutlich einmalige Konzentration an Radionukliden aufgehäuft wurde. Der amerikanische Physiker Thomas Cochran hält das Ufer des Karatschai-Sees für den »am höchsten verstrahlten Ort der Welt«.

Die Aktivität der Spaltprodukte, die im Karatschai-See oder in einem der bald 200 anderen Lagerstätten für radioaktive Abfälle auf dem Majak-Areal angesammelt wurden, läßt sich in der gültigen Maßeinheit Becquerel kaum mehr ausdrücken: Dort lagern 36 Trillionen Becquerel (oder rund 980 Millionen Curie) teils unter freiem Himmel, fast das Hundertfache der Strahlenaktivität, die bei der Reaktorkatastrophe von Tschernobyl freigesetzt wurde.

Verschanzt hinter hohen Zäunen, entzieht sich die russische Atomfabrik noch immer jeglicher behördlichen Aufsicht. Alexander Aklejew, 35, Chef des Ural-Forschungszentrums für Strahlenmedizin in Tscheljabinsk, dessen Meßtrupps die radioaktive Belastung in der Region kontrollieren sollen, weist auf einen großen grauen Fleck auf seiner buntgescheckten Überwachungskarte: »Was auf dem Gebiet von Majak geschieht, darüber wissen wir nichts.«

Die Auswirkungen auf die Menschen haben die Strahlenmediziner genauestens studiert. Handschriftlich auf rauhe Papierbögen gekritzelt, ist das Elend der Leute in vielen tausend Krankenblättern festgehalten. Vergilbt und zerfleddert wie alte Grundstücksakten lagern die Mappen im Keller des Strahlenzentrums.

Hinter den bröckligen Fassaden des Institutsgebäudes waren etwa 28 000 Menschen, ohne daß sie wußten, warum, jahrzehntelang immer wieder untersucht worden. Physiker hatten das Strontium in ihren Zähnen gemessen und mit einer altertümlichen Apparatur, die wie eine Zeitmaschine aus einem alten Gruselfilm aus-

sieht, den Strahlenpegel festgestellt; Mediziner führten Buch über die Krankheiten.
Einige der Patienten sind noch am Leben, wie die Bäuerin Martjuschowa, die immer so furchtbare Knochenschmerzen hat. Viele sind schon gestorben, an Leukämie, mysteriösen Infektionskrankheiten oder auch an der rätselhaften Immunkrankheit, der die Ärzte, wegen der Ähnlichkeit der Symptome, später den Namen Tscheljabinsk-Aids gaben.
Chefärztin Mira Kossenko, 57, hat die Schicksale der Strahlenkranken verfolgt. »Die Leukämietoten«, sagt sie, »habe ich alle mit begraben.«
Zu Zeiten des Sowjetreiches war der Datenschatz in Tscheljabinsk ein Staatsgeheimnis. Jetzt interessieren sich Wissenschaftler in aller Welt dafür. Der verstaubte Aktenberg gilt ihnen als »potentielle Goldmine«, wie der amerikanische Biophysiker Marvin Goldman formulierte.
Den Forschern könnten die ausgebleichten Krankenzettel Auskunft geben über bislang noch nicht beobachtete Zusammenhänge zwischen radioaktiven Strahlen und bestimmten Krankheitsbildern. In Tscheljabinsk finden sich daher neuerdings Expertendelegationen aus zahlreichen Ländern ein.
Eine deutsche Wissenschaftlergruppe, angeführt von dem Leiter des Münchner Instituts für Strahlenhygiene, Werner Burkart, 47, startete jetzt sogar ein umfangreiches Meßprogramm im Südural. »Die Exzesse gegenüber Mensch und Natur, die in Tscheljabinsk passierten«, sagt der Strahlenbiologe Burkart, seien »nur mit Hiroschima vergleichbar«.
Unter strengster Geheimhaltung war, im Juni 1948, auf dem Majak-Gelände die erste sowjetische Charge Plutonium angebrütet worden. Bald wurde unweit der Brutreaktoren eine eigene Wohnstadt gebaut. Das Produktionsgelände erhielt (nach der Postleitzahl) den Decknamen Tscheljabinsk-40; die Atomsiedlung, noch heute von 70 000 Menschen bewohnt, firmierte als Tscheljabinsk-65. Eine zweite Geheimstadt mit Laboratorien und Konstruktionsbüros, die ein Stück weiter nördlich liegt, wurde Tscheljabinsk-70 genannt.
Im ehemaligen Sowjetreich gab es insgesamt elf solcher Geisterstädte, in denen, hinter Kontrollposten, Stacheldraht und hohen Betonmauern, die Entwicklung von Atomsprengköpfen vorange-

trieben wurde. Die Hauptstadt der Bombenbauer war der Nuklearkomplex im Südural – mit Tscheljabinsk-70 als Hirn und Tscheljabinsk-40 (oder auch: Majak) als Herz der Kernwaffenproduktion.

Anfangs, in den Jahren 1948 bis 1952, waren die radioaktiven Abfälle von Majak einfach in die Tetscha gespült worden. Die Menschen, die in den Dörfern flußabwärts wohnten und ihr Trinkwasser aus dem Strom schöpften, wurden nicht mal über die Gefahr informiert. »Was soll sein?« Die Bäuerin Martjuschowa zupft an ihrem buntgeblümten Kopftuch: »Wir haben das Wasser getrunken.«

Sie lebte damals noch in Metlino, dem der Bombenfabrik nächstgelegenen Dorf. Eine junge Mutter war sie, ihre Tochter Alexandra war noch ein Baby. Heute ist Alexandra eine Frau von 43 Jahren, ständig fühlt sie sich matt, die Haare fallen ihr aus, seit drei Jahren bezieht die gelernte Schneiderin eine Invalidenrente.

Vom Dorf Metlino sind nur noch ein paar Ruinen und der Stumpf einer alten russischen Kirche zu sehen. Seit den ersten Tagen des Nuklearbetriebs ist die nähere Umgebung des Produktionsgeländes so verseucht, daß sie auf Dauer unbewohnbar bleiben wird. Wer sich heute nur einen Vormittag lang dort aufhält, bekommt (mit 5 Rem) etwa so viel Strahlung ab, wie ein westdeutscher Kernkraftarbeiter sich binnen eines Jahres zuziehen darf.

Bereits im Laufe der fünfziger Jahre waren Metlino und etwa 20 andere Ortschaften am Fluß von der Miliz geräumt worden, auch Walentina und ihre Familie wurden seinerzeit evakuiert. Aus Gründen, die niemand erklären kann, blieben jedoch einige Dörfer wie die Tatarensiedlung Musljumowo bis heute bewohnt, obgleich sie ebenfalls stark belastet waren.

Und Leute wie Walentina mit ihren Kühen zog es immer wieder zu den saftigen Wiesen am Fluß zurück – von der Strahlengefahr am Ufer wußten sie ja nichts. So hat die Bäuerin Martjuschowa am 29. September 1957 beim Dorf Metlino auch jenen gewaltigen Atomunfall aus nächster Nähe beobachtet, den russische Regierungsstellen noch 30 Jahre später geheimhielten.

In einem unterirdischen Abfallager des Majak-Kombinats war eine Kühlwasserleitung leck geworden, die einen Behälter mit Nuklearmüll umspülen sollte. Das Gemisch aus verschiedenen Radionukliden in dem Tank erhitzte sich und explodierte. Bis zu 300

Kilometer weit reichte die radioaktive Spur. Der Strahlenregen verseuchte rund 23 000 Quadratkilometer Wiesen und Ackerland.
Noch einmal, zehn Jahre später, wehte eine größere radioaktive Wolke von der Bombenfabrik aus übers Land. Damals hatte der Wind strahlende Teilchen von den mittlerweile ausgetrockneten Uferbänken des Karatschai Sees fortgewirbelt – wiederum war das Umland weiträumig kontaminiert.
Ein ums andere Mal wurden so bald eine halbe Million Menschen in der Uralregion durch die Dauerkatastrophe Majak verstrahlt. Am schlimmsten traf es die Bewohner des Tetschatals. Sie hatten die gefährlichen Radionuklide Tag für Tag nichtsahnend mit der Milch und dem Trinkwasser, mit dem Fleisch und dem Gemüse aufgenommen.
Mit jeder Mahlzeit wurde die in den Körper eingebaute Strahlendosis höher. So haben sich die Bäuerin Martjuschowa und mit ihr viele tausend andere im Laufe der Zeit vermutlich das größte Strahlenquantum einverleibt, das Menschen überhaupt verkraften können, ohne gleich tot umzufallen: zwischen zehn- und hundertmal mehr, als selbst die Anwohner von Tschernobyl während des Reaktorunglücks abbekommen haben.
In den Krankenzimmern im Strahleninstitut liegen sie nun matt auf ihren Betten. Da sitzt Fanja, 56, aus Musljumowo und starrt vor sich hin. Die ehemalige Straßenbahnlenkerin hat ständig Kopfschmerzen, ihre Augen sind gerötet, immer fühlt sie sich matt. Der Bettnachbarin Sanja, 64, machen das Herz, der Blutdruck und die Nieren Probleme. Nebenan liegt die Feldarbeiterin Gulfida, 54, die in einem von dem Atomunfall 1957 stark heimgesuchten Dorf gelebt hat. Unter Tränen berichtet sie, drei ihrer fünf Kinder seien noch im Kindesalter gestorben.
Wenn es Abend wird in der Strahlenklinik, gehen die Krankenschwestern herum und sammeln die Matratzen ein – wegen der schrecklichen Schmerzen, die fast alle Patienten plagen: Jeder Knochen tut den Leuten weh, und diese Schmerzen werden merkwürdigerweise um so schlimmer, je weicher die Kranken gebettet sind.
Auch die Bäuerin Walentina Martjuschowa zieht es vor, auf einer Holzkiste zu sitzen statt auf einem Polsterstuhl. Sonst, sagt sie, »kann ich die Schmerzen kaum ertragen«.
Viele Jahre wurden die Betroffenen im unklaren gelassen über ihre

Leiden. Die Forscher jedoch hatten bald ein ausgeklügeltes Beobachtungssystem entwickelt. »Die Tragödie ist passiert«, erläutert Institutschef Aklejew die Denkweise der Strahlenfahnder, »jetzt muß man alles tun, um aus ihr zu lernen.«

Die russischen Forscher pflügten Felder um und kontrollierten, wie die Ackerpflanzen wuchsen. Sie beobachteten das Verhalten von Wildtieren und richteten spezielle Ställe ein, wo Kühe mit verstrahltem Heu gefüttert wurden. Einige private Bauern, so auch Walentina Martjuschowa, mußten ihr Vieh unter Beobachtung halten und ständig Milchproben abliefern.

Allzulang hatte die Bäuerin damit allerdings nicht zu tun. »Bald nach dem Unfall«, erzählt Walentina, »schwollen bei den Kühen die Gelenke an.« Einige Zeit später waren sie tot.

Mit den bestrahlten Ratten ist es kaum anders. Eingepfercht in Plexiglaskästen, krabbeln in einem abseits gelegenen Gebäude des Strahlenzentrums ganze Horden herum. Hier stellt Strahlenforscher Walentin Koritni, 55, mittels Tierversuchen die Strahlenbelastungen nach, denen die Menschen in der Region ausgesetzt waren: Experimente »wie im richtigen Leben«, sagt Koritni.

Er läßt einige Ratten nur kurz, aber heftig bestrahlen (Koritni: »Schon 15 Minuten sind tödlich«), andere schwächer, jedoch über einen längeren Zeitraum. In einem dunklen Kellerraum, in dem es bestialisch stinkt, fiepsen mehrere tausend Tiere, die ihr ganzes Rattenleben unter einem Cäsiumstrahler verbringen müssen.

Manchen Tierchen, deren Käfige in einem anderen Gebäudeteil an langen Gängen postiert sind, mixen Koritnis Mitarbeiter Strontium ins Futter, andere bekommen den radioaktiven Stoff ins Blut gespritzt. »Normalerweise«, erläutert Koritni das Ergebnis, »bekommen Ratten niemals Knochenkrebs.« Von seinen Experimentierratten hingegen erkranken stets etwa 70 Prozent an Knochenkrebs. »Eine späte Folge von Strontium«, sagt der Forscher, »bei den Ratten ist das völlig klar.«

Doch wie ist das bei den Menschen? In einem der Krankenzimmer oben im ersten Stock des Strahleninstituts liegt ein 16jähriges Mädchen im Sterben. Sonja hat Leukämie im letzten Stadium. »Ihre Familie kommt aus dem Strahlengebiet«, berichtet die Ärztin Kossenko, »ich habe den Eltern gesagt: Euer Kind stirbt, wir können nicht mehr helfen.«

Mira Kossenko ist eine erfahrene Spezialistin für Strahlenkrankheiten. Mit ihrer Truppe wurde sie seinerzeit nach Tschernobyl beordert, um die Unglücksopfer zu versorgen. Seit 26 Jahren arbeitet sie in Tscheljabinsk. Damals war die Säuglingssterblichkeit in diesem Gebiet auffällig hoch, und bei den Kindern grassierten Lungenentzündungen – beides Folgen der Strahlenunfälle, wie Kossenko meint.

Mit der Zeit beobachtete sie, wie sich die Rate der Leukämieerkrankungen unter den Bewohnern verdoppelte, und seit einigen Jahren, sagt die Ärztin, »sterben immer mehr Leute an anderen Krebsarten«. Vor allem taucht vermehrt Darmkrebs auf, aber auch Lungenkrebs, Hautkrebs und Knochenkrebs nahmen zu.

Aufgefallen ist den Medizinern im Laufe der Jahre auch die extrem hohe Anfälligkeit ihrer Patienten für bestimmte Infekte. So gibt es im Raum Tscheljabinsk beispielsweise relativ viele Fälle von Bruceloseerkrankungen, einer Bakterieninfektion, die von Tieren auf Menschen übertragen wird.

Seit vielen Jahren beobachten die Ärzte überdies bei den Bewohnern des Tetschatals eine Mischung von äußerst merkwürdigen Leiden, die mit einer generell geschwächten Immunabwehr der Menschen zusammenhängen. Seltsame Symptome gehören dazu: Das blutbildende rote Knochenmark arbeitet nicht, wie es soll, die Anzahl der Leukozyten im Blutbild stimmt nicht mehr. Das Herz klopft langsamer, der Blutdruck schwankt, Sinnesempfindungen und Reflexe der Menschen verändern sich, die Patienten klagen über Kopfschmerzen und Kraftlosigkeit und sind nicht mehr fähig zur Arbeit.

Insgesamt handelt es sich um etwa 15 Symptome. Treffen sie alle bei einem Patienten zusammen und ist eine extrem starke Strahlenbelastung belegt, lautet die Diagnose: chronische Strahlenkrankheit (später Strahlen-Aids genannt). Unter den alten Krankenakten im Archivkeller des Strahleninstituts werden rund 1000 solcher Fälle geführt – diese Leute sind mittlerweile alle gestorben. Heute gibt es, offiziell wenigstens, keinen Fall von Strahlen-Aids mehr. Doch in dem düsteren Wartesaal des Strahleninstituts sitzen sie täglich zu Dutzenden und hoffen auf Hilfe: mit geduckten Köpfen, aus denen bedrückte Gesichter schauen. Auch die Bäuerin Walentina ist dabei. Mittlerweile hat sie ihr geblümtes Kopftuch abgenommen. »Schauen Sie«, sagt die Alte und streicht sich mit der Hand über den Kopf – ihr Schädel ist nahezu kahl.

Die Leiden Walentinas und der vielen anderen Bewohner des Tetschatals stellen für westliche Wissenschaftler »ein ganz neues Phänomen von Strahlenkrankheit dar«, wie Theodor Fliedner, 64, Chef des Instituts für Arbeits- und Sozialmedizin an der Universität Ulm, formuliert. »Mit der bislang in der Strahlenmedizin gültigen Konzeption«, so Fliedner, seien diese Krankheitsfunde »nicht abdeckbar«.

Bis heute orientieren sich alle Forschungen nach gesundheitlichen Strahlenschäden an den Überlebenden der Atombombenexplosionen von Hiroschima und Nagasaki. Auf den bei ihnen erhobenen Krankheitsdaten basieren sämtliche Risikoberechnungen für den Strahlenschutz.

Doch Hiroschima, das war totale Bestrahlung innerhalb von ganz kurzer Zeit. In Tscheljabinsk hingegen wirken die radioaktiven Stoffe in kleineren Dosen auf die Menschen, aber chronisch über viele Jahre. Dabei bestrahlt das Strontium, das sich in immer größerer Menge anstelle von Kalzium in die Knochen einlagert, die Leute permanent von innen. Könnte es sein, daß sich, bedingt etwa durch den radioaktiven Dauerbeschuß der menschlichen Zellen, bei Langzeitbestrahlung auch ganz andere Krankheiten entwickeln?

Solchen Fragen möchte Strahlenbiologe Burkart in Tscheljabinsk nachgehen. Der Münchner Forscher ermittelte deshalb erst mal, wieviel Strahlung die Menschen selber abgeben.

Schon die ersten Ergebnisse machten die Deutschen staunen. So ergaben Messungen bei einer Frau aus dem Dorf Musljumowo allein 4500 Becquerel Cäsium 137 in ihrem Unterleib, eine andere Bewohnerin wies sogar 130 000 Becquerel Strontium im Skelett auf. Zum Vergleich: In Deutschland sind Lebensmittel schon bei einer Belastung von 750 Becquerel pro Kilogramm formell »zum Verzehr nicht mehr geeignet«.

Dabei haben die deutschen Forscher die am stärksten belasteten Menschen in der Uralregion noch gar nicht testen dürfen: Die Arbeiter im einstigen Bombenkombinat Majak, die jahrzehntelang mit dem hochgefährlichen Plutonium hantierten, bleiben bislang im verborgenen. Für Strahlenforscher sind die Pforten der alten Atomstädte Tscheljabinsk-65 und -40 nach wie vor verschlossen. Burkart: »Es gibt da dunkle Mächte, die irgendwo ›njet‹ sagen.«

In der Atomfabrik Majak wurde vor zweieinhalb Jahren der letzte von einstmals fünf Brutreaktoren für die Produktion von Plutonium abgeschaltet. Von der Öffentlichkeit abgeschirmt, arbeitet jedoch das Isotopen-Laboratorium weiter, desgleichen eine Wiederaufarbeitungsanlage, die für 400 Tonnen Atommaterial im Jahr ausgelegt ist.

Auf Diskretion bedacht, wie die Abnehmer von einst, ist auch die neue Kundschaft. Sie reicht vom russischen Verteidigungsministerium, für welches noch »einige intime Dienste« (Majak-Sprecher Jewgenij Ryschkow) wie die Zerlegung von Bombenladungen erledigt werden, bis zum einstigen Erzfeind Amerika, dessen Raumfahrtbehörde seit einiger Zeit Plutonium von Majak bezieht.

Unfälle ereignen sich nach wie vor. Erst kürzlich ist im Bereich der Isotopenherstellung eine Tanksäule mit Plutonium in die Luft gegangen. Schuld waren Bedienungsmängel und unzureichende Sicherheitseinrichtungen, wie Ryschkow einräumt: »So was wäre unter modernen Bedingungen nicht zulässig.«

Majak bleibt eine ständige Bedrohung. Unter dem Karatschai-See sind nach Berichten russischer Umweltschützer bis in 100 Meter Tiefe rund vier Millionen Kubikmeter Grundwasservorkommen verseucht – das verstrahlte Wasser bewegt sich auf die Trinkwasserversorgung der Millionenstadt Tscheljabinsk zu.

Seit einiger Zeit wird versucht, den See von oben abzudichten. Da werden nach unten offene Betonklötze in den radioaktiven Schlick hineingeworfen – eine Sanierung »nicht für die Ewigkeit«, meint Institutschef Aklejew aus Tscheljabinsk: »Das wird später nur noch schwieriger, eine ordentliche Lösung zu finden.«

Auch am Tetscha droht neue Gefahr: Bei zwei künstlich angestauten Seen am Oberlauf des Flusses, die von radioaktiven Abfällen hoch belastet sind, steigt der Wasserpegel seit einiger Zeit beängstigend an – selbst Majak-Sprecher Ryschkow räumt ein, daß »ein Überlaufen der Dämme nicht ausgeschlossen ist«.

Doch die Majak-Manager haben andere Sorgen, sie müssen Aufträge hereinholen, sonst geht es ihnen schlecht. Die Kollegen aus der geheimen Schwesterstadt Tscheljabinsk-70 haben ihr Programm bereits umgestellt – statt Bombenhüllen zu konstruieren wie einst, bauen sie jetzt Melkmaschinen. In der alten Plutoniumfabrik Majak hingegen setzen die Verantwortlichen weiter auf das Atom.

An einem der Strahlenseen sollen noch drei Schnelle Brüter hochgezogen werden, deren Weiterbau vor fünf Jahren gestoppt wurde. Darüber hinaus mühen sich die Majak-Manager ständig, neue Kunden für ihre Wiederaufarbeitungsanlage zu bekommen – sie führen mit Deutschen, Franzosen und Engländern Gespräche. Und sie hätten auch nichts dagegen, ein Abfallager für westlichen Atommüll aufzumachen.

So machen sie in Majak schon wieder viele neue Pläne. Im Strahleninstitut weiß die Ärztin Kossenko hingegen kaum mehr weiter. Sie soll weniger Betten belegen, weil kaum noch Geld da ist. Kossenko: »Wir können ja nicht mal mehr Lebensmittel kaufen, um die Patienten zu ernähren.«

Auch die Bäuerin Walentina Martjuschowa ist der Verzweiflung nahe. Für all das Schlimme, das ihr widerfahren ist, hat sie bis heute keinen Rubel Entschädigung bekommen. In Tschernobyl, erklärt die Ärztin Kossenko, sei den Opfern wenigstens »Sarggeld« gezahlt worden, in Tscheljabinsk gibt es nicht mal das.

Ein paar Kilometer flußabwärts vom Abwasserrohr der Majak-Fabrik warnt ein Steinschild auf einer Tetschabrücke vor erhöhter Radioaktivität im Fluß. Auf der Wasseroberfläche dahinter spiegeln sich die Sonnenstrahlen, Seerosen blühen. Nachdenklich blinzelt Paul Goloschapow, 56, Chef der Strahlenmeßtrupps des Ural-Instituts, in die Sonne. »Es ist jetzt an der Natur«, sagt er, »die Folgen zu beseitigen.«

Der Mensch jedenfalls kann es nicht.

CHRISTIAN NEEF

»Wie eine Kugelbombe«

Moskau im Ausnahmezustand
Oktober 1993

Der Melonenhändler aus dem georgischen Gori hockt in einem rotbraunen Brei aus Schlamm und Melonenmatsch durchnäßt vor seinem Lkw. Böse blickt der Mann aus dem Kaukasus aufs nahe Ortsschild: »Herzlich willkommen in Moskau«.

Muras Palaschwili, 45, ist nicht willkommen in Rußlands Hauptstadt. In einer Fünf-Tage-Fahrt hat er sechs Tonnen Früchte herangeschafft. Doch der Schwarzbärtige muß draußen bleiben, im Vorortdreck »wie vor einer mittelalterlichen Festung« – Ausnahmezustand.

Der Mann aus dem Geburtsort Josef Stalins, mit der Unnachgiebigkeit autoritärer Herrscher vertraut, hat wie Dutzende seiner Kollegen die Hälfte seiner Ladung kurzerhand an den Straßenrand gekippt. Den Rest verhökert er nun zum Dumpingpreis an Vorübergehende, für 200 Rubel das Kilo. Muras nimmt die Papirossa aus dem Mund und zählt mit zitternden Fingern nach: »Das macht anderthalb Millionen Rubel Verlust.«

Palaschwili gehört zu den Verlierern der Moskauer Schlacht um die Macht in Rußland.

Sergej Sirota, 22, aus Kaliningrad (dem früheren Königsberg) eingeflogener Spezialpolizist, steht auf der Seite der Gewinner: »80 Prozent der Verbrecher im Weißen Haus«, haben ihn seine Vorgesetzten vergattert, »waren Kaukasier, deswegen lassen wir die nicht rein.«

Mit blauer Uniform, schwarzem Barett und schußbereiter Kalaschnikow steht Sirota nur 500 Meter von Palaschwilis Lastwagen entfernt auf Posten. Damit ihn auch Ausländer als Autorität wahrnehmen, prangt an seinem Ärmel ein Aufnäher »Special Force«.
Boris Jelzin hat die bürgerlichen Rechte außer Kraft gesetzt. Die Stadt, verfügte er, sei »endgültig von Terroristen zu befreien«. 5000 Elitepolizisten sollen für »Ruhe und Ordnung« sorgen.
Tagsüber durchkämmen Einsatztrupps die Hotels und Märkte nach Personen ohne Aufenthaltsgenehmigung. Es setzt Prügel. Die Festgenommenen müssen sich auf den Boden legen, dann stundenlang mit hinter dem Kopf verschränkten Armen an einer Wand stehen, bis sie aus der Stadt geschickt werden. Ab null Uhr herrscht Ausgangssperre für jedermann.
Im Fernsehen hatte Oberbürgermeister Jurij Luschkow, die blaue Jeansjacke militärisch straffgezogen, seinen Truppen geraten, »nicht allzu pingelig« zu sein bei der »Tschistka«, der Säuberung. Ein böses Wort. Die schreckliche Vokabel aus den Jahren Stalinscher Gewalt kommt dem kahlköpfigen Radikaldemokraten leicht über die Lippen. Ihm verschafft der Ausnahmezustand die Gelegenheit, nicht nur mit Altkommunisten und Neonazis abzurechnen, sondern gleich auch mit Rauschgiftdealern, Autodieben, Stadtstreichern und überhaupt allem Fremdländischen in seiner Neun-Millionen-Stadt.
Als ein stahlgrauer Ford nicht sogleich an der Postenkette zum Stehen kommt, hilft eine MPi-Garbe nach – noch in die Luft. Die beiden Insassen, durchs feine Tuch als Geschäftsleute erkennbar, werden nach Waffen abgesucht – Hände aufs Autodach, Beine gespreizt. Die Ausbeute ist dünn: eine knotige Lederpeitsche im Kofferraum und eine Gas-Spraydose.
»Eure Visagen merken wir uns«, drohen die Sistierten, entgegen einer neuen Überlebensregel der Zeitung *Kommersant* für die Moskauer Nächte: »Diskutieren Sie nicht, geben Sie knappe Antworten, und werfen Sie sich bei Schüssen sofort hin.«
Um zehn Uhr abends stationiert Polizeioberst Wiktor Milejew Nachtverstärkung an »strategischen Objekten«: dem Heizkraftwerk, der Telefonstation, den Regierungsdatschen auf den Sperlingsbergen und vor der Kognak-Fabrik an der Rjabinowa-Straße: »Ein Lkw voller Schnaps in der Stadt«, begründet er die Präventivmaßnahme, »das wirkt bei uns wie eine Kugelbombe.«

Die feuchtkalten Zellen des Polizeireviers Torapewo sind zu Beginn der Sperrstunde leergefegt. Zur Tagesbeute »aufgegriffener Gesetzesverletzer«, die zum Kursker Bahnhof eskortiert werden, gehören ein paar Dutzend Armenier, Aserbaidschaner und Tschetschenen.
Die ungeliebten Südländler aus den einstigen Bruderrepubliken, im Polizeijargon und Volksmund »Schwarze« genannt, lebten illegal in der Stadt. Sie hätten sich den Moskowitern gegenüber »nicht fein« verhalten, rechtfertigt Milejew die vom Gesetz nicht gedeckte Ausweisung von 5000 Kaukasiern.
Doch die Revierhaftzellen füllen sich rasch wieder in der Nacht. Ein Trupp Sonderpolizei (Omon) aus dem sibirischen Omsk, mit Thermosflaschen und schußsicheren Westen, rückt in Richtung Metro-Station aus. Die zurückbleibende Ortspolizei ist in jahrelanger Erfolglosigkeit beim Kampf gegen Moskaus Unterwelt gedemütigt, durch miese Entlohnung um fähige Mitarbeiter gebracht, in der Öffentlichkeit aber als korrupt verschrien. Ihr bietet der Ausnahmezustand die Chance, »neuen Mut zu fassen«, ermuntert sie ihr Kommandeur Michail Melnik.
»Wir brauchen jetzt heiße Herzen und kühle Köpfe«, zitiert er in seinem Büro einen Spitzbart auf dem Foto an der Wand: Lenins obersten Geheimpolizisten Felix Dserschinski. Statt militanter Jelzin-Gegner (»Die sind inzwischen an den Fingern abzuzählen«) haben Melniks Männer gerade am Hotel »Saljut« einen Autodieb mit MPi-Nachhilfe zur Strecke gebracht und schwer verletzt.
»16 Prozent weniger Verbrechen«, meldet Stadtkommandant Alexander Kulikow, und den »ersten Tag seit 1917 ohne Autodiebstahl«. Den Bürger freut's. 68 Prozent, ergab eine Moskauer Blitzumfrage, hätten nichts gegen eine Verlängerung der Ausgangssperre. Von den Märkten sind die unbeliebten »Schwarzen« samt ihrer teuren Ware verschwunden.
Die Russin Olga Bereskina, 54, hat wieder die Reise aus ihrem Dorf auf den Moskauer Danilow-Markt gewagt. Sie bietet »endlich ohne Angst vor Mafia und Kaukasiern« ihre Hühnchen feil. Unsicher äugt die Bäuerin jedoch auf die vakanten Stände: »Irgendwann kommen die ja wohl zurück.« Bürgermeister Luschkow plant, das Betreten seiner Stadt nach Ende des Ausnahmezustands nur noch mit Visum zu gestatten.
Auf dem Kiewer Bahnhof halten 5 Transportpolizisten mit einer

MPi um drei Uhr nachts 2000 Reisende in Schach. Bis fünf Uhr sind die Bahnhofstüren verschlossen. In abgestellten Vorortzügen nächtigen Obdachlose und Kleinkriminelle. »Ein gefährliches Gemisch«, sorgt sich ein Sergeant, »aber alle Kollegen sind draußen zum Absperren menschenleerer Straßen eingesetzt.«

In der Polizeiwache am Mitschurin-Prospekt herrscht dagegen pure Ausgelassenheit. Die Zellen sind mit zu spät gekommenen Säufern, liegengebliebenen Autofahrern und verliebten Pärchen in Abendgarderobe gefüllt. Es riecht nach Fusel, Urin und Waffenöl.

»Jelzin, Victory«, skandiert die trunkselige Notgemeinschaft, wenn Oberleutnant Kondratjew um die Ecke blickt. Der sehnt sich wie seine Gäste nach dem fünften Glockenschlag.

25 000 Moskowiter lernten so in zwei Wochen die Polizeistationen ihrer Stadt kennen. »Pure Einschüchterung«, lacht Kondratjew: Die Anhänger des Putschisten Chasbulatow – der selbst im KGB-Gefängnis Lefortowo einsitzt – seien längst in den Untergrund abgetaucht.

Aber: »Nach der Wahl im Dezember geht alles wieder von vorn los.«

WALTER MAYR

Totentanz im Ghetto

Die stillen Helden von Sarajevo
Juli 1993

Die Nacht bricht an im Todesbezirk, und für Danijelas Festtag ist alles gerichtet. Gestärkt und gebügelt liegt das Brautkleid bereit, daneben Spitzenhandschuhe und Schleier. Die Frauen haben Thunfisch in Weinblätter gewickelt, Bohnen gewässert und eine Torte gebacken. Einer der Männer ist im Sperrfeuer der Scharfschützen übers Rollfeld gerobbt, um Schnaps zu besorgen. Nun beten sie, daß alles gutgehen möge. Wenn Gott ein Bosnier ist, dann wird es morgen nur Reis vom Himmel hageln.

Es hilft nicht. Kurz vor Tagesanbruch schlägt die erste Granate ein. Die Uhr zeigt zwei Minuten vor fünf. Die Detonation ist so gewaltig, daß sich die Druckwellen an den umliegenden Bergen brechen und nur langsam über der schlafenden Vorstadt verebben. Dann kommen die Geschosse im Sekundentakt. Der Kessel von Sarajevo dröhnt, als wolle er bersten. Gegen halb sechs geht die Sonne über dem Gipfel des Trebević auf.

Niemand wagt sich auf die Straße. Es ist Generalalarm gegeben worden. Danijela sorgt sich schon jetzt im Haus ihrer Eltern. Sie weiß, daß die Hochzeitsgäste nicht vor zehn Uhr kommen wollten. Doch der Weg hierher nach Dobrinja, in den toten Winkel hinter dem Flughafen von Sarajevo, ist riskant. Schon an ruhigen Tagen kann er das Leben kosten.

Wer aus der Stadt kommt, muß vorbei an den ausgebrannten Hochhäusern der geteilten Metropole. Die Ruinen im serbisch be-

setzten Stadtteil Grbavica sind nur 100 Meter von den bosnisch gehaltenen Schuttbergen entfernt. Die Scharfschützen können einander beim Entsichern der Waffen zusehen. Rechts kämpfen Serben zusammen mit Moslems, Kroaten und Juden in Bosniens Armee. Links kämpfen nur Serben.
Im Schatten der Trabantenstadt Mojmilo beginnt die Hochgeschwindigkeitsstrecke nach Dobrinja. Das offene Schußfeld wird durch Sandsäcke und abgewrackte Lastwagen nur notdürftig verstellt. An die 200 Menschen haben hier ihr Leben verloren.
Vor den Wohnblocks des olympischen Dorfs, in denen die deutschen Sonnenkinder Kati Witt und Peter Angerer vor neun Jahren ihre Goldmedaillen begossen haben, steht ein ausgebrannter Bus. Das Skelett des Fahrers konnte erst nach sechs Monaten geborgen werden, als Bosniens Armee die Straße zurückeroberte.
Bis dahin waren die 35 000 Einwohner im Stadtteil Dobrinja durch eine serbische Totalblockade abgeschnitten. Sie aßen Löwenzahnsalat, rauchten ihre Teevorräte auf und verscharrten nachts die Bombenopfer im Schutz der Hausmauern. Nun können sie immerhin gebückt durch den Korridor in die Innenstadt hasten.
Im Ausnahmezustand leben sie weiter: umzingelt von allen Seiten, unter pausenlosem Beschuß, ohne Wasser, Strom und Gas. Den Tod durch Verhungern verzögert die Weltgemeinde mit einer täglichen Essensration von 200 Gramm.
Das Elternhaus von Danijela Vukolic liegt knapp hinter der Frontlinie. Manchmal kann sie die Blauhelme am Flughafen sehen. Sie kümmern sich um das Entladen der Hilfsgüter aus den Transportmaschinen, von den wohlgenährten Weltsoldaten launig »Maybe-Airlines« getauft – vielleicht kommt Essen, vielleicht auch nicht.
Statt die Care-Pakete in die Stadt zu schaffen, von wo sie dann nach Dobrinja gebracht werden, könnten die Männer in den Panzerwesten Danijela die Konserven auch in den Vorgarten werfen. Doch dazu haben sie kein Mandat, ebensowenig wie zum Schutz der Zivilisten in Sarajevo. Als schutzwürdig gelten hingegen Warenlager und Flughafen. Flüchtlinge, die über das Rollfeld den Weg in die Freiheit suchen, werden eingesammelt und zurück ins Ghetto gebracht wie gewöhnliche Grenzverletzer.
Seit einem Jahr zieht die Prozession der blütenweißen Panzerwagen und Schwerlaster an den Eingeschlossenen vorbei, verlassen Transportmaschinen nur einen Steinwurf entfernt unbeladen die

Stadt. 26 Minuten später sind sie im sonnigen Adriahafen Split. »Solange unsere Totengräber nicht mit dem Spaten auf Öl stoßen«, sagen die Leute hier seit langem, »schert sich die Welt nicht um uns.«

Sie scheinen nun endgültig recht zu behalten. Denn alleingelassen von den Führern der Welt, befehdet auch aus dem eigenen Lager, beginnt sich der bosnische Präsident Alija Izetbegović dem Teilungsdruck von Serben und Kroaten zu beugen: Sarajevo, bislang irreführend als Uno-Sicherheitszone für Moslems bezeichnet, würde dann das Zentrum eines ethnisch homogenen, überlebensunfähigen moslemischen Kleinstaats.

Noch ist Sarajevo weder sicher noch moslemisch. Es ist vielmehr der geborstene Stützpfeiler des alten Bosnien, eine Stadt, in der auch Zehntausende Serben, Kroaten und ein Vielfaches an Menschen ethnisch gemischter Herkunft mehr vegetieren als leben.

Wohin mit ihnen? Wer dieses Knäuel entwirren will, wer dem Wahnsinn ethnischer Säuberung das Wort redet wie neuerdings auch der wundersam gewendete EG-Unterhändler Lord Owen, der macht sich mitschuldig an neuem Leid.

Der Granatenbeschuß in Dobrinja hat kurz vor Mittag nachgelassen, doch die Scharfschützen duellieren sich weiter zwischen den Häuserschluchten. Danijela hat arrangiert, daß ihre Gäste in Anzug und Kostüm durch das im Parterre gelegene Wohnzimmer der Nachbarin geschleust werden, während die Hausbewohner wie üblich durch eine Luke ins Treppenhaus klettern. Den Haupteingang würden nur Lebensmüde benutzen. Vorbei an einem halben Dutzend Holzkreuzen im Vorgarten schreitet die Gesellschaft zum Toast auf die Braut.

In der Musik- und Kunstschule, wo in weniger als zwei Stunden die Trauung der angehenden Ärztin Danijela mit dem Verkäufer Miralem stattfinden soll, deutet außer einer roten Rose in der Hülse eines Flakgeschosses noch nichts auf eine Feier hin. Unter den Zeichnungen, die panische Rosse mit gefletschten Gebissen, schwangere Bäuche im Granatengewitter und Totenschädel zeigen, sitzen die dazugehörigen Künstler. Keiner von ihnen ist älter als 18 Jahre.

Der Leiter der Schule, Mihridžan Kulenović, gibt ihnen Farbe, Zeit und gute Worte. Vor dem Krieg hat er in Europa und den USA ausgestellt. Jetzt malt er für ein paar Stangen Zigaretten Ölporträts auf

Bestellung. Das Foto des Jugendlichen, der zuletzt auf dem Rollfeld erschossen wurde, weil er drüben im Vorort Butmir einkaufen wollte, wird er für 20 Päckchen auf die Leinwand übertragen. Eine Spur fröhlicher vielleicht.

Warum er geblieben sei, während Frau und Kinder nach Serbien gingen? Künstler und Idioten seien Brüder, sagt Kulenović mit dem erloschenen Gesicht eines Greises. Er hat 50 Pfund Gewicht verloren, Wohnung, Atelier und vorläufig auch die Familie. Sein letzter Zyklus heißt »Wie die Zeit vergeht« und hängt an den Wänden, zwischen denen das Brautpaar Platz nehmen wird. Sein Lieblingsmotiv daraus hat er auf Glückwunschkarten getuscht und zum Bairam verschickt, zum moslemischen Opferfest 1993 – ein Minarett vor blutrotem Himmel.

Auf dem Weg zurück zum Haus von Danijela Vukolić fliegen die Stationen des Bunkerlebens von Dobrinja vorbei, alles, worauf die Überlebenskünstler hier stolz sind. Was auch zerschossen, zerbombt oder ausgeräuchert wurde, sie haben es in zentralen Notquartieren wieder aufgebaut, in größtmöglicher Entfernung zur Front – das sind 100 bis 500 Meter.

Da ist die provisorische Moschee, wo die baumlangen Kämpfer der 5. Mot.-Brigade als letzte zum Freitagsgebet erscheinen und ihre Kampfstiefel und Waffen neben dem Eingang abstellen. Ein spürbar um Beherrschung ringender Imam mahnt sie dort zur Geduld und bestärkt sie im Glauben, daß Allah die Gerechten am Ende zum Sieg führen werde. »Sei nah' bei Allah und glaub an den Sieg«, singen tapfer auch die Mädchen mit den weißen Kopftüchern hinten im Halbdunkel der Moschee.

Nahebei sind Schüler aller Altersklassen zum Notunterricht in einen alten Billardsalon gepfercht und lesen Texte in einer Sprache, die keinen Namen mehr hat. Auf dem Stundenplan steht »Muttersprache«, weil es Serbokroatisch nicht mehr und Bosnisch noch nicht gibt. Andere sitzen hinter Computern aus Taiwan, zu deren Betrieb der Strom fehlt, und lernen die zweite lateinische Deklination.

Nur nicht leerlaufen, dem Wahnsinn keine Chance, immer weiter, als ob nichts geschehen sei. Wer hier zuviel denkt, dreht durch.

Der Palästinenser Youssef Hajir und seine Kollegen machen vor, wie es geht. In der Ambulanz arbeiten sie Tag und Nacht, auf blutverschmierten Fliesen, auf Gedeih und Verderb dem Generator

ausgeliefert, der nebenan im Schuppen steht. Sie schließen die Wunden der Menschen von Dobrinja, so gut es die Umstände erlauben. Ihr Gehalt entspricht monatlich 12 Zigaretten vom Schwarzmarkt oder 70 Gramm Fleisch. Doch daran denken sie nicht.
Vergangene Nacht hat Youssef sieben Flüchtlinge mit Schußwunden behandelt. Sie hatten versucht, das Flughafengelände zu überqueren. Dann kamen drei Frauen, von Granatsplittern getroffen. Zlatko, der Kroate, hat nebenbei 20 junge Moslems beschnitten. Beide arbeiten mit dem Gleichmut von Menschen, die alles gesehen haben – mehr als 7000 Patienten seit Kriegsbeginn im Behandlungsbuch, 450 Tote.
Vor sechs Wochen wurden 130 Verletzte binnen weniger Stunden angeliefert. Eine 60-Millimeter-Granate hatte während eines Fußballspiels im Schatten der Wohnblocks eingeschlagen und 15 Menschen getötet. Nur die »fünfte Kolonne«, in Dobrinja lebende Serben, könne den entscheidenden Tip über Funk nach oben an die Landsleute hinter den Granatwerfern gegeben haben, vermuten die Überlebenden. Die Beschuldigten sagen nichts. Sie denken an die Baubrigade von serbischen Männern aus Dobrinja, die neuerdings Schützengräben schaufeln müssen.
Menschenaufläufe sind Einladungen zum Blutbad. Das weiß jedes Kriegskind, und Danijela, nun im weißen Brautkleid samt Schleier, treibt zur Eile. Folgsam machen sich ihre Freunde, die zwischen den frischen Gräbern vor dem Haus zu plaudern begannen, auf den Weg zur Trauung.
Es ist, wie so oft in Sarajevo, eine serbisch-moslemische Hochzeit. Danijela hat keinen Popen gewünscht und Miralem keinen Imam. Mit den Kindern aus solchen Ehen werden es künftige ethnische Säuberer schwerer haben.
Als Vertreter der bosnischen Staatsmacht tritt vor das Paar ein junger Mann in Armeekleidung und verkündet, wie sich die totgeborene Republik das Eheleben ihrer Bürger gewünscht hätte: »Sie sollen gleich sein in der Ehe, sich gegenseitig respektieren, einig sein in der Erziehung der Kinder.« Die Geladenen lauschen ergriffen.
»Willst du, Danijela Vukolić, wohnhaft in Sarajevo, den Miralem Mehić, wohnhaft in Sarajevo, zum Mann nehmen«, fragt die Standesbeamtin. Ja, sagt Danijela. Als Miralem das gleiche getan hat,

stellt sie schnell ihren Fuß auf den seinen, was nach bosnischer Sitte bedeutet, daß sie es sein wird, die zu Hause das Sagen hat. Dann regnet es Reis aus Alutüten der Vereinten Nationen, und die 152. Hochzeit des Jahres im Verwaltungsbezirk Sarajevo-Zentrum ist vollzogen.

Die Wohnung der moslemischen Familie Mehić wird Danijelas neues Zuhause. Auch hier lebt sie wieder in vorderster Front, mit freiem Blick auf das unerreichbare Rollfeld des Flughafens. In den Ruinen weiter vorn haben die bosnischen Scharfschützen Stellung bezogen. Das Schlafzimmer für das Paar haben sich Vater und Sohn durch Halbierung von Balkon und Küche ermauert. Der Rasen vor dem Haus ist seit diesem Sommer umgepflügt und von Gemüsebeeten übersät. Dazwischen liegen Gräber.

Im Wohnzimmer, wo noch die Schrapnellspuren vom letzten Angriff zu sehen sind, kommen nun Weinblätter, Bohnen und süßes Gebäck auf den Tisch. »Eine Hochzeit ohne Fleisch, was ist das für ein Leben«, sagt bitter die Köchin. Sie habe das Brautpaar gebeten, sich zu gedulden, bis die Tomaten am Balkon reif seien. Doch die beiden hätten nicht mehr warten wollen.

Nein, das wollten sie nicht. Worauf auch, in einer Stadt, wo die Menschen um ihr Leben kriechen müssen für einen Liter Milch und an der Zisterne acht Stunden warten für die 50 Liter Wasser, die eine Familie pro Tag braucht?

Wo die Kinder mit den Rädern durch die zerbombten Straßen rasen, damit der Dynamo den Walkman auf Touren hält, und nachts in schwarzen Kleidern zum Todesstreifen schleichen, um Rosen für die Gräber zu pflücken? Wo der einzige Treffpunkt eine stinkende Bruchbude ist, den die Jugendlichen mit den Worten »smells like nirvana« besetzt haben, um nun im Fadenkreuz der Serben Poker zu spielen?

Warten? Vielleicht auf den Winter, wo schon jetzt, vier Monate vorher, kein Holz mehr da ist und zum Kochen Sofabeine, Schuhe und Bücher verheizt werden? Am besten taugten die Romane des Nobelpreisträgers Ivo Andric, sagt einer. Sie seien dick und hätten einen festen Einband.

Als am Nachmittag der Sliwowitz langsam seine Wirkung tut, holen die schmalen jungen Bosnier, so mancher von ihnen noch vor kurzem ein stattlicher Zweizentnermann, ihre Frauen zum Tanz. Sie singen die alten Lieder von der schönen Witwe aus Banja Luka, von Prijedor und Višegrad, als ob dort Bosnien nicht längst beerdigt wäre. Sie drehen die Musik so laut, daß keiner mehr die Granaten hört, die nun direkt in der Nachbarschaft einschlagen.

Erst als einer Radio Sarajevo einschaltet, halten sie inne: »Das Oberkommando der Armee von Bosnien-Herzegowina verkündet«, beginnt der Sprecher. Weiter kommt er nicht.

Nur jetzt keine Frontberichte, keine Teilungspläne, keine Putschgerüchte. 300 Meter vom Haus entfernt stehen die Serben, ein paar Kilometer weiter die Kämpfer Großkroatiens. Sie selbst seien loyal zum bosnischen Staat, sagen die Gäste, und zu Alija Izetbegović, dem Präsidenten. Doch wenn nun auch er einwilligt, daß die bosnische Beute geteilt wird? Sie wollen nicht daran denken. Sie wollen leben, noch steckt ja die Lilienflagge im Brautstrauß, da kann Bosnien nicht verloren sein. Morgen, wenn der Totentanz im Ghetto vorbei ist, ziehen sie wieder zur Front.

BETTINA MUSALL

Der Krieg der Frauen

Soldatinnen im Balkankonflikt
Januar 1994

Ein Militärtransporter bringt die Frau an die Front. Der Wagen springt im Slalom zwischen den Löchern hin und her, die der letzte Artillerieangriff im Kopfsteinpflaster hinterlassen hat.
Mario Pusic, der Major vom Dienst, sieht den Lkw kommen. Die Soldatin auf dem Beifahrersitz muß sich festhalten, um nicht gegen das Wagendach geschleudert zu werden. Der Fahrer parkt vor dem Hauptquartier. Die Neue steigt aus.
Den tarnfarben gefleckten Overall trägt sie in der Taille eng zusammengegürtet. Sie ist jung, 26, »ein hübsches Mädchen«, sagt der kroatische Major. Doch er kommt nicht mehr dazu, sie nach ihrem Namen zu fragen. Im nächsten Augenblick ist sie tot.
Nur zehn, zwölf Meter waren es vom Wagen bis zum Haus. Auf halbem Weg explodiert unmittelbar vor der Frau eine Granate – die einzige an diesem Tag. Viel wird hier nicht mehr geschossen, an der serbo-kroatischen Front, nahe der Hafenstadt Zadar.
Der Körper wird kurz emporgeschleudert und fällt zurück wie eine Strohpuppe, die nur von der Uniform zusammengehalten wird. Eine Hand liegt wie gespreizt zur Maniküre. Die Fingernägel sind rosa lackiert. Sie war Stenotypistin. Sie hatte sich als Schreibkraft an die Front beworben.
»Unsere Mädchen sind keine Mannweiber«, sagt Major Pusic. Dazu setzt er ein Kasinolächeln auf, das er für charmant hält, und legt nach: »Im Gegenteil, viele sind ausgesprochen schön.«

Die serbischen und kroatischen Soldatinnen schmücken und schminken sich, als sei der Feind mit weiblichen Waffen zu beeindrucken. Lippenstift und Wimperntusche stecken neben Handgranaten und Reservepatronen. Zu derben Uniformhosen tragen sie knappe T-Shirts, zum Kampfstiefel den oliv-braunen Minirock. »Wahnsinnig sexy« findet das der Soldat Goran, der mit seiner Freundin gemeinsam bei der kroatischen Nationalgarde dient.
Perfekte Tarnung. »Ich werfe Handgranaten«, sagt Snjezana Vucemilo, 27, »und ich hoffe, daß ich viele von denen da drüben zerfetzt habe.«
Drüben, auf der anderen Seite des Adriaarmes, der sich wie ein See im Hinterland der dalmatinischen Küste ausdehnt, liegen die Stellungen der Serben. Auch von dort schießen Frauen. Kämpfende Mosleminnen in Bosnien – mit Kopftuch und Kalaschnikow – halten sich möglichst von männlichen Kameraden fern.
Patriotismus ist Pflicht in den neuen Staaten des ehemaligen Jugoslawien und Militarismus Mode. Unter jungen Leuten ist es angesagt, zu den Rambos der neonationalen Bewegung zu gehören. Von denen, die jetzt noch zum Militär kommen, da offiziell Waffenruhe herrscht, melden sich viele aus Abenteuerlust, um später sagen zu können, sie seien dabeigewesen.
Die meisten Frauen kamen gleich zu Beginn des Krieges, als der Tod noch an der Tagesordnung war. Sie wollten kämpfen, wo sie gebraucht werden: an der Schreibmaschine, an der Gulaschkanone, mit dem Amputationsmesser oder dem Maschinengewehr.
Die Frauen haben die Unordnung des Krieges ausgenutzt, um ihrem Land zu dienen, nicht bloß ihrer Familie. »Unsere Gesellschaft ist absolut patriarchalisch strukturiert«, sagt die Zagreber Journalistin Vesna Kesic. Zwar hatten die Frauen auch unter Tito im Parlament, in öffentlichen Ämtern, in den Hierarchien nicht viel zu sagen; aber seit der Wiedergeburt von Nationalismus und Gottesfurcht ist nicht mal von den im Sozialismus obligatorischen Rechten auf Arbeit, Kindergarten, Abtreibung etwas übrig. Die neuen Machthaber, sagt Kesic, sehen die gute Kroatin wie gehabt: »zwischen Kindern, Küche und Katholizismus«.
Der Krieg hat da einiges durcheinander gebracht. Als keine Grenze mehr sicher und keine Regel mehr gültig war, machten plötzlich sogar die Frauen einfach, was sie wollten – bis hin zu dem Wahnsinn, der laut Gesetz den Männern vorbehalten ist.

Neva Tölle, 38, wußte jedoch vor allem, was sie nicht mehr wollte, als sie sich zum Fronteinsatz meldete: »Mit meinem kleinen Sohn im Keller sitzen und denken: Wenn die Bomben fallen, kann ich mich nur über ihn werfen. Wenn die Serben vor der Tür stehen, kann ich nur hoffen, mit Vergewaltigung davonzukommen.« Neva Tölle will etwas tun, damit es nicht so weit kommt. Neva will kämpfen.

»Kommt nicht in Frage«, sagt der Offizier bei der Musterung. Die Rekrutin mißt einszweiundsechzig und wiegt keine hundert Pfund. Selbst mit drei Paar Socken stehen ihre Füße, Größe 36, in den kleinsten Militärstiefeln verloren herum. »Frauen in die Küche oder ins Spital«, kommandiert der Offizier.

An solche Töne ist die Sozialarbeiterin aus dem Zivilleben gewöhnt. Seit Jahren streitet sie mit der Stadtverwaltung Zagreb um ein Haus für mißhandelte Frauen. Typen wie diesen Milizionär, der sich zum General aufspielt, fertigt die kleine Frau mit Worten ab.

Gewiß, sie sei nicht Herkules, »aber um den Abzugshahn eines Gewehrs zu ziehen, reicht's schon«. Stimmt, sie habe nicht gelernt, mit Waffen umzugehen, »aber haben das die Abiturienten neben mir«? Nein, sie ist ganz und gar nicht scharf darauf zu sterben. »Aber soll ich starr vor Angst einfach auf den Tod warten?«

Dann schon lieber selber schießen. 30 Kilometer vor Zagreb liegt Nevas Schützengraben. 4 Frauen und 16 Männer in einer Brigade, wochenlang, Tag und Nacht, in Ruinen ohne Dach und Boden, »Arsch an Arsch zum Schlafen wie die Sardinen«. Als die Kerle sehen, wie kaltblütig die Kämpferinnen abdrücken, wenn es darauf ankommt, nehmen sie auch deren Drohung ernst: »Wenn einer uns zuleibe rückt, wird geschossen.«

In ihrem wild gewordenen Land verlassen sich diese Frauen lieber nicht auf die Propaganda der Nationalisten, daß Kroaten bessere Menschen seien als Serben. In Nevas Einheit gab es zwei Männer, die sich mehrerer Vergewaltigungsversuche rühmten. »Anfangs schützte uns die MP«, sagt Neva, »später dann das völkische Reinheitsgebot, wonach jede Kroatin gebraucht wird.« Vergewaltigt werden seither vorzugsweise unbewaffnete Serbinnen oder Mosleminnen.

Zigtausende Frauen sind der Gesetzlosigkeit, dem Unterwerfungswahn, dem Blut- und Terrorrausch von Männern aller ethnischen

Gruppen im früheren Jugoslawien zum Opfer gefallen. Das weltweite Mitgefühl für mißhandelte und gewaltsam geschwängerte Frauen hat den Blick dafür verstellt, daß es im Balkankrieg auch weibliche Täter gibt. Der Zwangsläufigkeit der geschlechtstypischen Gewaltenteilung haben die Soldatinnen eine fürchterliche Konsequenz entgegengesetzt: ihre eigene Bereitschaft zu töten.
»Trotzdem sind wir ganz normale Frauen«, darauf besteht die Ärztin Branka Bulic, 34. Ganz normale Frauen, ganz normale Menschen – spüren die so was wie Mitleid, Nächstenliebe, Schuld, wenn jetzt in Mostar und anderswo in Bosnien Frauen, Kinder, Alte, Kranke massenhaft krepieren, weil sie von Serben und Kroaten ausgehungert werden?
Davon wollen auch die weiblichen Nationalgardisten nichts wissen. In ihren Zeitungen, in Radio und Fernsehen wird nur vom eigenen Elend berichtet und von den Greueltaten der anderen. Mitmenschliche Regungen ersticken auch viele Frauen im Chauvinismus: »Die da drüben«, sagt Branka, »haben kein Mitgefühl verdient.«
Die Soziologin Tölle ist zu ihrer Einheit nicht zurückgekehrt, nachdem sie sich in den großen Stiefeln einen ihrer dünnen Knöchel gebrochen hat. Sie weiß auch gar nicht, was ihr zur Zeit mehr Angst macht: die Eroberungssucht der Serben oder die der eigenen Truppe. Kroaten, die Kroaten kritisieren, werden von Nationalistinnen wie Branka verachtet: »Die sind zu feige zum Kämpfen und wollen uns schlechtmachen.«
Feige wollte Sanja Arbanas, 21, auf keinen Fall sein, im Sommer vor zweieinhalb Jahren. Von da an bombardieren serbische Einheiten 86 Tage lang die Stadt Vukovar, die Präsident Franjo Tudjman »das Stalingrad Kroatiens« genannt hat. Für Sanja ist es die Stadt, in der ihr Kino steht, da sind ihre Discos und die Läden, in denen sie Jeans kaufen geht.
Im Schutzraum, mit ihren Eltern, hört das stille Mädchen, wie ihre Stadt zerschossen wird. Sie lernt die Geräusche, die den Tod bringen, zu unterscheiden: das Fiepen von großen und kleinen Granaten; ob eine Bombe explodiert oder eine Mine; die Schreie von Menschen und die von Tieren, und am Schlimmsten ist die Stille, wenn nichts mehr zu retten ist.
Irgendwann hält das Mädchen diesen Mordslärm nicht mehr aus. Ein Mitschüler hat ihr eine alte Pistole geschenkt. Damit zieht

Sanja in den Krieg. Mutter und Vater können die Tochter nicht halten.

Doch von dem Ort, der im Volksmund »die Heldenstadt« heißt, ist schon nicht mehr viel übrig, als Sanja kommt. Haus um Haus, Straße um Straße haben sie systematisch niedergebombt, die barocke Innenstadt ist eine Trümmerwüste.

Sanja schafft es, heil aus Vukovar herauszukommen. Sie rennt an Leichen und Kadavern vorbei, aber sie sieht kaum etwas, weil sie weint. Fünf Freunde hat sie im Artilleriefeuer verloren. Einer stand sekundenlang wie eine Fackel da. An diesem Tag hat Sanja Geburtstag.

»Immer das erste Mal, wenn man so was erlebt, ist es schrecklich«, sagt sie. An jenem Sommertag hat sie zum letztenmal geweint. Seither lebt die junge Frau für die Armee. Sie will Berufsoffizier werden, bis zum Leutnant hat sie es schon gebracht. »Sanja schießt besser als die Männer«, sagt ihr Vorgesetzter. Die Frauen seien »die beste Waffe der kroatischen Armee«.

Vor kurzem hat die junge Frau einen Soldaten geheiratet. Mit Menschen, die nicht erlebt haben, was sie erlebt hat, kommt sie nicht mehr zurecht. Zur Schule geht sie nicht wieder. Was sollen die Lehrer ihr da noch beibringen?

Kriegserlebnisse schildert Sanja kühl und unbewegt. Nur einmal verzieht sie ihr ernstes Gesicht, böse, wie ein störrisches Kind. Ob sie im Straßenkampf in Vukovar die Menschen angesehen habe, die sie getötet hat? »Das ist eine dumme Frage. Es ist die Frage, die man nicht stellt«, sagt die Offizierin, »denn wer sie sich gestellt hat, wie viele Vietnam-Heimkehrer, ist daran irre geworden.«

Cool bleiben, das ist Teil des Überlebensprogramms, und darin, sagt die Militärpsychologin Gabriela Ivkovic, 25, »sind die Frauen einfach besser«. Viele Männer drehen durch und fangen an zu saufen, weil sie über das Grauen nicht reden; Mädchen teilen sich ihre Ängste mit und müssen dann oft noch als Beichtmütter und Therapeutinnen den Männern über deren Schrecken hinweghelfen.

Das schreiende Bündel, das sie ohne Beine zurück ins Lager bringen, haben die Männer Sandra Bulj, 23, hingelegt; beinahe hätten sie dem 19jährigen seinen letzten Wunsch erfüllt, ihn zu erschießen. Die Soldatin, die mit Pferdeschwanz und Ring im Ohr höchstens wie 15 aussieht, hat sich neben den Schwerverletzten gesetzt und auf ihn eingeredet. Sie spricht so leise, daß der Junge

schließlich aufhört zu schreien, um sie verstehen zu können. »Warum«, fragt Sandra, »habe ich ihn überredet, weiterzuleben?«
Die meisten der Kämpferinnen sind so jung in den Krieg gegangen, daß sie nun vom Tod mehr verstehen als vom Leben.
Im Keller eines verlassenen Einfamilienhauses, das als Unterstand dient, drängen sich sechs junge Frauen auf einem Sofa zusammen, die aussehen wie die Mädchenmannschaft eines Turnvereins: glatte Gesichter, mit der Ausdruckskraft von Teenagern, erst schüchtern, dann frech und kokett. Wie sie da hocken, dicht an dicht, ständig um Körperkontakt bemüht, fällt es schwer, sie sich auf dem Schlachtfeld vorzustellen. Wenn nicht die Kampfanzüge wären.
Aus dieser Gegend bei Zadar, nahe den Yachthäfen an der Küste, die mal ein Lieblingsziel deutscher Freizeitkapitäne waren, haben sie die Serben herausgebombt, weit zurück – bis hinter das Dorf, in dem sie sich jetzt verschanzen. Es war eine Schützin, die während der Patrouille einen serbischen Versorgungshubschrauber entdeckte. Im fahrenden Jeep riß sie eine Panzerfaust an sich: »Den krieg' ich«, schrie sie. Sie hat ihn gekriegt.
Noch heute, ein Jahr später, sprechen die Männer davon, voller Bewunderung, aber auch irritiert. »Mein Bild von den Frauen«, sagt Major Pusic, »hat sich im Krieg radikal verändert.«
Von wegen weiblich, friedfertig, mädchenhaft. Draußen vor dem Haus, in dem die Soldatinnen jetzt kampieren, haben sie eine Leine gespannt und sie an den Trümmern des Nachbarhauses festgemacht. Damenwäsche trocknet da. Überall zwischen heilen Gebäuden liegen solche Schuttberge, als hätte sie ein Maulwurfsriese aufgehäuft. »Das waren Serbenhäuser«, sagt eine der Kriegerinnen. »Die sprengen wir in die Luft. Nur schade, daß die Schweine schon abgehauen waren.« Der Schützin Davorka Svalina, 21, sieht man an, daß sie mal Modedesignerin werden wollte, oder Fotomodell. Die dicken schwarzen Haare hat sie über den Ohren ausrasiert, damit ihre silbernen Gehänge frei schaukeln können.
»Damals, als ich 19 war«, bei Kriegsbeginn vor zweieinhalb Jahren, schickten die Eltern Davorka nach Deutschland, weit weg von Granatfeuer und Fliegeralarm. Zu weit.
»Ich sah im Fernsehen, wie mein Land brennt«, sagt Davorka, »unsere Stadt, unsere Straße, das Haus meiner Freundin.« Auf dem

Bildschirm wirkt es fast noch schlimmer als in Wirklichkeit, so geballt, so total und vollkommen hoffnungslos. »Ich hielt es nicht aus, einfach zuzusehen«, sagt Davorka, »während meine Schulfreunde ihr Leben riskieren, für unsere Freiheit.«
So etwas wie Zweifel am Sinn des Krieges ist den Mädchen und Frauen so fremd wie den Männern. Wenn sie von ihrem Land sprechen und von ihrem Volk, scheuen sie kein Pathos und keine Liebeserklärung. »Kroatien«, sagt die Chirurgin Branka, »das ist mein Vater und meine Mutter, meine Schwester und ihr kleiner Sohn, Bäume, Meer, Dubrovnik, Zadar, Split. Jedes Dorf und jeder Stein.«
Als Davorka aus Deutschland nach Hause kommt, ist ihr Bruder schon an der Front. Dahin, ganz vorn, wo sie hofft, noch etwas aufhalten zu können, will sie auch. »Ich wußte, daß ich schießen kann«, sagt Davorka, »das kann nicht jeder, also muß ich es tun.«
Für eine militärische Ausbildung ist sowieso keine Zeit, die Serben stehen vor Dubrovnik. Und Munition zum Üben ist auch nicht da. Mit ein paar Jagdgewehren und selbstgebastelten Handgranaten stürmt ein zusammengewürfelter Haufen aus Schülern, Lehrern, Hausfrauen, Patrioten, Partisanen gegen die Artillerie der Feinde, die eben noch Kollegen, Nachbarn und Klassenkameraden waren. »Mein Ausbilder war der Haß«, sagt Davorka in gestanzten Worten. Gründe zu hassen gibt es so viele wie gefallene Kroaten. Einmal steht Davorka ganz in der Nähe, als vier von einer Bombe getroffen werden. »Wir mußten die Körperteile suchen und auf eine Trage legen.«
Nur sie und eine Freundin, die anderen können nicht hinsehen. Danach kommen die Alpträume. »Ich sah mich selbst in Stücken daliegen«, sagt Davorka, »aber das Schlimmste waren die Schreie meiner Mutter, als sie mich so zerfetzt zu Hause ablieferten.«
Keine aus der Mädchen-Mannschaft in diesem Unterstand will beim Militär bleiben. »Mit Befehl und Gehorsam«, sagt Davorka und spielt mit dem Peace-Anhänger, den sie um den Hals trägt, »hab' ich schon in der Schule Probleme gehabt.« Sie schmieden Pläne für die Zeit nach dem Krieg: Vielleicht doch noch Mode entwerfen oder studieren oder erst mal eine große Reise machen. Aber ist der Krieg in Kroatien nicht längst vorbei?
Was von der Waffenruhe zu halten ist, haben sie neulich erst wieder gesehen, als es die Neue gleich bei der Ankunft zerriß. Und nebenan in Bosnien, wo die Selbstverteidigung in Mord und Unter-

werfung ausartet, werden glühende Patriotinnen, die mit Maschinenpistolen umgehen können, gebraucht; sie geben es nicht zu, daß sie da jetzt manchmal kämpfen, aber beim Lügen sind sie noch nicht so gewieft wie beim Schießen.

Sie meinen es wohl ehrlich, wenn sie sagen, daß sie nicht als Söldnerinnen enden wollen. Aber der Frieden macht ihnen mehr Angst als der Krieg. Wie sich zurechtfinden in so einem normalen, belanglosen Dasein?

Früher ist die Ärztin Branka jede Woche zweimal ins Konzert gegangen, »Vivaldi, Tschaikowski, Liszt, das war mein Leben«. Nun spricht sie die Namen der Komponisten wie unanständige Vokabeln aus, als verachte sie sich dafür, daß ihr jemals etwas Schönes wichtig war. Trompeten und Violinen kann sie nicht mehr hören. »Jetzt erst«, sagt Branka und setzt jedes Wort theatralisch, als wäre es ein Schlußakkord, »jetzt erst kenne ich das einzig wahre Konzert. Nur die Instrumente sind andere.«

Noch sind sie Heldinnen, doch der Frieden hält für Frauen weniger große Rollen bereit. Da sind sie späte Mädchen ohne Schulabschluß. Da fordert der Staat, daß sie ihrem Volk schnell Kinder gebären. Da warten Männer, denen sie nie so nahe und so ebenbürtig sein werden wie den Kameraden in den Grenzsituationen zwischen Leben und Tod.

Das Mädchen Davorka geht auf den Frieden los wie zuvor auf den Krieg, ohne Illusionen und doch furchtlos, als ob ein Schild sie gegen seelische und körperliche Wunden schützen könnte.

Sie weiß nicht, ob sie eine Zukunft haben wird, aber sie ist neugierig darauf. Sie dreht an einem ihrer vielen Ringe: »Nur eins weiß ich bestimmt«, sagt Davorka, »daß ich nie wieder in meinem Leben so wichtig sein werde wie jetzt.«

ERICH WIEDEMANN

»Islam – Gift der Menschheit«

Der Kult um den Massenmörder Baruch Goldstein
März 1994

Dar Doktar war a wundarbarar Mentsch, aber er war auch a bissele meschugge.« Der alte Mann kichert. »Verrickt, verrickt.« So als sei hier die Rede von einem lausbübischen galizischen Talmud-Schüler, der dem Rebbe einen alten Käse unters Pult genagelt hat. Es ist aber die Rede von dem Arzt Dr. Baruch Goldstein aus Brooklyn, der mit einem Schnellfeuergewehr in die Moschee am Grab der Patriarchen in Hebron eindrang und über 30 betende Palästinenser ermordete, bevor die Überlebenden ihn mit einem Feuerlöscher erschlugen.

Je nun, der Doktor habe allerhand durchgemacht im Leben, so einer drehe eben auch mal durch, sagt der alte Mann. Er steht mit dieser Sicht der Dinge nicht allein in Israel. Selbst liberale Knesset-Politiker scheuen sich, den Mörder einen Mörder zu nennen. Ein Araber, der Israelis umbringt, ist ein Terrorist. Ein Israeli, der Araber umbringt, ist schlimmstenfalls meschugge.

Der alte Mann greift nach einer Spitzhacke, die an einem Zaun lehnt, und hackt ein Stück hartgetrockneten Lehm aus dem Boden. Ein Mann mit Bart und schwarzem Hut greift sich den Brocken, schleppt ihn zu dem frischen Grab und wirft ihn obenauf. Dabei murmelt er etwas von Heil und Segen. Auf dem Aushub neben dem Grab steht ein Rabbiner mit Kipa und Gebetsschal und betet.

Soldaten haben am Vortag in Hebron einen jungen Mann erschossen und mindestens ein Dutzend weitere schwer verletzt. Noch am Tag danach sind viele Straßen mit Felsbrocken übersät und von Barrikaden versperrt. Hier in der jüdischen Festung am Stadtrand merkt man nicht viel von der Explosion des Volkszorns, welche die Stadt erschütterte.

Kirjat Arba ist nach außen hin eine freundliche Siedlung. Das Ensemble der zweistöckigen Häuser aus Sandstein leuchtet pastellgelb in der Frühlingssonne. Unter dem Vordach der Snack-Bar räkeln sich ein paar junge Talmud-Seminaristen ausgestreckt am Boden und kauen Brot und Apfelsinen. Zwei Frauen schieben ihre Kinderwagen die Hauptstraße hinunter. Nur die Maschendraht-Palisaden und die schwerbewaffneten Posten vor dem eisernen Eingangstor stören die Feriendorf-Atmosphäre.

Die Siedler von Kirjat Arba haben Baruch Goldstein im Kahane-Park begraben. Sie fürchten, nicht ohne Grund, daß die Totenruhe des Massenmörders auf dem jüdischen Zentralfriedhof von Hebron nicht gewährleistet ist.

Es sollte ein provisorisches Grab sein. Aber es ist eine Wallfahrtsstätte daraus geworden. Pilger im Sonntagsstaat kommen scharenweise, um den toten Massenmörder als Märtyrer zu ehren. Für sie ist er, wie der Lehrer Schmuel Hakohen sagt, »der größte lebende Jude überhaupt, nicht in irgendeiner, sondern in jeder Hinsicht«.

Der Kahane-Park ist benannt nach Rabbi Meïr Kahane, dem Gründer der terroristischen Kach-Bewegung, der auch Goldstein angehörte. Kahanes Credo: Die Araber seien Hunde, die man aus dem Heiligen Land vertreiben müsse. Danach hat er gelebt, und sein Tod war die folgerichtige Konsequenz aus seinem Leben. Er wurde 1990 in New York von einem arabischen Killer ermordet.

Meïr Kahane, der hier eine Sabbat-Wohnung besaß, hat viel dazu beigetragen, den schlechten Ruf von Kirjat Arba als Trutzburg gegen Frieden und Menschlichkeit zu zementieren. Aber sein Wirken war bei weitem nicht so exzeptionell, wie die Regierung Rabin es gern darstellt. Kirjat Arba ist voll von Zeloten. Ein gewisser Rabbi Dow Lior hat sich hier dafür ausgesprochen, arabische Angriffe auf Juden mit der Erschießung von unbeteiligten Arabern zu beantworten.

Auge um Auge, Zahn um Zahn. Kirjat Arba ist die militanteste unter den 144 jüdischen Siedlungen in Westjordanien und im Gazastreifen. Bürgermeister Zvi Kazover sagt: »Hier gibt es keinen Juden und keinen Araber, der meint, daß hier wirklicher Friede einziehen kann.« Bei einem Verhältnis von 7000 Juden zu 150 000 Arabern ist es keine Frage, wer weichen muß, um dem Frieden Raum zu geben.

In Kirjat Arba sind die weitaus meisten Siedler so fanatisch gegen jede Annäherung, weil sie wissen, daß der Friede das Ende ihrer Wagenburg bedeuten würde. Das Siedler-Dogma ist unerschütterlich. Kein Fußbreit heilige Erde an die Araber. Gemäß 5. Mose, 11, Vers 24: »Alle Örter, darauf eure Fußsohle tritt, sollen euer sein.«

Die jüdische Gegen-Intifada im Westjordanland findet im israelischen Kernland beunruhigend viel Unterstützung. Nach einer Umfrage haben zwei Drittel der Nation Verständnis für die Entschlossenheit der Siedler, den Frieden mit den Palästinensern zu torpedieren.

Elijakim Haezni, ein deutschstämmiger Rechtsanwalt aus Kirjat Arba, der dem »Aktionskomitee für die Abschaffung des Autonomieplanes« präsidiert, hat die Armee für den Fall, daß die Räumungsorder erginge, präventiv zur Gehorsamsverweigerung aufgerufen. Auf einen irrsinnigen Befehl gebe es nur irrsinnige Antworten.

Was den Besucher in Kirjat Arba vor allem schockiert, das ist die routinierte Beiläufigkeit, mit der Bekenntnisse zu Rassenhaß und Massenmord abgegeben werden. Eine Million Araber, so rief vor Hunderten von Trauergästen der Rabbiner, der am Grab von Goldstein den Nekrolog hielt, seien nicht soviel wert »wie ein einziger jüdischer Fingernagel«. Und niemand protestierte.

Der Islam, findet der Siedler David Ben-Abraham, sei das »Gift der Menschheit«. Ja, sagt sein Freund Schmuel Hakohen, man werde noch viel mehr Palästinenser töten müssen. Das meint im Prinzip auch Matitjahu Alansky, ein Zuwanderer aus New York. Er sagt: »Wir sind stolz auf das, was er getan hat. Er ist ein Held. Er hat uns gezeigt, daß Gott mit uns ist.«

Angeblich ist über Kirjat Arba, ebenso wie über Hebron, eine Ausgangssperre verhängt. Doch am Tor herrscht eifriges Kommen und Gehen wie an ganz normalen Tagen. Die Westbank-Cowboys, wie sie in Jerusalem heißen, lassen sich von der Regierung nichts befehlen. Sie fühlen sich als Bollwerk einer höheren Zivilisation im Indianerland. Solche Helden haben ihre eigenen Gesetze.

In der Kirjat-Arba-Siedlerschaft sind die Yankee-Juden deutlich überrepräsentiert. Man erkennt sie an ihren Rauhreiter-Allüren und an dem stets griffbereiten Revolver im Gürtel. So ungehindert und so rudimentär wie hier kann ein Mann nicht einmal in Amerika, dem Land der Freien, seine Männlichkeit ausleben.

Schon Kinder führen sich auf wie Herrenmenschen. Sie wissen ja, daß der Vater mit der MP oder der nächste Kach-Wächter nicht weit ist, wenn sie Palästinenserkinder auf dem Weg zum Gebet am Grab der Patriarchen mit Steinen bewerfen. In den schmalen Gassen der Altstadt von Hebron sind die kleinen jüdischen Jungs Herren.

Baruch Goldsteins Ehefrau hat Anfang der Woche noch einmal ein unmißverständliches Zeugnis von dem erstaunlichen Selbstverständnis der Siedler von Kirjat Arba abgelegt. In einem Radiointerview fragte sie, wann denn nun endlich die Mörder ihres Gatten vor Gericht gestellt würden.

JOACHIM PREUSS

Sieh zu, daß du reich wirst

Hanois Aufbruch in den Kapitalismus
Juli 1994

Die Träume sind zurückgekehrt. Über 20 Jahre war Ruhe, aber seit ein paar Monaten jagen nachts die Ratten wieder über seinen Körper. Zu Hause, in Los Angeles, kann kein Seelendoktor helfen. Abwechselnd die beiden gleichen Träume, die Ratten oder das grelle Licht. Die Leuchtkugeln, die den Freund vom Feind unterscheiden, schießen auf ihn zu. In letzter Sekunde reißt er die Hände vors Gesicht – und wacht auf.

Jim Wade, 48, erzählt seine Geschichte in einem Straßenrestaurant in Ho-Tschi-minh-Stadt. Die Träume lassen sich nur dort verscheuchen, wo sie aufgetaucht sind. Saigon hieß die Stadt damals im Krieg, ehe die Sieger ihr einen neuen Namen gaben.

Wade nippt nervös an einem Glas Wasser. Er will Tran Dinh Sac, den ehemaligen Vietcong, mit dem er verabredet ist, nüchtern und hellwach erleben. Als der Vietnamese an den Tisch tritt, versucht der hünenhafte Amerikaner eine Verbeugung.

19 Jahre alt war Jim Wade, ein kalifornischer »beach boy«, stolz auf seine Amateurboxermuskeln, als er das erste Mal nach Vietnam kam. Der Mechaniker reparierte Klimaanlagen der Amerikaner, auch die des Generals Westmoreland, ihres Oberbefehlshabers. Nach Hause geschickt, meldete er sich freiwillig zurück, diesmal an die Front. Wade kämpfte in der entmilitarisierten Zone zwischen Norden und Süden, an der Taille Vietnams, wo die blutigsten Gefechte tobten.

Das ist fast 25 Jahre her. Jetzt erst wagt sich der Amerikaner zurück in das traumatische Land. Vor ein paar Monaten hat sein Präsident Bill Clinton das Embargo aufgehoben. Wade reist allein, ohne schützende Touristengruppe oder Regierungsdelegation. Die fremden Leute lächeln ihn an, das Hemd klebt in der tropischen Hitze auf der Haut, alles wie damals.

Er ist als Büßer zurückgekehrt. Den Morgen hat er in einem Museum verbracht, in dem die Vietnamesen die amerikanischen »Verbrechen des Aggressionskriegs« dokumentieren: vom Phosphor zerfressene Gesichter, verkohlte Napalmopfer, die Leichen des Massakers von My Lai, wo Leutnant Calley und seine Truppe 507 Frauen, Kinder und Alte umbrachten.

Wade kann nicht stillsitzen. Die zwei alten Kämpfer reden über den Hügel 881, die Schlacht von Khe Sanh, immer wieder springt der Amerikaner auf, hält Sac seine Boxerpranke vor die Brust, möchte die Hände schütteln, dem Vietnamesen nahe sein, möchte Vergebung.

Sac blickt mit einem kleinen Lächeln auf den Amerikaner. Er hält eine Aktentasche mit beiden Händen fest umschlossen. Während der Amerikaner die Tapferkeit des Gegners (»Herrgott, hattet ihr Mumm«) preist, zieht der Vietnamese allerlei Broschüren hervor.

Sac ist bei der Firma Trading-Tourist Service beschäftigt. Zum besseren Verständnis trägt das junge Unternehmen die Erläuterung »Ami-Tour« in seinem Briefkopf. Ehemalige Soldaten haben sich zusammengefunden, um den Feind von damals auf die alten Schlachtfelder zu führen. Einerseits hat Sac großes Verständnis für die emotionalen Aufwallungen seines Gesprächspartners. Noch lieber wäre ihm andererseits, wenn Jim Wade bei seinen regelmäßigen Kameradentreffen in Kalifornien den allumfassenden Service der Firma »Ami-Tour« bekannt machen könnte.

Sentimentale Amerikaner streifen jetzt öfter durch das Land. Von den Amis im Büßerhemd wird Vietnam nicht satt. Wer sich nach den Gesetzen der freien Marktwirtschaft ernährt, braucht Umsatz. Sac ist schließlich kein Soldat mehr.

Zielstrebig bugsiert der ehemalige Offizier der nordvietnamesischen Volksarmee die Urlaubsprospekte vor den Bauch des Amerikaners. Wade hält für einen Moment in seiner raumgreifenden Gestik inne, stutzt – und steckt die Broschüren ein.

Kriege sind verdammenswert, aber gab es je einen absurderen?

Amerika verteidigte den Kapitalismus in Vietnam mit mehr Bomben, als während des Zweiten Weltkriegs auf Europa fielen. Vergeblich, die zähen Kommunisten jagten die Fremden aus dem Land. Gegen die friedliche Machtübernahme der amerikanischen Ideologie hingegen helfen weder patriotische Gefühle noch russische Kanonen.

»Panasonic«, »Toshiba« und »Nestlé« haben mit riesigen Plakatwänden den Saigon-Fluß erobert. »Ami-Tour« liefert in glatter Marketingsprache »aufmerksamen, freundlichen und perfekten Service«. Der Schlager der Souvenirhändler sind US-Sturmfeuerzeuge. Die Fahrradflicker, die an den Straßenecken hocken, haben aus Rücksicht auf die Touristen die Stahlhelme der GIs verschwinden lassen, in denen sie ihr Wasser aufbewahren.

Aus dem legendären Gefängnis von Hanoi, von den abgeschossenen US-Piloten »Hilton Hanoi« genannt, sind gerade die letzten Insassen verlegt worden: Geplant ist ein 23stöckiges Geschäftszentrum. Das Geld stammt aus Singapur. Von dort gibt der autoritäre Kapitalist Lee Kuan Yew gute Ratschläge für die neue Gestaltung der vietnamesischen Gesellschaft.

Ein Land ist aufgebrochen, Geld zu verdienen. Nach den Chinesen sind die Vietnamesen das letzte große Volk Asiens, das seine Produktivkräfte entfesselt. Wie in China treibt ein mobiler Süden den starren Norden voran, und wie in China vollzieht sich das Jahrhundertereignis unter der ängstlichen Aufsicht einer kommunistischen Partei.

Anders als in Rußland, wo Lenin und Stalin Leute von gestern sind, reden in Vietnam selbst fanatische Kapitalisten in den wärmsten Worten über Ho Tschi-minh. »Onkel Ho«, dessen Leichnam in seinem Hanoier Mausoleum von russischen Fachleuten à la Lenin frisch gehalten wird, hat die Wiedervereinigung auf den Weg gebracht. Das rechnen ihm selbst westlich orientierte Südvietnamesen an, die mit ihren sturen Landsleuten aus dem Norden nicht viel im Sinn haben.

Der Sieg über die Amerikaner hat es mit sich gebracht, daß der wirtschaftliche Boom, der vom Süden ausgehend über das Land zieht, vom KP-Zentralkomitee im Norden gelenkt wird. Auf europäische Mentalitäten und Entfernungen übertragen, bedeutet das, eine dröge mecklenburgische Regierung beaufsichtigt und dirigiert das Treiben von neapolitanischen Kaufleuten.

Diese bizarre Kombination führt dazu, daß staatliches und privates Handeln weit auseinanderklaffen. Die Regierung produziert ständig neue Verordnungen, die von der Bevölkerung dickfellig und erfindungsreich unterlaufen werden. Obwohl die neue Politik inzwischen acht Jahre alt ist, gibt es bis heute weder ein funktionierendes Rechtswesen noch ein Bankensystem, ist die Straße von Nord nach Süd immer noch in der Planung und treiben Bürokratie und Korruption immer neue Blüten.

Andererseits beweist sich in Vietnam einmal mehr, daß die Asiaten und der Kapitalismus geradezu füreinander geschaffen sind. Ungebremst von Rücksichten auf die Natur oder hinderliche Religionen, gilt eine Devise: Sieh zu, daß du und deine Familie auf dem kürzesten Weg zu Geld kommen.

»Wir haben keine besondere Philosophie«, sagt ein Wirtschaftsplaner in Hanoi, »wir sind praktisch.« Früher war es mit »den Russen praktisch«, und heute stellt sich eben heraus, daß jenes ökonomische Prinzip des Briten Adam Smith noch praktischer ist.

In staunenswerten Sprüngen jagt die Entfaltung der privaten Kräfte die Wirtschaft voran. Die Wachstumsraten liegen bei acht Prozent. Wer einen Zipfel des Booms zu fassen kriegt, arbeitet fast rund um die Uhr. Die wuselnden Straßenhändler kennen keine Ruhetage. Die Concierge im neu eröffneten Privathotel in Hanoi ist sechs Tage die Woche im Dienst, am siebten lernt sie Englisch in einer Sprachschule.

Wozu die Vietnamesen fähig sind, belegt besonders anschaulich die Landwirtschaft. Über die Jahrzehnte der Planwirtschaft mußte das Land, um satt zu werden, Reis einkaufen. Noch heute zahlt es beispielsweise den Indern, die damals halfen, Schulden zurück.

Nach der Privatisierung der Landwirtschaft dauerte es nicht einmal zwei Jahre, bis sich Vietnam vom Einkäufer in einen Reisexporteur verwandelte. Heute produziert das Land so viel Reis, daß die Bauern auf kostbarere Güter umsatteln. Der clevere Landmann züchtet Schildkröten, Langusten oder Geflügel, pflanzt Mandarinenbäume, die zum Tet-Fest, wie der deutsche Tannenbaum, in jedem Haus geschmückt werden.

Geschichten wie diese machen die Runde unter den Managern der Welt. Wo sind die neuen Märkte? hallt der verzagte Ruf aus den satten Marktwirtschaften. Da kommt Vietnam gerade recht.

Über 70 Millionen Menschen. Ausgewiesen als harte, entbeh-

rungsfähige Kämpfer. Nacheinander haben sie die Mongolen (vor über 700 Jahren), die französischen Kolonialherren, die waffenstrotzenden Amerikaner und kürzlich wieder mal die Chinesen aus ihrem Land vertrieben.
Und sie empfinden wie alle Konsumenten dieser Erde. Sie bevorzugen Sony gegenüber ihren volkseigenen Empfängern. Hondas Moped mit dem schönen Namen »Dream II« hat in Ho-Tschiminh-Stadt bereits das Fahrrad als Massenverkehrsmittel abgelöst. Und als kürzlich auf einer Messe in Hanoi die Amerikaner zum erstenmal ausstellten, klumpten sich die Menschen um den Chrysler-Stand und strichen andächtig, als berührten sie eine Haut, über den Lack der fremden Gefährte.
Ein armes Land mit tatkräftigen Menschen – diese Kombination weckte sogar die Aufmerksamkeit im fernen Deutschland. Als sich in der Bundesrepublik Wirtschaft und Politik vor fast einem Jahr unterhakten und eine Asien-Offensive verabredeten, faßten sie Vietnam als letzten großen, unbeackerten Markt ins Auge.
Der Start war verheißungsvoll. Vietnam gehört zu den Ländern Asiens, in denen massenhaft Deutsch gesprochen wird. Rund 100 000 Menschen waren zur Ausbildung oder als billige Arbeitskräfte in der DDR. In der Hauptstadt Hanoi trifft sich regelmäßig die »Moritzburg-Mafia« und schwelgt in Erinnerungen an die alten Zeiten.
In Moritzburg, in der Nähe Dresdens, unterhielt die DDR ein Kinderheim. In den fünfziger Jahren, als die Vietnamesen die Franzosen aus dem Land gejagt hatten, wurden dort die Kinder verdienter Dien-Bien-Phu-Kämpfer großgezogen. Sie sollten die Elite des Landes bilden.
Tatsächlich finden sich in Hanois Regierungsapparat leicht sächselnde Vietnamesen. Zu den Deutschland-Erfahrenen gehört einer der brillantesten Köpfe des Landes, Le Dang Doanh. Er leitet jene Behörde, die den wirtschaftlichen Umbau theoretisch begleitet. Doanh, dessen scharfsinnige Analysen den altvorderen Parteigenossen oft zu weit gehen, macht den Deutschen allerdings keine großen Hoffnungen: »Die jungen Leute lernen Englisch.«
Die Deutsch-Freunde im Lande sind nicht gerade die vorwärts tobenden Marktwirtschaftler. Sie haben in der DDR gelernt, und viele ziehen angesichts der neuen Zeit den Kopf zwischen die Schultern – Ossis auf vietnamesisch.

»Wo sind sie denn, die vielgepriesenen Deutschen?« fragt ein Statthalter des westdeutschen Textilfabrikanten Klaus Steilmann, der in Vietnam schneidern läßt. Statt eines DDR-Vietnamesen kontrolliert ein ehemaliger vietnamesischer Boat people die Steilmann-Fertigung. »Thomas«, wie er seinen Namen für den Arbeitgeber eingedeutscht hat, hat ein hartes Schicksal überlebt: Die »Cap Anamur« befreite ihn aus den Händen thailändischer Piraten und schaffte ihn nach Deutschland. Dort absolvierte er Abitur und Studium und arbeitet nun als Fertigungsingenieur. Er trägt eine Uhr mit zwei Zifferblättern. Der zweite Zeitmesser sagt ihm, wie spät es in Los Angeles ist. Seine Freundin, auch sie Ende der siebziger Jahre im Boot geflohen, arbeitet dort als Krankenschwester.

Textilfirmen wie Steilmann, die heute in Vietnam, Indonesien und Nordkorea nähen lassen und morgen nach Laos oder Kambodscha weiterwandern – ganz wie die europäischen Einfuhrquoten es gerade verlangen –, gehören zu den wenigen Deutschen, die in Vietnam etwas aufreißen. Die Globetrotter von der sogenannten Leichtindustrie sind überall auf der Welt als erste da. Wenn die Löhne in den exotischen Ländern steigen, sind sie als erste wieder weg.

Für ein mittelständisches deutsches Unternehmen, das Handel mit Vietnam treiben will, bedarf es der staatlichen Hermes-Versicherung. Falls ein Krieg hereinbricht oder die alten Herren in Hanoi wider Erwarten doch zum Sozialismus zurückkehren, muß das Risiko abgesichert sein. Bislang aber gibt es Hermes nicht: Weil die Vietnamesen vor Jahren einmal zwei Rechnungen nicht bezahlten, weigert sich der deutsche Finanzminister, die Versicherung herauszurücken.

Bundesaußenminister Klaus Kinkel warf sich persönlich in die Bresche: »Das kriegen wir in fünf Wochen hin«, erzählte er bei einem Besuch in Vietnam. Es ist über ein Jahr her, und der zungenflinke Liberale kriegte gar nichts hin.

Man muß den Deutschen wohl zugute halten, daß der Osten Europas all ihre Kräfte und Aufmerksamkeit verlangt. In Vietnam jedenfalls, wo die große Asien-Offensive beispielhaft starten sollte, wo Kinkel extra einen Sonderbotschafter einsetzte, rangieren die Deutschen unter »ferner liefen«, genauer auf Rang 27 bei den zugesagten Investitionen.

Ein paar unerschrockene Einzelkämpfer in Ho-Tschi-minh-Stadt, einige Großfirmen wie Daimler oder Siemens, die Geld und Mut genug haben, das Risiko ohne Staatshilfe zu schultern – das ist alles.

Tran Duc Minh vom Handelsministerium in Hanoi verfügt über die landesübliche Höflichkeit. Gleichzeitig ist er von jener schmucklosen Gradlinigkeit, die ehemals kommunistischen Funktionären im Umgang mit der Welt des Kapitalismus eigen ist. Minhs Job ist es, die Erde nach den besten aller Wirtschaftsmodelle abzusuchen. Denn die Vietnamesen haben beschlossen, künftig von nichts und niemandem abhängig zu sein. Die Zeit mit den Russen und deren desaströser Art des Wirtschaftens reicht.

Also wären auch die Deutschen willkommen. Aber »sie sind ja so weit entwickelt in ihrer Ökonomie«, bedauert Minh, daß sie den weiten Weg und die Mühe nicht nötig hätten. Außerdem sind die Deutschen »immer besonders vorsichtig«. Man könne ja gegen die Japaner sagen, was man wolle – und Herr Minh läßt durchblicken, daß ihm da allerlei einfiele –, aber »sie kommen immer und immer wieder, aggressiv, unbeirrt und geduldig«. Und überdies gehöre zu der japanischen Eroberungstechnik die legere Art im Umgang mit dem Geld, jedenfalls am Anfang: »Die sagen immer, ihr müßt erst später bezahlen.«

Und dann tummeln sich, neben den Koreanern, vor allem die Chinesen aus Taiwan, die »mit ihren Goldreserven«, wie Herr Minh festhält. Die seien so unendlich reich, suchten nach einem Gegengewicht zu dem großen, wuchernden China und hätten auf ihrer Insel so wenig Platz. Tatsächlich schleppt heute kein Land annähernd soviel Geld nach Vietnam wie Taiwan.

Für die Vietnamesen ist das ein zweischneidiges Schwert. Denn die Chinesen, zumal die von der Insel, sind Anhänger eines höchst rabiaten Kapitalismus. Das gefällt den Planern in Hanoi insofern, als es Investitionen und schnelles Wachstum verspricht.

Andererseits hat der Wunsch nach dem besten aller Gesellschaftssysteme dazu geführt, daß beispielsweise die netten Leute von der deutschen Friedrich-Ebert-Stiftung Ideen der sozialen Marktwirtschaft, des Arbeitsrechts etwa, nach Hanoi getragen haben. Es war für die Deutschen ein hartes Stück Arbeit, den mißtrauischen Kommunisten klarzumachen, daß ein Streik nicht zugleich Revolution bedeutet. Daß nun ein wohl formuliertes Streikrecht in Kraft ist, ziert die vietnamesische Zivilisation, ist hingegen in den

Augen hartgesottener Koreaner oder Chinesen eine lächerliche Verbeugung vor westlichen Irrungen.
Im wirklichen Leben sind die Chinesen das Vorbild. Die Vietnamesen, das ist in Gesprächen immer wieder zu hören, mögen die Nachbarn zwar nicht: Sie sind zu laut, zu emsig, zu viele, und schließlich haben sie über 1000 Jahre ihre bäuerlichen Nachbarn beherrscht. Aber sie sind erfolgreich.
Wer aus den Fesseln des bäuerlichen, armen Vietnam ausbricht, wie etwa Khanh Thinh und seine Familie, braucht die Chinesen. Sie sind die Partner beim Schmuggeln.
Daß der geordneten Marktwirtschaft stets der wüste Schwarzhandel vorangeht, ist schulmäßig zu beobachten. In endlosen Schlangen schieben die Händler ihre vollbepackten Fahrräder über die kambodschanische Grenze. Aus Singapur kommend, landen kleine Schiffe die Honda-Mopeds massenhaft an, die dort 1000 Dollar und hier 2500 kosten. Offiziell schimpft die Regierung, inoffiziell halten Beamte die Hand auf.
Aus China schleppen die kräftigsten Familienmitglieder Kleider und Haushaltsgeräte auf dem Rücken über die Berge. »Jeder Kaufmann schmuggelt«, sagt Khanh Thinh, der vor einigen Wochen ein kleines Hotel in Hanoi eröffnet hat.
Verblüffend freimütig erzählt der 31jährige die Geschichte der familiären Existenzgründung. Die Khanhs schmuggelten an der chinesischen Grenze. Besonders tat sich ein breitschultriger Vetter hervor, der nun, etwas ungelenk noch, im Foyer des Hotels den japanischen und taiwanischen Geschäftsleuten die Koffer abnimmt.
Jahrelang tauschte die Familie die Erlöse der Schmuggelgeschäfte in Gold ein, das sie aus Angst vor der raffgierigen Obrigkeit vergrub. Als die Partei das Signal zum wirtschaftlichen Umschwung gab, buddelten die Khanhs das Ersparte aus und kauften ein winziges Grundstück inmitten ihrer überfüllten Hauptstadt.
Die Bodenpreise im Postsozialismus – und da übertrifft Hanoi sogar Moskau – sind wahnwitzig: In bevorzugten Lagen Hamburgs oder Londons wäre es nicht teurer. Für 113 Quadratmeter bezahlten die Khanhs 300 000 Dollar; das schmale, vierstöckige Hotel kostete insgesamt eine halbe Million Dollar.
Auch das Gerangel um den knappen Büroraum und die phantastischen Mieten schrecken jeden deutschen Mittelständler ab, in Asiens Aufbruchland Geschäfte zu versuchen. Siemens hat seine

Büros in der Villa eines ehemaligen Ministers untergebracht: Miete: 7000 Dollar. Und das ist billig.
Der Umgang zwischen den reichen Ausländern und dem armen vietnamesischen Staat ähnelt einem stillen Handgemenge. Wenn der örtliche Siemens-Chef einer niederen Bediensteten 150 Dollar im Monat bezahlt, so mag das die IG Metall als Lohndrückerei anmuten. Wenn aber die Siemens-Mitarbeiterin aus dem Büro kommt und auf ihr Moped steigt, um nach Hause zu fahren, gibt es eine beträchtliche Chance, daß ein Polizist sie anhält. Der nämlich verdient nur 15 Dollar und verlangt nun Anteil an jenem Geld, das die Fremden ins Land bringen.
Der Wirrwarr an Gesetzen und Verordnungen hat somit einen höchst praktischen Grund. Wer ein amtliches Papier braucht, muß bezahlen. Auf diese Weise, die andernorts den groben Namen Korruption trägt, balancieren sich öffentliche Armut und privater Wohlstand ein wenig aus.
Diese Mechanik ist unternehmerischen Weltenbummlern aus allen Drittweltstaaten vertraut. In Vietnam gibt es die besondere Variante, daß es im Namen des Sozialismus geschieht. Denn die Oberen, die sich bedienen, sind natürlich Parteigenossen.
Aber in Vietnam wie in China ahnen die Potentaten, daß der wild wuchernde Kapitalismus eine subversive Kraft ist. So regt paradoxerweise das Wort von der »friedlichen Evolution« – anderswo auf der Welt das höchste Politikziel – alle Abwehrkräfte der Nomenklatura. Alles darf passieren, »friedliche Evolution« darf es nicht genannt werden. Was da mit einer ungeheuren Dynamik, ungebremst und chaotisch, in den großen kapitalistischen Welthafen steuert, heißt auf vietnamesisch »marktwirtschaftliches System mit sozialistischer Orientierung«. Wenigstens im Vokabular klingt noch die Erhabenheit von gestern.
Die Leute von morgen sind, als wollte die Geschichte etwas gutmachen, die ehemaligen Boat people. Sie wissen, wie der Kapitalismus funktioniert. Man erkennt sie an ihrer westlichen Kleidung, wie sie, leicht befremdet, aber neugierig, ihr altes Land als Urlauber in Augenschein nehmen. In Saigon, woher die meisten stammen, treten sie in Rudeln auf. Nach Hanoi, der Hauptstadt ihrer Peiniger, trauen sich nur die mutigsten.
Noch sind die meisten auf Besuch. Rund drei Millionen Vietnamesen, fast ausschließlich chinesischstämmige Kaufleute und ihre

Familien aus dem Süden, ließen sich Ende der siebziger Jahre auf der Flucht vor den siegreichen Kommunisten aufs Meer treiben. Etwa die Hälfte starben auf See: gekentert und ertrunken, von den Thais ausgeplündert und ermordet, von Haien gefressen.
Etwa anderthalb Millionen schafften es bis zur malaysischen Küste oder wurden von Schiffen wie der deutschen »Cap Anamur« aufgefischt. Die Uno verteilte sie über die Welt. Viele – und das ist der Grund, warum die Amerikaner trotz des Krieges in Vietnam durchaus geschätzt sind – durften in den Kontinent aller asiatischen Träume: nach USA und Kanada.
Lap Vinh hatte es nach Vancouver verschlagen. Die breiten, bunten Hosenträger signalisieren, daß hier ein Mann vom anderen Ende der Welt zurückgekommen ist. Der 42jährige Vietnamese verkauft deutsche Baumaschinen in Vietnam.
Die Baumaschinen-Idee war noch in Kanada geboren worden. Schließlich fehlt seinem Heimatland alles, Straßen, Brücken, Kraftwerke und Häfen. Aus dem Branchen-Telefonbuch in Vancouver filterte Vinh die Firmen. Ausgerechnet die süddeutsche Firma Wacker erlaubte ihm, zumindest probeweise, ihre Maschinen in Vietnam zu verkaufen.
Jetzt steht Vinh auf dem matschigen Messegelände in Hanoi. Die junge Firma kann sich einen Platz in der Halle nicht leisten. Dort hält die japanische Konkurrenz auf einem Glitzerstand hof.
Statt dessen hat der Vietnamese einen stellvertretenden Minister überredet, der mit ihm und seinen deutschen Maschinen fürs Foto posiert. Vinh, ein zäher Typ, mit einer schweren Kinderlähmungsbehinderung, hat nicht viel Geld, aber einen Partner mit besten Beziehungen zur Partei.
Vielleicht schafft er es mit der Firma, aber was wird aus der Familie? Zwölf Verwandte sind ihm nach Kanada gefolgt. Jetzt ist er wieder in Vietnam, und seine alten Eltern wollen ihr Leben nicht noch einmal umkrempeln, sondern in Kanada bleiben.
Ein Bruder besucht ihn. Witternd, schnüffelnd schaut sich Lap Than, 39, in der Firma um. So, Computer hat Vinh auch schon, und was könnte er ihm bezahlen? Von 100 Dollar im Monat kann er nicht leben, aber von 500 vielleicht. In Kanada verdient er als Chemiker 4000 Dollar.
Than ist zerrissen. Einerseits wünscht er, »so still und friedlich wie die Kanadier« zu sein, und bekämpft den »verdammten Patriotis-

mus in mir«. Andererseits wurmt es ihn, wie sich die Chinesen aus Taiwan und Hongkong (»die Honkies«) in seinem Heimatland breitmachen »mit ihrem fanatischen Nationalismus«. Muß er nicht zurück? Muß »ein Mann nicht tun, was ein Mann tun muß«, wie er in starrem, US-Filmen entliehenem Pathos murmelt.
Er wird nach Vietnam zurückkehren. Aber seine Kinder sprechen nur englisch. Der Vater hatte ihnen verboten, in Kanada vietnamesisch zu reden. Sie sollten möglichst schnell möglichst kanadisch denken und fühlen.

CARLOS WIDMANN

Makellose Arie für die Berliner

Mit Präsident Bill Clinton in der deutschen Hauptstadt
Juli 1994

Wer wohl dieser Gaerta sein mochte, auf den sich der amerikanische Präsident bei der Ankunft auf dem Flughafen Tegel in so markanten Worten berufen konnte?

Die Frage hat das Pressekorps des Weißen Hauses, es war eine halbe Stunde vor Mitternacht, gewiß keine Zehntelsekunde lang beschäftigt. Doch in der amtlichen Papierflut, die bei einer solchen Reise ausgespuckt wird, blieben die Worte Bill Clintons für immer festgehalten: »Gaerta (phonetisch) schrieb, ›Was Du ererbt von Deinen Vätern hast, erwirb es, um es zu besitzen.‹«

So muß es auch im Redetext gestanden haben, den der Präsident dem Mayor of Berlin und Mrs. Diepgen vorgetragen hat, als er, aus Ramstein und Oggersheim kommend, der Air Force One auf Berliner Boden entstieg. Phonetisch ist Gaerta völlig richtig, weil die meisten Amerikaner den Namen Goethe, korrekt geschrieben, sonst in einer Weise aussprechen würden, die auf deutsch Spitzbart bedeutet – gerade in Berlin, so nahe an der früheren Mauer, ein unpassender Ausdruck.

Aber braucht der Präsident die lautmalerische Schreibweise, um deutsche Worte richtig zu artikulieren? Erneut stellte sich somit die Frage nach den Sprachkenntnissen Bill Clintons, die ebenso legendär wie ungreifbar sind.

Seine junge Sprecherin Dee Dee Myers, die zum erstenmal in ihrem Leben einen Eindruck von Berlin bekam, hat es noch ein-

mal bestätigt: Präsident Clinton habe in seiner Jugend an der Georgetown University in Washington nicht nur (im Hauptfach) Internationale Beziehungen studiert, sondern auch die deutsche Sprache erlernt.
Nun gehört zu den Qualifikationen, die der Wähler in den USA von seinen Präsidentschaftskandidaten verlangt, keineswegs die Beherrschung eines fremden Idioms. Im Gegenteil: Breite Schichten bodenständiger Amerikaner würden derartige Fertigkeiten eher verdächtig finden. An einer First Lady allenfalls, wie etwa bei Jacqueline Kennedy, mochten Kenntnisse des Französischen als gesellschaftlicher Vorzug empfunden werden.
Clintons Vorgänger George Bush, der über letztere durchaus verfügte, hat das im eigenen Lande stets als Staatsgeheimnis behandelt; schließlich war der Patrizier aus Neuengland beim Stimmenfang gern als texanischer Hinterwäldler aufgetreten.
Ronald Reagan, der Unkenntnis niemals vortäuschte, hat 1988 in Moskau sein studentisches Publikum verwirrt, indem er den Nachnamen des Schriftstellers Albert Camus so aussprach, daß er sich auf das englische »famous« reimte. Auch John F. Kennedy hatte vor 31 Jahren noch gewisse Schwierigkeiten mit dem Deutschen: »Lats sie nack Ballin kammen!« war aus dem Zusammenhang noch zu begreifen, jedoch an »Kölle Alaaf« soll er kläglich gescheitert sein.
Aber der Clinton, der kann es: Mit makelloser Strahlkraft, wie einst Pavarotti das hohe C, schmetterte er seine beiden Umlaute über den Pariser Platz, das »für« und das »möglich« kamen in sonorer Fülle und ohne gutturale Verzerrung über die Rampe. Das Jauchzen der Menge bestätigte, daß Clintons Arie ein Triumph war.
Als Arie, nicht als Rede. Irgend jemand in der amerikanischen Botschaft in Bonn hatte angekündigt, der Präsident werde am Brandenburger Tor eine »historische« Ansprache halten. Irgendein Saboteur muß das wohl gewesen sein.
»Historisch« dem Inhalt nach war sie nun zwar gar nicht, die Rede unterm Brandenburger Tor, aber schön war sie schon. Einen »peptalk« nennen die Amerikaner das, eine Ermunterungsrede. Sie soll kurz sein. Sie soll die Einwohner des Gastlandes in gute Stimmung versetzen, ihnen Hoffnung geben, sie aus ihrer Miesepetrigkeit befreien. Außerdem soll sie zu einer guten Einschaltzeit (zum Beispiel wenn die Ostküste gerade frühstückt) im amerikanischen

Fernsehen live zu sehen sein. Alle drei Qualitäten trafen auf diese Berliner Rede Bill Clintons zweifellos zu.
Daß er zu waghalsigen Metaphern griff und den Deutschen bescheinigte, sie hätten aus einem Traum einen Meißel gemacht, entspricht einer Tradition politischer Rhetorik, die den Schwung höher schätzt als die Schärfe. Ein Satz wie »Alles ist möglich« stimme nicht einmal auf englisch und sei es bestimmt nicht wert, vom Präsidenten auch noch ins Deutsche übersetzt zu werden, monierte ein britischer Kritiker.
Wie aber, wenn dieses »Alles ist möglich« sich auf den Richterspruch von Karlsruhe bezogen hätte, der nur wenige Stunden vor dem Auftritt Clintons gefallen war und den Deutschen nun die Aussicht eröffnete, ihre Bundeswehr im Ausland, ja sogar »out of area« einzusetzen? Dem Feuilleton der *Frankfurter Allgemeinen* gelang es, da einen Zusammenhang zu erblicken und die Befürchtung zu artikulieren, der »Erste Mann der westlichen Welt« habe ausgerechnet in Berlin die Deutschen dazu aufgefordert, »wieder Vormacht auf dem Kontinent zu werden«.
Mißverständnisse zu provozieren fällt amerikanischen Präsidenten gerade in Berlin besonders leicht. Es war der beispiellos umjubelte John F. Kennedy, der in seiner rhetorisch brillanten, inhaltlich partout nicht historischen Rede vor dem Schöneberger Rathaus im Juni 1963 zunächst die falschen Akzente setzte: Denen, die da glaubten, man könne mit den Kommunisten zusammenarbeiten, rief er sein sarkastisches »Let them come to Berlin!« zu. Einen Tag später, in seiner Rede vor Studenten, korrigierte sich JFK und sandte Chruschtschow ein Versöhnungszeichen.
Auch der am meisten gefeierte Ausspruch jener Deutschlandreise klang in empfindsamen europäischen Ohren durchaus nicht so harmlos, wie er in Erinnerung ist. Im vollständigen Wortlaut ging der nämlich so: »Vor 2000 Jahren lautete der stolzeste Satz, den ein Mensch sagen konnte: ›Ich bin ein Bürger Roms!‹ Heute ist der stolzeste Satz, den jemand in der freien Welt sagen kann: ›Ich bin ein Berliner!‹« Dies an der Stelle auszusprechen, wo nur 18 Jahre vorher ein weniger rühmliches Imperium untergegangen war, konnte auch als Taktlosigkeit interpretiert werden.
Kennedy und Clinton: 31 Jahre sind vergangen zwischen diesen beiden Deutschlandbesuchen; Berlin, Germany und das weiter östlich liegende Europa haben sich radikal verändert zwi-

schendurch – aber das Echo, das beide Besuche hervorriefen, gleicht sich in vielem auf erstaunliche Weise. Die Verschnupftheit über eine Aufwertung Deutschlands durch den Präsidenten, das Mißtrauen gegenüber einer bevorzugten Partnerschaft zwischen Washington und Bonn, die Furcht vor einer deutschen Führungsrolle in Europa – das gab es alles schon damals.

Der einflußreiche Journalist Joseph Alsop, ein enger Freund der Kennedys, schrieb vor der Reise des Präsidenten, das Deutschland Konrad Adenauers habe bereits »die Schlüsselposition in Europa und der Nato eingenommen«, dies gelte es in dem »Grand Design« zu berücksichtigen, wie Kennedy seine Außenpolitik gern nannte. Wegen ihres »gewachsenen politischen Gewichts«, so wurde in Amerika schon damals geschrieben, müsse die Bundesrepublik der »Eckpfeiler aller amerikanischen Pläne in Europa« werden.

Die *Humanité*, das Parteiblatt der französischen Kommunisten, hätte mit einem Namenstausch schon vor 31 Jahren die gleiche Schlagzeile machen können wie am Dienstag letzter Woche: »Kohl von Clinton zum Herrn Europas eingesetzt«. Auch manche Pariser Blätter, die nicht links stehen, beschwören das Gespenst einer von Amerika eingesetzten Hegemonialmacht Deutschland.

Bei den Engländern sitzt die Verschnupftheit offenkundig tiefer als bei den Franzosen. David Howell, der Vorsitzende des außenpolitischen Ausschusses im Unterhaus, hat dem amerikanischen Präsidenten »Unkenntnis der europäischen Geschichte« vorgeworfen, weil dieser das deutsch-amerikanische Verhältnis als »einzigartig« anpries und die bewährte »special relationship« zwischen Briten und Amerikanern als nur noch »historisch« abwertete.

Zwischen Washington und London hat sich schon etwas verändert von Kennedy zu Clinton. Der junge JFK hat als Sohn des US-Botschafters Joseph Kennedy an dem Court of St. James eine verwöhnte, von gesellschaftlichem Glanz umstrahlte Existenz geführt. Bill Clinton war während seiner zwei Jahre als Rhodes-Stipendiat in Oxford wesentlich weniger glücklich. Sein enger Berater George Stephanopoulos, ebenfalls Rhodes-Stipendiat, hat sogar zu Papier gebracht, daß die jungen Amerikaner von ihrer britischen Umwelt oftmals arrogant ignoriert wurden. Clinton, mit seinem Südstaatenakzent, dürfte noch mehr zu leiden gehabt haben.

Die »Spasmen der Bestürzung«, die der Londoner *Independent* spöttisch in Britannien immer dann wahrnimmt, wenn die »besondere Beziehung« zu Amerika gefährdet scheint, wirken im Zeitalter Bill Clintons nahezu berechtigt. Während Kennedy mit der britischen Oberschicht immerhin verschwägert war, hatte das Proletarierkind Clinton in Oxford sogar Probleme mit der Landessprache.

Kennedys Vater, reich und bigott, hatte Sympathien für die Nazis gehabt, die das Gewissen des Sohnes belasteten. Der ältere Bruder des jungen Kennedy ist als Pilot wahrscheinlich von der deutschen Luftwaffe oder der Flak abgeschossen worden. JFK hat immerhin das »Dritte Reich« besucht, er entwickelte eine starke Abneigung gegen Deutschland. Von dessen Botschafter Wilhelm Grewe sagte Kennedys Pressechef Pierre Salinger: »Der Präsident kann seinen Anblick nicht ertragen.«

Bill Clinton dagegen pflegt eine alte Freundschaft zu seinem einstigen deutschen Kommilitonen, dem Journalisten Rüdiger Löwe vom Bayerischen Rundfunk. Bei den frühen Deutschlandbesuchen des unternehmungslustigen Bill hinterließen vor allem die ausschweifenden Künstlerfeste des Münchner Faschings einen prägenden Eindruck.

»Der Gast, der Deutsche in Ekstase bringt«, betitelte die *Süddeutsche Zeitung* vor 31 Jahren ihren Hauptbericht über den Besuch John F. Kennedys. Von einem »viertägigen Massenrausch« schrieb damals ihr Chefreporter Hans Ulrich Kempski. Er beobachtete in Berlin eine Szene, die leider nicht fotografiert wurde: Kennedy, Adenauer und Willy Brandt mit gebeugten Köpfen vor einer Sekretärin, die ihnen mit einer Kleiderbürste das Konfetti aus dem Haar zu kämmen suchte. Vor dem Kurhaus in Wiesbaden drängten sich »jeder Besinnung beraubte Massen«, berittene Polizisten preschten »gleich Kosaken« durch Blumenbeete.

Im SPIEGEL berichtete damals Peter Brügge, wie Walter Ulbricht zu Kennedys Besuch die Zwischenräume des Brandenburger Tors mit rotem Stoff und seiner Spalterflagge zuhängen ließ. Er beobachtete auch, warum Willy Brandt im eingeflogenen offenen Lincoln Continental des Präsidenten etwas größer als Kennedy und Adenauer wirkte: weil er in der Mitte stand, über der Kardanwelle. Kennedy mußte sich an der Seitentür aufstützen, um seine Rückenschmerzen zu lindern. Fünf Monate später, in Dallas, sind solche Fahrten der Staatsmänner durch Menschenmassen für immer undenkbar geworden.

Auch für Bill Clinton sind Massenerlebnisse nicht mehr möglich – nicht nur wegen der Sicherheit, sondern auch mangels Massen.

Vor 31 Jahren brachte Kennedy in Berlin anderthalb Millionen Menschen auf die Beine; vor das Schöneberger Rathaus kamen 250 000. Diesmal schaffte Clinton es gerade noch, ein Zehntel dieser Menge auf den Pariser Platz vor das Brandenburger Tor zu locken. Im Hintergrund, Unter den Linden, war alles leer.

Dafür kann der Präsident natürlich nichts, das sind die veränderten Zeiten. Im Kalten Krieg, im gespaltenen Deutschland, im zugemauerten West-Berlin war es ein stolzer Akt der Herausforderung, einem amerikanischen Präsidenten zuzujubeln. Aber auch die Euphorie der Befreiung und Vereinigung ist verklungen, und wenn Clinton jetzt die von der Marktwirtschaft bewirkte Revolution anpreist, sind die Befreiten nicht zum Jubeln zu bringen: Die Segnungen des Marktes kennen sie ja schon seit ein paar Jahren, und 40 Prozent der Ost-Berliner, die zuletzt die PDS gewählt haben, wissen sie immer noch nicht richtig zu schätzen.

Rundum entzückt war Helmut Kohl offenbar nicht, als Bill Clinton eine deutsche Führungsrolle verlangte und die Einzigartigkeit der Beziehung zwischen Washington und Bonn/Berlin hervorhob. Da wiegelte er lieber ab, sprach von der notwendigen Bereitschaft, im Rahmen der Vereinten Nationen militärische Verantwortung zu übernehmen, wies immer wieder auf das große Europa hin, dem Deutschland dienen und sich unterordnen wolle.

Führungsrolle? Igitt. Das sagt man nicht; das tut man.

Alles übrige besorgt die Chemie, oder, um mit Bundeskanzler Kohl zu reden, »was die Amerikaner die ›chemistry‹ nennen«. Unser Helmut, so stellt die *Washington Post* fest, rage »unter allen Weltführern heraus« als des amerikanischen Präsidenten »Favorit«. Richard Holbrooke, der bisherige US-Botschafter in Bonn, von Clinton zu höheren Zwecken nach Washington zurückberufen, drückt das so aus: »Die beiden mögen sich einfach. Sie sind physisch große Männer. Sie lieben das Essen und haben einen ähnlichen Sinn für Humor.«

Die Chemie zwischen den beiden spielt sich nicht im Reagenzglas ab.

KLAUS MADZIA

Virtuelle Gäste auf der Party

Die Subkultur der Cyberpunks
Oktober 1994

Belladonna kniet vor ihrem Hausaltar. Es ist Samstag nachmittag, und in ihrem Zimmer riecht es nach Räucherstäbchen und ungemachtem Bett. Im Regal stehen drei Totenschädel, an der Wand hängt eine Sammlung schwarzer Plastikhandtaschen.

Heute abend feiert die Wohngemeinschaft eine große Party, und Belladonna tippt noch ein paar letzte Einladungen in den elektronischen Altar mitten in ihrem Zimmer.

Den lädierten Computer hat sie, passend zum Dekor des Zimmers, schwarz und pink angemalt. Belladonna heißt eigentlich Kate, ist 27 Jahre alt, verbirgt ihr Alter zusammen mit ihrem Gesicht aber unter einer dicken Make-up-Kruste.

Belladonna sichtet ihren elektronischen Briefkasten: »Welcome to Cyber Den. You have mail.« Doch bevor sie die digitale Herzenslyrik ihres Verehrers am Bildschirm durchlesen kann, piepst ihr Pager, ein zigarrenschachtelgroßer Funkempfänger mit Display. Auf der kleinen Anzeige steht: »Ich bin in der Icon-Bar. Schon Smartdrinks gemixt? Desmond.«

Ein Anruf oder ein Zettel am Kühlschrank hätte es auch getan. Aber in der durchelektronisierten Wohngemeinschaft von Belladonna und Desmond Crisis, 24, gilt: Nur wer über das digitale Datennetz kommuniziert, hat wirklich etwas Wichtiges zu sagen.

Desmond und Belladonna gehören zur ersten Generation, deren Leben völlig am globalen Telefon- und Rechner-Netz hängt, deren

Alltag sich um Internet, Mobilfunk und CD-Rom dreht. Die Cyberpunks, wie sie genannt werden, schwimmen lieber im Datenstrom statt, wie etwa Belladonnas Eltern (»Hippies durch und durch«), in natürlichen Gewässern, draußen im Grünen. Und die Erwachsenen verstehen nur Dada, wenn Desmond sagt: »Everything is data.«

Die jungen Bürger des virtuellen Lands Cyberien mischen gerade Wissenschaft mit Kunst, Technologie mit Pop-Kultur und erschaffen das, was sie ihre Zukunft nennen, statt endlos lange darüber zu philosophieren.

Das wahre Cyberpunk-Leben spielt in San Francisco. Die Stadt war schon immer Nährboden für merkwürdige Subkulturen: Die Beatniks tranken dort ihren Espresso, die Blumenkinder durchlebten ihre Drogenträume nahe der Kreuzung Haight-Ashbury, und die Schwulen feierten hier ihr Coming-out.

Jetzt glauben die Youngster an den »Vorsprung durch Technik«, wie Desmond gern auf deutsch sagt – was unverständlich, aber schön technisch klingt. Das Silicon Valley, steter Lieferant für billige Hardware und frisches Computer-Wissen, ist nur eine Autostunde entfernt, und die kulturellen Reste der vorangegangenen Trendsetter sind noch fest im Gedächtnis der Stadt gespeichert. »Hier kennt jeder hippe Barkeeper das neueste Animationsprogramm«, sagt Desmond.

Wie ein braver Technik-Pionier sieht Desmond nicht aus, eher wie eine Kreuzung aus Vorstadt-Punk und Sheriff: Seine ungekämmten Haare sind petrolgrün gefärbt, und seine Hänfling-Figur versteckt er in einer Rüstung aus schwerer Lederjacke und verspiegelter Sonnenbrille. Ziemlich elend hockt er an diesem Samstag nachmittag in der Icon-Bar und verschickt über das öffentliche Computer-Terminal des Cafés ein paar dringende elektronische Briefe an Freunde: »Ich bin seit gestern arbeitslos und pleite. Kennt ihr einen guten Job?« Die Stromrechnung ist fällig.

Die vergangenen 18 Monate hat er für die Garagenfirma Technopop als Industrieberater gearbeitet. Zwei Programmierer, eine Grafikerin und ein Musiker, alle zwischen 21 und 25 Jahre alt, haben dort »Zero Tolerance« entworfen, ein technisch perfektes Videospiel voller Blut und bitterböser Aliens.

Der Chef der Firma, mit seinen 31 Jahren schon Lichtjahre von der Zielgruppe entfernt, schickte Desmond als Technik-Spion zur

Konkurrenz. Dort mußte er, mal als nervender Messekunde, mal als Spieltester, die Programme anderer Firmen begutachten.

Nächtelang spielte Desmond »Zero Tolerance« mit Belladonna und anderen Freunden durch, tags nervte er die beiden Programmierer mit immer neuen Vorschlägen, »bis endlich genügend Gewalt drin war«, erzählt er. Nun hinterließ jeder Kill nicht nur unzählige Bilder von Leichenteilen, sondern auch kübelweise Blut, das schön langsam von den virtuellen Wänden tropft. Das Werbeplakat hängt schon seit Wochen in Desmonds Zimmer: »You don't play this game. You survive it.«

Jetzt ist »Zero Tolerance« fertig und wird Kinderherzen Ende des Jahres weltweit schneller schlagen lassen. Die Programmierer bei Technopop tüfteln schon am nächsten Spiel. Und Desmond ist arbeitslos. Grund genug für eine Party der Cyberpunk-WG.

In der Szene sind Desmonds Feten legendär, sie gelten als moderne Ausgabe von Gertrude Steins Künstler-Salon. Musiker mit Ziegenbärtchen, schwarzgekleidete Nachwuchsschriftsteller und arrogante Jungregisseure treffen auf übernächtigte Programmierer und Lötkolben-Artisten, die auch mal gern ein wenig Boheme in ihrem Leben hätten.

Fast immer begegnen sich bei den Cyberpunk-Partys zwei Menschen, deren Talente und Kontakte sich ergänzen. Wer weiß, vielleicht wird aus diesem Networking der »Beattechs«, wie sie sich selbst nennen, der nächste Multimedia-Bestseller entstehen: ein abgefahrenes Videospiel etwa oder vielleicht eine Computer-Tour durch die Gemälde von Edvard Munch.

Die großen Medienkonzerne, Time Warner, Bertelsmann und Paramount, haben Dependancen in der Gegend, immer bereit, neue Cyberpunk-Ideen abzufischen.

Heute abend, erzählt Desmond erwartungsvoll, aber nicht ganz überzeugt, wolle ein Juniormanager von Paramount zur Party kommen: »Vielleicht, er war nicht ganz sicher.«

Als gegen zehn Uhr die ersten Gäste eintrudeln, haben Belladonna und Desmond ihre WG in einen Multimedia-Rummelplatz verwandelt. Fünf große Bildschirme stehen im Wohnzimmer, drei weitere Räume sind mit Fernsehern und Videorecordern ausgerüstet. An jeder der sieben Telefonleitungen hängt mindestens ein Computer. Drei Ersatz-Sicherungen liegen bereit, bei der letzten Fete gab's einen unschönen Blackout.

Zwei Videospiele-Programmierer aus dem Silicon Valley sind gekommen und zeigen ihr neuestes Werk nur für den auserwählten Kreis: ein brutales Karate-Prügelspiel, unterlegt mit einem Heavy-Metal-Soundtrack, das schon fast die Qualität billiger Filme aus Hongkong erreicht. »Ja, jetzt reiß ihm die Leber raus«, grölen drei blonde Jungs vor dem großen Bildschirm.

Desmond führt Neuzugänge in die Küche. Bier, Wodka, bunte Pillen oder Haschisch? Besonders beliebt sind Belladonnas Smartdrinks. Was drin ist, verrät sie nicht. »Keine legalen Substanzen«, sagt sie. Und Alkohol ist in dem bitteren Gesöff, das angeblich schneller denken läßt, auch nicht. Denn seit einem Jahr geht Belladonna brav zu ihren Meetings der Anonymen Alkoholiker.

Ihre Schwäche für Alkohol ist ein Andenken aus der Zeit als Diskjockey bei einer kleinen Radiostation. Damals spielte sie in ihrer Sendung Bands wie »Nine Inch Nails«, die industriellen Krach produzieren und in einem ihrer Videos zeigen, wie ein nackter Mensch im Räderwerk einer übermächtigen Maschine zerstückelt wird.

Belladonna ist die Schnittstelle der Cyber-WG zur Musiker- und Schreiber-Szene, Desmond ist der Computer-Freak mit dem sicheren Gespür für die fließenden Übergänge zwischen Hard- und Software: »Es ist doch alles Information, ob es Filme, Bücher, Musik oder Videospiele sind. Wir sind alle Künstler«, sagt er.

Auf den zwei Fernsehern im Eßzimmer laufen schnell abgedrehte Science-Fiction-Filme aus Japan. Die Handlung ist bei allen Videos die gleiche, ständige Wiederholung der Cyberpunk-Mythen: Eine Handvoll Menschen kämpft gegen Computer und Kriegsroboter, die schon längst die Weltherrschaft an sich gerissen haben. Lauter Industrie-Rock aus der Stereo-Anlage übertönt die Filme, aber Desmond und seine Freunde kennen die Dialoge auswendig.

Die Cyberpunk-Weltanschauung hat der Film »Blade Runner« mit seinen urbanen Häuserschluchten am besten inszeniert. Dort jagt der Detektiv Deckard die Roboter in Menschengestalt, bis er am Schluß nicht mehr weiß, ob er nicht selbst nur eine Maschine mit künstlichen Erinnerungen ist.

Den Film haben Desmond und Company schon über 50mal gesehen – als Raubkopie mit japanischen Untertiteln natürlich. Alles andere »wäre uncool«, sagt Desmond. Die glänzenden Oberflächen des Raumschiffs Enterprise haben als Utopie ausgedient.

Auf der abgewetzten Couch tippen ein paar Gäste, unbehelligt vom Information-Overload um sie herum, in ein kleines Computer-Terminal. Mit der Tastatur erforschen sie eine Zauberwelt, eine simulierte Spielwelt am Draht voller Druiden und Hexen.
Wer es heute abend nicht in die Cyberpunk-WG geschafft hat, kann wenigstens per Datenleitung und Bildschirm teilnehmen: Ständig schickt jemand einen Lagebericht ins Netz. Sieben Hacker, einige nur zu schüchtern, um die drei Straßenecken zur WG zu überwinden, andere ein paar hundert Meilen entfernt, sind virtuelle Gäste.
Das Dasein als virtueller Gast war auch für Desmond Einstieg in die Welt des Cyberpunk. In der Schule war er kein großer Sportler, kein Schönling: »Ich war nie einer der beliebten Typen«, erzählt er. Ein ziemliches Handikap, wenn man in einem Ort namens Novato im Norden Kaliforniens aufwächst.
Die Abende in der Kleinstadt verbrachte Desmond denn auch nicht mit einer Clique auf Mädchenfang, sondern immer ganz nah an seinem CB-Funkgerät. An vielen dunklen Winterabenden haben ihm die Funkerfreunde von den Computer-Mailboxen in San Francisco vorgeschwärmt.
Die neuesten raubkopierten Videospiele und Geheimcodes, um kostenlos zu telefonieren, könne er sich dort aus den Hacker-Rechnern laden, sagten sie. Alles nur leeres Funker-Geschwätz, stellte sich heraus, aber immerhin konnte Desmond im Computer-Netzwerk als unsichtbarer Gast an ein paar wilden Cyber-Feten teilnehmen. Anreiz genug, seine Kleinstadt zu verlassen und nach San Francisco zu ziehen. »Ohne die Mailboxen würde ich heute noch Kühe hüten«, erzählt Desmond.
In der schnell wachsenden Computer- und Videospiele-Branche fand er ohne große Mühe ein paar Hilfsjobs, die nötige Faszination für Maschinen aller Art brachte er mit. Und damals begann er auch, sich Desmond Crisis zu nennen: »Ich habe aus meinem Namen ein Markenzeichen gemacht.« Seinen Geburtsnamen verrät er niemandem, nicht mal Belladonna kennt ihn.
Der Künstlername und die grünen Haare machten ihn in der Branche bekannt. Nach gut einem Jahr in San Francisco wurde Desmond für die japanische Firma Ascii sogar gutbezahlter Produktmanager, doch seine Anstellung dauerte nur ein paar Monate. Immer wenn Desmond feststellen muß, daß seine Technik-Lei-

denschaft der Branche soviel wert ist wie das aufgeregte Summen einer Eintagsfliege, organisiert er High-Tech-Feten, Technik-Kultfeiern, um den nächsten coolen Job zu angeln.
Unterkühlt, aber verbindlich fahndet Desmond im Medien- und Gäste-Chaos seiner Wohnung nun nach dem nächsten möglichen Gehaltsscheck: »Hi, ich bin Desmond. Hier ist meine Karte. Übrigens, ich habe gerade Kapazitäten frei.« Auf der Karte ist gerade genug Platz für sein ganzes Kommunikations-Arsenal: Telefon, verschiedene Pager, zwei elektronische Postanschriften, drei verschiedene Funk-Frequenzen.
Eine kleine Gruppe Gäste hat sich auf den Balkon verzogen. Mit einem roten Laser erschrecken sie Passanten, die sich unvermutet in einer Schießerei zwischen Straßenbanden glauben.
Den Laser hat Desmond zusammen mit einem antiquierten Spielhallen-Automaten morgens auf dem großen Flohmarkt im Silicon Valley gekauft. Einmal im Monat treffen dort Hacker in Sandalen auf Funkamateure mit ausgeprägtem Bauchansatz. Und ein klobiges Oszilloskop wird gegen eine Handvoll Speicherchips getauscht.
Auf seinen Flohmarkt-Touren trägt Desmond immer zwei Funkgeräte mit sich, um ständig mit Freunden Kontakt zu halten: »Hinten am Sonnenschirm, 30 Grad Ost, 170 Meter entfernt, werden Mikros angeboten.« Seine Sprache ist präzise – jedes Wort bündig wie ein Datenpaket im Netzwerk. »Ich hasse Schwafler. Durch das Funken habe ich denken gelernt«, sagt er.
Technik war für ihn immer ein Weg, mit anderen in Kontakt zu kommen, der Enge zu entrinnen, ernst genommen zu werden. Auf dem Flohmarkt trifft Desmond einen alten Bekannten, den Privatdetektiv Frank. Für dessen Büro hatte er schon einmal ein wenig in den Computer-Netzen geschnüffelt: »Nichts Illegales«, sagt Desmond. Kreditkarten-Nummern, Führerschein-Adresse und Bankkonten habe er in Erfahrung gebracht: »Kleinkram eben.«
Und jetzt kann Desmond für Frank wieder den Hacker spielen: Diesmal geht es um einen Programmierer, der mit einer unveröffentlichten Software abgehauen ist. Desmond soll sich mal in den Netzen ein wenig umhören. 100 Dollar kriegt Desmond als Vorschuß gleich mit. Die Stromrechnung ist gesichert. Die Bildschirme müssen nicht ausgehen. Die Party kann weitergehen.
Erst gegen sechs Uhr morgens stolpern die letzten Cyber-Fans in

die kalte Wirklichkeit. »Der Himmel sieht aus wie das Fernsehbild nach Sendeschluß«, sagt jemand.
Und keiner kann ihn ausknipsen.

JENS GLÜSING

Mörderische Stadtguerilla

Der Kampf der Streitkräfte gegen die Drogenmafia von Rio de Janeiro
November 1994

Bunte Papierdrachen steigen über dem Morro dos Prazeres auf, einem Elendshügel mitten im Villenviertel Santa Teresa. Kinder zerren an den Schnüren, ein junger Mann huscht über ein Blechdach im ziegelroten Häusergewirr. Der Besucher, der seit einer halben Stunde im Schatten einer Mauer am Aufgang zu der Favela wartet, weiß, bald wird er abgeholt. Die Drachen haben seine Ankunft gemeldet.

Die Papierflieger sind Teil eines ausgeklügelten Kommunikationssystems, mit dem sich Rios Drogenhändler untereinander verständigen. Drachen kündigen die Ankunft einer neuen Ladung Kokain an, warnen vor einer Polizeirazzia oder melden Fremde.

Nach wenigen Minuten lösen sich drei Jugendliche aus dem Schatten der Häuserwaben. Ihre Füße stecken in Plastiksandalen, hinter den Bund ihrer Bermudashorts haben sie Pistolen geschoben. Einer sichert die Treppe zur Favela; mit dem Lauf seiner Uzi-Maschinenpistole weist er den Weg. Sein flackernder Blick verrät den Süchtigen.

Schweigend geleiten die Jungen den Besucher durch das Labyrinth. Es stinkt nach Urin, die Stufen sind schlüpfrig. Der Weg windet sich durch kaum mannshohe Löcher und dunkle Gänge und endet schließlich vor einer Holztür. Auf ein Klopfzeichen hin rollt jemand von innen eine Tonne beiseite. Dort führt eine Treppe auf eine kleine Terrasse mit prächtigem Blick auf die Bucht von Rio.

»Geh aus dem Licht«, mahnt LuIs Carlos da Silva und zieht den Gast hinter einen Mauervorsprung. Der Boß der Drogenhändler weist grinsend auf eine gegenüberliegende Favela. »Unsere Konkurrenten da drüben schießen ab und zu herüber, das kann ins Auge gehen.«

Höflich bietet er einen Platz auf einem durchgesessenen Sofa an. Links und rechts postieren sich einige Halbwüchsige mit Schnellfeuergewehren. Ein Transvestit, offenbar der Geliebte des Drogenbosses, kommt aus einem Hinterzimmer; seine wunde Nase trieft.

»Das sind meine Soldaten«, prahlt LuIs Carlos und zeigt auf die Halbstarken. Die Jungen blicken kriegerisch, keiner ist älter als 16. Sie sind Täter und Opfer in einem Krieg, der jedes Jahr Tausende von Menschenleben kostet.

Gut 70 000 Morde zählte die unabhängige Stiftung Getulio Vargas von 1985 bis 1991 im Bundesstaat Rio de Janeiro – das sind mehr Tote, als die Amerikaner in zehn Jahren Vietnamkrieg zu beklagen hatten, und fast dreimal soviel, wie der Aufstand der maoistischen Guerrilleros vom »Leuchtenden Pfad« in Peru seit 1980 gefordert hat.

Die meisten sind Opfer des Drogenkriegs in den Häuserschluchten der Favelas, ermordet von rivalisierenden Rauschgifthändlern oder von der Militärpolizei. In Rios Elendsvierteln hat der Staat nichts zu sagen, dort herrschen allein die »traficantes«.

Mehr als 10 000 Mann haben die Drogenbosse unter Waffen, schätzt die Polizei, etwa die Hälfte sind Jugendliche. Sie kontrollieren die meisten der etwa 600 Favelas im Großraum Rio. Jeden Monat setzen die Dealer 2,5 Tonnen Kokain um, das vor allem aus Kolumbien und Bolivien eingeschmuggelt wird. Im Nordosten Brasiliens betreiben die Rauschgifthändler eigene Marihuanaplantagen.

Wie mittelalterliche Zwingherren halten die Gangster auf den Elendshügeln trutzige Wacht. Ihr Arsenal umfaßt Schnellfeuergewehre aus den USA, israelische Maschinenpistolen, deutsche Faustfeuerwaffen und Granatwerfer. Sie schossen sogar schon Polizeihubschrauber ab. Im vergangenen Jahr hob die Polizei ein Trainingscamp der Rauschgiftmafia in Rios Nationalpark Floresta da Tijuca aus.

»Der Drogenhandel ist zu einer Stadtguerilla herangewachsen«, warnt der Journalist Carlos Amorim, Autor eines Buchs über das

Comando Vermelho, die mächtigste Verbrecherorganisation in Rio. Wo immer es den Sicherheitskräften gelingt, einen Drogenboß zu fassen, steht ein Nachfolger schon bereit.
Im offenen Gefecht ist die Polizei den Gangstern meist unterlegen. So mußte sie nach einer fünfstündigen Schießerei mit Drogenhändlern im Stadtteil Copacabana wieder abziehen: Nachdem 300 Beamte mehr als 3000 Schuß verfeuert hatten, war ihnen die Munition ausgegangen. Den Polizisten war es nicht einmal gelungen, den Zugang zur Favela einzunehmen. Ihren einzigen Gefangenen, einen elfjährigen Burschen, der mit einem Schnellfeuergewehr bewaffnet war und den Rauschgiftbanditen als Späher diente, mußten sie laufenlassen: Er ist noch nicht strafmündig.
Mehrere Hauptverkehrsstraßen des Touristenviertels wurden gesperrt, Urlauber und Anwohner flüchteten aus Angst vor Querschlägern. Rio sei zu einem »tropischen Bosnien« geworden, schreibt die Tageszeitung *O Globo*.
In Complexo do Alemao, einer Ansammlung mehrerer Slums in Rios Nordzone, tobt seit einigen Wochen eine Schlacht zwischen rivalisierenden Banden und der Polizei, in der bislang mehr als 20 Menschen umkamen. Um sich vor dem Kugelhagel zu schützen, haben die Bewohner Schutzwälle um ihre Häuser errichtet; Hunderte suchten Unterschlupf in anderen Stadtteilen. Polizisten haben eine meterhohe Betonmauer um ihre Wache gezogen und zielen mit einem Maschinengewehr aus dem Zweiten Weltkrieg auf den Favela-Eingang.
Rio erlebe einen Bürgerkrieg, sagt Brasiliens neugewählter Präsident Fernando Henrique Cardoso. Staatsoberhaupt Itamar Franco schickte die Streitkräfte in den Kampf gegen die Dealer: 600 Spezialagenten der Armee sollen sich in die Favelas einschleusen und Informationen über die Drogenhändler liefern. Das Militär müsse mindestens ein Jahr bleiben, ehe die Favela-Bewohner wieder Vertrauen in die Staatsmacht faßten, sagen Offiziere.
Fast widerstandslos hatten Regierung und Polizei die Favelas den Drogenhändlern ausgeliefert. Seit Jahrzehnten vernachlässigt die Stadtverwaltung die Elendsviertel. »Der Staat ist in den Favelas nur bei drei Gelegenheiten präsent: im Wahlkampf, bei einer Polizeirazzia oder nach einer Naturkatastrophe«, sagt Amorim. »Das Vakuum, das er hinterlassen hat, haben die Drogenhändler ausgefüllt.«

Geologen, die von Bürgermeister Cesar Maia ausgesandt wurden, um nach einem Erdrutsch die Favela Vidigal zu inspizieren, mußten erst den örtlichen Drogenboß um Erlaubnis bitten. Eine neue Schnellstraße zum Flughafen, die gleich mehrere Armenviertel durchschneidet, konnte nur fertiggestellt werden, nachdem die Baubehörde mit den Rauschgifthändlern verhandelt hatte.

In vielen Favelas entscheiden die Gangster über die Öffnungszeiten von Schulen und Krippen, verordnen Feiertage und Ladenschlußzeiten.

Im Stadtviertel Rio Comprido verlegte ein Universitätsinstitut auf Anordnung der Drogenhändler die Vorlesungen, in den Favelas vom Complexo do Alemao sind die Schulen und Kindergärten wegen des Drogenkriegs geschlossen. Verirrte Kugeln haben inzwischen mehr als 30 Unbeteiligte verletzt oder getötet.

Auch einige der Bürgervereine, einst als Bollwerk gegen die Allmacht der Drogenhändler eingerichtet, haben die Gangster unterwandert. Luís Carlos da Silva, der Drogenboß vom Morro dos Prazeres, ist Präsident des Bürgervereins seiner Favela und residiert in einem Büro mit Telefon und Vorzimmerdame. »Tagsüber kümmere ich mich um die Gemeinschaft, abends verkaufe ich Kokain«, grinst er.

Bibelsprüche schmücken seinen Schreibtisch. In einer Ecke steht eine verstaubte brasilianische Fahne, in einer anderen flimmert ein defekter Farbfernseher. Seit mehr als 20 Jahren handelt er mit Drogen. Stolz zeigt er die Narben, die er im Kampf davongetragen hat: Die linke Hand ist nach einer Schußverletzung verkrüppelt, über Brust und Nacken ziehen sich feine Spuren von Messerstichen, Beine und Unterleib sind von Einschüssen gezeichnet.

In seiner Favela sei er beliebt, behauptet er, schließlich hätten die Menschen ihn freiwillig gewählt. Zum Beweis zieht er einen Brief aus der Schublade, in dem sich ein Bestohlener bei ihm bedankt, daß Luís Carlos das Diebesgut, einen Videorecorder, innerhalb weniger Tage wiederbeschafft hat.

Die Drogenhändler leben in Symbiose mit der Favela: Die Armen gewähren ihnen Schutz vor der Polizei; die Bosse sorgen für jenes Mindestmaß an sozialer Hilfe, das der Staat nicht leistet – zum Wohle ihres Geschäfts, versteht sich.

Diebstahl und Einbrüche kommen in den Slums kaum vor, weil die Gangster gnadenlos Selbstjustiz üben. »Auf Vergewaltigung

steht die Todesstrafe«, brüstet sich Luís Carlos. Der Drogenboß Bill von Borel ließ sieben Jugendlichen in die Hände schießen, weil sie vor seiner Favela Busse überfallen hatten.
Gern treten die Rauschgifthändler als Robin Hood auf. Zu Weihnachten verteilen sie Spielzeug an die Kleinen; sie organisieren Silvesterfeiern, bezahlen Arztrechnungen und Medikamente für Kranke. Das Comando Vermelho verschickt Weihnachtskarten mit seinem Motto »Friede, Gerechtigkeit und Freiheit« an die Kunden.
Beim Treffen mit Luís Carlos und seinen Kriegern auf dem Morro dos Prazeres zieht eine alte Frau ängstlich den Kopf ein, als einer der bekifften Halbstarken vor ihrem Gesicht mit der Maschinenpistole fuchtelt. »Du brauchst keine Angst zu haben, wir beschützen euch doch«, beschwichtigt der Drogenboß die Alte. Die verschwindet stumm in ihrer Hütte.
Immer häufiger geraten die Favela-Bewohner zwischen die Fronten. Im vergangenen Jahr stürmte ein vermummtes Mordkommando den Slum Vigario Geral im Norden von Rio und mähte 21 Menschen mit Maschinenpistolen nieder, darunter Frauen und Kinder. Sie hatten sich aus Angst vor Racheakten der Drogenhändler geweigert, der Polizei zu helfen, nachdem vier Beamte in der Nacht zuvor erschossen worden waren. Kollegen der Getöteten bildeten daraufhin eine Todesschwadron.
Beim Streit zweier verfeindeter Banden um die Kontrolle des Rauschgifthandels in der Favela AcarI starben zwölf Menschen. Die Sieger zwangen Einwohner, nackt durch die Straßen zu defilieren, weil sie die gegnerische Gang unterstützt hatten.
Dennoch ist in den meisten Favelas die Angst vor der Polizei größer als die Furcht vor den Rauschgiftbossen. Die Polizisten gehen zumeist straffrei aus, wenn sie Selbstjustiz üben. Beamte lassen sich von den Drogenhändlern bestechen, zum Schutz der Armen tun sie nichts.
Die empfinden es daher als Genugtuung, daß der Drogenkrieg nun auch auf die wohlhabenderen Viertel der Stadt übergreift. Dort schnupfen vor allem die Yuppies und Lebenskünstler der Mittel- und Oberschicht Kokain.
Freitag nacht in Tijuca: Vor einer Kneipe lungern schick gekleidete Jugendliche und warten auf Kunden. Sie sind die »Flugzeuge« – Halbwüchsige aus den Favelas, die gegen Geld oder einen Anteil Kokain als Drogenkuriere arbeiten.

An jedem Wochenende bilden sich vor den Kokainverkaufsstellen lange Schlangen. Rund um die »Boca de Fumo«, den Drogenkiosk, hat sich eine eigene Subkultur entwickelt. Anwohner preisen Bier und Brause an; zahlreiche fliegende Händler sind zur Stelle. Eine Favela betrieb monatelang eine Art Kokain-Drive-in, Kinder bedienten die Kunden am Autofenster.

Auch in den Elendsvierteln nimmt der Drogenkonsum zu: Jugendliche stehlen und rauben, um Geld für das Rauschgift zu beschaffen; die »Soldaten« der Drogenmafia werden oft mit Kokain entlohnt. Die Sucht, von lateinamerikanischen Regierungen gern als Problem der Ersten Welt abgetan, hat in den eigenen Slums Einzug gehalten.

»Das Drogenproblem läßt sich nicht mit Polizeieinsätzen lösen, es ist eine Folge der krassen sozialen Unterschiede«, sagt Buchautor Amorim. »Die Rauschgifthändler leben den Jugendlichen in den Favelas vor, daß es einen schnellen Weg zum Geld gibt.«

Daß ihnen zumeist auch ein früher Tod droht, nehmen die Gangster in Kauf. »In diesem Job wird man selten älter als 30«, sagte Luís Carlos, der Drogenboß vom Morro dos Prazeres. Er lüpfte sein Hemd und wies auf einen Revolver im Hosenbund: »Das ist mein Ausweis, ohne den gehe ich nicht vor die Tür.«

Luís Carlos wurde 33 Jahre alt. Rivalisierende Drogenhändler aus dem benachbarten Elendsviertel Morro da Bandeira schossen ihn nieder, übergossen ihn mit Benzin und verbrannten ihn bei lebendigem Leib. Den Leichnam stießen sie einen Abhang hinunter, nur wenige hundert Meter vom Morro dos Prazeres entfernt.

Luís Carlos war nicht mehr dazu gekommen, seinen Revolver zu ziehen.

BARBARA SUPP

Der Boß am Hungry Mountain

Wilma Mankiller, der erste weibliche Cherokee-Häuptling
Dezember 1994

Der Wind pfeift über das Grasland, er rüttelt an den Taco-Buden und den Zelten, in denen fliegende Händler Kojotenzähne, Büffelfell und Pülverchen verkaufen, die Glück bringen sollen oder Schutz vor dem bösen Blick. Er reißt an den Fahnen, die sie in der Arena aufgepflanzt haben, und plötzlich steht die amerikanische Flagge nicht mehr.

Ein schlechtes Zeichen, ein Unglück sogar. Diese Fahne war nicht bloß blauweißrotes Tuch, sie war ein lebendes Wesen. Jetzt ist es tot. Der alte Cherokee blickt auf das Stück Stoff, noch heute nacht wird er es verbrennen. Und morgen, wenn der Chief zu seinem Fest kommt, wird eine andere, lebendige Fahne wehen.

Aber vielleicht wär's dem Chief ja auch egal. Wer weiß. Was soll man schon von jemandem erwarten, der sich in den sechziger Jahren in San Francisco herumgetrieben hat? Von einer Indianer-Aktivistin? Von einer Aufrührerin? Von einer Frau?

Der Nordosten Oklahomas ist ein armes, grünes, steiniges Land, und in Tahlequah, diesem verschlafenen Nest, hat sich die Cherokee-Nation of Oklahoma ihre Hauptstadt eingerichtet. Da sind die Billigblockhäuser draußen vor der Stadt oder die Wohnwagen für die, die sich nicht einmal das leisten können. Ein Land, in dem Not nicht pittoresk aussehen kann wie in Arizona oder New Mexico; wo sie nicht in grandioser Landschaft stattfindet, sondern langweilig ist und trist. »Dirt poor« heißt das hier.

Arm und konservativ und gottesfürchtig – ein Ort, wo man die verdammte Pflicht hat, Patriot zu sein, auch wenn der Aufstieg Amerikas den Fall der eigenen Nation mit sich brachte. Der Alte streicht über die Fahne, er seufzt. Wenn heute die Kiowa und die Seminole, die Creek, die Pawnee, die Chickasaw zu Besuch kommen, zum großen Powwow der Cherokee-Nation, dann feiern sie dieses Jahr auch Wilma Mankiller, den Principal Chief. Weiß der Himmel, oder die Unsterblichen vielleicht, wie es so weit kommen konnte.

Weiß es der Chief? Kurzes, knappes Lächeln, dann wieder viel Würde. Chief Cherokee: die bekannteste Indianerin Nordamerikas – die erste Frau, die sich einer der großen Stämme zum Häuptling gewählt hat.

Eine Provokation. Ein Skandal, fanden viele der Alten und der Traditionalisten. Die Medien aber staunten über diesen Chief, der eine Frau war, keine Federn auf dem Kopf hatte und diesen vielversprechenden Namen trug. Keine »Prärie-Amazone«, wunderte sich die Londoner *Times,* »sondern eine gewiefte Geschäftsfrau im Kostüm«. Keine Zöpfe, kein Fransenkleid: »Eine Managerin mit der Hartnäckigkeit eines Hühnerhunds«, berichtet ein Geschäftspartner. Ein merkwürdiges Wesen jedenfalls.

Wilma Mankiller, 48, sitzt hinter ihrem Präsidentenschreibtisch, eine breite Gestalt mit ernsthaften Augen in einem flächigen Gesicht, das sich selten zu unnötiger Freundlichkeit verzieht. Sie tue nur ihren Job, gibt sie bekannt. Aber der besteht eben nicht bloß darin, daß sie über einen Indianerstamm von 160 000 Menschen und ein Budget von 86 Millionen Dollar bestimmt. Sie ist eine Berühmtheit, man hört ihr zu. Und deshalb ist sie wohl die derzeit wichtigste Stimme der Indianer Nordamerikas und kann einen Kampf führen, der ihr so wichtig ist wie der um politische Rechte und geraubten Grundbesitz: den Kampf gegen das Klischee.

Keine Tipis, keine Friedenspfeifen, keine Schwitzhütten-Zeremonie. Keine Indianer, die im Abendlicht in eindrucksvolle Landschaft blicken und Unterredungen führen mit der Sonne und dem Wind. Sie spricht für einen Stamm, der sich im modernen Amerika zurechtzufinden sucht. Für ein Volk, dessen Schicksal symptomatisch ist für dieses Land, das sich neue Gedanken machen muß, wie man zusammenleben soll. Denn wer glaubt schon noch an den »Schmelztiegel«? Wer glaubt noch an Visionen?

Es gibt nicht mehr viele Gewißheiten, und wieder einmal sucht das Kino, sucht die Literatur den Blick zurück in die Pionierzeit, als alles noch möglich schien. Diesmal aber, so scheint es, ist es ein anderer Blick: Die weißen Siedler, die Glücksritter und die Revolverhelden in diesen Filmen haben keine großen Ideen und Ideale mehr. Die einzigen, die welche haben, sind die Indianer: so unendlich viel weiser, natürlicher, unschuldiger als der verdorbene weiße Mann.

Da geht die Nation ins Kino und kommt kollektiv beeindruckt wieder heraus, weil sie »Wolfsblut« gesehen hat oder »Der letzte Mohikaner« – und sich fragt, ob der rote Mann nicht letztlich doch der bessere sei. Da tragen sich bei der Volkszählung 308 000 Amerikaner als »Cherokee« ein, fast doppelt so viele, wie der Stamm als Mitglieder registriert hat. Da lädt Präsident Clinton, kaum ist er an der Macht, die Häuptlinge der 547 anerkannten Indianerstämme zu sich ein: »Willkommen im Weißen Haus. Willkommen daheim.« Amerika hat also doch aus seiner blutigen Geschichte gelernt, oder?

Ganz und gar nicht, findet der Chief, und sie sagt, daß es gefährlich sei, sich auf solche Dinge wie Kinofilme und Präsidentenempfänge zu verlassen, die wohl Moden sind, sonst nichts. Es ist Zeit für ein paar Wahrheiten. Zeit für einen Gegenentwurf zum Hollywood-Rührstück und zu der billigen Verbrüderung, die derzeit ein Teil Amerikas betreibt.

Also hat sie ein Buch geschrieben, das sich dieser Verklärung sperrig entgegenstellt: ihre eigene Geschichte und die ihres Stammes, ein Lehrstück über Auflehnung und Anpassung und die Widersprüche, die Amerika fast zerreißen, seit es als Nation existiert.

Schwierig, diese Suche nach dem eigenen Entwurf. Die Cherokee, die 1838/39 von den Weißen mit Waffengewalt aus ihrem Land im Osten verjagt und auf jenen berüchtigten »Pfad der Tränen« geschickt worden waren, der 4000 Menschen das Leben kostete – diese Cherokee lebten ja schon lange ganz ähnlich wie ihre Peiniger.

Keine Wilden, sondern einer der »fünf zivilisierten Stämme«; so hatten es die Weißen mit der Arroganz der Herrscher formuliert. Sie wohnten in Häusern und trugen schon lange kein Hirschleder mehr, sondern gewebtes Tuch. Seit fast 200 Jahren beten sie den Gott der Christen an. Seit dem frühen 19. Jahrhundert hatten sie eine Schrift für ihre Sprache, ihre Zeitung, ihre Verfassung, ihre Gesetze und eine Regierung, die sie selber wählten. Die Cherokee in Oklahoma haben nie in einem Reservat gelebt, sondern in einer eigenen Republik.

Sie sind keine Unschuldigen, die immer nur Opfer waren: In ihrer wirtschaftlichen Blütezeit, vor dem amerikanischen Sezessionskrieg, gab es eine Elite im Stamm, die ihren Reichtum der Ausbeutung verdankte – der Arbeit schwarzer Sklaven.

Was also ist das, die »Cherokee-Kultur«, die Chief Mankiller schützen und beleben will? Ein Stück anderes Amerika oder eine eigene Welt?

Es ist Abend geworden, der Wind hat sich gelegt, nur manchmal treibt er einen Schwall Benzingestank zur Powwow-Arena und zu den Zuschauerbänken, wo das Publikum die Nase rümpft. In den Taco-Buden rösten sie Fladenbrot, aus Caravans und Pick-up-Trucks steigen junge Männer mit glattem, schwarzen Haar, sanfte Matronen, alte Männer mit Brille und Buchhaltergesicht.

Menschen in Jeans und T-Shirt, die jetzt ihre Federkränze, Lederkleider oder Fransenhemden mit Glasperlenschmuck überziehen; Verwandlungen im Dämmerlicht, und als dann das grelle Licht der Scheinwerfer die Schattenrisse überzeichnet und die Profile schärft, können bemalte Gesichter erschreckend erscheinen und Federkronen beeindruckend und wild.

Blitzlichter, Weiße mit Fotoapparaten. Sie sind hier »herzlich willkommen«, so steht es im Touristenprospekt. Als eine der dicken Südstaaten-Ladys einer Fünfjährigen im Fransenkleid über die Zöpfe streicht, gefriert dem Mädchen ganz kurz nur der Blick.

Mitleid, freundliche Herablassung – so ähnlich muß das damals gewesen sein, vor 40 Jahren. Da drüben, in den Hügeln Richtung Arkansas, ist die staubige Straße, die das kleine Mädchen Wilma entlanggetrottet ist mit ihren Geschwistern. Da sind sie ihnen oft begegnet, die weißen Damen, sie hatten Bibeln und sanfte, mitfühlende Worte für die jungen Indianer: »Gott segne euch, ihr Kleinen.«

In der Schule lachten sie manchmal über diese Cherokee-Kinder, die nicht mal richtige Unterwäsche aus dem Kaufladen hatten. Was sie da trugen, hatte ihnen die Mutter aus Mehlsäcken geschneidert, es gab welche mit Blumenmuster, war doch hübsch, fand die Mutter, oder nicht?

»Hungry mountain« hieß dieses steinige Land früher mal, aber gehungert haben sie nicht. Sie hatten Mais oder Eichhörnchensuppe, gebratenes Murmeltier oder Beeren aus dem Wald. Im Sommer zogen der Vater und der älteste Bruder immer als Erntehelfer nach Colorado, und wenn sie zurückkamen, gab es neue Schuhe. Aus Leder.

Ein Cherokee-Leben, obwohl die Mutter eigentlich Irin ist, aber das änderte nichts. Mit alten Liedern und alten Geschichten, in denen die Unsterblichen spukten und der Große Bussard und der Wasserkäfer die Welt erschufen, und wenn mal Weiße auf das Haus zukamen, dann hat sich Wilma immer versteckt. Was sie da manchmal am Wochenende taten, Zeremonien und Tänze und heilige Rituale, die von guten Ernten und großen Siegen erzählten, verriet man den Mitschülern lieber nicht. Das war ein Geheimnis, das ging niemand was an.

Daß Indianer vor allem Leute sind, die Weiße skalpieren und Postkutschen überfallen oder betrunken unter Bäumen liegen, hat Wilma erst später gelernt, als es Fernsehen gab. Früher war er offenbar eine gefährliche Kreatur gewesen, der rote Mann. Jetzt setzte er auf Folklore, lebte in Tipis und setzte Federn auf, so wie es dem Touristen gefiel. Und sie? Was war sie?

Sie war knapp elf, als die Familie nach Kalifornien zog, weil Washington das so wollte. »Termination« hieß diese Politik: Das Bureau of Indian Affairs warb für den Umzug in die großen Städte, versprach Jobs und ein besseres Leben in der Hoffnung, aus Indianern endlich gute Amerikaner zu machen, die nicht mehr lästig fielen. Und Wilma saß in San Francisco in ihrer neuen Schulklasse, sprach die Wörter im falschen Dialekt und wurde wieder ausgelacht.

Dann endlich die sechziger Jahre. Die Schwarzen kämpften, die Linken, die Kriegsgegner, und schließlich steckte der Aufruhr auch die Indianer an: Plötzlich war die Rede von »rotem Stolz«. 1969 besetzten Sioux, Kiowa, Mohawk, Cherokee und andere die Gefängnisinsel Alcatraz: als Pfand für ihr verlorenes Land. Schluß mit dem Mitleid, mit der Verachtung. Alcatraz hat ihr Leben »mit einem Schlag« verändert: Das also war ein Indianer. Jemand, der sich nichts mehr gefallen ließ.

Als sie nach Oklahoma zurückkam, Ende der siebziger Jahre, war sie frisch geschieden und Mutter von zwei Töchtern, eine linksliberale Demokratin mit vielen großen Ideen im Kopf. Sie suchte sich einen Job im Cherokee-Nation-Hauptquartier. Dort hatten sie noch nie etwas von Basisdemokratie gehört.

Im Gegenteil. Das hier war Oklahoma, und als sie 1983 zum erstenmal als »Deputy Principal Chief«, als Vizehäuptling, kandidierte, da war völlig klar: Das gehört sich nicht. Mochte ja sein, daß die Frauen früher mal bei den Cherokee eine wichtige Rolle gespielt hatten. In alter Zeit wurde der Besitz über die Mutter vererbt, und wenn einer heiratete, dann zog er zu seiner Frau. Aber das war vorbei, heute dachte man modern, und Oklahoma war nicht der Ort, wo man sich von einer Frau gern etwas sagen ließ.

»Haßpolitik« nennt sie, was damals geschah: In der Nacht schlitzten sie ihr die Autoreifen auf, am Telefon drohten anonyme Stimmen, und einmal meldete sich gar niemand am Apparat, es spannte nur jemand sein Gewehr. Daß diese Radikale kandidiere, sagten die einen, sei »eine Beleidigung des Herrn«. Wenn sie gewinne, gifteten andere, dann würden die Cherokee »zum Gespött aller Indianerstämme Amerikas«. Haß war sie gewohnt. Aber hier, so schien es, drehten die eigenen Leute durch. Gewählt wurde sie am Ende trotzdem.

Ein trüber Samstag mittag in Tahlequah. Auf dem Podium steht die stämmige Frau mit dem gelassenen Gesicht, die nun seit neun Jahren hier Chefin ist, und hält ihre Rede »zur Lage der Nation«. Sie sagt, daß es noch immer verflixt schwierig sei, in Washington Gerechtigkeit für Indianer zu bekommen, egal, für welche Partei dort das Sternenbanner weht. Sie spricht, und die Cherokee klatschen und finden ihn jetzt recht brauchbar, diesen seltsamen Chief.

Scheint so, als ob ihr Häuptling ganz gut taugt für die neue Zeit. Der Wilde Westen findet heute in Konferenzzimmern und Kanzleien statt, ein Krieger heißt heute Anwalt oder Finanzberater – und die Waffen sind Gesetzestexte und Computer. Die muß man beherrschen, wenn man den schwierigen Kurs steuern will, der zwischen Ausverkauf und Elend liegt. Keine Spielcasinos, kein Atommüll-Lager, kein Touristenrummel; derlei Wege zum schnellen Geld lehnt sie ab.

In den wilden siebziger Jahren hat die Aktivistin Mankiller gelernt, wie man gegen Behörden und bürokratische Politiker kämpft. Sie sei, sagt sie selbst, eine Mischung aus »Vorstandsvorsitzender und Sozialarbeiterin«. Sie weiß, wie man Geld beschafft für Schulen,

Kliniken und Ausbildungszentren, die der Stamm dringend braucht.

Ein guter Indianer muß rechnen können. Wer sich selbständig machen will, bekommt Kredite, der Stamm besitzt ein Transportunternehmen, eine Elektronikfirma, eine Möbelfabrik und etliche Kleinunternehmen; er gibt 1300 Menschen einen Job. Nur jeder fünfte Cherokee ist arbeitslos – bei anderen Stämmen sind es 50, 60 oder 80 Prozent. Und sie kämpft um das, was den Traditionalisten am wichtigsten ist: um 6500 Hektar Boden am Arkansas River, der den Choctaw, Chickasaw und den Cherokee gemeinsam gehört. Für die Alten heißt das: um die Geschichte, um Identität.

Dieses Fest ist ihr Abschied von der Macht. Sie wird im nächsten Jahr nicht wieder kandidieren, sie hat schwere Krankheiten hinter sich, es ist genug. Und das Wichtigste ist vielleicht auch getan: Sie glauben ihr endlich, daß ein bißchen Auflehnung ganz guttut, wenn man andernfalls nicht bekommt, was man braucht.

Sie trommeln nicht nur für die Touristen da draußen am Powwow-Platz, sie feiern sich selbst und den Chief. Sie tragen ihren Wettstreit aus, die Traditional Dancers schütteln ihren Stachelkopfputz, Fancy Dancers wirbeln in grellen Federn, die Grass Dancers im Fransenkleid – Traditionen der Prärie-Indianer, doch die Cherokee tanzen sie längst mit. Wenn sie von den Weißen gelernt haben, warum sollen sie dann nicht auch die Traditionen der Stämme aus dem Westen akzeptieren?

Aber noch heute nacht, wenn der Zauber hier vorbei ist, wird Wilma Mankiller mit ihren Leuten irgendwo im Hinterland die Nacht durchtanzen. Sie werden auf ihre Weise dieses Jahr und ihren Abschied als Häuptling feiern, und niemand wird dabeisein, der nicht zum Stamm gehört. Ein Fest für die Revoluzzerin. Ein Fest für Wilma, den Chief.

GERHARD MAUZ

»Unverkennbar – Ronald Reagan«

Zum Beginn des Prozesses gegen O. J. Simpson in Los Angeles
Januar 1995

Die Verhandlung gegen Orenthal James Simpson, 47, beginnt zu einem glücklichen Zeitpunkt. Im November vergangenen Jahres ist gewählt worden. Im Januar dieses Jahres haben die Republikaner zur Halbzeit der Präsidentschaft eines Demokraten nach 40 Jahren wieder die Macht im Senat und im Repräsentantenhaus übernommen.

Inzwischen fragen sich angesichts dessen, was jetzt über sie kommt und was ihnen genommen werden soll, nicht wenige Wähler, ob sie sich richtig entschieden haben. Und die Nichtwähler plagt die Frage, ob sie sich nicht doch hätten beteiligen sollen.

Hinzu kommt, daß man zwar die Großmacht ist, doch eine ratlose, nahezu verächtliche Rolle in der Welt zu spielen scheint: Es ist ein Glücksfall, daß gerade jetzt der eigentliche Prozeß um die Schuld oder Unschuld von O. J. Simpson beginnt.

Mindestens für ein halbes Jahr ist nun der Bildschirm angesichts sozialer, wirtschaftlicher, innen- und außenpolitischer Notstände eine Zuflucht. »The most publicized murder trial in history«, so *Newsweek*, hat begonnen.

Die TV-Programme haben die Vereinigten Staaten in Sachen Simpson bis heute mit allem versorgt, mit Crime, Rassenhaß, Sex, Frauennot, mit kriminalistischen und juristischen Thesen, Antithesen und Spekulationen.

Als sich Simpson am 17. Juni vergangenen Jahres der Vollstreckung eines Haftbefehls für Stunden durch die Flucht in einem Geländewagen entzog, starrten fast 100 Millionen Amerikaner fasziniert auf die Bildschirme. Die Verhandlung vor der Jury, die jetzt beginnt, wollen nach einer Umfrage von *Newsweek* 82 Prozent der Amerikaner verfolgen.

Er soll seine geschiedene Frau und einen zufällig anwesenden jungen Mann mit dem Messer zu Tode gemetzelt haben: Er, eine Legende des US-Football, ist ein afroamerikanischer Aufsteiger aus den Slums der Schwarzen, der auch nach seinem Rückzug aus der Arena einen Platz in der amerikanischen Öffentlichkeit behielt, als Sportkommentator, als Schauspieler und als Werbeträger. Simpson hat auch für Orangensaft im Fernsehen geworben, für Orange Juice. Darum wird O. J. Simpson liebevoll »The Juice« genannt.

Nun wird er vor Gericht sitzen, und zwölf Geschworene sollen Recht sprechen. Sie sollen unbefangen sein und die Beweise und Gegenbeweise, die vor ihnen erörtert werden, unvoreingenommen würdigen.

David Letterman wurde in seiner TV-»Late Show« über diese Jury-Auswahl massiv: »Sie suchen jemanden, der im Gebiet von Los Angeles lebt, jemanden, der viel freie Zeit hat, jemanden, der keine Zeitungen liest und nicht fernsieht. Klar doch, das ist unverkennbar – Ronald Reagan.« Der leidet in fortgeschrittenem Stadium an der Alzheimer-Krankheit; der erkennt Angehörige und Freunde nicht mehr.

Es gibt keinen unbefangenen Bürger der Vereinigten Staaten in Sachen Simpson. Marvin Kitman in *Newsday:* »Das Fernsehen hat alles nur Mögliche getan, um das amerikanische Rechtssystem durch seine massive Berichterstattung zu unterminieren.«

Kann Simpson noch einen fairen Prozeß bekommen? Das ist die falsche Frage. Die richtige Frage lautet: Ist es noch möglich, einen Strafprozeß zu führen, der gegenüber Simpson – und zugleich gegenüber zwei grausam getöteten Menschen fair ist?

Könnte die Antwort »ja« lauten, so würde das bedeuten, daß in der Auseinandersetzung mit dem Verbrechen noch Vernunft waltet; daß es noch möglich ist, einen Ausgleich zu finden zwischen dem Leid der Opfer, dem Schmerz, der Wut seiner Angehörigen und Freunde – und der Sauberkeit und Fairness des Strafverfahrens; daß es noch möglich ist, so zu verhandeln und gegebenenfalls zu

bestrafen, daß das Maß nicht überschritten wird, das der Mensch gerade dem Menschen gegenüber bewahren muß, der etwas getan hat, was viele als unmenschlich empfinden.
Doch in den US-Wahlkämpfen der vergangenen Jahre hatte kein Politiker eine Chance, der nicht für eine Justiz ohne Federlesen und für die Todesstrafe eintrat – und dafür, daß wegen immer mehr Tatbeständen zum Tode verurteilt werden kann. In den Staaten ist es heute möglich, daß ein Mann hingerichtet wird, von dessen Unschuld zuletzt sogar die Staatsanwaltschaft überzeugt war. Und es ist möglich, daß die Anklage im Fall Simpson schon im September vergangenen Jahres erklärte, der Angeklagte solle, wenn er des zweifachen Mordes für schuldig befunden würde, nicht mit dem Tode bestraft werden.
Opportunität bestimmte diese Entscheidung. Es werden viel mehr Schwarze als Weiße hingerichtet in den Staaten. Diesem Thema der Bürgerrechtler wollte man ausweichen. Da setzte man sich lieber dem Aufschrei der Frauenorganisationen aus, die im Fall einer Verurteilung von Simpson die Todesstrafe, ein Zeichen wider die Gewalt gegen Frauen, gegen die Gewalt in der Ehe, verlangen.
In einem Meer von Gerüchten und Spekulationen lassen sich gerade noch die Tage von der Entdeckung von zwei Leichen bis zur Festnahme des Tatverdächtigen erzählen, ohne daß der Berichterstatter in den Heerscharen der pro und contra einen Bürgerkrieg führenden Parteien untergeht.
Am späten Abend eines warmen, vorsommerlich heiteren Tages, am 12. Juni 1994, einem Sonntag, ist in Brentwood am South Bundy Drive gegen 22.15 Uhr wütendes, rasendes Hundegebell und -jaulen zu hören.
Brentwood ist ein vornehmer, abseits und geschützt für sich gelegener Stadtteil von Los Angeles, unweit von Beverly Hills und vom Rodeo Drive. Der nächtliche Lärm ist ungewöhnlich, befremdend und beunruhigend. Doch niemand geht der Ursache des Lärms nach. Und dann ist die Nacht wieder so still, wie es sich für Brentwood gehört.
Um 22.35 Uhr begegnet dem Schriftsteller Steven Schwab, der seinen Hund ausführt, ein Akita, ein Hund aus einer alten japanischen Hunderasse. Seine Pfoten sind blutig. Als ein Nachbar Schwabs, Shukru Boztepe, nach Hause kommt, erklärt sich dieser bereit, den Akita für die Nacht aufzunehmen. Doch der Akita ist in

Boztepes Wohnung so rastlos, daß dieser sich entschließt, nach seinem Eigentümer zu suchen.
Und um Mitternacht führt der Akita-Hund Boztepe und Bettina Rasmussen, dessen Frau, zum Haus 875 South Bundy Drive. Das Tor steht offen. Zwischen dem Tor und der gleichfalls offenen Haustür liegen eine tote, fürchterlich zugerichtete Frau und ein von schwersten Wunden übersäter toter Mann. Überall ist Blut, es rinnt den Weg zum Haus hinunter auf die Straße.
Die über den Notruf 911 alarmierte Polizei trifft Minuten später ein. Die tote Frau wird rasch als Nicole Brown Simpson, 35, identifiziert, die geschiedene Frau des Football-Idols »Juice« Simpson.
Die Polizei bringt zuerst die Kinder Simpsons und seiner geschiedenen Frau Nicole, die Tochter Sydney, 8, und den Sohn Justin, 6, die geschlafen und nichts bemerkt haben, so aus dem Haus, daß ihnen der Anblick der Leichen in ihrem Blut erspart bleibt.
Dann setzt die Routine der Mordkommission ein, Spurensicherung am von Scheinwerfern beleuchteten, mit gelben Bändern abgesperrten Tatort. Die Frage, wer der tote Mann ist, läßt sich zunächst nicht beantworten. Erst später wird er als Ronald Goldman, 25, identifiziert. Er hat zuletzt als Bedienung im »Mezzaluna« gearbeitet, einem Lokal, das derzeit en vogue ist.
Die Wirklichkeit übertrifft jeden Roman, jedes Theaterstück, jeden Film und jedes Fernsehspiel. Und die Dramaturgie, nach der sie die Spannung immer höher auf und ab einem Gipfel zutreibt, von dem an nichts mehr die Sintflut aufhält, die sie inszeniert hat, ist perfekt.
Zunächst ist da die grauenvolle Tat. Und natürlich auch Mitgefühl für die Angehörigen der beiden Opfer, ein Mitleid, das sich auch auf Simpson erstreckt. Mancher kann sich auch in seinen Schmerz einfühlen, weil er weiß, daß Simpson noch immer nicht darüber hinweggekommen ist, daß die Frau, die er im Februar 1985 geheiratet hatte, sich 1992 von ihm scheiden ließ.
Gegen 7.30 Uhr Ortszeit am Morgen des 13. Juni erfährt Simpson, so sagt er bis heute, in Chicago durch einen Anruf der Polizei aus Los Angeles vom Tod seiner geschiedenen Frau und eines – noch nicht identifizierten – Mannes. Er ist in der vorangegangenen Nacht wegen eines seit langem geplanten Werbetermins nach Chicago geflogen. Er tritt sofort die Rückreise an.
Zurück in L. A., telefoniert Simpson mit seinem Anwalt, Howard

Weitzman, und dann ist schon uniformierte Polizei da, die ihn ins Headquarter abholt.
Der Schock der Tat, das Absinken der Spannungskurve ins Mitleid – die Regie der Wirklichkeit zieht den Bogen wieder hoch: Die Befragung von Simpson dauert fast vier Stunden. Es gelingt TV-Teams, O. J. Simpson zwischen Detektiven aufzunehmen: Und ihm sind die Hände mit Plastikhandschellen auf den Rücken gefesselt. Wenig später sieht die ganze Nation die Legende Simpson in Handschellen auf allen Programmen.
Das ist ein Schock, die Spannungskurve steigt steil an: Ist es möglich, daß der Nationalheld, dessen Büste in der Ruhmeshalle des American Football steht, der seine Sportkarriere als Schauspieler, als begehrter Star der Werbung fortgesetzt hat, der vielfacher Millionär ist und ein Symbol dafür, daß auch ein farbiger Amerikaner sich durchsetzen und behaupten kann in der von den Weißen dominierten Gesellschaft – daß dieser Mann ein Mörder ist?
Aber die Spannung läßt nach. Simpson verläßt das Headquarter als freier Mann. Die Ermittlungsbehörde erklärt, sie sei dankbar für die Kooperationsbereitschaft O. J. Simpsons. Der hat, so erfährt man, ausgesagt, er wisse nichts über den Mord an seiner geschiedenen Frau, er sei auf dem Weg nach Chicago gewesen, er habe nichts mit den beiden Morden zu tun. Die Verletzung an seiner Hand? Er habe ein Glas in der Hand gehabt, als ihn die Polizei in Chicago anrief. Er habe das Glas zerdrückt, als er hörte, daß Nicole tot sei.
Simpson bleibt auf freiem Fuß. Zwar zieht die Hertz-Autovermietung, deren Werbestar er fast 20 Jahre gewesen ist, ihre Spots mit ihm zurück. Doch am Mittwoch, dem 15. Juni, nimmt er an der Aufbahrung seiner geschiedenen Frau teil. Er beugt sich über die Ermordete, er bewegt sich als Tieftrauernder unter der trauernden Familie Brown, der Familie der toten Nicole.
Am Donnerstag, dem 16. Juni, erscheint Simpson zur Messe für Nicole, ihretwegen ist er vor der Hochzeit zum katholischen Glauben übergetreten. Er ist später auch bei der Beisetzung dabei. An seiner Hand gehen die Kinder, Sydney und Justin. Auf den Bildern und Filmen ist er ein zutiefst erschütterter Mann.
Zwar sind schon beunruhigende Gerüchte in Umlauf. Blutspuren am Tatort sollen auf Simpson hinweisen. Und am 16. Juni werden im Fernsehen zwei Interviews mit einem Taxifahrer gesendet, der

zuvor von der Polizei verhört worden ist. Trifft seine Aussage zu, so hat Simpsons Alibi, er sei zur mutmaßlichen Tatzeit auf dem Weg nach Chicago gewesen, ein Loch von 75 Minuten, in dem er die beiden Morde hätte begehen können. Aber was ist das gegen die Bilder und Filme von dem Mann, der weint, der die Hände seiner Kinder hält.
Am frühen Morgen des 17. Juni, einem Freitag, erläßt Staatsanwalt Gil Garcetti, der Chef der Strafverfolger in Los Angeles, den Haftbefehl wegen Mordes in zwei Fällen gegen Simpson. Wo der Delinquent ist, weiß die Behörde nicht. Sie hat nur über seinen Rechtsanwalt Kontakt zu ihm. Simpson ist nach der Beisetzung verschwunden. Darum ruft die Polizei den Anwalt Robert Shapiro an, der inzwischen die Beratung von Simpson übernommen hat. Sie informiert ihn über den Haftbefehl und vereinbart mit dem Anwalt, daß sich Simpson um 11.00 Uhr zu stellen habe.
Um 9.30 Uhr bricht Shapiro auf, er fährt ins San Fernando Valley, dort hat Simpson, mit Wissen Shapiros, bei seinem Freund Robert Kardashian Unterkunft und ein Versteck vor den Medien gefunden. Shapiro sagt ihm, daß er sich jetzt stellen müsse. Simpson ist mit schweren Medikamenten beruhigt worden und befindet sich unter ärztlicher Kontrolle, er wacht gerade benommen auf. In den Achselhöhlen plagen ihn geschwollene Lymphdrüsen, er wird deswegen untersucht. Es könnte, streut Shapiro aus, Krebs sein.
Shapiro gibt Simpson 60 Dollar, damit er nicht ohne Geld in die Untersuchungshaft geht. Man ist spät dran, alle 15 Minuten ruft Shapiro bei der Polizei an, um zu erklären, warum man sich verspätet. Shapiro diskutiert mit den Ärzten im zweiten Geschoß des Hauses, auch einem Psychiater, der Selbstmordgefahr sieht. Um 11.45 Uhr teilt Shapiro, der sich nicht mehr zu helfen weiß, der Polizei mit, wo Simpson sich befindet. Ein Streifenwagen wird losgeschickt. Doch inzwischen befindet sich Simpson in einem weißen Ford Bronco, der Al Cowlings gehört, einem Jugendfreund, der immer für ihn durchs Feuer geht, auf einer Fahrt, von der niemand weiß, wohin sie führen soll.
In Los Angeles tritt Gil Garcetti vor eine Pressekonferenz, vor Kameras und Mikrofone im Gebäude des Kriminalgerichts, und teilt mit, daß sich Simpson auf der Flucht befinde. »Wir haben«, sagt er, und fügt korrekt und vorsichtig ein »vielleicht« ein, »den Sturz eines amerikanischen Helden erlebt.«

Fast 100 Millionen Amerikaner erleben vor dem Bildschirm mit, wie der weiße Bronco auf dem Highway von einem Hubschrauber aus entdeckt wird und wie er schließlich vor einer Meute von Streifenwagen, immer drei oder vier nebeneinander mit eingeschalteten Scheinwerfern und blinkenden Alarmlichtern auf den Dächern, dahinrollt.
Shapiro beschwört seinen Mandanten vor den Fernsehkameras, aufzugeben und sich zu stellen. Auf den Brücken über den Highways und an deren Rand, wo der Geleitzug entlangfährt, Kundgebungen für Simpson, für »Juice«, schnell gemalte Schilder, die ihn auffordern, nicht aufzugeben. Auf dem Bildschirm, vorgezeigt und verlesen, Briefe, die Simpson geschrieben hat vor dem Aufbruch, Briefe, in denen er seine Unschuld beteuert, die aber auch als Abschiedsbriefe eines Schuldigen empfunden werden können. »That's history«, schrieb ein Journalist, fassungslos und überwältigt.
Dazu die Stimme von Al Cowlings am Steuer des Bronco, der über Telefon mit der Polizei verhandelt, der inständig bittet, man möge nichts unternehmen. Simpson halte eine Pistole an seinen Kopf. Erst nach Stunden kapituliert der Verfolgte, stellt und ergibt sich vor seinem Haus in Brentwood.
Mit immer höheren Wellen und immer weniger Wellentälern zwischen ihnen hat sich der Fall Simpson aufgebaut, bis endlich die Sintflut eines Medienereignisses ohnegleichen alle Deiche, alle Spielregeln der Gesellschaft überrollt. An diesem Strafprozeß wird sich entscheiden, nicht nur für die Vereinigten Staaten, ob die Gesellschaft in totaler Öffentlichkeit zusammenlebt, in jedem Augenblick und an jedem Ort unter den Augen der Fernsehkameras – oder in einer Welt, die zwar von den Medien kontrolliert wird, in der es jedoch eine Insel wie die Rechtsprechung gibt, der ein Schutz gewährt wird, den die Mühe um eine leidliche Gerechtigkeit braucht, wenn sie nicht zum Volksgericht per TED, zum Pranger und zur öffentlichen Hinrichtung zurückkehren will.
Der amerikanische Stabschef Colin Powell hielt am 13. Dezember 1991, kurz vor Beginn der militärischen Auseinandersetzung mit dem Irak, einen Vortrag vor Offizieren der National Defense University in Washington. »Wenn Sie alle Truppen in Bewegung gesetzt haben und die Kompaniechefs sich um alles kümmern,« sagte er, »müssen Sie sich aufs Fernsehen konzentrieren. Denn Sie

können die Schlacht gewinnen und den Krieg verlieren, wenn Sie die Geschichte nicht richtig verkaufen.«
In einem Land, in dem sich sogar das Militär dem Fernsehen unterworfen hat und alles tut, um dessen Ansprüche zu befriedigen und sich seiner bedienen zu können, war die Justiz lange eine letzte Bastion. Der Supreme Court, das höchste Gericht der Vereinigten Staaten, versuchte durchaus in der Auseinandersetzung »Fair trial versus free press«, im Konflikt zwischen der Fairness des Strafverfahrens und der Pressefreiheit, die Waagschalen auf gleicher Höhe zu halten. Es sind immer wieder Urteile aufgehoben worden wegen zu großer Publizität zum Nachteil des Verurteilten. Doch am 26. Januar 1981 entschied der Supreme Court im Fall Chandler versus Florida, daß ein Bundesstaat berechtigt ist, Kriminalprozesse durch Radio und Fernsehen aufnehmen und live senden zu lassen. In Florida gab es bereits Richtlinien, die es dem Richter überließen, ob er Aufnahmen gestatten wollte. Und Aufnahmen waren auch gegen den Widerspruch des Angeklagten zulässig. Im Fall Chandler hatte der Verteidiger den Supreme Court angerufen. Der entschied gegen ihn. Die Fernsehberichterstattung durchbreche die Verfassungsgrundsätze nicht, ein generelles Verbot sei nicht zulässig. Sie berge lediglich die Gefahr, gegen die Verfassung zu verstoßen. Die Fernsehberichterstattung wurde mit der Berichterstattung des gedruckten Mediums gleichgesetzt.
Der Angeklagte habe im Einzelfall nachzuweisen, daß die Unparteilichkeit der Jury oder die einzelner Beteiligter durch die Medien (ob im Print- oder im elektronischen Bereich) beeinträchtigt worden sei. Es sei inzwischen durch eine weiterentwickelte Technik möglich, Gerichtsverhandlungen ohne jede Störung ihres Ablaufs unauffällig aufzunehmen. Das Fernsehen habe sich in der Bevölkerung als Medium durchgesetzt. Es bestünde daher ein erhöhtes Interesse an seiner Berichterstattung.
Für den Supreme Court dürfte bei seiner Entscheidung eine Rolle gespielt haben, daß Affären wie 1972 Watergate bei stärkerer Einschränkung der Medien nicht aufgedeckt worden wären.
Auf der Basis dieser Supreme-Court-Entscheidung haben bis heute 47 Bundesstaaten Fernsehübertragungen zugelassen. Und seit vier Jahren gibt es Court TV, einen Kanal, der ausschließlich aus den Gerichtssälen sendet und zusätzlich »Specials« über die

Justiz anbietet. Die verheerenden Folgen sind spürbar, doch es wird abgewiegelt: Kein Einfluß auf Richter und Geschworene, kein Qualitätsunterschied zwischen Urteilen mit und ohne TV, verwerflichen Journalismus gebe es auch gedruckt, immerhin könne sich das Publikum eine eigene Meinung über die Justiz machen.
Doch in Wahrheit werden die Prozesse gesendet, die »ankommen« beim Zuschauer, von der Tat oder vom Täter her oder den Beteiligten. Ein Kennedy-Verwandter wegen Vergewaltigung vor Gericht, die Frau, die ihrem Mann den Penis abschnitt: Das kommt garantiert an. Und die Prozesse, die weniger ankommen, werden auch zu guter Handelsware, wenn man aus ihnen die »knackigen« Szenen herausgreift, ob sie nun bedeutsam sind für den Fall oder nicht. Man sendet eine Komposition, man mischt, man wählt aus, mal den Zeugen, der belastend aussagt, mal den Angeklagten, wie er reagiert. Am TV-Pranger stehen der Angeklagte und seine Angehörigen, sind diese nicht im Saal, »schießt« man sie irgendwo draußen »ab«. Man braucht Füllsel für langweilige Passagen der Sitzung und vor allem für die Vorberichte, die den Appetit pflegen sollen. Am Pranger steht auch die Frau, die sagt, sie sei vergewaltigt worden, wenn die Verteidiger sie ins Kreuzverhör nehmen.
Es ist Geld in die Justiz eingedrungen mit dem Fernsehen. Den Richter hat es noch nicht erreicht, doch schon den Geschworenen: Für die Beschreibung der Beratung sofort nach der Entlassung der Jury zahlt man fünfstellige Beträge (und es soll schon Verträge darüber weit vor dem Urteil gegeben haben). Zeugen sind nicht mehr brauchbar, weil sie zuerst die Medien für Geld informierten. Auch die Medien, die gedruckt oder gesprochen werden, zahlen, zwar magerer, aber sie versuchen im Kampf gegen die Übermacht der Bilder, was in ihren Kräften steht. Hat man kein Geld, druckt oder sendet man auch das Unwahrscheinlichste. Man muß etwas haben. Polizeibeamte in TV-begehrten Verfahren werden zu Lecks, liefern Dokumente. Mitarbeiter von Anwälten, Sachverständige wispern vertraulich – für Geld, für Geld, für Geld.
Lance Ito, 44, der Richter im Simpson-Prozeß, hat, über Falschmeldungen empört, gedroht, das Fernsehen auszuschließen. Dann ließ er es doch zu, die Anwälte des Mediums hatten vor ihm für die Pressefreiheit brilliert. Doch kurz darauf gab der Richter Tritia Toyota von KCBS-TV fünf Zehn-Minuten-Interviews über sich selbst. Im Mittelpunkt des Interesses stehend, so erfuhr man,

fühlt er sich wie Madonna. Früher hatte er einmal von den verheerenden Folgen gesprochen, die es haben könne, wenn man nicht der Versuchung widersteht, sich auf dem Kanal von CNN zu sehen. Die Jury hat er in einem unbekannten Hotel einschließen lassen. Zwei Mitglieder mußte er bereits entlassen und ersetzen. Sie hatten im Auswahlverfahren etwas verschwiegen. Acht Frauen und vier Männer gehören der Jury an, in der Mehrzahl Afroamerikaner. Marcia Clark, 41, Tochter eines Israeli, zwei Kinder nach zwei gescheiterten Ehen, einmal Tänzerin gewesen, ein Jury-Kandidat mochte sie nicht leiden, sie trage zu kurze Röcke, sieht sich als Anklägerin in der Rolle des »underdog« in diesem Prozeß. Sie hätte am liebsten jeden Jury-Kandidaten dem Lügendetektor überantwortet. Sie fürchtet, daß viele Anwärter falsche Antworten gegeben haben, um ausgewählt zu werden und zugunsten Simpsons wirken zu können. Marcia Clark ist dennoch zuversichtlich. Sie hat Richter Ito dazu bewegt, Material zuzulassen, mit dem sie beweisen will, daß der Angeklagte Nicole in den 17 Jahren ihrer Beziehung immer wieder mißhandelt hat. Sie ist eine ausgezeichnete Juristin, doch darum geht es nicht: Es geht darum, wie man sich präsentiert. Nicht nur darum, wie man in der Sitzung wirkt, sondern wie man über den Bildschirm kommt. Ihre selbstbewußte Art, so heißt es, könnte gerade Frauen gegen sie einnehmen.

Die Verteidiger Robert Shapiro, 52, der als Bürgerrechtler bekanntgewordene farbige Johnnie L. Cochran, 57, und die Berater F. Lee Bailey, 61, er hat gelegentlich Alkoholprobleme, »wenn ich einen schwierigen Fall habe, werde ich durstig«, und Allen Dershowitz, 56, der Harvard-Rechtsprofessor, der durch die Verfilmung des Falls von Claus von Bülow weltbekannt wurde, empfanden sich zunächst als »dream team«.

Dann gab es wüste öffentliche Auftritte. Shapiro und Bailey stritten darüber, wer das Protokoll der ersten Befragung Simpsons den Medien zugespielt habe. Inzwischen geht man wieder ostentativ Arm in Arm »im Interesse des Mandanten«, den man für »unschuldig zu 100 Prozent« hält. Cochran, gefragt, da werde er wohl vermittelt haben, lachte: Er meine, sich den Friedensnobelpreis verdient zu haben. Die Verteidigung versteht es, Siegesbewußtsein auszustrahlen. In die erste Reihe der Showtruppe der US-Anwaltschaft gerät man auch dadurch, daß man seine Mißerfolge im Schatten gelegentlicher Triumphe verbergen kann.

Übrigens: Bevor sich der Supreme Court 1981 für Fernsehübertragungen aus den Gerichtssälen entschied, hatte sich die ABA, eine Vereinigung amerikanischer Rechtsanwälte, bereits dafür eingesetzt, die Restriktionen für das Fernsehen zu lockern. Man roch den gewaltigen Impuls für das Geschäft. Von dem profitieren nun aber nicht nur die Anwälte, sondern eben auch mögliche Zeugen. Faye D. Resnick hat ein Buch über »Nicole Brown Simpson« veröffentlicht, ihr privates Tagebuch über das so schrecklich beendete Leben ihrer Freundin. Faye Resnick ist zumindest schwer drogenabhängig gewesen. Die Verteidigung wird versuchen, sie damit im Kreuzverhör zu zermalmen. Doch das Buch, von dem bereits 750 000 Exemplare gedruckt wurden, erschien, bevor die Jury eingeschlossen wurde. Es hat eine gewaltige Wirkung gehabt, denn es alarmierte – gerade in den Staaten – gleich zwei maskuline Urkomplexe. Zum einen soll Nicole ihrer Freundin Faye anvertraut haben, wenn der erste Mann im Leben ein Farbiger gewesen sei, dann fände man Befriedigung nur noch bei Farbigen. Und zum zweiten behauptet Faye Resnick, Nicole habe eine Affäre mit Marcus Allen, einem hochaktuellen Football-Star, angefangen.
Sie habe die Freundin verzweifelt gewarnt. Das werde O. J., der Football-Star im Ruhestand, nicht hinnehmen, dann werde er sie umbringen. Der Versuch, Nicole auch nach der Scheidung in Abhängigkeit von ihm zu halten; seine kranke, irre Eifersucht – sie werde explodieren. Doch Nicole, man ging am Strand spazieren, sei plötzlich stehengeblieben, habe ein mächtiges Stück Treibholz hochgehoben und ihr mit den Worten hingehalten: »Das ist das Maß von Marcus Allen.« Faye will gesagt haben: »O mein Gott, das ist unmöglich.« Doch Nicole habe lachend versichert, dies sei absolut die Wahrheit. Faye Resnick erzählt eine Geschichte, in der mancher den Brand sehen könnte, dem die Explosion der Tat folgte.
Der Simpson-Prozeß soll, anläßlich einer Straftat, ein »neues TV-Zeitalter« einleiten, die totale Zugänglichkeit von allem und jedem für das Fernsehen. Was in den Staaten möglich ist, muß überall in der Welt möglich sein. So hat denn auch dieser Tage der geschäftsführende Gesellschafter von n-tv gefordert, zuzulassen, daß Gerichtsprozesse im Fernsehen übertragen werden. Nach deutschem Recht sei öffentlich zu verhandeln. Heute stellten vor allem die elektronischen Medien Öffentlichkeit her. Der Deutsche Rich-

terbund hat entschieden widersprochen. Doch die deutschen Richter sind die dritte Gewalt im Staat, die rechtsprechende, und nicht die erste, der Gesetzgeber. Und die Rechtsprechung des Bundesverfassungsgerichts wird vom Fernsehen neuerdings hoffnungsvoll betrachtet.

Der französische Religionsphilosoph Blaise Pascal schrieb: »Weil man das Recht nicht finden konnte, hat man die Macht gefunden.« Gegenwärtig droht, daß dieser Satz abgewandelt werden muß: »Weil man das Recht nicht finden konnte, hat man das Geschäft gefunden.« Vor dem Gericht in Los Angeles türmen sich die Kameragerüste, das ist kein Landsknechtlager mehr und kein »O. J. Camp«. Das ist eine Invasionstruppe mitten im Generalangriff.

CHRISTIAN NEEF

Deckname Schwarze Tulpe

Der Endkampf der Russen in Grosny
Januar 1995

An der verkrüppelten Birke vor dem Tower der russischen Luftwaffenbasis Mosdok baumelt ein blauer Postkasten. »103 400 Moskau – 400«, so erinnert ein Schild den Benutzer, müsse er als Adresse auf den Brief an die Lieben daheim schreiben.

Die Anschrift der Militärpost in Moskau, 1500 Kilometer vom nordkaukasischen Mosdok entfernt, gibt dem Feldzug ins Tschetschenen-Land wenigstens den Anschein von Ordnung. Um den Kasten für letzte Nachrichten vor dem Abrücken nach Grosny drängen sich lauter frischrasierte, verstörte Jungengesichter, unter ihnen Schenja Chudenki, 18. Ein Iljuschin-Transporter hat den schmalen Teenager wenige Tage zuvor vom Stillen Ozean in die Kaukasus-Berge verfrachtet, an die Grenze zu Tschetschenien.

Seine Kameraden von der 55. Marineinfanteriedivision Wladiwostok hocken verloren im Schneetreiben auf ihren Seesäcken an der Rollbahn. Den gerade erst an den Gleichschritt gewöhnten Rekruten ist nach dem ersten Blick auf das Etappengetümmel klar: Dies wird kein Marsch ins Manöver.

Von der Mosdoker Startbahn stiegen einst die strategischen Atombomber der Sowjetmacht in den Himmel, jederzeit einsatzbereit gegen den eine halbe Weltreise entfernten Klassenfeind. Jetzt schweben alle fünf Minuten dickbauchige Frachter, braungescheckte Jagdbomber, Stabs- wie Sanitätsflugzeuge, reaktivierte Propellermaschinen und silberne Tupolew-Bomber ein: Nachschub für die Strafaktion, mit der Kreml-Herr Boris Jelzin seinem Widersacher Dudajew eine »Lektion« erteilen möchte.

Lastwagen befeuern mit Notscheinwerfern die im Nebel liegende Piste. Von der Front zurückkehrende Kampfhubschrauber setzen haarscharf neben hin- und herjagenden Tankwagen auf den Rollbahnen auf.

Zwischen den Betonstreifen wird ein halbes Hundert Helikopter mit Munition bestückt. Raketen und Bomben liegen im knöcheltiefen Schlamm. Gleich daneben wärmen sich verfrorene Soldaten am offenen Feuer. Sanitäter laden Verwundete in Krankenwagen um.

»Hier herrscht völliges Chaos«, sagt ein Offizier vom Bodenpersonal. »Mit dieser Macht müßten wir bereits ein Land wie Belgien eingenommen haben.« Doch viele Stadtteile von Grosny sind noch immer in Dudajews Hand. In Mosdok ist der Tschetschene noch weit, doch die Stimmung auf dem Stützpunkt grenzt an Hysterie. Selbst in den Transportflugzeugen sitzen Schützen an doppelläufigen Kanonen im Heck, als habe Moskau nicht längst alle Feind-Maschinen zerbombt. Sandsäcke verbarrikadieren die Kaserneneingänge der weitläufigen Garnison. Leuchtspurgarben hellen den Himmel auf. Auch der einfache Telefonverkehr wird verschlüsselt.

Den Stab gleich neben dem Feldlazarett bewachen Elitekämpfer der Spionageabwehr, eine MPi mit Schalldämpfer in der Hand. Seit Geheimdienstchef Sergej Stepaschin, Jelzins Tschetschenien-Statthalter Nikolai Jegorow und der Propaganda-Troß der Armee in dem zweistöckigen Ziegelbau Quartier genommen haben, heißt das Gemäuer im Soldatenjargon »domik ura« – Hurra-Häuschen.

Was an Frontmeldungen herausdringt, nimmt in der Garnison kaum noch jemand für bare Münze. »Bahnhof von Grosny erobert«, heißt es an diesem Tag. Es dauert nur wenige Stunden, bis ein heimkehrender Frontoffizier die Meldung dementiert. Unrasiert, in zerrissener Uniform und hundemüde macht er seinem Ärger Luft: »Wir liegen im Kugelhagel vorn und sind trotzdem die Buhmänner der Nation – weil die«, sein Daumen zeigt hinauf zum ersten Stock der Villa Hurra, »monatelang geschlafen haben.«

Die Amerikaner – ja, die hätten genau gewußt, warum man Interventionen wie in Haiti psychologisch über die Medien vorbereiten muß. »Und wir?« Der Major spuckt trotzig in den Dreck. »Hatten wir gegen Dudajew nicht genügend Argumente bei der Hand?«

Weil auch Stepaschin den Krieg »propagandistisch leider verloren« gibt, wollte er die Schlappe mit einer medienwirksamen Geste wettmachen: Elitetruppen sollten so schnell wie möglich Rußlands Flagge auf Dudajews Präsidentenpalast hissen – jenem häßlichen Betonklotz, in dem einst das KP-Gebietskomitee saß und der inzwischen in aller Welt zum Symbol für den Widerstand des tschetschenischen David gegen den russischen Goliath geworden ist.

Das sieht dann wenigstens so aus wie ein Sieg. Im 50. Jahr nach dem Triumph über die deutschen Aggressoren möchte das Militär mit Macht den Reichstagsmythos beleben. Als das 276. Mot-Schützen-Regiment unter Oberst Sergej Bunin endlich die rauchende Ruine mit der Trikolore schmückt, feiert Jelzin daheim – wieder einmal und wieder zu früh – »den praktischen Abschluß« der Kriegshandlungen.

Sein Verteidigungsminister Pawel Gratschow, näher dran, hat bereits eine andere Parole ausgegeben: den »lang währenden Krieg«. Ein Ende der »erbitterten Kämpfe« sei nicht abzusehen, erklärt ein Oberstleutnant. Aber bitte: »Wenn Dudajews Kämpfer unbedingt sterben wollen – es ist ihr gutes Recht.«

Wo die Kunst der Strategen versagt, muß die Greuelpropaganda aushelfen: Russische Gefangene seien von Freischärlern an den Fensterkreuzen des Präsidentenpalastes aufgeknüpft worden, lautet eine dieser Tatarennachrichten. Oder: In Hospitälern lägen Offiziere, denen die »Banditen« Kreuze in die Brust gebrannt, die Hoden abgeschnitten, die Augen ausgestochen hätten. Doch nicht einmal die Kriegsberichterstatter vom Armee-Blatt *Roter Stern* bekommen vom Feind Verstümmelte zu sehen. Aus Furcht vor späteren Terrorakten haben viele Offiziere ihre Gesichter hinter Masken verborgen, seinen wirklichen Namen mag niemand nennen.

Nur die Soldaten sind offen und ohne Argwohn: Jeder, der wie Rekrut Chudenki seine Haut buchstäblich zum heißumkämpften Marktplatz im Stadtzentrum von Grosny tragen muß, darf erst noch zum Aufwärmen in die Kantine. Vor dem Einsatz gibt es gebratenen Fisch und Kartoffelpüree, dazu einen Schlag Nudeln ins Kochgeschirr. Dann noch einmal rasch ins freie Feld: Da üben die Rekruten, wie sich im Nahkampf überleben läßt.

Jede Stunde formiert sich am Tor des Heerlagers eine Kolonne zum Abtransport nach Grosny: Panzer, Tankwagen, Nachrichtenkompanien. Weil die Soldaten sicherheitshalber die Seitenfenster der Fahrerkabinen mit Schußwesten verhängt haben, übersehen sie den Spruch, der seit alten Zeiten die Landstraße ziert: »Völkerfreundschaft – die größte Errungenschaft der Sowjetunion«.

Mit dem Hubschrauber dauert der Flug an die Front 40 Minuten. Dicke Rauchsäulen stehen über der Ölraffinerie von Grosny. So niedrig wie möglich jagt der Pilot über die Trümmer, um die Maschine bei Beschuß vielleicht noch aufsetzen zu können.

Aus Obstgärten feuert Artillerie auf die qualmenden Reste der tschetschenischen Hauptstadt, Granateinschläge blitzen auf. Der Kampfstab von Frontbefehlshaber Iwan Babitschew hat sich im Lenin-Park neben dem Stadion eingegraben. Aus dem Keller des ausgebrannten Restaurants »Terek« dirigiert Babitschew, der beim Vormarsch noch gezaudert hatte, nun den Angriff aufs Stadtzentrum.

Militärabwehr, Sicherheitsdienst und Diversionsspezialisten fahnden nach Defätisten. Die Führungsspitze der Uljanowsker Luftlandedivision komme als »Bande von Feiglingen« vor Gericht, droht ein Militärpolizist – wegen der Weigerung, ihre Männer zum erneuten Sturm ins Zentrum zu jagen.

Am Springbrunnen des Parks sammeln sich jene, die ins Feuer müssen. Unteroffiziere beladen einen kleinen Panzer mit Munition: Nachschub für die Truppenspitzen am Bauernmarkt, 200 Meter von Dudajews Palast entfernt.

Hinter dem Parktor beginnt das Niemandsland. Ein Knäuel ausgebrannter Autos türmt sich in der Straßenmitte, daneben liegt ein erschossener Polizist. Vor einer Bierbude haben Barmherzige drei Leichen mit Pappe zugedeckt. »Wegen der Hunde«, sagt Panzerführer Kolja, und: »Das sind keine von uns, die liegen schon seit Silvester dort.«

Mit Vollgas jagt er sein Gefährt in die Rosa-Luxemburg-Straße hinein. Das Wohnviertel, offiziell längst von russischen Truppen besetzt, ist menschenleer. Doch der Feind lauert überall. Eine Granate in die Kisten auf dem Panzerdach, weiß Kolja, »das wäre das Aus«.

Nach zehn Minuten ist der Marktplatz erreicht. Mit klirrenden Ketten manövriert der Sergeant den Panzer zwischen die niedergewalzten Verkaufsbuden. Maschinengewehrfeuer. In einer Nische hockt Oberstleutnant Alexander, 39. Seit zehn Tagen ist er mit seinen Männern keinen Meter vorgerückt. Mangels Stadtplan hat er sich eine Bleistiftskizze vom nächsten Häuserviertel gemacht: sieben Wohnblöcke, fünf Etagen hoch, und von überall her feuern Dudajew-Kämpfer ihre Salven in den Basar.

»Profis«, knirscht Alexander. »Die wechseln ständig ihren Standort, provozieren uns und halten dann aufs Mündungsfeuer.« Er zeigt in Richtung Innenministerium: »Dort sitzen unterm Dach die Unsrigen, die erste Etage ist von Tschetschenen besetzt.«

Vorrücken? Der Offizier lacht bitter: »Um einen Häuserblock zu besetzen, brauche ich 60 Mann – 10 pro Aufgang. Uns fehlen die richtigen Waffen, sogar Decken für die Nacht.«

Er kann nicht einmal seine schon vor Tagen am Kino »Oktober« gefallenen Leute bergen. Die versprochene Verstärkung durch Truppen des Innenministeriums ist nicht gekommen.

Alexander springt hinüber in die Markthalle. Drinnen ist eine Einheit aus dem nordrussischen Pskow in Stellung gegangen. Von 43 Mann sind nur noch 19 da, alle anderen fielen.

Schnaufend hockt sich der Regimentskommandeur hinter einen Hackklotz in der früheren Fleischabteilung und sagt seine Meinung über diesen Feldzug: »Das ist ein gänzlich unverständlicher Krieg, ohne klares Ziel: Wir laufen wie die Hasen hin und her und lassen uns von den Tschetschenen abknallen – und das für gerade mal den vierfachen Friedenssold. Wenn Rußlands Fahne auf Dudajews Amtssitz weht, glauben die in Moskau, das Tschetschenen-Problem sei gelöst.«

Als er die Halle auf demselben Weg wieder verläßt, sieht er die schief in den Angeln hängende Tür: Eine Garbe hat eben die Füllung durchsiebt.

Seinen Oberleutnant Konstantin Kadschijew hat es getroffen. Der Munitionspanzer nimmt den Verwundeten mit in den Park zurück. »Lungenschuß«, diagnostiziert der Arzt im Feldhospital, das notdürftig in der Kellerbar »Chakmadu« untergekommen ist. Kadschijew flüstert: »Im Februar wollte ich eigentlich heiraten.«

Auch der Feldscher flüstert, als er ein Stück vom größten Kriegsgeheimnis preisgibt: 80 Verletzte hätten sie mitunter am Tag, insgesamt seien schon anderthalb tausend gefallen.

Vor dem Tor des Hauptquartiers in Mosdok hat sich Rußlands empörtes Gewissen eingefunden: Soldatenmütter aus Sibirien, St. Petersburg und dem Ural. Mit wachem Blick sucht Galina Ki-

schejewa jeden vorbeirollenden Konvoi ab. Zweimal schon glaubte sie ihren Sohn Alexander, 19, zu entdecken.
»Erst haben sie dem Jungen gesagt, es gehe zur Übung nach Orenburg, und plötzlich war er hier.« Die aufgebrachten Frauen fordern ihre Söhne zurück. Sie lassen sich nicht durch das handgemalte Schild am Kasernentor täuschen, das Aufklärung über das »Schicksal von Armeeangehörigen« im Mosdoker Kino »Frieden« verspricht. Und das angegebene Kontakttelefon schweigt ebenso wie das Kriegskommissariat.
Dem Posten bieten sie mitgebrachte Äpfel an, die der Soldat verweigert, weil darin eine Handgranate oder tschetschenisches Gift versteckt sein könnte. Striktes Verbot herrscht auch, Briefe für die Kameraden an der Front mitzunehmen.
Auf wundersame Weise ist eine Frauengruppe bis zum geheimsten Ort der Garnison vorgestoßen: Neben dem Munitionslager hat sich das »System Schwarze Tulpe« (so der Deckname für die Beerdigungsbrigade) an die Arbeit gemacht. Rohe Holzkisten mit 500 frisch gelieferten Zinksärgen stapeln sich hinter dem Zaun. Doch auch in den Totenlisten lassen sich die Namen der Gesuchten nicht finden.
Jelzins Menschenrechtsbeauftragter Sergej Kowaljow scheint am Ende seiner Kraft. Müde hockt der Duma-Abgeordnete im Garnisonsstab, um noch ein letztes Mal Verhandlungen zwischen den Kriegsparteien anzubahnen. Daß sein Präsident diese wirklich will, glaubt er nicht mehr. Feldherr Gratschow nennt den Menschenrechtler einen »Verräter«, »Abschaum«.
In den Bergen hat Gratschow Flugblätter abwerfen lassen: Werde auf russische Truppen geschossen, machten Bomben und Raketen die Dörfer dem Erdboden gleich. »Ihr Schicksal und das Ihrer Kinder«, schließt der zynische Appell, »liegt allein in Ihrer Hand.«
Ein Scherzbold hat der großen Rußlandkarte im Tower an der Rollbahn ein eigenwilliges Kriegsziel aufgemalt: Die Eismeer-Insel Nowaja Semlja, von den Sowjets verwüstetes Atomtestgebiet hoch im Norden, ist darauf in »Tschetschnja« umbenannt. So abwegig sei das nicht, meint ein Offizier: »Kann sein, daß es nach diesem Krieg kein Tschetschenien mehr gibt.«

ARIANE BARTH

Kaspar Hausers Geschwister

Das neue Leben der Kinder von Cighid
März 1995

Die Kreuze sind verwittert, die Namen der Kinder verblaßt. Über die Gräber ist Unkraut gewachsen. Hart ist der Schnitt zur braunen Scholle rundum. Ein Pflug ist über die Hälfte der Kindergräber hinweggegangen. Trümmer der zerbrochenen Kreuze sind zu Scheiterhaufen gesammelt. Drei Hunde streunen umher. Mag sein, daß sie sich ein paar hochgekommene Knochen genommen haben.

Sind sie vergessen, die Toten, 137 Kinder, die im Horrorschloß von Cighid vernachlässigt wurden, bis ihr Geist leerlief und der Hunger, die Kälte und der Dreck ihre Körper holten? Jene Nacht der Zivilisation im hybriden Sonnenkönigtum Ceauşescus, ist sie verdrängt, untergepflügt, fünf Jahre nachdem die Revolution das einsame Schloß am westlichen Rande Rumäniens erreichte und der Riegel aufging für eine elendige Schar von 109 Überlebenden? Ein eiserner Bogen mit der Aufschrift »Caminul Spital Cighid« (Heimkrankenhaus Cighid) erinnert an das Tor zum dunkelsten Ort der deutschen Vergangenheit. Klein-Auschwitz wurde das Schloß in der Umgebung genannt. Cighid war aber kein Auschwitz, weil das Tötungstabu formal respektiert wurde. Cighid wurde zum Inbegriff für Euthanasie durch die Verhältnisse und war doch bloß die erste erschlossene Insel im Archipel der rumänischen Kinder-Gulag für die »Irecuperabili«, wörtlich: die Unwiederbringlichen.

Doch die furchtbaren Assoziationen verfliegen: Quirliges Leben quillt aus dem Tor. Sie rennen, und wie sie rennen, sie jauchzen und tollen nach Kinderart den Weg voran, während andere von behutsamen Frauen Arm in Arm oder Hand in Hand geführt werden. Der Frühling macht sich bemerkbar, aber es ist noch kühl, und so hat ein jedes Kind eine Mütze auf: eine Kleinigkeit der Fürsorge und doch ein riesiger Sprung aus der Schreckenszeit, als diese Kinder in schmutzigen Lumpen vegetierten, wenn sie überhaupt angezogen waren.

Diese Kinder? Ja doch, es sind dieselben, die vor fünf Jahren in ihren Exkrementen dem Tod entgegendämmerten, jämmerliche Menschenbündel, die ihre Decke über den Kopf gezogen hatten als Zeichen dafür, daß sie abgeschlossen hatten mit aller Welt. Und auch die, die zu zweit im Gefängnis verrosteter Gitterbetten noch lebenswillig rackerten, aber mit ihren dürren, vom Muskelschwund gezeichneten Beinchen nicht zu einem Schritt fähig waren.

Und schließlich die Größeren, die mit kalkweißen Gesichtern im Halbdunkel eines ungeheizten »Isolators« in einem monumentalen Bett aus zusammengeschobenen Gestellen nur auf Preßholz inmitten von Unrat, Kot und Kotze wie die Tiere hockten und grauenhafte Heultöne von sich gaben.

Aus den Alptraumbildern der Vergangenheit blitzen im Sonnenlicht bekannte Gesichter auf, und doch ist ihr Ausdruck nicht wiederzuerkennen, wenn sie lachend in ihren Kreisspielen durch den lieblichen Park ziehen. Aus den Gittern der Gefängnisbetten sind Umfriedungen für noch ruhende Blumenbeete geworden.

Ein Bus fährt vor, und es geschieht, was in aller Welt eine alltägliche Szene wäre, aber an diesem Ort wie ein Triumph über die düstere Vergangenheit wirkt: 15 Kinder und Teenager mit Ranzen auf dem Rücken springen nacheinander heraus und stürmen, plappernd über den Schulvormittag im Dorf, ihr Zuhause.

Das einstige Jagdschloß der ungarischen Grafen Tisza steht mit seinem festen Gemäuer unverändert da, nur der Putz ist in einem helleren Beige erneuert worden. Die alte Tür öffnet sich zu denselben Gängen, denselben Räumen und doch zu einer neuen Welt.

Daß die Wände, einst voller Risse, Stockflecken und klebrigem Schmier, renoviert und mit naiven Bildern bemalt sind, daß statt des schrundigen, von Schmutz starrenden Parketts glattes und blitzsauber gewischtes Linoleum liegt – das mögen nur Äußerlichkeiten sein.

Daß es aber nicht nur zwei desolate Klos wie früher, sondern ein Dutzend funktionierender Toiletten gibt, daß statt einer verrosteten Wanne mit defektem Wasseranschluß sechs weiße Wannen und drei Duschen da sind und aus all den verchromten Hähnen heißes Wasser fließt – dieser westliche Standard von Hygiene war eine überlebenswichtige Voraussetzung.

Der bestialische Geruch von Fäkalien und Fäulnis, Moder und Verwesung ist verschwunden: Durch die offenen Fenster treibt der Wind frische Luft herein, und trotzdem ist es kuschelig warm. Wo einst schrottreife Kanonenöfen so selten geheizt wurden, daß die Kinder reihenweise an Lungenentzündung starben und die Überlebenden an schmerzhaften Erfrierungen litten, wirkt segensreich eine Zentralheizung.

Als kürzlich bei minus 15 Grad der deutsche Brenner versagte, weil er dem verschmutzten rumänischen Öl nicht gewachsen war, ging ein Alarmruf nach Frankfurt zu Pfarrer Karl-Heinz Pelikan, 40. Der gebürtige Rumäne hatte vor fünf Jahren die Renovierung mit deutschen Spendengeldern koordiniert. Er versprach, mit einer Sammlung in seiner Gemeinde zu helfen. Jetzt ist er gerade da, um die ausgelegten 7000 Mark für ein weniger anfälliges Modell ungarischer Bauart persönlich vorbeizubringen.

Die Zivilisation bescherte der Kinderschar, die früher zum Hocken verdammt war, ein paar kleine Sofas mit abziehbaren Bezügen. Doch die neuen Möbel, die robusten Holzbetten und die schlichten Kiefernschränke für die Kleidung, die einst im Haufen am Boden lag, machten aus dem herrschaftlichen Gebäude kein Luxusheim. Nach deutschem Standard ist es viel zu klein für die 102 Zöglinge: Keiner hat einen privaten Bereich, nur sein Bett mit seinem eigenen Kuscheltier auf der Decke. Trotzdem ist das Kinderschloß für rumänische Verhältnisse, so schwärmt das Personal, »wie ein Traum«.

In diesem Mikrokosmos vollzieht sich ein in der Welt vielleicht einmaliges Experiment. Die grausame Geschichte entließ 1990 aus ihren Klauen eine ganze Hundertschaft von kleinen Kaspar Hausers. Wie dem jungen Mann, der 1828 verwirrt in Nürnberg auftauchte, wurden den Kindern elementare Voraussetzungen für ihre Entwicklung vorenthalten. Kaspar mußte von seinen Lehrern

erst das Sprechen lernen, bis er mit einigen Schwierigkeiten mitteilen konnte, daß er seine prägenden Jahre in einem halbdunklen Verlies nur bei Wasser und Brot verbracht hatte.
Der naive Wilde, der Schritt um Schritt zivilisiert wurde (bis er fünf Jahre später aus mysteriösen Motiven ermordet wurde), lehrte die Gesellschaft durch sein kurzes Dasein, daß der Mensch durch den Menschen geschaffen wird: Ohne einen Transfer von Kultur sinkt er ab auf den Standard eines instinktgesteuerten Tieres.
Dieses Prinzip wurde durch die Kinder von Cighid in vielfältigen Varianten belegt. Solche Geschöpfe des sozialen Mangels kannte die moderne Wissenschaft des Westens nicht. Was war verschüttet, was war zu entwickeln? Niemand konnte voraussagen, was aus den Kindern unter normalen Bedingungen werden würde.
Sie waren zugleich behaftet mit einem kindlichen KZ-Syndrom: So heißt in Erinnerung an die deutschen Verbrechen das existentielle Trauma bei Kindern, die fundamental um die Sicherheit ihres Lebens betrogen wurden und tagtäglich fürchten mußten, daß auch sie umgebracht werden konnten. Ihrer Geschichte vermochten sie nie ganz zu entrinnen, wie später in Krakau und in Jerusalem erforscht wurde. Maßgebliche Erkenntnisse wurden zur Grundlage für die psychische Behandlung von Folteropfern.
Trotz aller Anstrengungen konnten die Auswirkungen des kindlichen KZ-Syndroms nur unzureichend erhellt werden. Denn als die Kinder aus den deutschen Vernichtungslagern befreit worden waren, zerstreuten sie sich in alle Welt. Erst nach Jahren wurde das eine oder das andere von Forschern aufgetan.
Die Kinder von Cighid blieben dagegen fast alle beieinander, und sie blieben an demselben Ort, wo einst der Schrecken regierte und dann abrupt die Humanität einzog.
Hinzu kommt der Glücksfall, daß sich für das abgelegene Schloß ein Arzt fand, der die Kinder minutiös beobachtete und von jedem unzählige Details seiner Entwicklungsgeschichte kennt. Als auf Cighid im Frühjahr 1990 ein Schlaglicht erst der deutschen und dann der internationalen Berichterstattung fiel, als auch im rumänischen Fernsehen Szenen aus dem Horrorschloß liefen, als es einen Schandfleck der Nationalehre zu tilgen galt und dazu noch Heere von deutschen Helfern zu dirigieren, da übernahm der renommierte Kinderarzt Pavel Oarcea mehr gedrängt als angezogen die Heimleitung: für sechs Monate.

Nach zwei Monaten brach sein Magengeschwür durch, aber die Not der Kinder hielt ihn vorerst für ein weiteres halbes Jahr. Daraus sind nun fünf Jahre geworden, und wenn ihn die unergründliche Bürokratie an dem Ort beläßt, will Oarcea dableiben, denn die Kinder haben sich in der Welt seiner Gefühle breitgemacht: »Ich habe hier viele Glücksmomente und moralische Befriedigung, vielleicht bin ich auch ein besserer Mensch geworden.«

Wenngleich Oarcea, inzwischen 47, noch seine alte Stadtwohnung hat, zieht er sich abends meist zurück in ein kleines, für ihn im Schloßpark gebautes Häuschen mit zwei winzigen, karg eingerichteten Zimmern. An der Wand ein Poster mit zwei Pferden aus einem Gratisblättchen der deutschen Apotheken.

Als Gegengewicht zu den Kinderbelangen vertieft er sich in Europas Geschichte. In den Biographien von Napoleon, de Gaulle und Stalin kennt er sich aus. Weil er sich für die Parallelen bei Ceauşescu und Hitler interessiert, liegt »Mein Kampf«, gerade ins Rumänische übersetzt, auf seinem Nachttisch. Auch verwirrte ihn, daß er die Deutschen einst für Monster hielt und dann ganz andere Menschen kennenlernte. Nun will er ergründen, wer Hitler wirklich war. Er wird lesen.

Trotz oder gerade wegen seiner Kenntnisse über Herrschernaturen führt Oarcea das Heim auf die sanfte Art. Doch seine Kontrolle reicht bis zu den Kleinigkeiten. Da das Personal das weiß, hält es sich an seine Leitlinien. In der schweren Zeit unter Ceauşescu klammerte sich Oarcea an die Ethik des Hippokrates, und daraus ergaben sich seine Prinzipien für das neue Cighid.

In der Ärztin Daniela Ardelean, 30, die Dostojewski liebt und wie eine seiner starken, doch weichen Frauengestalten wirkt, fand er eine Ergänzung: »Wir haben die gleiche Wellenlänge.«

Vor der Revolution unterstand die medizinische Versorgung im Schloß einer Ärztin anderer Art. Dr. Angelika Barbu schaute nur gelegentlich nach den »Unwiederbringlichen« und hinterließ sorgfältig ausgefüllte Totenscheine: etwa für Radu, schon als Baby »institutionalisiert«, als Sechsjähriger, weil er nicht schulreif war, für Cighid ausgesondert zu einer Hinrichtung durch die Verhältnisse in nur 63 Tagen: »Seit der Ankunft in diesem Haus hat er sich zurückgezogen, hat die Fütterung abgelehnt, fast systematisch, ist progressiv abgemagert und dadurch atrophisch geworden. Das Kind ist gestorben als Folge eines Herz-Kreislauf-Stillstandes.«

Damals schwebte eine demoralisierte Mannschaft von fünf Krankenschwestern und zwei Pflegern in blütenweißen Kitteln durch das Kinderelend und delegierte die Unterversorgung an zehn ungelernte Bäuerinnen. Bis auf zwei entließ Oarcea alle. Das neue Personal wählte er in langen Gesprächen nach seiner »Zuwendungsfähigkeit« aus. 105 Menschen beschäftigt inzwischen der Schloßbetrieb, darunter 40 Pflegerinnen, 10 Erzieherinnen und eine Lehrerin.

Da es in Rumänien keine Ausbildung für die Betreuung von geistig behinderten Kindern gab, schulten in einem Rotationsverfahren jeweils zwei deutsche Fachkräfte über einen Zeitraum von drei Jahren das Personal. Sie kamen aus der Evangelischen Stiftung Alsterdorf, die mitten in Hamburg ein Dorf mit Kirche für 1200 geistig behinderte Menschen aller Altersstufen unterhält.

Ende der siebziger Jahre als »Schlangengrube« angeprangert, wurde die Anstalt in einer Art Kulturrevolution zu einem offenen Komplex mit Familienatmosphäre. So manches Problem in Cighid – den Alsterdorfern war es aus der eigenen Geschichte vertraut. Sie luden ihre rumänischen Kollegen nach Hamburg ein und zeigten ihnen die modernen Methoden. Oarcea: »Wir haben von den Alsterdorfern viel gelernt, professionell und persönlich.«

Die Deutschen wiederum hatten von den Skandinaviern gelernt, die schon in den sechziger Jahren die Revolution in ihren Anstalten lostraten und sieben Kriterien zur Herstellung von Normalität formulierten:

- daß der Tagesrhythmus betont und von der Nacht abgehoben wird;
- daß der Wechsel der Jahreszeiten durch verschiedene Aktivitäten und Feste deutlich wird;
- daß zwischen den Lebensstufen unterschieden und die Menschen altersadäquat behandelt werden;
- daß es ein Anrecht auf Ausbildung und Beschäftigung gibt, aber die Bereiche von Arbeit und Wohnen getrennt sind;
- daß Eigentum respektiert wird;
- daß die Integration in die Gemeinde gewährleistet ist und
- daß Behinderte anerkannt werden als Menschen mit verschiedenen Interessen und Wünschen, auch sexueller Art.

Die Prinzipien wurden von der Weltgesundheitsorganisation übernommen als Forderung an alle Länder. In Cighid wurde der

Katalog mit einigen Abstrichen wegen der begrenzten Räumlichkeiten und mit Ausnahme der sexuellen Wünsche verwirklicht. Das Heim gilt als Modell für Rumänien.
Außerdem machte der Alsterdorfer Psychologe Michael Wunder, 42, der über Euthanasie im Dritten Reich promovierte, das Personal mit dem KZ-Syndrom vertraut und packte es »bei der Berufsehre«, damit es vor Frustrationen nicht zurückschreckte: »Bei den traumatisierten Kindern ist es sehr mühsam, ihr beschädigtes Urvertrauen aufzubauen und zu ihnen vorzudringen.«
Obwohl Wunders Mission als Koordinator des Alsterdorfer Einsatzes offiziell beendet ist, kommt er alle paar Monate nach Cighid, »einfach nur, um mich am Fortschritt der Kinder zu freuen«.
Von Anfang an verguckte er sich in das alt wirkende Kindergesicht von Tiberius, und bei jedem Wiedersehen staunte er: »Tibi ist wieder ein bißchen jünger geworden.«
Tiberius stammt aus einer Zigeunerfamilie. Seine Mutter ist schwachsinnig, sein Vater Alkoholiker. Von seinen 13 Geschwistern sind einige geistig behindert, aber andere durchschnittlich begabt, wie Oarcea bei seinen Erkundungen über die Herkunft seiner Schützlinge herausfand. Dabei stieß er auch auf ein Familienverbrechen: Im Suff hatte der Vater mit einem Baby, das im Bündel am Boden lag, Fußball gespielt und es auf den offenen Ofen geschossen. Da verglühte es.
Tiberius sollte es besser haben. Im Brutkasten wurde das Frühchen von 1600 Gramm warm gehalten, dann aber im Waisenhaus der Kreisstadt Oradea nur körperlich gepflegt. Mit vier Monaten wies Tiberius eine »mittelmäßige«, mit drei Jahren eine »starke Retardierung« auf: Er wurde ausgesondert für die Hölle von Cighid.
Da saß er vor fünf Jahren nackt und kotbeschmiert mit dem Kopf unter einer braunen Decke. Als sie ihm zur Fütterung weggezogen wurde, schob er mit einer Handbewegung vom Format einer Kindermajestät immer wieder den Löffel weg. Er hatte sich zum Sterben entschlossen.
Bei schwerem KZ-Syndrom erlischt in Kindern noch vor dem Tod der animalische Lebenstrieb. Daß Tiberius gerettet wurde, muß er nach den Forschungsergebnissen erst einmal als Brechung seines letzten Willens empfunden haben.
Damals war er so groß wie ein Kleinkind und doch schon sieben Jahre alt. Jetzt, mit zwölf Jahren, ist er körperlich wie ein schmäch-

tiger Siebenjähriger entwickelt. Er spricht kein Wort, aber er hat angefangen, Silben von sich zu geben: Er lautiert, so heißt der Fachausdruck.

Manches geistig behinderte Kind konnte, wie Erfahrungen in Deutschland zeigten, trotz aller Bemühungen über dieses Stadium nicht hinauskommen, aber doch als Erwachsener, der nicht sprechen kann, mit anderen Fähigkeiten in eine sozial beschützte Welt integriert werden. Oarcea: »Tiberius wird etwas leisten. Wir sind es, die aufhören müssen zu fragen, ob das wenig oder viel sein wird.«

Was er nicht schon alles gelernt hat: Den Pulli kann er sich überziehen, sein Gesicht cremt er sich selber ein, und mit zarter Hand cremt er auch die kleine Gefährtin ein, die das noch nicht kann. Er haut nur so rein in sein Essen und bringt mit seinem Löffel die schwierigen Spaghetti wohlbehalten in den Mund. Er kann, wenn man ihn anlacht, mit einem Lachen antworten, und wenn man »Tibi« ruft, kommt er mit einem Jauchzen angelaufen. Zwar fällt er nicht, aber er eiert hin und her – die Folge eines Behandlungsfehlers.

Nach der Befreiung der Kinder aus dem Gefängnis ihrer Gitterbetten rauschte eine Begeisterung des Laufenlernens durch die Reihen der Kleineren. Jedes Kind wollte jedes andere übertrumpfen und schneller auf den Beinen sein. Tiberius, der nur sitzen, aber nicht kriechen und noch nicht einmal knien konnte, übersprang alle Stadien und überforderte seine sieben lange Jahre unbenutzten Hüftgelenke. Man hätte ihn bremsen müssen und nur kriechen lassen dürfen – aber von diesen Finessen wußten seine Betreuerinnen noch nichts im Wirbel der Neuerungen.

Für Sandor, 13, kam die Revolution in Cighid zu spät. Wie Tiberius hatte er sich schon die Decke über den Kopf gezogen. Huuuhuuu, ein gutturales Heulen wie der Ausdruck allen Unglücks dieser Erde drang hervor. Am Tag, als das Foto von dem embryonal verkrampften Jungen mit den erwachsenen, hellwachen Augen millionenfach in Deutschland erschien, lag Sandor tot in seinem Bett. Karoly, 3, der mit Fusselhaaren im Gesicht wie ein Trollkind wirkte, wurde von deutschen Helfern in ein Krankenhaus gebracht und an den Tropf gelegt, aber er packte mit seinen dürren Ärmchen das Leben nicht mehr.

Nach ihnen gab es in Cighid keine Todesopfer mehr. Die Hilfe war

im letzten Moment gekommen. »Etwas später wäre für viele zu spät gewesen«, sagt Oarcea, »20 bis 30 wären innerhalb der nächsten Monate gestorben.«
Kinder, die dem Leben schon beinahe verlorengegangen und zu keiner emotionalen Reaktion fähig waren, stiegen auf zu den Sternchen von Cighid. Sie waren noch klein, als sie ihrem Elend entrissen wurden, und deshalb hatten sie die größeren Chancen. »Unwiederbringliche« entwickelten sich zu Schulkindern und widerlegten die Kriterien, nach denen sie einstmals als geistig behindert ausgesondert worden waren.
Behindert wurden sie durch ein perverses System, das ihnen erst einmal gnädig entgegenkam. Um die Zahl seiner Untertanen zu vermehren, hatte Ceaușescu seinem Volk die Fruchtbarkeit befohlen. Über die gefüllten Gebärmütter wachten medizinische Spitzeldienste.
Massenhaft wurden ungewollte Kinder geboren und in Sozialwaisenhäuser abgeschoben. Medizinische Sorgfalt brachte sie über ihre ersten zwölf Monate – für die Statistik. Rumänien sollte prächtig dastehen im internationalen Vergleich der (bis zum ersten Lebensjahr erfaßten) Säuglingssterblichkeit, die als zivilisatorischer Gradmesser gilt.
Im Waisenhaus von Oradea, in Fluchten der Verlassenheit, die durch gläserne Wandscheiben zu überblicken waren, wurden die Kleinkinder sauber und satt gehalten – mehr nicht. Aus ihren Gitterbetten kamen sie in der Regel nicht heraus. In einer sozial-darwinistischen Konkurrenz eroberten sich einige etwas menschliche Wärme und gediehen, während die anderen durch mangelnde Zuwendung körperlich, seelisch und geistig degenerierten, erst recht, wenn ihre Geburtsschäden einer besonderen Förderung bedurft hätten.
Wie überall in Rumänien wurden die Sozialwaisen im Alter von drei Jahren idiotischen Intelligenztests unterzogen und von einer Kommission sortiert: Die Schönen und Klugen blieben in Oradea, die Zurückgebliebenen kamen in Heime aufs Land, und die Erbärmlichsten wurden mit dem Verdikt »irecuperabil« für Cighid selektiert.
Wenn auch das Wort inzwischen vermieden wird, wenn auch Cighid kein Hinrichtungsheim mehr ist – Oarcea sieht das System und vor allem den Geist, der es trieb, noch immer obwalten.

In Cighid war Robert so ein »unwiederbringlicher« Vierjähriger, als sich der Doktor seiner annahm: »Er war schon am Sterben.« Fast verhungert, wog er nur 7,7 Kilo – soviel wie ein Säugling mit sieben Monaten. Robi, wie er genannt wird, brauchte ein Jahr, bis er zu Kräften kam und laufen konnte. Dann fing sein kleiner Geist zu funkeln an, und das geschah nicht nur bei ihm allein. Statt geistig behinderter Kinder hatte Oarcea plötzlich Kinder mit klugen Fragen und ein Problem im Haus: Sie mußten hinaus zu einem ersten Schritt in die normale Welt.

Das nächste Dorf Ghiorac (2600 Einwohner) hatte eine Schule mit pädagogischem Kindergarten und einem Schulmeister wie aus einem alten Bilderbuch. Schon 30 Jahre unterrichtet Petru Barbu, 50, in dieser Schule, in der das Jahrhundert noch in seinen Anfängen zu stehen scheint: eiserne Öfen in den Klassenzimmern, ausgedroschene Maiskolben zum Heizen, Plumpsklo auf dem Hof, zum Abwischen ein Liederbuch aus der Ceauşescu-Zeit, zum Händewaschen ein paar Schüsseln auf Ständern und auch sonst Armut an allem Material. Das bekümmerte den Schulmeister, einen Proust-Kenner mit einem Schwein daheim, aber nicht sonderlich: »Knappheit muß nicht Knappheit im Geistigen bedeuten.«

Rektor Barbu brachte mit seinen sechs Lehrern jeden Jahrgang der 8. Klasse fast komplett auf weiterführende Schulen der Umgebung. Er nahm es als pädagogische Herausforderung, als Doktor Oarcea eines Tages vorsprach und sechs Kinder für die Vorschule anmeldete.

Prompt drohte eine Mutter mit einem Boykott der Schule. Im Dorf herrschte Unruhe, die Cighid-Kinder könnten Läuse und ansteckende Krankheiten einschleppen. Da aber über hundert Familien aus der Gegend vom Schloß lebten, war die Propaganda für den Vorschulversuch bald stärker als die Gegnerschaft.

Da saßen sie dann, die sechs Pioniere aus Cighid, auf den kleinen Stühlen mit den Deckenresten, damit ihr Po nicht kalt wurde, und rutschten genauso darauf herum wie die anderen. Aber sie waren sauberer als die Kinder aus dem Dorf, in dem es kein fließendes Wasser und keine Bäder gab. Sie trugen die bessere Kleidung, und sie hatten die besseren Stifte, bis aus dem deutschen Reservoir der kleine Neid der anderen gestillt wurde.

Auffällig war, daß aus den einst vernachlässigten Kindern Prinz

und Prinzeßchen geworden waren. Gewöhnt, daß sic im Schloß bedient und ihnen die Ranzen gepackt wurden, räumten sie ihre Sachen nicht weg. Aber sie paßten sich schnell an. Andererseits wirkten sie, nachdem sie ihre Ängste überwunden hatten, durch ihre Hilfsbereitschaft günstig auf die anderen ein.
Zwei rückten alsbald auf in die richtige Schule, vier drehten weitere Runden in der Vorschule, weil sie als Folge ihrer Unterernährung im Wachstum zurückgeblieben waren. Der quirlige Winzling Robi ist zwar mit neun Jahren noch im Kindergarten, aber er ist so helle, daß er, wie der Doktor meint, »alle Chancen hat, die Schule ein bißchen später zu durchlaufen und einen Beruf zu ergreifen«.
Renata, 8, Doina, 9, und dazu noch Josif, 11, der plötzlich einen Entwicklungsschub machte und ohne Vorbereitung im Kindergarten eingeschult wurde, sitzen inzwischen in der zweiten Klasse: die Mädchen im karierten Kleid mit Schürze, der Junge im Jackett. So ist es als Schultracht vorgeschrieben, doch ihre Klassenkameraden aus dem Dorf befolgen die Regel nicht jeden Tag.
Josif befeuert mit Begeisterung den Ofen im Schulzimmer. Heizer oder Doktor will er einmal werden. Auswendig lernen kann er perfekt, aber beim logischen Denken hat er einige Probleme. Renata will Lehrerin werden, was ihrer Intelligenz durchaus zuzutrauen ist. Sie hat gerade die erste Eins ihres Lebens im Rechnen bekommen und hüpft auf einem Bein: »Endlich kann ich Mama eine Freude machen.«
Mama? Ecaterina Laza, 28, die sich durch die Alsterdorfer Kurse als Erzieherin in Cighid qualifizieren konnte, nahm Renata für ein Wochenende mit nach Hause. In der kleinen Landwirtschaft mit Oma und Opa, drei Ferkeln und einer Kuh, Hühnern und einem Hund und dazu cinem Brunnen unter einem lauschigen Rebendach gefiel es ihr so gut, daß sie sich heulend ihre Rückkehr erkämpfte – für immer: »Wo drei zu füttern sind«, beschloß der Familienrat, »wird es für ein Kind schon noch reichen.«
Während die neue Mama ihren Ehrgeiz in die angenommene Tochter setzt, bremst die Großmutter weise: »Sie ist doch erst mit vier Jahren geboren worden, sie ist doch noch gar nicht acht.« Im Winter leben und schlafen alle vier, »weil das Holz so teuer ist«, eng um den großen Ofen, darauf der Suppentopf und oben drüber die Wäsche. Im Sommer hat Renata ihre eigene Stube in der heilen

Welt: gehäkelte Scheibengardinen, gestickte Wandsprüche (»Meinen Mann habe ich nie betrunken gesehen, deshalb tut es mir nicht leid, daß ich ihn geheiratet habe«).

Josif ist nach der Schule im ehemaligen Isolator zu finden. Wo an der frischgestrichenen Flügeltür früher der ellenlange Riegel saß, hat sich die Spachtelmasse ein wenig in die Schraublöcher zurückgezogen: sonst keine Spur von den Schrecken, als im Halbdunkel dieses Raumes 17 Kinder auf dem Standard von Schweinen gehalten wurden, am Hintern Geschwüre vom Sitzen im Unrat, offene Wunden auf kurzrasierten Schädeln.

Wer nicht wahnsinnig war, mußte es werden in diesem Raum, und jetzt sitzt da Josif, gebeugt über ein Buch, und übt mit einer Erzieherin das Lesen. Unter der Decke schwebt ein Zweig, behängt mit Watteflöckchen, von der strahlend hellen Lampe baumeln Papiersterne. Die zehn Betten sind ordentlich gemacht.

Von den einstigen Gefangenen des Isolators entkamen einige dem Wahn. Wo es kein Sprachmuster gegeben hatte, aber ein elementares Gesetz der Gewalt, da erschlug er mit bloßer Hand eine Ratte, bevor sie ihn biß: Das kann Dan Dan, ein Findelkind von vermutlich 14 Jahren, mittlerweile klar erzählen. Auch Laszlo, inzwischen 18, war ein Kaspar Hauser, als er aus dem Isolator befreit wurde. Mit ungelenker Zunge brachte er schließlich Sätze in abgehacktem Ton, aber richtigem Aufbau hervor.

Calin, inzwischen 11, war in der Gewalthierarchie ein unterdrückter Mini. Er konnte nicht lachen, er konnte sich aber mit ein paar Wortbrocken verständigen, die im Isolator nichts wert gewesen waren. In der neuen Freiheit fiel er alsbald durch Cleverness auf. Nichts sprach dagegen, daß die einstigen Insassen des Isolators nun die Buchstaben lernen konnten. Auch fünf größere Mädchen wollten, angestachelt von den Kleinen, unbedingt zur Schule. Der Doktor kam mit einem neuen Problem zum Rektor. Die Alsterdorfer luden den Schulmeister zur ersten Auslandsreise seines Lebens ein. Hamburg kam ihm vor »wie ein einziger Park«. Dort sah er, daß es möglich war, behinderte Kinder in normale Schulen zu integrieren.

In Rumänien gab es keine Sonderschullehrer, aber es fand sich ein Mann mit dem Nachnamen Weihnachten: Der Ingenieur Tudorel Craciun, 28, eigentlich spezialisiert auf Fischfang, war gewillt, sich mit deutscher Hilfe in dem neuen Fachgebiet weiterzubilden.

Seine Kaspar-Hauser-Sonderschulklasse ist nach logischen Spielen in die abstrakte Welt der Zeichen vorgedrungen. »Daß sie als behindert eingestuft wurden, war fast kriminell«, sagt Craciun. »So haben sie wichtige Jahre verpaßt.«

Jeder der acht Schüler kann die Buchstaben sagen, auf die der Lehrer zeigt. Er verbessert ihre Aussprache, und mit ihren ungeübten Zungen sprechen sie ihm angestrengt nach. Im nächsten Schuljahr werden sie mehr sein, in Cighid erwacht gerade in manch anderem Kind der Verstand.

Dagegen ist Florin, 20, innerlich im Isolator geblieben. Vollkommen weggetreten aus dieser Welt, sieht er vor sich hin. Aber der Jüngling, der aus dem Dunkel vernagelter Fenster kam, öffnete sich dem Licht: Er ist meist am Fenster zu finden.

Vandana, 15, die das verlorenste Kind in der Gewalthierarchie des Isolators war und verstört in einer Ecke auf dem glitschigen Betonboden oder gar unterm Bett kauerte, blieb zurückgezogen in ihrem Autismus. Aber sie scheint alles zu verstehen. Gerade machte sie den riesigen Fortschritt, hielt für einen winzigen Moment einem fremden Blick stand, wagte ein scheues Lächeln.

Angela wurde einstmals hinter einem Drahtgitter in einer lichtlosen Abseite gehalten. Das aggressive Mädchen, das damals mit seinen Exkrementen warf, entwickelte sich zu einer naiven Spaßmacherin. Mit ihrem erwachten Eigentumssinn trägt sie ihren Schatz in der unförmig ausgebeulten Trainingshose vor dem Bauch und kreischt vor Lachen, wenn sie ihre Plastikklötze und Puppenglieder herausholt.

Als sie sich kürzlich in einem autoaggressiven Anfall die Hand verletzt hatte und der Arzt Oarcea die Wunde nähen wollte, kam ihr altes Trauma hoch: Wenn Angela abends aus dem Zwinger geholt wurde, jagte ihr eine Schwester ein Psychopharmakon in den Po, während eine Pflegerin mit all ihrer Kraft das infernalisch schreiende Mädchen festhielt. Aus dieser Not heraus geschah fünf Jahre später ein kleines Wunder: Klar und deutlich sprach Angela, 17, den ersten Satz ihres Lebens: »Doktor, ich will keine Spritze.«

Im Isolator ließen alle ihren Kot fallen. Essen hatten sie nicht gelernt, die meisten stopften sich mit den Händen den breiigen Fraß in den Mund, die wenigsten konnten einen Löffel halten. Heute beherrschen alle die Grundregeln der Zivilisation: Sie gehen zur Toilette, und sie essen gesittet mit dem Löffel.

Aber viele fallen immer wieder in ihre alten Leerlaufreaktionen zurück. Stundenlang wiegen sie sich hin und her. Auf diese Weise verschafft sich ihr Körper sensorische Reize, während die Welt rundum wie eine Glocke wird, in der nichts mehr zu fixieren ist. Inwieweit ihre Schäden organisch bedingt sind und inwieweit sie im Isolator verrückt gemacht wurden, kann niemand sagen.

Zwar werden die Jugendlichen jeden Tag auf lange Spaziergänge geführt, aber damit allein ist das Einerlei ihrer Tage nicht zu füllen. Die Bilder aus einem Schwarzweißfernseher interessieren sie wenig, der Spiegel an der Wand ihres Tagesraums hat längst den dramatischen Effekt verloren, als sie sich zum erstenmal sahen.

Die ehemaligen Insassen des Isolators müßten therapeutisch in Werkstätten beschäftigt werden, wie es Doktor Oarcea in Alsterdorf sah. Aber dafür gibt es keinen Raum in dem überfüllten Schloß. Der hellblau ausgemalte Trakt für die 16 Jugendlichen im Obergeschoß ist ohnehin viel zu klein: Im Tagesraum herrscht eine bedrängende Enge, in den zwei Schlafräumen, getrennt für Jungen und Mädchen, stehen schon Betten übereinander. Die psychosexuellen Spannungen zwischen den Geschlechtern sind kaum noch zu meistern. Tag und Nacht wachen Betreuer über sie.

Der Arzt Oarcea plante für die Jugendlichen, die am schwersten von dem alten System geschädigt wurden, ein neues Haus im Park. Aber das Geld dafür (umgerechnet 320 000 Mark) wurde nicht bewilligt.

Die Bürokraten schickten ihm vielmehr eine Reihe von mehrfach behinderten Kleinkindern: blind, taub, gelähmt, epileptisch, spastisch: »Unsere Sorgenkinder.« Sie kamen anstelle von 17 Jugendlichen, die während der Renovierung des Schlosses ausquartiert worden waren und nicht mehr zurückkehren durften.

Auf der Suche nach ihnen stießen die Alsterdorfer am Rande der Karpaten, in Nucet, auf eine archaische Anstalt mit rund 400 Insassen: verwirrte Alte oder entwurzelte Junge, krank im Kopf oder krank an der Lunge, ein Gemisch all derer, die Rumäniens Gesellschaft ausstieß. Auch dorthin trugen die engagierten Deutschen das Licht der Veränderung nach skandinavischem Vorbild und unterstützen zu viert bis heute ihre rumänischen Kollegen.

Daniel, 20, verdankt den Neuerungen, daß er sich frei bewegen kann bis hin in das Dorf Nucet mit 1567 Einwohnern. Daher hat er es, so meint er, besser als früher. Wenn er aus dem Schloß davongelaufen war zu dem einsamen Bahnwärterhäuschen von Cighid, um Musik aus einem Radio zu hören und auf dem Bahnsteig zu tanzen, mit der Grazie eines Naturtalents, wurde er nach der Rückkehr bestraft: »Sie drohten, mich mit Haloperidol vollzupumpen, und manchmal machten sie das auch.« Er kennt sich aus mit dem sedierenden Neuroleptikum und zählt auch eine ganze Reihe anderer Marken auf.

Er rappelt Vornamen, Nachnamen von vielen Kindern und Bediensteten herunter, er erinnert sich an unzählige Details von Cighid. Er erkennt die deutschen Journalisten wieder: »Nachdem ihr da wart, änderte sich vieles.« Was die deutschen Helfer nicht alles mitbrachten – aber die Schokolade, die hätten ihm Pflegerinnen gleich wieder aus der Hand gerissen.

Seine Intelligenz blieb ungeformt, aber sie muß schon immer dagewesen sein. Trotzdem war er nach Cighid gekommen: Er konnte schlecht sehen. Durch eine fortschreitende Degeneration seiner Sehnerven wird Daniel bald erblinden.

Gegen den Verlust sensibilisierte er sein Gehör und erschloß sich ohne Hilfe den Reichtum der Musik. Er kann mit Topfdeckeln phantastische Rhythmen erzeugen. Bevor ihm seine Mundharmonika kaputtgemacht wurde, bezauberte er seine Umwelt durch schmelzende Melodien. Jetzt zieht er mit einer primitiven Flöte durch die Gegend und spielt sein Lied von Freud und Tod.

Mit seinem fotografischen Gedächtnis speicherte er die Schrecken von Cighid: »Das sterbende Kind, dem die Barbu nicht half; erst als es tot war, pumpte sie ihm Formalin in den Bauch, damit es nicht verfiel. Es hatte nämlich Eltern.« Vor seinen inneren Augen ist sie immer da, die riesengroße Ratte: »Sie biß einem Kind das Auge aus, und am anderen Morgen war es tot.« Diese Bilder werden bleiben, wenn ihn längst die Nacht eingeschlossen haben wird.

Warum, so hadert der Doktor von Cighid mit sich selbst, warum hatte er nicht entschlossener für die Rückkehr von Daniel und den anderen gekämpft: »Das war ein Fehler.«

Trotz seiner Irrtümer brachte er ein titanisches Werk auf den Weg. Daß seine Kinder, wenn sie Erwachsene werden, das Schloß als ihr Zuhause behalten können und nicht wie Daniel und die anderen abgeschoben werden, dafür will er sich einsetzen. Die Toten von Cighid – dem Doktor wurden sie zur Herausforderung, die Überlebenden zu beschützen.

Zur Trauerarbeit am KZ-Syndrom ging er mit den Kindern jedes Jahr am Totensonntag zum Friedhof in Ghiorac. Sie brachten die Gräber in Ordnung und hängten nach Landessitte bunte Papierblumen an jedes Kreuz.

Anstelle der verwitterten Kreuze würde Oarcea gern einen Gedenkstein mit eingemeißeltem Namen von jedem Kind setzen. Aber wie soll er den abzwacken von seinem knappen Etat, der für die Verpflegung von einem Kind nur 1560 Lei am Tag vorsieht, den Gegenwert von zwei Broten?

Daß der Bauer die Hälfte der Gräber umpflügte, kränkte den Doktor. Da er aber die Sympathie der Gegend für die Eingliederung der Überlebenden braucht, verzichtete er auf eine Anzeige: »Für den Frevel hätte der Bauer ins Gefängnis kommen können. Wem wäre damit gedient?«

ROMAIN LEICK

Zuckungen der Bestie

Die Abwehrschlacht gegen den Terror der algerischen Fundamentalisten
März 1995

Am Abend seines Lebens ist Mohammed Ghodban jählings berühmt geworden. Es ist eine traurige Berühmtheit, und sie währt auch nur kurz, kaum einen Tag.

Die Dorfbewohner laufen stumm auf der Hauptstraße zusammen, als die Gendarmen in ihren grün-weißen Landcruisers auffahren, um Ghodban zu sprechen. Ein Polizist führt den Rentner – er ist 63 und sieht aus wie 80 – in fürsorglicher Umarmung heran; der alte Mann schlurft mit kurzen Trippelschritten und wirft vor Aufregung seine kaum angerauchte Zigarette weg.

Die Augen bleiben hart und trocken, während er mit schriller Stimme seine jüngste Tochter Fatima, 15, preist: »Fatima war ein gutes, ein stilles Kind. Nach dem Tod meiner Frau hat sie mir den Haushalt geführt. Sie hatte die besten Noten in der Schule, sie wollte Medizin studieren.«

Die Gendarmen nicken, sie haben die Hefte durchgesehen. Anklagend hält Ghodban ihnen die Titelseite der Zeitung *El Moudjahid* entgegen. Ein großes Foto seiner Tochter prangt darauf: das Gesicht blutbesudelt, der Mund halb geöffnet, die Augen in gräßlicher Agonie verdreht, der Kopf fast vom Rumpf getrennt. Die Mörder haben Fatima die Kehle aufgeschlitzt, vom linken Ohr bis zum Halswirbel. Es war eine rituelle Hinrichtung, so wie Moslemschlachter Schafe schächten.

»Fatima ist gestorben wie ein Opferlamm«, sagt der Gendarmeriekommandant. Er hat geschworen, die Messermänner zu fassen, »und wenn ich dafür Tag und Nacht mit meinen Leuten die Berge durchstreifen muß«. Mohammed Ghodban, der Witwer und Vater von neun Kindern, der an diesem Tag Fatima in einem roh gezimmerten Brettersarg zu Grabe tragen muß, erfleht Gottes Segen für seine Tochter und verwünscht die Mörder: »Möge ihnen widerfahren, was sie meinem Kind angetan haben!«

Kommandant Mohammed von der Gendarmerie berichtet die Fakten schnell wie im Stakkato einer Maschinengewehrsalve. »Sechs Terroristen. Vier haben wir identifiziert. Sie kamen kurz nach Schulbeginn um 8.30 Uhr. Sie hatten zwei Messer und zwei Gewehre mit abgesägtem Lauf. Der Pförtner wurde überwältigt. Dann holten sie Fatima aus der Klasse. Warum gerade sie, wissen wir nicht. Sie trug das Kopftuch wie alle anderen Mädchen. Im Schulhof, direkt vor der Klassentür, schnitten sie ihr den Hals durch.«

Die Lehrerin und die Klassenkameradinnen mußten zusehen, wie Fatimas Blut aus der Halsschlagader in den Staub schoß. Ihre Entsetzensschreie verhallten ungehört in den bewaldeten Bergen, die gleich hinter der Zwergschule am Rande des abgelegenen Dorfes Wad Dscher ansteigen.

Der Anblick der Leiche und die Besichtigung des Tatorts pumpen die Gendarmen mit dem Haß und der stummen Wut auf, die ihre Energie für den Kampf gegen den unsichtbaren Feind speisen. »Ich bin sicher, sie sind irgendwo da oben und beobachten uns«, sagt Kommandant Mohammed. Seine Männer suchen mit Ferngläsern das Gelände ab. Einer glaubt, eine Gestalt ausgemacht zu haben. Aber es wäre zwecklos, ihr nachzusetzen.

Die Terroristen haben ihr Ziel erreicht; die Schule ist geschlossen – so wie die Gemeindeverwaltung schräg gegenüber, die eine Bombe zehn Tage zuvor verwüstete. Der Dek, der Bürgermeister, war schon im September vorigen Jahres ermordet worden. Der Staat hat sich aus Wad Dscher zurückgezogen, das Dorf ist verloren. Feindselig blicken einige Bewohner der abfahrenden Patrouille nach.

Von seinem gepanzerten Führungsfahrzeug aus weist Kommandant Mohammed auf die Spuren des unheimlichen Bürgerkriegs, der Algerien seit drei Jahren innerlich aushöhlt: abgebrannte Fabriken, zerstörte Schulen und Berufsausbildungszentren, ge-

sprengte Brücken, entgleiste Waggons. Nirgendwo sonst wird der Kampf gegen den Fundamentalismus so gnadenlos geführt, und kein anderer islamischer Staat ist seit Chomeinis Revolution im Iran so nahe an die Machtübernahme durch die »Besessenen Gottes« gerückt, wie die Streiter Allahs hier heißen.
Innenminister Abd el-Rahman Misjan Scharif, ein strenger Law-and-Order-Mann und wegen seiner Härte von der Presse gern als »éradicateur« (Ausrotter) tituliert, sieht Algerien an der Spitze der Abwehrfront gegen einen globalen Ansturm der Glaubenseiferer: »Wir machen die Schmutzarbeit für andere arabische und europäische Länder.«
Richtig daran ist: Wenn das republikanische Regime in Algerien fiele, bekäme die Europäische Union es mit einem islamischen Gottesstaat vor der Haustür zu tun, der für den Westen so bedrohlich wäre wie der Iran des finsteren Ajatollah Chomeini nach dem Sturz des Schah 1979. Die Islamisten könnten ihre kämpferische Heilsbotschaft in die benachbarten Tourismus-Hochburgen Marokko und Tunesien tragen. »Siegt der Fundamentalismus in Algerien, fällt der ganze Maghreb«, meint auch Sozialistenchef Hocine Ait Ahmed, einer der historischen Helden aus dem Befreiungskrieg gegen Frankreich.
Bei den ersten freien Parlamentswahlen, die Algerien Ende 1991 nach fast 30 Jahren unter der Knute der Einheitspartei FLN erlebte, erhielt die Islamische Heilsfront im ersten Durchgang über 47 Prozent. Das Militär, das sich als Wächter des modernen algerischen Staats sieht, zog die Notbremse; die Heilsfront wurde verboten, ihre Führer, der Universitätsprofessor Abbassi el-Madani und der junge Prediger Ali Belhadsch, kamen ins Gefängnis.
Seither ist Algerien in höchster Not, gefangen in einem Teufelskreis der Gewalt, in dem jede Woche bis zu tausend Menschen umkommen – mehr als in Bosnien. Es ist ein Krieg, der nicht vor laufenden Kameras wütet und in Europa nur wahrgenommen wird, wenn die Staatsmacht den Schleier der Verschwiegenheit über den Greueln lüftet.
Die durchschnittenen Hälse sind das grausige Markenzeichen der Islamischen Heilsarmee und ihres noch radikaleren Zwillings, der Bewaffneten Islamischen Gruppe. Deren Bandenführer, selbsternannte Emire, die mal einige Dutzend, mal einige hundert Partisanen befehligen, erfanden eine theologische Rechtfertigung für

ihre Schlächterei: »Je durchdringender das Opfer in seiner Verzweiflung schreit, um so eher öffnet Gott ihm das Tor zum Paradies.«

Diese perverse Begründung von Marter und Quälerei versieht noch die schlimmste Bestialität mit der höheren Weihe der Gottgefälligkeit, da es dem Getöteten im Jenseits bekömmlich sei, wenn er für seine Verfehlungen büßt, bevor er stirbt. Von ihrem Freibrief machen die Islamisten reichlich Gebrauch. Abgetrennte Köpfe werden nachts auf Bürgersteigen deponiert oder auf einen Zaun gesteckt, Hände und Arme mit Draht an Bäumen oder Laternen aufgeknüpft. Der dazugehörige Rumpf kann kilometerweit entfernt in einem Orangenhain liegen. Die Vorstellung, daß die Gendarmen das blutige Puzzle in mühseliger Suche zusammenklauben müssen, bereitet den Tätern ein sadistisches Behagen.

»Gendarmen und Soldaten = Ungläubige«, verkünden frisch gepinselte Parolen auf den Häuserwänden der Vororte von Algier. Für die Krieger Gottes ist die Staatsmacht »taghut«, ein tyrannischer Götze, und wer ihm dient, ein »kafir«, ein Gottloser, der den Tod im Dschihad verdient.

Die Versuche der Regierung, durch Präsidentschaftswahlen im Herbst ein Stück demokratische Legitimität zurückzugewinnen, haben die Islamisten keineswegs versöhnlich gestimmt. Denn der Begriff der Volkssouveränität ist dem politischen Denken der Fundamentalisten fremd: Gott allein ist Gesetzgeber und Herrscher zugleich, die Idee des säkularen Nationalstaats gilt als Ketzerei.

»Worüber könnten wir mit solchen Leuten verhandeln, wie uns manche Neunmalklugen in Europa und Amerika raten?« ereifert sich Innenminister Scharif, der 50 000 zusätzliche Gemeindewächter einstellen will, Hilfspolizisten, die Ortschaften ohne Gendarmerieposten schützen sollen. In vielen Dörfern der Kabylei haben sich mit Genehmigung der Behörden Selbstverteidigungskomitees gebildet.

Daß mit Schlächtern von Frauen und Kindern kein Ausgleich möglich ist, beginnen immer mehr Algerier zu sagen, die vor drei Jahren noch aus Verdruß über Korruption und Mißwirtschaft in der damaligen Regierungspartei FLN mit der Islamischen Heilsfront liebäugelten. Vermutlich begingen die Untergrundkämpfer ihren entscheidenden Fehler, als sie nicht länger nur Repräsentanten und Würdenträger des Regimes mordeten, sondern zum

Dolchstoß auf das Herz der bürgerlichen Gesellschaft ausholten. Auf die Todeslisten, die sie in Umlauf brachten, setzten sie die Namen von Intellektuellen, Lehrern, Journalisten, Gewerkschaftern – und vor allem von Frauen. Über 300 wurden bisher getötet, Kopftuch und Schleier wirken längst nicht mehr wie eine kugelsichere Weste. Vor zwei Wochen starben in nur drei Tagen sieben Frauen, darunter eine Schwangere im neunten Monat und zwei Schwestern, Soraya und Malika Benscharif, 17 und 16 Jahre alt.

Die Entführer schnitten Soraya und Malika 200 Meter von der elterlichen Wohnung in Ain Ferhat entfernt den Hals durch, nicht ohne sie vorher vergewaltigt zu haben. Das Vergehen der Mädchen bestand darin, daß sie sich gesträubt hatten, den Häschern in die Berge zu folgen, um ihnen dort in einer islamischen Ehe auf Zeit als Lustfrauen zu dienen.

Leila Aslawi, Richterin, ehemalige Ministerin und Frauenrechtlerin, hat die Übergriffe der frommen Brüder für einen symbolischen Schauprozeß dokumentiert, in dem sie als Anklägerin gegen die Islamisten auftrat. Sie beschuldigt Madani und Belhadsch, die Initialzünder für alle Greueltaten zu sein, die Algerien erschüttern. Wie viele andere prominente Gefährdete verbirgt sie sich in der Hochsicherheitswohnanlage »Club des pins«, einem ehemaligen Erholungszentrum am Meer unweit von Algier.

»Der Terror folgt keiner Logik mehr, außer der des Schreckens«, sagt Leila Aslawi, westlich elegant gekleidet und makellos französisch sprechend, was sie in den Augen der Fundamentalisten allein schon todeswürdig macht. »In diesem Land wurde im Namen Gottes alles Moralische zerstört und die kritische Vernunft ausgelöscht.«

Leila Aslawi, wie anders, setzt auf die seelische Widerstandskraft der Frauen, die ihre freiheitliche Gesinnung im täglichen Leben demonstrieren, und sei es nur, indem sie zur Arbeit oder zur Schule gehen. Hat nicht Madani gepredigt, jede berufstätige Frau raube einem Mann den Arbeitsplatz?

Klug und stark redet sie gegen die schwarze Wolke des Pessimismus an, die sich über Algeriens aufgeklärte Elite zu legen droht, gegen die Resignation der Gebildeten, die den Islamisten den Weg frei machen würde. »Algerien wird niemals fundamentalistisch werden, niemals«, beschwört sie ihren Glauben an die Modernität und die Zukunft in einem Land, das seine kulturelle Spaltung zwi-

schen europäischer und islamischer Geisteswelt seit der Franzosenherrschaft nie überwinden konnte.
Die frühere Präsidentin des Europaparlaments, Simone Veil, die als französische Jüdin deutsche KZ-Haft überlebte, hat ihr gesagt, nicht einmal die Nazis hätten derart sinnentleerte Greuel begangen wie Algeriens Fundamentalisten. Das bestärkt sie in einem Kampf, der ihr zur Obsession geworden ist – und ihr zugleich den Ruf eingebracht hat, die »Eiserne Lady« Algeriens zu sein. Erbost schied sie im Sommer vorigen Jahres aus der Regierung aus, als Staatschef Amin Sirwal den Versuch machte, mit dem Islamisten-Chef Madani Verhandlungen zu führen – ergebnislos, wie Leila Aslawi richtig vorausgesagt hatte.
Seitdem hat sie für ihre Mission einen schweren Preis bezahlt. Kurz nach ihrem Rücktritt wurde ihr Mann, ein Zahnarzt, von vier jugendlichen Messerstechern umgebracht. Er hatte seine Praxis mitten in der Kasba, der Altstadt von Algier, die mit ihrem Labyrinth von engen Gassen, Häusern und Hinterhöfen zu einer Festung der Frommen geworden ist.
Ihr Mann war ein frommer Moslem, der täglich seine Gebete verrichtete. In Leila Aslawis Wohnzimmer ist eine Prachtausgabe des Koran in einem Prunkkasten ausgestellt, das ist sie dem Ermordeten schuldig. Auch in ihr blitzte atavistischer Rachedurst auf, als sie irgendwann hörte, die Gendarmen hätten die Mörder gestellt und niedergeschossen. »Ich war erleichtert. Ich hätte es nie verstanden, wenn sie wieder auf freien Fuß gekommen wären.«
Wenige Häuser entfernt im »Club des pins« lebt ein Mitstreiter im inneren Exil: Mahfud Bennun, Anthropologe und Historiker, Professor an der Universität Algier und an der University of Michigan, wo er promoviert hat. Seit einem Jahr kann er aus Sicherheitsgründen nicht mehr lehren. Islamistische Henker waren in seine Wohnung eingedrungen, hatten ihn aber nicht vorgefunden. Sie ließen einen Brief mit einem einzigen Satz zurück: »Betrachten Sie sich bereits als tot.«
Nun hat Professor Bennun viel Muße für die Forschung. Sein Studiengebiet ist die Aufklärung des Unfaßbaren: Wie konnte der Fundamentalismus in Algerien, einem Land, das nur zwei Flugstunden von Paris entfernt ist und sich seit seiner Unabhängigkeit als Modellstaat für die Dritte Welt verstand, einen Terrorismus ohne Beispiel hervorbringen? »Wie konnte ein Sohn Algeriens«,

fragt der Professor pathetisch, »ausgetragen, gestillt und großgezogen von einer algerischen Mutter, zu einer Kampfmaschine werden, die Tod und Verderben sät?«

Voll Schrecken im Angesicht des Monstrums, des »algerischen Frankenstein«, hat er sich die beklemmende Frage gestellt, ob Gewalt und Grausamkeit seinem Volk vielleicht im Blut lägen. Schließlich sind die Algerier eine Kriegerrasse seit 2000 Jahren, das einzige arabische Volk, das sich mit Waffengewalt seine Unabhängigkeit vom Kolonialherrn in einem acht Jahre dauernden Krieg erkämpfte. Schon damals war das Durchschneiden der Kehle die bevorzugte Tötungsart der Freischärler; »le sourire berbère«, das Lächeln des Berbers, nannten die Franzosen die klaffenden Hälse.

Aber Bennun, der selbst drei Jahre Partisan war, will sich mit dieser Erklärung nicht abfinden; immerhin sind über zwei Drittel der 28 Millionen Algerier jünger als 25; der Befreiungskrieg, für die Generation der Mudschahidin die historische Legitimation ihrer Herrschaft, bedeutet ihnen nicht mehr als eine ferne Legende.

Liegt es dann vielleicht an der archaischen Kultur der algerischen Bauern, die über Jahrhunderte hinweg jede Zentralmacht bekämpften, Fremden mißtrauten, einem altertümlichen Ehrenkodex anhingen und den Feind gern mit symbolkräftigen Wunden verstümmelten? Das ist die These von Bennuns Kollegen Mohammed Harbi, der das blutige Geschehen aus dem sicheren Paris beobachtet.

Doch auch daran weigert sich Bennun zu glauben; diese Vermutung kränkt ihn persönlich, würde sie doch bedeuten, daß Algerien gar nicht in die Barbarei zurückgefallen ist, sondern immer in ihr verharrte – ein Volk mit einem Fluch gewissermaßen.

Bennun zieht eine andere Erklärung vor, konkreter und weniger metaphysisch. Der Terrorismus der islamischen Untergrundkämpfer, so verkündet er, sei das Ergebnis einer Gehirnwäsche. Die jungen Rekruten, die der Gottesmiliz beitreten, würden so lange umerzogen und zur Selbstkritik gezwungen, bis vier Grundloyalitäten zerstört seien: die Treue zur Familie, zu den Freunden, zur eigenen Vergangenheit und zur Nation.

Diese Auflösung habe die Voraussetzung für den Dschihad gegen die eigene Gesellschaft geschaffen, denn ursprünglich war der Heilige Krieg ja nur ein Kampf gegen Ungläubige von außen, die Kreuzzügler etwa.

Die religiösen Rattenfänger schöpften aus dem Reservoir der Enttäuschten und Zukurzgekommenen, einer ständig wachsenden Masse von Jugendlichen ohne Zukunft. Fast die Hälfte der jungen Leute ist ohne Beschäftigung. Fünf von sieben Abiturienten bekommen keinen Studienplatz. Die Universitäten – Massenbetriebe mit Zehntausenden von Studenten – produzieren Akademiker ohne Chancen.

Mit dem rasenden Tempo, in dem sich die Bevölkerung vermehrt, konnte das Wirtschaftswachstum nicht mithalten. Jede algerische Frau zieht im Durchschnitt 5 Kinder auf; jedes Jahr kommen 700 000 bis 800 000 Menschen hinzu, während nur 10 000 neue Arbeitsplätze entstehen; im ganzen Land fehlen mindestens eine Million Wohnungen; auf 40 Quadratmeter Fläche hausen im Schnitt 14 Menschen, die oft genug in Schichten schlafen müssen.

Schon in den achtziger Jahren durchkämmten Fundamentalisten die Elendsviertel nach Sympathisanten. Sie organisierten Wehrsportübungen und Sommercamps für die Jugendlichen, ließen Zehntausende von »Bärtigen« drohend durch die Hauptstadt paradieren. Noch vor den abgebrochenen Wahlen hatte die Islamische Heilsfront einen perfekt organisierten, paramilitärischen Ordnungsdienst aufgebaut, der sich nach dem Verbot der Partei über Nacht in Allahs Untergrundarmee verwandeln konnte.

Obwohl Militär und Gendarmerie nach einem Geheimbericht des Generalstabs 1994 über 7000 Rebellen töteten, haben die Terrorbanden offenbar wenig Schwierigkeiten, weiterhin Nachwuchs zu finden. Dabei laufen ihnen nicht nur Freiwillige zu, sie verstricken auch Unbeteiligte mit List und zuweilen mit Gewalt in ihr Netz. Verweigerern des Heiligen Kriegs drohen sie Mord und Denunziation an.

Blida, 80 Kilometer von Algier entfernt, eine Stadt, um die herum paradiesisch üppig Reis, Rosen, Orangen und Wein gedeihen, ist eine Hochburg der Islamisten. Tag für Tag fahren hier die Gendarmen in Konvois von drei bis vier gepanzerten Geländefahrzeugen Streife. Sie halten einen Abstand von hundert Metern, um die Front zu vergrößern und es dem lauernden Feind zu erschweren, sämtliche Wagen zugleich anzugreifen.

Die Gendarmen haben olivgrüne Pudelmützen über das Gesicht gezogen, um nicht erkannt zu werden. Die automatischen Gewehre sind nach außen gerichtet, jederzeit feuerbereit. »Ninjas«

nennt das Volk die Maskierten wegen ihres martialischen Aufzugs. Der Ausdruck ist nicht gerade liebevoll gemeint, aber Kommandant Mohammed findet ihn dennoch schmeichelhaft: »Die Ninjas sind kampferprobte Krieger, die jeder Situation gewachsen sind.«
Das trifft auf seine Truppe leider nicht zu, obwohl die Gendarmen zweifellos tapfere Männer sind, deren Korpsgeist unversehrt ist. An einer Ehrenwand im Hauptquartier von Blida hängen die Fotos von 32 Gefallenen; »sie starben mit der Waffe in der Hand«, erklären ihre Kameraden stolz.
»Es heißt töten oder getötet werden«, sagt Kommandant Mohammed und gibt zu, daß der taktische Vorteil beim Gegner liegt: »Sie tauchen auf, wo man sie am wenigsten erwartet. Ihre Späher sind überall. Sie schlagen zu, wann sie wollen, wo sie wollen, mit den Mitteln, die sie wählen.«
In letzter Zeit sind das meistens Flaschenbomben, die mit Metallsplittern gefüllt sind und per Batterie gezündet werden. Vielleicht sei den Terroristen die Munition ausgegangen, hofft der Kommandant. Trotzig fügt er hinzu: »Es ist die Phase der Agonie. Es sind die letzten Zuckungen der Bestie.«
Auf der Überlandstraße nach Algier deutet er auf eine Brücke: »Von dort haben sie uns das letzte Mal beobachtet. Zwei Kilometer weiter explodierten vier Bomben.« Niemand wurde verletzt, aber die Gendarmen bekamen auch niemanden zu fassen. So ist es häufig.
Wenn sie eine Bande der »Gangster Gottes« stellen, gibt es keine Gnade. »Die kämpfen bis zuletzt, geben nie auf, eher töten sie sich selbst«, sagt der Kommandant. Die Kommuniqués der Sicherheitskräfte nennen lapidar immer nur die Zahl der Getöteten, von Gefangenen ist selten die Rede.
Zurück in den Gendarmeriebaracken, legt Kommandant Mohammed eine alte Platte der Rolling Stones auf, »Street Fighting Man«. Er erzählt von den schönen Zeiten, als er und seine Männer mit schweren BMW-Motorrädern durch das sonnenüberflutete Land zwischen Mittelmeer und Atlasgebirge rollten und nichts Gefährlicheres zu tun hatten, als Unfälle aufzunehmen und Strafzettel an Verkehrssünder zu verteilen.

CORDT SCHNIBBEN

Der Junge ohne Mund

Über den Vietnamkrieg und die Odyssee eines Totgesagten
Mai 1995

Die Ausgabe der *Saigon Giai Phong* vom 17. April 1995 enthält für Vo Suong und seine drei Töchter eine glückliche Mitteilung: Der Vietnamkrieg, steht da zu lesen, sei ein einziger großer Irrtum gewesen, eine Kette folgenschwerer Fehler der amerikanischen Regierung. Der frühere US-Verteidigungsminister Robert McNamara habe dies in seinen soeben veröffentlichten Memoiren mitgeteilt, liest Vo Suong. Ob er es seiner zweitältesten Tochter erzählt, weiß er noch nicht. Kann eine Siebenjährige das verstehen? Erst vor einer Woche hatte sie wieder nach dem Krieg gefragt, weil in den Straßen Saigons Transparente aufgehängt wurden zum »20. Jahrestag der Befreiung«.

Sie hatte auf seine linke Wange gezeigt, die aussieht, als habe vor langer Zeit die Pranke eines grausamen Tieres sie getroffen, und hatte sie noch mal hören wollen, die Geschichte vom großen Loch in seinem Gesicht, und er hatte widerwillig das alte Bild tief unten aus seinem Schrank hervorgekramt und es ihr zum erstenmal gezeigt, dieses Bild, das ein deutscher Fotograf im April 1968 auf dem Lazarettschiff »Helgoland« gemacht hat.

Wie ein Geist sehe er auf dem Bild aus, hat seine Tochter nach einigen Schrecksekunden gewispert.

Zwischen Leben und Tod schwebte Suong damals sechs Monate lang, nachdem unter dem Zwölfjährigen auf dem Weg zur Schule plötzlich der Erdboden aufgebrochen war. Er lebte zusammen mit

seinen neun Geschwistern und seinen Eltern in Vinh Xuan, 30 Kilometer südlich von Da Nang, in einem jener vielen Dörfer, die tags den Amerikanern gehörten und nachts den Vietcong.
Nach Sonnenaufgang schwebten gewöhnlich die Hubschrauber ins Dorf, und die großen weißen Männer durchwühlten die Hütten nach Partisanen oder verteilten Kaugummi; sie zerstörten die Reisfelder oder schleppten Reissäcke heran, auf denen stand »Donated by the people of the United States«; sie legten ihre dicken Arme um die Hüften der Mädchen und ließen sich fotografieren; sie zündeten eine Hütte an oder verbanden einem kleinen Jungen den Fuß – je nachdem, wie die Nacht davor gewesen war oder wer die Truppe kommandierte oder welche Post sie aus der Heimat bekommen hatten.
Und dann stiegen sie wieder in ihre Vögel und flogen zurück in ihre Lager, und unterwegs überlegten sie, welcher Vietcong ihnen wohl heute durch die Lappen gegangen war. Das süße Zigarettenmädchen? Der bettelnde Greis? Der schnelle Schuhputzer? Der kleine Junge mit den Bums-Fotos?
In ihrer Festung hörten sie über American Forces Vietnam Network Songs von Jimi Hendrix, den Doors, Wilson Pickett und den Mothers, spielten Gitarre und Karten, rauchten Cambodian Red oder Lao Green und zeigten sich ihre Alben mit den immer gleichen Fotos, mit dem Kopf-ab-Foto, dem Ohr-ab-Foto, dem Feuerzeug-die-Hütte-brennt-Foto, dem Tote-Vietcongmädchen-ohne-Pyjama-Foto.
Und während sie dann für ihren Oberbefehlshaber zusammenlogen, wieviel Schlitzaugen sie am heutigen Tag erlegt hatten, damit dessen Presseleute aus dem beeindruckenden »body count« wieder einen erfolgreichen Tag im Kampf gegen die kommunistische Bedrohung machen konnten, krochen die Vietcong in Vo Suongs Dorf und in anderen Dörfern Mittelvietnams aus ihren Erdlöchern, sammelten die Reisportionen ein, die die GIs verteilt hatten, ohrfeigten die Mädchen, die sich von den Eindringlingen hatten umarmen lassen, verteilten Medikamente und Waffen und Weisheiten, versprachen den Frieden, die Einheit und die Freiheit und verprügelten diejenigen, die sie verdächtigten, die Prügel der Amerikaner nicht stumm überstanden zu haben, oder sie ertränkten sie kurzerhand – je nachdem, wie ihr Tag unter der Erde gewesen war.

In so einem Dorf lebte Vo Suong, hatte sich mit dem Geschick eines Kindes den Gesetzen dieses Geländespiels angepaßt, haßte weder die einen noch die anderen, konnte die Gegner am Klang ihrer Gewehre unterscheiden, hatte gelernt, Tretminen zu entdecken, und wie es pfeift, wenn eine Granate auf einen zufliegt, wußte nur, daß er, was immer auch passieren sollte, seine beiden Vietcongbrüder nicht verraten durfte – aber gegen diese Bombe half auch nicht die Weisheit eines Kindes.

Sie kam von jenseits der Wolken, und wie Suong nun von McNamara erfährt, war sie ein ziemliches Mißgeschick, weil die amerikanische Regierung spätestens im Dezember 1967 von der Nutzlosigkeit weiterer Bombenangriffe überzeugt war und nach Meinung McNamaras die Truppen zu diesem Zeitpunkt hätten abziehen sollen.

Friedlich war es nicht gewesen am Morgen des 3. Januar 1968, offensichtlich waren die abziehenden Herrscher der Nacht mit der anschwebenden Armee des Tages zusammengestoßen; der Gefechtslärm war so laut, daß Suong beschloß, lieber nicht in die Schule zu gehen und umzukehren, aber das Knallen und Zischen war doch so weit entfernt, daß er nicht rannte.

Urplötzlich bricht die Erde vor Suong auf, donnernd, als explodiere sie, und fegt ihn durch die Luft. Als er aufwacht, liegt er halb unter Schlamm und blutigem Sand. Er versucht aufzustehen, bricht aber nach ein paar Metern zusammen, am Rande eines Kraters. Sein Gesicht ist taub. Er tastet seinen Schädel ab; neben dem Scheitel steckt ein Stück Metall im Kopf. Wo seine linke Wange war, hängt ein Klumpen aus Fleisch, Zähnen und Knochen. Ein Bombensplitter hat sein Gesicht aufgerissen und den Oberkiefer zertrümmert.

Soweit er gucken kann, sieht er Krater und brennende Hütten und keinen Menschen. Man findet mich nicht, denkt er, bevor er einschläft, man vergißt mich.

Die Bauern, die noch laufen konnten, haben das Dorf verlassen. Suongs Eltern glauben, daß ihr Sohn, wie die anderen Schüler, tot sei. Am Nachmittag wird der Bewußtlose von Nachbarn gefunden und auf Bambusstöcken ins 30 Kilometer entfernte Krankenhaus getragen. Die Ärzte wollen ihn nicht aufnehmen. Man könne ihm nicht mehr helfen, sagen sie. Suong hört, wie seine Mutter und seine Schwester um sein Leben betteln.

Sie sammeln Geld, kaufen vier Sitze im Bus nach Da Nang und legen den Halbtoten auf die Rückbank. Das Hupen auf dieser Fahrt hört Suong heute noch manchmal, das Hupen ist ihm auch im Ohr, als er im Flur des Krankenhauses von Da Nang liegt und wieder hört, daß die Ärzte ihn für tot erklären. Er hat die Augen geschlossen, aber er versteht, was sie sagen. Das nächste, was er hört, sind Schiffssirenen. Er liegt auf der »Helgoland«, dem Lazarettschiff des Deutschen Roten Kreuzes, das im Hafen von Da Nang ankert.

Nach Tagen wacht Suong aus der Bewußtlosigkeit auf. Schläuche hängen ihm aus dem Mund und aus den Armen. Die Deutschen um ihn herum hält er für Amerikaner, aber das ist ihm egal. »Deutsche« kennt er nicht. Er liegt in einem Spezialzimmer. Das Schiff verläßt immer wieder den Hafen, fährt im Kreis oder ankert auf offener See, weil nach der Tet-Offensive die Gefechte um Da Nang zu heftig geworden sind.

Als das Schiff schließlich zurückkehren kann und Suongs Schwester an Bord darf, findet sie den Namenlosen nicht auf dem überfüllten Lazarettkreuzer. Er sieht sie am Bullauge seines Zimmers vorbeigehen, aber sie erkennt ihn nicht unter seinen Verbänden. Rufen kann er nicht, und als er schließlich seinen Namen auf das Fensterglas schreibt, ist sie schon verschwunden.

»Junge ohne Mund« nennen ihn die Schwestern. Die Ärzte sind freundlich zu Suong, über einen Dolmetscher reden sie zu ihm, sie enteitern seine Wunde, sie geben ihm flüssige Nahrung, aber sie operieren ihn nicht, und das beunruhigt ihn. Ich bin am Leben, sagt er sich, mehr kann ich nicht erwarten.

Nach drei Monaten hat er sich eine Zeichensprache beigebracht, die die Krankenschwestern verstehen. Mehr kann ich nicht tun, sagt er sich.

Nach sechs Monaten sagen ihm die Ärzte, nur in Deutschland könne man ihn operieren. Schlimmer kann es nicht werden, sagt er sich.

Doch er landet zunächst im Krankenhaus von Saigon. Er trägt keinen Verband mehr, eine Schutzmaske verschließt das Loch in seinem Gesicht. Die Schwestern geben ihm Reis zu essen. Er könne nicht kauen, gibt er ihnen zu verstehen. Sie sind ratlos und bedeuten ihm, etwas anderes als Reis könne er nicht bekommen, seine Familie müsse ihn versorgen.

Suong erbettelt Geld von Patienten und deren Angehörigen und kauft sich Milch. Um sie trinken zu können, muß er die Maske abnehmen und den Kopf schräg legen. Zwei Wochen lang lebt er von Milch und von Zigaretten, die er schnorrt.

»Zieh dich schön an«, sagt eines Morgens die Krankenschwester, »heute geht es nach Deutschland.«

Am Saigoner Flughafen nimmt eine Stewardess der Air France den maskierten Zwölfjährigen in Empfang, am Bremer Flughafen wartet ein Krankenwagen. Saigon ist dem Bauernjungen schon vorgekommen wie ein lärmendes Ungeheuer, Bremen erscheint ihm auf der Fahrt zum Krankenhaus noch unheimlicher.

Suong kommt zunächst in die Quarantäne-Station. Dort besucht ihn der Mann, der dafür gesorgt hat, daß Suong Vietnam verlassen konnte: Arne Hopp*, ein Unternehmer aus Fischerhude bei Bremen.

Auf einem Flug von Stuttgart nach Wien hatte ein Arzt der »Helgoland« Hopp erzählt, daß es da drüben in Vietnam einen Jungen gebe, dem nicht mehr zu helfen sei. Ein Bombensplitter habe sein Gesicht so weit aufgerissen, daß ihm jeder bis in die Kehle gucken müsse. Nur ein Spezialist könne das Loch wieder schließen.

Am St.-Jürgen-Krankenhaus in Bremen begeisterte Hopp einen Kieferchirurgen für den interessanten Fall, überzeugte ihn davon, den Jungen ohne Mund wieder zu einem Menschen zu machen, kostenfrei, und besorgte ein Flugticket für Suong.

Wochenlang wird der stumme Patient zunächst aufgepäppelt und an die neue Umgebung gewöhnt; doch schon nach kurzer Zeit erfährt Hopp, daß das amerikanische Generalkonsulat in Bremen Druck auf die deutschen Behörden ausübt, dem prominent werdenden Kriegsopfer keine Aufenthaltsgenehmigung zu erteilen. Hopp bittet den Bremer Bürgermeister um Beistand, erfolgreich.

Vom Bauch und von den Beinen holt der Chirurg die Hautfetzen, mit denen Suongs Gesichtsruine verschlossen wird. Alle zwei, drei Monate muß er für mehrere Wochen ins Krankenhaus. Zwischendurch wohnt er bei den Hopps.

Sie wissen wenig über Suong, nicht einmal sein Alter. Er ißt mit den Fingern, am liebsten Brathähnchen, ungern Kartoffelbrei; als sie gemeinsam am Wümme-Teich picknicken, gräbt Suong wie

* Name geändert.

selbstverständlich mit den Händen ein Feuerloch. Er müsse auf dem Lande groß geworden sein, kombinieren seine neuen Geschwister.

Der Abschied zur Operation ins Krankenhaus fällt Suong immer schwerer, und bereits nach der vierten Operation ist er so verängstigt und verzweifelt, daß er Hopp unter Tränen signalisiert, er wolle raus aus dem Krankenhaus und weg aus Deutschland.

Erst ein Krankenpfleger, der ihn auf der »Helgoland« betreut hat, der ein wenig vietnamesisch spricht und ihn im Krankenhaus aufgestöbert hat, kann ihn beruhigen. Der erklärt ihm, wie die Ärzte ihm helfen wollen und warum sie ihn so oft operieren müssen, bis er einen neuen Oberkiefer hat und ein neues Gesicht. Am Ende wird er 23 Operationen hinter sich haben.

Suong zieht in ein Heim, das die Hilfsorganisation Terre des Hommes in Vechta für schwerverletzte Kriegskinder aus Vietnam eingerichtet hat. Sein Deutsch ist inzwischen so passabel, daß er die Berufsschule für Autoschlosser besuchen kann. Die Kinder auf der Straße starren erschrocken auf sein Gesicht, die Fahrgäste im Bus fragen, ob er aus diesem Krieg in Vietnam komme, die Mitschüler tragen Peace-Zeichen an ihren Parkas.

Im Fernsehen sieht Suong täglich Bilder aus seiner Heimat – brennende Hütten, weinende Frauen, Flammenwerfer, feuernde Panzer und Bomben, die aus Flugzeugen trudeln. Noch häufiger jedoch sieht er Bilder aus seiner neuen Heimat – Ho-Tschi-minh-Poster, Vietcongfahnen, rennende Studenten, Wasserwerfer und wild um sich schlagende Polizisten.

Der Krieg ist Suong bis nach Vechta gefolgt – er läßt die Deutschen kämpfen, als lägen sie selbst im Dschungel. Die Freiheit Berlins werde in Saigon verteidigt, sagen die einen; sie wollen deutsche Soldaten hinüberjagen und Kampfhubschrauber, aber dann begnügen sie sich damit, den südvietnamesischen Soldaten Schäferhunde zu schicken und den Witwen amerikanischer Soldaten kleine Kopien der Berliner Freiheitsglocke.

Die Würde aller Menschen werde in Vietnam zertreten, sagen die anderen; sie veranstalten Protestmärsche und Tribunale, sie lassen Scheiben klirren und Molotowcocktails fliegen, sie verbrennen Sternenbanner und basteln Puddingbomben.

Der Vietnamkrieg verändert Deutschland: Er schürt Zweifel am American Way of Life und an dem, was von Millionen Empörten nun »Weltimperialismus« genannt wird; er politisiert Schriftsteller, Künstler und Filmemacher; er macht aus einem bis dahin bloß antiautoritären Generationenaufstand das, was bis heute »die Revolte der 68er« heißt; und er läßt eine kleine radikale Minderheit den ersten Terrorakt begehen – Andreas Baader und seine Freunde stecken ein Frankfurter Kaufhaus in Brand, »aus Protest gegen die Gleichgültigkeit, mit der die Menschen dem Völkermord in Vietnam zusehen«.

Das Foto von Vo Suongs zerbombtem Gesicht, auf der »Helgoland« geschossen, findet als Fratze des Krieges Aufnahme in die 3. Weltausstellung der Photographie, zusammen mit Dutzenden anderen Meisterwerken des Grauens. Diese Bilder und die Fernsehbilder sind es, die schließlich aus dem Gemetzel in den Dschungeldörfern Indochinas einen Weltkrieg machen, der weder Madrid noch Paris oder Mexico City verschont, schon gar nicht die Großstädte der Vereinigten Staaten.

Die Abendnachrichten tragen die Gewalt so lange in die Wohnzimmer der Amerikaner, bis es auf ihren Straßen zugeht wie in Saigon während der Tet-Offensive. Auf den Stufen des Kapitols erschießt sich ein 15jähriger Vietnamkriegsgegner, ein anderer verbrennt sich vorm Pentagon; in Kent, Ohio, werden vier Protestierer von der Nationalgarde erschossen.

»Warum werden schwarze Boys 10 000 Meilen weit geschickt, um Freiheiten zu verteidigen, die sie selber in Harlem nicht gefunden hatten?« wagt der Vietnamkriegsgegner und Schwarzenführer Martin Luther King 1968 zu fragen. Als er kurz darauf erschossen wird, brechen in mehr als 100 Städten der USA die bis dahin größten Krawalle ihrer Geschichte los.

Daß dieser Krieg zwischen der mächtigsten Militärmaschine des Westens und einer Armee von Kämpfern mit Kinderärmchen, daß diese große Schlacht zwischen Ost und West und Arm und Reich, die Millionen Menschen getötet hat und Abermillionen Menschen an ihrem Weltbild zweifeln ließ, daß dieser Krieg, wie sein Architekt nun in seinen Memoiren ausplaudert, nicht mehr war als die Tölpelei eines Haufens ahnungsloser Minister, Präsidentenberater und Militärs, ist das letzte Massaker, das dieser Krieg in den Hirnen der Überlebenden anrichtet.

Als Suong 1972 nach vier Jahren in den Krieg zurückkehrt – weil die südvietnamesische Regierung droht, ihm die Staatsbürgerschaft zu entziehen; und weil er trotz aller Freundlichkeiten in Deutschland ein Fremder geblieben war –, fallen noch immer Bomben auf Vietnam. Der 17jährige soll zunächst im deutschen Krankenhaus in Saigon bleiben, weil ihm in seinem Heimatdorf blüht, von der südvietnamesischen Armee zum Soldaten befördert zu werden.

Nach zwei Wochen macht er sich trotz aller Warnungen auf den Weg und trifft in der Nähe seines Dorfes wieder auf amerikanische Einheiten. Sie sind freundlich, diese Zone gilt jetzt als »befriedet«. Die Landstriche rund um Da Nang nennen die GIs Arizona Territory, Charlie Ridge oder China Beach, um sich in dem Land, das für sie nicht mehr ist als ein gut bewachsener Schießstand, ein wenig heimischer zu fühlen.

In Vinh Xuan stößt Suong nur noch auf ein paar wackelige Hütten, die sich die 20 verbliebenen Familien aus den Trümmern des Dorfes, in dem einmal über tausend Menschen lebten, zusammengezimmert haben. Nur wenige erkennen Suong wieder. Sie erzählen ihm, daß seine Mutter und sieben Geschwister tot seien. Der Vater lebe mit zwei Schwestern in einem Nachbardorf.

Auch Suong hielt der Vater für tot, um so größer ist seine Freude, ihn in die Arme schließen zu können, und um so stärker ist sein Wille, Suong sofort nach Saigon zurückzuschicken. Die jungen Männer des Dorfes verstecken sich in Erdlöchern vor den Soldaten der südvietnamesischen Armee.

Bei Terre des Hommes, der internationalen Hilfsorganisation, die verletzte und verwaiste Kinder nach Europa ausfliegt, findet Suong in Saigon Unterschlupf. Als Fahrer muß er sich gelegentlich auf den Weg in die Provinzen rund um Saigon machen, muß Barrieren des Vietcong passieren oder Minen umfahren, doch beschossen wird er nur einmal, zwei Tage vor dem Ende des Krieges, in den Straßen der Hauptstadt.

Die Parole »Wir begrüßen den Frieden« prangt auf Suongs Wagen, und deswegen feuern südvietnamesische Soldaten hinter ihm her. Am 30. April 1975, zwei Stunden nachdem der Präsident Südvietnams im Radio die Kapitulation erklärt hat und die letzten Hubschrauber der Amerikaner aus der Stadt verschwunden sind, hämmern Gewehrkolben an das verschlossene Hoftor von Terre des Hommes. Die Helfer wissen nicht, ob die Soldaten Zuflucht suchen oder Amok laufen. Sie öffnen nicht.

Die meisten westlichen Hilfsorganisationen haben Saigon verlassen, aus Angst vor einem Blutbad. Terre des Hommes bleibt und kümmert sich um unterernährte Waisenkinder und Kriegskrüppel, die in den folgenden Monaten aus allen Teilen Südvietnams nach Saigon strömen.
Suong bleibt als Fahrer bei der Hilfsorganisation, deren Arbeit bis heute von 2000 Deutschen mit monatlich 30 Mark finanziert wird. Die 720 000 Mark reichen, um ein Waisenhaus zu unterhalten, ein Zentrum für Querschnittgelähmte und zehn andere Projekte in Provinzen Vietnams.
1976 heiratet Suong eine Kinderpflegerin aus dem Waisenhaus. Ihre gemeinsame Tochter, kurz darauf geboren, erkrankt an Leukämie. In Deutschland wähnt er, wie in seinem Fall, die Rettung, auch wenn es bedeutet, daß er Vietnam wieder verlassen muß. Deutsche Ärzte nehmen ihm diese Hoffnung: Der Tochter ist nicht mehr zu helfen.
Sein Vater stirbt im selben Jahr; die Nachkriegsjahre sind auch wirtschaftlich so hart, daß Suong nur durch die Hilfe seiner deutschen Noteltern und Freunde davon abgehalten wird, wie über eine Million Vietnamesen in irgendein kleines Rettungsboot zu springen und dem friedlichen, unerträglichen Land zu entkommen.
Die siebeneinhalb Millionen Tonnen Bomben, die auf Indochina gefallen waren (mehr als zweimal soviel wie auf alle Länder im Zweiten Weltkrieg), hatten das gesamte Verkehrssystem und viele Deiche und damit den Reisanbau zerstört. Ein Drittel der Südvietnamesen waren aus ihren Dörfern geflüchtet, 800 000 zu Waisen geworden, eine halbe Million zu Krüppeln.
Über 140 Milliarden Dollar hatten sich die Vereinigten Staaten den Spaß in Indochina kosten lassen; Wiederaufbauhilfe erhält das Land, obwohl zunächst zugesagt, in den Nachkriegsjahren weder von den Amerikanern noch von anderen westlichen Staaten. Nur Schweden gibt Hunderte Millionen Dollar, und auch die sozialistischen Staaten helfen, aber die schicken mit dem Geld auch militärische und politische Berater. Dem zerstörten Agrarland wird ein Sozialismusmodell aufgezwungen, mit all dem, was die sowjetischen Vertreter seinerzeit im Angebotsköfferchen haben: Verstaatlichung, Zentralismus, Schwerindustrie, Bürokratie.
Suong, selbst ein Kriegsopfer, fährt die Ärzte und Helfer von Terre

des Hommes nun Monat für Monat in die Provinzen, in denen der Krieg die tiefsten Wunden hinterlassen hat. Aus der Mekong-Provinz Ben Tre kommen besonders viele unterernährte Babys in das Saigoner Heim. Dort sind auf jeden Einwohner – statistisch gesehen – fünf Bomben abgeworfen worden, dort beginnt Terre des Hommes früh mit Projekten gegen Durchfall, schlechtes Wasser und Armut.

Suongs Chefin, Nguyen Thi Man, stammt aus dieser Provinz. Noch immer sei jedes zweite Kind in diesen ländlichen Regionen unterernährt, sagt sie. Zwei Prozent der schweren Fälle sterben.

Zunächst waren es die Folgen des Krieges, gegen die sich die Hilfsorganisation gestemmt hat, dann die Folgen der Mißwirtschaft, und nun sind es die Folgen der Marktwirtschaft. Die ökonomische Liberalisierung hat Vietnam ein hohes Wirtschaftswachstum gebracht und viele neue Hotels, aber auch einen Manchester-Sozialismus, der, wie Nguyen Thi Man beobachtet, »viele reicher macht, doch noch mehr ärmer«.

Milch und Fleisch sind in den letzten fünf Jahren mehr als doppelt so teuer geworden, auch die Preise für Medikamente sind stark gestiegen, und Terre des Hommes laufen die Mitarbeiter weg, weil sie woanders mehr verdienen.

In Ben Tre unterstützt die Hilfsorganisation eine Manufaktur, in der 300 arbeitslose Witwen für Taiwan Kokosnußfasern zu Fußmatten verarbeiten. Und in einer Lehrwerkstatt werden junge Frauen auf eine Karriere in den Billiglohnnähereien Saigons vorbereitet.

»Einkommenschaffende Maßnahmen«, heißt das in der Sprache der Hilfsbürokratie. Man wolle, soweit man könne, helfen, die Ursachen von immer wiederkehrender Unterernährung zu beseitigen, übersetzt Nguyen Thi Man, und die wichtigste sei eben Armut durch Arbeitslosigkeit.

In den Gitterbettchen ihres Waisenhauses liegen immer öfter Sozialwaisen, die von ihren Eltern weggegeben werden, weil sie sie nicht mehr ernähren können. Und immer öfter stehen vor diesen Betten nun Besucher, die Nguyen Thi Man mit vorsichtigem Lächeln begrüßt: amerikanische Kriegsveteranen, die 20 Jahre nach Kriegsende ihr Gewissen beruhigen und Geschäfte machen wollen, die alte Schlachtfelder und neue Märkte besichtigen.

Sie betreten still und vorsichtig die abgedunkelten Räume mit den in Windeln zappelnden Winzlingen, und ihre Ängstlichkeit wächst, wenn sie begreifen, wer sie da an den Waisen vorbeiführt. Suong sehen sie an, daß er ein Kind des Krieges ist; aber daß sich Nguyen Thi Man 1960 mit 17 Jahren dem Vietcong anschloß und später Frauenbataillone der Guerilla kommandierte, erzählt sie nur den Geläuterten unter den Kriegsgegnern, und die glaubt sie daran erkennen zu können, daß diese keine kleinen süßen schlitzäugigen Babys in die USA exportieren wollen.

Die Partisanin von einst hegt keinen Haß gegen ihre Jäger von damals, aber auf die langen schwarzen Lincolns, die wieder durch die Straßen Saigons gleiten, starrt sie mit demselben Mißtrauen, mit dem sie einst den Hubschraubern hinterherblickte. »Diesmal wollen sie unser Land über den Dollar in die Finger bekommen« – so denken viele der alten Vietcong-Kader über die wirtschaftliche Öffnung des Landes. Es gibt etwas, das die Veteranen beider Seiten miteinander verbindet, etwas, das sie sich gestehen, wenn sie die Floskeln ausgetauscht haben und in die Abgründe ihrer Erinnerung blicken. »Dieser Krieg war die schönste Zeit meines Lebens«, sagt Nguyen Thi Man dann, und ihre amerikanischen Feinde stimmen meist verblüfft zu.

Sie hat die Jahre im Dschungel geliebt, weil alle Partisanen gleich waren und dasselbe wollten, weil es keine Korruption gab und keine Bürokratie und weil sie mit der größten Macht der Welt Jo-Jo spielten.

Sie hat die Jahre im Dschungel gehaßt, weil es keine Seife gab und wenig zu essen, weil es keinen Spiegel gab und keine Binden »für die seltenen Tage des Monats« und weil es Napalm gab und Agent Orange und Hubschrauber und B-52-Bomber.

Es war ihre schönste Zeit, weil sie in der Nähe des Todes gieriger lebte und das Leben ein Ziel hatte jenseits von essen, lieben und schlafen.

Der GI hat sein Jahr im Dschungel gehaßt, weil dort die schlimmsten Alpträume aus der Kindheit jede Nacht wahr wurden; weil er schon nach wenigen Wochen wußte, daß dieser Krieg von allen sinnlosen Kriegen der sinnloseste war; weil er öfter gegen Moskitos kämpfte als gegen Kommunisten.

Der GI hat sein Jahr im Dschungel geliebt, weil das Napalm wild brannte wie das Feuer der Hölle, weil die Leuchtspurmunition nachts so elegante Linien zog, weil die Drogen so nahe am Goldenen Dreieck so gut und so billig waren, weil die Mädchen so lieb und so preiswert waren, weil er immer gute Songs im Ohr hatte, weil er wie ein Kriegshippie herumlaufen konnte, weil er bei diesem Woodstock mit Waffen den Mekong herunterbrausen konnte und von Hügel zu Hügel hüpfen, weil er Menschen wie Tiere behandeln durfte, weil er in diesem Chaoskrieg seine Offiziere in die Luft jagen konnte, weil er in diesem Fernsehkrieg groß herauskommen konnte, wenn er zur rechten Zeit eine Handgranate schleuderte.

Nichts sei schöner als ein bekifftes Feuergefecht bei Nacht, schwärmt noch heute William Broyles, damals Truppen-Führer in der Nähe von Da Nang, später Chefredakteur von *Newsweek*. Der Vietnamkrieg war für ihn »die Einweihung in die Macht von Leben und Tod«, an die Frauen rührten, »wenn sie gebären, Männer nur am Rande des Todes«. Nie wieder habe er die Nähe zu Menschen intensiver erlebt als im Vietnamkrieg, »weil man dem anderen sein Leben anvertraut«.

So gesehen müßten die Millionen Amerikaner, die dieses einzigartige Erlebnis genießen durften, dem Dirigenten des Krieges dankbar sein, aber die amerikanischen Veteranen, die in diesen Tagen das Waisenhaus von Terre des Hommes besuchen, tragen den Zorn auf McNamara laut fluchend vor sich her. Sie erzählen von ihrer Pflicht, von ihrem Auftrag, von der Freiheit, die es zu verteidigen galt, von dem guten Willen, der mißbraucht wurde. Sie erzählen das, was Soldaten immer erzählt haben und immer erzählen werden. Es ist für Soldaten die einzige Art, den Frieden nach dem Krieg zu überleben.

Aber diese Veteranen bekommen nun von demjenigen, der sie in den Krieg geschickt hat, um die Ohren gehauen, daß das alles blanker Unsinn war – daß sie eigentlich nur zum Spaß im Dschungel lagen.

Als Helden waren sie in den Krieg gezogen, als Schweine waren sie heimgekehrt, und jetzt stehen sie auch noch als Trottel da, die erleben, daß man sie nun in Vietnam freundlicher behandelt als nach Kriegsende in den USA.

Gelegentlich fährt Vo Suong Besucher des Waisenhauses wieder hinaus in den Krieg, nach Cu Chi, zu dem weitverzweigten Tunnelsystem der Vietcong. Es ist jetzt eine Touristenattraktion, die besichtigt wird, als sei es eine Tropfsteinhöhle. Die Schaulustigen

müssen vier Dollar zahlen, um die getarnten Eingänge aufstöbern zu können, so wie es damals die GIs mußten, und die Fremdenführer in den schwarzen Pyjamas der Partisanen lotsen sie durch unterirdische Schlafräume, Kommandozentralen, Schulen und Operationssäle.
Vo Suong pflegt auf dem Parkplatz zu warten, ihm sind die Bombenkrater unangenehm und die Hubschrauberwracks und die Panzerruine. Dem Knall der Schüsse allerdings entkommt er nicht, abgefeuert von scherzenden Menschen in Bermudashorts, die für einen Dollar pro Patrone mit einer AK 47 oder einer M16 originalgetreuen Kriegslärm machen.
Am Schießstand hat Suong kürzlich einen Österreicher getroffen, einen Veteranen des Zweiten Weltkriegs, der auf Suongs Gesicht zeigte und eine Fachsimpelei begann über Kieferchirurgie. Er hatte sich an der Ostfront einen Wangendurchschuß eingefangen. Mit Amerikanern redet Suong nicht gern, was nicht am Krieg liegt, sondern am mangelnden Englisch. Sein Deutsch ist immer noch gut, selbst wenn es klingt, als habe er eine heiße Bratkartoffel im Mund. Auch beim Trinken behindert ihn seine vernarbte neue Wange, aber als Raucher weiß er den neuen Mund zu schätzen – die kleine Kerbe in der Oberlippe ist so nützlich wie die Mulde eines Aschenbechers.
GIs zu fahren ist für Suong nichts Besonderes. Seine Bombe lastet er ihnen nicht an, die war für ihn nie so sehr eine amerikanische Bombe, die kam vom Himmel, von einem Todesstern, von jenseits der Menschlichkeit.
Die Siegesparade am 30. April, bei der wieder – wie vor 20 Jahren am Tag des Kriegsendes – Panzer auf den alten Präsidentenpalast zurollen, will er nicht besuchen. Ihn hält der Ausbau seiner winzigen Einzimmerwohnung in Atem, in der er mit seiner Frau und seinen drei Töchtern zu ebener Erde lebt.
Da, wo jetzt noch ein Poster von Steffi Graf den breiten Riß in der Wand verdeckt, soll eine neue Mauer hin, aber sein Nachbar, ein aus der DDR heimgekehrter Arbeitsloser, will sich nicht an den Kosten beteiligen.
800 000 Dong verdienen Suong und seine Frau im Monat, das sind weniger als 75 Dollar, damit kann er keine neue Mauer bauen. Das reicht gerade zum Überleben, da müssen Suongs Eltern aus Fischerhude helfen.

Der Kampf um Dollar bestimmt seit zwei Jahren Suongs Leben. Sein Lohn wird immer weniger wert, er sieht den Tag kommen, wo er nicht mehr reicht.

Du bist verrückt, sagen seine Freunde, die Drucker waren und jetzt als private Taxifahrer 500 Dollar im Monat verdienen, du bist Autoschlosser, in Deutschland ausgebildet, du kriegst einen Haufen Geld, wenn du nicht mehr bei dieser Hilfsorganisation arbeitest.

Und darum liegt Suong nun gelegentlich wach, wenn das Fernsehprogramm vorbei ist, hin- und hergerissen zwischen Vergangenheit und Zukunft. Er weiß, daß er ohne die Hilfe all der Helfer nicht mehr am Leben wäre; er ist froh, daß er ein wenig Hilfe zurückgeben konnte in den letzten 20 Jahren; aber er weiß nicht, wem er in Zukunft helfen soll – sich oder den anderen.

JÜRGEN HOGREFE

»Ein Hufeisen um die Araber«

Der Kampf um Jerusalem
Juni 1995

Es soll ein Fest werden, nächstes Jahr in Jerusalem, auf das die Welt schaut. Hunderttausende, vielleicht Millionen Besucher werden die kurvigen Straßen hinauffahren in die hochgebaute Stadt am Rande der judäischen Wüste. José Carreras soll kommen, die Deutsche Staatsoper Berlin und Lorin Maazel. Theater, Lightshows und 70 Kongresse, alles von Weltformat. 1996 wird die Stadt Davids 3000 Jahre alt.

Und die Stadt putzt sich heraus. Bautrupps hämmern an Fassaden, Archäologen legen am Tempelberg Zeugnisse jüdischen Lebens aus biblischer Zeit frei. Am Damaskus-Tor der Altstadt, wo früher häßlicher Stacheldraht die Stadt in Juden und Moslems teilte, entsteht ein friedlicher Palmenhain mit schattigen Pavillons.

»Zehn Maß Schönheit wurden auf die Welt verteilt«, heißt es im babylonischen Talmud, »neun davon hat Jerusalem bekommen.« So ungefähr soll es wieder werden nächstes Jahr in Jerusalem. Doch nichts geht glatt in dieser Stadt – nichts ging hier je glatt. Das Fest könnte ein furchtbarer Flop werden: Zwei Drittel der Jerusalemer lehnen das Jubiläum vehement ab.

Für die orthodoxen Juden der Stadt, rund 170 000, ist die Feier nur ein unseriöses Festival der Ungläubigen, das an dem heiligen Ort nichts zu suchen hat. Ihre gelehrten Rabbiner datieren das Ereignis nach dem jüdischen Kalender ohnehin erst auf das Jahr 2132.

Und die Araber im Osten, rund 155 000 Menschen, fühlen sich durch die pompös angelegte Party der jüdischen Stadtverwaltung provoziert. »Hier wird der arabische Anteil an der Geschichte und Gegenwart der Stadt vollständig ausgeklammert«, beschwert sich Feisal el-Husseini. Der Sproß einer alten Jerusalemer Familie ist als Minister ohne Portefeuille Statthalter von Jassir Arafat in Jerusalem. Das Fest diene, so Husseini, lediglich dazu, »den jüdischen Anspruch auf die ganze Stadt zu erheben«.

Der Kampf um Jerusalem hat begonnen, und die geplante Feier ist dabei nur eine Episode, wenngleich eine entlarvende. Im kommenden Jahr werden die wichtigsten politischen Weichen gestellt, könnte sich das Schicksal der Heiligen Stadt entscheiden – vielleicht für Jahrhunderte. 1996 sollen, nach dem Fahrplan des Friedensabkommens von Oslo, die Gespräche über den endgültigen Status der Stadt von David, Jesus und Mohammed beginnen.

Rund 50mal seit seiner Gründung ist Jerusalem erobert und dabei meist zerstört worden, ein dutzendmal wechselte die herrschende Religion.

Jeruschalajim, »Stadt des Friedens«, heißt sie auf Hebräisch. Für die meisten Juden, nicht nur für die frommen, ist Jerusalem Zentrum ihrer Identität. 657mal ist die Stadt im Alten Testament erwähnt, 154mal im Neuen, hier standen die jüdischen Tempel, hier regierten die großen Könige. Selbst Regierungschef Jizchak Rabin, keiner der Religiösen, zitiert oft den 137. Psalm: »Wenn ich dich je vergesse, Jerusalem, dann soll mir die rechte Hand verdorren.«

El-Kuds, »die Heilige«, wird die Stadt von den Arabern genannt und mit derselben Verve beansprucht. 1300 Jahre lang haben arabische Potentaten die Heilige beherrscht. Von hier, so will es die Legende, ritt Mohammed auf seinem Wunderpferd gen Himmel. Über dem Felsbrocken, von dem er abgehoben haben soll, erhebt sich der Felsendom, eines der imposantesten Sakralbauwerke weltweit. Hauptstadt eines arabischen Landes allerdings war Jerusalem nie, und der Koran erwähnt die Stadt nicht einmal.

Heute ist Jerusalem weder »friedlich« noch allen »heilig« – wahrscheinlich war es diese Stadt nie. Aber das Abkommen von Oslo könnte bewirken, daß Juden und Araber diesmal über die Zukunft Jerusalems verhandeln und nicht Krieg führen.

Am Verhandlungstisch werden allerdings zwei sehr ungleiche Partner sitzen. 3000 Jahre nach König David, der die Stadt von den

Jebusitern eroberte, sind die Juden wieder die unumstrittenen Herrscher von Jerusalem. Die Israelis haben den Sechstagekrieg von 1967 gewonnen; seitdem ist die Stadt, durch die zuvor die Staatsgrenze zwischen Jordanien und Israel lief, wieder vereinigt. Die Palästinenser gehören zu den Verlierern – und entsprechend sieht die Stadt heute aus.

Der westliche jüdische Teil wuchs seitdem zu einer modernen Metropole mit Hochhäusern, Fußgängerzonen und eleganten Shopping-Malls. Die Stadt im wüsten Bergland leistet sich in ihren westlichen Bezirken heute bewässerte Parks, und alle Häuser müssen mit dem teuren Jerusalemer Sandstein verkleidet sein, der die Stadt bei Sonnenuntergang rötlich schimmern läßt.

Dagegen mutet der arabische Osten an vielen Ecken so rückständig an wie ein Provinzkaff. Auf der Salah el-Din, einst Prachtstraße Ost-Jerusalems, baumeln Stromkabel lose vor schmuddeligen Fassaden, in düsteren Geschäften verstauben billige Auslagen, die Seitengassen sind ein Bild des Elends. In Silwan, dem biblischen Kidron-Tal unterhalb des Ölbergs, leben die Palästinenser in Häusern, die jeder jüdische Einwanderer entsetzt zurückweisen würde.

Auf höchstens ein Drittel des Westniveaus kommt der Lebensstandard im Osten: Die Schulklassen sind überfüllt, die Müllabfuhr arbeitet schlampig, die Straßenbeleuchtung schummert düster, wenn es überhaupt Licht gibt. Jahrelang werden Schlaglöcher nicht geflickt, die medizinische Versorgung gilt als prekär.

Die miserablen Zustände sind weder gottgegeben noch zufällig. Sie sind das Ergebnis zielgerichteter israelischer Besatzungspolitik. »Höchstens vier bis fünf Prozent der städtischen Ausgaben« gingen in den arabischen Osten, beklagt die linksliberale Merez-Partei, die in der Rabin-Regierung vier Minister stellt. Und selbst davon werde noch ein Viertel für die Bewachung und besondere Versorgung der jüdischen Bewohner der Altstadt verwendet.

Jerusalems Ex-Bürgermeister Teddy Kollek gibt zu, daß alles »Gerede« über die Gleichstellung der Araber »leeres Geschwätz« gewesen sei: »Sie waren und bleiben Bürger zweiter und dritter Klasse.« Kollek, der den Ruf genießt, sich auch um den arabischen Teil der Stadt gekümmert zu haben, sagt ehrlich: »Für das jüdische Jerusalem habe ich einiges tun können. Aber in Ost-Jerusalem – nicht einmal ein Bürgersteig existiert da; nicht einmal eine kulturelle

Einrichtung. Ja, wir haben Abwasserkanäle gelegt und Wasserleitungen. Wissen Sie warum? Um ihnen etwas Gutes zu tun? Es gab einige Fälle von Cholera dort drüben. Und die Juden hatten Angst, daß es sie auch erwischen könnte.«

Im Ruhestand kümmert sich Kollek jetzt um ein arabisches Gemeindezentrum im Osten und bessere medizinische Versorgung.

Seit 1967 trennt kein Schlagbaum mehr den Osten vom Westen, kein Stacheldraht – und doch sind die Gräben »tiefer als je zuvor«, meint Hanna Siniora, palästinensischer Verleger und enger Freund Arafats. Hier wächst nichts von selbst zusammen – weil man sich nicht zusammengehörig fühlt.

Kaum ein jüdischer Bewohner aus dem Westen geht heute freiwillig in den Osten der Stadt. Zum Beten an der Klagemauer in der Altstadt nehmen die meisten Gläubigen erhebliche Umwege in Kauf, um nicht durch das moslemische Viertel gehen zu müssen. Viele Siedler vom Jordan-Westufer erscheinen mit umgehängtem Gewehr und Pistole im Hosenbund an der heiligen Tempelmauer. Die Taxifahrer aus dem Westen verweigern oft die Fahrt »nach drüben«.

Die Palästinenser wechseln schon häufiger über die ethnische Grenze, vor allem, weil es »drüben« Geld zu verdienen gibt – für Männer meist auf dem Bau, für Frauen als Küchenhilfe. Haß und Mißtrauen baut das nicht ab.

Die Polizei nennt die Terrorstatistik des vergangenen Jahres eine »deutliche Verbesserung«. Doch der Fortschritt ist relativ, die Zahlen bleiben erschreckend: 71mal warfen Palästinenser im vergangenen Jahr mit Steinen nach Juden. 8mal schossen politisch motivierte Araber auf Israelis, und 181mal wurden Brände gelegt – meist an Mietwagen aus dem Westen, die im Osten parkten. 21 Palästinenser wurden von israelischen Soldaten an den Kontrollpunkten erschossen, die vor rund zwei Jahren an den Zufahrtstraßen vom Jordan-Westufer zum Schutz vor Terror errichtet wurden. Dabei reichte oft ein vager Verdacht.

Der Riß geht tief. Ost- und West-Jerusalemer haben sich, auch nach dem Oslo-Abkommen, den Rücken zugekehrt. Sie wollen möglichst wenig miteinander zu tun haben, weil sie glauben, miteinander nicht auskommen zu können. Juden wie Araber träumen den gleichen Traum: Die Sonne geht auf, und der ungeliebte Nachbar ist einfach verschwunden.

Solange dieser Traum nicht in Erfüllung geht, versuchen die Volksgruppen, sich das Leben so schwer wie möglich zu machen. Am längeren Hebel sitzen dabei die Juden: Die israelischen Behörden versuchen durch gezielte Siedlungspolitik und Wohnungsbau, die jüdische Hegemonie über ganz Jerusalem abzusichern – möglichst unumkehrbar.

Die Araber sollen vor vollendete Tatsachen gestellt werden; der Spielraum einer Diskussion um den Status der Stadt bleibt so auf ein Minimum reduziert. »Jerusalem ist und bleibt eine jüdische Stadt«, erklärt der Konservative Ehud Olmert, Bürgermeister seit 1993, »ein Kompromiß kommt nicht in Frage.« Und Israels Regierungschef Jizchak Rabin, von der sonst eher kompromißbereiten Arbeitspartei, stimmt ihm zu: »Wir haben 1967 Jerusalem unter israelischem Gesetz vereinigt. So ist es, und so wird es bleiben.«

Israel Kimche, von 1965 bis 1989 verantwortlicher Stadtplaner von Jerusalem, bekennt offen, die Entwicklungsplanung habe sich »vom ersten Moment an im wesentlichen nach politischen und strategischen Gesichtspunkten ausgerichtet«. Soll heißen: durch Landenteignung zu Lasten der Araber.

Unmittelbar nach der Annexion Ost-Jerusalems hatte Israel begonnen, palästinensisches Land zu konfiszieren, die Grenzen zu korrigieren, neue Siedlungen anzulegen und sie durch Straßen zu verbinden. Einziges Ziel der Aktion: »Es sollte in Stein und Beton der Standpunkt dokumentiert werden, daß Jerusalem eine jüdisch dominierte Stadt unter Israels alleiniger Herrschaft sein muß«, schrieb unlängst der angesehene *Jerusalem Report*.

»Ich schlug Menachem Begin 1977 vor«, erinnert sich der ehemalige Verteidigungsminister Ariel Scharon, »lege ein jüdisches Hufeisen um die Araber – und so hat er es gemacht.« Da war die Einkesselung des arabischen Ost-Jerusalem bereits in vollem Gange. Mittlerweile liegt um den palästinensischen Teil der Stadt ein regelrechter Ring von jüdischen Siedlungen wie Ramot, jede vom Format einer Kleinstadt.

Sari Nusseibe, Sproß eines angesehenen palästinensischen Clans und Professor für Philosophie, beklagt, seine Landsleute würden jetzt schon »in einem arabischen Ghetto in Jerusalem« leben. Schreite die Entwicklung weiter fort, werde Arabisch-Jerusalem zu einer »ethnischen Enklave« in der Stadt – wie Little Italy in New York oder Chinatown in San Francisco. Die ganze Welt würde ge-

genwärtig Zeuge einer »Dearabisierung der Stadt«, die, so Nusseibe, »zu einer Vernichtung des kulturellen Erbes der Araber in El-Kuds, der Heiligen, führen kann«.
2350 Hektar Land wurden seit 1967 enteignet, das meiste davon aus Privatbesitz palästinensischer Familien. Die Enteignung von 53 Hektar arabischen Landes bei Beit Hanina im Norden und Beit Safafa im Süden der Stadt, die Anfang Mai weltweit Protest hervorrief und sogar den Uno-Sicherheitsrat beschäftigte, lag ganz auf der Linie, im Osten soviel Land wie möglich unter Kontrolle zu bringen. Zwar beschloß Israels Regierung schließlich, die Konfiszierung dieses Stückchen Landes vorerst aufzugeben. Doch die Politik der Landnahme geht unverdrossen weiter.
Ende Mai, kaum waren die internationalen Proteste abgeflaut, beschloß der Stadtrat von Jerusalem, bei Har Homa im Süden auf bereits enteignetem Land demnächst 6500 neue Wohnungen zu bauen – ausschließlich für jüdische Mieter.
Die Plazierung von jüdischen Siedlungen im Osten der Stadt, meist auf der Kuppe von Hügeln, was ihnen den Charakter von Wehrburgen verleiht, hat dabei einen doppelten Effekt: Der arabische Teil der Stadt wird an seiner Ausdehnung gehindert, und gleichzeitig verstärkt sich im Osten der jüdische Bevölkerungsanteil – durch Straßen, Berge und Freiflächen von den arabischen Vierteln getrennt.
Die jüdische Bevölkerung Gesamt-Jerusalems hat sich seit Beginn der Besatzung mehr als verdoppelt – von 196 500 im Jahre 1967 auf rund 460 000 heute. Davon wohnen 160 000 in den neuen Hufeisen-Siedlungen. Erstmals in seiner neueren Geschichte leben damit im Osten Jerusalems mehr Juden als Palästinenser.
Die jüdische Menschenrechtsorganisation B'Tselem befand in einer Studie, Israel habe »eine demographische und geographische Realität geschaffen, die jeden künftigen Versuch, Israels Souveränität in Ost-Jerusalem in Frage zu stellen, unmöglich machen soll«.
Die Menschenrechtler beklagen, daß die israelische Regierung durch die Enteignung von Land, durch Stadtplanung und Wohnungsbau »eine Politik der systematischen und vorsätzlichen Diskriminierung der palästinensischen Bevölkerung« betreibe.
Die massive Benachteiligung zeigt sich, nach Informationen von B'Tselem, besonders beim Wohnungsbau. Auf dem Land, das den

Palästinensern weggenommen worden ist – insgesamt 35 Prozent der Fläche Ost-Jerusalems –, sind 38 500 Wohnungen entstanden – alle ausschließlich Juden vorbehalten. Große Areale wurden zu unbebaubaren Sicherheitszonen oder Grünflächen erklärt. Und auf nicht-konfisziertem Boden arbeitet die Stadtverwaltung mit Schikanen: Wenn überhaupt, dann dürfen die Palästinenser nur zwei Stockwerke hoch bauen.

Daß Regierung und Stadtverwaltung mit Annektierung und Besiedlung des besetzten Territoriums im Osten gegen internationales Recht verstoßen, stört die Israelis nicht sonderlich. »Kein einziger Staat«, stellte kürzlich etwa Regierungschef Rabin fest, habe bisher anerkannt, »daß das vereinigte Jerusalem unter israelischer Hoheit« stehe – doch »das ist deren Problem«. Einmischung von außen wird abgelehnt. »Niemand kann Israel erzählen, wie es sich in bezug auf Jerusalem zu verhalten hat«, sagte Wohnungsbauminister Ben-Elieser.

Gern verweisen die Israelis darauf, daß es die Araber waren, die den für sie günstigen Uno-Teilungsplan für Palästina 1947 ablehnten. Er sah eine Internationalisierung Gesamt-Jerusalems vor, das somit nie israelische Hauptstadt hätte werden können.

1980 erklärten die Israelis, gegen internationalen Protest, Jerusalem per Gesetz zur »ewigen Hauptstadt Israels«, die »nie wieder geteilt« sein soll. Die PLO proklamierte 1988 die Gründung des Staates Palästina ebenso apodiktisch »mit seiner Hauptstadt Jerusalem«. Schwer zu sehen, wo da ein Verhandlungsspielraum bleibt.

Doch noch in diesem Jahr soll ein Zeitplan für die Verhandlungen über den künftigen Status von Jerusalem aufgestellt werden. Zur Vorbereitung auf die große Debatte sind Konferenzen in Brüssel, Belfast und London geplant – ausnahmslos Städte, in denen es reichlich Erfahrungen mit ethnischen oder religiösen Konflikten gibt.

Unmittelbar nach dem Abkommen von Oslo tauchten großartige Konzepte auf, die Jerusalem als ungeteilte multikulturelle Metropole sahen – als einzige Kommune der Welt gleichzeitig die Hauptstadt zweier Staaten. Oder gar als Hauptstadt zweier Staaten mit einer gemeinsamen Stadtverwaltung und gemischten jüdisch-palästinensischen Polizeipatrouillen sowie einer Altstadt, die als »corpus separatum« den Gläubigen aller Welt gehören soll.

Doch zu derart phantastischen Lösungen dürfte es kaum kommen: Die Israelis werden ihre Hoheit über Jerusalem nicht aufgeben, und die Palästinenser werden das kaum ändern können. Eine Chance liegt in dem – besonders von Palästinensern bekämpften – Projekt eines »Groß-Jerusalem«.

Nach den Plänen der israelischen Regierung sollen die Grenzen vor allem auf dem Jordan-Westufer Richtung Palästinensergebiet vorgeschoben werden. Im Norden soll Jerusalem bis Ramallah, im Süden bis Betlehem reichen – und nur dichtbesiedelte arabische Gebiete ausschließen. Gerade aber die Einbeziehung einer arabischen Stadt könnte das Jerusalem-Problem entschärfen. Die Palästinenser hätten somit einen Regierungs- und Verwaltungssitz mit Postadresse Jerusalem, wenngleich fernab vom Felsendom.

Erst unlängst ließen israelische Regierungskreise streuen, der Vorort Abu Dis an der südöstlichen Stadtgrenze könnte zur palästinensischen Verwaltungszentrale werden. Gegenwärtig ist Abu Dis nur ein schäbiger Flecken ohne Bedeutung, durch einen neuen Zuschnitt des Stadtplans aber würde Abu Dis Teil von Jerusalem.

Diese Planspiele setzen allerdings voraus, daß der Aussöhnungsprozeß voranschreitet. Das aber ist keinesfalls sicher, denn auch in Jerusalem werden die Fundamentalisten immer einflußreicher – auf beiden Seiten.

Keine Bevölkerungsgruppe wächst gegenwärtig so stark wie die jüdisch-orthodoxe. In zehn Jahren, so alle Prognosen, wird Jerusalem wohl einen orthodoxen Bürgermeister haben. Die frommen Juden jedoch lehnen einen Ausgleich mit den moslemischen Arabern unerbittlich ab.

Von den Palästinensern würden bei einem Kompromiß noch mehr Zugeständnisse verlangt; nur eine starke PLO-Führung könnte sich die leisten. Aber seit dem Abkommen von Oslo ist die Zahl der Radikalen gewachsen, auch in der Heiligen Stadt. Knapp 200 Fundamentalisten der Hamas-Bewegung zählte der israelische Geheimdienst noch vor Jahresfrist. Seitdem ist ihre Zahl auf über 3000 angestiegen.

Mit Hamas aber, deren militärischer Arm Selbstmordattentäter in den Kampf gegen Israel schickt, ist eine friedliche Lösung nicht zu schaffen. »El-Kuds, die Schöne«, so heißt es im politischen Programm von Hamas, »muß den Zionisten entrissen werden.«

UDO LUDWIG

»Die Hungrigen gewinnen«

Über die Laufsiege der Kenianer und die Folgen
August 1995

Wenn David, 17, und Julius, 16, mittags ihr Training beenden und das Kipchoge-Stadion verlassen, können sie für ihren Heimweg in die Innenstadt von Eldoret unter vielen Routen wählen.
Die eine führt an zwei Häusern mit blauen Giebeln vorbei, der Garten ist durch mannshohe Hecken eingegrenzt. Alle in Eldoret wissen, wer der Hausherr ist: Kipchoge Keino, seit seinen Olympiasiegen von Mexiko und München Kenias Läuferidol, hat sich die Häuser von seinem ersten Preisgeld gekauft.
Die beiden Nachwuchsathleten können auch Richtung Ogina Odinga Road laufen, wo Händler am Wegesrand Maiskolben, Schuhe, Bananen und Zigaretten verkaufen. Gleich nachdem sie Bahnlinie und Straße, die nach Uganda führen, überquert haben, stehen sie vor einem Sport- und Buchladen – auch den hat sich Kip Keino laufend verdient.
Einen kleinen Umweg nur bedeutet für David und Julius die Route durch »Elgon View«, das beste Viertel der Provinzhauptstadt im Nordwesten Kenias. Dort, mit reizvollem Blick auf den Mount Elgon, hat sich 3000-Meter-Hindernis-Weltmeister Moses Kiptanui, 23, eine pompöse Villa hingestellt. Ein mächtiges Eisentor schirmt das Anwesen von der Außenwelt ab.
In seiner Nachbarschaft, anschließend an den palastähnlichen

Bungalow eines Präsidentensohnes, besitzt der ehemalige Marathonläufer Ibrahim Hussein eine ganze Häuserreihe. Und einen Dauerlauf weiter wurde soeben das schneeweiß gestrichene Eigenheim von William Segei, dem Ex-Weltrekordler über 10 000 Meter, bezugsfertig.

Nirgendwo sonst auf dem Globus haben so viele Weltmeister, Olympiasieger und Weltrekordler ihre Heimat wie in der Umgebung von Eldoret. In der Industrie- und Handelsstadt, gut 2000 Meter über dem Meer in den Nandi-Bergen, ist das kenianische Läuferwunder zu Hause.

Die übliche Erklärung für die kenianischen Siege lautet: Das überdurchschnittliche Talent der schlanken, leichtgewichtigen Männer vom Stamme der Nandi kann sich im ganzjährig milden Klima und in der leistungssteigernden Höhenlage nahezu ideal entfalten.

Doch das ist nur die halbe Wahrheit. Die andere handelt von Villen und Kühen, von teuren Autos und Ackerland. Männer wie Kipchoge Keino haben eine Art kenianisches Perpetuum mobile in Gang gesetzt, das immer neue Erfolge, immer größere Villen und immer mehr Talente produziert.

Wer rennt, hat es früher in Kenia geheißen, ist entweder ein Dieb oder soeben bestohlen worden. Heute sind die Läufer die jungen Lords des Landes. Unter den Nachbarn ist die Elite mit den schnellen Beinen hoch angesehen: Sie ist weit gereist, sie hat gut verdient, und sie macht aus ihrem Reichtum keinen Hehl.

Der schnelle Wohlstand der neuen Bourgeoisie übt besonders auf junge Leute einen starken Reiz aus. Selbst wer nur ein bescheidenes Talent hat, ist hoch motiviert, sich bis an die Grenzen zu quälen. In immer kürzeren Abständen gehen deshalb neue Läufergenerationen aus Kenia an den Start, die schnell als fast unschlagbar gelten – so lange, bis sich noch Schnellere im eigenen Land finden.

Keino, der »Vater des Laufphänomens« (*Newsweek*), ist inzwischen so etwas wie der Uwe Seeler des kenianischen Sports. Immer wieder kommen die jungen Lauftalente zu ihm ins Sportgeschäft. Er, der als Jugendlicher Gruben für Brunnen und Toiletten aushob, soll erzählen von seinem Treffen mit Ronald Reagan, von seinen Reisen in die ganze Welt, von »Tokio, New York, Koblenz«.

Trotz seiner Häuser und Geschäfte in Eldoret ist Keino vor allem

Bauer geblieben. Ihm gehören drei Farmen mit über 1800 Hektar Land und über 50 Angestellten. Seinen Ruf als »mzee«, als angesehener alter Mann, mehrt Keino, indem er einen Großteil des verdienten Geldes in die Jugendbildung steckt. Ein Anwesen beherbergt »Keino's Children's Farm« – zusammen mit seiner Frau Phyllis zieht er dort derzeit 68 Waisen groß.

Sogar in der Stadt trägt Keino am liebsten ausgetretene Turnschuhe und eine abgetragene Hose, als könne er so den Weg zurück weisen. Früher sei Laufen »Spaß« gewesen, klagt er dann und beißt energisch in das Lammkotelett, daß der Knochen splittert, »heute ist alles nur Geschäft«.

»Wer immer nur ans Geld denkt«, sagt Keino, »der fällt bald runter.« Doch dann zieht er die Ladenkasse auf, die voll ist mit den neuen 20-Shilling-Scheinen. Und jeder Schein trägt Kips Porträt, sozusagen ein millionenfach im ganzen Land verbreitetes Symbol des sozialen Aufstiegs.

Besonders jetzt, da sich die Lebensbedingungen für die arme Bevölkerung Kenias verschlechtern, treibt die Hoffnung die Läufer vorwärts. Colm O'Connell, ein irischer Pater, der seit 19 Jahren in der berühmten St. Patrick's High School der benachbarten Kleinstadt Iten Lauftalente formt, hat dafür eine kurze Formel: »Die Hungrigen gewinnen.«

Rund 120 Läufer aus Kenia verdingen sich im Sommer auf den europäischen Kunststoffbahnen. Dazu kommen noch mal 300 Langstreckler, die sich bei den Straßenläufen von England bis Italien um die Startplätze drängen.

Auf den Asphaltstrecken gibt es für die Erstplazierten zwar oft nur einige hundert Mark – doch das Geld ist leicht verdient im Vergleich zu jenen umgerechnet 20 Mark, die ein Feldarbeiter in Kenia monatlich erhält; der Durchschnittslohn liegt bei rund 80 Mark.

Weil zudem gute, im Ausland erfolgreiche Läufer auch schneller an einen der begehrten Jobs bei der Armee, der Polizei oder als Gefängniswärter kommen, leiht sich mancher begabte Langstreckler aus der Großfamilie das Geld für ein Flugticket nach Europa zusammen. Seine Beine sind das Kapital, das er in der alten Welt zu Markte trägt.

Bekleidet nur mit T-Shirt, Jeans und Schuhen, dazu sechs Dollar in der Tasche, landete Kipkemboi Kimeli im Januar 1987 auf dem

Frankfurter Flughafen. Er kam in der Jugendherberge von Heidelberg unter und startete seine Läuferkarriere – zunächst auf der Straße, dann bei internationalen Sportfesten.
Eineinhalb Jahre später gewann Kimeli bei den Olympischen Spielen in Seoul die Bronzemedaille, inzwischen gilt er in Kenia als gemachter Mann. So wie Yojoel Kipkemboi, der sein Geld als Straßenläufer in England verdient und soeben in Eldoret das »Asis Hotel« eröffnet hat: in bester Gegend, sieben Stockwerke hoch, rot verklinkert.
Von manchen neuen Objekten kennen die Menschen in der 112 000-Einwohner-Stadt nicht den Namen des Eigentümers, sie wissen nur, wo das Geld herkommt: vom Laufen. So haben zwei 24 und 26 Jahre alte Straßenläufer, die den ganzen Sommer in Europa sind, soeben einen vierstöckigen Gebäudekomplex mit rund 50 Wohnungen am Ostrand Eldorets fertiggestellt.
Die investitionsfreudigen Langstreckler profitierten auch von der Aufbruchstimmung in der Stadt. Eldoret gilt als Boomtown Ostafrikas, seit Präsident Daniel arap Moi beschlossen hat, in seiner Heimatprovinz einen neuen internationalen Flughafen zu bauen. Jetzt fließt reichlich Kapital aus der Hauptstadt Nairobi in den Nordwesten – das verspricht eine exzellente Verzinsung der hier angelegten Siegprämien.
Doch im Läufer-Kapitalismus ist die Nachfrage inzwischen größer als das Angebot; die Immobilien in Eldoret werden 25 bis 50 Prozent über Wert gehandelt. »Die Athleten«, sagt Marathonmann Ibrahim Hussein, »verderben die Grundstückspreise.«
Hussein hält sich deshalb ein wenig abseits. Von der komfortabel ausgebauten Straße von Eldoret nach Kapsabet, der alten Hauptstadt der Nandi, zweigt eine rote Lehmstraße ab. Nach zwei Kilometer Tee- und Weizenfeldern taucht auf der rechten Seite ein massives Steinhaus aus der Ödnis auf, eine seltsame Mischung aus afrikanischer Tradition und modernem Design. Vor der Tür parken zwei Mercedes und ein Landrover. Hier wohnt der Marathonsieger von Boston, New York und Honolulu.
Wie nahezu alle Kenianer ist der 37jährige nach seinen Siegen im Ausland in die Heimat zurückgekehrt. Hussein hat in New Mexico Wirtschaft studiert. Sein Wissen, wie man das erlaufene Kapital nach der Karriere mehrt, gibt er der neuen Läufergeneration gern weiter. Denn viele seiner Kollegen würden von ihren europäischen

Managern oft schlecht beraten: »Die empfehlen überteuerte Anlagen, weil sie sich im Busch nicht auskennen.«
Für Hussein ist es nicht einfach, seinen Landsleuten vom Stamm der Nandi zu helfen. Die einstigen Halbnomaden, die aus dem Norden Afrikas stammen, gelten als schlechte Kaufleute. Die Geschäfte in Eldoret machen noch heute die Inder oder die Kikuyu, die eigentlich im Hochland Kenias, nördlich von Nairobi, zu Hause sind.
Die ersten Nandi-Läufer steckten ihr Geld ausnahmslos in Farmland oder in Vieh, später auch in Traktoren. Jetzt, da viele Läufer nach ihren Trips um die Welt keinen Sinn mehr fürs Bauerndasein haben, investieren sie eben in Bauland.
Nur wenige machen sich die Mühe, nach anderen Anlageobjekten zu forschen. Hussein selbst betreibt in der Geschäftszeile von Kapsabet noch einen Handel mit Autoersatzteilen. Hürdenspezialist Kiptanui, der einmal mit drei Läufen in einer Woche 184 000 Mark verdiente (eine Summe, für die ein Regierungsangestellter fast hundert Jahre arbeiten müßte), hat es in Eldoret zu einem kleinen Konzern gebracht, indem er mit Freunden nach und nach kleinere Firmen aufgekauft hat.
Patrick Sang, 1992 Olympiazweiter über 3000 Meter Hindernis, ist gar einer jener Athleten, die dank eines Stipendiums in den USA studieren konnten und nun zum Symbol für eine selbstbewußte und gut ausgebildete Generation von Kenianern geworden sind. Gewiß, er sei Herr über »einige Häuser« – aber mehr noch mache ihn stolz, »der einzige junge Mann im Eldoret-Club« zu sein. Die Mitgliedschaft in diesem ehrwürdigen Zirkel der Mächtigen ist der sichtbarste Ausdruck für sozialen Aufstieg in Kenia. Zur Klubaufnahme sind zehn Bürgen und 3500 Mark Eintrittsgebühr nötig.
Sang möchte sein Wissen weitergeben. Er hat wie Hussein einen Laufklub gegründet. Diese neuen Organisationen, vergleichbar mit deutschen Spitzenvereinen, werden gefördert von kenianischen Großunternehmen wie Eisenbahn oder Elektrizitätswerken. Hussein und Sang machen auch Front gegen die Willkür der korrupten kenianischen Sportfunktionäre und die Allmacht der europäischen Manager: Beide Gruppen sollen nicht länger über Gebühr bei den Läufern abkassieren dürfen.
Eine Interessenvertretung der kenianischen Läufer hält Mike Boit, 46, für überfällig. Über ein Jahrzehnt war der Nandi über 800 Me-

ter ein Siegläufer, das erspurtete Geld legte er mit sicherer Hand an: in Teeland, Maisfeldern, einer Zuckerrohrfarm, Kühen, Häusern – und in seiner Ausbildung. Boit beendete sein Studium in Eugene/Oregon als Doktor der Erziehungswissenschaft.
Heute trägt Boit den Titel eines »Commissioner of Sport« und dient Kenia als eine Art Sportminister. Zwar verdient er in diesem Amt nicht mal 300 Mark im Jahr. Doch der Mann, der gestreifte Seidenanzüge schätzt, verfügt nun über so viel Macht, daß er den Laufboom in die richtigen Bahnen zu lenken vermag. Schon bald, so Boit, werde es die ersten Leichtathletik-Manager aus Kenia geben – und außerdem will er sich für die weiblichen Talente stark machen.
Denn mit Tegla Loroupe, 22, besitzt das Land bereits einen weiblichen Keino. Im letzten November kassierte sie für ihren Sieg im New-York-Marathon 60 000 Mark. Inzwischen hat sie fünf Autos erlaufen, und die heimatlichen Honoratioren belohnten ihre Leistung zusätzlich mit einem Stück Land, mit 9 Kühen und 16 Schafen.
Die Bilder von Tegla Loroupe am Steuer ihres Mercedes haben ein neues Perpetuum mobile in Gang gesetzt: Mädchen stürmen in einem Ausmaß die Stadien, daß ausländische Experten durch die Kenianerinnen eine »Revolution im Langstreckenlauf« prophezeien.

JÜRGEN NEFFE

Am Ende des Weges

Das erste buddhistische Aids-Hospiz und die Aids-Krise in Thailand
August 1995

Unweit der thailändischen Provinzhauptstadt Lop Buri, rund zwei Autostunden nördlich von Bangkok und abseits der Touristenrouten, führt ein heftig aufstaubender Fahrweg zwischen abgeernteten Maisfeldern hindurch bis zum Fuß des Khaosamjod-Gebirges und endet dort in einer unscheinbaren Klosteranlage.
Von der Landstraße aus ist die Ansammlung schmuckloser Häuser und Hüttchen ebensowenig zu sehen wie der Tempel, der das Areal vom angrenzenden Hang aus überragt. Kein Hinweisschild markiert den Beginn der Piste zu dem Kloster, und selbst wer dessen Namen kennt und sich nach dem Wat Prabat Nampu erkundigt, wartet oft vergebens auf Auskunft.
Und doch genügt, um die kleine Siedlung zu finden, ein einziges Wort, klar und deutlich ausgesprochen: Aids.
Dann weiß jede Marktfrau, jeder Garkoch in der Gegend, welcher Ort gemeint ist, und zeigt kommentarlos oder mit zweideutigen Gesten zwischen Scheu und Abscheu in die gefragte Richtung.
»Da wohnt der Tod«, raunen die Leute in den umliegenden Dörfern und wenden sich voll Argwohn ab. Das Kloster am Ende des Weges ist ebenso berühmt wie berüchtigt, seit Aids-Kranke aus dem ganzen Land dort ihre letzten Tage verbringen.
Doch nicht das Verenden hinfälliger Menschenkörper macht das Wesen dieses Ortes aus, sondern das Sterben als Schlußakt des Daseins, jener bewußt erfahrene Lebensabschnitt vor dem Abtre-

ten, wenn die Pläne allmählich kleiner werden, die Hoffnungen aber nicht.
In dem buddhistischen Hospiz finden Menschen ihre letzte Ruhe, deren Schicksal sich irgendwann im Gestrüpp aus Sextourismus, Prostitution und Drogensucht verfangen hat oder die durch Liebe, Ehe oder Gewalt unglücklich da hineingeraten sind. Hier laufen Lebensgeschichten zusammen, die jede auf ihre Weise den Beginn einer Katastrophe beschreiben: Thailand, das gastfreundliche »freie Land« mit großer Zukunft, hat sich mit HIV angesteckt und ist dabei, an Aids zu erkranken.
Auf dem Klostergelände, das nicht größer ist als zwei Fußballfelder, wohnen um die 80 Personen, überwiegend Männer, unter ihnen etwa 10 Mönche. Die Zahlen schwanken, wegen der täglichen Zu- und Abgänge. Bei allen lassen sich Antikörper gegen das als Aids-Virus bekannte HIV nachweisen – ausgenommen der Abt, sein Stellvertreter und ein weiterer Mönch.
Ende letzten Jahres gab es zum erstenmal Zuwachs durch Nachwuchs, als die 25jährige Tam Lond ein Baby zur Welt und ein klein wenig Zukunft an diesen Ort der Vergänglichkeit gebracht hat. Während die Mutter noch keine Symptome jenes vielfältigen Leidens aufweist, das mit »Immunschwäche« nur unzureichend beschrieben ist, weiß Vater Bra Sit, 24, daß sein Sterben bereits begonnen hat. Er fürchtet sich nicht vor dem Tod, sagt er, und doch treibt ihn die Angst um, in Ungewißheit über die Zukunft seiner Tochter sterben zu müssen.
Da seine Frau schon vor Jahren alle Kontakte zu ihrer Familie abgebrochen hat, ruhen Bra Sits Hoffnungen allein auf seinen Eltern. Würden sie das Mädchen zu sich nehmen, wenn er schon nicht mehr wäre? In einem Brief hat er sie gebeten, ihn zu besuchen. Seit sie zugesagt haben, strahlt sein Antlitz fast wieder so, als hätte sich das Leiden nie in seinem Organismus eingenistet.
Wer wie Bra Sit noch selbst essen kann und gehen, die Toilette benutzen und sich waschen, lebt in einer der schlichten Hütten, die den Rand des Areals säumen. Die meisten Bewohner teilen sich zu zweit einen Raum von knapp zehn Quadratmetern. Sie stehen noch oben auf der nach unten ausgerichteten Hierarchie des Sterbens.
Pflegefälle kommen in die kleine Krankenabteilung des Klosters, deren 20 Betten durchweg belegt sind. Für fast alle hier ist die Sta-

tion eine Art Einbahnstraße durch den letzten Rest Leben. Liegen die weniger Pflegebedürftigen noch in den Betten vorn am Eingang, dann rücken sie mit abnehmender Lebenskraft immer weiter Richtung Hinterausgang, wo täglich neue Särge angeliefert werden. Erreichen sie das Ende der Bettenreihe, rücken sie ins Blickfeld der Krankenschwestern und freiwilligen Helfer. Dort sterben sie schließlich, im Durchschnitt ein bis zwei Menschen pro Tag.

Anders als im Hospital, wo Medizin Leben, aber auch Leiden verlängert, soll im Hospiz Leid verringert und Sterben erleichtert werden. Ein paar Schmerzmittel, Hautsalben, Allerweltsantibiotika, Infusionen gegen Verhungern und vor allem Verdursten, Sauerstoff gegen das grausame Ersticken.

Jeden Morgen zieht Duft von Eukalyptus durch den Saal: wenn sich Patienten selbst oder gegenseitig zur besseren Durchblutung die Glieder mit einer dampfenden Kräutermixtur nach traditionellen Rezepten einreiben.

Im letzten Bett der Station liegt Rattana. Sie ist 45 Jahre alt geworden und wäre gern im Kreise ihrer Familie gestorben. Doch ihr Mann hat das nicht gewollt. Vor ein paar Wochen, als es bergab ging mit ihr, hat er sie hierher gebracht. Er sah seine Stellung als Regierungsbeamter gefährdet, falls die Nachbarn von der Krankheit seiner Frau erführen. Jeder hätte ja gewußt, daß sie sich ihr Aids nur bei ihm geholt haben konnte.

Er selbst hat es wahrscheinlich aus einem Bordell. Solange ihn aber keine Symptome verraten, will er das Bild vom treuen, fleißigen und gesunden Familienvater aufrechterhalten. Den Kindern hat er erzählt, die Mutter sei krank und müsse ihr Leiden in einer speziellen Klinik auskurieren.

Das gespaltene Verhältnis vieler Thai zur Prostitution – sie ist offiziell verboten, gleichwohl so verbreitet wie in kaum einem anderen Land – setzt sich nahtlos fort im Verleugnen der Aids-Problematik: Als seien all jene zu strafen, die durch ihr Leiden und Sterben die Doppelmoral öffentlich machen, gelten Aids-Kranke vielerorts als Unberührbare. So stranden im Wat Prabat Nampu zum Großteil Heimatlose, die hier eine Zuflucht suchen, keine Zukunft. Mit nichts als einem Koffer kommen sie an, einer kleinen Tasche, manche sogar mit leeren Händen – man braucht so wenig zum Sterben. Nur ein paar werden von Freunden oder Verwandten gebracht, die meisten kommen allein. Sie kommen per Taxi oder Rikscha, einige zu Fuß, manche sind so schwach, daß sie gestützt werden müssen oder getragen.

»Eine Endstation« sei das, erklärt Bra Sit. So, wie er das sagt, hat er mehr als nur einen Ort im Sinn. Er beschreibt auch einen Gemütszustand, der Reisende mitunter beim Erreichen ihres Zielbahnhofs befällt: Diese Station kann ich nicht verpassen, der Zug endet hier. Es gibt nur Ankommende, eine Art Schicksalsgemeinschaft, und ich kann mir Zeit lassen beim Verlassen des Abteils.

Als Rattana noch klar war und wach, hat manchmal eine junge Mitpatientin bei ihr gesessen, ein heruntergemagertes Mädchen mit hübschem Lächeln, das Besuchern seinen Namen nicht nennt und das sein Gesicht in Kissen vergräbt, sobald ein Fremder es anspricht: eine der Prostituierten im Hospiz.

So sehr schämen sie sich ihrer Schande, daß sie sogar hier die Öffentlichkeit scheuen. Stundenlang hat die Frau Rattana ihr Leben gebeichtet, und Rattana hat ihre eigene Geschichte dagegengehalten – oder einfach nur zugehört.

Man braucht so wenig zum Sterben – und doch so viel für das letzte Stück Leben: Beistand und vielleicht eine Ahnung vom Sinn. Das Hospiz bietet so etwas wie eine Selbsthilfegruppe mit Generationenvertrag: Ich helfe anderen, denen es schlechter geht, weil bald ich es bin, dem es schlechter geht, und mir dann andere helfen. Und das in einer Dorfgemeinschaft mit Freund- und Nachbarschaften, einem kleinen Laden, einem Tempel und den dorfüblichen Hunden und Katzen mit ihrem dauernden Gezänk und Gezeuge.

Es gibt gemeinsame Mahlzeiten und Meditationen, religiöse Rituale wie das allmorgendliche Beschenken der Mönche mit Almosen, ein wenig Spiel und Bewegung, Yogaübungen und die Lehre Buddhas mit dem Prinzip Wiedergeburt auf dem Weg zum Nibbana, das in Sanskrit Nirwana heißt.

»Vor deinem letzten Atemzug wirst du einen Traum haben«, hat Bruder Som Tschai der sterbenden Rattana erklärt, »darin wird dir erzählt, wohin du nach deinem Tod gelangen wirst.« Nie sei es zu spät, sich vom Übel zu befreien. »Was immer dir im Leben zugefügt worden ist, noch dein letzter Gedanke kann es aufwiegen.«

So wollen die Mönche den Kranken eine Haltung näherbringen, die sogar dem Lebensende etwas Versöhnliches geben kann und die wohl keine Sprache so fest im Miteinander der Menschen verankert hat wie das Thai. Widerfährt ihnen Unglück, sagen die Thai leichthin: »Mai pen rai« – was mit »macht nichts« oder »halb so schlimm« nur leidlich übersetzt ist, drückt es doch viel mehr aus als Großmut und Nachsicht. »Mai pen rai« ist eine Art Kurzformel, um einen Teil thailändischer Mentalität zu verstehen: Ich vergebe, auch ohne darum gebeten zu werden.

Durch solch bedingungsloses Verzeihen sollen Aids-Kranke, die an ihrer Lebensbilanz verzweifeln, einen Weg aus dem Irren zwischen Schuld und Sühne finden.

Rattana hat ihrem Mann vergeben. Sie würde es ihm gern noch sagen, damit er es auch ganz sicher weiß und sie ohne die Last des Vorwurfs gegen ihn ihre Augen endgültig schließen kann. Es muß die Kraft dieses Wunsches sein, die ihr Lebensflämmchen weiterhin nährt. Schon seit Tagen nimmt sie keine Nahrung mehr zu sich. Nun trinkt sie auch nicht mehr, was das ohnehin schon Greisenhafte ihrer Erscheinung bis ins Groteske verstärkt. Die Lebensäußerungen beschränken sich auf gelegentliches Öffnen der Augen, einen Rest kraftlosen Atmens und auf ein kaum wahrnehmbares Wimmern, wenn die Windel gewechselt und ihr wundgelegener Rücken mit Salbe versorgt wird.

Als sie sich ins letzte Bett gelegt hat, ist ihr Mann benachrichtigt worden. Nun steht er bei ihr, nimmt ihre Hand und spricht sie an: »Rattana, Rattana.« Sie öffnet die Augen, doch gleich senkt sie wieder ihre Lider und schläft ruhig ein. Schweigend nimmt er Abschied.

Vorsorglich hat er einen schlichten, mit Goldbeschlägen verzierten weißen Sarg anfertigen lassen: Abschiedszeremonie und Einäscherung sollen im Familienkreis stattfinden. Die meisten Verstorbenen werden von ihren Familien nicht einmal im Tod wieder aufgenommen. Verabschiedet werden sie dann von Mönchen und Mitpatienten in einer lichterfüllten Kapelle, die gleich hinter der Pforte des Klosters auf einem Hügel liegt.

Anstelle der Angehörigen überreichen den betenden Brüdern nun die letzten Begleiter des Toten symbolhafte Geschenke – eine letzte Geste voller Würde und Versöhnlichkeit. Im Wechselspiel erwidern sie deren tiefkehlig gestimmten, monotonen Sprechgesang: »Geh und kehre nicht zurück, schlafe und wache nicht wieder auf.«

Niemand weint hier, mitunter wird sogar gewitzelt und gelacht. Hell klingen die Gläser, wenn die Abschiedsgäste Eiswürfel in ihre Softdrinks fallen lassen. Keinen stört es, wenn ein kranker Kuttenträger hustet und ausspuckt und das Singen unterbricht. Andacht ist nicht eine Sache von Anstand, sondern ein innerer Zustand. Ein Wollfaden, der vom Sarg aus durch die Hände aller Mönche reicht, symbolisiert eine letzte Brücke zum Leben. Vor der Einäscherung wird die Leiche mit Milch aus einer jungen Kokosnuß bespritzt.
Beinahe täglich, spät am Nachmittag, quillt schwerer Qualm aus dem Kamin des Krematoriums, der sich wie ein Wahrzeichen des Klosters über das Dach der Kapelle erhebt.
Die Asche der Verbrannten wird in weiße Säckchen gefüllt, mit einem Namensschild versehen und den Verwandten zugesandt – falls diese damit einverstanden sind. Doch inzwischen türmen sich die Aschebeutel: Die Mehrheit der Familien ist nicht einmal bereit, sich mit dem letzten Restchen ihrer verstorbenen Angehörigen abzugeben.
Rattanas weißer Sarg wird ins Heck eines Lieferwagens verfrachtet. Währenddessen schleppt sich bereits, von Mitpatienten gestützt, Tscha Nin, 35, zum letzten Bett. Als der junge Greis hochgehievt wird, setzt sich der Kombi mit Rattanas Überresten in Bewegung. Er wirbelt eine lange, dicke Staubwolke auf.
Über denselben staubigen Weg kam vor zehn Jahren ein junger Wandermönch geschritten, allein, mit nichts als seiner braunen Kutte und seiner Schüssel für das morgendliche Betteln um Reis. Sein Name: Phra Atscharn Alongott. An dem kleinen Kloster zu Füßen des Khaosamjod-Gebirges ging er vorbei in die Berge, wo er in Höhlen lebte und meditierte. Nichts deutete damals darauf hin, daß er zehn Jahre später, als Abt eben jenes Klosters, Zeitungs- und Fernsehinterviews geben, den Premierminister empfangen und sogar im Parlament sprechen würde.
Um 1985 war Aids in Thailand kein Thema. Zwar war begonnen worden, Blutproben aus allen bekannten Risikogruppen auf HIV-Antikörper zu testen. Doch noch 1987 erwiesen sich bei nahezu 200 000 dieser Untersuchungen nicht einmal 100 Proben als positiv.
Wer hätte damals prophezeien mögen, daß heute eine Million Thai HIV-infiziert, mindestens 30 000 an Aids erkrankt, bereits etliche tausend daran gestorben – und daß mittlerweile nirgendwo

auf der Welt die Zuwachsraten höher sind? Zu sehen war es für alle Seuchenexperten, denen die Lage in anderen Ländern ebenso bekannt war wie die HIV-freundlichen Rahmenbedingungen in Thailand.

Erhebungen zufolge gehen mehr als 90 Prozent der einheimischen Männer regelmäßig zu Prostituierten. Die wenigsten verwenden Kondome. Unter Freiern wie Huren finden sich etliche, die billiges Heroin spritzen und die teuren Nadeln teilen. Die immergeile Bruderschaft Hunderttausender Sextouristen aus Ländern mit – damals – deutlich höheren HIV-Raten speist das Virus unaufhörlich ein in dieses System heilloser Vermengung von Säften durch »body-« und »needlesharing«.

In dem 1989 geschriebenen Sex-Reiseführer »Käufliche Liebe in Südostasien« rät der Autor seinen Geschlechtsgenossen unmißverständlich: »Vermeiden Sie es trotz der erhöhten Infektionsgefahr, Präservative zu benutzen. Sie verringern die Lustgefühle.«

Anfänge von Aufklärung seitens der Regierung und vereinzelte Proteste gegen fremdländische Freier gibt es schon 1989: »Feuert eure Torpedos woanders ab«, rufen Demonstranten 8400 amerikanischen Marinesoldaten entgegen, die Ende Januar im Seebad Pattaya, Sexhochburg im Süden von Bangkok, an Land gehen.

Doch Thailand ist längst noch nicht reif für Warnungen und verschläft die Jahre, in denen das sich abzeichnende Desaster noch hätte abgewendet oder zumindest abgemildert werden können. Die sexhungrigen Gäste haben das Land gleichsam als Ganzes angesteckt, woraufhin sich die Viren in ihm vermehrten wie in einem Organismus. Nun ist Thailand auf dem Weg zur aidskranken Nation. Im letzten Jahr war bereits einer von 25 für die Armee gemusterten Männer HIV-positiv und im Mittel 65, in manchen Städten über 80 Prozent der Prostituierten.

Als Bra Sit zum erstenmal mit einer Hure schlief, war er 13 oder 14. Das war Mitte der achtziger Jahre, etwa zu der Zeit, als sich der Wandermönch Alongott in die Berge zurückzog. Für Bra Sit war es völlig normal, sich nach dem Schulunterricht mit Kameraden im Puff zu verabreden.

Mit 17 verließ er Schule und Elternhaus. Nachdem er in Bangkok kurz als Bote gearbeitet hatte, lockte ihn ein Freund nach Pattaya. Dort würden sie gut bezahlen für Jungen wie ihn: knabenhaft und kräftig, willig und schön.

»Wenn es Nacht wird in Pattaya«, heißt es bis heute in einem Werbevideo für Sextouren nach Thailand, »leert der Teufel noch ein paar mehr Säcke aus.« Der Film wendet sich an »alleinreisende Herren«, die sich »hier eine Stunde in einem sauberen Bett entsaften« wollen.

An guten Tagen zehnmal Sex, manchmal sogar noch öfter – jedesmal steckte Bra Sit 20, im Monat 2000 bis 3000 Mark ein. Das Geld ließ er in Bars, verspielte es oder trug es seinerseits zu Prostituierten. Kondome hat er dabei nie benutzt.

Aids war für ihn nur ein Wort, ein knapper Name für ein neues Leiden, an dem damals ohnehin niemand litt. Gegen Geschlechtskrankheiten gab es außerdem Mittel. Sprache war auch nicht so wichtig bei dem Job. Die Kunden spendierten Drinks und luden zum Tanz, sie flirteten, zärtelten, küßten, grapschten. Dann wollten sie ficken, blasen, give me a blow job, fuck me, fuck you. Oder sie sagten einfach nur »love« und meinten Sex.

Die meisten seiner Freier kamen aus Deutschland. Manche haben ihm später Fotos geschickt. Sie sind das einzige, was ihm geblieben ist aus jener Zeit. Außer den Viren. Der Teufel hatte seinen Sack ausgeleert.

Zu dieser Zeit lebt Wandermönch Alongott noch immer in Höhlen des Khaosamjod-Gebirges. Durch Meditation möchte er sein »gebrochenes Herz« kurieren, mit dem die Geschichte seines Mönchslebens ihren Ausgang genommen hat. Sie beginnt beim Karrierestreben eines jungen Ingenieurs in Bangkok, der nach mehrjähriger erfolgreicher Arbeit für die Regierung in Australien studieren darf und seine Freundin warten läßt.

Als Alongott zurückkehrt, hat sie seinen besten Freund geheiratet. Er verliert jeglichen Halt, seine Gefühle laufen Amok gegen die Vernunft. Abend für Abend geht er nun in Bars und trinkt, soviel er kann. Dann fährt er volltrunken mit dem Auto heim. Nach seinem fünften Unfall liegt er lange im Krankenhaus. Narben am ganzen Körper und im Gesicht zeugen bis heute von der Selbstzerstörung. Seine Pflegemutter, die sich um ihn gekümmert hat, als er mit drei Jahren seine Mutter verlor, bittet Alongott, sein Leben radikal zu ändern. Zunächst widerwillig folgt er ihrem Wunsch, besorgt sich eine braune Kutte und wird Wandermönch.

Drei Jahre Wanderschaft, sechs Jahre allein in den Bergen. Leute aus benachbarten Dörfern kommen vorbei, um Meditationen zu lernen, mit deren Hilfe sie Krankheiten heilen wollen. Der oberste Mönch der Provinz bittet ihn schließlich, Abt des kleinen Klosters am Fuße der Berge zu werden. Drei Brüder leben da. Alongott nimmt an.

Bra Sit ist inzwischen krank geworden, hat Durchfall, verliert an Gewicht. Auf die Idee, daß er an Aids leiden könnte, kommt er nicht. Da er sich aber mittlerweile zu schwach fühlt für den Stricher-Job, geht er nach Bangkok zurück und arbeitet wieder als Laufbursche für 200 Mark im Monat.

Wieviel Freiern er dadurch sein eigenes Schicksal erspart hat, gibt die Aids-Arithmetik nicht her. In ihrer Anfang 1995 veröffentlichten Studie »Aids, Sex und Tourismus« haben Wissenschaftler der Freien Universität Berlin unter anderen auch »schwule Männer als Sextouristen« in Pattaya nach ihrem Verhalten während des Urlaubs befragt.

Im Durchschnitt hat jeder Befragte während seines Aufenthaltes mit 12 bis 13 einheimischen Männern insgesamt mehr als 40mal Sex gehabt. Noch 1991/92 haben 16 Prozent beim aktiven und 14,3 Prozent beim passiven Analverkehr nie und ähnlich viele nur unregelmäßig Kondome benutzt.

Nur etwa die Hälfte der weitaus zahlreicheren heterosexuellen Bumstouristen haben immer, aber mehr als 30 Prozent nie Kondome benutzt. Die Forscher kommen zu dem Schluß, daß mindestens 10 Prozent »aller in der Bundesrepublik vermuteten jährlichen Neuinfektionen mit HIV« auf Sextourismus zurückzuführen sind.

Zurück in Bangkok, lernt Bra Sit die um ein Jahr ältere Wäscherin Tam Lond kennen. Er ist der erste Mann in ihrem Leben. Bald ist sie schwanger, die beiden heiraten. Von allen Menschen, mit denen er je Sex hatte, sagt er, ist sie die erste, für die er auch Liebe empfindet.

Dem jungen Abt Alongott trägt sein Ruf als guter Lehrer bald Einladungen zu Vorträgen ein. Regelmäßig reist er nach Bangkok, um Ärzten und Krankenschwestern den Wert von Meditationen für die Medizin näherzubringen. Während eines Vortrages Anfang 1991 meldet sich ein Student mit einer für den Abt völlig überraschenden Frage zu Wort: »Wie können Aids-Kranke in dieser Gesellschaft friedlich leben?«

Bis zu dem Tag hat Alongott von Aids noch nie etwas gehört. Obwohl sich die Regierung um Aufklärung bemüht, ist die Gefahr kaum bis ins öffentliche Bewußtsein gedrungen. Die Leute sind es gewohnt, Probleme erst anzugehen, wenn sie da sind. Was sie nicht wahrnehmen, wollen sie nicht wahrhaben. Während sich vermutlich schon 300 000 Thai mit HIV infiziert haben, sind nicht einmal 150 Aids-Fälle gemeldet worden.

Um mehr über die neue Krankheit zu erfahren, besucht Alongott Aids-Kranke in einem Bangkoker Krankenhaus – und bekommt erste Vorahnungen vom Unheil, auf das sich sein Land zubewegt. Vor allem über die Zustände in der Klinik ist er schockiert: Die Aids-Patienten liegen separiert, niemand kommt zu ihnen, kein Arzt, keine Krankenschwester kümmert sich um sie.

»Da erkannte ich«, erinnert er sich, »daß Aids nicht nur ein medizinisches, sondern vor allem ein soziales Problem ist.«

Er besucht die Klinik nun regelmäßig, redet mit Ausgestoßenen, füttert Kranke, wäscht Siechende. »Ich war der einzige, der diese Menschen überhaupt angefaßt hat.« Als der erste in seinen Armen stirbt, begreift er, daß die Einsamkeit der Sterbenden schwerer wiegt als all ihr körperliches Leid. Und beschließt, aus seinem Kloster ein Aids-Hospiz zu machen.

Vor gut drei Jahren bringt Alongott den ersten Patienten ins Wat Prabat Nampu, wo mittlerweile acht Mönche leben. Nach weniger als drei Monaten haben sich jedoch alle Brüder aus Furcht vor Ansteckung aus dem Staub gemacht.

Es folgt eine bittere Zeit zu zweit. Mehrfach versuchen Leute aus der Umgebung, ihn samt seinem Pflegefall zu vertreiben. Da sie zudem keine Spenden geben, muß er morgens weite Wege zurücklegen, um genug Nahrung für sich und seinen Patienten zusammenzubetteln. Anfang 1993 ist der Streit mit den Nachbarn beigelegt. Alongott hat den Dorfobcren versprochen, daß kein Kranker ihre Siedlungen betreten werde. Von dort kommen inzwischen sogar Freiwillige, ihm zu helfen. Eine Krankenschwester arbeitet fest bei ihm.

In Thailand sind mittlerweile über 2000 Aids-Fälle registriert. 6 HIV-Positive leben jetzt im Kloster. Im Verlaufe des Jahres kommen etwa 100 weitere, nicht mehr alle können bleiben. Die Kapazitätsgrenzen sind längst erreicht. Neue Hütten müssen gebaut werden. Im Jahr 1994 kommen rund 5000 Kranke, viele im falschen Glauben, hier würde ihr Leiden geheilt. Lediglich 700 werden zugelassen, viele nur einen Monat lang aufgepäppelt und wieder weggeschickt. Bis zum Ende des Jahres sterben im Wat 136 Menschen, unter ihnen 10 Mönche.

Anfang September 1994 laufen die Lebenswege von Alongott und Bra Sit und dessen Frau zusammen. Im sechsten Monat von Tam Londs Schwangerschaft ist ihr Blut routinemäßig auf HIV-Antikörper getestet worden: positiv. Erst daraufhin läßt auch Bra Sit sich untersuchen.

Er fährt zu seinen Eltern, wohlsituierten Leuten, und schildert ihnen aufrichtig seine Lage. Der Vater zeigt Verständnis, doch gegen dessen Willen wirft die Mutter ihren Sohn aus dem Haus. Mit Aids will sie nichts zu tun haben. In einer der neuartigen No-name-Kliniken, die Aids-Patienten Anonymität zusichern, empfiehlt man ihm das Wat Prabat Nampu.

Zwei Monate nach Ankunft der Eheleute wird dort ihr Baby geboren. Seinen Namen erhält es von Abt Alongott. Er nennt es Porn Bun Pot, »Segen aus den Bergen«.

Sogar Premierminister Tschuan Leekpai hat die Kleine schon gesehen. Er ist durch Zeitungsberichte auf das Hospiz aufmerksam geworden. Mit ihm und vor allem in seinem Gefolge kommen Fernsehteams aller thailändischen Anstalten. Heute kennen Millionen das Aids-Kloster von Lop Buri.

Da der Nation nun in nie gesehener Deutlichkeit vorgeführt wird, wohin Aids schließlich führt, aber auch, daß Mitmenschlichkeit gefragt ist statt Ausgrenzung, bildet das Kloster einen Anfangspunkt für die vielleicht wirkungsvollste Aids-Aufklärung in Ländern wie Thailand: Information durch Realismus.

Wie kraß der Unterschied zwischen Vorstellung und Anschauung sein kann, zeigen die täglich größer werdenden Besuchergruppen. Obwohl alle wissen, was sie erwartet, reagieren die meisten fassungslos auf die Wirklichkeit: Plötzlich schauen sie dem Tod bei der Arbeit zu.

Das Entsetzen auf ihren Gesichtern, wenn sie sich, manche mit Taschentuch vor dem Mund, durch die Krankenstation bewegen, dieses Hinschauen und zugleich Wegschauen, erinnert an die Bilder der Deutschen, die man 1945 zwangsweise durch befreite Konzentrationslager schickte.

Am Eingang werden Holzblumen verkauft, von Patienten kunstvoll aus Zuckerrohr und Palmfurnier gefertigt. Eine junge Besu-

cherin kauft einen Strauß und bringt ihn zu Tscha Nin, dem 35jährigen, der Rattana im letzten Bett der Station abgelöst hat. Der umklammert eine Blume – etwa so, wie er sich immer wieder am Geländer des Bettes festkrallt, als wolle er sich aufrichten.
Dann schlägt er das Gebinde unter regelmäßigem stoßartigem Stöhnen ein ums andere Mal auf das Gestänge, ohne Unterlaß, stundenlang, bis alle Blätter und Blüten auf Bett und Boden verteilt sind und er nur noch das Stöckchen umfaßt, das er aber nicht losläßt, sondern weiterschlägt, Stunde um Stunde weiterschlägt bis in die Nacht. Das Leben läßt ihn nicht los, als hätte es mit ihm noch irgend etwas zu erledigen.
Jeden Tag macht der Abt seine Runde durch die Station, spricht mit Patienten, streichelt Köpfe, nimmt Hände in seine. Als er bei Tscha Nin ankommt, hilft er ihm auf, stellt ihm Fragen, doch der Sterbende starrt ihn nur an und antwortet mit Stöhnen und Schlagen seines Stöckchens – verschlüsselte Botschaften, die zu verstehen bis zu seinem Tod am nächsten Morgen niemandem gelingt.
Ein Fernsehteam begleitet den Abt. Die Kamera sieht den Hinfälligen beim Sterben zu. Alongott hat nichts dagegen. Noch im Tod leisten die Patienten etwas Paradoxes: Sie sterben für das Leben. Aufrüttelnde Aids-Aufklärung hält Alongott für das beste, damit Thailand endlich erwacht.
Am nächsten Tag wird er im Parlament sprechen. Er wird berichten, daß schon 100 000 Menschen das Aids-Kloster von Lop Buri besucht haben; daß die Mönche der Flut von Neuanmeldungen kaum noch Herr werden; daß schon längst nur noch Fälle mit Vollbild Aids einen Platz erhalten; daß er weitere Hütten hat errichten lassen und bis zu 200 Patienten aufnehmen könnte, hätte er mehr Geld.
Es ist der Tag, an dem Bra Sits Eltern ins Wat Prabat Nampu kommen und, als sie wieder fahren, das Baby mitnehmen, probehalber. Der Vater hat es so gewollt. Sein Sohn freut sich und lächelt den ganzen Tag, und am Abend spielt er mit ein paar anderen Patienten Boccia.
Alongott hat den Parlamentariern erklärt, daß es auf Dauer in jeder Provinz ein Sterbekloster geben müsse. Doch schon zehn Versuche, das Aids-Kloster von Lop Buri zu kopieren, sind gescheitert, weil die Nachbarn Mönche und Patienten vertrieben haben.
»Wir konnten es hier nur schaffen«, vermutet Alongott, »weil unser

Wat am Ende des Weges liegt« und weil keiner es ohne seine Erlaubnis verlassen darf.
Drei Tage später steht vor dem Haus des Abtes früh morgens Bra Sit mit verweinten Augen und bittet darum, verreisen zu dürfen. In der Hand hält er ein Bündel Geldscheine.
Schluchzend erzählt der kleine Mann, er müsse sofort in den Süden fahren, zu seinen Eltern. Seine Mutter, die sein Kind ja aufziehen müßte, dulde es keinen Tag länger in ihrem Haus. Und notfalls werde sie es aussetzen.
Auf einem Motorrad läßt sich Bra Sit nach Lop Buri zur Bahn bringen. Seine Reise beginnt auf jenem aufstaubenden Fahrweg zwischen abgeernteten Maisfeldern hindurch, den er eigentlich nicht mehr benutzen wollte in diesem Leben.

MICHAELA SCHIESSL

Kiwis auf Friedensfahrt

Beim Aufbruch der Protestflotte gegen Frankreichs geplante Atomversuche
August 1995

Der Hausmeister des vornehmen Ponsonby Cruising Club in Auckland ist entsetzt. Ein solches Chaos hat er noch nie dulden müssen: Unablässig stürmen fremde Männer im Blaumann das hochherrschaftliche Vereinsheim, laden Material ab und entschwinden wieder in grauen Lieferwagen.
Palettenweise stapeln sich Thunfischdosen, Ölsardinen und Erbsenkonserven vor den schmucken Segelschiffen am Steg; Kisten voller Schiffszwieback, Cornflakes und Vollkornbrot verdecken das Wappen des Jachtklubs. Drinnen, im sonst so geruhsamen Büro, geht es zu wie an der Börse: Männer und Frauen laufen aufgeregt durcheinander, Telefone klingeln, der Kopierer arbeitet pausenlos, die Ledersessel sind mit Papieren übersät.
Wo vorher in Öl gemalte Windjammer die gediegenen Räume dekorierten, hängen nun Poster, die einen ordinären Stinkefinger zeigen, darunter der Appell: »Die französische Regierung hört nicht auf Argumente. Benutzt eure Finger, drückt den Knopf, bevor sie es tun: Wählt 090095566 und spendet für die Friedensflotte.«
Der Jachtklub ist zum Hauptquartier der Skipper geworden, die mit ihren Booten Richtung Mururoa auslaufen, um Frankreich von seinen geplanten Nukleartests abzuhalten. Organisationschef Evert van Reenen klopft dem entnervten Hausmeister freundschaftlich auf die Schulter. Das Anzeigenmotiv habe eine Aucklan-

der Werbeagentur entworfen, sagt er – kostenlos, so wie fast alles spendiert wird, was seit Wochen Tag für Tag bei den Initiatoren der pazifischen Friedensflotte eintrifft.

5000 Fertigmahlzeiten, gestiftet von den Lebensmittelunternehmen Sealords und Wattie's, wurden bereits an die 120 Besatzungsmitglieder der 17 Jachten verteilt, die sich auf den 4800 Kilometer langen und etwa acht Wochen dauernden Törn nach Mururoa begeben.

Das kleinste Boot, die »Pickety Witch«, ist nur elf Meter lang und bietet knappen Platz für vier Personen. »Natürlich wird das nervig«, sagt Besatzungsmitglied Ron Hepworth, »aber wir haben eine Mission. Wir wissen, warum wir uns das antun.« Auch zwei Österreicher von der Umweltorganisation Global 2000 trotzen der drohenden Seekrankheit, als bislang einzige Europäer. Psychologiestudentin Ilonka Horvath, 24, und Medizinstudent Klaus Kastenhofer, 23, segeln auf dem Schoner »Tucker Thompson« mit.

Mehrere tausend Mark investiert jeder Kapitän, um sein Boot hochseetauglich zu machen und mit einem speziellen Funkgerät auszurüsten, damit die Flottenmitglieder auf See Kontakt untereinander halten können. Das Geld hoffen sie durch Spenden wieder hereinzuholen.

Ganz Neuseeland, so scheint es, begeistert sich am Widerstand gegen die französischen Atomfrevler: Schiffsausrüster überlassen den Demonstranten zur See Material zum Selbstkostenpreis, Fluglinien fliegen die Besatzungen umsonst zu deren Booten, Ölgesellschaften stellen Treibstoff zur Verfügung. Radio- und Fernsehspots werden unentgeltlich ausgestrahlt. Zeitungen drucken großformatige Gratisanzeigen, die neuseeländische Telecom stellte die Spenden-Telefonnummer kostenlos zur Verfügung.

Das Flottenemblem – drei stilisierte Segel vor einem roten Atomzeichen – ziert Öko-T-Shirts, die 25 Mark pro Stück für die Friedenskasse bringen.

»Außerdem«, grinst van Reenen, »gibt es Schwarzarbeiter«: Da schaltet schon mal ein Telecom-Mitarbeiter heimlich eine Leitung für ein paar Stunden frei, jagen Sympathisanten Hunderte von Briefen durch die Etikettiermaschine ihres Arbeitgebers. »Kiwis zeigen, was sie von den französischen Tests halten«, sagt van Reenen.

Tatsächlich grenzt das Vertilgen eines Croissants in Neuseeland momentan an Landesverrat. Der verzweifelte Besitzer eines französischen Restaurants flehte im Fernsehen, man möge doch wieder zu ihm ins »Chez Danielle« kommen, er könne doch nichts für den Starrsinn in Paris.

Auf die Idee, eine maritime Friedensexpedition zu starten, war zuerst der Aucklander Geschäftsmann Barry Keon gekommen. Nach der Ankündigung Chiracs verkündete der Kosmetikhändler, er werde mit seinem Trimaran »Triptych« nach Mururoa segeln. »Das fand ich gut, ich habe ihm spontan meine Hilfe angeboten«, berichtet van Reenen. Nun leitet der Manager das Organisationsbüro, zusammen mit dem Arzt Tony Atkinson, der schon 1985 auf der »Rainbow Warrior« gegen die Atomtests demonstrierte – kurz bevor der französische Geheimdienst das Greenpeace-Schiff versenkte.

»Diesen Akt des Staatsterrorismus wird kein Neuseeländer Frankreich je verzeihen«, erklärt Atkinson. Die 3,5 Millionen Neuseeländer sind stolz auf ihre antinukleare Tradition. Am 9. Juli 1962 beobachteten die Neuseeländer erstmals, wie sich der Himmel orange verfärbte: Die USA hatten im Tausende von Meilen entfernten Johnston-Atoll eine gigantische Atombombe gezündet.

Viele, darunter auch der spätere Labour-Regierungschef David Lange, erkannten die Bedrohung. Friedensgruppen demonstrierten gegen amerikanische und französische Atomtests im Südpazifik – Anfang der siebziger Jahre warfen sich Aktivisten auf Surfbrettern atomgetriebenen US-Kriegsschiffen entgegen, die neuseeländische Häfen anlaufen wollten.

Je mehr sich das Commonwealth-Mitglied von der einstigen Kolonialmacht Großbritannien abnabelte, um so selbstbewußter definierte sich Neuseeland als antinuklearer Staat. Als 1984 Labour-Chef Lange die Regierung übernahm, erklärte er Neuseeland zur »atomwaffenfreien Zone«. Im folgenden Jahr riskierte er einen Eklat mit den USA: Er verweigerte dem Zerstörer »Buchanan« das Einlaufen, weil der möglicherweise Atomwaffen mit sich führte.

Im gleichen Jahr erschütterte die Versenkung der »Rainbow Warrior« durch den französischen Geheimdienst das Land. Die Mißachtung neuseeländischer Souveränität – ein Akt westlicher Arroganz – einte alle Bürger in der antinuklearen Front.

Die gleiche kolonialistische Unverfrorenheit erkennen die Neuseeländer nun in der Entscheidung, Polynesien erneut Atombombenversuchen auszusetzen. »Das Wort Tests ist völlig falsch«, sagt Barry Keon. »Die testen nicht, die bombardieren Mururoa.« Selbst der angesehene Jurist Peter Williams, hochgeachtet wegen seines Engagements für Menschenrechte und soziale Gerechtigkeit, greift zu derben Worten: »Wir haben es hier mit Schwerverbrechern zu tun, die mit zerstörerischen Waffen hantieren«, spricht der Anwalt in die Fernsehkameras. »Wir machen diesen verfluchten Bastarden jetzt die Hölle heiß.«

Am 6. August – dem 50. Jahrestag des Atombombenabwurfs auf Hiroschima – liefen seine Jacht »Aquila d'Oro« und Keons »Triptych« als erste aus. 2500 Menschen verabschiedeten die Vorhut der Friedensflotte. 50 Boote hatten Segel gesetzt, um die wagemutigen Feindfahrer aus dem Hafen zu geleiten. Regierungschef James Bolger von der National Party war gekommen, dazu der Chef der grün dominierten Alliance, Jim Anderton, und die Labour-Politikerin Helen Clark. »In Neuseeland«, so Greenpeace-Mitarbeiter Michael Szabo, »kann sich kein Politiker erlauben, sich nicht für antinukleare Politik einzusetzen.«

Und so priesen die drei einhellig das risikoreiche Engagement der Freiwilligen und versprachen, Frankreich vor den Internationalen Gerichtshof in Den Haag zu zerren. 1973 hatte Wellington schon einmal geklagt, doch vor einer endgültigen Entscheidung stellte Frankreich die oberirdischen Tests ein. Diesmal kommt die Klage wohl zu spät, um etwas verhindern zu können.

Unter tosendem Applaus warnte Bolger das französische Militär vor Übergriffen auf die friedliche Flotte. Außerdem, so der Regierungschef, sende die Regierung ein Forschungsschiff der Marine nach Mururoa, die »Tui«, mit zwei Parlamentariern an Bord, einem von der Regierung und einem von der Opposition, die zum Zeichen nationaler Eintracht wochenlang eine Kabine teilen müssen. Das Parlament berät derzeit, ob sich ein Teil der Expeditionskosten über den »Pacific Development and Conservation Trust« finanzieren läßt – in diesen Fonds hatte Frankreich als Strafe für die Versenkung der »Rainbow Warrior« 1,5 Millionen Mark einzahlen müssen.

Damit könnte das größte Problem der Anti-Atom-Segler gelöst werden: Wenige Tage vor Abfahrt der ersten Boote verweigerten die Versicherungsgesellschaften die Deckung für die insgesamt 2,5 Millionen Mark teuren Jachten. »Mein ganzes Geld steckt in diesem Boot«, sorgt sich Keon. »Wenn mein Baby untergeht, habe ich nichts mehr fürs Alter.«

Auf soviel nationale Tatkraft ist man stolz, besonders weil der große Nachbar Australien den vollmundigen Ankündigungen keine Taten folgen läßt: Weder entsendet die Regierung unter Paul Keating ein eigenes Boot nach Mururoa, noch schließt sich Australien dem Gang zum Internationalen Gerichtshof an.

Dafür organisiert der grüne Parlamentarier Ian Cohen aus Sydney einen internationalen Parlamentariertrip, Motto »Ship for the Planet«. Abgeordnete aus Japan, Taiwan, Dänemark, Österreich und Deutschland haben sich angemeldet, darunter die SPD-Vizechefin Heidemarie Wieczorek-Zeul, ihre Parteigenossen Reinhard Schultz und Volker Neumann sowie Eva Bulling-Schröter von der PDS.

Am 2. September will Cohen in Papeete die Tahitianer bei ihrem Widerstand unterstützen und dann Kurs auf Mururoa nehmen – falls die Franzosen ein australisches Schiff überhaupt anlegen lassen. »Möglicherweise rächen sie sich dafür, daß ihre Schiffe bei uns nicht entladen wurden«, argwöhnt Cohen.

In dem Fall wollen die Politiker auf Tahiti ausharren – und das Schicksal der tahitianischen Protestbewegung »Hiti Tau« teilen. Denn deren Mitglieder sehen keine Chance, nach Mururoa zu kommen. Während sich alle Welt zum Demonstrieren rund ums Atoll drängelt, bleiben die Einheimischen ausgesperrt. »Wir könnten sogar bezahlen«, sagt Gabriel Tetiarahi, Hauptorganisator des dortigen Widerstands, verzweifelt, »aber wir finden einfach kein Schiff, das uns mitnimmt.«

JÜRGEN HOGREFE

»Ich hacke meine Bäume ab«

Die Angst der jüdischen Golansiedler vor dem Frieden mit Syrien
Juli 1995

Wenn die Abendnachrichten kommen, würde Ilana Reitkopp, 43, den Fernseher am liebsten abschalten. Die guten Nachrichten klingen für sie bedrohlich.

Während alle Welt erleichtert vernimmt, daß Syrien und Israel nun endlich Frieden schließen wollen, verdichtet sich für Ilana und ihre Familie die Gewißheit, daß ihr Lebenstraum zu Ende geht. Natürlich sind sie für den Frieden, aber der Frieden, wie er sich jetzt ankündigt, raubt ihnen ihr Zuhause.

Vor zehn Jahren, als Ilana und ihr Mann Mark, 44, als Siedler nach El Rom auf die Golanhöhen zogen, galten sie als tapfere Pioniere. Sie hatten sich für ein Leben im Kibbuz entschieden, auf militärisch besetztem Territorium – voll harter Arbeit, aber patriotisch verdienstvoll. Nun kommen sie sich vor wie lästige Hindernisse, die aus dem Weg geräumt werden müssen.

Für die Kinder Kali, 6, und Jonathan, 4, ist schon selbstverständlich, daß sie sich selbst auf CNN und BBC betrachten können: Das Ausland will wissen, wie sich die Siedler fühlen, die ihre Häuser für den Frieden aufgeben müssen. Doch die Kinder haben mittlerweile keinen Spaß mehr an dieser Popularität. »Mami«, hat Kali neulich gefragt, »nimmt Herr Rabin mir auch meine Puppen weg?«

Natürlich wußten im Kibbuz El Rom alle, daß Frieden mit Syrien nur gegen Rückgabe des 1967 eroberten Golan zu haben sein würde. Doch nun weigert Ilana sich, »mir die Sekunde auszumalen, in der ich die Tür meines Hauses schließe, um es für immer zu verlassen. Ich würde verrückt«.

El Rom ist ein Musterkibbuz. 1050 Meter hoch in Sichtweite des schneebedeckten Hermonberges auf einem Hochplateau gelegen, mit Kirschbäumen voll prallroter Früchte, mit sorgfältig gestutztem Rasen, von Rosenbüschen gesäumt – ein Mittelgebirgsdorf wie aus dem Ferienkatalog. Von Kampfauftrag, Krieg und Gefahr keine Spur, obwohl die Grenze zu Syrien nur drei Kilometer entfernt verläuft.

Die Regierung in Jerusalem hatte bald nach dem Sechstagekrieg öffentlich dazu aufgerufen, den öden Landstrich zu besiedeln. 1971 kamen die ersten 50 Israelis nach El Rom; sie schafften Dutzende Panzerwracks und tonnenweise vulkanisches Gestein beiseite und pflanzten die ersten Apfelbäume.

Heute ernährt die Landkommune 52 Familien, dazu einige Singles und freiwillige Helfer aus Europa – alles in allem 260 Menschen. »Uns geht es hier prima«, bilanziert Albert Hecht, 45, der Kibbuz-Ökonom. Aus dem Barackendorf von einst ist ein Unternehmen mit 15 Millionen Mark Umsatz im Jahr geworden. Auf den Weiden grasen 1000 Rinder, 320 000 Hähnchen werden im Jahr gemästet, mit dem Nachbarkibbuz Ortal teilt man sich einige hundert Milchkühe.

In El Rom lebt der legendäre israelische Pioniergeist. Zwischen erloschenen Vulkankegeln reifen Äpfel der Sorten Jonathan und Red Delicious. Während der Blüte lassen die Bauern einen Hubschrauber einschweben; der bläst mit seinen Rotorblättern die frostige Luft aus dem Talkessel.

Auf ehemaligen Minenfeldern wächst jetzt Baumwolle, und wenn die Muttererde auf dem gerölligen Grund nicht reicht, werden schon mal ganze Berge abgetragen, um neuen Boden zu gewinnen. Hier auf dem Golan gedeihen die besten Rebsorten des Landes, Cabernet Sauvignon, Pinot noir und Chardonnay. El Rom ist an einer Winzerei beteiligt, die koschere Gourmet-Weine produziert, die teuersten in Israel.

»Das alles soll ich nun aufgeben?« fragt Mark Reitkopp und schaut über 5000 Obstbäume, die er rund ums Jahr pflegt. Er arbeitete bis vor gut zehn Jahren als Manager für einen US-Konzern, dann schmiß er »alle Schlipse weg« und tauschte den Anzug gegen den Overall. Er beschloß, »ein ödes Land urbar zu machen – für Israel.

Wir hatten doch den Krieg gewonnen und mußten davon ausgehen, daß das Land nun uns gehört«.
Hohe politische Motivation und gute Ausbildung erklären den Erfolg des Kibbuz El Rom. Aus 34 verschiedenen Ländern stammen seine Bewohner, Englisch wird ebenso wie Hebräisch gesprochen.
Das Prunkstück der Landkommune ist »die Filmhalle« – ein Gebäudekomplex, in dem Kibbuzniks hebräische Untertitel für ausländische Kino- und Videofilme texten. Allein dieser Betriebszweig, das zweitgrößte Unternehmen dieser Art in Israel, bringt zwei Millionen Dollar im Jahr.
Wie zum Trotz haben die Siedler sich Anfang Juni in der Filmhalle ein nagelneues Kino mit 160 Sitzplätzen gegönnt. »Wenn wir jetzt aufhören würden, an die Zukunft von El Rom zu glauben, dann würden wir keinen Funken Energie für einen einzigen weiteren Arbeitstag mehr aufbringen«, begründet Hecht die etwas verzweifelt anmutende Investition.
Doch an die Zukunft von El Rom zu glauben fällt seinen Bewohnern ebenso schwer, wie sich mit der drohenden Räumung abzufinden. So ist ihre Gefühlswelt fast noch widersprüchlicher als die komplizierte politische Situation im Nahen Osten.
Zu mehr als 80 Prozent haben die Menschen vor drei Jahren in El Rom die Arbeitspartei von Jizchak Rabin gewählt, der den Frieden mit den arabischen Nachbarn sucht. Weitere 10 Prozent der Bewohner gaben ihre Stimme gar der linken Merez-Partei, die noch vorbehaltloser als Rabin Land für Frieden hergeben will.
Sie unterstützen den Friedensprozeß noch immer, deshalb demonstrieren sie nicht in Jerusalem, randalieren nicht wie die Zeloten unter den Siedlern und laufen auch nicht zum politischen Gegner über. »Ich kenne viele Gründe, El Rom zu verteidigen«, so Mark Reitkopp, »aber nur einen, den Kibbuz zu verlassen: den Frieden.«
Trotzdem nagt an ihnen der Zweifel, ob der Preis nicht zu hoch ist – zumal ringsum Protest brodelt. Der Nachbarkibbuz Alonei Habaschan macht gehörig Lärm. Seine Bewohner, religiöse Zionisten, wollen »den Golan um jeden Preis verteidigen«, weil es sich »um uraltes jüdisches Land« handele. Sie führen jedem Besucher die verfallene Synagoge und die Ruinen der Stadt Gamla vor, in der vor 1928 Jahren 10 000 Juden im Kampf gegen römische Eroberer ihr Leben ließen.

Weiter nördlich, im Kibbuz Newe Atiw, richten sich weit rechtsgerichtete Siedler gar auf »eine Schlacht gegen die Rabin-Regierung« ein. »Wer den Golan räumt«, glauben sie, »gefährdet Israels Sicherheit.« Unter den Bewohnern von Newe Atiw sind Veteranen, die 1982 schon einmal evakuiert worden waren. Sie hatten ihre Siedlung Jamit auf dem Sinai räumen müssen, nachdem Israel und Ägypten Frieden geschlossen hatten. In Jamit gab es brutale Prügeleien mit dem Militär: »Gegen den Golan war Jamit nur eine Kinderei«, drohen die Siedler nun.

Die Bewohner von El Rom quält ein böser Verdacht: Soll ihr Kibbuz nur deswegen als erster aufgelöst werden, weil mit gewalttätigen Protesten gegen die Regierung hier ganz sicher nicht zu rechnen ist? »Als Versuchskaninchen für Herrn Rabin bin ich mir zu schade«, empört sich Ronit Leib, 42. Die Traktoristin will zwar friedlich gehen, »wenn es sein muß«. Aber »dann muß ein echter Frieden dabei herauskommen, nicht nur Stückwerk«.

Sicherheitshalber hat sich der Kibbuz dem »Komitee der Golan-Siedlungen« angeschlossen, das für die meisten der 13 000 jüdischen Golanbewohner spricht. Das Komitee organisiert gegenwärtig eine Kampagne, die ganz Israel erfassen soll. Wenn Rabin, wie versprochen, die Rückgabe des Golan in einem Referendum zur Abstimmung stellen will, werde »Israel diesen unverantwortlichen Unfug einhellig zurückweisen«, hofft Ramona Bar-Lev. Sie ist die Frau des Bürgermeisters von Kazrin, der einzigen Stadt auf dem Golan. Kazrin wurde vor 20 Jahren gegründet, nun leben hier in mehr als 1000 Häusern über 5000 Menschen.

Ramona Bar-Lev hat »Alpträume«, wenn sie daran denkt, daß die Pionierstadt mit ihrem Krankenhaus, den Fabriken, dem Einkaufszentrum und der Sporthalle »in die Hände der Syrer geraten« soll. Mit dem Golan, gibt sie zu bedenken, bekäme Syrien auch die Kontrolle über 30 Prozent des in Israel verbrauchten Wassers.

Die Einwohner von El Rom sehen das zwar nüchterner, aber sie fühlen sich wohl im Schoß der einflußreichen Siedlervereinigung. Der Bund mildert ihre Angst, daß sie zu willfährigen Opfern eines schlechten Friedens werden könnten. Und schließlich geht es auch um eine finanzielle Abfindung.

Umgerechnet eine Milliarde Mark werden die Golansiedler voraussichtlich für ihre geräumten Häuser, Felder und Fabriken bekommen, hat ein Institut aus Haifa berechnet. Wie das Geld verteilt wird, weiß freilich noch niemand. In einem Kibbuz gibt es keinen Privatbesitz an Produktionsmitteln – wie privatisiert man also einen Kibbuz?

Vor einem Jahr schon engagierten die Bewohner von El Rom einen Sozialarbeiter, der alle Familien beriet und sie nach ihren Wünschen für die Zukunft befragte. Damals war die Mehrheit noch dafür, nach einer Räumung gemeinsam einen neuen Kibbuz aufzubauen – irgendwo in Galiläa. Doch nun ist die Stimmung gedrückt: Die meisten der erwachsenen Bewohner von El Rom sind deutlich über 40, da läßt das Gründerfieber nach. Auch wollen viele Eltern ihren Kindern nicht zumuten, noch einmal von vorn anzufangen.

So wird jede Fahrt mit dem Traktor zu den Apfelplantagen und in die Weinberge zu einer wehmütigen Vorschau auf den Abschied. Vielen Kibbuzniks fallen erst jetzt die seltenen Blumen, die Adler, Falken und Schakale in der Prärielandschaft auf. Mark Reitkopp steht länger als üblich in seinem Tal bei den Apfelbäumen und schaut auf sein Werk aus zehn Jahren.

Für den Frieden will er es aufgeben – aber der Schnitt wird radikal: »Bevor meine Bäume den Syrern in die Hände fallen, hacke ich sie ab.«

CLEMENS HÖGES

Epizentrum des Todes

Sarajevo nach dem Markthallen-Massaker
September 1995

Für alle vier hätte es ein normaler Tag werden sollen, sofern Tage im umkämpften Sarajevo normal sein können.

Sabaheta Vukotić, 22, mußte aus ihrem Vorort ins Zentrum. »Sabaheta« heißt Morgenlicht, und so etwas war sie wohl tatsächlich für ihren Vater, den Schmied Ajdin. In seinem alten Golf wollte Vukotić, 58, seine Tochter die zwölf Kilometer fahren. Sabaheta wäre die Strecke auch mit dem Fahrrad gefahren, früher war das möglich. Aber heute entgehen allenfalls Autofahrer den serbischen Scharfschützen auf den Bergen rundum.

Zur gleichen Zeit machte sich auch der Installateur Hamid Smajlović zu Fuß auf den Weg. Er liebte das Leben, auf allen Fotos im Familienalbum lacht er, trinkt er oder herzt seine Söhne. Doch daheim, in der Ruine im Stadtteil Bistrik, lag nun sein Jüngster lädiert im Bett. Ein Freund hatte ihn beim Spielen die Treppe runtergestoßen, die Hüfte brach. Um seinen Sohn zu trösten, wollte Smajlović am Abend grillen, und deshalb mußte er im Zentrum etwas Fleisch besorgen.

Die Rentnerin Vera Brutus, 68, hatte schon mehrere Wochen lang ihre kleine Wohnung nicht mehr verlassen können. Der Krieg hatte ihr Herz kaputtgemacht. Angina pectoris, sagte ihr Arzt, und konnte doch nichts für sie tun in Sarajevo. Ausgerechnet an jenem Tag aber fühlte sich die ehemalige Verkäuferin wieder stark genug, um draußen ein paar Nudeln und Gemüse einkaufen zu können.

»Das ist das Sarajevo-Roulette«, schluchzt ihre Tochter Azra mit schmerzverzerrtem Gesicht, »du bist zur falschen Zeit am falschen Ort, und dann bist du tot.« Die falsche Zeit war 11.04 Uhr am Montag, dem 28. August, der falsche Ort war die Straße vor der Markthalle in Sarajevo. Eine serbische Granate schlug ein, sie verletzte 88 Menschen und tötete 38, darunter Vera Brutus, Hamid Smajlović, Ajdin Vukotić und seine Tochter Sabaheta.

Zwar ist ein Tod, wie ihn die vier starben, Alltag in der Hauptstadt des zerstückelten Staates Bosnien-Herzegowina. In den dreieinhalb Jahren Krieg kamen hier durch Heckenschützen oder Granaten etwa 10 000 Menschen um, genau hat das niemand gezählt. Aber das Massaker vor der Markthalle rüttelte den Westen wach. In den Tagen danach flogen Nato-Kampfbomber Welle um Welle die bislang schwersten Angriffe gegen serbische Stellungen.

»Der Erfolg ist schon jetzt klar zu sehen«, freute sich Mirko Pejanović, 49: »Seit gestern ist es fast schon verdächtig ruhig in Sarajevo.« Der Serbe ist eines von acht Mitgliedern des Präsidentschaftsrates, eine Art Stellvertreter von Bosniens Präsident Alija Izetbegović. Zugleich führt er das Komitee der serbischen Bürger in Bosnien, der loyalen Serben. »Dies ist der Wendepunkt im Bosnien-Krieg«, sagt er strahlend, das Regime des Serbenführers Radovan Karadžić im bosnischen Pale sei »so gut wie auf den Knien. Die haben nun herausgefunden, daß es über jeder Macht eine andere gibt, die noch stärker ist«.

Innerhalb weniger Tage hat Pejanović auch schon wieder das Träumen erlernt, obwohl vor dem Präsidentenpalast immer noch die Panzerwagen auf und ab rollen. Und noch immer sind in den Bergen die schweren Schläge der Bomben zu hören. Doch das stört Pejanović wenig, niemand schießt derzeit auf die Stadt. Die Integration der Pale-Serben werde, träumt der Sarajevo-Serbe, »in fünf harten und vielleicht fünf weiteren nicht so harten Jahren« zu schaffen sein. Ein Problem seien die hoffentlich bald betätigungslosen Militärs. »Aus Soldaten müssen Arbeiter werden«, sagt er, und dafür brauche Bosnien eine Art kleinen Marshallplan.

Auch Flüchtlingsminister Muharem Cero, 41, sieht sich seinem Ziel durch die Luftschläge näher. Jeder vertriebene Bosnier solle auf Dauer »in sein Haus oder in die Reste davon« zurückkehren können. Zwar sei die harte Reaktion der Nato reichlich spät gekommen, sagt der Serbe Pejanović, »aber besser spät als nie«.

Für die Hinterbliebenen der Opfer vom Markt-Massaker bleibt dagegen nur die bittere Erinnerung.
Sabaheta Vukotić war es nicht leichtgefallen, für ihre Zwischenprüfung nach dem ersten Jahr Jura zu büffeln, denn immer wieder wurde das Haus der Familie oder eines der vier anderen in der kleinen Siedlung beschossen. Die Ruinen stehen kurz hinter der Front im militärischen Sperrgebiet, und nur die Bewohner, die alle Schleichwege kennen, wagen sich dorthin.
Freilich: In Sarajevo liegt jedes Haus in Reichweite der serbischen Mörser. Deshalb sah Vater Vukotić wenig Grund, mit der Familie umzuziehen. Außerdem war er für die Zivilverteidigung verantwortlich, warf Gräben aus und schleppte Sandsäcke.
Vor einem Jahr hatte er noch als Soldat gekämpft und dabei drei Serben erschossen. Und dabei hatte der Schmied nicht wie seine Feinde eines dieser modernen Schnellfeuergewehre, sondern nur seine Repetierbüchse vom Typ Mauser, die schon am Ende des Zweiten Weltkriegs ziemlich ausgeleiert war.
Seine Kinder waren das Leben mit dem Tod gewöhnt. Ihren Onkel Arif Vukotić etwa traf es 1993 genau vor der Haustür. Die Granate detonierte, als er in den Garten schleichen wollte, um einen Kohlkopf abzuschneiden.
Bald danach zog die ganze Familie um in den Keller, weil die Geschütze den Rest des Hauses Wand um Wand durchlöcherten. Zuvor hatte Vater Vukotić nicht nur unter dem Boden der Garage einen sicheren Bunker ausgehoben, sondern auch eine Art Brunnen. Der fünf Meter tiefe Schacht versorgt die Familie mit Wasser, ein Luxus, den es in den Wohnhäusern im Zentrum nicht gibt.
Auch finanziell kamen die Vukotić' vergleichsweise gut zurecht, weil der Schmied aus Benzinkanistern Kanonenöfen baute. Die konnte er gut verkaufen, denn für die Zentralheizungen der sozialistischen Wohnblocks fehlt das Öl, und in Heizkörpern kann man Bruchholz aus Ruinen nicht verbrennen.
Vukotić' Tochter Sabaheta war zart, klein und schmal. Auf den Fotos hält sie die Knie meist artig beisammen und die Hände darauf ebenso. Aber sie wollte anders sein, unkonventionell, deshalb hörte sie zum Beispiel am liebsten Punkmusik, hart und laut. »Vor allem während der Bombenangriffe haben wir im Keller Musik gehört«, sagt ihr Bruder Amir und klammert sich an Sabahetas Umhängetasche, die ein Splitter durchbohrt hat.

Sie sei auch ehrgeiziger gewesen als er, sagt Amir, sie wollte beim Zwischenexamen mindestens neun von zehn möglichen Punkten holen. Sie versäumte, sofern der Beschuß das zuließ, keine der Stunden an der Uni, die ihren Betrieb provisorisch aufrechterhält. »Gerade in unserer Not ist es wichtig, Institutionen am Leben zu halten«, sagt Professor Zdravko Grebo, 47. Bei ihm hatte Sabaheta Rechtsphilosophie gehört. Grebo, einer der unbequemsten Intellektuellen Bosniens, hat viele der Jugendlichen Sarajevos um sich geschart. Während des Krieges hat der Dozent nebenbei den unabhängigen Sender Radio Zid gegründet. »Zid« heißt Mauer, und auf dem Signet läuft ein Strichmännchen mit dem Kopf gegen eine Mauer an, tapfer oder einfach nur dumm, je nach Einschätzung des Betrachters. Hinter Sandsäcken sendet Grebos junge Truppe Rock und Beiträge zum Durchhalten.

Die Sarajevo-Kids, meint Grebo, hätten »keine Hoffnung, keine Perspektive, und die beste Zeit ihres Lebens haben sie auch verloren«. Viele seien geflohen, aber wer geblieben sei, gehöre zu einer »neuen Rasse«: unerschrocken, zu allem bereit, Überlebenskünstler.

Die meisten Bosnier in Sarajevo freuen sich über die Nato-Bombardements, aber es gibt weder lauten Jubel auf den Straßen noch Hupkonzerte. Dafür dauert der Krieg schon zu lange, und zu groß ist das Mißtrauen. Es habe auch schon nach früheren Massakern Attacken des Westens gegeben, sagt Piplas Dzanitaplas, 19, Kellnerin in einem Café in der Altstadt: »Nichts hat sich danach geändert, wir blieben den Killern in den Bergen ausgeliefert.«

Rache wollen die wenigsten Bosnier in Sarajevo, nur Frieden. »Aber die Serben sollen ruhig mal fühlen, wie es ist, wenn Granaten fallen«, sagt Devla Ajanović, 59. Beim Markthallen-Massaker war auch ihr Sohn Omer, 34, ums Leben gekommen. Hätte es früher solche Bombardements gegeben, klagt Ajanović, »wäre Omer jetzt noch am Leben«.

Bei der Beerdigung war sie nicht dabei, Frauen sind nach islamischem Brauch nicht erwünscht. Statt dessen sitzt sie nun mit Nachbarinnen und Freundinnen beisammen, begeht die Tevhid-Zeremonie. Doch als wieder die Sirenen heulen und die Nato-Jagdbomber über die Berge dröhnen, bleibt niemand mehr ruhig. Nachbarin Alma Pasić stürzt ins Freie, begeistert schaut sie zu, wie Pale bombardiert wird und Rauchpilze aufsteigen. In Reichweite

serbischer Scharfschützen steht sie auf einem Balkon, »das ist mir heute egal«, sagt die Frau ohne Furcht.
Der Installateur Hamid Smajlović hatte nicht zulassen wollen, daß die Angst sein Leben auffrißt. Sein Leben, das waren seine Frau, die Kroatin Dragica, 47, und die Söhne Mirza, 13, und Mirsad, 11. Dann waren da noch die sechs Kaninchen und der Traum, das Haus am Hang irgendwann wieder aufbauen zu können. Der Mann mit dem schütteren Haar war ein bißchen großspurig, sein einziges Laster: Das Haus seiner Familie sollte, erzählte er allen, das schönste werden in Bistrik.
Vor allem eine Terrasse sollte es bekommen, denn am meisten liebte er es, mit Freunden draußen zu sitzen und Karten zu spielen und über Sarajevo zu schauen. Wie fast alle bosnischen Moslems war er etwa so fundamentalistisch wie deutsche Kartei-Christen. Und von einem Gläschen Schnaps in der Abendsonne hielten ihn weder Allah noch die Scharfschützen ab.
Keine 100 Meter Luftlinie sind es bis zur Bergkuppe, auf der über Bistrik die Front verläuft. Fast jede Nacht schossen bisher die Serben ihre Granaten über die Gipfel und das fünf Quadratmeter große Schlafzimmer der Familie hinweg in die Stadt. »Dieses Fauchen, das vergißt du nie«, sagt Dragica, »an jedem Morgen, an dem man hier aufwacht, gratuliert man sich zum Geburtstag.«
Statt eines Daches flattert über der Ruine der Smajlović' nur noch Pappe und Folie aus Uno-Hilfspaketen. Der Flur wurde zur Küche umgebaut, der einzige Schrank steht schief, und in den Wänden stecken noch Splitter. Als das Haus getroffen wurde, war die Familie gerade in einem Bunker. Das war ungewöhnliches Glück, in der Nachbarschaft hat schon jedes Haus Bewohner verloren, nur ihres bisher nicht.
»Ich bin jetzt weder lebendig noch tot«, sagt Witwe Dragica, während in dem einen der beiden niedrigen Zimmer der Hütte Freunde kettenrauchend versuchen, sie zu trösten. »Ich fühle nur noch Haß, Haß.«
Azra Hodžić denkt anders. »Ich hasse die Serben nicht«, sagt die Tochter der Rentnerin Brutus. Mit ihrem von Trauer zerfurchten Gesicht und dem Tuch, das sie als Stirnband trägt, sieht sie selbst aus wie ein Söldner: »Ich hasse nur die Tschetniks, die Mörder auf dem Berg.«
Ihre Mutter war selbst eine orthodoxe Serbin, ihr Vater ein Mos-

lem. Alle Feste haben sie gemeinsam gefeiert, die christlichen wie die islamischen, wie die meisten der vielen gemischten Familien in Sarajevo. 1991 hätten sie nach Deutschland auswandern können, weil ein Onkel in Hamburg wohnt. Doch Azras Mutter wollte ihre Welt nicht verlassen. »Ich bleibe«, sagte sie. Also blieb die ganze Familie, obwohl sie Krieg, Not und Hunger kommen sahen. Zwar verkaufen Schwarzhändler in Sarajevo gegen die eigentliche bosnische Währung, die Deutsche Mark, nahezu alles. Vieles wird selbst produziert, auf Balkonen wachsen Tomaten, in der Stadt weiden Kühe: Ein Kilo Hühnerklein kostet acht Mark, ein Kilo harte Birnen vier, ein beiger Büstenhalter aus Ost-Produktion 30 Mark.

Aber nur die mit Verbindungen haben die harte Währung. Alte und Kranke fleddern Abfälle, wühlen im Müll – überall in Sarajevo. Ein Arzt etwa verdient nur 8 Mark im Monat, und eine alte Frau wie Vera Brutus bekommt 3,50 Mark Rente. Ohne Tochter und Schwiegersohn hätte Vera Brutus so lange nicht überlebt. Schließlich erhielt die Rentnerin Uno-Hilfe in bar, 30 Mark. Zwei Tage vor dem Massaker hatte es dann sogar Strom im Viertel gegeben, das Paar und die Schwiegermutter schauten sich zusammen Videos an.

Installateur Smajlović hatte derweil Heu für die Kaninchen geholt, um sie auch im Winter für den Verkauf mästen zu können. Am nächsten Tag spielte er mit seinen Nachbarn wie üblich Gin-Rummy. »Er hat zwar gewonnen«, erinnert sich Nachbar Srnić, »aber er war trotzdem irgendwie nervös.«

Studentin Sabaheta Vukotić hatte ihren Bruder Amir am letzten Abend ihres Lebens noch gebeten, sie bei Kerzenlicht für die Prüfung abzufragen. »Sie war richtig gut«, sagt er und weint. Dann las sie vor dem Einschlafen noch die letzten Seiten von Milan Kunderas Buch »Die unerträgliche Leichtigkeit des Seins«.

Ihr Vater Ajdin war am verhängnisvollen Montag morgen wie üblich Stunden vor ihr aufgestanden. Beim Frühstück hörte er sich an, was ihm seine Frau für den Einkaufszettel diktierte, wo er doch schon mal in die Stadt mußte. Ein großes Brot war das Wichtigste, Seife und Kaffee. Sabaheta wollte an der Uni nachschauen, wann denn die immer wieder verschobenen Zwischenprüfungen stattfinden sollten.

»Ich bin gleich wieder da«, sagte ungefähr zur gleichen Zeit auch Installateur Smajlović zu seiner Frau Dragica. Sie müsse auch nicht losziehen, um von der Quelle unten am Berg Wasser zu holen, das werde er auf dem Rückweg erledigen. Schließlich hatte er einen freien Tag. Dann machte er sich zu Fuß auf den Weg den Berg hinunter.

Azra Hodžić hatte ihrer herzkranken Mutter Vera Brutus wie jeden Morgen den Blutdruck gemessen und auf der umgebauten Lötlampe eine Tasse Kaffee gekocht. Dann steckte die alte Frau die 30 Mark ein. Zunächst dachte sie an einen Markt direkt um die Ecke. Doch dann überlegte sie, daß es in der großen Markthalle vielleicht doch billiger sei.

Vater und Tochter Vukotić hatten gerade in der Bäckerei gegenüber der Markthalle den großen Laib Weißbrot gekauft, die alte Frau Brutus kam von dem einen Ende der Mullah-Mustafa-Baseskija-Straße auf den Eingang des gelben Baus zu, Installateur Smajlović von der anderen Seite. Da machten, wahrscheinlich vier Kilometer entfernt, Soldaten ihre 120-Millimeter-Mörser klar.

Auf der kurzen Distanz ins Zentrum, sagt ein Waffenkenner, könne »ein gutes Team die Granate im Kamin eines Hauses plazieren«. Und um diese Uhrzeit, das weiß in Sarajevo jeder, ist vor der Markthalle immer besonders viel los. Der erste Kanonier bediente den Abzug.

Den Wurst- und Käsehändler Safet Pandur warf die Druckwelle hinter seinem Stand in der Halle auf den Bauch, minutenlang konnte er nichts mehr hören. Seine Frau Ferida kletterte geistesgegenwärtig über Körper: »Ich hörte Schreie, alles war Rauch und Untergang.« Die Toten blockierten die Tür, und Ferida Pandur wollte sofort draußen helfen.

Smajlović war einer der vier Toten, über die sie in der Tür steigen mußte.

Rentnerin Brutus starb zwischen den Straßenbahnschienen vor dem Bürgersteig.

Der alte Soldat Vukotić hatte die Granate heranheulen hören. Von hinten stürzte er sich noch auf Sabaheta, so haben es Zeugen gesehen, um sie unter sich zu schützen.

Man fand die beiden so, der Vater auf der Tochter, getötet von mehreren Splittern. Sabaheta war schwer zu identifizieren, ein Schrapnell hatte ihr den Kopf weggerissen. Neben ihr lag ihre schwarze Tasche.

Die Granaten trugen eine Visitenkarte: Kennziffer »MK MZM KV

9307«. Die Buchstaben MK stehen für den Typ Mörser; MZM heißt, es ist eine scharfe Granate und keine Übungsmunition; 9307 bedeutet, das Geschoß wurde produziert im siebten Monat des Jahres 1993; KV steht für die Fabrik Krusik in Valjevo, Serbien.

Die ganze Nacht nach dem Massaker trommelte schwerer Regen auf Sarajevo, und trotzdem stand am Dienstag noch Blut im Krater. Dabei hatte die Aufräum-Mannschaft versucht, gründlich zu sein.

Nur eines hatten sie absichtlich nicht mit auf den Abfallhaufen geschoben, sondern aufgehoben und auf einen Fenstersims der Halle gelegt: den Laib Weißbrot, den Vater Vukotić gekauft hatte, wie es ihm seine Frau aufgetragen hatte. Brot wirft man nicht weg in Sarajevo.

HELMUT SORGE

»Zuerst die Löcher stopfen«

Über Schußverletzte in einem Ghetto-Krankenhaus von Los Angeles
Oktober 1995

Seine Kollegen nennen ihn »den mit dem Bluteimer«: ein Mann ohne Namen, ein Gesicht ohne Regung, ohne Reaktion auf das Drama, das hier Alltag ist.

Der Arbeiter, ein Latino, schiebt immer wieder seinen Lappen durch die Blutlachen auf dem Boden und wringt die Flüssigkeit dann so teilnahmslos in einen Eimer, als wische er verschütteten Tomatensaft auf. Der erstarrte Arm eines Toten, der wie eine Schranke unter einem weißen Laken hervorragt, scheint ihn nicht zu stören. Auch die Schreie, das Röcheln der Verletzten berühren ihn nicht.

Beharrlich beseitigt er das Blut in »Gottes Wartezimmer«, wie sein Arbeitsplatz im zynischen Jargon des Krankenhauspersonals heißt. Die Patienten, die hier meist nackt auf den Operationstischen liegen, trennen oft nur Minuten vom Tod. Sie wandeln, sagt Arthur Fleming, 59, Chef der Traumatologie im King/Drew Medical Center von South Central Los Angeles, »zwischen Hoffnung und Hölle«.

Soeben haben Rettungsmänner des Compton Fire Department einen 17 Jahre alten Jungen eingeliefert. Er war von einer Kugel ins Bein getroffen worden und dennoch drei Häuserblocks weit gelaufen, bevor er bewußtlos zusammenbrach, getrieben von der Angst vor Drogendealern.

»Puls 130«, ruft die Schwester dann, »kein Blutdruck, nichts«. Der

Patient liegt im Schock. »Ich brauche Blut, sechs Einheiten«, fordert einer der Chirurgen. »Es steht schlecht um ihn«, diagnostiziert Lee Nelson, 35, ein schwarzer Mediziner, den dieser Job in der Notaufnahme »intellektuell anmacht«. Die Herausforderung für ihn: »Vor 30 Minuten war der Junge noch gesund, jetzt geht er den Bach runter – wie kann ich ihn binnen Sekunden retten?«

Nelson ist ein frommer Mann; falls der Verletzte trotz aller Bemühungen stirbt, dann hat Gott es so gewollt: »Er fällt die letzte Entscheidung.«

Auf dem Operationstisch nebenan, nur zwei Meter entfernt, ringt ein Latino mit dem Tod. Als die Pfleger ihn anheben und auf die Seite drehen, weil die Chirurgen das faustgroße Einschußloch untersuchen wollen, schwappt das Blut wie bei einem Rohrbruch aus dem Leib, und der Mann mit dem Eimer ist sofort da und wischt.

Der Junge mit dem Beinschuß kommt zu sich, versucht, sich die Sauerstoffmaske vom Kopf zu reißen. Einer der in hellgrüne Kittel gekleideten Mediziner schreit ihn an: »Entspann dich – du bist im Krankenhaus.«

»Code Yellow, Code Yellow, Code Yellow«, schnarrt plötzlich eine Stimme über Lautsprecher. Das bedeutet: Beeilt euch, in fünf Minuten liefert der Rettungsdienst das nächste Opfer an.

Jim Park, 49, ein aus Südkorea eingewanderter Chirurg, der im Ruheraum gerade ein Basketballmatch verfolgt, seufzt: »Heute muß Freitag sein.« Seit er hier Dienst tut, weiß er: Jeden Freitag, wenn die Schecks der Sozialfürsorge im Ghetto eintreffen, haben die Drogendealer, die Schnapsläden und die Chirurgen Hochkonjunktur – vor allem im King/Drew, dem Krankenhaus, das so viele Opfer von Schußwunden versorgt wie kein anderes auf der Welt, Kriegsgebiete ausgenommen. Rund 5000 Verletzte mit Kugeln im Leib werden hier pro Jahr behandelt.

Die Besatzung eines Rettungswagens, die gelben Gummihosen blutverschmiert, schiebt einen Mann in den »crit room«, den Raum für Verletzte in kritischem Zustand. Aus dem nackten Oberkörper sprudelt Blut wie aus einem Springbrunnen.

Eric Nussbaum, 29, ist im letzten Jahr seiner Facharzt-Ausbildung; er braucht bei solchen Wunden keine Erklärungen mehr. »Chancen gering«, befindet er. Ihn fasziniert der Job, in der Notaufnahme sieht er seine berufliche Zukunft: »Nur hier bekomme ich ein sofortiges Ergebnis meiner Arbeit« – Tod oder Leben.

Voriges Jahr verzeichnete das Krankenhaus 62 000 Notaufnahmen. »Bci uns ist mehr los«, sagt die Rettungsärztin Joanne Williams mit einem Anflug von Berufsstolz, »als die meisten Militärärzte in Vietnam je erlebt haben.«

Schon 1988 meldete Chefarzt Fleming in einem Brief an den obersten Militärarzt des Pentagon: »In Los Angeles findet ein Krieg statt, wir brauchen Hilfe« – Militärchirurgen und Pflegepersonal. »Nirgendwo sonst in der Welt«, notierte Fleming, sei es in Friedenszeiten für Militärärzte möglich, in kürzester Zeit soviel zu lernen: »Unser Krankenhaus befindet sich im Herzen des Kriegsgebietes.«

Die Traumatologie im King/Drew wird derzeit ausgebaut, weil die Operations- und Behandlungsräume nicht mehr ausreichen. Zugleich aber fehlt es an Geräten, Blutkonserven, Geld und Personal, da der Staat die Zuwendungen streicht und 20 Prozent der Patienten keinen Cent für die Behandlung bezahlen – sie sind nicht versichert.

Ein amerikanisches Drama zeichnet sich ab: Die Republikaner in Washington wollen den Wohlfahrtsstaat, der in Wahrheit keiner ist, drastisch zurückschneiden; betroffen sind die Armen und jene Institutionen Amerikas, die sich ihrer annehmen sollen, etwa die Krankenhäuser in den Ghettos. Dabei »breitet sich der Krieg aus wie ein Steppenbrand«, empört sich Fleming, der einst selbst als Militärarzt Dienst tat. »Amerika hat Probleme, wach zu werden.«

In den Großstädten des Landes sind die öffentlichen Krankenhäuser vom Kollaps bedroht. Die Gewalt ist in vielen Kommunen kaum noch einzudämmen. Nach den Unruhen in Los Angeles 1992 verkauften die Händler mehr als zwei Millionen Waffen; mit über 30 Millionen Schießgeräten – 2,3 Feuerwaffen pro Einwohner – ist die Metropole nunmehr gerüstet wie eine Großmacht.

In den Bandenkriegen von Los Angeles kamen 1994 mehr Menschen um als beim Bombenanschlag in Oklahoma City. Aber diese Opfer bewegen die Gefühle nicht, obwohl unter ihnen viele Unbeteiligte sind. In manchen Vierteln sind sie so hilf- und wehrlos wie die Einwohner von Sarajevo – Zielscheiben für Gangs, die »Crips« heißen oder »Bloods«, die mit Kalaschnikows und Uzis feuern und manchmal aus Autos heraus Passanten nur so zum Spaß abknallen.

Ein Jahr nachdem Fleming das Pentagon alarmiert hatte, reagier-

ten die Militärs – aber anders, als es zu erwarten war. Nach dem Einmarsch Saddam Husseins in Kuweit bekam der Arzt einen Anruf aus Washington: »Doktor Fleming, wir würden Sie gern reaktivieren.« Der Arzt erwiderte: »Den Krieg habe ich bereits vor meiner Tür, die Opfer liegen in meinen Betten und in der Leichenhalle.«
Etwa 600 000 Menschen leben in South Central, Compton und Watts – Viertel, deren Namen Synonyme für Verrohung, Zerfall, Gleichgültigkeit geworden sind. 51 Prozent aller in Los Angeles registrierten Morde und Tötungsdelikte werden in der Umgebung der Klinik verübt. Das King/Drew-Hospital ist bei den Anrainern als »Killer-King« verrufen, weil viele Opfer nicht überleben.
Nur drei Prozent der Patienten sind Weiße, jeder vierte der Eingelieferten lebt von der Sozialfürsorge. Die Männer vom Rettungsdienst sind mit kugelsicheren Westen ausgerüstet. Wenn Chefarzt Fleming sein rund 30 Kilometer von der Klinik entferntes Haus verläßt, ist die nächtliche Fahrt zur Arbeit wie eine Reise durch Feindesland.
Mehrmals haben Bandenmitglieder versucht, einem verletzten Gegner noch in der Klinik den Fangschuß zu geben. Direkt neben dem Eingang zur Notaufnahme wachen deshalb Tag und Nacht bewaffnete Polizisten hinter kugelsicheren Scheiben. Die Eingänge zum Hospital sind mit Metalldetektoren ausgerüstet; viele Patienten trennen sich, auch wenn ihnen bereits Blei in den Rippen steckt, ungern von ihren Waffen.
Die letzten Kilometer Fahrt vom Freeway 105 East zum Hospital in der 120. Straße, vorbei an den trostlosen Sozialsiedlungen, sind für Fleming wie »russisches Roulette«. Zwölf Jahre spielt er schon, bisher hatte er einfach Glück. »Sie schießen hier Leute über den Haufen, weil die bei einem Überfall nur zehn Dollar in der Tasche hatten.« Vor wenigen Wochen wurde ein 16jähriger Junge mit einem Kopfschuß eingeliefert. Eine Gruppe Gleichaltriger hatte ihn an der Bushaltestelle aufgefordert: »Rück deinen Beeper raus.« Fleming weiß nicht, ob der Junge sich wehrte. Er sah im »crit room« nur »das kleine Loch über der Nase«, der Schuß war direkt ins Gehirn gedrungen – ein hoffnungsloser Fall.
Seit zehn Monaten arbeitet Melvin Jones, 49, im King/Drew. Er wußte, was ihn erwartete. Seine Cousine, eine Lehrerin, die unweit des Krankenhauses lebte, wurde ermordet, als sie versuchte, einen Streit zu schlichten.

In South Central hat Jones erkannt, »wie brutal Menschen sein können und wie wenig Respekt sie für menschliches Leben zeigen«. Vor wenigen Wochen bemühte er sich um eine Frau und ihr zwei Tage altes Baby, die bei einem Wohnungsbrand schwer verletzt worden waren. Weil die Wehen einsetzten, hatte die Frau einem Drogendealer die Nutzung ihres Telefons verweigert. Der warf drei Tage später einen Molotowcocktail durch das Fenster. Die zwei Jahre alte Tochter verbrannte, die Mutter und das Neugeborene wurden gerettet.

Manche Ärzte im King/Drew abonnieren Waffenjournale, um sich mit Fachfragen wie Innenballistik, Auftreffgeschwindigkeit sowie der Wirkung von Hochrasanzgeschossen vertraut zu machen. Einer von ihnen, Gary Ordog, hat ein Handbuch herausgegeben (»Management of Gunshot Wounds«), das für Militärärzte in den USA inzwischen Pflichtlektüre ist. Auch Fleming wird oft von den Streitkräften zu Vorträgen über die operative Behandlung von Schußwunden gebeten.

Für jeweils zwei Monate kommandiert inzwischen ein in El Paso gelegenes Militärkrankenhaus uniformierte Feldscher in das Ghetto-Krankenhaus ab. »Die erleben in den acht Wochen mehr«, behauptet Fleming, »als in ihrer gesamten Ausbildung.«

Wo sonst lernen sie am lebenden Objekt, daß etwa kleinkalibrige Geschosse durch die geringe Auftreffgeschwindigkeit keine geradlinige Spur durch den Körper reißen, sondern zuweilen wie ziellos durch das Gewebe torkeln, von Knochen abprallen und weit entfernt vom Einschußkanal steckenbleiben können? Oder daß die Mediziner nicht etwa nach Metallsplittern oder der Kugel suchen sollen, sondern, wie die Notfallspezialistin Joanne Williams, 45, sagt, nur eine Priorität kennen: »Wir müssen zuerst die Löcher stopfen.«

Hauptmann Guillermo Quetell, 32, sagt nach der ersten Dienstwoche in der Notaufnahme: »Wahnsinn, einfach Wahnsinn – nahezu jeden Tag ein Mann, der von einer Schnellfeuerwaffe durchsiebt ist.« Einige seiner Kameraden, die im King/Drew gelernt haben, konnten ihre Erfahrungen inzwischen bei Einsätzen auf Haiti und in Somalia anwenden. Wer weiß, fragt Quetell, »wo ich im nächsten Jahr flicken muß«?

Auch ausländische Ärzte studieren im King/Drew – wie etwa Mohammed Salim Almatbar. Er war während seines Militärdienstes in der syrischen Heimat und im Libanon als Arzt tätig. Damals ging er mitten im Bürgerkrieg von Beiruts Hamra-Boulevard vier, fünf Kilometer zu Fuß durch die Stadt, und er fürchtete sich nie. In South Central Los Angeles aber wagte er sich nicht auf die Straße: »Da sterben zu viele Unschuldige.«

Melvin Jones betrachtet seinen Job »wie ein Soldat, der den Krieg haßt und gleichwohl kämpfen muß«. Gegen das soziale Chaos draußen vor der Tür ist er ohnehin machtlos. Er kennt die Statistik: Die häufigste Todesursache für Schwarze zwischen 15 und 24 ist Mord. Die Wahrscheinlichkeit für einen afro-amerikanischen Jungen, Mediziner zu werden, ist geringer als 1 : 1800, die Chance, daß ein junger Schwarzer mit der Justiz aneinandergerät, dagegen 1 : 4. Das Durchschnittsalter der eingelieferten Trauma-Patienten ist in der letzten Zeit auf 18 Jahre gesunken. Die Schießereien im Ghetto sind zu einer Epidemie geworden; die jungen Schwarzen begehen, so Mediziner Nelson, »kollektiven Selbstmord«. Was die Medien als »Bandenkrieg« schildern, klagt der Farbige, sei in Wahrheit ein »Krieg der Afroamerikaner gegen sich selbst«.

Die Schwarzen haben in Vierteln wie South Central jede Hoffnung verloren – Geld verdienen nur die Dealer. Teenager zeugen und gebären Kinder, die in den Straßen aufwachsen und die Gesetze der Straße verinnerlichen. Zwölfjährige verdienen als Boten oder Warnposten der Dealer 1000 bis 2000 Dollar wöchentlich; ihre Mütter, mit sieben, acht Kindern auf Sozialfürsorge angewiesen, nehmen das Geld, ohne lange zu fragen – bis eines Tages die Polizei vor der Tür steht und ihnen mitteilt, daß der Sohn im Killer-King liegt.

In einer Studie über »Schußwunden bei Kindern« (Pediatric Gunshot Wounds) schreiben die Autoren: »Unter den über zehn Jahre alten Patienten waren 80 Prozent direkt oder indirekt in bandenbezogene Schießereien verwickelt.« Die Banden sind für die vaterlos aufwachsenden Kids Familienersatz, sie verheißen Ansehen und Reichtum – Goldketten, Rolex-Uhren, Kabrios. »Den Typen, der bei mir mit einer Kugel im Schädel auf dem Tisch liegt, sehen die Jugendlichen dagegen nicht«, meint Fleming. Und jene, die überleben, ahnen meistens nicht, wieviel Glück sie hatten: Oft trennen sie nur wenige Millimeter vom Tod.

Folglich werden viele Halbwüchsige mehrmals mit Schußwunden eingeliefert; »astronomisch hoch« sei die Zahl der Wiederholungs-

opfer, sagt Fleming. Als einmal eine Ärztekommission das Krankenhaus inspizierte, informierte ein junger Patient die Besucher: »Dies ist ein klasse Krankenhaus – ich bin schon das sechste Mal hier.«
Bei der Abschlußvisite hatte die Ärztin Joanne Williams einem angeschossenen Jungen erklärt: »Diesmal hast du Glück gehabt – ein zweites Mal solltest du dir das ersparen.« Sechs Wochen später war der Junge wieder da, von mehreren Kugeln getroffen. »Es ist nicht meine Schuld, ich habe nur rumgestanden«, erklärte er.
Unter seinen Kameraden sei solch ein Überlebenskünstler ein Held, erläutert Joanne Williams. Die Kugel hat sein Herz gestreift, und es schlägt noch immer – also ist er unsterblich. Ähnlich denkt auch der Genesende, er verliert seine Angst. Von Operation zu Operation wird der Eingriff schwieriger: Die Narben verwachsen, der sonst einfache Schnitt durch Haut, Fett, Muskeln wird zu einem Problem, wenn mehrere Schichten miteinander verwuchert sind. Bei kritischen Schußverletzungen können so jene Minuten verlorengehen, die über Leben und Tod entscheiden. Nur wenn den Teenies die Explosion im Leib den Darm zerfetzte, beobachtete Chirurg Park, »sind sie auf ewig gewarnt, die kommen nicht wieder«. Ein künstlicher Darmausgang erinnere sie ihr Leben lang an die zerstörerische Kraft der Patronen.
Als wieder »Code Yellow« durch das Krankenhaus dröhnt, fragt Melvin Jones einen Kollegen: »Ist heute Vollmond?« – dann sollen die Menschen besonders gewalttätig sein. Der antwortet nur: »Hier ist immer Vollmond.« Zuweilen ist das Krankenhaus derart überlastet, daß die Ärzte in der Notaufnahme entscheiden müssen, wen sie zuerst behandeln – jenen, der kaum noch eine Überlebenschance hat, oder den, der es wohl packen wird. Notarzt Bishop über diese Selektion: »Das ist eine gefechtsähnliche Situation.«
Über Funk warnt der Rettungsdienst Jones und sein Team vor. Sie bringen einen schwierigen Fall, »multiple gunshot wounds«, Mehrfachverwundungen in Brust- und Bauchhöhle. Der Verletzte, 17 Jahre alt, stand mit Klassenkameraden an einer Bushaltestelle. Aus einem fahrenden Auto heraus traf ihn auf kürzeste Distanz ein sogenannter »buck shot«. Gleich einem Feuerwerkskörper explodierte der großkalibrige Rehposten im Leib, sieben Kugeln zerfetzten Milz und Dickdarm, verletzten Lunge, Arterien sowie eine Niere.

Nachdem sie dem Jungen im Operationssaal D die Bauchdecke geöffnet haben, erkennen Jones und seine fünf Kollegen sogleich: Milz und Dickdarm sind nicht mehr zu reparieren. Sie werden entfernt, die Arterien abgebunden. 29 Einheiten Blut, nahezu 15 Liter, etwa das dreifache Blutvolumen eines Menschen, werden bei der Transfusion gebraucht. Immer wieder blickt Jones besorgt auf die Monitore über dem mattbraunen, kurzgeschorenen Kopf des Patienten.

Nach fünfeinhalb Stunden verschließen die Chirurgen die Bauchdecke und den Brustkorb, den sie wegen Blutungen ebenfalls öffnen mußten. Die Familie betet unterdessen in der kleinen Krankenhauskapelle im Erdgeschoß, über deren Altar die Zeile aus dem Vaterunser steht: »Wie im Himmel so auf Erden.«

Eine Stunde nach Ende der Operation hört das Herz des Schülers auf zu schlagen – multiples Organversagen lautet die offizielle Todesursache.

»I have a dream«, hat Martin Luther King einmal für Amerikas Minderheiten ausgerufen – den Traum von Gerechtigkeit, Glück und Freiheit. Das Porträt des schwarzen Führers schmückt die Eingangshalle des King/Drew: »I have a dream.«

»Warum ausgerechnet er?« fragen die aus Lateinamerika eingewanderten Eltern des Ermordeten, »er war ein guter Junge.« Das, so der Chirurg später, »sagen sie alle«. Die Kinder haben den Amerikanischen Traum geträumt – bis der alte Mann mit dem Eimer ihr Blut im King/Drew-Hospital aufwischen mußte.

ERICH WIEDEMANN

»Zeit, daß die Nato kommt«

Über die Kroaten-Enklave Orašje im serbischen Posavina-Korridor Dezember 1995

Nun ist Friede«, sagt Pater Marko Orsolić, »ja doch, wir sind froh, daß uns der Herr das geschenkt hat, wofür wir so lange gebetet haben.« Es klingt aber gar nicht froh, und es klingt auch nicht so, als sei für ihn der Friede von Dayton ein Gottesgeschenk. Dem Pater Marko ist das bewußt. Man müsse das unter den gegebenen Umständen verstehen, sagt er. Er muß sich schon zusammennehmen, um nicht der Sünde der Verbitterung zu erliegen.

Nur, ein wenig Betroffenheit wird sich ein patriotischer kroatischer Priester wohl noch leisten dürfen, wenn sein Volk sich so fatal betrogen fühlt. »Fast vier Jahre Krieg und dann ein so ungerechter Friede. Kroatien hat sein Blut gegeben und nur Unrecht geerntet.«

In Bosnien fühlen sich alle Parteien schlecht behandelt. Daß freilich ein Angehöriger des Priesterstandes, der das göttliche Wertgefüge im Seminar studiert hat, daran glaubt, daß aus einem Krieg Gerechtigkeit erwachsen kann, das zeigt, wie tief und wie irrational auch in Kroatien der Klerus in den Nationalitätenkonflikt verstrickt ist.

Pater Marko schweigt und lauscht in die graue Abenddämmerung, ob er Schüsse hören kann. Aber es ist nichts. Nur manchmal ist das Kichern einer Krankenschwester zu hören, die im OP-Saal des Lazaretts nebenan mit einem Sanitätssoldaten turtelt.

Die Serben schießen immer nur nachts. »Sie wollen uns angst machen, weil sie denken, daß wir irgendwann die Nerven verlieren und uns freiwillig zurückziehen.« Die Enklave Orašje stecke den Serben wie eine häßliche Kröte im Hals, sagt er. »Höchste Zeit, daß die Nato kommt.« Es darf aber als offen gelten, wer hier wen mehr zu fürchten hat, die Kroaten die Serben oder umgekehrt.

Der kroatische Bezirk Orašje liegt im Posavina-Korridor am bosnischen Südufer der Save, der die serbisch besetzten Gebiete in Ost- und Nordwestbosnien miteinander verbindet. An diesem 50 Kilometer langen Schlauch, der sich zwischen kroatisch und moslemisch beherrschtem Terrain hindurchschlängelt und der an einer Stelle nur drei Kilometer breit ist, hängt der ganze serbische Traum von Großserbien. Wenn die Kroaten oder Moslems den Korridor durchstechen, ist die Hälfte von Serbisch-Bosnien von der Außenwelt abgeschnitten. Dann müssen die Serben fürchten, Banja Luka und den ganzen bosnischen Norden zu verlieren.

Orašje und der von Serben besetzte Ort Brčko, knapp zehn Kilometer flußabwärts, haben während des Krieges viermal den Besitzer gewechselt. 3500 Menschen sind dabei umgekommen. In Brčko stellten die Besatzer laut Augenzeugen kroatische und moslemische Männer im Alter unter 40 an die Wand und mähten sie mit Maschinenpistolen nieder. Dann jagten sie die Leichen durch die Fleischwölfe der örtlichen Wurstfabrik. Die Menschenpaste warfen sie anschließend in die Save.

Die Genfer Friedensverhandlungen sind mehrfach daran gescheitert, daß sich die drei kriegführenden Parteien nicht über den Verlauf, die Breite und die künftige Verwendung des Posavina-Korridors einigen konnten. Auch die Friedensverhandlungen von Dayton fuhren sich daran fest. Die Moslems und Kroaten wollten ihn ganz dichtmachen. Die Serben wollten ihn auf zehn Kilometer verbreitern, um ihn auch für Flugzeuge benutzen zu können.

Dayton hat das Problem nur ausgeklammert. US-Präsident Bill Clinton mußte den kroatischen Staatschef Franjo Tudjman – 24 Stunden nach Ablauf des Verhandlungsultimatums – persönlich anrufen, um ihn dazu zu überreden, den Vertrag nicht wegen Posavina platzen zu lassen. Soviel darf man als ziemlich sicher voraussetzen: Wenn der Balkan-Friede zerbricht, dann fängt der neue Krieg hier wieder an.

Es gibt in der Enklave kaum einen Punkt, der weiter von der Front entfernt ist, als ein Gewehr schießen kann. Im Süden haben sich

die serbischen Scharfschützen zum Teil nur 20 Meter von kroatischen Häusern entfernt eingegraben. Die 30 000 Einwohner haben nur eine einzige Verbindung nach Kroatien: die Fähre, die von einer Anlegestelle am südlichen Ortsausgang und Zupanja am kroatischen Nordufer im Halbstundentakt über die Save pendelt.
Die Fähre besteht aus einer Plattform aus aneinandergenagelten Planken, die auf alte Öl- und Benzinfässer montiert und an Ösen an einem über den Fluß gespannten Stahlseil befestigt sind. Die Plattform wird von einem fünf Meter langen Tuckerboot über den gelbgrauen Fluß geschoben.
Im Frühjahr, wenn die Save Hochwasser führt, kommt die Fähre gegen die Strömung nicht mehr an. Dann ist Orašje wochenlang von der Außenwelt abgeschnitten. Eine Brücke ist im Bau. Aber weil es an Geld fehlt und die Arbeiten wegen der ständigen Schießereien immer wieder unterbrochen werden müssen, wird sie wohl nicht vor Anfang übernächsten Jahres fertig sein.
Gleich neben der Anlegestelle liegt ein Chevrolet-Pickup umgekippt im Wasser. Es kommt öfter vor, daß ein Wagen von den Planken ins Wasser rutscht. Im Sommer ist hier ein großer Laster mit Schweinen untergegangen, weil der Fahrer nicht genau in der Mitte der Plattform geparkt hatte. Einige Schweine konnten sie retten, die meisten ersoffen.
In der Mitte des Flusses treiben zwei mit Draht aneinandergebundene Hundekadaver vorbei. »Die Serben sind Mörder«, sagt haßerfüllt der Fährmann, »sie müssen immer auf irgendwas schießen.«
Über dem Container, in dem die Paßkontrolle untergebracht ist, weht die bosnische Lilienflagge. Aber innen über dem Schreibtisch des Diensthabenden hängt ein gerahmtes Foto von Kroaten-Feldherr Tudjman, daneben das kroatische Schachbrettbanner. Keine Frage, wer hier den Ton angibt.
In Dayton hat sich die kroatische Delegation für einen Verbleib von Orašje bei Bosnien eingesetzt. Zu Hause klang es ganz anders. Tudjman hat vor dem Parlament in Zagreb erklärt, Orašje sei für Kroatien noch wichtiger als die sogenannte Heldenstadt Vukovar in Ostslawonien. Und so sehen das natürlich auch die örtlichen Parteifunktionäre von Tudjmans Kroatischer Demokratischer Gemeinschaft (HDZ).
Joso Marković, der örtliche HDZ-Chef, sagt, Orašje müsse frei sein. Und frei bedeutet hier kroatisch. »Ohne Kroatien sind wir nichts.«

Die moslemischen Mitbürger sähen das genauso, sagt Marković. Angeblich hat er sie alle gefragt.
Die Straßen in und um Orašje sind von Granattrichtern zernarbt. Auf den Feldern wogt verfaulter schwarzer Mais im Wind. Einige Bauern haben zwar die Felder bestellt. Aber dann konnten sie die Ernte wegen der Schießereien doch nicht einbringen.
Vor dem Krieg haben die Hühnerfarmen am Save-Ufer 120 Millionen Eier im Jahr produziert. Weil die Futtermittelfabrik bei Vidovice nicht mehr arbeitet, sind es heute weniger als eine Million. Mit Hilfe der deutschen Caritas, die hier die Aufbauarbeit finanziell unterstützt, sollen jetzt neue Legefabriken mit einer Gesamtkapazität von 20 Millionen Eiern gebaut werden.
Trümmer, Autowracks, verkohlte Telegrafenstangen, von denen schwarze Drahtfäden herabhängen. Überall zwischen den Häusern stecken Holzkreuze im Boden. Vidovice hat von den Dörfern rings um Orašje am meisten mitgekriegt. Die Straßen sind gesäumt von spanischen Reitern aus über Kreuz zusammengeschweißten T-Trägern, die gegebenenfalls die Serben aufhalten sollen.
Die Serben sollten nur kommen, die würden auf Eisen beißen, sagt der Mann, der am Straßenrand auf einem Holzklotz sitzt und Fladenbrot mit Fleisch ißt. Er trägt einen Jogging-Anzug und eine gefleckte Tarnjacke darüber.
Aus der katholischen Kirche haben die Serben mit Hilfe von enorm viel Sprengstoff einen Trümmerhaufen gemacht. Nur die Stirnwand mit einem Kreuz aus blauen Glasbausteinen ist stehengeblieben. Im Schutt des Seitenschiffes haben die Dörfler zwischen verkohlten Balken eine Weihnachtskrippe mit Plastikfiguren aufgebaut. Beim Gottesdienst am Sonntagvormittag sind fast immer auch ein paar Moslems dabei, die hier die Minderheit stellen. Ökumene auf bosniakisch.
Von den ursprünglich 600 Familien von Vidovice sind knapp 200 zurückgekommen. Obwohl der Krieg hier noch nicht vorbei ist, haben sie damit angefangen, ihre Häuser wieder aufzubauen. Die Caritas und das Notärztekomitee Cap Anamur liefern kostenlos Baumaterial.
300 Meter unterhalb der Kirche haben die zwei Brüder Mijo und Pejo Marković und ihr Vetter Marko Jancić ihr Haus gebaut. Erst mal ohne allen Schmuck und ohne Putz, aber die Heizung und die

Wasserversorgung funktionieren schon. Im Frühjahr wollen sie wieder Saat ausbringen. Sie haben den alten verrosteten Trecker flottgemacht und neue Reifen für den Anhänger organisiert. Wenn alles gutgeht, werden sie im Spätsommer Mais nach Tuzla verkaufen können.
Es gibt zwar keine Post, keine Verwaltung, keine Kneipen und keine Apotheken. Aber die Markovićs haben Brot, Zucker, Waschpulver und Sprit. Auch Einwegwindeln und Lollis für den kleinen Robert. In der Küche steht die obligate Korbflasche mit selbstgemachtem Sliwowitz für die langen Winterabende.
Nun fehlt ihnen zum Glück nur noch die Nato.